BLUE BOOK
ON GUANGDONG'S DEVELOPMENT

U0591620

# 广东发展蓝皮书
# 2019

 广东省人民政府发展研究中心　编
Development Research Center,
the People's Government of Guangdong Province

SPM
南方出版传媒
广东人民出版社
·广州·

**图书在版编目（CIP）数据**

广东发展蓝皮书. 2019 / 广东省人民政府发展研究中心编. —广州：广东人民出版社，2019.4

ISBN 978-7-218-13480-2

Ⅰ. ①广… Ⅱ. ①广… Ⅲ. ①区域经济发展—白皮书—广东—2019 ②社会发展—白皮书—广东—2019 Ⅳ. ①F127.65

中国版本图书馆 CIP 数据核字（2019）第 059291 号

GUANGDONG FAZHAN LANPISHU 2019

**广东发展蓝皮书 2019**

广东省人民政府发展研究中心 编

出 版 人：肖风华

责任编辑：林 冕　古海阳　沈晓鸣　向路安
责任技编：周 杰　吴彦斌
封面设计：奔流文化

出版发行：广东人民出版社
地　　址：广州市大沙头四马路 10 号（邮政编码：510102）
电　　话：(020) 83798714（总编室）
传　　真：(020) 83780199
网　　址：http：//www.gdpph.com
印　　刷：广州市浩诚印刷有限公司
开　　本：787 毫米×1092 毫米　1/16
印　　张：40.75
字　　数：700 千　　插　页：1
版　　次：2019 年 4 月第 1 版　2019 年 4 月第 1 次印刷
定　　价：98.00 元

如发现印装质量问题，影响阅读，请与出版社联系调换。

# 编委会成员及编辑部成员名单

# 序

　　2018 年，是改革开放 40 周年。40 年前，改革开放总设计师邓小平赋予广东"摸着石头过河，杀出一条血路"的重大使命。以习仲勋为代表的广东改革开放开创者们发扬敢闯敢试、敢为人先的改革精神，破冰开局、艰难起步，依靠中央"特殊政策、灵活措施"，兴办经济特区先行一步，在价格、市场、贸易、交通等领域多点突破、大胆闯关，冲破无数艰难险阻，率先全面建立社会主义市场经济体制，经济社会发展取得历史性辉煌成就。40 年来，广东地区生产总值从 1978 年的 186 亿元增长到 2018 年的 9.73 万亿元，按可比价计算，年均增长达 12.5％，经济总量自 1989 年起连续 30 年保持全国第一。外贸进出口总额从 15.9 亿美元增长到超过 1 万亿美元，约占全国 1/4。地方一般公共预算收入从 41.8 亿元增长到 1.21 万亿元。全省城镇、农村常住居民人均可支配收入分别增长约 99 倍、82 倍。经过改革开放 40 年以来的持续快速发展，广东珠三角地区成为全国开放程度最高、城市规模最大的一个区域，也是全球闻名的制造业基地、进出口贸易中心和国际采购中心，深圳更是成为全国创新发展的"名片"。

　　2018 年，也是广东改革发展史上极不平凡的一年。面对广东改革开放再出发和中美经贸摩擦升级的重要时刻，习近平总书记特别关怀关注广东，亲自为广东把关定向。3 月 7 日，习近平总书记亲自参加十三届全国人大一次会议广东代表团审议，发表了重要讲话，明确要求广东努力实现"四个走在全国前列"、当好"两个重要窗口"。10 月 22—25 日，总书记时隔六年再次亲临广东视察，提出了深化改革开放、推动高质量发展、提高发展平衡性和协调性、加强党的领导和党的建设等四个方面重要指示要求。12 月 26 日，总书记对深圳工作作出重要批示。总书记的重要讲话和重要指示批示，是鼓舞我们坚定不移走改革开放之路的动员令，为新时代改革开放再出发提供了根本遵循，注入了强大动力。

　　2018 年，广东以习近平新时代中国特色社会主义思想为指导，全面贯彻党的

十九大和十九届二中、三中全会精神,学习贯彻习近平总书记对广东重要讲话和重要指示批示精神,认真落实党中央、国务院各项决策部署及省委"1+1+9"工作部署,坚持稳中求进工作总基调,坚持新发展理念,统筹做好稳增长、促改革、调结构、惠民生、防风险、保稳定各项工作,全省经济社会向高质量发展迈进。一是经济结构持续优化升级。地区生产总值增长6.8%,固定资产投资、社会消费品零售总额、进出口总额分别增长10.7%、8.8%和5.1%,主要经济指标增速保持在合理区间。三次产业结构从上年的4.2∶43.0∶52.8调整为4.0∶41.8∶54.2,现代服务业增加值占服务业比重达62.9%,先进制造业和高技术制造业增加值占规模以上工业比重分别达56.4%和31.5%。二是科技创新能力巩固提升。研发经费占GDP比重达2.65%,技术自给率达73%,PCT国际专利申请量约占全国一半,国家级高新技术企业数量超过4万家,区域创新综合能力排名保持全国第一。三是粤港澳大湾区规划建设迈出实质性步伐。习近平总书记亲自谋划、亲自部署、亲自推动粤港澳大湾区建设,亲自宣布港珠澳大桥正式开通。中央出台了《粤港澳大湾区发展规划纲要》,广东制定印发了贯彻落实《粤港澳大湾区发展规划纲要》的实施意见、三年行动计划等配套文件。广深港高铁全线通车并实现西九龙站"一地两检",横琴口岸实现24小时通关,推出港澳居民办理居住证、取消办理就业许可证等多项举措,妨碍要素自由流动的体制机制障碍加快破除。四是三大攻坚战开局良好。农信社改制组建农商行快速推进,互联网金融风险专项整治成效明显,上市公司股权质押风险有效化解,各领域风险总体可控。乡村振兴战略加快实施,农村低保最低标准提高至年人均5280元以上,贫困户危房改造基本完成,精准脱贫攻坚成效显现。大气、水、土壤污染治理"三大战役"有效推进,生态保护红线划定工作完成,珠三角9市全部建成国家森林城市,全省PM2.5年均浓度下降到31微克/立方米,再创新低。

综观当今国内外形势,各种发展条件和环境正在发生深刻复杂的变化,不确定性和风险挑战多,经济发展易受外部环境变化的冲击,特别是中美经贸摩擦的长期影响还有待观察。但我们仍处于重要战略机遇期,经济长期向好的态势没有变。一是宏观调控得到不断加强。经过集中整治,产能过剩、房价快速上涨、地方债务累积和金融杠杆攀升等风险得到有序处置。同时,宏观政策强化逆周期调节,普遍降准、普惠性减税降费、降低社保费率等举措,将更加有效扩大总需求,努力创造良好宏观环境。二是新旧动能加快转换。在创新能力不断提升、产业转型升级加快、高品质消费形成巨大市场等因素带动下，新产业、新业态、新模式不断成长，战略性新兴制造业、战略性新兴服务业均保持较快增长，未来空间仍然很大。三是持续通缩和经济失速性危机可能性降低。随着内外部环境的逐步改善，今年初广义货币（M2）和社会融资增速触底回升，叠加政策的持续释放和传导，市场信心有所恢复，固定资产投资预计也将触底回升，主要经济指标逐步走稳。虽然下行压力会持续一段时间，但今年经济先低后稳的态势可期。改革开放40年走过的历程，让我们有了应对风险挑战的丰富经验和强大底气，今年又迎来了粤港澳大湾区建设的重大历史性机遇。2018年10月习近平总书记视察广东时指出，越是环境复杂，我们越是要以更坚定的信心、更有力的措施把改革开放不断推向深入，即便存在这样那样的一些困难和问题，也要在继续走下去中加以解决、加以克服。只要我们保持战略定力，积极主动作为，做好自己的事情，就一定能化挑战为机遇、变压力为动力，推动经济社会发展取得新成绩。

新时代是奋斗者的时代！精彩的华章，总是在接续奋斗中书写。2019年是中华人民共和国成立70周年，是全面建成小康社会的关键之年。站在新的历史起点上，广东将以习近平总书记系列重要指示批示为根本指南，围绕实现"四个走在全国前列"，当好"两个重要窗口"，牢牢抓住粤港澳大湾区建设这个"纲"，按照中央的决策部署，坚持新发展理念，不断深化改革开放，努力培育发展新动能，着力构建现代化经济体系，打好三大攻坚战，提高发展的平衡性和协调性，加快实现高质量发展，为全面建成小康社会收官打下决定性基础，以优异成绩庆祝中华人民共和国成立70周年。

本书编委会
2019 年 3 月

# 目　录

## 经济高质量发展

## 粤港澳大湾区建设

# 生态环境保护

# 乡村振兴战略

# 区域协调发展

## 促进实体经济发展

# CONTENTS

## 40 Years of Reform and Opening-up

## Situation of Guangdong's Economic Operation

## High-quality Economic Development

## Construction of the Guangdong-Hong Kong-Macao Greater Bay Area

## Ecology and Environment Protection

## Strategy of Village Rejuvenation

## Promoting the Development of Real Economy

# 2019

## 改革开放四十年

# 中国经济增长四十年回顾与展望

李建伟

　　1978 年改革开放以来，中国经济历经四十年的持续高速增长，GDP 规模从 1978 年的 3678.7 亿元扩大到 2017 年的 827121.7 亿元，扣除价格因素，增长了 34.46 倍，年均增速高达 9.5%。按美元计算，中国已成为仅次于美国的全球第二大经济体，人均 GDP 从 1978 年的 156.4 美元提高到 2017 年的 8826.99 美元。中国也从改革开放之初长期人均收入仅相当于低收入国家人均 GDP62% 的穷国，进入中等偏上收入国家行列。经过四十年的高速发展，中国已发展为全球最大制造业国家、最大商品出口国、仅次于美国的第二大商品进口国和对全球经济增长贡献最大的国家。中国经济四十年的成功发展，是四十年改革开放形成的持续制度创新和技术进步的结果。从经济发展的历程看，改革开放贯穿于中国经济发展的整个过程，随着改革开放进程的不断深化，中国经济的市场化程度不断提高，经济增长表现出明显的阶段性发展特征，以经济增长的周期性波动特征划分，大致经历了 1978 年到 1990 年的产业结构优化调整阶段、1990 年到 2000 年的新型轻工业化阶段、2000 年到 2010 年的新型重工业化阶段和 2010 年以后从工业化后期向后工业化时期转化阶段。在不同发展阶段，中国经济增长的发展模式发生了明显转换。作为典型的城乡二元经济结构，中国经济的持续高速增长是充分发挥比较优势的劳动力资源丰富要素的过程，但随着农村剩余劳动力资源的日渐缩减，经济增长的要素驱动模式逐步从早期的劳动力要素投入驱动为主转变到 1990 年到 2000 年的劳动力与资本要素共同驱动、2000 年到 2010 年的资本要素投入驱动为主，2010 年以后进入了资本要素与自主创新共同驱动阶段。作为改革开放的重大战略，对外开放对中国经济四十年的高速增长作出了重要贡献，但在不同发展阶段，出口对经济增长的拉动作用也发生了重大转变，从国内消费和出口两大基础需求对经济增长的贡献看，中国经济增长的需求拉动模式从早期的内需驱动为主，逐步转向 1990 年到 2010 年的内需和外需共同驱动模式，2010 年以后再度转化为内需驱动为主。从未来发展看，中国经济仍具有消费需求和出口较快增长的条件，劳动力供给趋于下降，但依然拥有劳动力素质大幅度提高、人力资本价格相对较低的比较优势，自主创新正处于爆发式提升阶段，未来中国经济发展依然具有持续较快增长的潜力。

# 一、1978 年到 1990 年：产业结构的优化调整阶段

从中华人民共和国成立到改革开放之前的三十年，中国经济的发展战略是以建立完善的工业体系和国民经济体系为目标、以优先发展重工业为导向的"四个现代化"战略，期间历经"大跃进"、三年困难时期和"文化大革命"冲击，但到1978 年中国已建立起比较完整的工业体系和国民经济体系，只是受重工业优先发展等政策导向的影响，1978 年的中国经济处于产业结构严重失衡、经济发展水平很低、人民生活困难的落后状态①。面对当时经济社会发展的困难局面，以邓小平为核心的中国第二代领导集体在 1978 年召开的十一届三中全会上提出了推行改革开放政策，中国经济由此进入以经济体制改革和对外开放为动力的持续高速增长时期。

## （一）改革开放为经济增长提供了强劲增长动力

从制度因素看，始于 1978 年的改革开放是经济恢复较快增长的制度基础。1978 年 12 月召开的中共中央第十一届三中全会，实现了中国共产党思想路线、政治路线、组织路线的拨乱反正，作出了把全党工作的着重点和全国人民的注意力转移到社会主义现代化建设上来和实行改革开放的重大决策，启动了农村经济体制改革和中国经济体制市场化改革的历史进程。这一历史进程从四方面为改革开放初期的中国经济发展提供了增长动力：一是从 1978 年开始农村推行家庭联产承包责任制改革，极大地释放了农民的生产积极性，农业由此进入快速发展轨道。

---

① 1978 年中国人均 GDP 只有 156.4 美元，仅相当于低收入国家当年人均 GDP 平均水平（252.36 美元）的 62%。

二是 1984 年以后城镇国有企业与集体企业推行厂长（经理）负责制改革，调动了城镇职工的工作积极性，乡镇企业和集体经济进入快速发展状态。三是整个经济体制从严格管控的计划经济逐步转向计划经济与市场经济并存的商品经济，市场在经济发展中的作用不断增强，为整个经济活力不断增强奠定了制度基础。四是户籍管理制度趋于放松，特别是 1984 年国务院发布《关于农民进入集镇落户问题的通知》和 1985 年公安部颁布《关于城镇人口管理的暂行规定》之后，人口流动管制放松为农村富余劳动力向城镇和非农产业转移提供了必要的制度支持。

## （二）中国经济增长的四大阶段

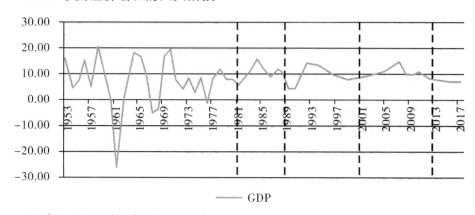

数据来源：Wind 资讯中国宏观数据库。

**图 1　1953 年到 2017 年中国 GDP 增速（%）**

从经济增长的阶段性特点看，中国改革开放四十年的经济增长大致可以分为四大阶段：1978 年到 1990 年的产业结构优化调整阶段、1990 年到 2000 年的新型轻工业化阶段、2000 年到 2010 年的新型重化工业化阶段和 2010 年以后从工业化后期向后工业化时期转化的转型发展阶段。其中改革开放初期的第一阶段，中国 GDP 规模从 1978 年的 3678.7 亿元增加到 1990 年的 18872.9 亿元，扣除价格因素，增长了 3.15 倍，年均增长 9.22%。人均 GDP 从 385 元增加到 1663 元，扣除价格因素增长了 2.37 倍，年均增长 7.68%。按美元计算，第一阶段人均 GDP 从 156.4 美元增加到 317.88 美元，对比同期世界低收入国家人均 GDP 的增长比率，增幅从 61.97% 提高到了 106.56%，即到 1990 年中国人均收入水平已达到世界低收入国家的平均水平。

### （三）产业结构进入优化调整阶段

从产业结构看，这一阶段是中国产业结构优化调整的重要时期，经济较快增长主要是由农业、轻工业和第三产业快速增长拉动的。从中华人民共和国成立到改革开放之前的三十年，基于中国工业基础落后和复杂的国际环境，中国一直坚持并实施重工业优先发展的"四个现代化"发展战略，这一战略的第一步发展目标就是在 1980 年之前建立比较完善的工业体系和国民经济体系[①]。到 1978 年，中国"四个现代化"发展战略的第一步目标基本实现，但也导致产业结构出现了农业与工业、轻工业与重工业、服务业与工业发展比例失调的问题，农业、轻工业和服务业发展滞后，导致生活资料供给短缺严重，人民群众生活困难。为改变产业结构失调和生活资料供给严重不足的局面，从 1978 年农村经济体制改革开始，政府加大了对农业、轻工业和服务业的支持力度，农业、轻工业和第三产业获得快速发展。1978 年到 1990 年期间，第一产业增加值年均增长 5.4%，是改革开放前三十年年均 1.97% 增速的 2.74 倍；第三产业年均增长 11.48%，也是改革开放前三十年平均增速（5.1%）的 2.25 倍。这一时期工业增加值也保持了年均10.19% 的较快增长，但主要是由轻工业快速增长拉动的，中国轻工业总产值从1978 年的 1826 亿元增加到 1990 年的 11813 亿元、增长了 6.47 倍，而重工业总产值仅从 2411 亿元增加到 12111 亿元、增长了 5.02 倍。

表 1　不同时期中国经济年均增长状况（%）

| 时期 | 1953—1977 | 1978—1990 | 1990—2000 | 2000—2010 | 2010—2017 |
|---|---|---|---|---|---|
| GDP | 5.96 | 9.22 | 10.43 | 10.54 | 7.57 |
| 第一产业 | 1.97 | 5.40 | 3.73 | 4.06 | 3.96 |
| 第二产业 | 10.89 | 10.07 | 13.48 | 11.55 | 7.57 |
| 工业 | 11.31 | 10.19 | 13.85 | 11.40 | 7.43 |
| 建筑业 | 7.53 | 8.72 | 10.33 | 12.68 | 8.07 |
| 第三产业 | 5.10 | 11.48 | 10.24 | 11.26 | 8.21 |

---

① 参见《周恩来总理在第三届全国人民代表大会上所作的政府工作报告》，《人民日报》1964 年 12 月 31 日第 1 版。

续表

| 时期 | 1953—1977 | 1978—1990 | 1990—2000 | 2000—2010 | 2010—2017 |
|---|---|---|---|---|---|
| 批发和零售业 | 3.77 | 11.34 | 8.16 | 12.87 | 9.02 |
| 交通运输、仓储及邮政业 | 7.63 | 9.28 | 10.42 | 8.93 | 6.93 |
| 住宿和餐饮业 | 3.22 | 13.55 | 12.43 | 10.02 | 5.99 |
| 金融业 | 7.11 | 17.66 | 7.32 | 12.56 | 8.88 |
| 房地产业 | 4.97 | 12.72 | 10.09 | 10.75 | 5.51 |
| 人均 GDP | 3.84 | 7.68 | 9.26 | 9.93 | 7.01 |

数据来源：根据 Wind 资讯中国宏观数据库提供数据计算。

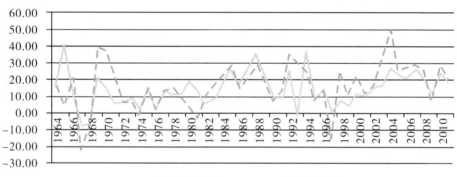

数据来源：根据 Wind 资讯提供工业总产值数据计算得到。

**图 2　1953 年到 2011 年中国工业总产值名义增速（%）**

### （四）经济增长以内需拉动为主

从需求因素看，这一时期是解决人民群众温饱问题的关键时期，经济的较快增长主要由国内消费需求拉动。受农业和轻工业发展相对滞后影响，改革开放初期多数消费品仍处于短缺状态。随着 1978 年开始实行的农村经济体制改革和 1984 年开始实施的城市经济体制改革的不断深化和产业结构的优化调整，农业和轻工业的快速发展，使食品和工业消费品供给不断增加，食品与轻工业消费品短缺状态得到缓解，城乡居民的消费需求快速增长，并成为这一时期经济发展的主要需求动力与需求基础。

表 2　不同时期三大需求对经济增速的贡献（%）

| 时期 | 最终消费支出 | 资本形成总额 | 净出口 |
|---|---|---|---|
| 1978—1990 | 66.64 | 23.49 | 9.87 |
| 1990—2000 | 61.96 | 25.03 | 13.01 |
| 2000—2010 | 49.78 | 53.08 | −2.86 |
| 2011—2017 | 56.53 | 43.96 | −0.49 |

数据来源：根据 Wind 资讯提供数据计算。

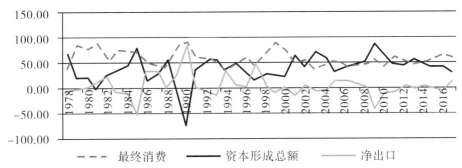

数据来源：Wind 资讯中国宏观数据库。

**图 3　1978 年到 2017 年三大需求对经济增长的贡献（%）**

从三大需求对经济增长的贡献看，1978 年到 1990 年最终消费支出对经济增长的贡献平均高达 66.64%，远高于同期资本形成总额和净出口对经济增长的贡献（分别为 23.9% 和 9.87%）。从城乡居民消费支出看，这一时期居民消费的快速增长主要是衣食住行等基本消费需求快速扩张带动的，其中农村居民人均消费支出中增长最快的是食品、衣着、居住、日用品和文教娱乐用品及服务五类，消费支出规模分别从 1978 年的 78.59 元、14.74 元、3.67 元、7.62 元和 3.16 元增加到 1990 年的 339.3 元、45.34 元、69.3 元、32.18 元和 31.38 元，分别增长了 4.32 倍、3.08 倍、18.88 倍、4.22 倍和 9.93 倍。城镇居民人均消费支出中增长最快的是食品、衣着、家庭设备用品、交通通信、文教娱乐和居住等六类消费，消费支出规模分别从 1985 年的 351.72 元、98.04 元、57.87 元、14.39 元、55.01 元和 32.26 元增加到 1990 年的 693.77 元、170.9 元、108.45 元、40.51 元、112.29 元和 60.86 元，分别增长了 1.97 倍、1.74 倍、1.87 倍、2.82 倍、2.04 倍和 1.89 倍。特别是城乡居民的食品消费，不仅规模迅速扩大，食品消费结构也得到大幅

度提升，高蛋白食品消费量明显提高，如农村居民肉类蛋类和水产品消费量从1978 年的 8 千克提高到 1990 年的 17 千克，城镇居民的肉蛋奶和水产品消费量也从 1985 年的 35.92 千克提高到 1990 年的 40.12 千克。到 1990 年，中国城乡居民已基本解决了生活温饱问题，实现了邓小平在 1987 年提出的"三步走"战略的第一步发展目标。

**（五）经济增长的要素驱动模式主要以劳动要素投入为主**

从要素投入看，改革开放初期，中国城乡均存在大量富余劳动力，是典型的二元经济结构，经济实现快速发展的模式是充分利用城乡富余劳动力，特别是农村富余劳动力向城镇非农产业的转移。根据中国国家统计局统计，1978 年到 1990 年，中国就业人员从 40152 万人增加到 64749 万人，增加了 24597 万人，其中第一产业、第二产业和第三产业就业人员分别增加了 10596.15 万人、6911.29 万人和 7088.57 万人，在第二产业和第三产业增加的就业人员中，以吸纳农村富余劳动力为主的乡镇企业就业人员增加了 6438 万人，占第二、第三产业就业人员增量的 46%。

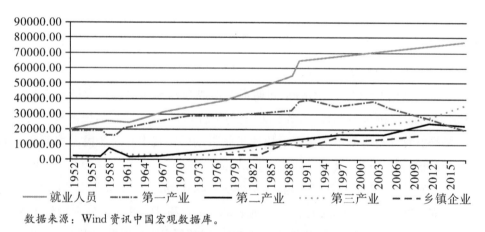

数据来源：Wind 资讯中国宏观数据库。

**图 4　1952 年到 2017 年中国就业人员发展状况（万人）**

从资本要素投入情况看，我们以国家统计局公布的 1953 年到 2016 年资本形成总额实际增长率为基础，计算得到以 1952 年价格为基础的 1952 年到 2016 年不变价资本形成总额，按照资本形成总额平均折旧年限为 10 年估计，计算得到 1961年到 2017 年整个经济的不变价资本存量（累计不变价资本形成总额），并据此计算得到中国经济的资本有机构成（不变价资本存量与就业人员的比率）。如图 5 所示，1978 年到 1990 年期间，中国经济的不变价资本存量从 40152 亿元增加到 64749 亿元、增加了 24597 亿元，资本有机构成从 0.69 亿元/万人提高到 1.26 亿元/万人，增长了 1.81 倍、年均提升幅度为 5.09%，略高于改革开放前 1961 年到 1977 年年均 4.65% 的增幅。即这一时期不变价资本存量的增速略高于劳动力投入增速，经济增长是资本与劳动要素投入和技术进步（资本有机构成提高）共同推动的。但与后期资本有机构成的大幅度提升相比，这一时期资本要素投入和技术进步的贡献相对较小，经济增长主要依靠要素投入，特别是劳动力投入为主。

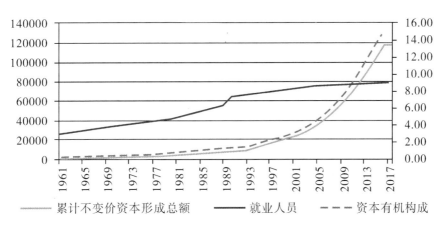

数据来源：根据 Wind 资讯中国宏观数据库通过数据计算。左轴为就业人员和累计不变价资本形成总额，右轴为资本有机构成。

图 5　1961 年到 2017 年中国就业人员（万人）、累计不变价资本形成总额（10 亿元）和资本有机构成（亿元/万人）

表 3　1961 年到 2016 年中国经济的资本有机构成增长状况

| 时期 | 资本有机构成增长倍数（倍） | 资本有机构成年均提升幅度（%） |
| --- | --- | --- |
| 1961—1977 | 2.07 | 4.65 |
| 1978—1990 | 1.81 | 5.09 |
| 1990—2000 | 2.44 | 9.33 |
| 2000—2010 | 2.76 | 10.70 |
| 2010—2017 | 1.78 | 8.60 |

数据来源：根据图 5 数据计算。

## 二、1990年到2000年：新型轻工业化阶段

1990年以后，随着建立有中国特色社会主义市场经济体制改革目标的确立，中国经济体制的市场化改革逐步深化，为经济快速发展创造了日益完善的市场经济环境。居民消费和出口的快速增长及其结构大幅度提升，带动了产业结构的升级和经济增速的进一步提高，中国经济进入了以家电和轻纺工业快速发展为特征的新一轮轻工业化时期，经济发展的需求拉动模式从1990年以前的内需驱动模式转向内需和外需共同驱动模式，出口对经济增长的拉动作用不断提升。随着以轻纺工业快速发展拉动的经济轻工业化进程的不断深化，大批农村剩余劳动力转移到第二产业和第三产业，经济增长的要素驱动模式也从1990年以前的劳动力要素投入驱动为主转向劳动与资本要素共同驱动。

### （一）市场化改革为经济高速增长奠定了制度基础

从经济发展的环境与条件看，制度创新依然是这一时期经济高速增长的基础。1988年4月，中国进行了价格双轨制并轨的"物价闯关"改革，但这一改革引发了严重的通货膨胀和抢购风潮，并于1988年9月暂停，整个经济也被迫进入"治理经济环境，整顿经济秩序，全面深化改革"的调整状态，经济增速在1989年和1990年出现深度下滑，分别从1988年的11.2%下降到1989年的4.2%和1990年的3.9%。1990年以后，中国经济增速开始回升，特别是在1992年邓小平南方谈话和党的十四大确立建立有中国特色社会主义市场经济体制改革目标之后，中国的对外开放力度加大，国有企业开展了以"抓大放小"、建立以股份制为主的现代企业制度改革，经济调控模式也从直接行政调控转型为以经济手段和法律手段为主的间接调控，市场在资源配置中发挥基础作用，经济活力得到激发，经济增速大幅度提高。这一时期的经济增速在1992年达到了14.2%的高点后，因经济出现比较严重的开发区热、房地产热、股票热、集资热的过热现象，通货膨胀率大幅度提高。党中央、国务院于1993年6月24日正式发出《关于当前经济情况和加强宏观调控的意见》，提出了16条调控措施，从金融、投资、房地产、财政税收等各方面加强和完善宏观调控，遏制经济过热现象，经济增速从1993年开始回调，加上1997年亚洲金融危机对中国出口造成较大冲击，1999年经济增速下降到

7.7%。但总体上看，1990 年到 2000 年的十年里，中国经济保持了年均增长 10.43%的持续高速增长状态。扣除价格因素，2000 年 GDP 规模比 1990 年增长 2.7 倍，人均 GDP 从 1990 年的 1663 元人民币、317.88 美元提高到 2000 年的 7942 元人民币、959.37 美元，超额实现了邓小平提出的"三步走"发展战略的第二步战略目标，即到 2000 年人均 GDP 达到 800 美元到 1000 美元、GDP 规模比 1990 年翻一番、人民生活达到小康水平。

**（二）经济增长的需求拉动模式从内需拉动转向内需与外需共同拉动**

从消费需求看，这一时期城乡居民消费规模快速扩大、消费结构大幅度提升，是产业结构提升和经济快速增长的基础。1990 年到 2000 年期间，城镇居民和农村居民人均消费支出分别从 584.63 元和 1278.91 元增加到 1670.13 元和 4998 元，增长了 2.86 倍和 3.91 倍，年均增速分别高达 11.07%和 14.6%。在消费支出规模快速扩大的同时，城乡居民消费结构也大幅度提升，农村居民和城镇居民食品消费占消费支出比重分别从 1990 年的 58.04%和 54.25%下降到 2000 年的 49.13%和 39.44%。在非食品消费支出中，农村居民消费支出增长最快的消费品依次是医疗保健（6.62 倍）、教育文化娱乐（5.95 倍）、居住（3.73 倍）、生活用品及服务（2.34 倍），城镇居民消费支出增长最快的消费品依次是医疗保健（12.39 倍）、交通通信（10.54 倍）、居住（9.29 倍）、教育文化娱乐（5.96 倍）、生活用品及服务（3.45 倍）。与非食品消费支出的快速增长相对应，这一时期以家电为主的城乡居民耐用消费品支出高速增长，成为拉动轻纺工业快速发展的需求基础。其中农村每百户拥有的洗衣机、电冰箱、彩电数量分别增长了 3.14 倍、10.09 倍和 10.33 倍，城镇每百户拥有的洗衣机、电冰箱、彩电、空调器分别增长了 1.15 倍、1.89 倍、1.97 倍和 90.59 倍。

表 4　1978 年到 2017 年中国农村居民人均消费支出（元）

| 年度 | 1978 | 1985 | 1990 | 2000 | 2010 | 2017 |
|---|---|---|---|---|---|---|
| 人均消费支出 | 116.06 | 317.42 | 584.63 | 1670.13 | 4381.82 | 10955.00 |
| 食品 | 78.59 | 183.33 | 339.30 | 820.52 | 1800.67 | 3415.00 |
| 衣着 | 14.74 | 31.34 | 45.34 | 95.95 | 264.03 | 612.00 |

续表

| 年度 | 1978 | 1985 | 1990 | 2000 | 2010 | 2017 |
|---|---|---|---|---|---|---|
| 居住 | 3.67 | 39.46 | 69.30 | 258.34 | 835.19 | 2354.00 |
| 生活用品及服务 | 7.62 | 20.75 | 32.18 | 75.45 | 234.06 | 634.00 |
| 交通通信 | | | | 93.13 | 461.10 | 1509.00 |
| 教育、文化和娱乐 | 3.16 | 12.36 | 31.38 | 186.72 | 366.72 | 1171.00 |
| 医疗保健 | | 5.49 | 13.23 | 87.57 | 326.04 | 1059.00 |
| 其他用品及服务 | | | | 52.46 | 94.02 | 201.00 |
| 食品消费占比（%） | 67.71 | 57.76 | 58.04 | 49.13 | 41.09 | 31.17 |

数据来源：Wind 资讯中国宏观数据库。

表5　1978 年到 2017 年中国城镇居民人均消费支出（元）

| 年度 | 1978 | 1985 | 1990 | 2000 | 2010 | 2017 |
|---|---|---|---|---|---|---|
| 人均消费支出 | 311.20 | 673.20 | 1278.91 | 4998.00 | 13471.45 | 24445.00 |
| 食品 | | 351.72 | 693.77 | 1971.32 | 4804.71 | 7001.00 |
| 衣着 | | 98.04 | 170.90 | 500.46 | 1444.34 | 1758.00 |
| 家庭设备用品及服务 | | 57.87 | 108.45 | 374.49 | 908.01 | 1525.00 |
| 医疗保健 | | 16.73 | 25.67 | 318.07 | 871.77 | 1777.00 |
| 交通通信 | | 14.39 | 40.51 | 426.95 | 1983.70 | 3322.00 |
| 教育文化娱乐服务 | | 55.01 | 112.29 | 669.58 | 1627.64 | 2847.00 |
| 居住 | | 32.26 | 60.86 | 565.29 | 1332.14 | 5564.00 |
| 杂项商品和服务 | | 47.23 | 66.57 | 171.83 | 499.15 | 652.00 |
| 食品消费占比（%） | | 52.25 | 54.25 | 39.44 | 35.67 | 28.64 |

数据来源：Wind 资讯中国宏观数据库。

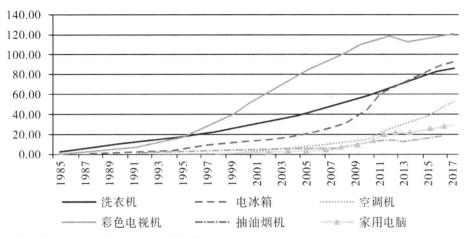

数据来源：Wind 资讯中国宏观数据库。

**图6    1985 年到 2017 年中国每百户农村居民家庭拥有耐用消费品（台）**

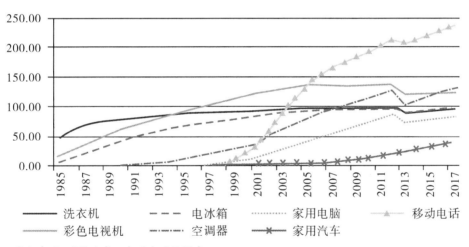

数据来源：Wind 资讯中国宏观数据库。

**图7    1985 年到 2017 年中国每百户城镇居民家庭拥有耐用消费品（台）**

从外需看，这一时期利用外资规模与出口规模的快速扩大，对经济持续快速增长作出了重要贡献。1990 年以后，中国利用外资（FDI）规模快速扩大，实际利用外资规模从 1990 年的 34.87 亿美元扩大到 2000 年的 407.15 亿美元。实际利用外资规模的大幅度扩大，从增加税收、扩大就业和出口、促进技术进步与产业

结构升级等多方面促进了中国工业发展①。特别是在出口方面，随着利用外资规模的扩大，外商投资企业出口规模迅速扩大，从 1990 年的 78.14 亿美元增加到 2000 年的 1194.41 亿美元，占出口总额的比重也从 1990 年的 12.58% 提高到 2000 年的 47.93%。在外商投资企业出口快速增长拉动下，中国商品出口规模也快速扩大，从 1990 年的 620.9 亿美元、2985.8 亿元人民币扩大到 2000 年的 2492 亿美元、

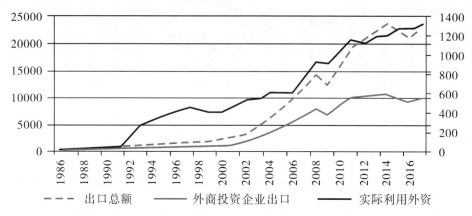

数据来源：Wind 资讯中国宏观数据库。左轴为出口额，右轴为利用外资额。

**图 8　1986 年到 2017 年中国出口总额、外商投资企业出口额和利用外资（亿美元）**

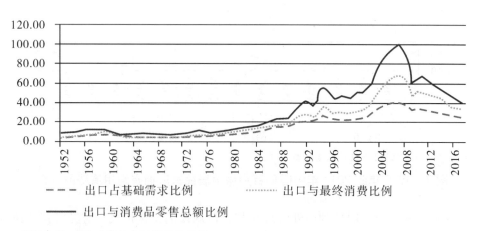

数据来源：Wind 资讯中国宏观数据库。

**图 9　1952 年到 2017 年中国出口总额与最终消费和全社会消费品零售总额比率（%）**

---

① 赵晋平：《利用外资与中国经济增长》，人民出版社 2001 年版。

20634.4亿元人民币,与国内全社会消费品零售总额的比率从1990年的35.97%提高到2000年的52.77%。从经济增长的需求拉动因素看,出口是与国内消费同等重要的基础需求因素,当期投资也是重要需求因素,但投资需求取决于消费和出口,出口与国内社会消费品零售总额比率的提高,意味着1990年到2000年期间出口对中国经济增长的拉动作用大幅度提升。从最终消费、资本形成总额和净出口三大需求对经济增长的贡献看,这一时期净出口对中国经济增长的贡献从1978年到1990年的9.87%提高到13.01%,已经体现了出口快速增长对经济增长的贡献。但以净出口衡量的外需对经济增长的贡献,仍然低估了出口对经济增长的实际贡献。如果仅从最终消费和出口两大基础需求来衡量,1990年到2000年出口占基础需求的比重从19.92%提高到24.48%,平均水平为23.46%,即这一时期出口对经济增长的贡献平均在23.46%,远高于1978年到1990年平均14.11%的水平。

### (三)经济增长的要素驱动模式转为劳动与资本要素共同驱动

从要素投入看,1990年以后中国经济增长的要素投入驱动特征依然突出,但技术进步的作用明显增强。从劳动要素投入情况看,中国就业人员从1990年的64749万人增加到2000年的72085万人,增加了7336万人,其中第一产业就业人员减少了2871.65万人,第二产业和第三产业就业人员分别增加了2362.84万人和7844.81万人,以吸纳农村富余劳动力为主的乡镇企业就业人员增加了3555万人,占二、三产业就业人员增量的35%。从资本要素投入情况看,这一时期不变价资本存量(不变价累计资本形成总额)从1990年的81302.62亿元增加到2000年的220809.75亿元,增加了139507亿元。与资本要素投入相对较快增长相对应,中国经济的资本有机构成从1990年的1.26亿元/万人提高到了2000年的3.06亿元/万人,增长了2.44倍,年均提升幅度为9.33%,比1978年到1990年的资本有机构成提高了110%。即1990年到2000年期间,资本要素投入增速明显高于劳动力要素投入,经济增长的要素驱动模式已从早期的劳动要素投入为主转变为劳动与资本要素投入共同驱动。资本要素投入的驱动作用明显提升。同时,资本有机构成的大幅度提升也表明,技术进步对这一时期经济增长的贡献明显提升。

### （四）产业结构进入轻纺工业相对快速发展阶段

在国内消费结构和出口结构升级拉动下，1990 年以后中国经济进入了以纺织工业和家电产业快速增长为特征的新一轮轻工业阶段。第一产业在经历了 1978 年到 1990 年的持续高速发展之后，土地、劳动力等要素潜力已得到充分挖掘，产业发展更多依靠农业技术进步和产品结构的优化升级，第一产业增加值年均增速从 1978 年到 1990 年的 5.4% 大幅度下降到 1990 年到 2000 年的 3.73%，在 GDP 中的占比也从 1990 年的 26.6% 大幅度下降到 2000 年的 14.7%。第二产业和工业进入高速增长状态，其增加值年均增速从 1978 年到 1990 年的 10.07% 和 10.19% 大幅度提高到 1990 年到 2000 年的 13.48% 和 13.85%，在 GDP 中占比也分别从 1990 年的 41% 和 36.6% 提高到 2000 年的 45.5% 和 40.1%。第三产业发展增速有所下降，增加值年均增速从 1978 年到 1990 年的 11.48% 下降到 1990 年到 2000 年的 10.24%，但在 GDP 中的占比仍然从 1990 年的 32.4% 提高到 2000 年的 39.8%。

### （五）经济的投资加速数大幅度提高

从经济运行的内在增长机制看，1990 年以后中国经济增长提速，核心因素是经济的投资加速数提高[1]。投资加速数是产业中间投入与最终产出的比率，即单位最终产出所需要的投资（中间投入）。一个产业投资加速数越大，说明单位最终产出所需要的投资越多，该产业增加值增速提高对投资及经济增长的拉动作用越大。1990 年以后，随着居民消费结构和出口产品结构的提升，第二产业特别是制造业快速发展，鉴于制造业的投资加速数远高于第一产业和第三产业（如表 6 所示），同时制造业内部结构升级也引致制造业投资加速数不断提高，从 1990 年的 2.47 倍提高到 2000 年的 2.77 倍，整个经济的投资加速数从 1990 年的 1.51 倍提高到 2000 年的 1.79 倍。在消费需求和出口增速提高、结构提升以及整个经济投资加速数提高的共同作用下，1990 年到 2000 年期间中国经济增速也明显提升。

---

[1] 李建伟：《投资率、消费率与经济周期变动的关联度》，《改革》2015 年第 12 期。

表 6　1987 年到 2012 年中国经济的投资加速数（倍）

| 年份 | 所有产业 | 农林牧渔 | 第二产业 | 采掘业 | 制造业 | 建筑业 | 第三产业 |
|---|---|---|---|---|---|---|---|
| 1987 | 1.32 | 0.46 | 2.02 | 0.54 | 2.14 | 2.50 | 0.64 |
| 1990 | 1.51 | 0.52 | 2.33 | 0.96 | 2.47 | 2.50 | 0.69 |
| 1992 | 1.69 | 0.55 | 2.49 | 1.06 | 2.67 | 2.38 | 1.11 |
| 1995 | 1.76 | 0.67 | 2.48 | 0.99 | 2.67 | 2.44 | 0.86 |
| 1997 | 1.64 | 0.67 | 2.35 | 0.91 | 2.50 | 2.48 | 0.99 |
| 2000 | 1.79 | 0.73 | 2.57 | 0.73 | 2.77 | 2.73 | 1.03 |
| 2002 | 1.57 | 0.72 | 2.46 | 0.73 | 2.58 | 3.27 | 0.88 |
| 2005 | 1.94 | 0.71 | 2.97 | 1.15 | 3.21 | 2.91 | 1.04 |
| 2007 | 2.08 | 0.71 | 3.29 | 1.11 | 3.57 | 3.32 | 0.87 |
| 2010 | 2.10 | 0.71 | 3.51 | 1.21 | 3.98 | 2.84 | 0.82 |
| 2012 | 1.98 | 0.71 | 3.36 | 1.04 | 3.82 | 2.77 | 0.86 |

数据来源：根据 Wind 资讯提供中国投入产出数据计算。投资加速数为中间投入与最终产出的比率，投资加速数＝中间投入系数／（1－中间投入系数）。

## 三、2000 年到 2010 年：新型重化工业化阶段

2000 年以后，中国市场经济机制日趋完善，经济政策保持了较强的稳定性和连续性，为经济高速增长创造了良好的制度环境。在国内消费结构从家电消费转向住房与汽车等重化工业消费品、出口产品结构快速提升拉动下，中国经济进入了重化工业快速发展的新一轮重化工业化阶段。这一时期国内消费增速有所下降，但在出口高速增长和经济投资加速数提升拉动下，经济增速明显提高。经济增长的要素投入驱动模式从劳动与资本投入共同驱动转向以资本要素投入驱动为主。同时，中国自主创新能力逐步增强，对经济增长的拉动作用也明显提升。

### （一）经济增速发生重大转折性变化

2000 年到 2010 年是中国经济增速发生转折性变化的重要阶段。2007 年之前中国经济增长持续加速，从 2000 年的 8.5％提高到 2007 年的 14.2％，是改革开放以后经济增速持续提高时间最长的时期。2007 年以后经济增速回调，特别是

2008年爆发的美国金融危机对中国经济增长造成巨大冲击，经济增速在2009年一季度深度下滑到6.1%，但在国内抢有力扩张性政策刺激下，中国经济增速迅速回升到2010年的10.6%。总体上，2000年到2010年是中国经济年均增速最高的10年，GDP年均增速达到了10.54%，扣除价格因素，2010年GDP规模比2000年增长了2.72倍，超额完成了全面建成小康社会第一步发展目标所要求的2010年GDP比2000年翻一番的规划目标，人均GDP达到30876元人民币、4560.51美元，超过2010年世界中等收入国家人均GDP平均水平（3916.76美元），步入中等收入国家行列。

### （二）经济发展战略与决策保持了良好的稳定性和连续性

从制度创新看，2000年到2010年中国在不断深化经济体制改革的同时，保持了国家发展战略与决策的稳定性和连续性，为经济高速增长创造了良好的制度环境。1992年确立建立社会主义市场经济体制总体改革目标之后，历经多年市场化改革，2001年中国又成功加入世界贸易组织，中国市场经济机制日趋完善，2002年中共十六大报告明确指出，中国已初步建立社会主义市场经济体制。十六大报告提出了到2020年全面建成小康社会的奋斗目标，将健全社会保障体系、缩小工农差距、城乡差距和地区差距作为经济社会发展的重要目标，在进一步确定发挥市场在资源配置中的基础作用、健全现代市场体系的同时，充分肯定了非公有制经济在促进经济增长、扩大就业和活跃市场等方面的重要作用。2007年召开的中共十七大，继承和发展了十六大确立的全面建成小康社会的国家发展战略和经济社会发展的改革与发展目标，重大战略与决策保持了连续性和稳定性，为经济社会发展创造了良好的制度环境。

### （三）外需对经济增长的拉动作用显著增强

从国内消费需求看，这一时期城乡居民消费结构从家电消费转向住房与汽车消费的升级发展，为重化工业和经济高速发展提供了巨大需求支撑。这一时期农村居民和城镇居民人均消费支出从1670.13元和4998元增加到4381.32元和13471.45元，分别增长了2.62倍和2.7倍，年均名义增速分别为10.13%和10.42%，增速均比1990年到2000年的年均增速（分别为11.07%和14.6%）有所下降。城乡居民消费支出增速下降的重要原因是城乡居民家电消费逐步趋于饱和，如2010年城镇居民每百户家庭拥有的洗衣机、彩电、电冰箱、空调等家电耐用消费品均接近 100 台或 100 台以上，农村居民的洗衣机、电冰箱和彩电拥有量也都提高到 57.32 台、45.19 台和 111.79 台（如图 6 和图 7 所示）。从耐用消费品的发展规律看，当 50％以上家庭实现消费需求之后，消费需求增长主要依靠产品更新和新产品需求支撑，需求增速将会下降①。但从城乡居民消费支出结构看，这一时期居民消费结构有大幅度提升，重点是以住房和家用汽车为主的居住、交通通讯和医疗保健支出，2000 年到 2010 年，农村居民人均居住、交通通讯和医疗保健支出分别增长了 3.23 倍、4.95 倍和 3.72 倍，年均增速高达 12.45％、17.35％和 14.05％；城镇居民的人均居住、交通通讯和医疗保健支出分别增长了 2.36 倍、4.65 倍和 2.74 倍，年均增速高达 8.95％、16.6％和 10.61％。与城乡居民消费结构的提升相对应，农村和城市人均住房面积分别从 2000 年的 24.8 平方米和 20.3 平方米增加到 2010 年的 34.1 平方米和 31.6 平方米（如图 10 所示），城镇居民每百户家庭家用汽车拥有量也从 2000 年的 0.5 辆提高到 2010 年的 13.07 辆，而耐用消费品需求饱和程度（实现消费需求家庭或人员占比）低于 15％时，正是耐用消费品需求加速增长阶段。同时，从各产业的投资加速数看，制造业的投资加速数远高于第一产业和第三产业，重化工业的投资加速数又远高于轻工业②。因此，

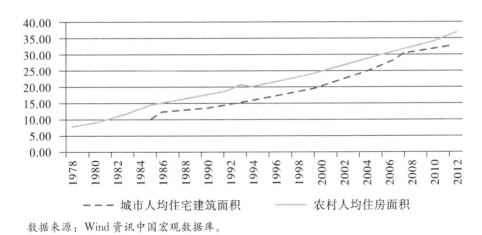

数据来源：Wind 资讯中国宏观数据库。

**图 10　1978 年到 2012 年中国农村居民和城市居民人均住房面积（平方米）**

---

① 李建伟：《居民收入分布与经济增长周期的内生机制》，《经济研究》2015 年第 1 期

② 李建伟：《投资率、消费率与经济周期变动的关联度》，《改革》2015 年第 12 期。

这一时期居民消费增速相对下降，但居民消费结构转向住房、汽车和医疗保健等重化工业产品之后，经济的投资加速数提高，从 2000 年的 1.79 倍提高到 2010 年的 2.1 倍，引致 2000 年到 2007 年经济增速持续提高。但同样是因为经济投资加速数很高，在 2008 年受到美国金融危机冲击后，出口和国内消费增速的下降也导致经济增速出现深度下滑。

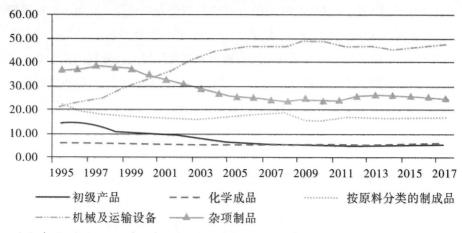

数据来源：根据 Wind 资讯中国宏观数据库提供数据计算。

**图 11　1995 年到 2017 年中国出口产品结构（％）**

从外需看，这一时期是出口对经济增长贡献发生转折性变化的时期。从 2001 年中国加入世界贸易组织到美国金融危机爆发的 2008 年，中国出口规模大幅度扩大，出口产品结构大幅度提升，出口对经济增长的贡献也大幅度提高。2008 年美国金融危机爆发以后，中国出口增速大幅度下降，出口对经济增长的拉动作用也明显降低。从出口规模看，中国商品出口规模从 2000 年的 2492 亿美元增加到 2010 年的 15777 亿美元，增长了 6.33 倍、年均增长 20.27％，其中 2000 年到 2007 年出口增长了 4.9 倍、年均增长 25.48％。随着出口规模的扩大，出口与全社会消费品零售总额的比例、与最终消费的比率、占基础需求的比例不断提高，到 2007 年分别提高到 99.99％、68.68％和 40.72％（如图 9 所示），即从商品需求角度看，2007 年出口已与国内商品消费需求规模相当，从基础需求看，2007 年出口对经济增长的贡献已提高到 40％。2008 年美国金融危机爆发后，出口增速大幅度下降，出口与全社会消费品零售总额的比例、与最终消费的比率、占基础需求的比例也下降到 2010 年的 67.73％、53.78％和 34.97％，出口对中国经济增长的拉动作用已明显下降。尽管这一时期出口对经济增长的贡献发生了重大转折性变化，从平均水平看，2000 年到 2010 年出口占基础需求的比例和与全社会消费品零售总额的比率平均高达 33.43％和 74.37％，远高于 1990 年到 2000 年的平均水平（分别为 23.03％和 45.59％），出口对经济增长的拉动作用显著增强。同时，从出口产品结构看，2000 年以后出口产品结构大幅度提升，制造业产品出口占出口总额的比重从 2000 年的 89.8％提高到 2010 年的 94.82％，其中机械及运输设备出口占比从 33.14％提高到 49.45％。出口规模的扩大和结构提升，特别是机械及运输设备出口规模与结构的提升，与国内消费规模扩大与结构提升一起，成为 2000 年到 2010 年期间中国重化工业产业快速发展的决定性因素。

### （四）经济增长的要素驱动模式转向资本要素驱动为主

与经济的重化工业化相对应，2000 年以后经济发展的要素驱动方式从 1990 年到 2000 年的劳动与资本共同驱动转向以资本要素投入驱动为主。

从劳动要素投入情况看，全社会就业人员从 2000 年的 72085 万人增加到 2010 年的 76105 万人，其中第一产业就业人员减少了 8111.96 万人，第二产业和第三产业分别增加了 5623.01 万人和 6508.95 万人，乡镇企业增加了 3073 万人，2000 年以后中国经济的重化工业化依然是依靠劳动力从第一产业向第二产业和第三产业的大规模转移。

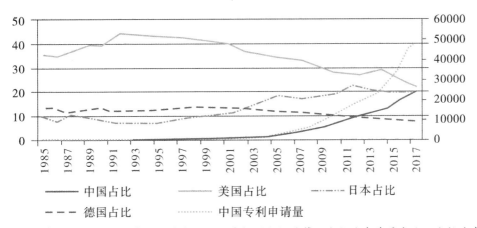

数据来源：根据 Wind 资讯全球宏观数据库提供数据计算。左轴为申请量占比，右轴为申请量。

图 12　1985 年到 2017 年中国 PCT 专利申请量（件）和主要国家申请量占比（%）

从资本要素投入看，全社会不变价资本存量从 2000 年的 22080.98 亿元增加到 2010 年的 64429.81 亿元，资本有机构成大幅度提高，从 2000 年的 3.06 亿元/万人提高到了 2010 年的 8.47 亿元/万人，增长了 2.76 倍、年均提升幅度为10.7%。即从劳动与资本要素投入看，2000 年到 2010 年期间，虽然劳动力从第一产业向第二产业和第三产业的大规模转移是经济重化工业化的基础，但经济增长的要素驱动模式已转变为资本要素投入驱动为主。

同时，2000 年以后中国经济增长的自主创新驱动也逐步增强，代表自主创新能力的 PCT（Patent Cooperation Treaty，专利合作条约）专利申请量，2000 年中国只有 781 件，到 2010 年已增加到 12300 件，占世界 PCT 专利申请量的比重也从 2000 年的 0.84% 提高到 2010 年的 7.49%。因此，2000 年到 2010 年中国经济的重化工业化与经济的高速增长，是劳动力大规模转移、资本要素投入驱动和技术进步尤其是自主创新共同推动的。

### （五）经济增长进入重化工业化阶段

与消费和出口结构提升相对应，这一时期中国经济的重化工业化程度明显提升。从一、二、三产业增长情况看，这一时期二、三产业增加值增速出现了重要的转折性变化。2000—2007 年，一、二、三产业增加值增速均有明显提高，分别从 2000 年的 2.3%、9.5% 和 9.8% 提高到 2007 年的 3.5%、15.1% 和 16.1%。此后受周期性因素和美国金融危机冲击影响，第二产业和第三产业增加值增速出现下降，2010 年分别降为 12.7% 和 9.7%。但总体看，这一时期三次产业增加值均保持高速增长状态，2000 年到 2010 年一、二、三产业增加值年均增速分别为4.06%、11.55%、11.26%，GDP 年均增速为 10.54%，是改革开放后年均增速最高的十年。

与二、三产业增加值增速的转折性变化相对应，这一时期产业结构也出现了重大转折性变化，第一产业增加值占 GDP 比重持续下降，到 2010 年降为 9.5%，第三产业增加值占 GDP 比重持续提高，到 2010 年提高到 44.1%，但第二产业和工业增加值占 GDP 比重在从 2000 年的 45.5% 和 40.1% 提高到 2006 年的 47.6% 和 42% 之后趋于下降，到 2010 年降为 46.4% 和 40%。2006 年第二产业和工业增加值占比达到了改革开放以后的峰值，表明中国经济的重化工业化进程进入巅峰状态。从轻工业和重工业的发展情况（见图 13）也可以看，2000 年以后重工业总产值增速一直高于轻工业，2000 年到 2010 年年均名义增速高达 25.33%，而轻工业总产值年均增速只有 18.97%；重工业总产值占工业总产值的比重在经历了 1970 年到 1999 年长达 29 年的相对稳定发展状态之后，从 2000 年开始持续大幅度提高，从 1999 年的 58.03% 持续提高到 2011 年的 71.85%，轻工业总产值占比则从 1999 年的 41.97% 下降到 2011 年的 28.15%。

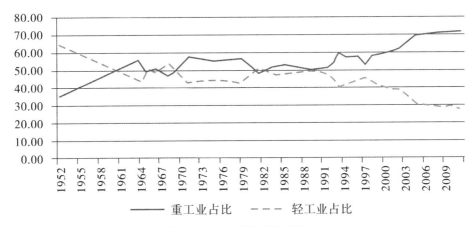

数据来源：根据 Wind 资讯全球宏观数据库提供数据计算。

**图 13  1952 年到 2011 年中国重工业和轻工业总产值占工业总产值比重（%）**

## 四、2010 年以后：进入从工业化后期向后工业化时期过渡的转型发展阶段

2010 年以后，中国城乡居民耐用消费品需求日趋饱和，消费结构的提升重点从商品消费转向服务消费，出口产品的国际市场提升空间日趋缩小，劳动力供求格局也从供给过剩转向供给不足，中国经济逐步从经济高速增长的重化工业化阶段转向第三产业相对快速发展的工业化后期和后工业化时期。经济增长的需求拉动模式再度转换为内需拉动为主，经济增长的要素驱动模式转换为以资本要素投入驱动和自主创新驱动为主，整个经济社会进入转型发展时期，经济增速也从过去的高速增长转向中高速增长，在从 2010 年的 10.6% 下降到 2015 年的 6.9% 之后，基本稳定在 6.7% 到 6.9% 的中高速增长状态。到 2017 年，中国人均 GDP 达到 59660 元人民币、8826.99 美元，从 2015 年开始中国人均 GDP（8069 美元）超

过世界中等偏上收入国家人均 GDP 平均水平（7965 美元），成为中等偏上收入国家。

### （一）全面深化改革为经济社会转型发展奠定了制度基础

经济社会的转型发展时期，是社会矛盾的积聚期、新旧矛盾的叠加期，也是社会矛盾的突发期，体制改革与制度创新的难度加大，但制度创新又是经济社会成功转型发展的基础与保障。改革开放后长期积累形成的工农差距、城乡差距、区域发展不协调、收入分配两极分化、公共服务供给不足等经济与社会发展不协调的矛盾，经济发展产生的污染物排放规模逐步接近生态环境承载力极限所引致的经济发展与环境保护之间的矛盾，在转型发展时期日渐凸显。以房地产开发带动城市发展的地方"土地财政"发展模式已经接近发展极限，以地方政府大规模招商引资为特征的粗放式规模扩张发展模式正在受到产能过剩的制约，以经济建设为重点的政府治理模式不能适应转型发展时期社会治理的需要，传统发展模式与转型发展模式的矛盾也逐步显露。中国经济快速发展与发达国家低速增长形成的国际经济发展不平衡，也导致中国经济社会发展的外部环境日趋复杂多变。面对转型发展时期新旧矛盾的积聚与叠加，中共十八大以后作出了全面深化改革的决定，提出了创新、协调、绿色、开放、共享发展的新理念，将构建现代市场体系和现代经济体系、发挥市场在资源配置中的决定性作用作为经济体制改革的目标，把完善和发展中国特色社会主义制度、推进国家治理体系和治理能力现代化作为全面深化改革的总目标，在实践中推出了"放管服"改革、创新社会治理、深化党和国家机构改革、实施供给侧结构性改革等一系列重大改革举措，为经济社会的平稳转型发展创造了良好的环境与条件。但也需要看到，转型发展时期的一系列矛盾，绝非短期内能够化解，只能在转型发展中逐步解决。

### （二）经济增长的需求拉动模式转向以内需拉动为主

2010 年以后城乡居民消费结构提升重点转向服务消费。农村居民和城镇居民消费支出规模分别从 2010 年的 4381.82 元和 13471.45 元增加到 2017 年的 10955 元和 24445 元，增长了 2.5 倍和 1.81 倍，年均名义增速分别为 13.99% 和 8.88%，农村居民消费支出的名义增速比 2000 年到 2010 年有所提高，但作为中国社会消费主体的城镇居民消费支出增速明显下降。

从消费支出结构看，2010 年到 2017 年期间，农村居民消费支出中增长最快的前三大支出分别是交通通信（3.27 倍）、医疗保健（3.25 倍）和教育文化娱乐（3.19 倍），食品、衣着、生活用品和居住仅增长 1.9 倍、2.32 倍、2.71 倍和 2.82 倍；城镇居民消费支出中增长最快的前三大支出分别是居住（4.18 倍）、医疗保健（2.04 倍）和教育文化娱乐（1.75 倍），食品、衣着、交通通信和生活用品仅增长 1.46 倍、1.22 倍、1.67 倍和 1.68 倍。医疗保健、教育文化娱乐等服务消费支出成为城乡居民的消费支出的重点。受住房价格大幅度上涨影响，居住支出成为城镇居民消费支出最快的领域。

从耐用消费品消费情况看，到 2017 年，城镇居民每百户家庭拥有的洗衣机、彩电、电冰箱、空调、移动电话等耐用消费品均已超过 100 台，进入饱和需求状态。农村居民彩电拥有量达到 120 台，进入饱和需求状态；电冰箱、洗衣机、空调拥有量分别达到 91.7 台、86.3 台和 52.6 台，已接近饱和需求状态。城乡居民的家电需求均已进入以更新和新产品需求为主的中低速增长阶段。2017 年每百户城镇居民家庭汽车拥有量达到 37.5 辆，早已超过耐用消费品从高速增长向中高速增长转变的临界点（拥有量 15％），并正在向低速增长的临界点（拥有量 50％）靠近，家用汽车的消费需求增速也日趋下降。城乡居民的商品消费已进入中低速增长阶段。

从外需看，2010 年以后中国商品出口规模继续扩大，但增速明显下降。中国商品出口规模从 2010 年的 15777.54 亿美元扩大到 2017 年的 22633.29 亿美元，年均增速只有 5.29％，远低于 1978 年到 2010 年中国出口年均 17.15％ 的增速，更低于 2000 年到 2010 年年均 20.27％ 的增速。与美国、德国、日本等全球主要贸易国家相比，中国商品出口仍保持了较快增长，2010 年到 2017 年全球商品出口年均增速只有 2.13％，美国、德国和日本出口增速只有 2.76％、2.02％ 和 1.39％。从各国商品出口占全球商品出口比重的发展历史看，日本出口占比在 1986 年达到 9.86％ 的峰值后持续下降，到 2017 年降为 3.94％；德国出口在 1990 年达到 12.21％ 的峰值后也趋于下降，2017 年降为 8.17％。中国商品出口在 2009 年已超过德国成为全球最大商品出口国，占比在 2015 年达到了 13.76％ 的峰值，2017 年已下降到 12.77％。从日本、德国的发展经验看，未来中国商品出口占比再度提升的可能性较小，出口增速将会逐步回归全球平均出口增速。

从出口与国内消费的比率看，随着出口增速的下降，中国商品出口与全社会消费品零售总额和最终消费的比例也持续下降，到 2017 年已下降到 41.86％ 和

35.21%，在基础需求中的占比也从 2010 年的 34.97% 下降到 2017 年的 26.04%。与国内消费相比，2010 年以后出口对经济增长的拉动作用已经大幅度下降，中国经济增长的需求拉动模式正在从内需和外需共同拉动转向内需拉动为主。

表 7　中国与美国、德国、日本商品出口增长状况比较（%）

| 时期 | 全球 | 美国 | 德国 | 中国 | 日本 |
|---|---|---|---|---|---|
| 1978—2010 年 | 7.99 | 7.02 | 7.05 | 17.15 | 6.65 |
| 2000—2010 年 | 9.01 | 5.04 | 8.60 | 20.27 | 4.85 |
| 2010—2017 年 | 2.13 | 2.76 | 2.02 | 5.29 | −1.39 |

数据来源：根据 Wind 资讯全球宏观数据库提供数据计算。

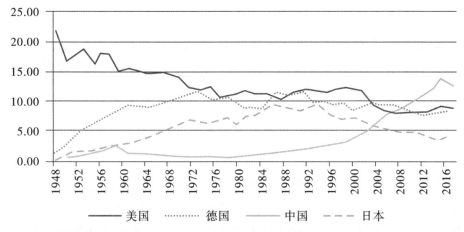

数据来源：根据 Wind 资讯全球宏观数据库提供数据计算。

**图 14　1948 年到 2017 年美国、德国、日本和中国商品出口占全球商品出口比重（%）**

### （三）经济增长的要素驱动模式转向以资本要素投入和自主创新驱动为主

2010 年以后中国劳动力供求格局发生了转折性变化，劳动力供求格局从供给过剩转向供给不足。从全国劳动力市场供求状况看，2010 年之前，中国劳动力市场求职人数一直大于需求人数，劳动力供给处于过剩状态，但求人倍率（需求人数/求职人数）不断提高，从 2001 年一季度的 0.65 倍提高到 2009 年四季度的 0.97 倍，说明 2001 年以后中国劳动力供给过剩的状况逐步弱化。2010 年一季度求人倍率提高到 1.04 倍，是改革开放以来首次出现劳动力需求人数大于求职人数，此后求人倍率呈持续攀升态势，到 2017 年四季度已提高到 1.22 倍，中国劳动力市场供求格局已从 2010 年之前的供给过剩逐步转变为供给不足。

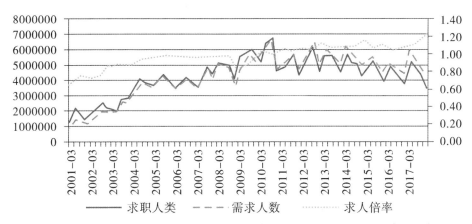

数据来源：Wind 资讯中国宏观数据库。左轴为劳动力人数（人），右轴为求人倍率（倍）。

**图 15　2001 年一季度到 2017 年四季度中国劳动力市场供求状况**

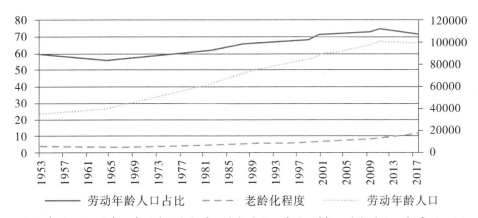

数据来源：Wind 资讯中国宏观数据库。左轴为人口占比（％），右轴为人口数量（万人）。

**图 16　1953 年到 2017 年中国劳动年龄人口规模（万人）及其占比和人口老龄化程度（％）**

2010 年以后，中国人口结构也发生了重大的转折性变化，在人口快速老龄化快速提高的同时，劳动年龄人口规模开始减少。2007 年中国 65 岁及以上老年人口占比已提高到 8.1%，进入老龄社会国家行列，此后人口老龄化程度快速提高，到 2017 年已提高到 11.4%。与人口老龄化的快速提高相对应，中国 15 岁到 64 岁劳

动年龄人口占比在 2010 年达到 74.5% 的峰值后趋于下降，到 2017 年降为 71.82%。劳动年龄人口规模在 2013 年达到 100557 万人的峰值后也不断减少，到 2017 年已缩减到 99835.55 万人。

劳动年龄人口规模缩减，意味着中国劳动力供给减少，由早期人口快速增长产生的大量过剩劳动力所带来的"人口红利"时代基本结束。从就业人员看，2010 年到 2017 年中国就业人员规模从 76105 万人增加到 77640 万人，7 年时间仅增加了 1535 万人，其中第一产业和第二产业就业人员分别减少了 6986.54 万人和 18.14 万人，第三产业就业人员增加了 8539.67 万人。即 2010 年以后第三产业快速发展所需的劳动力，主要依靠第一产业劳动力向第三产业转移。

劳动力供给不足引致工资快速上涨，特别是农民工工资上涨更快，农民工的月平均收入从 2010 年的 1690 元提高到 2017 年的 3485 元，平均增速为 10.89%，超过同期 GDP 年均 10.43% 的名义增速。劳动力供给不足和工资上涨，迫使企业进行技术改造，加大资本投入力度。2010 年到 2017 年，中国不变价资本存量从 64429.81 亿元扩大到 117131.7 亿元，增加了 52701.91 亿元，增长了 1.82 倍。中国经济的资本有机构成从 2010 年的 8.47 亿元/万人提高到 2017 年的 15.09 亿元/万人，增长了 1.78 倍，年均提升幅度为 8.6%。这一提升幅度低于 2000 年到 2010 年经济重化工业化阶段资本有机构成的年均提升幅度（10.7%），重要原因是这一时期产业结构发生了重大变化，投资加速数较低的第三产业发展相对较快，引致整个经济对资本要素的投入需求相对下降。总体看，资本有机构成的大幅度提高表明，中国经济进入转型发展时期之后，资本要素在经济增长要素驱动模式中的主导作用显著提高。

2010 年以后，中国的自主创新能力持续提高，为经济的创新发展提供了日益坚实的技术支撑。中国 PCT 专利申请量从 2010 年的 12300 件大幅度增加到 2017 年的 48875 件，在世界 PCT 专利申请量中的占比也从 2010 年的 7.49% 提高到 2017 年的 20.13%，成为仅次于美国（2017 年占比 23.19%）的全球第二大专利申请国。作为衡量自主创新能力的重要指标，中国 PCT 专利申请量的持续大幅度增加，表明中国的自主创新发展能力正在快速提升。专利申请量占比跃居世界前列，表明中国已成为全球最重要的自主创新型国家之一。在 2010 年以后全球经济持续低增长、外需增速大幅度下降的情况下，正是中国自主创新能力的持续大幅度提升，为中国经济保持 7% 左右的中高速增长提供了重要的技术支撑。

### （四）经济增长进入第三产业相对快速发展的后工业化时期

从产业结构看，2010 年以后受国内居民商品消费和出口增速下降影响，第二产业和工业增加值增速出现较大幅度下降，分别从 2010 年的 12.7％和 12.6％下降到 2017 年的 6.1％和 6.4％，第二产业和工业增加值在 GDP 中的占比也从 2010 年的 46.4％和 40％持续下降到 2017 年的 40.5％和 33.9％。而在国内居民服务消费较快增长支持下，第三产业继续保持了相对快速增长状态，增加值增速仅从 2010 年的 9.7％下降到 2017 年的 8％，在 GDP 中占比从 2010 年的 44.1％提高到 2015 年的 50.2％和 2017 年的 51.6％，即从 2015 年开始，第三产业增加值占比超过第二产业增加值占比，整个经济已进入第三产业相对快速发展的后工业化时期。由于第三产业的投资加速数低于 1 倍，远低于第二产业超过 3 倍的投资加速数，服务消费和第三产业的相对快速增长，不会引致经济加速增长，整个经济将因此进入与消费增速基本持平或略低于消费需求增速的中高速增长状态。

## 五、中国经济增长的前景展望

中国经济社会的转型发展还会持续较长时间，未来经济社会发展会面临一系列的挑战。转型发展中已经出现的经济与社会发展不协调、经济发展与环境保护的矛盾、传统发展模式不适应转型发展需要等问题，需要通过全面深化改革进行制度创新在发展中逐步解决。中国与发达国家经济发展不平衡引致的贸易摩擦将常态化，对未来出口增长会形成持续制约。未来人口老龄化持续攀升和劳动年龄人口规模减小，意味着未来经济增长将面临劳动力供给不足和社会抚养比提高的制约。但问题与机遇总是并存的，转型发展时期各种内部矛盾的逐步化解，既是经济社会转型发展的需要，也会为经济社会可持续发展提供重要的发展机遇与发展条件。从中国经济社会发展的内外部环境条件看，中国经济的中长期发展仍具有保持持续较快增长的潜力。

从内需看，中国城乡居民商品消费趋于饱和，但更新需求和技术进步引致的新产品的涌现，如近年来通信产品的持续升级换代，会刺激商品消费保持较快增长状态。服务消费正处于加速增长阶段，未来较长时期还会保持快速增长。中国人口众多，工农差距、城乡差距和地区差距巨大，农村和中西部地区的消费潜力

逐步释放，也会为未来经济增长提供持续的消费需求支撑。

从外需看，中国与美国的贸易摩擦常态化会对中美贸易产生负面影响，但中国作为全球最大的制造业基地所拥有的规模经济优势和配套生产能力优势，短期内难以被替代，中美贸易摩擦的短期心理影响远大于对中国出口的实际影响。中国是仅次于美国的全球第二大商品进口国，与美国一样拥有巨大的市场优势，且这一优势还在持续提升。作为同时拥有生产优势与市场优势的国家，随着一带一路倡议的逐步落实，未来中国进出口贸易仍将保持较快增长。

从要素供给看，中国劳动力供给充裕的人口红利基本消失，但依然拥有劳动力素质持续提高、人力资本价格相对较低的人力资本红利，未来经济发展依然具有持续较快增长的潜力。

从技术进步看，中国经济的后发优势已逐步消失，随着中国技术进步与发达国家技术进步差距的日渐缩小，从发达国家成熟技术的溢出效应中获取先进技术并推动国内技术进步的空间日渐缩小，难度越来越大。但经过多年的积累，中国自主创新能力快速提升，能够部分弥补后发优势弱化带来的技术进步缺口。以自主创新为主的技术进步有其自身发展规律，在经过长期积累后会出现爆发式增长，目前我国自主创新正处于长期积累之后的爆发式增长阶段，支持中长期经济较快增长的技术基础正在累积。

基于未来劳动力供给规模和技术进步的内在发展趋势，我们对中国经济中长期增长潜力的分析表明[1]，在当前就业政策不变情况下，2017 年以后中国劳动力供给规模将持续下降，从 2017 年的 77564 万人下降到 2025 年的 76001 万人。在技术进步的推动下，亿元 GDP（1978 年价格）所需劳动力人数将从 2017 年的 0.59 万人下降到 2025 年的 0.31 万人。根据未来劳动力供给规模和亿元 GDP 所需劳动力人数的内在趋势，未来中国经济的潜在增长率将呈持续下降趋势，从 2017 年的 6.8％持续下降到 2025 年的 5.2％，但平均增速仍将保持在 6.4％左右的中高速增长状态。

*作者单位：国务院发展研究中心公共管理与人力资源研究所*

---

① 张连成、刘树成：《中国经济增长与经济周期（2014）》，中国经济出版社 2014 年版。

# 中国财政改革四十年的逻辑

刘尚希

观察财政改革，最重要的是要突破部门思维。财政之于社会有机体，类似血液之于人体，须臾不可或缺。基于此，财政从来都是国家治理的基础与重要支柱，从历史来看，它既是改革的对象，也是各项改革的保障，国家治理在不同历史阶段的任何"破"与"立"，本质上是各种利益与风险的调整，最终都会归结为根植于社会共同体的财政的改革。

财政改革走过了四十年，放在历史长河中，这只是一个瞬间，而在中国改革开放的历史坐标中，却呈现出一幅浓墨重彩的改革画卷。财政改革的历史指向是民富国强，当下则是为中华民族的伟大复兴提供保障和支撑，真正实现中华民族从站起来、富起来到强起来的伟大飞跃。从理论上看，国家之所以成为国家，社会之所以成为社会，文明之所以成为文明，源于一个融于经济社会政治生活当中的财政活动，即围绕筹措、分配、管理资金，理财治国，为国家安全、社会稳定、经济增长、民生改善提供制度保障和政策激励。财政就像血液一样渗透于社会共同体的每一个细胞和组织之中，既有滋养服务的作用，又有防御风险的功能，促进社会共同体的健康成长。但财政总是依存于一定的历史条件，处于一定的发展阶段。社会主义初级阶段以及发展中国家地位，是中国财政改革的本底，抛开这个本底来讨论四十年的财政改革，可能就会有意无意地陷入到发达国家财政的理论话语体系当中，使人们难以看清中国财政改革的自身逻辑。

那么，是什么在推动中国财政改革呢？其深层逻辑是什么？我们发现，从过去到现在，根本上归结为一点，即公共风险的变化。这与人们日常生活的逻辑是一致的，只有当遇到明显的风险威胁时，人们才会改变自身行为方式。财政改革往往不是在先见之明的制度设计基础上进行的，而是在公共风险暴露与加剧时，

不得不做出的抉择。而公共风险暴露的威胁性与变化的紧迫性在时空上的差异，使得财政改革的重点、层次、顺序在时空上也并不是整齐划一的。这也与对不同时空条件下公共风险判断及其标准密切相关，如从政治标准、生产力标准、社会标准等不同参照系，就会看到不同的公共风险。与先有制度设计再有改革实施的制度主义路径不同，我国的财政改革带有鲜明的行为主义特征，依据现实中的风险类型、风险程度而改革，进而形成财政制度的演进和变迁。

改革开放之所以取得巨大成功，就在于我们找到了一条适合国情的独特发展道路，而财政改革之所以在国家改革开放与发展中发挥了基础性和突破性的作用，就在于比较准确地把握了不同领域、不同层次公共风险的变化，从而适时地牵引和支撑了国家的改革开放、稳定发展。我们经常说，要正确处理好改革（开放）、稳定与发展的关系，实现稳中求进（发展）。这如何做到呢？主要靠什么？答案就是财政。财政是改革、稳定、发展之间共同的连接点，是三者统一为一个整体的枢纽，具有兜底、平衡、协同和包容的功能。通过财政经济政策、财政社会政策、财政环境政策、财政科技政策等，注入确定性、平衡各类风险，防范化解公共风险。财政制度及其变迁，财政政策及其调整无一不是基于这一点。

也许在当时并没有话语明确表达"因公共风险而改革"，但回头看，其改革的背后都有公共风险这一只无形之手在推动，其改革决策无一不是"风险决策"。若非公共风险的巨大威胁，改革开放都是多余的。当然，识别公共风险的威胁也并非易事，往往只有具备前瞻眼光的领航人才能意识到，否则只有撞到冰山才知晓。

公共风险是财政改革的原动力。从历史上看，作为公共产品的制度变迁无一不是公共风险与危机推动的结果，而制度变迁的突破口常常是在财政。无论是经济领域的改革，还是全面深化改革，都是如此。作为基础性制度，财政不率先变革，其他制度无法构建。例如，财政与经济的关系不做调整，市场主体无法形成，市场制度也就是空谈。这从我国历史上的历次变法中也不难看出这一点。每一次变法，都是通过财政来调整政府与经济的关系，或与民休养生息，缓和社会矛盾；或充实政府财力，避免政权危机。改革开放以来，我国财政改革实质上都是遵循公共风险变化的逻辑而推进的，其变化的脉络是从"家贫国穷"的风险到"机会不均"的风险，再到全球公共风险，这也是我国主要公共风险的昨天、今天和明天。

# 一、"家贫国穷"的风险逼出了让利放权

在改革开放初期，缺食少衣是最大的公共风险。吃不饱饭，经济低效，发展缓慢。在这种背景下，财政的改革就是要贯彻物质利益原则，放权让利，调动一切积极因素搞经济建设。这一时期的财政是以经济建设为中心的"建设财政"和"公共财政"，追求效率与增长，努力做大经济蛋糕。

## （一）生存危机是改革开放初期面临的头号公共风险

改革也是一场革命，虽然不像革命年代那样血雨腥风，却会触动思想观念、权力分配与利益格局，改革的阻力是不难想见的。只有在公共风险的压力之下，才会形成最大共识，进而迸发出改革的巨大动力。20世纪70年代末期，我国面临着十年"文革"带来的严峻局面：经济低效、科技落后、人民贫困。与世界其他国家相比，我国经济不仅同发达国家的差距进一步扩大，而且还被一些发展中国家和地区远远甩在了后面。邓小平强调指出：不改革开放，总有一天会被开除"球籍"。可以说，贫困与落后，生存危机与开除"球籍"的危险，是撬动中国改革开放最大的动力。

## （二）财政让利放权率先打破高度集中的计划经济体制

1978年12月，党的十一届三中全会做出了把全党工作重点转到社会主义现代化建设上来的重大战略决策。鉴于国民经济比例严重失调问题，中央提出必须在前两年经济恢复工作取得重大进展的基础上，集中三年左右的时间搞好整个国民经济的调整工作，并要求财政先行一步，让利放权，以财政变革促进国民经济调整。

一方面，缩短基本建设战线，保持物价稳定，增加对农业、轻工业、能源与交通运输建设的投资，缓解国民经济比例失调问题；另一方面，按照财政分级包干制，明确划分中央与地方财政收支范围，对国有企业实行企业基金制度和利润留成，调动地方政府和国有企业的积极性。这一时期，通过财政改革先行，扩大了地方政府和国有企业财权，同时形成了初步适用于引进外资的税收制度，实行了基本建设投资领域的"拨改贷"，在行政事业单位试行"预算包干"，在高度集中的计划经济体制下打开了一个缺口，经济活力增强，改革开放发展的积极性高

涨，为经济领域各项改革的推进奠定了初步的基础。

### （三）财政分权改革为市场化改革奠基铺路

解决短缺问题的根本途径是解放和发展社会生产力，这就需要改变经济运行方式，提高经济运行效率，走向市场化无疑是其唯一出路。但这也经历了一个艰难的思想解放和实践探索过程，历经14年才真正确立了"社会主义市场经济"地位和明确了经济体制改革的方向。这也是财政放权走向财政分权的过程。

党的十二届三中全会提出，我国实行有计划的商品经济，改革是为了建立充满生机的社会主义经济体制，增强企业活力是经济体制改革的中心环节。这一时期，各方面改革都是围绕"增强企业活力"展开的，"利改税"则是增强企业活力、确立企业主体地位的关键一步。"利改税"，即把国营企业向国家上交的利润改为缴纳税金，税后利润全部留归企业。从1979年开始，国家就先后在几百户国有企业中进行了利改税试点，并进行了两步"利改税"改革。1986年，又在"利改税"的基础上推行了企业承包经营责任制改革，明确企业经济责任，从物质利益上进一步调动了企业和职工的积极性。从税收的角度来规范国家和企业分配关系，意味着政府放权开始走向主体性分权，包括经济分权和行政分权。

1992年10月召开党的十四大，总结了改革开放以来建设有中国特色社会主义理论的主要内容，明确提出，我国经济体制改革的目标是建立社会主义市场经济体制，强调要使市场在社会主义国家宏观调控下对资源配置起基础性作用。在新的条件下，财政改革的任务就是要为市场化改革奠基铺路，赋予市场主体完整的自治权，实现"四自"（自主经营、自负盈亏、自我发展、自我约束的法人实体）。一是通过分税制改革，形成了相对稳定和规范的中央与地方财政分配关系，为企业摆脱政府部门附属物地位，转变为所有权与经营权分离的真正市场主体创造了体制条件。二是按照统一税法、公平税负、简化税制原则，建立了以增值税和营业税为主体的税收制度，开征了消费税，对内资企业实行统一的所得税，简并统一个人所得税，改革农业税，开征了土地增值税等，初步形成了更有利于市场平等竞争的税收制度。三是按照"产权清晰、权责明确、政企分开、管理科学"的目标，推进国有企业现代企业制度改革，初步理顺了国家所有权与企业财产权之间的关系，企业产权主体地位开始形成，为市场主体之间民事法律关系的确立奠定了基础。四是颁布实施了《中华人民共和国预算法》，把政府预算初步纳入了法制化的轨道。财政分权改革为市场机制的形成和有效运转提供了基本支撑。

市场化改革重塑了计划经济体制下风险与收益的分配，让居民、企业和地方政府都成为利益主体和风险主体，资源配置优化，经济效率提高，经济蛋糕做大，人民生活改善。这从整体上大大降低了家贫国穷的公共风险。围绕市场化的财政分权改革，为多元主体，尤其是市场主体的形成提供了前提条件和制度保障。与市场化改革相适应，财政也从"建设财政"转向"公共财政"，财政向市场分权、向地方分权的改革，推动了政府与市场关系的构建。

## 二、"机会不均"的公共风险推动权利和权力的治理

时间进入到 21 世纪初期，"家贫国穷"的公共风险已经基本消除了，中国成为世界第二大经济体，成为中上等收入国家，绝大多数家庭摆脱了贫困，国家综合实力、财政实力大大增强。

但新的公共风险又愈益凸显出来，权利与权力的关系亟待调整，各类主体之间的权利也迫切需要界定、规范和保障。由于经济改革"孤军深入"，而其他方面改革未能协同跟上，各类经济社会主体"机会不均"的问题日益突出。这不仅反映在贫富差距这个结果上，也体现在权利不平等上，城乡之间、区域之间、群体之间、所有制之间都存在着经济权利、社会权利的种种不平等。这与市场经济的根本要求、社会主义的本质要求都是不吻合的。这就必须针对权利和权力实行国家治理改革，完善国家治理体系，提升国家治理能力，实现国家治理现代化。在新的历史条件下，财政也从"公共财政"转向了"现代财政"，将通过治理改革建立现代财政制度。这也意味着财政改革从"放权""分权"走向"治权"。这个过程是叠加的，继起的，也是渐进的。

### （一）突破"所有制财政"

我国改革开放是建立在坚持公有制这个基本原则基础之上的。实践证明，公有制与市场经济是可以兼容的，打破了只有私有制才能搞市场经济的理论教条。但这并不表明，不同所有制经济主体有高低之分。经济主体多元化是市场化改革的成果，维护这个成果要靠财政来实现，即打破计划经济体制下长期基于不同所有制而实行不同政策、给予不同待遇的"所有制财政"逻辑。市场经济要求的是

平等竞争。权利平等，财政就要力求"一碗水端平"。一方面，统一税制，不因所有制不同而税制不同；另一方面，不断硬化国企预算约束，切断"财政脐带"，支持政策上对国企、民企和外企一视同仁。同样，劳动者作为市场主体，不论自我就业，还是在不同所有制企业就业，财政上一律平等，同等保护民事权利。

### （二）融合"城市财政"和"农村财政"

计划经济体制下的工业化是建立在城乡分治、工农业产品价格剪刀差基础之上的。与此对应的财政也就分为城乡二元财政，城乡居民按照户籍而给予不同的财政待遇。二元经济结构、二元社会结构和二元财政结构形成一个相互嵌套的体系，在改革开放，尤其是市场化改革过程中，这种二元状态一点一点被突破。自从 21 世纪初提出"让公共财政的阳光普照农村""基本公共服务均等化"，二元财政结构开始走向城乡一体化，以财政平等推动城乡平等。

### （三）从单纯的"经济财政"扩展到"民生财政"

民生是社会权利维度的基本问题。随着工业化和城镇化的快速推进，以农民工为主体的大规模流动人口，使中国从静态社会快速转变为一个动态社会。财政改革就要从庞大农民工群体的基本权利保障入手来考虑，城乡区域人口大规模流动对基本公共服务均等化、中央与地方之间的财政责任划分提出了新的挑战。流动儿童的教育、流动人口的医疗和养老、农民工的基本住房保障以及公共服务的同城待遇等民生问题，都要求财政从地理静态转向人口动态，让"公共服务找人"，而不是让"人去找公共服务"，让包括流动人口在内所有人的基本权利到得到保障。中央转移支付与农民市民化挂钩、实现流动儿童生均经费可携带、与人相关的基本公共服务领域中央与地方财政共同事权和支出划分改革等，表明财政改革在朝着"治权"方向前进，为国家治理奠定基础。

### （四）走向"法治财政"

十八届三中全会以来，我们提出要建立以"法治财政、民生财政、稳固财政、阳光财政、效率财政"为特征的现代财政制度。法字当头，意味着财政功能的转变。从政府筹集资金和分配资金的工具，转变为约束公权的制度笼子。随着改革的深入和社会转型的加速，公共权力如何行使也日益成为一个公共风险问题。在经济社会转型过程中，腐败问题之所以十分突出，一个重要根源是公共权力没得到有效约束和制衡。从世界治理腐败的历史经验来看，财政是约束公权的重要制度笼子，以预算授权来约束各种公权行使的方向、领域和目标。公款是可以约束公权的，世界上曾经有预算未被通过导致政府关门的事例。一个政府的规模，一个政府部门的活动范围都应取决于国家预算安排。要有效约束公权，建立法治国家、法治政府，打造好财政这个制度笼子是必不可少的。法治财政是法治国家的基础，是法治政府的支柱，财政法治化程度综合反映一个国家的法治化水平。

## 三、风险全球化凸显大国财政作用

中国改革开放的四十年，伴随着经济、金融全球化的快速推进。在这个时期，各种风险也在迅速全球化，全球公共风险加速形成。地缘政治风险、经济金融危机、气候环境危机以及恐怖主义、贸易战、民粹主义、民族主义等全球公共风险日益凸现，威胁到地球村的所有成员。

### （一）风险全球化

全球化将整个世界卷入一体化进程之中，随着生产要素流动，特别是金融全球化，全球发展的不确定性和不可预测性增强，出现了风险全球化，全球公共风险日渐扩大。全球风险相互关联叠加强化，其整体性影响在日渐扩散。由于风险全球化及国际社会变为风险社会的步伐不断加快，世界各国渐渐变成了休戚与共、相互依存的"风险共同体"。为了更为有效地防范和化解全球风险，需要世界各国携起手来，相互合作，增强国际协调和应对风险的能力。

### （二）全球公共风险要求我国财政要发挥大国财政职能

全球格局变化已导致全球风险加剧，全球利益分配随全球格局不断调整，中国的利益与安全已经不限于国境之内。中国综合实力上虽眼下不及美国，但发挥大国财政职能，主动参与全球风险治理和全球利益分配已不容等待，这事关中华民族的伟大复兴。

适应全球公共风险变化，财政改革在国际维度的基本方向是建立大国财政框架，增强全球影响力、协调力和示范力，通过参与全球资源配置，推动全球风险治理，均衡全球利益分配，进而化解全球公共风险和区域危机，引领人类命运共同体的构建。自20世纪80年代以来，在税收制度、关税、出口退税、特区政策

等方面，财政促进了两个市场、两种资源的连通，开放型经济已经形成。2001 年中国加入 WTO 之后，财政主动作为，以亚洲基础设施投资银行的建立为标志，大国财政的作用不断显现。随着全球化和逆全球化潮流的激荡，以经济金融风险为主体的风险全球化在不断扩散，大国财政防范化解世界公共风险的作用也须不断增强。

综上所述，从改革开放四十年的历程来看，财政改革的深层逻辑是公共风险逻辑，是从不确定性中寻找确定性的实践过程。公共风险涵盖了所有公共性问题在不确定性状态下变化的一种归属，即公共性问题都可能演变为公共风险，甚至成为公共危机。正是风险和危机成为财政改革的原动力并衍生到经济社会的各个方面。在改革开放四十年的不同阶段，以公共风险为导向的财政改革经历了放权、分权和治权三个阶段，也是财政改革的三种形态，成为计划经济体制、市场化改革、国家治理改革的突破口和先行军，牵引整个改革，又为整个改革提供支撑。

任何改革都是责权利的重组，作为连接经济、社会和政治的枢纽，财政自然是经济、社会和政治风险等各种公共风险的汇集地，是遏制公共风险的最后一道防线。当需要以制度变革方式来防范公共风险时，财政同时也成为经济、社会和政治变革的突破口，以牵引和支撑各方面的改革。过去是这样，现在是这样，将来也是这样。财政的公共性总是以公共风险来体现的，财政的现代性也将以公共风险的治理水平为标志。这预示着公共风险是现代财政理论的基本命题和逻辑起点。

财政改革与对外开放相互推动，参与全球治理的大国财政职能凸显，防范化解全球公共风险成为新时代财政改革的重大课题。这是新时代的新课题，急需我们来共同回答。

*作者单位：中国财政科学研究院*

# 广东：向世界展示中国改革开放成就的重要窗口

李惠武

广东，地处中国大陆的最南端，陆域面积 17.98 万平方公里，占全国 1.85%；海岸线 3368 公里，岛屿 759 个，是中国的海洋大省。2017 年常住人口 11169 万人，约占全国 8.1%。海外华侨和华人 2300 多万人，约占全国三分之二。

20 世纪 80 年代，中央把广东作为改革开放的试验区，赋予"特殊政策、灵活措施"，开启了经济社会发展的新历程。广东充分利用先行一步的政策优势、毗邻港澳的区位优势、聚集全国大量廉价劳动力的成本比较优势，以开放促改革，以改革促发展，经历了一个思想大解放、社会大变革、经济大发展、生活大提高的黄金发展时期。1978 年至 2017 年的 39 年间，GDP 年均增长达到 12.6%，2017 年实现 GDP89879.23 亿元，连续 29 年位居全国第一。

1978—2017 年，广东的经济总量增长了 101.4 倍，财政收入增长 270.6 倍。城镇常住居民的人均可支配收入从 412 元增加到 40975 元，增长 99.5 倍；农村常住居民人均可支配收入从 193 元增加到 15780 元，增长 81.8 倍。目前，广东的 GDP 约占全国的九分之一，财税总收入约占七分之一，进出口总量约占四分之一。39 年间，从增长的速度看，大约是广东走三步，全国走两步；世界走一步，广东走四步。

经过改革开放以来的持续快速发展，广东珠三角地区已经成为全国开放程度最高、城市规模最大、发展速度最快的一个区域，也是全球闻名的制造业基地、进出口贸易中心和国际采购中心。广东与世界上 160 多个国家和地区建立了经贸合作关系，有 60 多个国家和地区在广东投资设立企业或采购服务机构。

广东能取得如此奇迹般的发展，是党中央正确领导的结果，是全国各兄弟省区大力支持的结果，也是历届广东省委、省政府带领全省人民不断开放改革、奋

力开拓创新的结果。

回顾广东开放改革40年实践的历程，取得成功的基本路径是：

——始终坚持把党中央各个时期的路线、方针、政策与广东的实际结合起来，紧紧抓住"解放思想，实事求是"这个基本方法，创造性地开展工作。

党的十一届三中全会之后，邓小平同志就把广东作为全国改革开放的综合试验区，并鼓励广东"中央没有钱，可以给些政策，你们自己去搞，杀出一条血路来"。广东充分理解小平同志通过改革开放实现现代化的战略意图，在开始"摸着石头过河"的时候，最紧迫的任务是通过改革开放探索发展经济的可行路径。但发展经济的第一步必须是工业化，当时广东的工业基础很薄弱，又没有发展资源，可用的优势就是毗邻港澳的地理区位和相对较低的工业化成本。所以，广东努力争取中央的支持，得到中央赋予先走一步的"特殊政策灵活措施"，把政策优势与毗邻港澳、华侨众多和工业化成本比较优势结合起来，紧紧抓住改革开放这个"关键一招"，坚持"四项基本原则"，坚持以"三个有利于"为标准，坚持"两手抓两手都要硬"，坚持"不争论、不刮风，有什么问题解决什么问题"，在解放思想中实事求是地推进改革开放。从创办经济特区开始，展开了一系列前所未有的探索性工作：鼓励兴办个体私营企业和乡镇企业、向外资企业出租土地并给予"减二免三"的税收优惠、下放投资审批权限、实行分级财政大包干、逐步放开企业定价权等，使地（市）县（区）镇各级政府及企业、外资、民间的积极性、创造性得到了极大的调动，各种所有制企业迅速发展。尤其是积极承接港澳的制造业转移，既大大缩短了工业化资本原始积累的时间，又为本省和全国创造了大量的就业机会，形成了"东西南北中，打工到广东"（约3000万人）的壮观局面，也给经济社会注入了巨大的发展活力。党的十八大以后，广东更是以习近平新时代中国特色社会主义思想为指导，紧紧围绕党中央的决策部署，统筹推进"五位一体"总体布局和协调推进"四个全面"战略布局，积极参与"一带一路"合作，创新性建设自由贸易区，推进"放管服"改革，落实"五大发展新理念"，积极推动结构调整、动能转换，着力提升发展质量，大力推进珠三角与粤东西北一体化步伐，努力加快乡村基础设施和社会事业发展，探索营造共建共治共享社会治理新格局，主动联手港澳推进大湾区建设，积极构建开放型经济新格局，不断开创新的经济社会发展局面。

——始终坚持"三个有利于"的标准，紧紧抓住改革开放这个"关键一招"，使改革开放成为发展的强大动力。

"摸着石头过河"进行改革开放,就是走前人所没有走过的路子。广东按照中央"一个中心、两个基本点"的要求,既"低头用力拉车",又"抬头看准方向"。1979年,党中央、国务院批准广东在对外经济活动中实行特殊政策和灵活措施,邓小平同志亲自圈定深圳作为我国第一个经济特区,随后珠海、汕头经济特区相继设立,广州、湛江被列为第一批沿海开放城市。在党中央的正确领导下,广东肩负起为全国"杀出一条血路"的历史重任,按照小平同志指示,"改革开放胆子要大一些,看准的就大胆地试、大胆地闯"。按照"三个有利于"的衡量标准,不断冲破旧观念和旧体制的束缚,义无反顾地走前人没有走过的路,大胆先行先试,为全国的改革开放探索了成功之路。例如,冲破"姓资""姓社"的思想束缚,以"价格"这个改革的"眼"为突破口,从实行价格双轨制入手,逐步发挥市场调节的积极作用;突破计划经济藩篱,率先打破外贸"垄断经营",率先对外商投资进行立法,采用中外合作经营方式吸收外商直接投资;充分发挥毗邻港澳优势,以多种经济成分、多条流通渠道、多种经营方式打破各种形式的束缚,珠三角地区逐步发展成为具有世界影响的制造业基地。改革开放之初,广东发挥毗邻港澳的地缘优势和劳动力成本等要素资源优势,粤港之间形成"前店后厂"合作模式,独创"粤—港—远洋"国际营销体系,逐步形成以国际市场为导向、出口创汇为目标、扩大对外贸易带动经济发展的外向型经济模式。1992年以后,广东朝着建设中国特色社会主义市场经济体制的目标,从"引进来"到"走出去",从"借船出海"到"造船出海",从贸易到投资,不断扩大开放领域,不断优化开放结构,不断提高开放质量。党的十八大之后,习近平总书记首次视察广东,要求广东"坚定不移走改革开放的强国之路,做到改革不停顿、开放不止步";2014年3月全国"两会"期间参加广东团审议时,总书记又要求广东要勇于改革、善于改革。2015年,中央批准在广东设立自由贸易实验区,广东及时调整外资企业法等4部法律及有关行政审批规定、外资企业法实施条例等20部行政法规,勇于破除体制机制障碍,推进制度创新。之后3年多时间里,以加快构建以负面清单管理为核心的投资管理制度,以智能化通关体系为重点的贸易监管制度,以促进跨境投融资便利为核心的金融创新制度和以转变政府职能为重点的政务管理制度等为主要内容的制度创新框架,形成385项制度创新成果,为全省乃至全国开放型经济发展探索出大量制度创新经验。2014年,习总书记提出构建"丝绸之路经济带"和

"21世纪海上丝绸之路"的合作构想，广东积极争当排头兵，截至2017年底，已与230多个国家和地区建立经贸往来，开通国际集装箱班轮航线350条，与63个国家建立190对国际友城。2017年7月，习近平总书记在香港宣布建设粤港澳大湾区，粤港澳开启了"用好一国优势、探索两制衔接、整合三地资源、实现共同发展"的新一轮开放合作和创新性改革。如果把改革开放前40年粤港澳"前店后厂"合作称为"黄金40年"的话，接下来的40年就是通过改革创新共建大湾区，实现新阶段合作的"钻石40年"！粤港澳大湾区城市群的建设，将在中央的领导和支持下，合力提升大珠三角的国际竞争力，为三地人民创造更加幸福美好的新生活，为全国开放型经济新体制提供重要支撑，为实现中华民族伟大复兴的中国梦做出积极贡献。

——始终坚持发展这个执政兴国的第一要务，紧紧抓住每一个发展机遇，不断推动经济社会发展上新的台阶。

改革开放之初，小平同志就把"以经济建设为中心"确定为党的基本路线，并且要"一百年不动摇"。正是在这一基本路线的指引下，广东紧紧抓住这个"第一要务"，抢抓各种发展机遇，努力深化改革开放，推进经济发展上新台阶。改革开放之初，广东抓住港澳两地制造业转移的机会，大力引进资金发展"三来一补"和日用消费品产业，创造了"全国喝珠江水、吃广东粮、穿岭南衣"的广货大流行局面。20世纪80年代中期之后，广东根据市场需求升级的需要，大力推进转型升级，发展家用电器产业，再次使"全国用粤家电"成为潮流。1997年亚洲金融危机爆发，广东利用倒逼机制，大力推进"产业高级化"和"适度重型化"，用5年左右时间，培育出汽车、石化、电子信息等几个产能全国第一的产业，并使经济增长速度再次回升到14%左右。进入21世纪，广东大力推进新一轮的转型升级，发展先进制造业和高端服务业。党的十八大以来，按照新发展理念，广东大力推进战略性新兴产业、未来产业、数字经济、生物医药、海洋经济和绿色低碳产业等。正是这个抢抓机遇、不断转型升级所形成的持续动力，使广东经济每隔几年就上一个大的台阶。40年间，广东GDP从1978年的185.85亿元增长到1155.37亿元，用了10年时间；从1988年过一千亿元上升到5940.34亿元，用了7年时间；从1995年过五千亿元上升到10810.21亿元，用了5年时间；从2000年过万亿元上升到22723.29亿元，也只用5年时间；从2005年过两万亿元上升到32053.29亿元，只用2年时间；从2007年过三万亿元上升到53959.20亿元，只用 6 年时间；再上升到 2017 年的 89879.23 亿元，仅用 6 年时间。党的十八大以来，习近平总书记多次强调，"发展是执政兴国的第一要务"，"要抓住改革开放这个关键一招"。2017 年 4 月，习近平总书记对广东作出重要批示，要求广东要"为全国推进供给侧结构性改革、实施创新驱动发展战略、构建开放型经济新体制提供支撑"。广东着力贯彻落实习近平总书记对广东的一系列重要指示批示和讲话精神，围绕发展这个主题，充分利用世界金融危机的倒逼机制，大力实施创新驱动发展战略，推进结构转型升级，构建现代经济体系，逐步培育新的增长动能，努力实现稳中求进。近 5 年总体经济增长速度保持在 7% 左右。2017 年人均 GDP 已达 81089 元（约合 12102 美元），广东全省将在今年改革开放 40 周年时，实现迈进高收入"国家（地区）"的行列（按照世界银行标准，人均 GDP12476 美元即为高收入国家）的目标。

——始终坚持以先富带后富，紧紧抓住"共同富裕"这个社会主义的本质要求，不断推进和谐社会建设。

中华人民共和国建立之后至改革开放之前，中央对广东的定位是"海防前线"，国家重大项目并不布点广东。改革开放初期，广东的工业化是从承接港澳两地制造业转移开始的。由于天然的地理因素，毗邻港澳的地区主要是面积约为 4.2 万平方公里的珠三角平原；东西两翼地区离港澳较远，北部山区以石灰岩地质为主。所以，按照小平同志提出"先让一部分有条件的地区发展起来，通过先富带后富，实现共同富裕"的策略，并从充分考虑港澳投资企业物流成本出发，广东集中资源先建设珠三角的基础设施。因此，粤东西北地区在第一阶段的工业化过程中没能得到外商企业的转移，工业化的起步较晚。随着外向带动战略的实施和市场化取向的改革，珠三角的"虹吸效应"更加明显，与粤东西北的距离开始拉大。广东省委、省政府十分重视抑制这个势头，2001 年提出实施"区域协调发展战略"，并陆续出台了一系列配套政策和制度设计，包括珠三角"一对一""一对多""多对多"帮扶欠发达地区，统筹全省财力建设东西北地区基础设施，加大财政转移支付力度发展民生事业，在东西北地区建设珠三角产业转移园区，培训转移东西北地区劳动力就业，统筹全省养老金等，有效地抑制了区域发展不平衡的势头。2017 年，虽然全省人均 GDP 最高的深圳（183645 元）是最低的梅州（25777 元）的 7.1 倍，但从人均可支配收入差看（52938/19635）却只有 2.7 倍，考虑到两地生活消费的物价水平，居民实际生活差异并没有那么大。目前地区之

间的差距主要表现在公共产品和公共服务上。党的十八大以来，特别是 2018 年 10 月习近平总书记再次视察广东时提出了"深化改革开放、推动高质量发展、提高发展平衡性和协调性、加强党的领导和党的建设"四个方面新要求，要求广东"要加快推动乡村振兴，建立健全促进城乡融合发展的体制机制和政策体系，带动乡村产业、人才、文化、生态和组织振兴。要加快形成区域协调发展新格局，做优做强珠三角核心区，加快珠海、汕头两个经济特区发展，把汕头、湛江作为重要发展极，打造现代化沿海经济带"。广东按照总书记的重要指示，按照中央区域协调发展和乡村振兴战略的统一部署，正在大力补齐欠发达地区和农村社会事业的短板，着力发展特色农业、高效农业、生态农业、康养农业、旅游农业，推动农业高质量发展；把精准脱贫和乡村振兴结合起来，列出 2277 条乡村，加快建设基础设施和各项民生事业，提高广大居民的生活质量和收入水平；并按照"一核（珠三角）一带（沿海经济带）一区（粤北生态保护区）"的新思路，构建珠三角与粤东西北融合发展新格局，加快欠发达地区的跟进发展步伐，不断提高全省人民的获得感、满足感和幸福感。

——始终坚持"两手抓两手都要硬"，把精神文明建设摆在与物质文明发展同等重要的位置，不断增强中国特色社会主义文化的强大引领作用。

20 世纪 80 年代我国改革开放之初，十年"文革"刚刚结束，市场物质供应极为短缺，面临的主要矛盾是落后的生产力与人民群众迫切的物质生活改善需要之间的矛盾，面临的主要任务是恢复和发展社会生产力。为此，党中央提出以经济建设为中心的基本路线，邓小平同志形象地指出发展是硬道理。1979 年，中央赋予广东改革开放先走一步的权力，广东在没有经济基础和中央财政支持的情况下，积极推动开放改革，借助"特殊政策灵活措施"、毗邻港澳和成本较低的三大优势，以承接港澳两地制造业转移开始，揭开了大量引进外资、发展加工贸易、推进工业化和城镇化的发展大幕，并实现了经济的快速发展，创造了大量的就业岗位，融入了国际产业分工链条。但开放改革是要走前人没有走过的道路，需要不断"摸着石头过河"：开放就像打开窗户，新鲜空气进来了，但苍蝇蚊子也会一起进来；改革就是引入市场机制，但"市场经济既是一匹好马，也是一匹烈马"。这些，都必须有效进行应对。邓小平同志 1992 年视察广东时就要求"两手抓两手都要硬"。在开放初期，广东就高度强调既要招商引资发展社会生产力，更要注意防范并坚决打击腐朽没落思想的侵袭和西方敌对势力的破坏，防范并坚决打击黄赌毒等与社会主义核心价值观不相容的现象，保证中国特色社会主义的道路本质、理论本质、制度本质和文化本质。在改革的过程中，我们既充分利用市场经济分配资源的有效性，又十分强调防止市场调节的盲点、堵点和痛点，维护好资源分配中效率与公平的平衡，坚决打击权力寻租、官商勾结、政商不分、欺行霸市、哄抬价格等不法行为，努力探索中国特色社会主义市场经济的全新体制机制。但不容否定的是，在"摸着石头过河"中，广东有些官员"掉进了河里"，枉法贪赃、腐败堕落，给党和国家的事业造成巨大的损失和伤害。

党的十八大以来，习近平总书记多次要求广东，要当好改革开放的排头兵、先行地、实验区；要推动物质文明和精神文明协调发展，不断提升人民文明素养和社会文明程度；要勇于改革、善于改革，努力交出物质文明和精神文明两份好的答卷。2018年10月总书记再次视察广东时要求："要推动物质文明和精神文明协调发展，不断提升人民文明素养和社会文明程度。要全面推进法治建设，提高社会治理智能化、科学化、精准化水平。"进入新时代，广东将按照总书记的重要指示和十九大精神，把改革开放的旗帜举得更高更稳，为实现中华民族伟大复兴的中国梦不懈奋斗。在实现伟大梦想的奋斗道路上，坚决按照党中央的决策部署，坚持和加强党的全面领导，坚持党要管党、全面从严治党，深入推进反腐败斗争，不断提高党的建设质量和执政水平，积极应对波谲云诡的国际形势，防范和化解各种风险，为中国特色社会主义伟大事业不断做出广东贡献。

——始终坚持强烈的历史责任感，紧紧抓住"实践是检验真理的唯一标准"这个标尺，不断探索中国特色社会主义的宽阔道路。

中国特色社会主义，是一个不断深化认识、不断探索实践、不断改革完善、不断总结经验、不断彰显优势的过程。"摸着石头过河，就是摸实情、摸规律。"广东以强烈的历史担当和责任意识，在没有任何可以经验借鉴的情况下，敢为人先、勇闯难关，积极探索把中国特色社会主义制度与市场经济功能结合起来，让市场这只"看不见的手"在政府这只"看得见的手"引导下发挥作用的有效办法。从大胆冲破高度集中统一管理的计划经济体制开始，逐步引入市场调节手段；到放开绝大部分商品和服务价格由市场调节，基本形成市场调节机制；再到搭建社会主义市场经济基本框架，使市场在资源配置中起决定性作用，政府这只"有形的手"进行有效调控和合理引导，逐步建立起中国特色社会主义市场经济的"四梁八柱"。既有效地发挥市场的高效率，又保证经济社会的稳定运行，使广东39

年 GDP 年均增长速度达到 12.6％，从一个相对落后的省区，一跃成为连续 29 年总量第一的经济大省。按照党中央的部署要求，广东各级党委始终定位在引领方向、协调各方上，在一手抓经济发展这个执政兴国第一要务的同时，另一只手大力抓精神文明建设，落实社会主义核心价值观，使中国特色社会主义的道路优势、理论优势、制度优势和文化优势在南粤大地充分彰显，使"四个自信"更加坚定。改革开放 40 年，广东经济社会发展所取得的成就和关键的发展节点，都是党中央及时指导、关心和支持的结果。小平同志对广东改革开放的重大方向和总体思路进行了设计，并几次亲临广东作出了对中国改革开放事业具有决定性意义的重要指示，保证广东的改革开放始终沿着正确的方向道路推进，而且使广东成为邓小平中国特色社会主义理论的实践之地、开花结果之地。江泽民总书记的"三个代表"重要思想和胡锦涛总书记的科学发展观，也是在视察广东的时候提出来的。

党的十八大以来，习近平总书记对广东的改革开放事业极为重视和关心，十八大后首次到地方视察就是广东，强调"要坚定不移走改革开放的强国之路，做到改革不停顿、开放不止步"，并要求广东要"努力成为发展中国特色社会主义的排头兵，深化改革开放的先行地，探索科学发展的试验田，率先全面建成小康社会，率先基本实现社会主义现代化"。2014 年，习总书记参加全国"两会"广东团审议时，要求广东"要勇于改革、善于改革"。2017 年 4 月 4 日，在广东省召开十二次党代会前夕，习总书记作出重要批示，要广东"坚持党的领导、坚持中国特色社会主义、坚持新发展理念、坚持改革开放，为全国推进供给侧结构性改革、实施创新驱动发展战略、构建开放型经济新体制提供支撑，努力在全面建成小康社会、加快建设社会主义现代化新征程上走在前列"。2018 年 3 月在全国"两会"上，习总书记参加广东团审议时，再次强调"广东要进一步解放思想、改革创新，真抓实干、奋发进取，以新的更大作为开创广东工作新局面，在构建推动经济高质量发展体制机制、建设现代化经济体系、形成全面开放新格局、营造共建共治共享社会治理格局上走在全国前列"。2018 年 10 月 21—24 日，习总书记再次亲临广东视察，对广东提出"深化改革开放、推动高质量发展、提高发展平衡性和协调性、加强党的领导和党的建设"四个新的要求。这一系列的重要讲话和指示批示，既是习近平新时代中国特色社会主义思想在广东的进一步具体化和展开，也为广东推动改革开放、发展稳定，奋力开创新时代中国特色社会主义伟大事业的新局面，提供了基本遵循和行动指南。

改革开放永无止境，发展稳定任重道远。40 年改革开放使广东经济社会面貌发生了翻天覆地的变化。但广东的短板依然相当明显，正如习近平总书记所指出的，广东发展质量和效益不够高的问题比较突出，发展方式仍然比较粗放，产业转型升级效果还没有充分显现出来；绿色生产生活方式尚未形成，节能降耗、污染防治压力还比较较大；营商环境优势相对弱化，对高端经济要素的吸引力在弱化；发展不平衡不充分问题依然存在，粤东西北地区经济基础薄弱，内生发展动力不足等。中国特色社会主义进入新的时代，广东正站在一个新的历史起点上，必须以习近平总书记系列重要指示批示为根本指南，按照中央的决策部署，瞄准短板和问题，贯彻新发展理念，不断深化改革开放，努力推进结构转型升级，大力培育增长新动能，着力构建现代化经济体系，加快实现高质量发展，把广东建设成为"既是展示我国改革开放成就的重要窗口，也是国际社会观察我国改革开放的重要窗口"。

四十年勤奋耕耘，四十度春华秋实。进入新的时代，广东必将继续勠力奋斗，携手港澳，把大湾区打造成为世界一流湾区和具有国际竞争力的城市群，更好地向国际社会展现中国改革开放和经济社会发展的新成就，为中国特色社会主义伟大事业作出新的历史性贡献。

作者单位：广东省人民政府发展研究中心

2019

广东经济运行态势

# 2019 年中国经济展望和宏观调控政策建议

马忠玉

2018 年以来，面对异常复杂严峻的外部环境和艰巨繁重的改革发展任务，在以习近平新时代中国特色社会主义思想指导下，我国坚持稳中求进工作总基调，按照高质量发展的要求，深入贯彻新发展理念，积极防范化解重大风险，取得了来之不易的成果，经济运行在合理区间，结构不断优化，质量效益进一步提升，预计全年 GDP 增长 6.6％左右，可以较好实现预期调控目标。展望 2019 年，虽然外部环境将发生深刻变化，国际经济政治格局面临重大调整、贸易投资保护主义加剧、主要国家货币政策由回归正常转向趋紧，全球经济调整风险加大；国内经济运行稳中有变，贸易摩擦影响逐步显现、部分企业经营困难较多、产业体系面临重构、金融动荡风险较大等问题导致国内经济下行压力有所加大。但总体判断，世界经济仍将保持温和增长，我国经济运行总体平稳，增长速度将略有下降，预计 2019 年 GDP 增长 6.3％左右。为此，建议积极财政政策重在减税降费，稳健货币政策重在改善金融环境，积极应对贸易战冲击，有效防范化解金融风险，坚持"两个毫不动摇"，大力优化营商环境，加快培育优势产业集群，推动我国经济高质量发展。

## 一、2018 年我国经济增速温和回落

2018 年以来，我国经济总体稳定运行，新旧动能加速转换，结构不断优化，质量效益有所提升，但在外部环境不确定性风险增加、国内股市汇市波动加大、实体经济经营困难等问题影响下，经济运行呈现温和回落态势。

## （一）宏观经济有所回落，尚在合理范围之内

其一，经济增速逐季回落。2018 年前三季度我国 GDP 分别增长 6.8%、6.7% 和 6.5%，呈逐季走低态势，尤其是三季度增速为 2009 年一季度以来的最低增速。从生产看，第二产业由一季度的 6.3% 放缓至二季度的 6.0%，三季度进一步下行至 5.3%。从需求看，前三季度固定资产投资增长 5.4%，同比放缓 2.1 个百分点，各季度投资增速分别为 7.5%、5.2% 和 4.6%，下滑态势明显；消费需求也呈减速态势，社会消费品零售总额分别增长 9.8%、9.0% 和 9.1%；外需保持较快增长势头，前三季度出口分别增长 13.7%、11.5% 和 11.7%。

其二，就业形势基本稳定。经济稳定运行、服务业比重提高为扩大就业提供了有利条件，贸易摩擦等对就业的影响尚未显现。前三季度，城镇新增就业超过 1100 万人，提前一个季度完成全年目标任务；城镇调查失业率稳定在 5% 左右、为历史较低水平。与此同时，就业结构不断优化，高技术产业、双创领域提供更多就业岗位，重点群体就业基本平稳，就业质量进一步提升。前三季度居民人均可支配收入实际增长 6.6%，与经济增长基本同步，城乡居民收入倍差缩小。

其三，物价水平温和上涨。前三季度 CPI 上涨 2.1%，同比加快 0.6 个百分点，通胀水平适中，通胀预期平稳。食品价格涨幅由负转正，菜价受自然气候影响涨幅波动较大，食用油价格基本稳定；非食品价格是拉动 CPI 上涨的重要因素。PPI 上涨 4.0%，同比回落 2.5 个百分点，其中翘尾因素影响 3.5 个百分点，即同比涨幅的 87.5% 来自翘尾贡献，新涨价因素仅影响 0.5 个百分点；石油、钢铁、建材等行业是价格上涨的主要领域。

其四，国际收支更趋均衡。前三季度进出口总额（以美元计）增长 15.7%，其中，出口增长 12.2%，进口增长 20.0%，贸易顺差大幅收窄 23.8%。我国出口依存度由 2006 年 35.4% 的峰值回落至 2017 年的 18.5%。2018 上半年经常项目出现逆差。这表明我国经济对外依存度下降，国际收支更趋均衡。

## （二）经济发展质量提升，新动能快速成长

其一，经济结构持续优化。我国产业结构、需求结构不断优化，内需对经济增长的拉动作用显著增强。前三季度，第三产业增加值占 GDP 的比重为 53.1%，对经济增长的贡献达到 60.8%，同比提高 1.8 个百分点。消费基础作用继续巩固，最终消费支出对经济增长的贡献率为 78.0%，同比提高 14 个百分点。制造业投资

企稳回升，民间投资增长 8.7%，投资结构继续优化；一般贸易进出口占比达到 58.4%，比上年同期提高 1.9 个百分点。

其二，经济效益稳步提高。我国呈现出"政府有税收、企业有利润、居民有收入、环境有改善"的良好态势。前三季度，全国财政收入增长 8.7%，规模以上工业企业利润增长 14.7%，居民收入实际增长 6.6%；能源资源消耗强度下降，环境质量继续改善，前三季度单位 GDP 能耗同比下降 3.1%。

其三，新动能新产业蓬勃发展。目前，我国新旧动能接续转换，对稳定经济增长、调整经济结构、扩大社会就业发挥了重要作用。前三季度，高技术制造业和装备制造业、战略性新兴产业增加值同比分别增长 11.8%、8.6% 和 8.8%，分别快于规模以上工业 5.4、2.2 和 2.4 个百分点，新产品快速成长，新能源汽车产量同比增长 54.8%，集成电路增长 11.7%；共享经济广泛渗透，跨境电商、在线医疗等新服务模式层出不穷，新业态蓬勃发展，网上零售额同比增长 27.0%。

### （三）改革开放深入推进，不断释放发展潜力

其一，供给侧结构性改革成效显著。前三季度，全国工业产能利用率达到 76.6%，到 2018 年底，钢铁、煤炭等重点领域"十三五"去产能任务有望提前完成；企业经营成本和杠杆率降低，规模以上工业企业每百元主营业务收入中的成本同比减少 0.29 元；商品房库存继续减少，9 月末全国商品房待售面积同比下降 13.0%；重点领域补短板力度加大，生态保护和环境治理业、农业投资同比分别增长 33.7% 和 12.4%，增速分别快于全部投资 28.3 和 7.0 个百分点。

其二，重点领域改革不断深化。我国不断推进行政审批、投资审批以及商事制度改革，国务院部门累计削减行政审批事项比例达 45% 左右，非行政许可审批彻底终结，中央政府层面核准的企业投资项目减少了 90%，中央政府定价项目缩减 80%，负面清单制度有序推广，市场准入壁垒逐步降低，市场在资源配置中的作用日益增强。税费减免力度加大，制造业、交通运输、建筑等行业的税率已分别下调 1 个百分点，增值税留抵税额退税范围逐步扩大，小微企业所得税优惠政策的使用范围扩展，2018 年有望减税降费超过 1.3 万亿元。

其三，全方位对外开放格局加快形成。我国积极改善国内营商环境，加大知识产权保护力度，投资便利化水平有效提升，大幅放宽市场准入，金融等服务业推出超预期开放举措，汽车、船舶和飞机等制造业进一步开放；支持自由贸易与

多边贸易体制，主动扩大进口，降低汽车等产品进口关税，加快加入世贸组织《政府采购协定》进程，加强国际经济政策的沟通与协调；"一带一路"倡议积极推动了国家间发展战略对接，实现了不同国家间相互支持与相互促进的联动发展。

### （四）全年预期目标可以实现，发展基础进一步夯实

展望四季度，"六稳"政策逐步显效，新动能加速成长，房地产市场运行稳定，消费对经济增长的支撑作用增强，宏观经济有望延续平稳增长态势。但是，基础设施投资增速大幅滑落，股市汇市震荡，社会预期和市场信心有待改善，中美贸易摩擦影响逐步扩大，经济领域风险与挑战增多。初步预计，四季度 GDP 增长 6.4%左右，全年增长 6.6%左右，能够较好实现政府预期调控目标，为全面建成小康社会、推动高质量发展进一步夯实基础；就业形势基本平稳，全年新增就业有望达到 1300 万人以上，城镇调查失业率稳定在 5%左右；通胀水平略有回升，全年 CPI 预计上涨 2.2%左右；贸易顺差缩小，国际收支保持平衡。

## 二、世界经济环境错综复杂

### （一）世界经济增长呈现分化

2018 年以来，世界经济整体上保持增长态势，经济增速与 2017 年持平，但主要经济体增长出现分化。从发达经济体经济运行来看，美国经济一枝独秀，其他国家增速相对放缓。前三季度美国 GDP 环比折年率增速分别为 2.2%、4.2%和 3.5%，二、三季度创出近年新高；欧洲经济呈现越过本轮经济增长顶峰的迹象，欧元区第一、二季度 GDP 增速达到 2.1%和 2.2%，增速呈现放慢趋势，与美国经济逐渐拉开距离。其中，德国依然是经济复苏最为稳健的国家，法国和西班牙居其后，意大利相对较弱。日本 GDP 一季度出现了九个季度以来的首次环比负增长，10 月 31 日日本央行将 2018 财年实际 GDP 增速从此前预期的 1.5%下调至 1.4%，并决定维持目前的大规模货币宽松政策不变。新兴和发展中经济体的两极分化更为突出。印度政府前期推行的改革正在发挥积极作用，2018 年一季度 GDP 同比增长 7.7%，二季度增速高达 8.2%，处于遥遥领先地位。与印度形成鲜明对比的是土耳其和阿根廷，这两个国家陷入较为严重的金融动荡之中。从现象上看，美联储加息是两国金融动荡的原因，但从本质上看，政策失误以及改革步伐缓慢

是导致经济增长乏力的主要因素。其他新兴和发展中国家并没有出现危机,大多数国家经济复苏势头好于往年。

全球经济虽有复苏,但增长动能逐渐减弱,已进入平台期,特别是在全球技术转移滞后、贸易投资保护主义升温、贸易摩擦加剧、货币政策回归正常化、国际融资环境趋紧、金融风险外溢性增强、新兴市场动荡加剧、地缘政治风险上升、全球债务水平居高不下、竞争性减税行为增多、通胀水平抬升等因素的影响下,经济增长的下行压力加大,部分经济体增速已开始见顶回落。国际货币基金组织(IMF)在最新的《世界经济展望》中分别下调今年及明年全球经济增长预期至3.7%,较上次预测下降0.2个百分点,这也是自2016年以来IMF首次下调经济增长预期。国家信息中心初步预计2019年世界经济将越过本轮增长周期的顶点,增速小幅回落,由前两年的3.7%下降到3.6%左右,主要经济体增长进一步分化。发达经济体经济增速将出现普遍回落趋势。美国减税的边际效应将递减,挑起贸易摩擦的滞后效应将逐步显现,经济增速将由2018年的2.9%回落到2.5%;日本经济与美国高度相关,经济增速将回落至0.9%;欧元区经济增速见顶回落,预计2019年回落至1.9%。新兴和发展中经济体经济将继续保持较快增长,2019年仍可达到4.7%左右。印度经济仍将保持旺盛的增长态势,预计2019年可达7.4%,在主要经济体中遥遥领先。

**(二)国际贸易投资格局发生转变**

国际经贸规则存在较大变数,以美国为代表的发达国家主张建立高水平、强约束的国际贸易与投资规则,中国等新兴国家主张建立顾及各方实际情况的,有差别、有弹性的规则。CPTPP(美国退出后的TPP)、TTIP、TiSA等贸易投资规则正在稳步推进,将服务贸易、知识产权等纳入到贸易规则中,力图推行代表发达国家利益的高标准的贸易投资规则,一旦达成并执行,将对现行国际经贸规则和国际贸易体系产生较大的冲击。2019年,经济全球化与贸易保护主义的冲突将更加剧烈,伴随着多边与区域的交相竞长,以及新兴大国与守成大国的博弈竞合,国际经贸规则变迁步伐可能加速。尤其是美国在全世界范围内实施"以美国利益为主"的贸易保护主义政策,短期内加征关税等措施对全球贸易的影响尚不明显,但新订单必将受到较大冲击。据世界贸易组织测算显示,美国对华加征关税将使得全球贸易锐减17%,由此拖累全球经济增速下滑。逆全球化行为对全球

外商直接投资的影响立竿见影。同时国际机构认为美国发动的针对全球的贸易摩擦有可能导致世界经济增长放缓。特朗普对全球贸易伙伴发动贸易攻击和持续威胁，将导致全球经济增长率到 2020 年降低 0.5 个百分点，意味着全球经济将损失 4300 亿美元；贸易壁垒会阻碍投资，抬高国际商品价格，扰乱国际供应链，减缓新技术的传播，降低全球生产率。根据联合国贸易和发展组织发布的《全球投资趋势监测报告》，全球外国直接投资（FDI）在 2018 年上半年大幅下降了 41％，从 2017 年上半年的 8000 亿美元下降至 4700 亿美元。其中，美国 FDI 流入下降了 73％，为 460 亿美元。预计 2019 年全球外商直接投资将继续下滑，并直接影响全球经济增长。

### （三）全球宏观经济政策逐步转向

发达经济体宏观经济政策将继续调整，货币政策回归正常化后存在偏向"趋紧"可能性。美国通货膨胀水平已经达到目标水平，2018 年三次加息，上调联邦基金利率至 2％—2.25％，创 2008 年以来新高。预计年内仍将加息一次，2019 年加息三次。目前联邦基金目标利率将处在中性利率附近，货币政策即将结束连续十余年的偏宽松状态，呈现正常化特征。但是 2019 年继续加息，美国联邦利率可能超过中性利率水平，由中性转向紧缩。届时美国"偏紧"的货币政策将对经济增长、资本市场形成抑制，同时影响全球主要经济体货币政策安排。欧元区经济复苏相对缓慢，货币政策回归正常化措施相对谨慎，欧洲央行宣布在 2018 年底结束资产购买，并将当前的政策利率至少维持到 2019 年夏季。全球宏观经济政策调整将压缩我国财政货币政策操作空间，给国内宏观调控带来一定干扰。美联储加息进程导致部分国家资本流出、本币贬值、金融动荡、债务压力加大。2018 年以阿根廷和土耳其为代表的新兴市场国家出现剧烈金融动荡，虽然根源在于国内，但美联储加息是直接诱因。预计 2019 年美联储加息不仅冲击其他金融市场，也会影响到美国金融和资本市场。与此同时，全球利率上行也进一步增加了债务负担。据 IMF《财政监测报告》显示，2017 年全球债务水平达到 182 万亿美元，创历史新纪录，过去 10 年间增长了 50％，债务还本付息压力加大。总体来看，2019 年主要国家货币政策由回归正常逐步转向紧缩的拐点出现，全球经济调整风险加大。

### （四）全球劳动力供求关系趋紧

经济理论表明，在实现充分就业的状态下，如果不加大技术投入、提高全要素生产率，经济增速将达到极限。2018 年 9 月份，美国和日本失业率分别下降到 3.7％和 2.5％，已经基本实现了充分就业，受此影响，美日经济增速已经达到极限，未来将见顶回落。欧元区失业率下降到 8.1％，但主要为结构性失业，有效劳动力缺乏。另外，一些新兴经济国家也存在有效劳动力供给不足问题。

### （五）科技进步助推增长

尽管全球经济发展面临上述不利因素，但是全球技术进步和创新步伐从未停歇。美国仍然是全球技术创新的中心，知识产权类投资增速大幅上升；日本加快机器人产业发展，不仅可缓解国内老龄化导致的劳动力不足问题，同时对推动全球机器人产业发展具有重要影响；欧盟正在实施容克投资计划，德国开启了工业 4.0；绝大多数发达国家向发展中国家的技术转移并没有受到少数国家的影响，全球新一轮科技革命与产业变革将呈现出绿色、智能、泛在、融合等特征。信息技术产业、生物和医药技术产业、新材料技术产业、智能制造技术产业、新能源技术产业、节能环保技术产业、空间技术产业、海养技术产业发展逐步成为世界经济发展的新动力。科技革命和产业变革加速融合，将有力推动全球经济增长。

## 三、国内经济运行稳中存忧

当前，外部环境发生深刻变化，国内经济运行稳中有变，经济下行压力有所加大，部分企业经营困难较多，长期积累的风险隐患有所暴露。

### （一）我国经济平稳发展仍具良好基础

一是政策有空间。一方面，经过债务置换和财政整固之后，各级政府债务压力有所缓解，实施积极财政政策仍有一定空间，特别是将重点转向减税降费的空间较大。另一方面，我国防范化解金融风险措施逐步显效，整体杠杆率稳中趋降，金融风险有所释放，同时通货膨胀水平温和，因而具备加大金融对实体经济的支持、保持良好金融环境的条件。二是改革有动力。紧抓改革开放 40 年契机，各项改革举措正稳步推进，特别是完善体制机制，彻底扭转"上面千把锤，下面一根钉"的局面，进一步缓解地方政府压力、调动积极性、激发活力的潜力巨大。三是开放有红利。我国开放服务业特别是金融业、大力改善营商环境、加强知识产权保护、主动扩大进口等重大开放举措将逐步释放政策红利。四是市场有潜力。

我国拥有全世界人数最多的中等收入群体、增长最快的消费市场。面对外部环境深刻变化，做好自己的事情，扩大内需潜力广阔。

### （二）国内经济领域风险不容忽视

#### 1. 警惕中美贸易摩擦不断升级风险

近来，全球贸易保护主义、单边主义明显抬头，给我国经济和市场预期带来诸多不利影响，尤其是中美贸易摩擦升级对国内经济影响将逐步显现。加征关税直接影响对美出口订单，影响企业供应链生态，特别是部分可替代性较强的产品受到的冲击更加突出。即便部分难以替代的商品，加征关税意味着售价上涨，也会抑制其需求。

#### 2. 警惕资本市场动荡风险向金融系统蔓延

受中美贸易摩擦加剧、美联储加息负面溢出效应以及国内去杠杆、严监管等多重因素影响，2018年以来我国股市、债市、汇市出现较大幅度波动。部分上市公司股价已经处于历史低位，IPO发审工作受到影响，债券市场收益率走高，企业债违约事件增多，资本市场直接融资对实体经济支持作用将有所减弱。同时，人民币汇率波动风险加大，资本流出压力上升。由于资本市场动荡、债券违约、汇率波动等因素导致银行风险控制加强，流动性进一步收紧，风险溢价提高将导致企业融资成本攀升，冲击实体经济，进一步加大金融系统风险。

#### 3. 警惕产业体系重构风险

长期以来，我国已形成门类齐全的产业体系，然而这种多年积累的产业体系正被内外部环境的改变所打破。一方面，中美贸易摩擦使部分企业开始谋求在中国以外的地区设厂生产，甚至有跨国企业调整未来全球发展战略，对国内产业链生态造成深远影响。另一方面，环保督查力度加大和生态治理使得部分高耗能、高污染企业生产受到影响，部分企业甚至被迫关门停产，将产业链转向海外。

#### 4. 警惕实体企业市场预期不佳风险

一是社会上"民营经济离场论""新公私合营论"等否定、怀疑民营经济的不当言论，对民营企业家的信心造成较大打击。二是中美贸易摩擦前景不明导致企业家预期不稳，个别企业甚至暂停后续投资。三是环保治理政策不确定性增添企业家投资顾虑，"一刀切"式的环保治理做法使部分企业频繁实施限产停产，部分企业即使环保达标也无法正常生产。四是实体企业减税降费获得感不强，在"营改增"过程中，没有充分考虑规范征管给部分小微企业带来的税负增加影响。五是在完善社保缴费征收过程中，没有充分考虑征管机制变化过程中企业的适应程度和带来的预期紧缩效应。

## 四、2019 年宏观经济增长前景展望

展望 2019 年，我国经济运行将总体平稳，增长速度略有回落，主要宏观指标处于合理区间。

### （一）国内生产总值增长 6.3％左右

综合考虑国内外发展环境和我国潜在经济增长水平，初步预计 2019 年经济增长将保持在 6.3％左右。一是经济运行稳中有变，外部环境不确定性增强，特别是中美贸易摩擦对 2019 年我国经济增长的影响将逐步加大。二是 2018 年国内需求走弱影响将继续向生产端传导，基础设施投资实际增速走低，投资增长总体疲弱，消费需求稳中趋降，网络消费等新模式受高基数制约增速回落，将导致 2019 年工业、服务业生产放缓，GDP 增速有所回落。三是改革开放进一步深化、财政货币政策持续加力将对经济增长实现支撑。如果 2019 年积极财政政策更加发力增效，货币政策稳健略松，赤字率由 2.6％上调至 3％，专项债发行规模适当扩大，减税规模保持在 1.3 万亿以上，初步估算拉动 GDP1.3 个百分点，将有效对冲中美贸易摩擦影响。初步预计第一产业、第二产业、第三产业分别增长 3.7％、5.3％和 7.5％，能够实现生产法核算 GDP 增长 6.3％的目标。

### （二）CPI 增长 3％左右，PPI 增长 3.3％左右

居民消费价格稳中略升至 2.5％。一是初步测算，2019 年 CPI 翘尾因素为 1.0％，比 2018 年高 0.1 个百分点左右，1.5 个百分点由新涨价因素影响。二是农业供给侧结构性改革不断深化，粮食供过于求问题将有所缓解，猪肉价格逐步走出猪周期底部，进入温和上升区间，但是中美贸易摩擦导致大豆等农产品供给下降，推高相关领域以及关联行业产品价格。2019 年食品价格不具备大幅起落的条件，食品价格预计上涨 1.6％。三是医疗、教育等消费需求逐步提高，服务价格继续较快增长，预计上涨 3％；日用消费品进口关税下调，进口商品价格涨幅有望降低。

工业品出厂价格温和回落至 3.3%。一是 2019 年 PPI 翘尾因素为 2.0%，比 2018 年低 0.8 个百分点左右，在翘尾因素带动下，PPI 涨幅呈现回落。二是金融领域防风险取得阶段性成果，杠杆率水平趋于下降，货币金融领域充裕度提高，降低存准率释放流动性，PPI 上涨的货币环境逐步由趋紧转为适中。三是在地缘政治、石油禁运等因素影响下，国际大宗商品价格预计继续走高，输入型价格上涨动因增强。四是天然气等能源价格改革尚未完成，原料药、电阻、电容等新兴产业上游产品价格快速上涨，工业品出厂价格涨幅将呈现结构性分化。

### （三）城镇新增就业 1100 万人以上

就业总体形势基本稳定，需重点关注贸易摩擦冲击、大学应届毕业生等部分行业、部分群体、部分地区就业问题。一是随着中美贸易摩擦升级，企业新订单量减少，后期部分企业可能出现工率不足、利润下滑甚至裁员等现象，给沿海外贸省份人员就业带来压力。此外，我国大学毕业生人数仍将保持在 800 万人以上水平，普通本专科毕业生的失业率依然较高，叠加农村外出务工劳动力的增长，就业的结构性压力依然较大。二是我国经济增长带动就业的能力在不断增强。2013—2017 年，我国 GDP 每增长 1 个百分点带动的就业人数为 186.2 万人，GDP 增长 6.3% 可完成 1172 万人城镇新增就业年度目标。三是创业创新成为就业增长的重要源泉。政府简政放权的力度进一步加大，"放管服"举措深入落实，进一步激发了市场主体的活力。《2017 年大众创业万众创新发展报告》指出，目前全国创业孵化载体内企业就业人数超过 200 万人，每家企业平均带动就业 43 人。因此预计 2019 年我国能够保持就业局势总体稳定。

### （四）国际收支进一步趋向均衡水平

货物贸易顺差收窄，对外贸易出口增速回落至 6.5%，进口增速回落至 12%（美元计价）。2019 年国际经贸环境变数较大，我国对外贸易面临的挑战加大。一是中美贸易摩擦升级，美国加大对华商品的征税范围与税率，将对我国对美出口造成较大影响。二是以美国为主导的新一轮双边、多变贸易规则逐步建立，主要经济体宏观调控取向调整，财政货币政策由宽松转为趋紧，全球经济增速存在减速势能，海外市场需求减弱不利于我国外贸增长。三是美欧日对所谓第三国"产业补贴、国有企业、技术转让"等方面发表联合声明，同时美欧、欧日之间基本达成自由贸易协议，主要发达经济体联合抵制中国，将导致我国面临的外部环境更加错综复杂。四是我国以主动开放促深化改革，对外开放范围扩展层次提升，共建"一带一路"为企业提供了海外市场空间和国际产能合作机会，有利于货物贸易以及服务贸易发展；中国进口博览会召开，汽车、日用消费品等进口关税下调，进口规模有望提高；大幅放宽市场准入、创造更便利的投资环境、加强知识产权保护等举措出台，我国对国际资本的吸引力继续增强，服务贸易将快速发展，我国外贸进出口持续增长的有利条件仍然较多，国际收支有望更趋均衡。

### （五）单位国内生产总值能耗降低 3％以上

一是近五年我国第二产业年均增长 6.6％，工业增加值增长 7.3％，单位 GDP 能耗年均降低 4.6％。2019 年初步预计我国第二产业增长 5.3％，工业增长 6％左右，据此预计单位 GDP 能耗降幅可以达到 3％以上。二是防范化解重大风险、精准脱贫、污染防治成为未来两年三大攻坚战核心内容，绿色发展要求进一步加大生态保护和环境治理力度，同时平衡好和"经济增长"之间的关系，预计能耗下降在基数和其他因素的影响下，降幅仍可保持在 3％以上。

### 表 1　2018—2019 年中国主要宏观经济指标预测表

| 时间 | 2018 年 1—9 月实际 | | 2018 年预测 | | 2019 年预测 | |
|---|---|---|---|---|---|---|
| 单位 | 亿元 | ％ | 亿元 | ％ | 亿元 | ％ |
| GDP | 650899 | 6.7 | 907091 | 6.6 | 990728 | 6.3 |
| 一产 | 42173 | 3.4 | 67683 | 3.5 | 71243 | 3.7 |
| 二产 | 262953 | 5.8 | 367971 | 5.7 | 401035 | 5.3 |
| 三产 | 345773 | 7.7 | 471438 | 7.7 | 518451 | 7.5 |
| 规模以上工业增加值 | — | 6.4 | — | 6.3 | — | 6.0 |
| 固定资产投资（不含农户） | 483442 | 5.4 | 667333 | 5.6 | 707373 | 6.0 |
| 房地产投资 | 88665 | 9.9 | 120381 | 9.6 | 127604 | 6.0 |
| 社会消费品零售总额 | 274299 | 9.3 | 381409 | 9.2 | 415735 | 9.0 |
| 出口（亿美元） | 18266.5 | 12.2 | 25048 | 10.7 | 26676 | 6.5 |
| 进口（亿美元） | 16052.8 | 20.0 | 21797 | 18.2 | 24413 | 12.0 |
| 居民消费者价格指数 | 102.1 | 2.1 | 102.2 | 2.2 | 102.5 | 2.5 |
| 工业生产者出厂价格指数 | 104.0 | 4.0 | 103.3 | 3.8 | 103.3 | 3.3 |

# 五、政策建议

针对稳中有变的内外部环境，建议积极财政政策重在大力减税降费，稳健货币政策重在改善金融环境，积极应对贸易战冲击，有效防范化解金融风险，大力优化营商环境，加快培育优势产业集群，推动我国经济高质量发展。

## （一）积极财政政策重在减税，切实降低税费负担

积极财政政策在适度扩大支出的同时，重点放在实质性降低税率上。一是加大减税力度。增值税方面，实行三档税率并两档改革，将制造业等行业增值税税率从16%降至12%，将交通运输、建筑等行业增值税税率从10%减并至6%，并扩大增值税可抵扣范围和比重，提高企业设计、经销费用的增值税抵扣幅度。所得税方面，将企业所得税率降至20%，其他适用优惠税率同等幅度下调；进一步提高小微企业纳税额上限，研发费用加计扣除比例由75%提高至100%。二是大幅降低收费负担。降低社保缴费名义费率，稳定缴费方式，确保企业社保缴费实际负担有实质性下降。切实清理和降低各类附加收费。三是适度扩大赤字规模。建议将2019年财政赤字规模扩大至3万亿元，比上年增加6200亿元，赤字率3%以内；将2019年地方专项债券发行规模扩大至1.9万亿元，比上年增加5500亿元，重点支持重大核心技术攻关、民生改善和基础设施补短板等领域。

## （二）稳健货币政策重在改善金融环境，支持实体经济发展

货币政策要落实"松紧适度"的要求，继续向中性略偏宽松方向微调，重在创造良好的金融环境。一是保持流动性平稳充裕。结合使用下调法定存款准备金率、公开市场操作和中期借贷便利（MLF）等数量手段，加强短期流动性管理，增加中长期流动性投放。二是利率政策提高自主性，积极应对美联储进一步加息带来的流动性冲击和利率扰动，引导货币市场利率和社会融资成本平稳运行。三是把握好稳增在和去杠杆的平衡，避免为了单纯追求"防风险"而收缩实体经济信贷规模，畏贷、怕贷、抽贷和断贷。四是改革和完善金融机构监管考核和内部激励机制，把银行业绩考核同支持民营经济发展挂钩。五是运用逆周期宏观审慎管理措施，保持人民币汇率稳定在合理均衡水平。

## （三）积极应对贸易摩擦，推动进出口稳定发展

一是继续优化出口退税制度。进一步扩大出口退税覆盖范围，适度提升部分

产品的出口退税率。二是加强对外贸企业的出口信用保险支持。扩大出口信用保险对外贸企业的覆盖范围，将受美国加征关税影响较大的重点商品和企业纳入人民币出口卖方信贷优惠利率政策支持范围。三是完善进口政策。降低替代国产品的关税和进入门槛，对因我反制措施受冲击严重的进口领域，实施关税豁免审批程序，视来源可替代性、是否有损国家利益等具体情况，给予企业一定期限的"加征关税豁免"。四是支持企业开拓新市场。鼓励企业优化国际市场布局，加大对产品品牌的宣传力度，推进出口市场多元化。

### （四）促进民间企业健康发展，激发民间投资活力

毫不动摇鼓励、支持、引导非公有制经济发展，稳定民营企业家信心。一是深化"放管服"改革。加快转变政府职能，全面深化市场化改革，减少政府对市场的干预，推行全国统一的市场准入负面清单制度，加大知识产权的保护力度，转变市场监管方式，促进企业自律与市场可持续发展。二是破除体制机制投资障碍。加快推进垄断行业改革，消除民间投资的进入门槛，通过财政贴息、利率优惠等政策，鼓励民间资本进入垄断性较强、投资回报率较低的投资领域。三是鼓励民间资本参与新兴产业发展。简化人工智能、互联网、大数据、智能制造、无人驾驶、生物医药等领域的项目审批程序，加快新经济发展，培育壮大新动能，切实发挥民营企业在新兴行业发展中的主力军作用。

### （五）加快培育优势产业集群，优化产业生态体系结构

一是重视保护产业生态体系，针对部分地区经济和产业发展具体情况，鼓励上游技术、资金、人力资本具有优势，符合环境标准的企业投资建厂，为下游企业做好生产配套。二是及时跟踪外资企业动态，对于产业链重要节点上意欲退出的外国资本，积极寻求国内外相关替代企业补充，保持产业链完整性。三是加快培育一批以优势产业链与先进制造业集群为核心的产业网络，促进产学研用的协调发展，形成目标明确、分工协作的产业生态圈，有效促进要素自由流动。四是充分利用国内和国际资源，推动集群企业向全球价值链中高端攀升，形成"设计—制造—服务"一体化的先进生产模式。

作者单位：国家信息中心

# 2019 年广东经济：走势分析与应对策略

田秋生

## 一、2018 年广东经济运行特征

### （一）数字对比

1. 生产总值

2018 年一至四季度，广东省生产总值 9.73 万亿元，同比增长 6.8%，与 2017 年同期增幅（7.5%）相比，回落 0.7 个百分点；高于全国平均水平（6.6%）；在东部发达省份中，低于浙江（7.1%），高于江苏（6.7%）和山东（6.4%）。（见表 1）

表 1 全国及各地区生产总值及其增长率：2018 与 2017 年对比

| 地区 | 2017 年一至四季度 | | 2018 年一至四季度 | |
|---|---|---|---|---|
| | 总值（万亿元） | 增长率（%） | 总值（万亿元） | 增长率（%） |
| 全国 | 82.71 | 6.9 | 90.03 | 6.6 |
| 广东 | 8.99 | 7.5 | 9.73 | 6.8 |
| 江苏 | 8.59 | 7.2 | 9.26 | 6.7 |
| 山东 | 7.27 | 7.4 | 7.65 | 6.4 |
| 浙江 | 5.18 | 7.8 | 5.62 | 7.1 |

资料来源：《中国经济景气月报》（2018 年第 1 期和 2019 年第 1 期）及国家统计局和各省统计局网站。

2. 工业生产

2018 年 1—12 月，广东省规模以上工业增加值同比增长 6.3%，与 2017 年同期涨幅（7.2%）相比，下降 0.9 个百分点；低于全国平均水平（6.2%）；在东部发达省份中，低于浙江（7.3%），高于江苏（5.1%）和山东（5.2%）。

3. 固定投资

2018 年 1—12 月，广东省固定资产投资同比增长 10.4%，与 2017 年同期增幅（13.5%）相比，下降 3.1 个百分点；高于全国平均水平（5.9%），也高于江苏（5.6%）、浙江（7.1%）和山东（5.0%）。

2018 年 1—12 月，广东省房地产开发投资同比增长 19.3%，与 2017 年增幅（17.2%）相比，上升 2.1 个百分点；高于全国全面涨幅（9.5%）；在东部发达省份中，涨幅低于浙江（20.9%），高于江苏（14.3%）和山东（13.8%）。

4. 进口

2018 年 1—12 月，广东省进口总值 28900 亿元，同比增长 11.3%，与 2017 年涨幅（10.1%）相比，上升 1.2 个百分点；低于全国平均水平（12.9%）；在东部发达省份中，低于浙江（19.0%），高于山东（9.7%），与江苏持平（11.3%）。（见表 2）

**表 2　全国及各地区进口总值及其增长率：2018 与 2017 年对比**

| 地区 | 2017 年 1—12 月 | | 2018 年 1—12 月 | |
|---|---|---|---|---|
| | 总额（亿元） | 增长率（%） | 总额（亿元） | 增长率（%） |
| 全国 | 124602.4 | 18.7 | 140873.7 | 12.9 |
| 广东 | 25968.5 | 10.1 | 28900.0 | 11.3 |
| 江苏 | 15413.6 | 22.6 | 17144.7 | 11.3 |
| 山东 | 7858.5 | 22.2 | 8732.9 | 9.7 |
| 浙江 | 6158.2 | 35.6 | 7337.1 | 19.0 |

资料来源：《中国经济景气月报》（2018 年第 1 期和 2019 年第 1 期）及国家统计局和各省统计局网站。

5. 出口

2018 年 1—12 月，广东省出口总值 42718.3 亿元，同比增长 1.2%，与 2017 年增幅（6.7%）相比，下降 5.5 个百分点；低于全国全年涨幅（7.1%），也低于江苏、浙江和山东。（见表 3）

表3 全国及各地区出口总值及其增长率：2018 与 2017 年对比

| 地区 | 2017 年 1—12 月 | | 2018 年 1—12 月 | |
|---|---|---|---|---|
| | 总额（亿元） | 增长率（%） | 总额（亿元） | 增长率（%） |
| 全国 | 153320.6 | 10.8 | 164176.7 | 7.1 |
| 广东 | 42186.8 | 6.7 | 42718.3 | 1.2 |
| 江苏 | 24607.2 | 16.9 | 26657.7 | 8.4 |
| 山东 | 9965.4 | 10.1 | 10569.6 | 6.1 |
| 浙江 | 19445.9 | 10.1 | 21182.1 | 9.0 |

资料来源：《中国经济景气月报》（2018 年第 1 期和 2019 年第 1 期）及国家统计局和各省统计局网站。

6. 工业生产者价格

在市场统一开放背景下，各地区工业生产者价格水平和变动幅度差别不大。全国形势可以反映地区形势。就全国来看，2018 年各月份，与 2017 年同月份相比，工业生产者出厂价格涨幅和购进价格涨幅均呈下降态势。（见表 4）

表4 全国工业生产者价格变动情况：2018 与 2017 年对比

| 年、月 | 出厂价格同比涨幅 | | 购进价格同比涨幅 | |
|---|---|---|---|---|
| | 2017 年 | 2018 年 | 2017 年 | 2018 年 |
| 1 | 6.9 | 4.3 | 8.4 | 5.2 |
| 2 | 7.8 | 3.7 | 9.9 | 4.4 |
| 3 | 7.6 | 3.1 | 10.0 | 3.7 |
| 4 | 6.4 | 3.4 | 9.0 | 3.7 |
| 5 | 5.5 | 4.1 | 8.0 | 4.3 |
| 6 | 5.5 | 4.7 | 7.3 | 5.1 |
| 7 | 5.5 | 4.6 | 7.0 | 5.2 |
| 8 | 6.3 | 4.1 | 7.7 | 4.8 |
| 9 | 6.9 | 3.6 | 8.5 | 4.2 |
| 10 | 6.9 | 3.3 | 8.4 | 4.0 |
| 11 | 5.8 | 2.7 | 7.1 | 3.3 |
| 12 | 4.9 | 0.9 | 5.9 | 1.6 |

资料来源：《中国经济景气月报》（2018 年第 1 期和 2019 年第 1 期）。

7. 企业经营状况

（1）主营业务收入增幅：2018 年 1—11 月，广东省工业企业主营业务收入同比涨幅 8.1%，低于 2017 年同期涨幅（12.1%），也低于全国平均涨幅（9.1%）；在东部发达省份中，高于山东（7.7%）和江苏（7.8%），低于浙江（11.5%）。（见表5）

（2）利润总额增幅：2018 年 1—11 月，广东工业企业实现利润总额同比增长 3.6%，与 2017 年同期（15.9%）相比，下降幅度较大；明显低于全国平均涨幅（11.8%），也低于山东（12.2%）、浙江（8.7%）和江苏（8.4%）。（见表5）

（3）亏损企业单位数变动情况：2018 年 1—11 月，广东省工业企业亏损单位数同比增长 21.5%，明显高于 2017 年同期增幅（4.2%）；高于全国平均增幅（6.8%）；在东部发达省份中最高，江苏、浙江和山东分别为 10.2%、17.3% 和 2.5%。（见表5）

**表5 全国及主要省份工业企业经营状况**

| 地区 | 主营业务收入增幅 | | 利润总额增幅 | | 亏损企业数变动 | |
|---|---|---|---|---|---|---|
| | 2017 年 1—11 月 | 2018 年 1—11 月 | 2017 年 1—11 月 | 2018 年 1—11 月 | 2017 年 1—11 月 | 2018 年 1—11 月 |
| 全国 | 11.4 | 9.1 | 21.9 | 11.8 | 0.8 | 6.8 |
| 广东 | 12.1 | 8.1 | 15.9 | 3.6 | 4.2 | 21.5 |
| 江苏 | 12.1 | 7.8 | 14.8 | 8.4 | −3.5 | 10.2 |
| 浙江 | 13.7 | 11.5 | 15.6 | 8.7 | 6.1 | 17.3 |
| 山东 | 7.4 | 7.7 | 11.6 | 12.2 | 0.1 | 2.5 |

资料来源：《中国经济景气月报》（2018 年第 1 期和 2019 年第 1 期）。

**（二）状况判断**

数字对比分析发现，2018 年广东经济运行具有如下基本特征：

其一，总体平稳。2014 年二季度以来，广东地区生产总值增长率一直稳定在 8.0%—6.8% 之间。尽管持续下行，但波幅很小，19 个季度累计降幅不过 1.1 个百分点，相当稳定。（见表6）

表 6　2016 年以来广东省季度 GDP 增长率

| 季度 | 增长率 | | | | |
|---|---|---|---|---|---|
| | 2014 | 2015 | 2016 | 2017 | 2018 |
| 一 | — | 7.2 | 7.3 | 7.8 | 7.0 |
| 一至二 | 7.5 | 7.7 | 7.4 | 7.8 | 7.1 |
| 一至三 | 7.6 | 7.9 | 7.3 | 7.6 | 6.9 |
| 一至四 | 7.8 | 8.0 | 7.5 | 7.5 | 6.8 |

资料来源：《中国经济景气月报》及广东省统计局网站。

其二，增幅处在正常区间。一个 6.8％ 的增长率依然是一个不低的增长率。第一，在经济总量已经很大的情况下，仍能保持如此高的增幅，显示出广东经济的稳健。以 2017 年为基数，广东 1 个百分点的增长，GDP 总量就接近 900 亿元；6.8％ 的增长，一年就增加 6000 亿元，接近西藏、宁夏、青海三省区地区生产总值的总和。第二，在全国各地经济普遍下行的情况下，广东经济增长率依然高于全国平均水平，实属不易。第三，目前的增长率是在没有政策强刺激情况下达到的，是凭借经济系统内在动力实现的，更具可持续性。

其三，稳中向好。GDP 增幅小了，但增量的绝对规模还在增大。内涵更丰富了，质量更高了。GDP 中的水分小了，无效投资少了，绿色 GDP 大了。经济的协调性、稳定性更强了。广东投资产出效率一直保持发达省份中最高水平。结构调整、企业转型、产业升级起步早、成效明显。

其四，稳中有变，变中有忧。值得关注的突出问题是：总体呈下行态势，下行压力还在增大。从自身来看，GDP 增长率和固定投资增长率多年来最低；工业企业效益指标普遍下滑，主营业务收入增幅和实现利用总额增幅下降，亏损企业单位数还在上升。生产总值和固定投资增幅虽好于全国，但工业生产和企业经营状况不及全国。

## 二、2019 年广东经济走势

2019 年广东经济的大致走势是：继续下行，但基本稳定。

为什么说总体保持稳定？主要依据是：

第一，中国经济特别是广东经济，基本完成了由高速增长向中高速增长的阶段性、台阶式转换，开始进入新的稳定阶段。这几年的波动，是在新的台阶上的小幅波动，不同于2016年及以前的阶段性下行。

第二，活力因素增多。中央和地方前期系列改革新举措的增长效应会不断显现；创新驱动发展战略、乡村振兴战略及其他重要战略的实施，会带来新的增长动能；新一轮科技革命和产业变革正在兴起；中国国内市场巨大，经济的韧性强、回旋余地大；"一带一路"建设，粤港澳大湾区建设，会带来新的国际市场。

第三，世界经济步入新的上升周期。2019年国际经济环境的主要特征是各国经济继续保持增长。突出表现是：

（1）美国经济总量2017年已经达到193906亿美元，但仍能保持在2.5％以上的增速；9月份以来的失业率下降为3.7％，这是1969年12月以来最低水平。这意味着美国生产在持续扩张。消费者信心和企业家信心均保持2017年后半年以来的乐观态势。2018年9月份以来消费者信心指数一直在130以上，达到多年来最高。

（2）欧元区经济继续呈现向好迹象。GDP保持2％以上的增长。失业率持续下降，2018年8月份以来降到接近8.0％，这是近10年来的最低水平。消费者信心和企业家信心继续保持乐观。

（3）2018年上半年日本经济增长率低于2017年同期，但依然保持1％的正增长。特别值得注意是，近年来日本失业率一直很低。2018年1月份以来，失业率始终在2.5％以下，5月份还曾下降到2.2％，多年来的最低水平。

此外，金砖国家全部保持正增长，巴西和俄罗斯转降为升。世界其他经济体，也都保持较稳定增长。

为什么说会继续下行？主要依据是：

2019年广东经济面临两大不稳定因素：一是不少中小企业经营困难增多。特别是中小出口企业面临更多经营困难，国有企业投资也大幅下滑。从企业层面来看，我国结构调整和转型尚未结束，还在持续当中。产能和供给过剩矛盾依然突出。消费需求不可能短期内出现大的变化。这是导致经济下行的国内因素。二是中美贸易摩擦的影响进一步显现。这既涉及出口企业，也涉及进口企业，反过来又会加重国内企业的经济困难，特别是对外贸依存度高的广东。广东对美贸易在广东全部对外贸易中占有重要地位，在整个中美贸易中也占有重要地位。就2017

年来看，广东对美出口占广东全部出口的 17.35%，占中国全部对美出口的 25.23%。这意味着，中美贸易摩擦对中国的影响很大程度上会落在广东。虽然这种影响不是根本性的，但必须有足够的认识，做好充分准备、采取切实措施加以积极应对。

## 三、应对策略

2019 年保持广东经济稳定增长，需要采取如下策略：

**（一）着力实施企业救助计划，帮助企业渡过难关**

企业是经济的细胞，企业的活力和动力，从根基和源头上决定整个经济的活力和动力。市场经济条件下，政府促进经济增长的政策重心和施策着力点都应该放在企业层面，创造企业发展的良好环境，激发企业活力，促进企业发展。

市场可以淘汰企业，但不能保护企业。政府应该承担起保护企业的任务。救助现有企业，无论什么时候，都比创办新企业更重要，尤其在经济下行时期。哪个地区救助、存活下来的企业越多，哪个地区复苏时的发展就越快。实施企业救助计划，也是短期内应对中美贸易摩擦冲击的有效对策。

为此建议：大幅度减税降费；组建中小企业救助基金；借鉴推广珠三角一些地市近年来的一些成功经验，着力推动技术改造，促进企业转型。

**（二）采取切实措施，有效应对中美贸易摩擦影响**

具体措施可以包括：一是实施减税或补贴、信贷支持、贴息担保等一揽子措施，抵消进出口企业所面临的外部冲击。二是适应和把握世界经济格局变化，深度调整我们的出口市场结构，进一步开拓新市场，提高出口市场的多元化、分散化程度。三是推动产业转型发展、创新发展，提高生产的技术水平、研发能力和产品质量，改变当前有制造没创造、有产品没品牌、有生产没技术的状况，提高中国出口产品的国际竞争力。

**（三）推动湛江副中心城市建设，打造广东环北部湾经济增长极**

在我国沿海地区，从北到南已经形成环渤海京津冀、长三角、珠三角三大区域经济中心。依据历史经验和理论逻辑，可以推断，粤桂琼环北部湾地区将成为我国沿海第四区域经济中心或发展极。在环北部湾地区中，以湛江为核心的"广东环北部湾地区"具有突出优势和重要地位。然而，由于种种原因，这种优势和地位不但没有发挥出来，甚至还在弱化。对此，我们应有足够的认识。

尽快实施进军环北部湾战略，巩固提升湛江在环北部湾地区的优势地位和集聚周边资源要素的综合能力。超前思维，早做谋划，抢抓先机，占据龙头。按照环北部湾地区中心城市、广东副中心的定位，采取系列举措，大力推动湛江的建设和发展，尽快落实"广东省沿海经济带综合发展规划"中赋予副中心城市副省级管理权限的有关政策，巩固提升湛江在环北部湾地区的优势地位和集聚周边资源要素的综合能力。

抢抓新一轮改革开放机遇，探索出台对接或服务海南改革开放的政策举措。抓紧贯彻落实中央新一轮改革开放系列重大决策部署，全面借鉴海南、上海、珠三角地区改革开放成功经验，探索推进湛江深化改革扩大开放实践。深入研究海南自贸实验区和自由贸易港建设以及粤港澳大湾区建设对湛江的机遇，探索出台对接或服务海南改革开放的政策举措。

加快推进湛江高密度综合交通网络建设，强化提升湛江在环北部湾地区的交通枢纽地位。加快推进粤西港口建设和资源整合，强化提升湛江在环北部湾地区的航运中心地位。

### （四）围绕深化合作联动发展，推进粤港澳大湾区建设

建设粤港澳大湾区，是新时代、新起点广东的最大机遇，是广东新一轮改革开放发展的综合抓手，是当前和今后一个时期广东全省上下一项重要任务。

建设粤港澳大湾区，是新时代进一步扩大开放的一项重大战略和综合抓手。要围绕扩大开放推进粤港澳大湾区建设。要大幅度放宽市场准入，提高服务业特别是金融业市场开放程度。尽快落实放宽银行、证券、保险行业外资股比限制，外资金融机构设立条件限制，外资金融机构在华业务范围限制的政策举措。

建设粤港澳大湾区，是新时代全面深化改革的一项重大战略和综合抓手。要围绕全面深化改革，创新体制机制，在重点领域和关键环节取得新突破，推进大湾区建设。要进一步推进政府行政管理体制改革、市场规则改革、商事制度改革。加强同国际经贸规则对接，全面落实准入前国民待遇加负面清单管理制度，审批服务"一网通办"。细化政策举措，协同推进投资便利化、货物贸易和服务贸易便

利化，加强知识产权保护，营造更好国际化营商环境。

建设粤港澳大湾区，是新时代推动粤港澳深度合作的一项重要战略和综合抓手。要围绕深化粤港澳合作推进粤港澳大湾区建设。充分发挥深圳前海深港现代服务业合作区、广州南沙粤港澳全面合作示范区、珠海横琴粤港澳深度合作示范区平台和载体作用，并不断探索搭建更多新的合作平台。拓宽合作领域、丰富合作内容，推动合作向教育培训、社会民生、公共服务、科技创新、金融市场等领域拓展延伸。

建设粤港澳大湾区，是新时代推动港澳与内地联动发展、一体化发展的一项重大战略，是我国区域经济发展战略体系的丰富和完善。开放、改革、合作，都是为了促进发展。要围绕一体化联动发展推进粤港澳大湾区建设。要一体化打造现代化综合交通运输体系，实现基础设施高水平互联互通；一体化建设大湾区市场体系；一体化打造世界级城市群，提高大湾区城市群综合实力和国际竞争力；一体化打造世界级先进制造业集群；一体化打造世界科技产业创新中心；一体化建设世界金融中心。

**（五）着力实施乡村振兴战略，推动农业农村全面转型**

经济发展是一切发展的基础，推进乡村振兴关键是大力发展乡村经济，特别是发展现代农业和非农产业。

传统农业没有出路。传统农业主要是种养业，以提供食品为主。食品为人类生存所必需，从这一意义来讲，它十分重要，不可或缺。然而，历史经验告诉我们，无工不富，无商不活。古今中外，很少有哪个农村完全是依靠发展传统农业走上现代富裕的。哪个地方乡村非农产业发展得好，哪个地方的乡村就富。这是一个普遍规律。江浙一带的农村发展得好，实际上就是乡村工业、商业、旅游业发展得好。

经验数据也表明，各国经济总量中农业产值的比重、总人口中农业人口的比重，都是持续下降的，越是发达国家，这些比重越低。因为，食品是必需品，少了不行，多了也没用；不仅需求的价格弹性很低，需求的收入弹性也很低。19世纪德国统计学家恩格尔早已发现，随着收入的不断增长，食品消费在家庭全部消费中的比重持续下降。在发达国家，今天这个比重已经很低。2017年我国的恩格尔系数也已降到30％以内。这意味着，传统农业已没有扩张空间，在这种情况下，即使农业增产，也不会导致农民增收，甚至还会减收。

今天中国农业的问题，不是生产能力问题，而是供给相对过剩甚至绝对过剩的问题。早在 17 世纪，英国著名作家格雷格利·金就基于英国上百年的数据发现，"农民们作为一个总体，在好年成时得到的总收益反而比坏年成时为低"。在人们的食品消费已经大致饱和、食品供给普遍过剩的今天，这种情况必然更为严重。

上述分析，给我们两点启示：

第一，应该重新认识农业特别是传统的地位和作用，树立新的粮食安全观、新的农业发展战略。以提供食品为主的传统农业，解决的只是人类的生存延续问题，无法将人类带向现代富裕。今天农业的发展水平和生产能力，已足以满足人类的生存需要。走向现代富裕，必须提升传统农业，发展现代农业，特别是大力发展非农产业，推动农业农村农民非农化发展。

第二，必须推动农业农村农民全面转型。一个是传统农业向现代农业的转型，比如绿色农业、生态农业、精细农业、都市农业、观光农业等。未来农业的发展不是数量和规模，而是品位和质量。二是乡村经济由农业向非农产业的转型。这既包括与农业相关联的非农产业，比如农业观光、乡村度假、农产品商贸会展等，又包括一般意义上的工商业，像江浙一带的农村那样。三是农民向非农民的转型。洗脚上田，离开农业，走向城市。这些方面的转型，是一个持续的过程，是农业发展的历史趋势和内在逻辑。

作者单位：华南理工大学

# 2018 年广东宏观经济运行情况分析

杨新洪  王丽莹

  2018 年，广东认真贯彻落实党中央、国务院各项决策部署及省委"1＋1＋9"工作部署，坚持稳中求进工作总基调，贯彻新发展理念，落实高质量发展要求，统筹做好稳增长、促改革、调结构、惠民生、防风险、保稳定各项工作，全省经济运行保持在合理区间。

## 一、经济运行的基本情况

  初步核算并经国家统计局核定，2018 年，广东实现地区生产总值 97277.77 亿元，按可比价格计算，比上年增长 6.8%。分产业看，第一产业增加值 3831.44 亿元，比上年增长 4.2%；第二产业增加值 40695.15 亿元，增长 5.9%；第三产业增加值 52751.18 亿元，增长 7.8%（见图 1）。三次产业结构为 4.0：41.8：54.2，与上年同期相比，第一产业比重不变，第二产业和第三产业比重"一降一升"，分别下降和提高 0.6 个百分点。

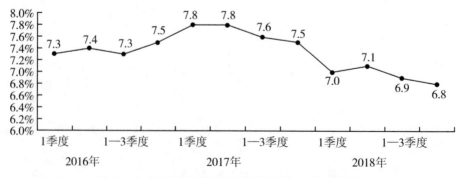

**图 1  广东地区生产总值增长速度（季度累计）**

## （一）经济运行在合理区间，经济总量优势继续扩大

2018 年，广东每个季度的地区生产总值累计增速在 7％左右的年度目标范围内，波动幅度为 0.3 个百分点。就业和物价控制在目标范围内，2018 年末城镇登记失业率 2.41％，比上年末下降 0.06 个百分点；全年居民消费价格上涨 2.2％，低于 3％左右的预期目标，工业生产者出厂价格和工业生产者购进价格分别比上年上涨 1.8％、2.5％。经济增速与实物量指标相协调与匹配，全社会用电量增长 6.1％，货运量和主要港口货物吞吐量分别增长 6.0％和 6.8％。地方财政收入和金融机构存款稳定增长，地方一般公共预算收入达到 12102.9 亿元，比上年增长 7.9％；金融机构（含外资）本外币存款余额突破 20 万亿元，达到 208051.16 亿元，增长 7.0％。

改革开放 40 年，广东地区生产总值总量连续 30 年居全国第一位。2018 年，广东地区生产总值增速高于全国平均水平 0.2 个百分点，规模以上工业增加值、固定资产投资、一般公共预算收入、实际利用外商直接投资分别高 0.1 个、4.8 个、0.9 个、4.0 个百分点。人均地区生产总值为 86412 元，比全国平均水平多 21768 元；按年平均汇率折算，超过 1.3 万美元，达到 13058.3 美元。

与经济总量相近的江苏、山东、浙江相比，广东地区生产总值增速高于江苏、山东，经济总量优势继续扩大。与江苏相比，2018 年广东地区生产总值总量优势从上年的 3978.29 亿元扩大到 4682.37 亿元，同比扩大 704.08 亿元；增幅比江苏高 0.1 个百分点。社会消费品零售总额、进出口总额、地方一般公共预算收入、中外资金融机构本外币存款余额分别比江苏多 6270.77 亿元、27815.9 亿元、3472.74 亿元和 63823.78 亿元。

### 表 1  2018 年全国和粤苏鲁浙主要经济指标增速对比情况表

单位：％

| 指　标 | | 全国 | 广东 | 江苏 | 山东 | 浙江 |
|---|---|---|---|---|---|---|
| 地区生产总值 | 2018 年 | 6.6 | 6.8 | 6.7 | 6.4 | 7.1 |
| | 2018 年前三季度 | 6.7 | 6.9 | 6.7 | 6.5 | 7.5 |
| | 2017 年 | 6.9 | 7.5 | 7.2 | 7.4 | 7.8 |

续表

| 指 标 | | 全国 | 广东 | 江苏 | 山东 | 浙江 |
|---|---|---|---|---|---|---|
| 规模以上工业增加值 | 2018 年 | 6.2 | 6.3 | 5.1 | 5.2 | 7.3 |
| | 2018 年前三季度 | 6.4 | 6.0 | 5.5 | 5.5 | 8.0 |
| | 2017 年 | 6.6 | 7.2 | 7.5 | 6.9 | 8.3 |
| 固定资产投资 | 2018 年 | 5.9 | 10.7 | 5.5 | 4.1 | 7.1 |
| | 2018 年前三季度 | 5.4 | 10.2 | 5.6 | 5.8 | 6.9 |
| | 2017 年 | 7.2 | 13.5 | 7.5 | 7.3 | 8.6 |
| 社会消费品零售总额 | 2018 年 | 9.0 | 8.8 | 7.9 | 8.8 | 9.0 |
| | 2018 年前三季度 | 9.3 | 9.1 | 8.8 | 9.3 | 9.7 |
| | 2017 年 | 10.2 | 10.0 | 10.6 | 9.8 | 10.6 |
| 进出口总额 | 2018 年 | 9.7 | 5.1 | 9.5 | 7.7 | 11.4 |
| | 2018 年前三季度 | 9.9 | 5.9 | 9.3 | 4.8 | 12.5 |
| | 2017 年 | 14.2 | 8.0 | 19.0 | 15.2 | 15.3 |
| 地方一般公共预算收入 | 2018 年 | 7.0 | 7.9 | 5.6 | 6.3 | 13.7 |
| | 2018 年前三季度 | 7.8 | 10.0 | 9.3 | 7.8 | 16.2 |
| | 2017 年 | 7.7 | 10.9 | 4.6 | 6.6 | 11.5 |

### （二）供给端质量不断提高，需求端结构持续优化

乡村振兴战略成效初步显现，农村一、二、三产业融合发展，2018 年，广东第一产业增加值同比增速（4.2%）是 2012 年以来的最高水平。特色效益农业发展较快，全年全省水果产量增长 8.4%、中草药材播种面积增长 18.0%；畜牧业稳定增长，全年猪牛羊禽肉产量增长 1.2%；渔业水产品养殖比重（82.8%）比上年提高 2.1 个百分点。支持实体经济发展的力度进一步加大，全省新增 8439 家规模以上工业企业，总量超过 5 万家，跃居全国第一。广东进入 500 强的企业达 12 家。工业生产平稳，2018 年规模以上工业企业累计完成增加值 32305.16 亿元，比上年增长 6.3%。行业增长面增加，全年实现增长的工业行业（31 个）比前三季度增加 2 个。产品产量增长面扩大，全年 271 种在产的工业产品实现增长，增长面

（56.3%）比前三季度扩大 0.2 个百分点。百强工业企业贡献率超 7 成，全年百强企业工业增加值增长 13.5%，对规模以上工业增加值增长的贡献率为 70.5%。支柱产业支撑能力较强，计算机、通信和其他电子设备制造业（9.4%），电气机械和器材制造业（7.1%）以及汽车制造业（7.4%）增加值增速高于规模以上工业 3.1 个、0.8 个和 1.1 个百分点。服务业发展质量不断提升，2018 年现代服务业增加值增长 8.6%，占服务业增加值比重（62.9%）比上年提高 0.2 个百分点；生产性服务业增加值增长 7.9%，占地区生产总值比重（27.8%）比上年提高 0.3 个百分点。

固定资产投资稳中有升。2018 年，广东完成固定资产投资 35286.84 亿元，同比增长 10.7%，比年度目标高 0.7 个百分点。基础设施领域补短板力度加强，全年完成基础设施投资增长 8.2%，其中城市建设投资增长 19.2%。工业投资增幅逐月回升，全年增长 0.8%，其中，高技术制造业投资增长 18.1%，高端显示器制造产业链正在形成。房地产市场总体平稳，房地产开发投资 14412.19 亿元，同比增长 19.3%。消费需求持续扩大，2018 年广东实现社会消费品零售总额 39501.12 亿元，同比增长 8.8%，农村消费（9.4%）高于城镇（8.7%）0.7 个百分点。与民生密切相关的部分商品零售保持两位数增长，全年限额以上单位中西药品类和日用品类商品零售额增长 13.7%、14.7%。旅游业市场活跃，全年国内过夜游客增长 11.1%。货物进出口总额超过 7 万亿元，创历史新高，达 71618.3 亿，比上年增长 5.1%；其中，出口额 42718.3 亿元，增长 1.2%；进口额 28900.0 亿元，增长 11.3%。与"一带一路"沿线国家的经贸往来继续扩大，全年对"一带一路"沿线国家累计进出口增长 7.3%，占进出口总额的 22.5%。

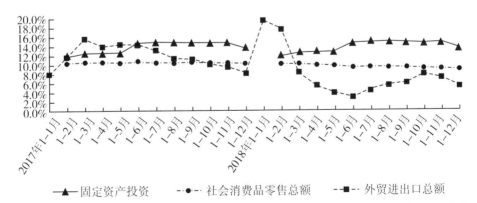

图 2　近两年固定资产投资、社会消费品零售总额和进出口总额月度累计增速

### （三）新旧动能转换接续，经济新动能加快壮大

新产业、新业态和新商业模式蓬勃发展，2018年广东新经济增加值比上年增长8.9%，增幅高于同期地区生产总值2.1个百分点，占地区生产总值的比重为25.5%。创新动力加快孕育，科技创新后劲不断增强，全年专利申请量和授权量分别增长26.4%和43.7%，其中发明专利申请量和授权量分别增长18.5%和16.4%。PCT国际专利申请量约占全国一半，区域创新综合能力排名保持全国第一。规模以上工业企业设立研发机构占比达到38%，比上年提高1.0个百分点。全省高新技术企业超4万家；高新技术产品产值7.4万亿元，增长10.0%。技术成交合同额突破1000亿元，专利质押融资规模居全国第一。

新产业加快发展，2018年先进制造业和高技术制造业增加值占规模以上工业比重达56.4%和31.5%，比上年提高3.2个和2.7个百分点。新兴工业产品产量快速增长，新能源汽车比上年增长206.1%，碳纤维增强复合材料增长49.4%，服务器增长35.4%，工业机器人增长28.3%，智能电视增长17.0%。部分技术含量较高的新兴服务业保持快速发展态势，战略性新兴服务业营业收入增长19.6%，高技术服务业营业收入增长18.8%，互联网和相关服务业营业收入增长30.9%，软件和信息技术服务业营业收入增长19.8%。

新业态蓬勃发展，外贸新业态持续发展壮大，跨境电商进出口比上年增长72.0%，市场采购出口增长2倍。高新技术产品进出口成为进出口增长引擎，2018年高新技术产品进出口增长10.8%，高于进出口总额增速5.7个百分点。高技术和先进制造行业投资活跃，全年先进制造业、高技术制造业和装备制造业的投资分别增长11.0%、18.1%和12.5%。新兴消费业态持续较快发展，限额以上单位无店铺零售业态零售额比上年增长10.9%；"互联网＋支付"高速增长，限额以上餐饮企业通过公共网络实现的餐费收入比上年增长60.3%，增幅同比提高18.1个百分点；快递业完成业务量增长27.9%。高铁全年完成客运量占铁路客运量的比重达67.4%。通信市场转型升级步伐加快，全年广东4G用户期末数占移动电话用户比重达81.0%，移动互联网接入流量增长162.9%。

### （四）市场活力进一步增强，民营经济发展活跃

重点领域改革向纵深推进，"放管服"改革成效明显。市场活力进一步激发。市场主体大量增加，2018年广东新增登记各类市场主体229.7万户，日均新登记

市场主体 6293 家。

对外开放水平不断提升，对外吸引外资势头良好，2018 年，广东全年新签外商直接投资项目 35774 个，比上年增长 130.4%；实际利用外商直接投资 1450.88 亿元，同比增长 4.9%，高于全国平均水平 4.0 个百分点；特别是制造业利用外商直接投资增长 57.9%。"走出去"步伐加快，全年经核准境外新增中方实际投资额比上年增长 57.7%。

代表市场活力的民营经济发展良好。2018 年，民营经济实现增加值 52611.59 亿元，比上年增长 7.3%；占地区生产总值的比重为 54.1%，比上年提升 0.3 个百分点。全省民营单位 1120.12 万个，比上年增长 12.0%，其中私营企业个数增长 17.2%。民营规模以上工业增加值增幅高于规模以上工业 2.8 个百分点，对规模以上工业增长的贡献率超过 7 成，达到 70.8%。民营企业是第一大贸易主体，全年民营企业实现进出口总额增幅高于进出口总额 6.3 个百分点，占全省进出口总额的 48.9%；民间投资占固定资产投资的 57.8%。

### （五）绿色发展推进，老百姓获得感增强

单位工业增加值能耗下降 2.35%。部分绿色清洁可再生能源增长较快，其中，垃圾焚烧、太阳能和核能发电量分别增长 25.8%、37.2%、11.6%。全省平均灰霾天气日数（27.6 天）比上年减少 2.9 天，空气质量连续四年达到全国二级标准。生态保护和环境治理业投资增长 205.4%。

人民群众获得感、幸福感和安全感进一步提升。居民收入稳定增加，2018 年，广东居民人均可支配收入 35809.9 元，比上年增长 8.5%，扣除价格因素影响实际增长 6.2%。按常住地划分，城镇常住居民人均可支配收入 44341 元，比上年增长 8.2%，扣除价格因素影响实际增长 5.9%；农村常住居民人均可支配收入 17167.7 元，增长 8.8%，扣除价格因素影响实际增长 6.8%。民生保障力度加大，全省城镇、农村特困人员基本生活标准分别达到年人均 14207 元和 11756 元。城乡居民基本养老保险覆盖率达到 98% 以上；加强基层医疗卫生服务体系建设，卫生和社会工作投资比上年增长 28.7%。居民消费升级提质，全省居民恩格尔系数为 32.6%，比上年下降 0.9 个百分点。

## 二、影响"稳增长"的几个主要因素

虽然总体来看，2018 年广东经济继续运行在合理区间，新旧动能转换接续，质量效益持续提升。同时也要看到，经济运行稳中有变、变中有忧，面临下行压力。

### （一）时间维度对比，大部分主要指标增速不同程度放缓

与 2018 年前三季度相比，反映供给、需求和效益的 9 个主要指标是"一稳两升六放缓"，整体而言，供给的稳定性好于需求和效益。供给方面，第一产业持平；第二产业略回升 0.1 个百分点，其中规模以上工业增加值回升 0.3 个百分点；第三产业回落 0.2 个百分点。需求方面，除固定资产投资增幅提高 0.5 个百分点外，社会消费品零售总额、进出口总额增速分别回落 0.3 个和 0.8 个百分点。质量效益方面，地方财政收入、工业企业利润和居民人均可支配收入的增速分别回落 2.1 个，7.1 个和 0.1 个百分点。与上年相比，除第一产业提升 0.6 个百分点外，其他指标均有不同程度的回落。

### （二）"稳"工业的基础不牢固

全省全年有 45% 的规模以上工业企业增速下降。三资企业萎缩，规模以上外商及港澳台商投资企业累计完成增加值（2.0%）增幅低于规模以上工业 4.3 个百分点。增长支撑性单一，规模以上工业增加值增长仅电子信息业的贡献率近 40%。工业企业利润下滑，规模以上工业实现利润同比下降 0.1%。企业经营成本上升，全年规模以上工业主营业务成本（增长 8.1%）增速高于主营业务收入增速 0.2 个百分点；工业企业百元主营业务收入所耗用的成本同比增加 0.1 元。

### （三）"稳"社会消费品零售总额增速压力较大

2018 年全年，广东社会消费品零售总额增速从 1—2 月的 9.9% 逐月放缓到全年的 8.8%，波动幅度为 1.1 个百分点，是近 10 年来月度最低增幅。消费增长热点不足，一是占限额以上商品零售总额近三分之一的汽车销售趋于饱和；二是受手机存量相对饱和，手机行业面临着从 4G 转换到 5G 的产品换挡期影响；三是随商品房屋销售建筑面积减少，全年家用电器和音像器材类商品零售额增幅同比回

落 7.9 个百分点。

### （四）工业投资持续低迷

2018 年全年，工业投资累计增速有个 7 月负增长。工业行业投资同比下降的行业较多，2018 年制造业投资同比下降 0.1％，其中汽车制造业、铁路船舶航空航天和其他运输设备制造业分别下降 5.7％和 44.3％。新开工的工业投资项目偏少，2018 年新开工工业投资项目 12257 个，同比增长 0.1％，增速同比回落 14.6 个百分点。民营企业对工业投资意愿较弱，全年民间工业投资下降 5.4％。

## 三、对 2019 年广东经济形势的预判

从国际环境看，世界政治经济格局处于经济金融周期加快转换、大国利益复杂博弈、地缘政治冲突加剧等多重因素相互叠加的演化过程中，呈现动能趋缓、分化明显、下行风险上升、规则调整加快的特点，不确定不稳定因素仍然较多，世界银行、国际货币基金组织与经合组织（OECD）下调 2019 年全球经济增长预期至 2.9％、3.5％、3.5％。

从国内看，中国经济运行保持平稳的格局没有改变，经济发展环境将有所改善。但国内市场需求增长放缓、部分企业经营困难较多，长期积累的风险隐患有所暴露，经济下行压力有所加大。

从广东看，粤港澳大湾区效应加快释放，国家新出台的降准、减税、加大关税退税力度等各项政策措施效果逐步显现，与广东新出台的"民营经济十条"、"实体经济十条"（修订版）、"外资十条"（修订版）以及相关政策形成合力，将进一步稳定市场预期，增强企业信心。但中美经贸摩擦形势错综复杂，企业经营面临较大困难，有效需求放缓。同时，考虑到工业经济增长空间有限，社会消费品零售总额增速放缓，财政八项支出增幅回落等因素影响，2019 年广东地区生产总值增长率可能会在 6.0％—6.5％。

作者单位：广东省统计局

# 广东经济走势的研判与应对

广东省人民政府发展研究中心宏观经济研究处课题组*

2018 年以来，面对更为复杂的环境和更大的压力，我省经济发展仍然取得了不错的表现，总体上保持了稳中有进。"稳"表现在主要经济指标均在目标区间内。从前三季度与全年目标对比看，地区生产总值增速（6.9%）虽创下自 2009 年一季度（5.8%）以来季度增速新低，但未偏离 7% 左右的年度增速目标，全年预计增长 6.8% 左右。社会消费品零售总额（9.1%，年度目标 10%）、固定资产投资（10.2%，目标 10%）、进出口总额（5.9%，目标 3%）、地方一般公共预算收入（10.0%，目标 9%）等主要指标均处于目标区间，四季度平稳过渡即可保持。"进"表现在经济高质量发展初见成效。经济增长动能正在转换，先进制造业、高技术制造业发展仍然迅速；龙头工业企业动力较为充足，百强企业增加值增长 14.7%。投资结构持续优化，服务业投资中的租赁和商务服务业投资增长 72.9%，生态保护和环境治理投入增长达 171.5%。消费持续升级，"互联网＋支付"、快递业务、信息消费等数据均显示这一趋势。绿色发展成效显现，能源利用效率进一步提高，垃圾焚烧发电量增长 27.6%，太阳能发电量增长 48.7%。

同时，受中美贸易摩擦为背景的外部环境，及推进高质量发展、深化供给侧结构性改革等形成的内部环境双重作用，我国我省经济发展面临较大的下行压力，实体经济特别是民营企业信心不足，内需潜力有待深入挖掘，发展动能迭代更替仍需时日。总体看，我省发展的基本面仍未变化，发展潜力仍然很大。接下来，要以更大力度深化改革开放，提升创新能力，推动经济平稳增长，实现高质量

---

\* 执笔人：李潇、张良亮；课题组成员：李惠武、谭炳才、蔡祖顺、梁建伟、李潇、张良亮、唐甜甜。

发展。

# 一、世界经济稳增长的基础还很脆弱

受美联储加息缩表、美国发起贸易保护战、主要经济体退出宽松货币政策、大宗商品价格大幅波动等影响，全球流动性面临拐点，经济复苏周期见顶。2019年世界经济的"不确定"体现在世界经济和贸易形势处于动态变化中，"确定"则体现在市场对经济下行基本形成了一致预期。

## （一）美国经济面临下行风险

今年以来，得益于减税等刺激政策，美国海外资本回流，企业盈利不断创新高，经济超预期增长，今年9月美国失业率（3.7%）创1969年12月以来新低，股市迎来"特朗普牛市"，CPI同比回升至2.5%，为宽松货币的退出打下了基础。美国今年已加息3次，股指大幅波动，国债利率快速上升。美联储主席鲍威尔11月27日发表的讲话"由鹰转鸽"，预计2019年加息不会超过2次，加息、缩表仍将是未来一段时间的方向，将对其自身经济增长产生一定的抑制效应，结束持续复苏近10年的经济增长，并对全球经济尤其是新兴经济体产生较大的压力。国际货币基金组织（IMF）预测，美国是未来三年经济增速表现下行最为显著的国家。

## （二）欧元区复苏前景仍不明朗

2018年欧元区经济增速呈现出明显的放缓趋势，前三季度实际GDP同比增速分别为2.4%、2.2%和1.7%，欧元区制造业PMI从2017年12月的60.6一路下滑至2018年10月的52，劳动生产率在上半年也明显放缓。作为欧洲经济火车头的德国，第三季度GDP环比下降0.2%，为三年来首次，直接拖累了欧元区经济增长，全球贸易摩擦升级以及外需锐减或使德国这个出口大国2019年经济前景变得较为黯淡。英国退欧协议获欧盟通过，冲击虽相对可控，但后续问题仍有待观察。目前欧元区的货币条件较为宽松，将继续支撑经济活动扩张，但2019年下半年可能退出量化宽松，且由于欧元区贸易依存度较高，若国际贸易环境持续恶化，将对欧元区造成较大负面影响，经济增速或将继续放缓。

## （三）日本经济保持相对稳定但承压明显

今年以来，日本经济经历上半年的"钝化"后，随着国内需求开始回升，企

业原材料价格降低等，日本经济状况有所回转。2018 年 7 月以来日本制造业 PMI 正在缓慢回升，这与欧元区、美国制造业 PMI 明显的下行趋势形成鲜明对比。但日本经济增长受到不确定因素制约，一是日本为出口大国，国际贸易环境变差不利于日本扩大出口；二是日本政府杠杆率在主要经济体中是最高的，财政政策空间有限，未来不大可能大规模地运用财政政策来刺激经济。

### （四）新兴经济体参差不齐

随着美国税改效应逐渐衰退，经济从高点向长期均值收敛，加上 2019 年欧元区货币政策可能开启正常化进程，美元指数继续快速上行的概率减小，预计新兴市场经济体面临的货币危机压力将大大减小。但是新兴市场经济体将继续承受全球贸易与经济增长下行风险所带来的压力，印度、巴西、俄罗斯等尚好，但政治风险较大、经济改革步伐缓慢和经济基本面较为脆弱的国家仍将继续面临较高的资本外逃和货币贬值风险，如土耳其、阿根廷、委内瑞拉等。

鉴于以上原因，权威研究机构普遍认为，当前世界经济稳定的基础比较脆弱，对未来经济增长的判断均不太乐观。IMF 于 2018 年 10 月发布的《世界经济展望》认为，全球经济增长已进入"平顶"期，预测美国、欧元区、日本、中国等主要经济体 2018—2019 年经济增速均有所下降。11 月进一步指出，全球经济增长虽依然强劲，但已触及近期峰值，主要是贸易紧张局势加剧和金融环境收紧，风险不断积聚升级，并调低了部分经济体增速。出于类似的原因，经合组织（OECD）、高盛 11 月均发布报告，下调了 2018—2019 年全球及中国经济增长预期。此外，摩根大通、惠誉、亚行、中金等国际国内机构近期也纷纷给出了 2018—2019 年全球或中国经济增长预测，均显现下行趋势（见表 1、表 2）。

表 1 主要机构对经济增长的预测（单位：%）

| 机构 | 2018 | | | | | 2019 | | | | | 预测时间 |
|------|------|------|------|------|------|------|------|------|------|------|--------|
| | 全球 | 美国 | 欧元区 | 日本 | 中国 | 全球 | 美国 | 欧元区 | 日本 | 中国 | |
| IMF | 3.7 | 2.9 | 2.0 | 1.1 | 6.6 | 3.5 | 2.5 | 1.9 | 0.9 | 6.3 | 2018.11 |
| OECD | 3.7 | 2.9 | 1.9 | 0.9 | 6.6 | 3.5 | 2.7 | 1.8 | 1.0 | 6.3 | 2018.11 |
| 高盛 | 3.8 | 2.9 | 2.0 | 1.1 | 6.6 | 3.5 | 2.7 | 1.6 | 1.2 | 6.1 | 2018.11 |

表2　IMF《世界经济展望》对主要经济体经济增长和 CPI 的预测

| | 实际 GDP 增速（%） | | | CPI（%） | | |
|---|---|---|---|---|---|---|
| | 2017 | 2018E | 2019E | 2017 | 2018E | 2019E |
| 美国 | 2.2 | 2.9 | 2.5 | 2.1 | 2.4 | 2.1 |
| 欧元区 | 2.4 | 2 | 1.9 | 1.5 | 1.7 | 1.7 |
| 德国 | 2.5 | 1.9 | 1.9 | 1.7 | 1.8 | 1.8 |
| 法国 | 2.3 | 1.6 | 1.6 | 1.2 | 1.9 | 1.8 |
| 意大利 | 1.5 | 1.2 | 1 | 1.3 | 1.3 | 1.4 |
| 西班牙 | 3 | 2.7 | 2.2 | 2 | 1.8 | 1.8 |
| 日本 | 1.7 | 1.1 | 0.9 | 0.5 | 1.2 | 1.3 |
| 英国 | 1.7 | 1.4 | 1.5 | 2.7 | 2.5 | 2.2 |
| 中国 | 6.9 | 6.6 | 6.2 | 1.6 | 2.2 | 2.4 |
| 印度 | 6.7 | 7.3 | 7.4 | 3.6 | 4.7 | 4.9 |
| 东盟五国 | 5.3 | 5.3 | 5.3 | 3.1 | 2.9 | 3.2 |
| 巴西 | 1 | 1.4 | 2.4 | 3.4 | 3.7 | 4.2 |
| 俄罗斯 | 1.5 | 1.7 | 1.8 | 3.7 | 2.8 | 5.1 |
| 南非 | 1.3 | 0.8 | 1.4 | 5.3 | 4.8 | 5.3 |

# 二、中国依然处在调结构转动能的阵痛期

当前，我国经济已由高速增长转向高质量发展阶段，既处于软着陆的下行区间，也处于调整结构、转换动能的关键时期。今年以来，由于去产能、去杠杆过程中政策协调有所欠缺，叠加中美贸易摩擦，以及市场对改革推进迟缓、"国进民退"等问题的担忧，市场情绪一度十分悲观，投资与消费预期受到冲击，经济下行压力加大。预计2019年，国内宏观经济政策将在松紧的动态变化中不断寻找新的平衡。

## （一）临近跨越高收入阶段时，经济增速显著放缓是普遍规律

根据国际经验，日本、韩国等成功追赶的发达经济体在人均GDP达到8000—15000美元阶段，普遍出现增速换挡。受人口红利消失、技术创新不足、资本产出效率下降、环境约束趋强等因素影响，实际增长率将低于潜在增长率（见图1）。

日本经济从 20 年平均高速增长 9.3%，下滑到后两个 20 年的 3.7% 和 1%（见图 3）；韩国经济经历 30 年平均 8.8% 的增长之后，回落到后 15 年平均 5% 左右的增速（见图 2）。2017 年我国人均 GDP 约为 9480 美元，广东人均 GDP 于 2014 年首次超过 1 万美元，2017 年达到 1.2 万美元，增速放缓符合这一趋势性规律的变化。

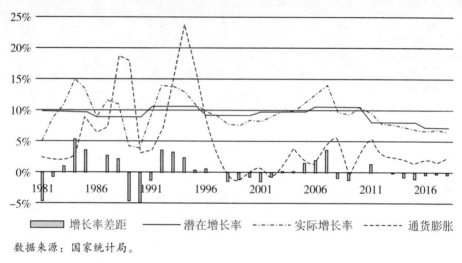

数据来源：国家统计局。

图 1　中国经济实际增长率已低于潜在增长率

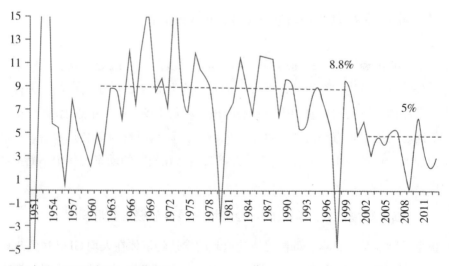

数据来源：Wind 资讯、国泰君安。

图 2　韩国 1951—2011 年 GDP 增长率（%）

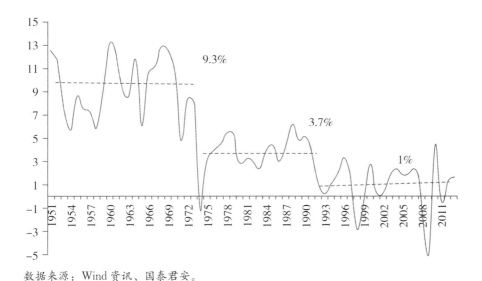

数据来源：Wind 资讯、国泰君安。

**图 3　日本 1951—2011 年 GDP 增长率（%）**

### （二）中美贸易摩擦的影响将在 2019 年充分显现

中美贸易摩擦以来，对进出口的直接影响已有所显现，三季度外贸"抢出口"现象明显，预计四季度将有所回调。同时，由于贸易环境不稳定，加之国际大宗商品价格大幅振荡，出口企业难以进行订单报价，往往不愿接长单，将影响外贸出口的可持续性。2019 年，加征关税的影响将更加充分地显现，对出口和 GDP 增速的下行压力看起来整体可控，但对就业、产业转移的影响难以估量，特别是中美关系的显著变化可能加速在中国的外资企业和本土企业产业外移的速度，这些将会对中国经济发展产生更深远的影响。2018 年的 G20 峰会，中美双方就原定于 2019 年 1 月 1 日美方加征关税问题达成暂时和解，但在延长的 90 天内能否妥善解决问题存在很大的不确定性，如果双方最终能够达成协议，虽然对某些行业会存在短期冲击，但以此契机实现以开放促改革、推动结构性改革，将进一步强化走改革开放道路的路径选择，市场信心将明显恢复，促进经济好转；如果谈判最终破裂，则需要更大力度的政策调控，来稳定经济增长。

### （三）政府和家庭高负债问题亟待化解

政府负债方面，截至 2018 年 10 月底，全国地方政府债务余额为 18.4 万亿

元。由于隐性债务不对社会公开，据研究机构依负债端法和资产端法测算，隐性债务体量约在32.6万亿—52.7万亿元。总体看，各地政府全口径债务的体量约为系统内债务（政府债务和或有债务）的3—8倍，据测算，从综合债务率看，贵州（161%）、辽宁（157%）超过150%，另有内蒙古（136%）、云南（118%）等5省份超过100%，广东（49%）处于偏低水平。鉴于今后一段时期的经济形势，虽未来将继续严控地方债规模，但显性债务仍易增难减，隐性债务化解存在更大压力。家庭负债方面，近年来家庭负债高速增长，截至2017年，我国家庭债务与可支配收入之比高达107.2%，已超过美国当前水平，更逼近美国金融危机前峰值，还没有包括隐藏的民间借贷等无法统计的部分。其中，消费性贷款约占居民负债的2/3，以住房贷款为主的中长期贷款又占了消费性贷款的8成左右。年轻一代储蓄倾向在下降，崇尚超前消费、透支消费，根据蚂蚁金服和富达国际的统计数据，我国56%的年轻人没有存款。如果这个问题不能很好解决，在宏观经济去杠杆的过程中，家庭杠杆提高就成了金融市场的又一个风险点。

## （四）房地产调控不放松将形成较大的短期增长压力

中央对房地产调控要求十分明确，坚持"房住不炒"，"下决心解决好房地产市场问题"，"坚决遏制房价上涨"。在房地产长效机制尚在研究、尚未完全建立之际，在房地产调控正在逐步由以行政措施为主向综合施策转变的关键期，调控不会半途而废。可以预见，2019年房地产市场难有大的起色，投资放缓、销售下降概率较大。而与房地产相关的上下游产业多达30多个，产业链长、波及面广，势

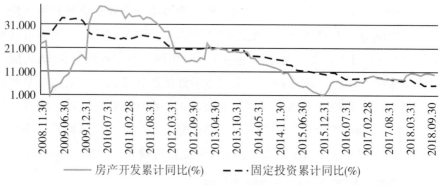

数据来源：Wind 资讯。

**图4 全国房地产行业投资走势**

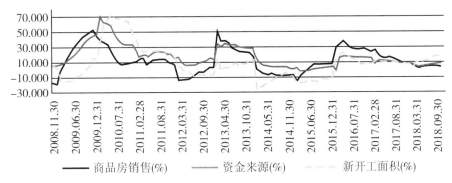

数据来源：Wind 资讯。

**图 5　全国房地产销售与资金来源表**

必受到不同程度影响。严控政策下，对财政收入和经济增长将造成较大冲击。积极的因素是，考虑到过去几年工业企业部门去杠杆已经有一定进展，加之"超预期"的减税政策刺激，未来制造业投资增长可期。同时，预计 2019 年国家将适度扩大隐性和显性的财政赤字，加大基建投资力度，稳定经济增长。

**（五）淘汰落后产能实现市场出清需要时间**

近年来，通过供给侧结构性改革消灭无效供给，重新配置土地和劳动力资源，实现了一定的市场出清，中长期将逐步提升全要素生产效率，提振总需求，但短期必然给产能过剩领域的小型企业、技术门槛不高的初创企业、转型还不够到位的企业带来生存压力。2018 年 11 月，制造业 PMI 回落至 50％，创下 2016 年 8 月以来新低，表明制造业景气再度转弱。国家将继续有压有保，通过调结构提升经济内生动力，但"阵痛"难免持续。同时，在环保方面，环保限产逐步由"一刀切"转向分类限产，整体限产力度将有所减弱，但近期京津冀地区空气质量再度恶化，可能影响后续环保限产力度。各省份对全省产能指标控制力度仍较为严格，供给端或小幅增加、大幅放开可能性不大，一定程度上仍影响经济增长。

# 三、广东经济增长态势逐渐与全国趋于一致

从 2018 年以来的经济形势及 2019 年发展环境看，我们判断，2019 年特别是上半年我省经济增长承压较大，全年经济增长速度可能从今年的 7％左右，下行至

6.3%—6.5%之间。主要依据是:

## (一)广东经济增速逐渐与全国趋于一致

广东作为改革开放的先行省,在全国率先实现经济腾飞,40年年均GDP增速高达12.6%,2011年以前仅有5年低于10%,分别出现在1979年、1981年、1983年、1989年和2009年。除1983年外(低于全国3.5个百分点),经济增速一直高于全国(年均为9.2%),差距最大的年份出现在1993年,比全国高了9.1个百分点。2008年国际金融危机以来,广东在全国最早遇到经济社会转型的深层次问题,比全国更早进入经济增速的下行通道,尤其是2010年以来,广东GDP增速有明显下滑,且逐渐与全国经济增速趋于一致。自2011年起,两者差距已经缩小到1个百分点以内,最大的差距为2016年的0.8个百分点,最小的为2012年,和2018年前三季度,仅比全国高0.3和0.2个百分点。在此背景下,我们可以推测,在IMF、OECD、高盛等机构对2019年中国经济增长6.1%—6.3%的预测基础上,在没有大的变动因素影响下,2019年广东的经济增速也将基本与全国一致,估计处于6.3%—6.5%的增长区间(见图6)。

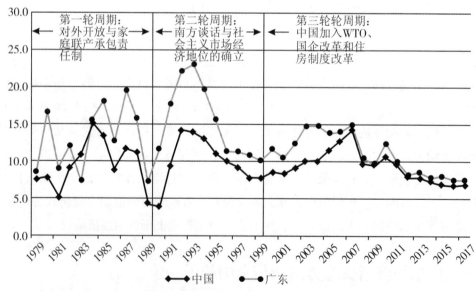

数据来源:Wind资讯、国务院发展研究中心。

**图6　中国、广东所经历的三轮经济周期**

## （二）在国内外经济增长乏力的大背景下，广东的经济增速必然受到影响

当前，世界经济发展面临近年来少有的复杂局面。2008 年全球金融危机的影响尚未过去，广东所处的内外发展环境处于"三期叠加"，即世界金融危机的深度演变期、国际贸易规则的重新建构期、我国（广东）的比较（竞争）优势转换期。2014 年 5 月，习近平总书记提出，我国经济发展进入"新常态"，最明显的特征就是经济从高速增长转为中高速增长。在国内外大环境影响下，广东作为开放型经济体，不可能做到"独善其身"，GDP 增速必然出现下滑。十八大以来，全国经济增速普遍放缓，从 2011 年的 9.5％下滑到 2017 年的 6.9％；广东经济增速同样也处于下滑状态，从 2011 年的 10.0％降至 2017 年的 7.5％（见图 7）。

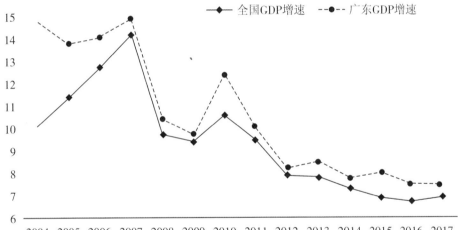

数据来源：Wind 资讯。

**图 7　全国与广东 GDP 增速对比图**

## （三）结构调整仍处于爬坡越坎阶段

随着"刘易斯拐点"的到来，我省外向型经济快速发展的比较成本优势逐步减弱，传统发展模式正面临新的挑战。目前，我国的劳动力成本相当于老挝的 4.78 倍，广东相当于老挝的 5.9 倍。2017 年我省人均 GDP 达到 81089 元，约为 12102 美元，按照世界银行 12476 美元以上即为高收入国家的标准，我省结构调整目标尚未完成，仍处于爬坡越坎阶段。从改革开放 40 年的历史周期来看，中国（广东）平均每 10 年就经历一轮经济周期，共实现了三次产业结构的大调整（见

图6)。第一个周期从1978年到80年代，以对外开放和家庭联产承包责任制为标志，发展食品饮料、服装等产业，全国"喝珠江水、吃广东粮、穿岭南衣"，满足居民吃、穿、用的需要；第二个周期从20世纪90年代初开始，以邓小平南方谈话和社会主义市场经济地位的确立为标志，发展家用电器等产业，满足居民改善生活的需要。第三个周期是1997年亚洲金融危机后，广东提出适度重型化和高级化战略，培育出电子信息、石化、汽车三大支柱产业。2007年开始，广东提出"转型升级，腾笼换鸟"，但2008年为应对金融危机保增长客观上放慢了产业结构调整的步伐；2014年中央作出"稳增长、调结构、促改革、惠民生、防风险"的宏观政策思路，目前我省仍然处于第四个产业调整周期，以培育七大战略性新兴产业为抓手，着力实现从要素驱动向创新驱动的新旧动能转换。但本轮结构调整既有世界金融危机的挤压，又有生产要素成本上涨和营商环境弱化的困扰（如表3所示，广东的工人成本约为越南的3.5倍左右），两翼地区难以有效承接珠三角及其他地区的产业转移（相当部分转向东南亚），珠三角新兴产业的培育壮大也还需要3—5年时间。这也是广东增速与全国趋于一致的重要原因之一。

### 表3 我国劳动力成本比较优势弱化

单位：美元

| 国家 | 生产行业 | | | 非生产行业 | |
|---|---|---|---|---|---|
| | 工人 | 工程师 | 管理 | 职员 | 管理 |
| 新加坡 | 26285 | 48435 | 69548 | 39119 | 72640 |
| 中国 | 8204 | 13045 | 22921 | 15411 | 35786 |
| 马来西亚 | 7630 | 15641 | 29499 | 14439 | 30829 |
| 泰国 | 7120 | 12444 | 25143 | 11049 | 26109 |
| 印度尼西亚 | 4481 | 7215 | 16468 | 7263 | 19213 |
| 菲律宾 | 4012 | 6611 | 15807 | 7678 | 19742 |
| 印度 | 3618 | 8693 | 20123 | 8615 | 23513 |
| 越南 | 2989 | 5800 | 13499 | 7480 | 18452 |
| 缅甸 | 2062 | 4700 | 12312 | 5178 | 13776 |
| 柬埔寨 | 1887 | 3996 | 9054 | 5599 | 13811 |
| 老挝 | 1718 | 2615 | 12153 | 4802 | 17422 |

表内数据为日本企业在亚洲11个国家的支出费用。

数据来源：日本贸易振兴会。

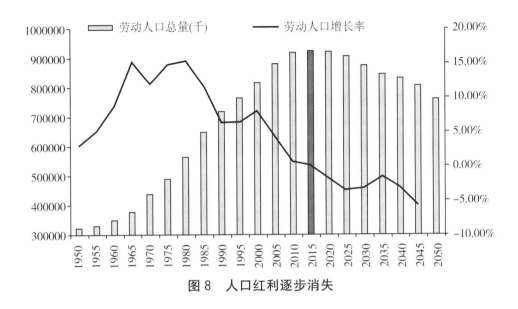

图8　人口红利逐步消失

### （四）部分企业处于生产经营转型的困难期

2017年，民营经济贡献了我省50％以上的地区生产总值和税收、60％以上的投资、75％以上的创新成果、80％以上的新增就业和95％以上的市场主体，是我省经济增长的中流砥柱。当前一些企业尤其是民营企业，在经营发展中仍面临"三座大山"的压力：市场的冰山、融资的高山、转型的火山。形成的原因是多方面的。从外部看，全球经济复苏进程中风险积聚，大环境的改变必然会使一些企业，尤其是进出口企业的生产经营受到影响；随着我省比较成本优势的丧失以及规避中美贸易战风险，一些民营企业、外资企业不可避免地选择向外转移；从国内看，我国经济向高质量发展阶段迈进，必然给产能过剩领域的小型企业、技术门槛不高的初创企业、转型还不够到位的企业带来生存压力；从营商环境看，我省近年来营商环境的比较优势有所弱化，"脸好看事难办""政策好拿不到""表面亲不真心"的例子层出不穷；"上面千把锤，底下一根钉"，导致一些政府部门不作为、懒作为情绪突出；从企业自身看，有的民营企业经营管理比较粗放，存在不规范、不稳健甚至违法经营的问题，在加强监管执法的背景下必然会面临很大生存压力。

### （五）粤东西北地区尚未形成新的增长极

粤东西北地区与珠三角地区发展水平仍存在较大差距，2017年珠三角地区生产总值占全省的78.8%，近5年来珠三角与粤东西北区域差异系数一直在0.653—0.698区间徘徊，没有明显缩小的趋势。与部分东南亚、非洲国家相比，粤东西北地区的成本优势已经弱化，市场机制不健全，缺乏产业配套能力，营商环境改善不大，承接产业转移并不占优势，内生发展能力依然不足。此外，中美贸易摩擦使珠三角地区企业受影响较大，但粤东西北地区的企业较小较弱，不能提供足够助力弥补敞口。

### （六）金融去杠杆、处置债务等领域仍存在风险隐患

2018年8月，中央召开防范化解金融风险专题会议，对网络借贷行业风险专项整治工作和防范化解上市公司股票质押风险工作进行了研究部署。我省互联网金融风险主要集中在P2P网贷分领域。经初步摸排，目前全省尚有在运营的高风险机构15家，待收余额620亿元，其中待收规模超百亿元的高风险机构有4家，风险主要表现在关联关系复杂、期限错配、底层资产真实性及资产质量难以准确核查、风险缓释手段不足等方面。随着国家监管政策的落地及监管细则的实施，P2P将迎来自该行业诞生以来最艰难的时刻。在政府债务方面，我省政府债务率低于全国平均水平，偿债能力较强，但也存在个别市偏高、个别年度到期应偿还政府债务较为集中的现象。

### （七）国家减税政策"引箭待发"，将弱化地方调结构、稳增长的财力支撑

2018年国家密集出台了一系列减税政策，涉及增值税、个人所得税、企业所得税、印花税、出口退税等多个税种，推进力度大、速度快、影响面广。据税务部门测算，仅个人所得税和增值税两个税种的减税政策合计将拉低我省税收增速3.6个百分点。目前中央已接连释放明确信号，新一轮减税降费已在路上，多项更大力度的举措将于2019年密集发布。这对企业减负是重大利好，但政府税收和财政收入也随之减少，影响地方宏观调控的财力支撑力度。

## 四、对策建议

自2014年中央作出我国经济进入"新常态"阶段的判断之后，宏观政策的核

心由"保增长"转向"稳中求进",着力于调结构、转动能,以供给侧结构调整弱化杠杆作用,逐步推动经济从高速增长进入"软着陆"区间,努力实现"转动能",提高经济发展质量。随之我国 GDP 增速进入相对稳定区间,从 2014 年的 7.3%、2015 年的 6.9%、2016 年的 6.7%、2017 年的 6.9% 到 2018 年前三季度的 6.7%,年度波幅不超过 0.4 个百分点,呈现出高超的宏观调控能力。因此,本轮我国经济增长速度的下行周期,应当看作中央政府主动调控的必然结果和政策效应。正如习近平总书记在首届进博会上的讲话所指出的:"中国发展健康稳定的基本面没有改变,支撑高质量发展的生产要素条件没有改变,长期稳中向好的总体势头没有改变。中国宏观调控能力不断增强,全面深化改革不断释放发展动力。"即使我国明年经济增长速度再回落到 6.3% 左右,依然是世界上增速第二的第二大经济体(印度可能以 7.4% 名列增速第一,但其经济总量只有我国的 1/5),既是难能可贵,也是可以接受的。

从高速增长转向高质量发展是中央的既定方针,以"速度换挡、结构调整、动能转换"为特征的新常态仍将持续,中央稳中求进的总基调不会改变。在发展条件和发展环境都产生较大变化的大背景下,我省稳增长仍有许多有利条件,各级党委政府要着力释放提振社会各界信心的信号:改革开放 40 年积累的经济基础较为牢固,抵御冲击的韧性明显提高;市场体系相对完善发达,市场主体抗风险能力较强;我省拥有 1 亿多常住人口,消费市场空间广阔、内需增长平稳;经济结构正在加快重塑,珠三角核心区结构调整已见成效;我省是制造业大省,有比较齐全的产业链;新技术新产业层出不穷,新业态新模式不断涌现,新零售、共享经济、体验经济等方兴未艾;乡村振兴和基础设施建设带动新一轮投资增长;新一轮改革开放举措正在加速落地,粤港澳大湾区建设将释放政策和体制机制红利;我省在全国各省政府中的财政预算收入较高,政府负债率较低,存量问题和风险隐患正在逐步化解。

实现经济稳增长和高质量发展是一场耐力赛、长跑赛,需要一步一个台阶的推进。我们对下行压力既要坚持底线思维,做好充分的思想准备,又要坚定信心,在 2019 年坚持"因势利导、长短兼顾、城乡统筹、内外施策",有序排除风险隐患,有效应对外部不确定性冲击,为稳增长和高质量发展创造有利条件,确保经济行稳致远。

### （一）打通"最后一公里"，提高经济政策的执行效果

近年来中央和省里想了不少办法，出台了很多政策，但往往到了基层就落实不下去，很多好的政策企业不了解，获得感不强；也有些政策不够"接地气"，难以实施。为此，一是慎重对待"红头文件"的出台。政策制定要经过深入调研和论证，保证必要性、现实性和可操作性，不出台"走过场""可有可无"的政策，解决政策过多、政策之间"打架"等问题。二是着力破解政策落实难的症结。对政策落实难问题开展调查研究，理清症结所在，如是否内容太空、缺乏约束力、基层执行力量（人员、编制等）不足、不符合市场需要、不切合基层实际等，有针对性地加以解决，同时完善政策制定的方式方法和执行路径，防止好的政策意图沦为废纸、形同虚设。三是推动重点经济政策的督查落实。一分部署，九分落实。在需要落实的政策中，分门别类将责任明确到各个部门，同时对落实情况开展督促检查，将政策落实效果与绩效考核挂钩。建议相关部门统筹协调，全面梳理国家和省近年来出台的各项促进经济发展的政策，构建科学合理的指标体系，建立政策落实效果评估机制。特别是我省近年来陆续出台的"实体经济十条""外资十条""金融十条"等好的政策，要加强督查和评估。四是抓好政策的科学宣传。有些政策虽好，却因宣传不到位，没有让市场主体受益。文件出台后，要通过文件下发、召开发布会、新闻门户登载、专家解读等多种方式开展宣传，利用好微信、微博等流量平台制造"话题"开展宣传，并逐步建立起科学的宣传机制。特别是在当前企业倍感压力的环境下，出台解决股权质押风险、应对融资难等关乎企业"生死"的政策，要宣传到位，让困难企业得到及时帮助。

### （二）解决"痛点""难点"和"堵点"，释放民营企业的活力

当前民营企业发展遇到很大困难，应坚持问题导向、需求导向，通过深入调研，了解其发展遇到的"堵点""痛点""难点"，紧贴企业需求，系统梳理、分类施策，真心帮扶企业发展。一是解决公平问题。截至2017年末，我国普惠领域小微企业贷款余额67738.95亿元，仅占人民币各项贷款余额的5.64%。要破除信贷、上市、税收、创新、招投标、人才等方面的歧视性限制和各种隐性障碍，多渠道破解融资难融资贵问题，通过风险补偿、政策性融资（再）担保、应收账款等途径推动民营企业获得融资支持。只有打破"玻璃门""旋转门""弹簧门"，努力创造各类企业平等竞争的环境，才能让企业放心发展、放手去干。公平问题在

很大程度上影响着民企、外企是否愿意扎根，特别是一些外企认为只有通过法律法规方式确定下来的东西才能"让人心里有底"。二是解决环境问题。世界银行的报告表明，更好的营商环境会使投资率增长 0.3 个百分点，GDP 增长率增加 0.36 个百分点。集中全面梳理出影响营商环境的问题清单，继续在转变政府职能、深化"放管服"改革上下工夫，为激发民营企业活力创造好的条件和环境。三是解决预期问题。以降成本和加强民营企业产权保护为核心，稳住企业预期，提振民营经济信心。探索出台保护民营企业的地方性法规，给民营企业吃下定心丸，让他们安心谋发展。营造良好的社会舆论氛围，加大扶持和优惠政策的宣传力度，让更多民营企业了解政策，真正享受到政策红利。

### （三）出台好用管用的实招，激发投资和消费潜力

一是充分挖掘投资热点。稳投资是稳增长的重要依托，尤其是在出口前景扑朔迷离、消费提振尚需时日的形势下，应开拓"逆向投资"思维，在经济困难的时候更注重发挥投资作用，利用政府"有形之手"引导投资。抓好有效投资，确保把有限资金投向能够增加有效供给、补齐发展短板的领域。加大固定资产投资力度，加快补齐基础设施领域短板。民生底线、乡村振兴、创新变革、污染防治攻坚战、制造业投资、城市社区的微改造等领域都是孕育新投资需求的主要着力点。促进工业投资企稳回升，组织实施《推动广东工业投资可持续发展行动计划（2018—2020 年）》，做好重点项目跟踪服务，推进华星光电第 11 代线、乐金显示OLED项目、富士康 10.5 代线等重大项目建设，推动巴斯夫、粤芯、中芯国际等重大项目落地。二是培育新的消费增长点。争取在重点行业实现突破，旅游、养老、健康和教育等服务消费内容可进行重点挖掘。通过增加收入、扩大进口、增加优质消费品供给和提升质量等措施，加大促进消费增长和消费升级力度。以乡村振兴战略为契机，培育农村消费新增长点。完善品牌型、高性价比汽车、家电等大件消费品促进政策。发展休闲农业与乡村旅游，认定一批乡村旅游示范区，加快建设一批示范性的特色乡镇。推进农村信息基础设施建设，推进智能手机、宽带网络等信息消费，普及电子商务、物流等新业态。

### （四）深化体制改革，提高经济潜在增长率

改革可以提高经济的潜在增长率。改革开放以来，我省每 10 年基本上就迎来一次经济结构调整，每当遇到经济困难和危机时，我们都是通过思想解放带动改

革开放，通过改革开放带动经济增长。如果不加快改革，不改变大环境，宏观调控路子只会越走越窄，调控空间将越来越小。一是通过改革促进对外开放。通过改革赋予国企、民企、外企等市场主体平等的准入门槛和竞争环境，留住现有外资，吸引新的外资。二是通过改革促进技术创新。通过教育、科研等领域体制改革，释放创新活力。三是通过改革实现稳定增长。通过改革把更多优质资源配置到高效、重要领域，提高投资效率，稳定消费，实现整体经济的稳定增长。

### （五）抓住新一轮开放重点，稳外贸稳外资

一是用好粤港澳大湾区这一高水平开放平台。粤港澳大湾区是我省推动开放的最大平台，要尽快推进体制机制创新，解决标准对接和资格互认等关键性问题；加快标志性基础设施建设，着力完善与一流湾区相匹配的基础设施体系；发挥深圳创新优势、香港人才优势、广州科研优势，建设广深港澳科技创新走廊，构建分工合作的区域创新体系。二是赋予自贸试验区更大改革自主权，探索建设自由贸易港；对标国际最高水平、实施更高标准的"一线放开""二线高效管住"贸易监管制度；深化金融、研发等开放创新，培育开放合作新动能。三是引导企业开拓新的市场，瞄准"一带一路"沿线国家中的重点市场，加快东盟、中东、欧洲、非洲等地区"走出去"步伐。四是在中美贸易战的阴云下另谋出路。如当前日本面临老龄化问题，大量掌握关键技术的中小企业面临后继无人的危机，近期日本政府刚放开准入限制，允许外资并购。我省可抓住中日关系升温契机，鼓励企业积极参与并购，加强与日本的经贸合作往来。

### （六）咬定结构调整不放松，提高经济增长内生动力

结构调整仍是我省当前一段时期的重点工作之一，要牢牢抓住结构调整不放松，踏实办好自己的事情，提高经济增长内生动力。高端制造是龙头，高端服务业是保障。加快推进自主创新和产业结构升级，大力发展工作母机、机器人、新能源汽车产业、海工装备等高端制造业。大力培育新一代信息技术、生物医药、高端装备、绿色低碳、数字经济、新材料、海洋经济等战略性新兴产业。大力支持技术改造、智能工厂、数字化车间和工业互联网建设。创新服务贸易发展，大力发展以生产性服务业为主的现代服务业。建设一批新型研发机构、科技企业孵化器，发展壮大风险投资和创业投资，加快引领型知识产权强省建设。

## （七）因地施策，推动"一核一带一区"战略出成效

珠三角地区是投入产出效果最明显的核心，是优化发展区，增长动能依然强劲，要加大重点产业项目投产落地和基础社会上投资推进力度，努力保持 GDP、工业、进出口、固定资产投资和消费等指标的应有增速，为全省实现预期目标提供必要支撑。两翼地区要着力抓重大项目的各项配套工作，营造招商引资的环境，经营好已有的产业专业园区和现代农业产业园，适度推动房地产市场消费。北部山区要努力发展全域旅游，培育种养大户、家庭农场、专业合作社等新型农业组织，带动"一村一品"地方特色农业发展，把现代农业产业园培育成新的经济增长点。欠发达地区要以实施乡村振兴战略为重要抓手，带动基础设施和公共产品投入，尽快形成新的投资和消费热点。

作者单位：广东省人民政府发展研究中心宏观经济研究处

# 2018 年广东工业和信息化发展情况及 2019 年工作安排

广东省工业和信息化厅

2018 年，全省工信系统以习近平新时代中国特色社会主义思想为指导，按照习近平总书记系列重要讲话精神和指示批示要求，坚决贯彻落实省委省政府各项部署，坚持稳中求进工作总基调，落实新发展理念，按照高质量发展要求，以供给侧结构性改革为主线，奋力开创制造强省、网络强省和数字经济强省建设新局面。

## 一、2018 年工业和信息化发展情况

2018 年，全省规模以上工业增加值增长 6.3%，比全国高 0.1 个百分点。规上工业增加值、规上工业企业数、电子信息产业销售产值、软件和信息服务业收入、集成电路产量，以及信息基础设施建设指数、大数据发展指数、数字经济发展指数、互联网发展综合指数等均居全国第一，落实五大发展理念取得新成效。创新引领工业发展动力提升。建设国家印刷及柔性显示创新中心，筹建 15 家省级制造业创新中心。全年先进制造业、高技术制造业增加值占规上工业比重分别为 56.4%、31.5%，比 2017 年分别提高 1.4 个、1.2 个百分点。工业机器人、新能源汽车等新产品及 4K、5G、工业互联网、数字经济等新动能新业态迅速壮大。工业发展协调性增强。预计主营业务收入超百亿元企业达 273 家、新增 13 家。产业园区成为粤东西北工业增长主引擎，全年省产业园占粤东西北地区规上工业增加值比重达 35% 左右，比 2017 年提高 4.5 个百分点。绿色发展形态扩大。单位 GDP 能耗、单位工业增加值能耗继续保持全国领先水平，国家级绿色制造示范数

量居全国前列，累计创建96家绿色工厂、225种绿色设计产品、2个绿色园区、9个绿色供应链。新增省循环化改造试点园区22家，省级以上园区开展循环化改造的比例达73.5%。工业开放步伐不断加快。巴斯夫新型一体化石化基地、埃克森美孚石油化工综合体项目等一批投资百亿美元的外资高端制造业项目落户广东，尤其是巴斯夫项目成为我国重化工行业外商独资企业"第一例"。信息基础设施建设成果广泛共享。百兆以上宽带接入用户占比达71%，比2017年末提升21.1个百分点。信息扶贫成效凸显，全省共1.97万个行政村实现光网全覆盖，2277个省级扶贫村实现50兆以上光纤接入，在3301个原中央苏区试点村开通超高速无线局域网免费上网服务。一年来，各项重点工作扎实推进并取得成效：

## （一）支持民营经济和中小企业发展，营造有利于实体经济发展的良好环境

抓好"实体经济十条"落实。有12个市出台"实体经济十条"（修订版）实施细则，7个地市实施细则正报批中。全年为企业减负约896亿元，超额完成650亿元的目标。加大对民营经济和中小企业支持力度。省委召开高规格的全省民营企业座谈会，李希书记、马兴瑞省长、李玉妹主任、王荣主席等省领导出席会议，省政府成立由马兴瑞省长任组长的"广东省促进中小企业（民营经济）发展工作领导小组"。全省营业收入超千亿元、超百亿元的民营大型骨干企业分别为15家、104家，有60家企业入围"全国民营企业500强"。预计全年"小升规"工业企业8439家，净增2870家，总量超5万家，连续两年稳居全国第一。开展强企增效试点。帮扶中小企业融资，优化对中小企业服务，实施中小微企业人才培育工程和民营企业"十百千万"培训工程。创建国家级、省级小型微型企业创业创新示范基地。举办第十五届中博会。深化"放管服"改革。落实"强市放权"，除法律法规明确不得委托下放的4项以外，省级行政许可事项均调整由地市实施。规范行业管理。做好利用综合标准依法依规推动落后产能退出、城镇人口密集区危险化学品生产企业搬迁改造、打击和防范"地条钢"死灰复燃、打击稀土违法违规行为等专项行动。强化工业和信息化领域安全生产指导，加大民爆企业专项治理和日常执法力度，举办全国安全产业大会。持续推进食品工业诚信体系建设，超额完成国家考核目标任务。

### （二）发展新动能不断增强，制造强省建设迈上新台阶

大力发展战略性新兴产业。实施加快发展战略性新兴产业行动计划。推动 4K 产业发展，举办中国超高清视频（4K）产业发展大会。全省四大彩电企业 4K 电视产量增长 30.8%；4K 电视产量、4K 芯片出货量和显示面板产能均居全国第一。开通全国首条省级 4K 直播频道，广州、惠州、珠海、中山、汕头 5 个市建设试点示范城市。截至 2018 年末，4K 机顶盒用户累计 1500 万户，超额完成全年 1300 万户的目标；可提供 4K 节目量时长超 1 万小时，比 2017 年底增加一倍。扶持机器人产业发展，全年工业机器人产量超 3.2 万台（套），增长 28.3%，占全国产量约 22%；新增机器人应用 2.2 万台（套），累计应用 10.2 万台（套）。培育新能源汽车产业发展，国家新能源汽车动力蓄电池回收利用试点积极推进。推动重大项目落地建设。实施工业企业技术改造三年行动计划，全年共 8820 家企业开展技术改造。实施珠西产业带聚焦攻坚行动计划，全年新引进、新开工、新投产投资额亿元以上项目分别为 322 个、231 个、158 个，珠西装备制造业增加值增长 6.9%。推动制造业创新发展，举办中国制造业创新大会。新筹建 9 家省级制造业创新中心，新认定 214 家省级企业技术中心。建设 36 个省智能制造公共技术支撑平台，培育国家级、省级智能制造试点示范项目共 258 个。举办第九届"省长杯"工业设计大赛和广东设计周。推进工业绿色发展，对各市实施能源消费总量和强度"双控"，预计可完成单位 GDP 能耗下降 3.2% 的年度目标。开展节能监察，开展能效对标行动，完成企业清洁生产审核，与香港深化清洁生产合作，认真落实蓝天保卫战和水污染防治攻坚战部署。推动产业园区高质量发展。全年省产业园实现规上工业增加值 2153.1 亿元，增长 10.1%；全口径税收 592 亿元，增长 13.3%。共有 260 个亿元以上工业项目落户共建产业园，珠三角产业转出市共 685 个项目落户承接地。

### （三）信息化建设步伐加快，网络强省建设成效明显

继续加大信息基础设施建设力度，制定实施省信息基础设施建设三年行动计划。全年新增光纤接入用户 670.5 万户，累计 3312.7 万户，增长 25.4%；新增 4G 基站 5.1 万座，累计 34.9 万座。百兆以上宽带接入用户占比达 71%。新增农村光纤接入用户 117.7 万户，农村光纤入户率达 41.5%，20 户以上自然村通光纤率达 90.1%。推进粤港澳大湾区信息流一体化，加快软件产业发展。预计全省软

件和信息服务业收入首次突破万亿。推进广州、深圳中国软件名城建设，推动企业享受软件产业税收优惠超 360 亿元。强化无线电行业管理，加快推进省无线电管理条例修订工作。积极开展 5G 规划频段现用无线电业务的专项核查，完成全省 10 类无线电频率使用率评价工作。持续开展打击"黑广播""伪基站"行动，圆满完成重要活动的无线电安全保障。

### （四）推进制造业与互联网融合，数字经济强省建设不断深入

率先部署发展工业互联网，在全国率先出台地方扶持政策。举办中国工业互联网大会，推动华为、富士康等工业互联网平台建设。培育三批 144 家工业互联网产业生态供给资源池企业，培育工业互联网标杆示范项目 80 多个。推动"云""网"降费 30% 以上，新增公有云企业用户超过 8 万家，推动 3000 余家工业企业"上云上平台"实施数字化改造。打造 9 个工业互联网试点示范区，推动国家数字经济发展先导区建设。省政府出台省数字经济发展规划，加快建设珠三角国家大数据综合试验区，举办中国（广东）数字经济融合创新大会等。推动大数据产业聚集发展，加强大数据领域标准建设，发布省大数据标准体系规划与路线图。出台省加快发展新一代人工智能产业实施方案，培育 5 个省级人工智能产业园区。制定智能网联汽车道路测试管理实施细则，打造智能网联汽车测试环境。

## 二、2019 年工作安排

2019 年，全省工业和信息化工作的总体要求是：以习近平新时代中国特色社会主义思想为指导，全面贯彻落实党的十九大和十九届二中、三中全会以及中央经济工作会议精神，贯彻落实省委十二届六次全会部署，坚持稳中求进工作总基调，坚持新发展理念，坚持推进高质量发展，坚持以供给侧结构性改革为主线，坚持深化市场化改革、扩大高水平开放。在"巩固、增强、提升、畅通"上下工夫，扭住建设粤港澳大湾区这个"纲"，坚持不懈推进全面从严治党，深入落实"1＋1＋9"工作部署，大力发展实体经济，培育创新动能，推动制造业加速向数字化网络化智能化发展，围绕构建"一核一带一区"区域发展新格局优化工业布局，建设制造强省、网络强省、数字经济强省，以优异成绩庆祝中华人民共和国成立 70 周年。着力抓好以下三个方面工作：

**（一）高举新时代改革开放旗帜，不断加快工业和信息化领域改革开放步伐**

一是认真落实建设粤港澳大湾区的有关工作部署。主动对接、认真研究、扎实落实省委的相关部署，主动作为，推动珠三角先进制造业与港澳现代服务业融合发展。认真贯彻落实省政府与工信部签订的共建战略合作协议，推动粤港澳大湾区产业协同发展。二是建立制造业高质量发展的体制机制。探索建立制造业企业高质量发展综合评价体系，推动资源向优质企业和产品集中，推动企业优胜劣汰。三是深化工信领域改革。加强行业管理，摸清行业底数，加强运行监测分析。指导工业和信息化领域安全生产工作，切实抓好民用爆炸物品安全监管，推进民爆生产企业危险作业岗位少（无）人化改造。培育发展安全产业，加大力度推动能耗、环保、质量、安全、技术不达标和淘汰类产能依法依规关停退出。严格执行钢铁、水泥、平板玻璃等行业产能置换实施办法，继续严防"地条钢"死灰复燃。优化财政资金安排方式，重点支持战略性新兴产业及世界级先进制造业集群，加强财政资金监督管理。四是完善政策制定和落实的机制。形成企业家参与涉企政策制定机制，构建跨部门涉企政策"一站式"网上发布平台，建立政策落实评估和投诉处理机制，搭建政策不落实"曝光台"，及时调整修订不适用政策。落实好"实体经济十条"（修订版），争取 2019 年为企业减负超 900 亿元。

**（二）推动制造业高质量发展，加快建设制造强省、网络强省和数字经济强省**

一是加大对民营经济、中小企业发展的支持。做好企业清欠工作，认真落实"民营经济十条"。着力缓解融资难、融资贵、融资慢，完善信贷风险补偿、融资担保、政策性担保机制。优化企业服务，推广发放中小微企业服务券，实施新粤商培训工程，办好第十六届中博会。加强企业梯度培育，壮大民营骨干企业，扶持工业企业"小升规"，培育高成长企业和"专精特新"的"小巨人"企业。二是大力培育新动能。发展壮大战略性新兴产业，实施战略性新兴产业区域集聚工程，培育打造一批战略性新兴产业专业园区，推进战略性新兴产业创新成果应用推广平台建设，举办战略性新兴产业成果对接会。推进 4K 电视网络应用与产业发展，召开 2019 年世界超高清视频（4K/8K）产业发展大会，打造广州、惠州等全国领先的超高清视频产业基地，力争 4K 用户数达到 1600 万户，提前布局推动 8K 应用。全力推动制造业创新中心建设，实施产业链协同创新计划。推进先进制造业与现代服务业深度融合，出台扶持工业设计发展的政策措施，深化工业电子商务的普及应用，推进服务型制造发展。三是推进传统动能加快向数字化、网络化、智能化转型。运用工业互联网推动降本提质增效，建设工业互联网产业示范基地和创新应用试点区，培育一批工业互联网平台，推动企业"上云上平台"。支持企业智能化改造，建设智能制造示范基地，培育一批系统解决方案供应商，实施智能制造试点示范工程，大力推广机器人应用。大力发展人工智能，建设一批人工智能产业园区，培育一批"专精特新"人工智能企业，推广人工智能在制造业领域示范应用。四是狠抓工业投资。加快推进重大项目建设，加大招商引资力度，吸引更多优质制造业项目落户我省。优化省、市、县（区）三级重大工业项目跟踪服务制度，合力解决项目落地建设中存在的问题。深入实施工业企业技术改造三年行动计划，力争引导 8300 家工业企业实施技术改造。五是推进工业绿色发展。推动绿色制造体系建设，创建国家绿色制造示范。加大高污染高排放行业企业的清洁化改造。推动资源循环高效利用，加快现有园区循环化改造升级，深化新能源汽车动力蓄电池回收利用试点。落实污染防治攻坚战工作部署，重点督促指导练江流域潮南、潮阳、普宁三个纺织印染环保综合处理中心建设。加快城镇人口密集区危险化学品生产企业就地改造、搬迁入园、关闭退出。六是推进数字经济高质量发展。建设国家数字经济发展先导区，实施数字经济发展规划，推动数字产业集聚区和数字产业创新中心建设，争创国家数字经济示范省，支持数字经济创业创新。建设广东省制造业大数据预警平台。加快推进安全可靠技术和产业发展。

### （三）做强优势补齐短板，提高发展平衡性和协调性

一是构建"一核一带一区"区域产业发展新格局。对标最高最好最优推动珠三角产业高端化发展，推动重大产业向沿海经济带东西两翼布局，推动北部生态发展区工业入园入区。更好发挥产业园区载体作用，制定实施促进新一轮产业园区高质量发展政策措施，实施"三个一批"专项行动，力争打造一批产值超 500 亿元的大型园区。二是增强产业整体竞争力。出台省培育世界级先进制造业集群总体方案，在电子信息、绿色石化等领域，高起点培育建设一批世界级先进制造业集群。做强做优珠东电子信息产业，加快发展珠西先进装备制造业。三是补强

信息基础设施建设短板。加快建设乡村信息基础设施，重点支持粤东、粤西、粤北地区乡村光纤网络建设。推动开放公共资源，推广"一杆多用"等政策落地。扩大电信普遍服务试点范围，推动全省已光网覆盖的农村光纤用户普遍提速到百兆以上。实施新一轮信息基础设施建设三年行动计划，建设高水平全光网省。

# 广东省财政厅 2018 年工作总结及 2019 年重点工作计划

广东省财政厅

## 一、2018 年工作总结

在省委、省政府的正确领导下，省财政厅全面贯彻落实习近平新时代中国特色社会主义思想和党的十九大精神，认真学习贯彻习近平总书记对广东重要讲话精神，按照省委"1＋1＋9"重点工作部署，狠抓落实、攻坚克难，较好地完成了各项工作任务。

### （一）聚焦主责主业，围绕中心、服务大局发挥财政保障作用

一是强化抓收支管理的政治担当，保障全省财政平稳运行。财政收入实现增幅平稳、质量提升。2018 年全省一般公共预算收入完成 1.21 万亿元、可比增长 7.9％，增速保持在合理区间，规模连续 28 年居全国各省市区首位；收入质量稳步提高，全省税收收入占一般公共预算收入比重为 80.5％，比上年提高 2.1％。财政支出实现结构优化、效率提升。重点领域和民生事业保障有力，民生类支出 10815 亿元，占一般公共预算支出的 68.7％。支出进度明显加快，上半年和前三季度，广东地区一般公共预算支出进度在全国排名分别比上年同期提升 9 个、17 个名次。

二是聚力增效实施积极的财政政策，推动经济社会高质量发展。主动作为支持粤港澳大湾区建设。配合财政部起草《关于推进粤港澳大湾区建设若干财政政策的意见》，研究推动科研经费跨境使用，促进重大基础设施互联互通，为港澳共

享发展成果发挥示范效应。不折不扣落实减税降费政策。按规定实施调低增值税两档税率、统一小规模纳税人标准和留抵退税政策，减半征收小微企业所得税，停征排污费和海洋工程污水排污费，暂免征收证券期货行业机构监管费，降低国家重大水利工程建设基金征收标准。探索实施差异化财政转移支付政策。助力东西两翼沿海经济带打造新增长极，专项支持湛江巴斯夫等项目基础设施配套建设、阳江海上风电产业基地建设，以及揭阳滨海新区粤东新城等新区建设；支持北部生态发展区打造生态屏障，大幅增加省财政生态补偿转移支付，平均每个生态县获得补助额度同比增加50%；推动珠三角优化发展，专项补助南沙、横琴、中新知识城等重大平台建设，支持惠州埃克森美孚等重点项目建设。

三是统筹财政资金精准投入，为重点领域和重大项目实施提供财力保障。支持推进实体经济提质增效。落实"实体经济新十条"，省财政安排28.44亿元继续支持新一轮企业技术改造，安排16.79亿元支持培育世界级制造业集群。落实"利用外资十条"，安排5亿元支持和奖励外商投资企业设立总部或投资制造业，支持境外投资者利润再投资。落实"民营经济十条"，省财政安排6.8亿元进一步完善融资担保体系、信贷风险补偿体系，促进中小微工业企业上规模发展。落实"促进就业九条"，调整残疾人就业保障金征收政策，适度降低企业社会保险等成本。支持创新驱动战略取得突破。落实重点领域研发计划实施方案，从2018年起省财政三年投入100亿元，力争在前沿性、引领性技术领域取得新成效；支持高等教育"冲一流、补短板、强特色"，2018—2020年，省级财政统筹相关资金130亿元，支持增强高校服务创新驱动发展战略的能力。支持推进乡村振兴战略。按照省财政十年投入生态宜居美丽乡村建设约1600亿元的计划，2018年省财政安排257亿元，为历年最多；促进乡村产业振兴，从2018年起省财政3年安排75亿元，对欠发达地区每个省级现代农业产业园补助5000万元。支持打好污染防治攻坚战。从2018年起省财政三年合计安排683亿元，集中用于落实打好污染防治攻坚战和中央环保督察反馈问题整改工作。支持高水平医院建设"登峰计划"。2018年起省财政统筹安排约90亿元支持三批约30家高水平医院建设，让群众享受到优质高效的医疗卫生服务。支持加强基层党组织建设经费保障。从2018年起全省各级财政三年安排236亿元，通过"五加一减"（即增加补助人数、提高补助标准、扩大补助范围、设立绩效奖励、增加为群众办实事专项、调减县级负担比例等措施），推动欠发达地区基层党组织全面进步、全面过硬。支持红色革命遗址保护利用。围绕省委实施红色革命遗址保护利用九大行动计划，从 2018 年起省财政五年统筹安排 85 亿元，推动红色资源有效利用和传承发展。推动法治广东、平安广东建设。支持全省开展扫黑除恶专项斗争、加强和创新社会治理，营造共建共治共享社会治理新格局；完善法检财物统管工作机制，深化司法体制综合配套改革；支持开展社区矫正、法律援助和村居法律顾问等，建设覆盖城乡居民的公共法律服务体系。

### （二）用好财政改革"关键一招"，推动财政改革取得新突破

一是抓住改革"牛鼻子"，集中突破改革关键重点。省级预算编制执行监督管理改革全面推开。通过财政管理重心、部门权责配置的"两转变"，财政资金项目审批、预算执行流程的"两精简"，实现部门、市县推动改革发展的积极性和资金使用效益的"两提高"。改革实施以来，省级财政专项资金管理办法、项目库管理办法等配套制度修订完成，预算评审机制基本建立，支出标准体系建设稳步推进，财政审批事项和环节明显精简，有效提升政府行政效率效能与财政资金使用效益。全面实施预算绩效管理稳步推进。深入研究我省全面实施预算绩效管理的实施意见；拓展重点绩效评价范围，实现"两个全覆盖"（即重点绩效评价覆盖财政四本决算，部门整体支出绩效自评覆盖全部省直预算单位）；率先建立广东省财政预算绩效指标库，收录绩效指标 20 大类近 2600 个；加强绩效结果应用，除补助到个人的民生项目外，对评价结果不理想的在 2019 年预算安排中予以压减、调整用途或不予安排。省以下财政体制改革加快推进。研究完善省级财政转移支付体制、促进区域协调发展的若干措施，完善财力薄弱镇（乡）补助办法，对欠发达地区镇（乡）进行"点对点"精准支持，提高补助标准和覆盖面。同时，优化省以下财政收入划分，将环境保护税全部作为市县收入，省级财政不参与分享。基本公共服务领域财政事权和支出责任划分改革启动实施。制订我省改革实施方案，确定八大类 18 项省级与市县共同财政事权范围，适当强化省级支出责任；按照"一核一带一区"发展新格局的功能设置，将省以上财政对第一档"老少边穷"地区和第二档北部生态发展区、东西两翼沿海经济带的补助比例提高到 100% 和 85%。涉农资金统筹整合取得突破。制订《广东省涉农资金统筹整合实施方案（试行）》，实行"两个 50%"的双控制原则，推动涉农资金"放得开、管得好""放得活、管得住"。

二是打好改革"攻坚战"，全面防范化解债务风险。完善地方债务风险防控预警机制，建立省对市、市对县的债务分级管理监督指导机制，按"一地一策"分类指导地市化解债务风险，制定化解隐性债务实施方案和防范化解隐性债务风险的实施意见。启用全口径债务监测平台，实施债务通报和风险预警制度。2018 年全省债务风险水平总体下降，实现"零风险预警"。推动地方债发行改革，创新集合发行粤港澳大湾区土地储备专项债券 341.9 亿元，探索引入澳门金融机构分销认购广东省政府债券 50 亿元；试点发行全国首只水资源专项债券 50 亿元；深圳市在全国首创专项债分期还本机制。改革新增债分配方式，从"因素法"向"项目制"转变，实现粤东西北地区省定重点项目资金需求、珠三角地区国铁干线项目资金需求、原中央苏区高速公路资金需求"三个全覆盖"。

三是打好改革"组合拳"，协同推进财政管理改革。首次报告国有资产管理情况。代表省政府向省人大常委会作省国有资产管理情况综合报告和金融企业国有资产专项报告。全面改革政策性基金管理方式。将省级政策性基金管理方式从"委托管理"改为"注入资本金"形式，通过政府出资或注资省属国有企业，简化投资审批流程，拓宽重点项目投资渠道，更好地发挥财政资金的放大作用。国库改革实现"三个全覆盖"。国库集中支付改革全部覆盖全省乡镇，财政预算执行动态监控全部覆盖省市县乡四级，财务核算信息集中监管改革全部覆盖省级预算单位。加快推进政府综合财务报告制度改革。政府财务报告编制试点拓展至省、市、县三级财政和预算部门共 28143 家基层单位。创新政府采购监管模式。率先探索实施以激励守信和失信联合惩戒为主要内容的政府采购信用监管。财政"放管服"改革实现多点突破。优化财政专项资金管理，采取"大专项＋任务清单"模式下放项目审批权；推进省级电子化采购改革，下放自主权、取消额度限制；优化基建项目财政审核流程，减少基建项目资金拨付的审核环节；推进财政科研资金"放管服"改革，赋予科研项目机构和科研人员更大的自主支配权；实现会计师事务所执业许可审批期限、审批材料、审批环节"三减半"。

## 二、2019 年重点工作计划

以"全面对标，全力推动走在前列"为总要求，深刻认识财政工作在推动广东实现"四个走在全国前列"、当好"两个重要窗口"中肩负的重大责任，全力推动我省财政各项工作走在前列。

## （一）支持粤港澳大湾区建设，纲举目张推动全省改革发展

完善财税支持政策。积极推动中央各项财税政策落地实施，围绕粤港澳青年合作、人才流动、科研创新、产业发展、对外开放、基础设施等方面，研究制定省财政推进粤港澳大湾区建设的支持方案。

支持不断扩大开放。围绕打造"一带一路"建设重要支撑区，携手港澳推动开放资源融合、开放优势互补、开放举措联动，支持拓展"一带一路"沿线市场，高标准建设广东自由贸易试验区，更好发挥自贸区实验作用。

支持重大平台建设。落实资金安排，推动粤港澳联合实验室和协同创新平台建设，实施大湾区科技联合资助计划，通过竞争择优方式给予经费资助，切实支持粤港澳大湾区国际科技创新中心建设。

推进行业合作持续深化。进一步推动粤港澳会计师事务所合作联盟成员事务所间的深度合作，推进粤港澳资产评估行业合作，加强三地会计师事务所和资产评估行业在人才、技术、业务等方面资源共享和业务交流。

## （二）以案为鉴，举一反三，坚决做好曾志权案件整改工作

坚决立行立改全面整改，加强整改工作组织领导。制定整改工作方案，明确职责分工，统筹推进整改工作。对上级纪委移交曾志权案件涉及由我厅处理的个人，坚决予以组织处理；对移交由我厅处理的违纪违规问题，坚决按照有关规定实行一查到底、依规处理，确保全面彻底整改到位。

组织开展专项治理和检查。在全省财政系统组织开展党风廉政专项治理行动，严肃查处"靠财吃财"、以财谋私行为。组织开展"三公"经费使用情况专项检查，加大核查个人有关事项申报力度，加强对领导干部及亲属违规从事盈利性活动惩治力度。

深入开展以案促改警示教育活动。按照省委、省政府部署要求，及时组织开展警示教育活动，教育引导全厅广大党员干部深刻汲取教训，严守党的纪律规矩，坚决"两个维护"。

健全完善科学民主议事决策机制。严格执行民主集中制，进一步健全完善厅党组工作规则和议事决策机制，强化重大财政资金和财政政策集体决策机制落实。严格落实"三重一大"决策制度，坚决杜绝"一言堂"。

加强对财政权利运行的制约和监督。全面完善财政资金分配、使用和管理制度，推进"阳光财政"建设，扎牢制度笼子，防止产生寻租空间和权力"越线"，防止干部在履职过程中谋私利，搞利益输送。梳理完善厅内各项规章制度，健全内控机制并严格抓好落实，在机关内部对违规安排资金、违规请托办事等问题建立"防火墙"。

着力营造风清气正良好政治生态。严格执行新形势下党内政治生活若干准则，组织开展专项检查，用好监督执纪"四种"形态，支持驻厅纪检监察组、厅机关纪委开展工作，加强对重点领域、关键环节和重要岗位的监管，对信访举报等问题线索及时进行核实，对违纪违法行为依法严肃查处。

### （三）支持打好三大攻坚战取得实质性成果

有效防范化解政府债务风险。一是严格落实地方政府债务预算管理和限额管理。债券收支分类全部纳入预算管理，将提前下达的 2019 年新增债券额度按规定纳入年初预算，并将全年额度纳入调整预算。统筹考虑省本级与市县的财力水平、债务风险、建设需求等因素，确保债务余额不突破债务限额。二是规范统筹发好用好新增债券资金。科学制定发行计划，合理设置债券期限结构，稳妥推进地方政府专项债券发行试点改革。对专项债券实行全额规模管理，继续实施全省新增债券资金支出进度通报机制，保障重点领域和省定重点项目合理融资需求。三是防范化解隐性债务风险。做好隐性债务监测跟踪，加强地方债务及风险状况分析，督促市县关注即将到期的债务风险隐患并做好应对预案。妥善处置隐性债务存量，建立奖惩机制，引导和督促高风险市县尽快压减债务规模，妥善处理到期政府债务。

支持精准扶贫精准脱贫。一是进一步压实脱贫攻坚责任，持续加大投入力度，重点支持解决好"两不愁三保障"面临的突出问题。研究支持解决收入水平略高于建档立卡贫困户群体的财政政策。二是加快扶贫资金动态监控机制建设，对各级各类扶贫资金实时动态监控，推进扶贫项目资金实施全过程绩效管理。三是落实"两个一律"要求，省、市、县扶贫资金分配结果一律公开，乡、村两级扶贫项目安排和资金使用情况一律公告公示。

支持打好污染防治攻坚战。一是通过注资省属国有企业参与练江流域污水管网建设，支持地表水优良水体国家考核断面达标攻坚、黑臭水体治理和镇级污水处理设施运维等。二是推动空气质量未达标城市达标攻坚，推广电动公交车及新能源汽车，开展建筑陶瓷行业清洁能源改造等。三是注资省属国有企业参与固体废物处置设施建设，支持镇级垃圾填埋场整改和生活垃圾无害化处理设施运营、污染地块风险管控与治理修复试点示范等。

### （四）支持经济高质量发展

支持科技创新强省建设。一是落实加强基础与应用基础研究的若干意见，支持重大平台与基地、实验室建设，推进国家大科学装置建设等。二是落实省重点领域研发计划，通过定向组织、对接国家、"揭榜"奖励、并行资助等方式，推动核心技术和关键器件研发。三是加大财政科技领域"放管服"力度，出台省级科研项目资金管理办法，赋予科研单位和科技人员更大的经费使用自主权。四是落实好创业投资个人所得税优惠政策，综合运用风险补偿、后补助、创投引导等手段，引导企业加大科技投入。

促进制造业高质量发展。一是落实"实体经济新十条"，完善有关的财政支持政策，引导用好省产业发展基金，推进以先进制造业为主体的现代产业体系建设。二是支持新一轮企业技术改造，支持产业园区建设和世界级制造业集群培育，强化制造业优势。三是深化政府采购制度改革，落实国家支持创新和绿色发展的政府采购政策。四是充分利用首台套等政策，加大对重大装备和关键产品的支持。

支持民营企业发展。一是抓好"民营经济高质量发展十条"等相关政策落实，为民营经济营造更好发展环境。二是落实好各项减税降费政策，实质性降低民营企业负担。三是完善融资担保体系、信贷风险补偿体系，鼓励金融机构加大对民营企业特别是中小企业支持，促进中小微企业上规模发展。

### （五）支持提高保障和改善民生水平

积极促进就业创业。一是落实"促进就业九条"，增加就业补助资金，调整失业保险基金、工业企业结构调整专项奖补资金支出结构。二是支持开展粤菜师傅和乡村工匠技能培训，帮扶困难企业职工稳岗转岗。

支持教育公平优质发展。一是落实"两个只增不减"的要求，保持财政教育投入持续稳定增长。二是建立覆盖全学阶的生均拨款制度，推动全省建立学前教育生均拨款制度、公办普通高中生均公用经费拨款制度。三是巩固城乡统一、重在农村的义务教育经费保障机制，提高义务教育寄宿制公办学校公用经费补助标

准，改善乡村学校办学条件。

支持医疗卫生事业发展。一是制定我省医疗卫生领域省级与市县财政事权和支出责任划分改革实施方案，完善医疗卫生领域分级财政投入机制。二是落实高水平医院建设"登峰计划"，支持提升我省医疗服务能力，建立健全现代医院管理制度。三是支持加快提升粤东西北地区基层医疗卫生服务能力，促进医疗卫生资源均衡配置，推进基本医疗和公共卫生服务均等化。

强化民生兜底保障。一是稳步提高城乡最低生活保障、特困人员基本生活标准、孤儿基本生活最低养育标准、困难残疾人生活补贴、重度残疾人护理补贴等标准。二是支持加快完善优抚安置制度体系，维护退役军人合法权益。三是支持加大对困境儿童、农村留守儿童的保护力度。

支持物质文明和精神文明协调发展。一是落实红色革命遗址保护利用行动实施方案，支持全省红色革命遗址保护利用。二是加大对意识形态工作支持力度，支持主流媒体和舆论阵地建设。三是加大投入补齐公共文化短板，推动全省人均公共文化财政支出水平更加均衡。

支持法治广东、平安广东建设。一是支持深化司法体制综合配套改革，进一步完善财物统管机制。二是支持基层社会治理创新，专项支持看守所律师会见室建设、实施刑事辩护全覆盖、公益诉讼制度改革和"粤省事"警务便民服务等工作。三是支持推进扫黑除恶专项斗争和全民禁毒工程等。

### （六）支持乡村振兴发展

支持全域生态宜居美丽乡村建设。一是加强"四好农村路"等基础设施建设和管护，支持南粤古驿道建成线路优化提升及新增线路保护利用，全面提升乡村公共服务水平。二是优化完善生态宜居美丽乡村建设资金管理，加强资金统筹整合，提升资金整体使用效益。三是提高省级生态公益林效益平均补偿标准，强化全省生态公益林区域差异化补偿。

支持农业高质量发展。一是推动省级现代农业产业园建设，促进农村一、二、三产业深度融合。二是支持加强高标准农田、高效节水灌溉等农田水利建设，推广应用先进适用农业技术，提升农业综合产能。三是支持实施"一村一品，一镇一业"行动方案，促进产业高质量发展和增加农民收入。

深化农业农村改革。一是全面推进农业水价综合改革。二是深入推进以绿色生态为导向的农业补贴制度改革。三是落实《广东省涉农资金统筹整合实施方案（试行）》。

### （七）支持促进区域协调发展

完善与区域发展定位相适应的省以下财政体制。一是实施均衡性转移支付机制，支持欠发达地区"三保"运转，将"一核一带一区"人均基本公共服务支出差距控制在合理区间。二是实施"老少边穷"地区转移支付机制，金额免除原中央苏区、海陆丰革命老区困难县、少数民族县的义务教育公用经费保障、城乡居民基本医疗保险、城乡居民基础养老金、基本公共卫生服务等基本公共服务财政事权的出资责任。三是研究修订生态补偿转移支付办法，探索推进省内流域上下游横向生态补偿政策，扩大生态补偿范围，加大生态补偿力度，重点支持北部生态发展区，建立生态补偿与监测评估体系评价结果及生态整治结果挂钩机制。

实施差异化财政支持发展政策。一是完善区域对口帮扶协作资金筹措机制，省对汕头、湛江、茂名、揭阳等地对口帮扶资金提高到每年 1 亿元。二是落实粤东西北新区基础设施建设补助政策，完善项目共建共享机制，实现高水平转移和共建。三是完善促优激励制度，重点支持珠三角核心区自主创新能力建设和高新技术产业化发展，落实南沙、横琴等重点平台补助政策。

支持加快现代化交通体系等重点项目建设。一是加快完善跨区域重点项目资本金负担机制，对中央预算内投资项目地方投资部分，由省级与粤东西北市县按一定比例分担。二是通过注资省铁投集团、充分发挥基础设施投资基金作用，支持推进轨道交通、机场建设等重大项目。三是多渠道筹集资金支持高速公路、国省道、港口航道等建设。

### （七）加强财政改革创新

继续深化预算编制执行监督管理改革。一是全面梳理完善预算编制、执行、监督管理中的各项制度办法，促进预算管理标准规范、集中统一。二是完善项目库管理，强化无项目不得编列预算的原则，健全支出标准体系，加强对项目的预算评审和绩效目标评估工作，优化预算编制流程，夯实拓展"大专项＋任务清单"模式，建立对部门和市县改革的实地督导和跟踪检查机制。三是在预算编制、执行、监督中全面引入绩效管理手段，加强财政信息系统统一大平台建设，为强化动态监控、信息共享和高效规范管理提供支撑。

全面实施预算绩效管理改革。一是制定省级预算绩效目标管理办法，加强预算绩效指标库的应用和动态管理。二是制定省级预算绩效评价管理办法，优化评价工作流程，加强对评价工作的跟踪监控。三是强化各地、各部门绩效信息公开责任，将重点项目绩效目标及绩效评价报告报送人大会议审阅，通过与预算安排挂钩进一步强化绩效结果的硬约束。

完善省级财政转移支付体制。制订完善省级财政转移支付体制促进区域协调发展的若干措施、均衡性转移支付办法和生态补偿转移支付办法，探索推进省内流域上下游横向生态补偿政策，完善新区基础设施建设补助政策，按照中央部署修订完善县级基本财力保障机制，通过完善制度、加大输血力度提高北部生态发展区、东西两翼沿海经济带市县基本公共服务保障能力，促进区域财力均衡。

推进落实税制改革。一是落实增值税改革和个人所得税改革，制定地方实施改革工作方案。二是开展环境保护税实施分析评估，研究优化环境保护税税率方案，完善环境保护税征收有关制度。三是开展水资源费改税调研，提出我省水资源费改税方案。

深入推进省以下财政事权和支出责任划分改革。一是加快推动《关于基本公共服务领域省与市县共同财政事权和支出责任划分改革的实施方案》落地见效。二是继续跟进中央自然资源、教育、医疗卫生、交通运输、科技等领域方案制定情况，研究提出我省意见。

协同推进财政管理改革。一是加快出台我省国有金融资本管理实施意见，加快完善国有资产报告制度体系，做好国有资产综合报告和行政事业性国有资产专项报告工作。二是研究开展省直党政机关和事业单位经营性国有资产集中统一监管试点工作。三是加大力度推进实有账户资金监管试点改革，继续深化推进政府采购制度改革、政府综合财务报告制度改革和国库集中支付电子化改革，稳步推动财政电子票据管理改革，进一步深化基建财务管理"放管服"改革。

### （八）加强财政收支管理

抓实收支主责主业。一是加强收支分析研判。探索建立重点企业税收信息定期报送渠道，通过企业税收税源情况的有效分析为全省及地市收入管理提供支撑。二是完善抓收支联动机制。建立由省领导牵头、省直有关部门和地市参加的收支管理联席会议制度，不定期提请省领导召开联席会议。三是合理安排收入预算。与面临的宏观经济形势特别是本地经济社会发展实际相适应，与积极的财政政策、落实更大规模减税降费相衔接，实事求是、科学编制收入预算。

强化预算执行监督管理。一是制定省级预算执行监督管理办法和预算执行动态监控厅内管理规程，建立部门预算执行承诺制和年中定期收回制度，加快预算资金下达拨付进度。二是持续加强库款监测督导，组织开展预算执行双监控，重点跟进大额项目支出，加快推动全省财政预算管理动态监控系统建设。三是严格暂存暂付款管理，除国库集中支付结余外一律不得按权责发生制列支，严控暂付款增量，全面清理消化暂付款存量。

树立过紧日子思想。严格执行压减一般性支出的政策，除重点和刚性必保支出外，对因公出国（境）、公务接待、公务用车、会议、培训、差旅等一般性支出，全省各级财政一律按照不低于5%的比例压减。加强重大项目财政可承受能力评估，着力清理规范过高承诺、过度保障的支出政策。

加强财政监督考核。一是坚决兜住"三保"底线。完善对财政困难市县"三保"预算安排审核、预算执行约束和监督问责的监控机制，督促市县安排预算不得甩出缺口、执行预算不得出现挤占拖欠。二是完善地市财政管理工作考核机制。每年对市县收入组织、收入质量、支出进度、债务管理、存量资金、库款管理等重点工作进行评价，省财政安排资金对考核优秀的地市进行奖励，对考核为差的地市适当扣减下一年度转移支付。三是研究完善预决算公开管理机制，督导全省推进预决算公开工作。

### （九）加强财政机构职能优化

完善机构职责和人员配置。一是进一步理顺处室间职责关系，努力推进"一个事项一个处室牵头，一个部门对应一个处室"的原则，实现"只跑一次"甚至"零跑动"的要求。二是结合机构职责调整，推进干部优化配置，突出结果导向，建立事业为上、以事择人、人岗相适的人员配备机制。

优化工作流程和内控机制。一是修订各处室职权清单，对预算管理全流程实施流程再造，进一步理顺工作机制。二是制定预算管理处室服务事项清单，加强各类财政信息系统的统筹整合。三是完善内控奖惩制度，构建体系完备、执行有力、问责有据的风险防控机制。

推进财政"放管服"改革。全面梳理财政审批事项，研究提出可转移、下放或取消的微观管理事务和审批事项，推动财政管理向部门放权、向市县放权、向市场放权、向社会放权，减少审批环节，提高审批效率。

# 广东商务工作 2018 年回顾和 2019 年展望

刘丽艳

## 一、2018 年商务工作情况

2018 年，面对错综复杂的国内外形势，全省商务（口岸、自贸）系统全面贯彻落实习近平新时代中国特色社会主义思想和党的十九大精神，深入贯彻习近平总书记视察广东重要讲话和对广东工作重要指示批示精神，认真落实省委十二届四次全会精神和全国商务工作会议部署，坚持稳中求进、高质量发展要求，充分发挥粤港澳大湾区建设的战略引领作用，推动广东在更高水平上扩大开放，实现了广东商务领域贯彻落实党的十九大精神的良好开局。外贸外资保持平稳增长，全年货物进出口 7.16 万亿元、增长 5.1%，首次突破 7 万亿元大关；实际利用外资 1450.9 亿元、增长 4.9%，增速比全国高 4 个百分点。

### （一）全力推进粤港澳大湾区建设，三地合作创新发展

推动口岸通关合作取得突破。顺利开通启用港珠澳大桥珠海公路口岸、广深港高铁西九龙站口岸，推动港珠澳大桥珠澳口岸旅检"合作查验、一次放行"、车辆"一站式"通关、广深港高铁"一地两检"查验模式落地实施。深入推进粤港澳服务贸易自由化。进一步落实 CEPA 补充协议关于广东自贸试验区的开放措施，成功在深圳前海蛇口、珠海横琴试点实施香港工程管理模式，目前，前海蛇口成功试点 6 个香港建设模式项目，吸引香港专业人士 160 余人，横琴已有 6 个港澳团队在横琴在建工程项目执业，成立省内首家粤港澳三地联营工程设计顾问机构。大力促进粤港澳合作平台对接。横琴粤澳合作中医药科技产业园科研总部投入使用，并成立北澳中医药创新研究院、中医药技术和政策研究中心；南沙粤港深度

合作园总体规划已通过评审，黄金深港通正式落地；南沙粤港澳（国际）青年创新工场、"创汇谷"粤港澳文创社区、前海深港青年梦工场、横琴粤澳青年创业谷累计入驻港澳青年创业团队超过 360 家。携手港澳开拓国际市场。建立"投资大湾区"粤港澳联合招商机制，三地联合在法国等地举办粤港澳大湾区投资营商环境推介会；粤港联合在英国、意大利合作举办经贸合作交流会；携手港澳分别在迪拜、澳门举办粤港时尚生活展、粤澳名优产品展览会。

### （二）把广东自贸试验区打造为粤港澳大湾区合作示范区，加快制度创新

落实中央关于自贸试验区建设顶层设计，推动国家出台《进一步深化中国（广东）自由贸易试验区改革开放方案》《关于支持自贸试验区深化改革创新的若干措施》，有序推进实施货物状态分类监管等 120 项具体改革试点任务，组织开展中央赋予广东自贸试验区的 40 项改革自主权下放承接工作。出台《深化中国（广东）自由贸易试验区制度创新实施意见》，探索推行"一照一码走天下"、建设粤港澳"自贸通"等 20 项制度创新重点事项。2018 年，新增形成第四批改革创新经验 16 项，发布新一批制度创新案例 75 个，高端人才便利化出入境政策扩大到大湾区 9 市，企业专属网页推广到全省。投资便利化、贸易便利化、事中事后监管、金融开放创新、法治创新、人才管理改革、体制机制创新成为制度创新的"核心引擎"。

### （三）实施市场多元化战略，推动外贸稳定增长

制定稳外贸政策措施。省政府印发实施《广东省稳外贸若干政策措施》，提出九条务实举措，提振市场和企业信心。积极用好各类出口平台、载体，开拓多元化国际市场。如充分利用第 123、124 届广交会平台抢抓订单，推动国际采购商与乐从家具、古镇灯饰等产业集群精准对接；在"一带一路"重点市场自主举办 19 场广东商品展览会，组织企业参加 274 场境外展会；充分利用境外广东名优商品展销中心，引导企业以整体营销方式开拓新兴市场。主动扩大进口。组织 6023 家企业、超过 1.4 万人参加首届中国国际进口博览会，组织消费品进口对接会等 8 场专题活动。推动外贸新业态持续发展壮大。广州、深圳跨境电子商务综合试验区形成创新 B2B 模式监管等 51 项制度创新经验，推动珠海、东莞获国务院批准成为新一批跨境电子商务综试区；广州花都市场采购贸易试点实现全省对接，新增佛山、中山市获批新一批国家市场采购贸易试点并启动运作；广州、深圳服务贸

易创新发展试点在培育新业态新模式等方面形成 16 条经验在全国复制推广，经验数量居全国首位，获批启动新一轮深化试点工作；推动广州市天河区获批国家文化出口基地。加快外贸转型升级。加快建立广东省出口名牌申报评分系统，新认定 79 家广东省出口名牌企业，新增 7 个省级外贸转型升级基地升格为国家级基地，推动潮州成功注册古巷陶瓷区域品牌，推动澄海玩具、阳江餐厨用品等国际展示中心建设。推动服务贸易创新发展。

**（四）优化外商投资环境，提高引资质量和水平**

全面修订"外资十条"，新增 14 项高含金量、创新性措施，其中对外商再投资暂不征收预提所得税政策被国家吸纳在全国复制推广。落实《外商投资准入负面清单（2018 年版）》，负面清单从 63 项压缩至 48 项，全面推行外商投资备案制，截至 2018 年底，全省超过 99％的外资项目通过备案方式准入（剩余 1‰属负面清单内项目）。推动商事登记系统和外商投资管理系统数据互联互通，截至 2018 年底，全省已有 6290 家外资企业通过"一口办理"方式完成商务备案，居各省市第一位。将外商投资准入负面清单内总投资 10 亿美元以下的外商投资设立及变更事项委托各地级以上市商务部门审批和管理。完善省领导联系跨国公司直通车制度，与 GE 等 39 家世界领军企业建立常态化沟通和对接机制，安排西门子、东丽等近 20 批次直通车企业拜会省领导并达成初步合作意向，推动西门子与省政府签订全面合作协议，推动 GE 海上风电、东丽高端新材料等重大项目落户广东。推动中新广州知识城升级为国家级双边合作项目，协调推动《中韩（惠州）产业园实施方案》获国务院批准并落地实施。修订《广东省省级经济开发区设立、扩区和区位调整管理办法》，授权各地级以上市审批省级经济开发区扩区和区位调整。推动"一般纳税人资格""选择性征收关税"等创新政策试点在省内海关特殊监管区域落地实施。

**（五）参与"一带一路"建设，促进对外投资平稳发展**

研究制定《广东省境外经贸合作区扶持政策》，推动中白工业园广东光电科技产业园首批 3 家照明企业入园，引进中山大洋机电等 13 家企业入驻中国·越南（深圳—海防）经贸合作区，统筹谋划中非丝绸现代产业园等园区建设。加强国际产能合作，引导我省"走出去"能源基础设施产业联盟、"一带一路"照明产业合作联盟等与金融、法律等机构合作，探索"上下游产业链条＋专业服务"走出去新模式。加快推进深能源投资巴新拉姆水电二期、粤电集团在巴新 LNG 等与南太平洋岛国经贸合作项目建设，推进完成汤臣佰盛并购澳大利亚益倍适、美的集团在白俄罗斯有关并购项目等海外并购活动，推动广汽洛杉矶前瞻设计中心、OPPO 印度海得拉巴研发中心等 40 家境外研发中心成功运作。提升中欧班列市场化运作水平，全年发送集装箱和出口货值分别增长 24％和 15.9％。出台境外投资管理实施细则，将 1 亿美元以下境外投资备案事项下放到地级市商务主管部门。取消对外承包工程资格审批，完成备案项目 121 个，完善企业对外承包工程备用金管理。建立对外投资重大项目库和重大项目跟踪服务机制，完善对外投资合作信息服务系统和走出去公共服务平台建设。

### （六）优化口岸营商环境，提升跨境贸易便利化

"单一窗口"建设推广成效显著，新增空运舱单、税费支付、加贸保税等 20 多个业务应用，关检融合"整合申报"在全省全面落地实施。截至 2018 年底，我省"单一窗口"标准版已上线货物申报、运输工具申报、舱单申报等共 11 项应用功能、35 个应用模块，参与试点企业达 52825 家，累计申报 5676.3 万票，占全国的 25.8％，试点企业和累计申报量稳居全国首位。大力推进口岸提效降费，制定《广东口岸提升跨境贸易便利化水平具体措施》，2018 年 12 月，广东进口、出口整体通关时间分别比 2017 年压缩 56.7％、59.8％，截至 2018 年底，累计免除查验没有问题外贸企业吊装移位仓储费用 5.5 亿元、惠及企业超 6 万家。推进落实惠州港中海炼油东联码头等 5 个口岸新（迁）建项目通过省级验收正式对外开放，协调促成广州大屿山锚地 2 次获批复临时对外开放。

### （七）激发内需潜力，大力推动消费升级

推动北京路商业步行街获批为商务部首批步行街建设试点，促进广州天河路商圈、上下九、深圳华强北等步行街（商圈）软硬件设施提升。开展系列促消费活动，举办广东省促消费（春季）暨汽车消费活动、"家 520"购物节、首届"食在广东"国际美食文化节等全省性消费促进活动。大力促进汽车消费，在全国率先出台省级汽车销售管理实施细则。推动电商平台、企业与农民专业合作社、种养基地及生产加工企业有效对接，大力推动农产品上行。推进内贸流通体制改革，出台实施《广东省推进电子商务与快递物流协同发展实施方案》，依托电子商务示范基地推动建设"电商＋快递物流"园区，完善城市配送服务体系。"零售创新引

领消费""标准化托盘共享"两条经验列入全国内贸流通体制改革典型经验。全面优化广东商务诚信公共服务平台，牵头开展"诚信兴商宣传月"活动，完善肉、菜、中药材等重要产品追溯体系建设。妥善解决深圳市车辆报废处理问题，加强报废汽车回收拆解企业环保工作，强化安全生产和防范风险工作。

### （八）推进商务精准扶贫，加强区域经济协作

制定出台《广东省农村电商精准扶贫工作方案（2018—2020 年)》，新增大埔县、五华县、紫金县、和平县等 4 个国家级示范县和 21 个省级示范县，实现电子商务进农村综合示范县对省定贫困村所在市全覆盖。全面推进家政扶贫，赴江西、广西等地开展家政扶贫对接，深入广西、云南、贵州、四川（甘孜州）联合举办专场推介活动。积极推进东西部扶贫协作，与广西商务厅共同制定《粤桂两省区商务扶贫协作框架协议和工作清单》；大力支持援疆、援藏、援川（甘孜州）工作。加强与黑龙江、甘肃、吉林等重点省份经贸合作，与甘肃、吉林两省商务厅签署合作框架协议，组织广东企业参加兰洽会、哈洽会等重点省际经贸活动，推动广药集团等重点项目签约落户当地。落实省内对口帮扶责任，因地制宜精准帮扶韶关市南雄角湾村脱贫，以"三引进村"（引林进村、引游进村、引商进村）为支撑，实现 39 户贫困户全部预脱贫出列，人均可支配收入超万元，全省党建促脱贫攻坚现场会在角湾村召开，中央电视台新闻联播头条对角湾村工作举措及成效予以宣传推广。

## 二、2019 年商务工作安排

2019 年是中华人民共和国成立 70 周年，是全面建成小康社会关键之年。广东商务将全面贯彻落实习总书记对广东重要讲话精神和省委全会精神，坚持新发展理念，坚持高质量发展，坚持以供给侧结构性改革为主线，扭住建设粤港澳大湾区这个"纲"，把稳外贸、稳外资放在突出地位，扎实推进广东商务发展"五项行动计划"，力争圆满完成全年预期目标，交出满意答卷献礼新中国成立 70 周年。

### （一）积极推动体制改革创新

在广东自贸试验区率先探索对港澳实施更加开放透明的投资负面清单，加快推进跨境交付、境外消费、自然人流动等模式下市场准入制度创新，扩大与港澳

在人才培养、资格互认、标准制定等服务贸易领域合作。争取在广东自贸试验区率先放开医疗健康服务业，在进口药品和医疗器械实行特殊审批，放宽医疗机构和境外医师准入条件。完善适应粤港澳大湾区发展的账户体系，支持广东自贸试验区南沙新区片区、横琴新区片区开展 QDIE（合格境内投资企业）试点工作，适时引进港澳及国际投资机构参与广东区域性股权市场交易。推进中央制定的《进一步深化中国（广东）自由贸易试验区改革开放方案》《关于支持自贸试验区深化改革创新若干措施的通知》以及省配套出台的《深化中国（广东）自由贸易试验区制度创新实施意见》各项重点改革事项落地实施，争取形成新一批系统性集成性改革创新成果。积极承接国家部委下放的各项管理权限，推动将下放到地级以上城市的省级管理权限下放到自贸试验区各片区。推动将来往港澳小型船舶公共信息平台申报功能纳入"单一窗口"标准版，实现企业免费申报。推进金融信保模块等地方特色"单一窗口"应用项目建设，力争实现"单一窗口"主要应用业务覆盖率 100%。

### （二）扎实推进贸易强省建设

落实《广东省稳外贸若干政策措施》（"稳外贸九条"），推动税收、金融支持等政策落地。推进进口、出口平台载体建设。加快推进广交会四期场馆建设，提高广交会展馆综合承载能力；筹办广东（越南）商品展览会，打造广东在东盟高层次经贸合作平台；依托冻品、乳制品、水产品、酒类等商品主要进口口岸，推进各地进口商品集散地建设；完善广州南沙、深圳前海等汽车平行进口试点建设。出台实施广东省优化口岸营商环境促进跨境贸易便利化具体措施，推动规范口岸收费、降低进出口环节合规成本等措施落地生效。深化外贸新业态改革试点。在深化广州、深圳试点基础上推进珠海、东莞跨境电子商务综合试验区建设，联合税务部门落实跨境电商综试区零售出口增值税、消费税"无票免税"政策。在做强广州花都试点基础上开展佛山、中山国家市场采购贸易试点，落实市场采购贸易方式出口货物免税管理政策。助力民营外贸企业开拓国际市场。引导外贸企业参加境外知名展会，在东盟、南亚、非洲、南美洲、欧洲等重点市场自主举办 30场广东商品展，在香港专业展会设广东馆推介广东优质产品，重点推介 400 场以上境外国际展会。

### （三）推动招商引资提升发展

全面落实"外资十条"（修订版），跟踪评估各地各部门落实进度。加大对世界 500 强企业及行业龙头企业引进力度。配合省委省政府主要领导出访组织经贸及对接活动，在日本、韩国、俄罗斯等地举行 10 场粤港澳大湾区联合推介活动；将省领导联系跨国公司直通车企业增加至 50 家；举办 2019 年粤美、粤欧投资合作交流会；依托博鳌亚洲论坛、夏季达沃斯、中国发展高层论坛等国际高端论坛组织专场投资推介。促进重点外资企业项目落地。建立在谈外资大项目的跟踪服务机制，着力推动一批高质量、强带动外资大项目落地建设。修订《广东省鼓励跨国公司设立地区总部办法》，将总部型机构纳入政策适用范围。废止或修订与现行开放政策不符的法规、规章和规范性文件。认真对照国家有关文件，清理与扩大对外开放、减少准入限制、提升投资自由化便利化水平等要求不符的法规、规章和规范性文件，切实保障外商投资企业公平待遇。

### （四）着力推动境外合作载体建设

出台实施广东省境外经贸合作区扶持政策，推动尼日利亚广东经贸合作区、华坚埃塞俄比亚轻工业城、中国（广东）—乌干达国际产能合作工业园等具有一定规模实力的园区升级发展。加强中白工业园广东光电科技产业园等园区前期规划建设和政策协调。推动中国·越南（深圳—海防）经贸合作区争取当地"四免九减半"优惠政策。争取将我省中非现代丝绸产业园等项目纳入国家"一带一路"重点项目库。培育本土跨国企业，开展广东企业跨国经营指数研究，研究本土跨国企业培育实施意见。

### （五）完善促进消费的体制机制

完善促消费政策措施。落实中共中央、国务院《关于完善促进消费体制机制进一步激发居民消费潜力的若干意见》，促进汽车、餐饮等消费升级。配合制定广东关于完善促进消费体制机制的实施意见。印发实施《广东省农村物流建设发展规划（2018—2022）》，指导完善我省农村物流下行"最后一公里"和农村物流上行"最初一公里"的关键节点工程。

### （六）助力打赢脱贫攻坚战

推动国家级、省级电子商务进农村综合示范项目建设，通过支持大型综合电商平台、农业龙头企业、农民专业合作社等发展电子商务,推动贫困地区深入开展产销对接,探索电商精准扶贫新路径新模式。落实全面推进"百城万村"家政扶贫部署,建设供需对接平台和家政劳务输出基地。建立省级家政扶贫协调机制,组织家政企业赴贫困地区开展扶贫对接。开展东西部扶贫协作和对口支援。组织企业赴桂、滇、黔、川(甘孜州)等地开展专题企业和园区对接。鼓励支持珠三角劳动密集型、加工型企业到被帮扶地区投资发展,做好对口支援西藏、新疆、四川(甘孜州)工作,推进与黑龙江经贸对口合作。

作者单位:广东省商务厅国际经贸发展中心

# 2018 年广东卫生健康工作情况和 2019 年重点工作部署

*广东省卫生健康委*

## 一、2018 年全省卫生健康工作情况

2018 年是健康广东建设开启新局、阔步前进的一年。全省卫生健康系统坚决贯彻落实中央和省的决策部署，坚持"新局、强基层、建高地、促医改、保健康"的思路，完善政策体系，加快改革发展，强化工作落实，全省卫生健康事业发展再结硕果。我省改革发展经验得到国家卫生健康委党组的充分肯定，国家连续两年在我省召开新闻发布会介绍综合医改经验，连续两年在我省召开现场会分别推广深圳罗湖医院集团、广州花都区基层卫生综合改革经验，我省两年内三次在国家年度卫生健康大会或深化医改电视电话会议上作经验介绍。

### （一）卫生健康事业发展格局进一步构建完善

深入学习贯彻习近平总书记参加十三届全国人大一次会议广东代表团审议和视察广东重要讲话精神，围绕"四个走在全国前列"、当好"两个重要窗口"要求，全面开展"大学习、深调研、真落实"活动，形成了一系列专题调研报告和改革发展政策建议，加强公立医院党的建设、建立现代医院管理制度、深化公立医院综合改革行动、实施高水平医院建设"登峰计划"，以及加强基层卫生人才队伍建设、促进"互联网＋医疗健康"发展、健康扶贫、加强儿科医疗服务能力建设等行动计划相继出台，"强基层、建高地、促医改、保健康"各线政策基本健全，健康广东政策体系进一步完善。

### （二）基层医疗卫生服务能力建设加快推进

基础设施建设项目完成年度目标，升级建设的 47 家中心卫生院基本完成主体基建工程，其中 2 家已开业；191 家县级公立医院升级建设、56 个县级急救服务体系建设项目全部开工，乡镇卫生院标准化建设、首批 4000 间村卫生站规范化建设基本完工。基层卫生人才培训培养力度进一步加大，全年培训 5300 名全科医生、970 名产科医生（助产士）、360 名儿科医生，为粤东粤西粤北地区订单定向招录 1020 名本（专）科医学生，公开招聘基层卫生人才 36417 名。继续实施"填洼计划""三羊计划""千医下百县"等项目，落实"六个一批"措施，加强基层卫生人员储备。14 支"组团式"帮扶工作队下沉县级医院，2144 名城市三甲医院专家下乡支医，1210 项新技术新项目在基层普及使用。全面推广"公益一类财政供给，公益二类绩效管理"、基层绩效工资"六个允许"等政策，基层活力得到激发，人员薪酬待遇明显提升。广州花都区加大财政保障、深化体制机制改革，实行"1 元钱看病"得到国家充分肯定；清远英德市基层绩效工资制度改革经验在国家会议上作介绍。

### （三）深化医改取得新进展

推出"综改十条"，公立医院综合改革积极稳妥推进，现代医院管理制度加快建立。公立医院取消药品加成成果进一步巩固，全面取消医用耗材加成实现年度目标。公立医院薪酬制度改革试点扩大到所有地市。全省 39％的二级以上医院率先启动章程制订。502 家二级以上公立医院完成绩效评价。我省公立医院综合改革效果评价考核排名从 2016 年全国第 22 名提升到 2017 年的第 12 名。深圳市、东莞市公立医院改革相继得到国务院通报表彰。引导医联体建设规范发展、有成效的医联体实现地市全覆盖，15 个试点县（市、区）组建 29 个县域医共体，10 个实现"五统一"管理。家庭医生签约服务质量明显提升。医保支付方式改革协调推进，按病种分值付费覆盖所有地市，各地市病种数均达到 1000 种以上。药品生产流通使用和短缺药品供应保障机制不断完善，以阳光用药为重点的药事管理进一步加强。推广深圳药品集团采购经验，广州平台上线运行，广东省、广州市、深圳市三方平台良性竞争态势基本形成。大力推进"互联网＋医疗健康"和智慧医院建设，部署开展信息便民"五个一"攻坚行动，省全民健康信息综合管理平台全面启动建设。省远程医疗平台上线运行，基层医疗卫生机构管理信息系统深化应用，全省卫生健康信息化水平整体提升。

### （四）公共卫生服务能力进一步增强

全省传染病疫情总体平稳，登革热疫情总体可控，H7N9 疫情得到有效控制。传染病防控技术能力进一步提升，全省建成生物安全三级实验室 5 个。卫生应急规范化建设全面加强，应急队伍建设"三指引两规范"印发实施，两广卫生应急综合演练圆满成功，台风"山竹"等突发事件紧急医学救援应对有力。迅速稳妥有序处置长春长生公司疫苗事件，疫苗接种者跟踪观察、咨询服务和疫苗补种等措施认真落实。全面评估艾滋病、结核病、职业病、精神卫生防治"十三五"规划中期实施情况。建成国家级慢病综合防控示范区 18 个、省级示范区 21 个。地方病防治力度不断加大。加强职业健康服务能力建设，重点职业病监测覆盖所有县（市、区）。严重精神障碍患者规范管理率保持在 90％以上。环境卫生工作持续推进，健康危险因素监测扎实开展。基本公共卫生服务人均财政补助经费达到 62 元，我省全国考核排名明显提升。落实国民营养计划，食品中化学污染物及有害因素、食源性致病微生物、食源性疾病病例监测实现县域全覆盖。省爱国卫生工作条例修订颁布，健康城市和健康乡村建设有序推进，建成全国健康促进县（区）6 个，启动建设省级健康促进县（区）78 个，全省居民健康素养水平稳步提升。

### （五）卫生健康服务管理更加规范

迅速掀起学习习近平总书记对首个"中国医师节"重要指示精神的热潮，全省医务人员深受激励、备受鼓舞。医疗服务管理力度不断加大，新一轮改善医疗服务行动计划启动实施，所有三级医院和 81％的二级医院开展预约诊疗，77％的三级医院提供住院多学科诊疗服务，区域内一体化综合救治服务能力明显提升。优化预约诊疗流程，调整预约挂号放号时间，社会反响较好。构建医疗卫生高地"316111"工程基本完成，22 家高水平医院启动建设。全面取消互助献血。医药购销领域和医疗服务中不正之风专项治理扎实开展。卫生健康法治建设和"放管服"改革深入推进，省政府依法行政年度考评我委连续两年为优秀等次。省市县三级卫生健康政务服务"十统一"标准化梳理完成，14 项省级行政职权委托下放各地市。监督执法保持高压态势，"以案促管"执法全面铺开。人口与健康老龄化工作不断深化，省人口与计划生育条例修订颁布，人口监测和人口形势分析扎实开展，计生家庭奖励扶助制度有效落实。妇幼重大公共卫生项目、新生儿疾病筛查和家庭发展计划持续推进。老龄人权益保障和健康服务体系更加完善，我省老年人意外伤害综合保险覆盖率和覆盖人数连续 3 年位居全国第一。医养结合创新发展，第五届中国国际老龄产业博览会成功举办。创新宣传方式，创作广东医生主题歌《相信》并登录央视等各大媒体平台，社会反响良好。健康扶贫和援藏援疆工作成效显著。

### （六）粤港澳大湾区健康共同体建设取得新进展

首次开展粤港澳三方传染病防治联合应急演练，成功举办第十八次粤港澳防治传染病联席会议。医疗人才联合培养机制加快建立，港澳人员来粤办医行医更加便捷。港澳独资医院设置审批委托下放广州、深圳。首届大湾区中医药传承创新发展大会顺利召开，13 项合作协议签署落地。我省荣获全国援外医疗工作"先进集体" 1 个、"先进个人" 2 名。

### （七）中医药事业发展再创佳绩

贯彻落实中医药法取得新进展，修订省发展中医条例纳入"十三五"立法规划，岭南中药材保护条例释义、连锁中医医疗机构管理办法、中医医术确有专长人员医师资格考核注册管理实施细则印发实施。基层中医药服务能力提升工程稳步推进。4 个国家重大疑难疾病中西医临床协作试点扎实开展。19 个中医重点专科入选国家区域中医（专科）诊疗中心建设项目，数量居全国首位。中医药科技创新和人才队伍建设取得丰硕成果，我省 7 名专家入选国家岐黄学者。中医药文化普及力度进一步加大，新增 3 个国家级中医药文化宣传教育基地，总数全国最多。我省在全国中医药健康文化知识大赛中获得亚军。第五届中医科学大会成功举办。中医药"走出去"取得新成绩，4 个国家中医药国际合作专项通过验收，广东"青蒿素"抗疟产品为世界快速清除疟疾提供"中国方案"。

### （八）全系统党的建设进一步加强

党的政治建设进一步加强，"两学一做"学习教育常态化制度化深入推进，模范机关创建活动扎实开展。精神文明建设持续深入，组织宣讲骆抗先同志先进事迹，开展评选"广东好医生"、创建青年文明号志愿服务和"不忘初心"系列主题活动，全社会尊医重卫氛围更加浓厚。

当前，我省卫生健康事业改革发展还存在不少问题和困难。全系统"大卫生、大健康"理念还未牢固树立，重大疾病防治形势依然严峻，医药卫生体制改革的

整体性系统性协同性还需加强，医疗卫生机构科学管理和激励机制还不够完善。迫切需要采取有力措施，认真加以解决。

## 二、2019 年工作思路和安排

2019 年工作的总体要求是：坚持以习近平新时代中国特色社会主义思想为指导，全面贯彻党的十九大和十九届二中、三中全会精神，全面贯彻落实习近平总书记对广东重要讲话和重要指示批示精神，按照省委十二届六次全会和全国卫生健康工作会议的部署要求，坚持以人民为中心的发展理念，坚持"抓党建、强基层、建高地、促医改、保健康"的思路，坚持狠抓工作落实的基调，全面加强党的建设，加快构建整合型医疗卫生服务体系，提升基层服务能力，持续深化医改，预防控制重大疾病，积极应对人口老龄化，进一步调动全省卫生健康人员积极性，推动卫生健康事业高质量发展，不断增强人民群众健康获得感，奋力谱写健康广东建设新篇章。

同时，聚焦实现"四个走在全国前列"、当好"两个重要窗口"，做到"四个坚决贯彻"：一是坚决贯彻总书记关于深化改革开放的重要指示要求，坚定不移用好改革开放"关键一招"，持续深化医药卫生体制改革，努力率先建成覆盖城乡居民的基本医疗卫生制度。抓住大机遇，做好大文章，推进粤港澳大湾区卫生健康合作，提升三地医疗卫生服务水平。二是坚决贯彻总书记关于推动高质量发展的重要指示要求，牢固树立"大卫生、大健康"理念，坚持健康优先发展战略，推动健康融入所有政策，预防为主、改善服务、提高质量，加快建立全方位全周期的健康服务保障体系，努力为人民群众提供更高水平的医疗卫生服务。三是坚决贯彻总书记关于提高发展平衡性和协调性的重要指示要求，坚持以基层为重点，全力打好加强基层医疗卫生服务能力建设攻坚战，坚持基层软硬件双提升，推动优质资源下沉基层，尽快补齐发展短板，努力就近满足人民群众基本医疗卫生服务需求。四是坚决贯彻总书记关于加强党的领导和党的建设的重要指示要求，坚持以政治建设为统领，将全面从严治党要求落到实处，加强全系统党的建设，努力为健康广东建设提供坚实的政治保障。

**（一）着眼就近满足人民群众看病就医需求，持续加强基层服务能力建设，着力解决发展不平衡不协调问题，坚决完成强基层建设项目年度任务**

年底前，升级建设的 47 家中心卫生院绝大部分完工并投入使用。加快推进 191 家县级医院升级建设项目。年底前力争 6000 间村卫生站建设基本完工。加大基层卫生人才培训培养力度。进一步完善加强基层卫生人才队伍建设的政策措施，加大力度培养引进人才，确保基层医疗卫生机构项目建成后，同步形成服务能力。为基层培训全科医生 5580 名、产科医生（助产士）1000 名、儿科医生 360 名，订单定向医学生 1400 名，为 47 家中心卫生院招聘首席专家 100 名。完善评价和激励机制，增强基层卫生人员的职业自豪感和荣誉感。推动基层卫生综合改革政策落地见效。进一步推广各地经验，落实基层医疗卫生机构"公益一类财政供给、公益二类绩效管理"的政策。推动加强基层基础设施建设、基层卫生综合改革与医疗服务价格调整、医保支付制度改革联动，形成强基层政策合力，加快提升全省基层医疗卫生服务能力。进一步加强县级医院能力建设。落实医疗卫生人才"组团式"帮扶工作，整体提升受扶医院医疗专科服务能力和管理水平。按照新一轮县级医院服务能力提升工程要求，重点发展肿瘤、心脑血管、感染性疾病等诊疗能力。规范建设医疗联合体。按照"规划发展、分区包段、防治结合、行业监管"要求，加快建立整合型医疗卫生服务体系。在城市主要推广紧密型医疗集团做法，在县域发展医疗共同体。以设区的地市或县为单位，划分若干个网格，每个网格由一个医疗集团或医共体负责，牵头医院负总责、各级各类医疗卫生机构分工协作。推广医联体内编制统筹使用，人员流动不受编制限制。市或县级公立医院主动承担预防工作责任，为网格内居民提供预防服务。加强医联体监管，牵头医院承担医联体内部管理责任，提升医疗质量和服务同质化水平。做细做实家庭医生签约和基本公共卫生服务项目。突出重点人员、重点病种，提高签约服务质量，提升城乡居民签约服务获得感。扎实抓好基本公共卫生服务项目。

**（二）着眼增强人民群众改革获得感，强化"三医联动"，持续深化医药卫生体制改革，建立健全现代医院管理制度**

加快探索建立现代医院管理制度，力争今年各试点单位形成相对成熟的经验。推动公立医院在发展方式上，从规模扩张型转向质量效益型，从粗放管理转向精细管理；在投入方向上，从投入医院发展建设转向扩大分配。巩固破除以药补医

改革成果，加强对补偿情况的监测评估和风险控制，及时调整医疗服务价格。深化管理体制和运行机制改革，落实政府投入责任，推进医疗价格、人事薪酬、药品流通、医保支付等改革。围绕"党建、定位、章程、制度、人员、文化"做文章，实现医院管理的规范化精细化科学化。继续深化公立医院薪酬制度改革。创造性落实"两个允许"，综合考虑行业特点、工作付出等多方面因素确定医务人员薪酬水平，加快推进公立医院薪酬制度改革。继续推动公立医院调整支出结构，进一步提高医务人员薪酬待遇。完善我省公立医院绩效评价机制。配合推进医保支付制度改革。进一步扩大各地按病种分值付费的病种范围，力争基本覆盖所有常见病、多发病。深圳市加快开展按疾病诊断相关分组（DRG）收付费试点工作。在紧密型医联体内，继续推广医保"总额预付、结余留用、合理超支分担"的激励约束机制。进一步完善药品供应保障制度。促进医疗机构优先配备使用基本药物。推行医联体药学协作，加强医保政策联动，促进上下用药衔接。加强医疗机构用药监测和药品临床综合评价。加强短缺药品供应保障监测预警，保障群众救命药供应。深化粤港澳大湾区卫生健康合作。召开第二届粤港澳大湾区卫生与健康合作大会。完善港澳来粤行医用药许可办理政策，吸引更多港澳服务提供者来粤办医。促进粤港澳生物医药领域尖端技术共创共享、协同创新。抓好援外医疗工作。发展"互联网＋医疗健康"。实施粤健康基础设施、智慧服务、创新发展、产业升级计划，创建国家"互联网＋医疗健康"示范省。完善远程医疗服务体系，年底前将远程医疗服务延伸到 1145 个乡镇卫生院，为全省 2277 个贫困村卫生站配置远程医疗智能健康监测设备包。

**（三）着眼推动高质量发展，持续改善卫生健康服务，加强重大疾病防控，进一步提高卫生健康管理服务水平，建立完善健康广东建设的体制机制**

实施一批健康行动，加强健康教育和健康促进。总结评估卫生健康事业"十三五"规划实施情况。以建设健康城市、健康乡村以及健康社区、健康企业、健康学校等"健康细胞"为基础，以卫生城镇创建、城乡环境卫生整洁行动、农村"厕所革命"等为载体，为实施健康广东战略提供有力保障。加强系统现代治理和监管体系建设。提升全系统治理体系和治理能力现代化水平。推进医疗卫生综合监管制度改革，加强综合监管力量建设。推进卫生健康领域社会信用制度建设。加强医疗服务质量和行为的监管。各级各类医院组建医疗质量管理、药事管理专业委员会以及伦理委员会，落实医疗质量管理与控制制度，落实新一轮改善医疗服务行动。推行临床路径管理，提升卫生应急和重大疾病防控能力。加强卫生应急队伍规范化建设，加强疾病预防控制体系建设。落实传染病联防联控机制，提升登革热疫情早发现、早处置能力，抓好流感防控工作，落实遏制艾滋病性传播攻坚计划，实施遏制结核病行动计划。加强预防接种监管，抓好第二类疫苗预防接种管理和供应保障。强化对严重精神障碍患者的救治救助，出台省地方病防治专项三年攻坚行动实施方案。加强食品安全标准管理与风险监测评估工作。促进人口均衡发展，加强出生人口统计动态监测和全员人口数据质量评估。推进计划生育服务管理改革，落实生育登记服务制度，发挥好计划生育协会作用。加强妇幼健康服务体系建设，抓好出生缺陷综合防控，整合打造优生优育全程服务链。加强人类辅助生殖技术管理，落实计生家庭奖励扶助和特殊家庭关怀帮扶。加强生育支持、幼儿养育、青少年健康发展、养老照护等家庭发展能力建设。提升职业病防治能力，出台进一步加强职业病防治工作的意见。强化职业病预防控制，加强放射卫生工作。做好老龄健康工作，加强医养结合监测，推进居家老年人医疗健康服务，完善各级老年维权服务网络。加强社区老龄社会组织建设，推动我省老龄产业蓬勃发展。推进中医药强省建设，坚持"建高地、育名医、补短板、强基层、促产业、扬文化、保健康"发展思路，启动实施新时代中医药传承创新发展三年行动。继续推进59家县级公立中医院升级建设项目，打造一批高水平中医院，培养一批新时代中医药传承创新人才。落实政府对中医药投入补偿政策、医保对中医药服务倾斜鼓励政策，加强中医药科技创新平台建设。促进岭南"老字号"中药名企和名药保护，发挥中医药在"治未病"、重大疾病治疗、疾病康复中的作用。弘扬传统中医药文化，实施中医药文化"走出去"战略。

**（四）着眼提供更高水平的医疗卫生服务，推动高水平医院建设出成效、出成果，辐射提升全省医疗卫生服务水平**

推进高水平医院建设，以高水平医院建设为牵引，提升临床疑难复杂危重疾病诊疗水平、临床医学研究水平和医学人才培养能力，构建帮扶带动和共同发展的模式。遴选确定第三批高水平医院建设单位，进一步完善人才引进、经费拨付、医保支付和医疗服务价格动态调整等配套政策。加大医学科技创新力度，组建一批省临床医学研究中心，启动实施科技协同创新中心建设和协同创新重点项目。

大力促进医学科技创新知识产权创造、保护和应用，开展三级医院科技影响力评价。加强临床研究管理及技术推广，探索运用"互联网＋"模式，推动慢性病防治适宜技术下基层。加强科研诚信和医学伦理建设。

**（五）着眼提供坚强有力的政治保障，落实全面从严治党要求，全面加强党的领导和党的建设**

一是突出政治建设统领作用。进一步提高政治站位，牢固树立"四个意识"，坚定"四个自信"，坚决做到"两个维护"，严守党的政治纪律和政治规矩。二是强化理论武装。带动各级党组织和党员干部学深悟透、融会贯通习近平新时代中国特色社会主义思想，扎实开展"不忘初心、牢记使命"主题教育。三是锻造更加坚强的基层党组织。认真落实加强党的基层组织建设三年行动计划，深入推进模范机关创建活动，全面提升基层党组织组织力。四是营造良好的文化氛围。坚持"思想建党、文化建院"，加强系统思想政治工作和医德医风建设，引导医务人员弘扬和践行广东医生精神，修医德、行仁术，用优质的服务增进人民健康福祉。五是加强纪律建设。突出教育功能、预防功能、服务功能，强化监督执纪问责，加强反腐倡廉工作，以良好党风政风带动行风。

# 2018 年我省国资国企改革发展回顾及 2019 年设想

广东省国资委

## 一、2018 年国资国企改革发展情况

2018 年以来，全省国资系统认真学习贯彻落实习近平新时代中国特色社会主义思想和党的十九大精神，认真学习贯彻落实习近平总书记视察广东重要讲话精神和广东省委十二届六次全会精神，按照省委省政府决策部署，坚持稳中求进工作总基调，牢固树立和践行新发展理念，以提高质量效益和核心竞争力为中心，以推进供给侧结构性改革为主线，以勇承担、敢改革、不懈怠的作风，全力推动省属企业高质量发展，改革发展稳定各项工作有序有效、稳步推进，国有企业在全省经济社会中发挥了重要支撑保障作用。

### （一）国有经济质量效益持续增长，行业地位稳步提升

截至 2018 年 12 月末，全省国资监管企业资产总额达到 104422.99 亿元，同比增长 13.9%，位居全国第二；1—12 月共实现营业收入 21080.37 亿元，同比增长 13.2%，位居全国第三。其中，省国资委监管企业资产总额达到 16868.46 亿元，同比增长 8.9%；省属企业实现营业收入 3971.01 亿元，与上年持平。全省国资监管企业 1—12 月实现利润总额 2697.03 亿元，同比增长 12.1%，位居全国第二。其中，省国资委监管企业实现利润总额 332.68 亿元，同比增长 6.8%。全省国资监管企业实交税金 2121.16 亿元，同比增长 12.3%。其中，省国资委监管企

业实交税金 238.63 亿元，同比增长 6.6%。

### （二）国有经济布局不断优化，企业竞争力稳步提升

一是聚焦主业分类改革，将省属企业进一步细分为公益基础类、市场竞争类、金控投资运营类三大类。二是推进战略性重组，实质性完成了交通集团、建工集团两家集团各自总部整合、业务板块整合及后续相关工作；制定广物控股集团与商贸控股集团重组方案，拟提交省政府常务会议审议。三是推进经营性国有资产集中统一监管，稳步将党政机关、事业单位所属企业的国有资本纳入经营性国有资产集中统一监管体系。四是企业竞争力稳步提升。重组后的交通集团运营的高速公路里程和资产规模均在全国省属交通企业排名第一。重组后的建工集团集中优势资源对集团进行商业模式创新和再造，企业的实力和竞争力将跃上新台阶。

### （三）供给侧结构性改革不断深化，创新能力稳步提升

一是处置"僵尸企业"工作取得新进展。会同工商、税务、法院建立国有"僵尸企业"处置工作协调机制，进一步完善府院联动机制。出台了《关于省属"僵尸企业"出清重组的指导意见》。截至 2018 年 12 月底，省属"僵尸企业"共1031 户，已实现市场出清 885 户（包括法院立案裁定受理），出清率为 85.8%。二是压缩管理层级、减少法人单位工作取得新突破。逐一确定 18 家省属企业压减工作计划目标，省属企业管理层级均在 4 级及以内，共减少法人单位 846 户，减少比例约 24%，超额完成了压减 20% 的目标任务。三是降杠杆减负债工作取得新成效。加强资产负债约束，建立资产负债率和债务规模行业预警管控制度。确定省属企业降杠杆目标、三线（基准线、预警线、重点监管线）、两类名单（重点关注和重点监管企业）及资产负债约束措施。截至 2018 年 12 月底，全省国资监管企业资产负债率为 64.7%，其中，省属企业资产负债率为 55.5%，处于合理水平。四是剥离企业办社会工作取得新进展。全省国有企业职工家属区"三供一业"分离移交签订正式协议总进度为 100%，全省 37 个市政设施已完成年度工作任务，企业办 28 个教育机构、31 个医疗机构已全部制定改革方案或完成改革。五是创新能力稳步提升。探索充分利用资本市场、并购重组等多种有效途径和方式大力推动创新驱动战略。推进产业转型升级，广新控股集团从外贸企业向先进制造业转型，广晟公司向固废行业领先地位拓展，广物控股集团由商贸企业向先进石化领域进军。推进军民协同创新，加大收购、并购、重组等资本运作力度，广业集团

下属宏大爆破大胆尝试军民融合发展，进入军品生产并已取得阶段性进展。推进创新机制完善，进一步优化省属企业创新驱动和转型升级综合排名及奖励方式，引导省属企业加快布局战略性新兴产业，发展实体经济。

### （四）改革试点稳步推进，企业活力稳步提升

一是综合改革试点取得新成效。在 50 家省属二、三级企业开展体制机制改革创新试点，共有 18 家试点企业实施员工持股和国发基金入股，8 家试点企业新三板挂牌，打造了一批行业单打冠军。初步选取了 80 家省属二、三级企业推进以激励、约束、容错为一体的综合改革试点。二是重点领域改革试点取得新进展。《广东省推进国有资本投资、运营公司改革试点实施方案（送审稿）》已报省政府审定。新增广新控股集团开展国有资本投资公司试点。选取省交易控股集团作为股份制改革试点，选取盐业集团作为集团层面混改试点。分两批在全省 5 家企业开展国有控股混合所有制企业员工持股试点。三是企业活力稳步提升，通过综合改革、混合所有制改革、员工持股、增量奖励等多种措施，在不断释放改革红利的同时，进一步营造企业干事创业的良好氛围，不断激发企业的内生动力和活力。

### （五）承担战略任务功能有效发挥，支撑作用稳步提升

一是主动承接省政府战略任务。根据省属企业功能定位，组建基础设施功能公司，着力在重大民生工程、重点项目、重要平台和关键行业上优化配置国有资源，发挥国有资本的主力军作用。组织省属企业做好珠江三角洲水资源配置工程建设，积极推进全省水田垦造工作、韩江榕江练江水系连通工程项目和北江航道扩能升级工程项目。发展绿色经济，发挥省属企业资金、技术、产业优势，积极投身练江流域综合整治、粤东西北地区固废危废处理处置等工作。二是主动对接国家战略。充分发挥省属企业在资金、管理、地缘等方面的优势，积极投身粤港澳大湾区建设、乡村振兴等重大战略，发挥国有资本的引领作用。推动省属企业加快粤港澳大湾区建设，开展产业对接、产业共建及促进粤东西北振兴发展等工作，推动省属企业在粤港澳大湾区建设中勇于担当，充分发挥互联互通基础设施投资建设、优质生态环境建设、战略性新兴产业发展、资源流通四个平台作用。三是支撑作用稳步提升。省属企业在完成省政府重大战略部署的同时，自身也不断得到发展壮大，在全省重大项目建设、重要民生领域，特别是在保障港澳供给等方面，日益发挥重要骨干作用。

### （六）国资监管不断加强，防控风险能力稳步提升

一是强化风险管控。突出债务风险排查，加大对省属企业监督检查力度，狠抓问题的落实整改和责任追究等方面，提出措施、明确责任、限期整改，及时化解重大风险。突出重点领域风险排查，开展对 6 户省属企业商贸业务重点核查，针对 17 户省属企业的 37 个主要经营风险问题开展监督检查，省国资委与省审计厅对 16 家竞争性国有企业开展审计调查，通过省有关部门和省属企业的共同努力，大多数存量风险实现可控。突出抓好问题的揭示和整改，2018 年揭示企业问题共 967 个，提出建议 779 条，企业已经整改或正在整改的问题共 681 个，整改率为 87.4%，避免资金风险总额 31.08 亿元。二是摸清国有资产家底，建立政府向人大常委会报告国有资产管理情况制度。三是加快省国资委自身改革。省政府办公厅 2018 年 8 月印发了《广东省国资委以管资本为主推进职能转变方案》，以管资本为主推进省国资委职能转变，激发企业作为独立市场主体的动力和活力。四是改进考核手段。注重发挥考核指挥棒作用，将"党建考核"与"经营业绩考核"按照各占 50% 权重纳入"综合考核"，切实将党建优势转化为企业发展优势。落实省委省政府重点工作部署，把去僵尸、压层级、降负债、强主业、生态环保等工作任务作为考核主要内容对省属企业实施负责人经营业绩考核。

### （七）国有企业党的建设得到新的加强，政治保障作用稳步提升

一是持续抓好思想建设，深入学习贯彻落实习近平新时代中国特色社会主义思想，严格落实"第一议题制度"。落实省委大学习大培训部署，扎实开展"大学习、深调研、真落实"活动。二是持续强化党的领导，明确企业党组织领导地位，把企业党组织内嵌到公司治理结构中。三是持续夯实基层基础，不断提升基层党组织组织力。扎实开展党组织规范化建设，实现基层党组织规范设置 100%。整顿软弱涣散党组织，大力实施基层党组织"头雁工程"，开展党组织书记学习培训全覆盖。四是持续提升主业意识，坚定扛起管党治党政治责任。完成 60 家中央驻穗企业和 7 家省管企业党组织关系的接收工作。选优配强党务干部，实施新任职党务干部任前培训制度，推进党员活动阵地建设。五是在"小远散"企业集中的区域建立省属企业区域廉政建设联席会议，确保监督执纪"四种形态"得到正确贯彻执行。截至 2018 年 12 月底，省国资系统立案 243 宗，反腐败压倒性态势初步形成并巩固发展。

## 二、2019 年工作设想

2019 年，我省国资国企改革重点工作可概括为"一个确保，八个坚决抓好"。

### （一）确保完成全年目标任务，为全省经济稳增长作出积极贡献

各省属企业要科学制定全年目标和计划安排，确保完成任务目标。开好局起好步，实现一季度"开门红"，努力实现高开稳走、高开高走，为完成全年目标任务打下坚实基础。密切跟踪形势变化，防止生产经营大起大落。对国内外形势的严峻性复杂性要有充分估计，及时发现异常，有效研究应对，确保企业平稳运行。

### （二）坚决抓好积极参与粤港澳大湾区建设和构建"一核一带一区"区域发展新格局，加快布局和发展新产业、新业态、新模式

围绕粤港澳大湾区建设，着力参与和承担以基础设施建设为主的重点项目建设。围绕"一核一带一区"，着力构建省属企业产业发展新格局。着力发展先进制造业、战略性新兴产业、高端服务业，推动产业高端化发展。积极参与沿海经济带重大产业项目建设。推动产业绿色化转型。深入推进产业链上下游企业合作，加强与地市国有企业，特别是民营企业合作，实现优势互补、互利共赢。

### （三）坚决抓好省属企业供给侧结构性改革，提升创新能力，加快高质量发展步伐

继续推进供给侧结构性改革，2019 年全面完成省属 146 户"僵尸企业"市场出清任务。压缩管理层级，到 2020 年企业法人单位减少 50％。将国有企业退休人员逐步移交社区实行社会化管理。强化战略引领，做强做优做精实业主业，出台投资负面清单管理制度，有序推进省属企业战略性重组整合。构建符合企业发展战略和经营实际的高质量发展指标体系。提升创新能力，发展壮大实业主业。发展实体经济，着重发展先进制造业、现代服务业和战略性新兴产业。完善以创新、质量、贡献为导向的科技人才评价和正向激励机制。明确省属企业 2018—2020 年资产负债率管控目标，制定省属企业资产负债约束措施，建立健全债务风险动态监控机制。

**（四）坚决抓好省属企业混合所有制改革，夯实基本经济制度的实现形式**

分类推进混合所有制改革。在继续推进盐业集团混合所有制改革和交易控股集团股份制改革的同时，新增1—2家省属企业集团开展混合所有制改革。加快推进省属二、三级企业混合所有制改革。将混合所有制改革与完善法人治理结构、深化三项制度改革、市场化激励约束机制等改革同步推进，激发企业内生活力。通过发展混合所有制经济，国有资本撬动非公资本，整合产业链上下游资源，做大做强产业，引导和带动非公经济发展。

**（五）坚决抓好省属企业市场化机制，充分调动企业内部各层级干部职工的积极性，增强企业内生活力**

加快企业内部三项制度改革。推动国有企业家队伍建设，进一步充实国有企业家队伍力量。加快工资总额管理制度改革，继续推进混合所有制企业员工持股试点，统筹用好上市公司持股计划的科技型企业股权分红等中长期激励举措，合理拉开内部收入分配差距。

**（六）坚决抓好省属企业中国特色现代国有企业制度建设，加快形成有效制衡的法人治理结构**

研究制定省属企业规范各治理主体关系的制度文件，进一步厘清企业党委会、董事会、经理层等治理主体的权责边界。完善省属企业集团层面兼职外部董事的选聘工作，实现省属企业集团层面外部董事全覆盖。重点在市场竞争类企业的规模以上二级企业全面推行外部董事制度，实现外部董事全覆盖。继续推进省属企业经理层市场化选聘工作，对于省属二、三级企业，全面推行经理层市场化选聘，2020年前完成此项工作。

**（七）坚决抓好改革授权经营体制，推动国有资本投资、运营公司试点取得成效**

扩大试点范围，新增1家省属企业进行国有资本投资公司试点。贯彻落实广东省两类公司实施方案，制定国有资本投资运营公司监管清单和责任清单，依法落实国有资本投资、运营公司董事会职权。强化两类公司的平台作用，发挥国有资本投资运营公司的产业引导功能，引导和带动非公经济发展。

### （八）坚决抓好国有资产监管，进一步提升国资监管的针对性、有效性、系统性

认真落实《广东省国资委以管资本为主推进职能转变方案》要求，落实好三定方案，继续完善权责清单。整合风险管理相关职能，强化对企业重大风险问题的处理和追责问责，守住不发生重大风险的底线。建立完善动态监控机制，及时有效化解债务问题，打好防范化解重大风险攻坚战。深入开展违规经营投资责任追究工作。严控法律风险，推进法治国企建设，强化合规意识和管理。重视对微观主体的监管和服务，突出五个抓手，抓好省属二、三级企业混合所有制改革工作；抓好融"激励约束容错"为一体的综合改革试点；参加国务院国资委"双百试点"；抓好科技型企业的激励改革；抓好实体经济的发展。进一步提升委机关干部的素质能力，打造与国资监管使命任务相适应的监管队伍。

### （九）坚决抓好党的建设，努力将国企党建优势转变为发展优势

深入开展"不忘初心，牢记使命"主题教育，健全"第一议题"学习制度，落实"党员领导领学带学督学"活动。着力加强党对国有企业的全面领导，把党委的领导作用落实到执行中央决策部署和省委省政府决议决定中，落实到完成重大改革发展任务、实现企业高质量发展中。着力强化中央驻穗企业党建工作管理，协助国务院国资委党委抓好中央驻穗企业党建工作管理。严格落实各企业党委抓党建工作的主体责任，定期研判部署基层党建工作，着力推进工作落实。将人才工作纳入党建工作考核指标体系，将考核结果与企业领导班子薪酬待遇挂钩。强化对省属企业政治责任考核，加强政治巡察工作，增强监督实效。营造风清气正的政治生态，严守政治纪律和政治规矩，巩固拓展落实中央八项规定精神落地生根。进一步完善"三个区分开来"的容错机制，激发员工队伍的活力，推动党的建设与国企改革发展深度融合。

# 广东保险市场运行及 2019 年展望

江裕棠

大潮起珠江，改革忆峥嵘。2018 年是改革开放 40 周年，也是保险业服务广东经济社会发展风雨同舟、披荆斩棘、砥砺奋进的 40 年。广东保险业始终坚持以习近平新时代中国特色社会主义思想和党的十九大精神为统领，深入贯彻落实全国金融工作会议和中央经济工作会议精神，在服务实体经济、防控风险、改革创新等方面成绩显著，多项主要指标位居全国前列。

## 一、广东保险市场运行情况

2018 年，广东保险业积极应对复杂多变的经济金融形势，市场总体保持平稳健康发展。

### （一）业务增长总体稳定

2018 年，广东（含深圳）实现保费 3472.4 亿元，同比增长 6％。财产险业务积极向好，保费 1271.2 亿元，同比增长 15％。与宏观经济相关性较强的工程险、企财险业务实现快速增长，分别同比增长 55.5％和 11.6％；与国计民生密切相关的责任险和农业险业务也保持了较快的增长速度，分别同比增长 34.2％和 19.6％。人身险业务增速放缓，保费 3282.4 亿元，同比增长 4.9％。其中，寿险保费 2571.7 亿元，同比增长 1.5％；健康险保费 599.3 亿元，同比增长 20％；意外险保费 111.4 亿元，同比增长 16.6％。

### （二）行业转型成效显现

人身险公司方面：从业务结构看，普通寿险规模保费占人身险公司业务比重

20.6%，万能险规模保费占比 3.9%；从新单缴费结构看，新单期缴业务占比 30.9%，居全国第 2 位；从渠道结构看，个人代理渠道业务占比 54.2%，同比上升 3.8 个百分点，银邮代理渠道业务占比同比下降 7.5 个百分点。财产险公司方面：非车险业务保费收入 509 亿元，同比增长 38%，增速高于车险 29 个百分点，业务占比 36.9%，较上年提升 5.5 个百分点。

### （三）保障水平大幅提升

2018 年，广东保险业累计提供风险保障 1062.5 万亿元，同比增长 163.7%。财产险提供风险保障 938.2 万亿元，同比增长 1638.6%。其中，责任险提供风险保障 613.5 万亿元，出口信用险支持出口 8201 万亿元。人身险提供风险保障 124.3 万亿元，同比增长 131.8%。

## 二、保险业服务广东经济社会发展情况

### （一）坚持保险惠民，着力提升民生保障水平

一是大病保险作用更加显著。广东大病保险覆盖 7535 万人，累计赔付 11.4 亿元，切实减轻了参保人罹患大病所产生的高额医疗费用负担，有效缓解了因病致贫、返贫问题。2018 年深圳大病补充险实现"承保理赔双升级"，参保系统实现与社保系统的实时对接，极大提高了投保端便利性；"一站式"刷卡即时结报系统实现参保人在市内外定点医院和定点药店直接刷卡结算，有效提升了理赔端用户体验，该项目荣获 2018 年深圳市金融创新奖推进奖。

二是涉农保险影响进一步扩大。广东保险业对关系国计民生和农民安居乐业的水稻、农房等险种，坚持普惠性原则，实现应保尽保，逐步提高保障程度，商业保险已嵌入到农业生产、农户融资、农村土地流转等重要领域。农业保险险种超过 20 项，基本覆盖广东主要农作物、养殖业品种，基本覆盖广东主要的农业风险种类。

三是民生保障网建设更加完善。广东省老年人意外伤害保险（含深圳）为老人提供的风险保障金额超过 5000 亿元。2018 年 9 月，深圳发布《关于加快商业养老保险发展的实施意见》，拟推动深圳在 2020 年基本建设多样化、多层次的商业养老保险体系。长期护理保障制度也在加快推进当中。

### （二）充分发挥保险功能作用，辅助社会管理

一是巨灾保险长效机制不断完善。广东（不含深圳）全国首创的巨灾指数保险功能作用也进一步彰显，今年以来向 14 个地市累计支付台风及强降雨赔款 4.5 亿元，有力支持多层次灾害救助体系建设。深圳巨灾保险方案中扩大了森林火灾、群体事件和转移安置 3 项承保灾种类型，人身伤亡求助限额由 10 万提高至 25 万元，防灾防损费用比例从 5％提高至 10％。

二是责任保险促进社会和谐发展。环境污染责任险、工程师执业资格险等多个附和在全国范围内率先落地，环污险企业名录中的 1066 家企业全部完成承保前风险评估，投保率达 71.9％，较 2017 年增长 46％，承担风险保障 11.5 亿元；医师执业责任保险基本能达到医疗风险全覆盖，在有效化解医患纠纷、推进医学科技创新等方面具有重要意义。多个附和覆盖面高，深圳的校方责任险覆盖面达 100％，电梯责任险承保覆盖面达 60％。安全生产责任险全面发展。出租屋责任险也在积极推动当中。深圳首家出台的政府投资代建工程质量缺陷保险，承担风险保障 18 亿元。

三是创新推出"道路交通事故损害赔偿纠纷一体化"。2018 年 1 月，原广东保监局、原深圳保监局、省高院、省公安厅和省司法厅等相关部门联合搭建"在线责任认定、理赔计算、在线调解、在线鉴定、在线诉讼，一键理赔"的道路交通事故损害赔偿纠纷处理机制，并联合开发理赔计算 APP。保险业以增加保单提示内容的方式，引导消费者通过"道交一体化"解决纠纷。"道交一体化"自实施以来，共受理道交事故纠纷案件 343 宗，调解成功率 58.3％，和解金额 3219 万元，实现了让数据多跑腿，群众少跑路的目标，有效提升纠纷处理时效，节约社会资源，提升保险消费者体验。

### （三）主动服务国家战略发展，助力经济增长

一是支持粤港澳大湾区建设。广东保险业全面参与粤港澳大湾区建设，为大湾区经济社会发展提供了工程险、责任险、人身险等多样化的保险产品服务。为港珠澳大桥提供了 278 亿元的风险保障，并通过参与构建全球化的项目风险管理体系，确保了大桥顺利建成。建立了港珠澳大桥跨境车险制度，实施电子保单试点，承保港澳跨境机动车达 700 多辆。行业充分发挥保险资金优势，重点支持大湾区基础设施、现代产业和重大项目建设，保险资金累计投资 4820 亿元。在粤港

澳深四地保险监管联席会中，四地保险监管机构围绕促进粤港澳大湾区保险市场一体，就深港保险互联互通、深港合作发行巨灾债券和防范跨区域风险等主题进行研究探讨。

二是持续优化重点领域保险服务。出口信用险支持深圳外贸出口 416 亿美元，承保深圳企业向"一带一路"沿线国家的货物出口 98.8 亿美元。助力小微企业融资难，2018 年，深圳保险业推动出台《关于强化中小微企业金融服务的若干措施》和《深圳市小额贷款保险保险试点实施办法》，服务超过 3000 家小微企业。推动阳光资产管理股份有限公司设立"阳光稳健专项产品"，积极参与化解上市公司股票质押流动性风险。

三是加大对高新技术产业发展保障。今年以来推动首台套重大技术装备保险签单 32 笔，为相关高新技术引进企业提供风险保障 98.3 亿元。通过专利保险，服务中小微企业科技创新 2200 家，提供风险保障 30.48 亿元。支持深圳高新技术等重点行业出口 281.2 亿美元

### （四）在防范风险方面，牢牢守住风险底线

一是不断完善风险防范机制，有效防控风险。出台了主要风险防范工作方案，完善监测预防、沟通汇报、处置化解和善后总结等机制和具体措施。分解工作任务，落实工作责任，明确具体措施，完善应对预案；强化公司的主体责任和监管的守土责任，尤其是落实一把手责任；紧盯重点公司、重点产品、重点渠道、重点地区，摸清风险底数，加强非现场监测、窗口指导和现场检查。

二是坚持科技赋能监管，破局车险市场乱象整治难。开发建设"深保通"智能承保管理信息平台，率先实现车险承保全流程、全渠道电子化管控，确保车险"双录"和实名交费两项关键性制度的有效实施，提升客户信息真实性，控制洗钱风险，缩减投保时间。

三是多方发力，强化消费者权益保护。扎实做好消费者投诉处理。持续优化信访投诉处置流程，建立健全责任追究制、即时联系制、快处快赔制"三项机制"。严格督导机构落实主体责任。开展"精准打击行动"，有效查处辖内机构在销售及服务过程中不规范行为，督促机构整改提升。指导第三方组织更好发挥作用。深化"诉调对接"机制，有效分流监管压力，提升消费者满意度。持续加强保险消费者教育。结合广东地区金融消费者实际需求，定期发布风险提示，不断提升市民金融素养和风险防范意识。

从目前的情况看，广东保险市场总体运行平稳，近年来没有发生重大风险和群体性事件，较好地维护了全省金融稳定。各重点公司经营管理秩序稳定，现金流总体充裕，风险在可控范围之内。

## 三、2019 年广东保险业外部形势及发展展望

在经济社会发展的深刻变革中，不断催生出庞大的多元化、差异化的保险需求，保险正在以前所未有的深度和广度融入人们的生产生活，成为保障人民群众美好生活的重要制度安排。2019 年是决胜全面建成小康社会、实施"十三五"规划的关键一年，也是中华人民共和国成立 70 周年。习近平总书记在中央经济工作会议中指出，我们要看到经济运行稳中有变、变中有忧，外部环境复杂严峻，经济面临下行压力。他同时强调，我国发展拥有足够的韧性、巨大的潜力，经济长期向好的态势不会改变，仍处于并将长期处于重要战略机遇期。广东经济社会发展也为保险业的蓬勃发展奠定了坚实基础。经过改革开放 40 年的发展，广东已经处在一个较高的发展平台，经济运行呈现出"速度稳、质量好、创新强、结构优"的态势，全省综合实力迈上历史性新台阶。

展望 2019 年，随着全国金融工作会议精神的贯彻落实，金融监管部门坚持不懈治理金融市场乱象、积极支持国家重大战略实施、大力支持民营企业和小微企业、鼓励金融机构提高金融服务效率的思路更加坚决和清晰，金融业以服务供给侧结构性改革为主线、着力提高金融服务实体经济能力、打好防范化解金融风险攻坚战、坚定不移深化改革扩大开放的主题更加明确和突出。尽管外部宏观经济金融环境不确定因素仍然很多，保险行业特别是寿险公司面临的业务结构调整和转型发展压力较大，但总的来看，当前广东保险业持续发展的经济社会基础没有改变，外部的政策法律环境不断优化，改革创新的动力不断增强，广东保险业仍处于大有可为的战略机遇期。

## 四、对全面提升保险业服务能力水平的几点建议

### （一）服务国家重大战略，支持现代化经济和社会体系建设

保险业回归本源，充分发挥保险保障和保险资金的独特优势，更好地服务国

家战略和实体经济。一是服务精准脱贫攻坚战。推进大病保险精准脱贫，完善农业保险制度，加大对深度贫困地区的支持力度，推进巨灾保险实践探索，稳步扩大"保险＋期货"试点；稳步推进保险资金支农支小服务试点；研究设立中国农业再保险公司，完善财政支持的大灾风险分散机制。二是服务污染防治攻坚战。大力推进绿色保险产品和服务升级创新，推动环境污染责任保险试点。积极推动将投保环境污染责任保险纳入相关法律法规，积极参与环境风险治理体系建设，提升保险业支持环境改善的服务能力。三是服务国家供给侧结构性改革。重点把握供给侧结构性改革、基础设施网络建设、区域发展战略、国家重大科技项目、先进制造业和高新技术产业等战略机遇，拓宽保险资金支持国家重大战略的渠道，支持保险资金促进钢铁、煤炭等行业加快转型升级，引导保险资金高效对接国家战略。四是服务其他战略。保险机构主动对接服务粤港澳大湾区等区域发展，推动关系国计民生的责任保险发展，研究启动新材料首批应用保险补偿和专利保险试点，推动商业长期护理保险发展，积极发展商业健康保险和养老保险，助力多层次医疗保障体系建设和多层次养老保障体系建设。

### （二）坚持改革创新发展，形成全面开放新格局

保险创新要坚持市场化的创新导向，充分运用各种新技术，针对各种新业态，加大研发投入，增强自主创新能力。一是丰富保险市场体系。要积极构建多层次、多样化的保险市场体系，着重引进健康险、养老险、航运保险、责任保险等专业性保险法人主体；充分利用广东金融保险业发达、毗邻港澳的优势，积极研究新型保险机构和港澳机构保险服务平台的设立，不断丰富市场组织形式，创新保险交易方式，吸引集聚机构和人才，提高保险供给的多元化，带动相关业务发展。二是促进粤港保险市场融合发展。通过粤港保险的紧密合作，不仅可以将香港国际保险市场在产品设计、营销服务、经营管理等方面的先进经验引入内地，广东保险公司也可以以香港为平台，参与国际市场竞争，实现"引进来"与"走出去"相互结合、齐头并进。粤港保险合作的内容不仅限于两地保险机构的互设，还应充分发挥自留区的粤港整合功能，积极研究和推动深港两地保险在产品、服务、资金、人才等领域的互联互通。三是深入推动保险科技应用。引导保险机构在粤港澳大湾区积极探索和先行先试，加大人工智能、区块链、云计算、大数据、物联网等新兴技术应用，加快推进跨境保险服务模式创新，提升金融科技发展水平。

### （三）提高风险防控能力，着力防范化解相关风险

面对复杂的内外部形势，保险业应当切实增强主体责任意识，展现行业担当精神，要"图之于未萌，虑之于未有"，科学预判，主动作为，面对风险隐患要做到"心中有数、对症下药"，牢牢守住风险底线。一是完善风险防范机制，包括持续提升风险预警监测、风险排查、应急演练、处置突发性事件等方面的能力和水平，搭建好"事前、事中、事后"三环紧扣的风险防范机制。二是做好消费者权益保护工作，要不断提升行业的理赔服务水平，建立公正透明的理赔给付处理和争议解决程序，优化工作流程，简化理赔手续，依法妥善解决理赔争议纠纷，建立完善理赔服务规范标准体系。要从源头上减少销售误导，根据产品特点和消费者风险承受能力建立区分销售制度，将合适的产品销售给有相应需求的消费者。三是加强信息披露。信息不对称是造成保险消费者弱势的一个重要原因。增加保险业的透明度，既可以提高广大消费者对保险的认知、根据充分的信息理性进行保险消费、增强自身风险防范意识，也可以使损害消费者权益行为无处藏身。

作者单位：深圳银保监管

# 2019

## 经济高质量发展

# 以市场化改革、高水平开放推动高质量发展

谭炳才

　　2018 年底召开的中央经济工作会议强调指出，深化市场化改革、扩大高水平开放，推动高质量发展，坚持以供给侧结构性改革为主线，坚持加快建设现代化经济体系，保持经济运行在合理区间。党的十九大指出，新时代我国经济发展的基本特征，就是我国经济已由高速增长阶段转向高质量发展阶段。高质量发展，是当前和今后一个时期谋划经济工作的根本指针。市场化改革与高水平开放，是实现高质量发展目标的两大重要途径，通过市场化改革完善高质量发展的体制环境，通过更高水平的开放实现投资贸易自由化，推动以速度更合理、结构更优化、动力更强劲为主要特征的高质量发展（市场化改革、高水平开放与高质量发展的

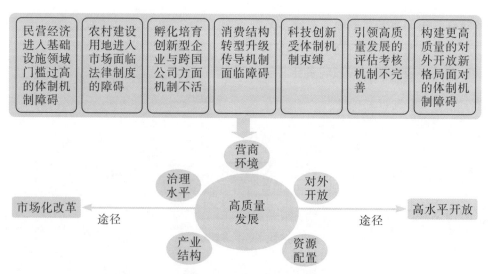

**市场化改革、高水平开放与高质量发展逻辑关系图**

逻辑关系见图示）最后，通过高质量的发展最终实现高标准市场经济。当前，我省经济总体平稳、稳中有好，但是稳中隐变、稳中隐忧。面对当前国内外挑战增多和经济下行压力加大的态势，坚定不移地走高质量发展之路，成为广东实现"四个走在全国前列"、当好"两个窗口"的唯一选择。

# 一、深化对高质量发展的终极治理目标的认识

高质量发展的本质是高效率的供给、高效率的需求、高效率的配置和高效率的循环，特征是有效的资源配置、有效需求得到满足。通过市场化改革和高水平开放这一手段，从目标治理的视野出发，可以归纳出高质量发展的五个方面的终极目标：

### （一）营商环境的高质量

营商环境，是指企业从开办、营运到结束的各环节生存发展境况和条件的总和，受社会、经济、政治和法律诸要素的影响。一个地区营商环境的优劣直接影响着这一地区的经济发展的质量，良好的营商环境是一个国家或地区经济软实力的重要体现。根本的要求是实现营商环境法治化的市场化、法制化、国际化。市场化要求建立公平、公开、有效率的竞争机制，法制化要求有一套公平公正透明的法律法规监管制度，国际化要求建立符合国际惯例和世贸规则的运行机制。目前对改善营商环境最迫切的要求是充分利用办事大厅集中办理行政审批业务，打破部门边界，加强部门间横向协同，建立多层次横向联动机制，促成审批业务无缝衔接，提升审批、办事效率，最终实现办事不求人。

### （二）对外开放的高质量

对外开放，是指对外、对内的双向开放，既面向中国，又面向全球，这是顺应全球化潮流的应有之义。对外开放是中国的一项基本国策，是中国经济腾飞的一个法定。一个实施对外开放战略的国家，一定是一个顺应全球化、国际化潮流的国家。当前，广东，乃至全国的对外开放的主要任务是抢抓全球产业链、价值链重构和"一带一路"的机遇，推进投资、贸易的自由化。投资、贸易的自由化是经济全球化的最高级阶段，这要求从货物管理转变为企业管理，从贸易壁垒、配额限制转变为贸易和投资的自由化，从单向开放转向双向开放，即放开或者取

消各种限制，不再采取封锁国内市场和国内投资场所的保护政策，发展开放型经济。如进一步放宽外汇管制，扩大外资进入资本市场。最终实现双向、全面、高效的开放。

### （三）资源配置的高质量

资源配置，是指把有限的、相对稀缺的资源进行优化配置、组合，以便用最少的资源耗费，生产出最适用的商品和劳务，获取最佳的效益。资源配置的效率高低，对一个国家的经济发展质量、效率都有着极其重要的影响。高质量的资源配置，要求有效率地配置资源、节约使用资源、保证重点产业对优质资源的需要；要使全社会资源生产总量与使用总量平衡，资源的生产结构与需求结构一致；降低资源耗费，有效使用，对贵重稀缺资源，可采取替代措施；根据重点产业对资源的要求，重点支持国家重点产业和企业的生产。资源配置的方法主要有计划配置和市场调节配置。在市场经济条件下，市场调节配置对资源配置起基础性作用，即根据市场供求规律，支配资源流向、流量及消费强度，目前重点是使民营经济功能与作用在市场化配置资源中得到充分发挥，最终实现政府"有形的手"与市场"无形的手"在配置资源中的作用得到充分发挥。

### （四）产业结构的高质量

产业结构，是指农业、工业和服务业在一国经济结构中所占的比重。产业结构的高级化，是产业结构高质量的一个显著特征，是一国经济发展到高级阶段的最适当的产业结构。所谓产业结构高级化，指一国经济发展重点或产业结构重心由第一产业向第二产业和第三产业逐次转移的过程，是以劳动密集型产业为主的低级结构，向以知识、技术密集型产业为主的高级结构调整和转变的过程及趋势。产业结构的状况，标志着一国经济发展水平的高低和发展阶段、方向。发展的高质量必须要有高级化的产业结构与之相适应。要求对资源、能源耗费多、污染严重的原材料工业进行限制，削减其生产能力，或引导其关、停或转产；需要高度技术知识、能够形成高附加值的技术和知识密集型产业给予扶持，促进新兴、高技术、高智慧的产业的发展。实现产业结构高级化是产业结构转型升级、实现高质量发展的最基本路径，重点是要突破核心技术、关键领域的高精尖技术成果产业化的制度瓶颈。

### （五）治理水平的高质量

大数据是国家治理的重要战略资源，数据运用能力已成为国家核心竞争力。在数字化浪潮的大背景下，大数据在实现政府决策科学化、社会治理精准化、公共服务高效化等方面能起到重要作用。治理水平的高质量，要求提升运用大数据治理的意识，构筑公共数据共享平台，全面推进电子政务，提升政府治理的效率。在大数据时代，人才和技术是不可或缺的重要条件，具备强大的数据获取技术、数据挖掘技术、数据处理和分析技术、数据整合技术能力，才能开发和利用好数据。要打破信息壁垒，加快公共服务领域数据的集中与共享，推进同企业积累的社会数据进行平台对接，构筑覆盖全国、统筹利用、统一接入的公共数据共享平台。要充分利用电子政府来进一步提升公共服务的能力和水平、创新服务形式和内容、优化治理模式，构建以大数据为核心资源的国家治理模式，实现构建基于大数据的事前事中事后高效的党和政府的高效率的监管体系。

## 二、广东提升供给质量面临的体制机制的障碍

从释放增长潜能的逻辑出发，最为关键、最为急切、最为困难的是破除以下这些制约实现高质量发展的体制、机制和政策障碍。

### （一）民营经济进入基础设施领域门槛过高的体制机制障碍

自 1998 年以来，我国开放了民间资本在基础设施的投资，但投资现状与国家的预期和基础设施发展的需求之间还存在很大的差距，主要原因在于民间资本进入基础设施领域还存在行政体制、市场准入、政策环境、融资、权益保障、市场退出等方面的障碍，"弹簧门""玻璃门""旋转门"依然存在。第二次世界大战以来，西方发达国家对基础设施领域的国有经济实施了民营化改革，调整基础领域所有制结构，使民营经济占绝对比例。所以，目前，在经济下行的背景下，民营经济（包括外资），对基础设施的投资，如高铁、地铁、粤东西北地区公路等，还有电力、石油、天然气和地方基础设施建设，仍有较大空间。广东民间投资基础设施领域占全部基础设施投资的比重由 2012 年的 16.2% 提高至 2016 年的 21%，其中进入水与燃气生产和供应、生态保护和环境治理等行业，民间投资占比分别为 44.5% 与 34.4%、41.8%。

### （二）农村建设用地进入市场面临法律制度的障碍

随着城镇化进程加快，原有的农村土地法规越发不能适应城镇化加快的需要，尤其是对农村建设用地的需要。例如在 2018 年，德庆全县总可用地指标为 246 亩，低于上年的 417 亩。目前土地利用效率低下与不断发展的产业需求之间的矛盾形成"土地困局"，在城市的郊区，这种现象尤其突出，现有土地制度下，农民不愿将土地交出来，不同意征用，有的甚至屯地待估，一些好的项目没有土地，尤其是一些大型优质的项目如产业园区、加工园区、特色乡镇建设严重缺乏建设用地指标，严重制约了当地经济发展；商品交易市场用地、农村冷链物流用地等服务业用地也无法保障，这是农村产业凋零的主要原因。目前，农村土地制度与户籍、财税等制度改革也不配套，人和地这两个基本要素无法更好地流动，基于农地制度的制约，潜在的农民进城需求无法释放出来。

### （三）孵化培育创新型企业与跨国公司方面机制不活

建设创新型国家，关键取决于能否在技术含量较高的行业出现一批创新型的领先或龙头企业。2017 年世界 500 强企业中中国上榜公司只有 115 家（广东仅有 11 家），与其经济体量极不相称。2017 年，广东实现生产总值 79512.05 亿元，经济体量已经直逼西班牙，全球排第 15 名。中国进入世界 500 强的企业中，但大多数处于基础产业和有一定垄断性的行业，来自制造业领域的大企业为数寥寥，孵化的创新型企业更少。可是近年来，一些政府看不见、瞧不起的领域创新成果脱颖而出，成就了一些大公司、大产业，很值得深思。可见，宽松的营商政策环境比科研经费的扶持更加重要。世界经济发展表明，在增长速度放缓后，出现购并、重组的高峰期。在全球经济下行周期中，政府如何通过组织培育跨国公司，进行战略性的重组购并，为各种要素的跨国流动和组合提供政策支持，着力培育具有稳定持续竞争力的产业，是一个重大的命题。显然，这一战略性的安排政府还没有从机制机制上予以足够的重视与构建。

### （四）消费结构转型升级传导机制面临障碍

经济发展历程表明，每一次经济扩张，都是消费结构转型升级的结果。从广东的消费结构转型升级实践上看，可以分为四个阶段，第一阶段（1979 年至 1991 年）是以轻型、外向型产业为主导，全国人民都喝珠江水、吃广东粮、穿岭南衣；

第二阶段（1992 年至 2002 年）是重化工业发展阶段，全国用粤家电，满足居民改善生活的需要；第三阶段（2003 年至 2011 年）是制造业与服务业双轮驱动发展阶段，是适度重型化和产业高级化阶段，电子信息、石化、汽车产业产值全国第一；第四阶段（2012 年）进入由要素驱动迈向创新驱动阶段，但新兴产业及新经济尚未成为引领经增长的重要引擎，消费转型升级的传导机制尚未形成。目前电子信息"一业独大"，对工业增长的贡献率超过 40%。纺织、服装、家具、建材等传统劳动密集型相关产业产值、增加值仍占规上工业近三成。战略性新兴产业增加值占 GDP 的比重为 7.2%，低于全国平均水平（约为 10%）。高技术制造业增加值占规模以上工业的比重为 28.8%，低于美国、德国、日本等发达国家 50% 以上的水平。2018 年 1—11 月，消费增长 8.9%，同比回落 1.2%。

### （五）科技创新受体制机制束缚

一是粤港澳三地尚未建立科技创新协调机制，创新要素跨境流动不畅，人员出入境通关、人才住房、社会医疗保障及子女在内地就学、内地工作税收等相关政策还不完善。二是科技成果转移转化困难重重。事业单位国有资产管理和保值增值考评及税收、担任领导职务科技人员取酬、技术性无形资产管理及经营性领域技术入股等政策尚不完善，科技成果转化收益受税收比例高、审计限制等影响仍然突出。科研成果实际转化为现实生产力的不多，科技成果军民融合进程较慢。三是创新人才发展培育机制不畅。高端创新型人才总量不足，高层次人才仅占专技人才的 13%，全职在粤工作两院院士仅 79 人，低于北京（706 人）、上海（165人）、江苏（91 人）。产业技能型人才紧缺。高技能人才占技能人才的 30.2%，远低于德国（50%）、日本（40%）等发达国家。

### （六）引领高质量发展的评估考核机制不完善

高质量发展的评估考核与统计制度尚未建立。现有指标体系，反映经济建设方面的指标偏多，反映结构调整和转型升级的指标少，反映新经济新动能成长和质量效益方面的指标少，反映高质量发展的劳动力效率、资本效率、环境效率、能源效率、土地效率等指标还要进一步完善。同时，部门间缺乏协调机制。政出多门，投资、消费、外贸、产业、土地等政策统筹协调机制，政策组合效力不足，法定规划自成体系，缺乏衔接协调。综合绩效评价与政绩考核衔接不明确。目前，我省高质量发展综合绩效评价体系已经拟订，但何时出台实施尚未明确，评估考

核的导向、激励和约束作用尚未充分体现。

### （七）构建更高质量的对外开放新格局面对的体制机制障碍

开放型经济是推动广东发展的主要动力和基石。但随着国内外发展环境变化，我省开放型经济发展模式遭遇的各种问题及瓶颈约束日益明显。从国内方面看，主要是地方恶性竞争带来的市场扭曲，造成产业雷同、低价竞争。从国际方面看，主要是与全球化趋势、国际规则要求相比，存在不兼容、不匹配的问题。在推进粤港澳大湾区方面，还面临"一国两制三个关税区和三种法律制度"的障碍。在更高标准的开放方面，包括公平竞争、知识产权、劳工环保标准等；在更加安全的开放方面，包括更强的投资保护、有效的争端解决及安全审查等。在更高水平的开放方面，包括准入前国民待遇及负面清单等，例如关于外资审批制度，当前有 77 个国家已经实行准入前国民待遇外加负面清单的形式，而我国实施的仍是准入后的国民待遇，从外资申请设立到拿到营业执照的流程时间较长。

## 三、大力推动市场化取向的供给侧结构性改革

所谓市场化改革，就是以市场的需要为出发点，透过价格机制获得供需平衡的改革取向，具有充分竞争、权利明确、配置高效的显著特征。当前，我省经济增长依然潜力巨大。由于发展阶段的变化，潜在增速下降，主要是由于一些重大的改革还没有完全落地见效，经济增长的潜力尚没有充分释放。因此，要正确处理好政府和市场的关系，加快对支撑高质量发展至关重要且具有基础性作用的一些重点或重大的改革，破除体制机制约束，提升效率，释放地方政府和企业的活力，塑造和培养微观经济主体。

### （一）以市场化、法治化、国际化为主攻方向优化营商环境

营商环境是一个国家或地区综合竞争力的重要标志。以市场化、法治化、国际化为主攻方向推动改革。全面放宽一、二、三产业市场准入，拓展民间投资空间，持续加大民航、铁路、电信等重点领域开放力度，大幅精简外资准入负面清单；加大监管执法力度，强化产权保护，持续推进社会信用体系建设，开展政务失信专项治理，使市场竞争更加公平有序；深化"互联网＋政务服务"，办事创业更加便捷高效；引入第三方专业机构，建立健全评价机制，营商环境评价更加激

励有效。

### （二）以竞争性领域和环节价格基本放开为目标推进重要商品价格体制改革

经过多年的市场化改革，我省绝大多数商品和服务的价格已经由市场竞争形成，政府定价大幅减少。但随着市场经济的快速发展，新技术、新产业、新业态不断涌现，现行价格机制还不能适应新情况变化的需要，必须继续深化价格机制改革，重点是推进网络类自然垄断、农产品收购、水、石油、天然气、电力、交通运输等领域价格改革，竞争性领域和环节价格基本放开，政府定价范围主要限定在重要公用事业、公益性服务、网络型自然垄断环节。完善稻谷、小麦最低收购价政策，调整棉花、大豆等目标价格政策，以试点示范推进农业水价综合改革。

### （三）以促进各种所有制经济平等发展为导向推进国企改革

党的十九大报告强调，要完善各类国有资产管理体制，改革国有资本授权经营体制，加快国有经济布局优化、结构调整、战略性重组。深化国有企业改革，发展混合所有制经济，是以习近平同志为核心的党中央对国有企业改革作出的重大部署。当前，基于国有经济的功能定位，大力推进公共政策性、特定功能性和一般商业性企业三类改革，做到分类改革与分类监管并重。国企改革坚持"竞争中性"原则，更多地使用市场化改革，要"放管服"相结合，在土地、资本、准入等各个方面一视同仁、公平竞争，以此激活中国经济的微观主体，夯实经济增长的基础。优化投资结构，放开民间投资市场准入，明确市场准入负面清单以外的行业、领域、业务等，促进各类市场主体依法平等进入。

### （四）以直接融资为重点提升实体经济整体效益

直接融资是指没有金融机构作为中介的融资方式，包括上市、私募等股权融资方式，发行企业债、公司债和中短期票据等债务融资方式。直接融资优点是资金供求双方联系紧密、成本较低而投资收益较大。提高直接融资比重，是增强资本市场服务实体经济功能的重大战略举措，是未来发展和完善多层次资本市场的战略方向。有关数据显示，日本、德国、美国企业的直接融资比重分别占到50%、57%和70%，而我国企业的企业债融资只有8.6%，上市融资是1.6%，相当于美国20世纪70年代的水平。重点是创新直接融资模式和机制，壮大直接融资的总

量，以缓解企业过高杠杆或融资"瓶颈"。要加快发展多层次的资本市场体系，构建一个场内场外并进，公募私募并存的立体式直接融资体系，为我们的实体经济，特别是中小企业服务。要支持鼓励优质企业通过主板、中小板、创业板、新三板开展直接融资，鼓励已上市企业并购重组和再融资。推进广东区域性股权市场建设，面向非上市、非公众公司提供股权转让、私募融资等金融服务的平台。

**（五）以推进要素市场改革为抓手提升要素供给效率**

从供给侧看，要素是经济增长的核心。数据成为战略性、基础性的新生产要素。以创新驱动发展，对在高端技术进行原始、自主创新，对中高端技术引进、消化吸收再创新，推进科研成果转化，养更多高端人才，完善创新服务体系。要挖掘人口潜力，将以计划生育为核心的人口控制政策，过渡到以优生和提高人口质量为核心的人口战略上来，实施延迟退休政策，提升人力资本。要深化土地制度改革，扩大农业集体经营性建设用地入市范围，实现与城市建设用地同等入市、同权同价。要深化金融改革，适当降低国有控股商业银行国家持股比例，加快民营银行发展。大力发展数字经济，创新以互联网为基础的"互联网＋"、物联网、云计算、电子商务等新兴产业和业态，推进适度规模经营的家庭农场、股份合作制，农村第一、二、三产业融合发展等。

**（六）以简政放权为核心明确政府间事权和支出责任**

简政放权，精简的是束缚着市场主体的"无形枷锁"和错装在政府身上的"有形之手"，放活的则是企业的活力。党的十九大报告指出，要建立权责清晰、财力协调、区域均衡的中央地方财政体制。要改革政府部门的监管方式，推进以行政审批制度改革为核心的"简、放、服"改革，从事前审批为主更多地转向事中、事后监管为主。要优化政府对企业和社会的服务，降低制度性交易成本。要加快推动统一的行政审批标准化改革，建立覆盖所有法人、自然人的信息信用系统，执行统一的市场监管规则，为全社会的生产经营活动创造良好的制度环境。同时，要进一步落实政府间事权和支出责任，要按照2016年8月国务院印发的《关于推进中央与地方财政事权和支出责任划分改革的指导意见》文件要求，激励地方政府主动作为，做到中央与地方的支出责任与财政事权相适应。

**（七）以空气、水体、土壤等环境治理为出发点推进生态文明体制建设**

2018年5月，习近平在全国生态环境保护大会上强调，加大力度推进生态文明建设。要打好污染防治攻坚战，建立健全以改善生态环境质量目标的责任体系，全面建立五级河长体系。要调整产业结构，推动重污染行业入园，实行集中治污、集中管理，继续严格实施环保分区控制，果断淘汰那些高污染、高排放的产业和企业。要创新生态文明体制机制，提升生态文明建设的公众参与度，将珠三角建成全国首个国家森林城市群，营造共建共治共享新格局。把粤港澳大湾区建成"绿色低碳湾区"，发挥省部合作共建珠三角绿色发展示范区的优势以及科技支撑作用，共建粤港澳大湾区的绿色发展工作机制，实施区域污染联防联控。

# 四、大力推动双向驱动的高水平开放

所谓高水平开放，就是在更深层次、更宽领域，以更大力度推进的全方位的开放，具有市场竞争公平、对接国际规则、双向互动显著特征。1989 年至今，广东依靠改革开放使 GDP 连续 30 年居全国第一位，成为中国第一经济大省。当前，世界和平合作仍是主流，但单边主义、贸易保护主义、逆全球化思潮不断有新的表现。美国单方面挑起经贸摩擦，对深化开放合作人为设置障碍，给全球治理带来重大挑战，也增大了全球经济发展的不确定性。因此，推动形成全面开放新格局，既源于进入新时代的开放诉求，又源于全球开放形势变化的客观需要。广东双向驱动的高水平开放应是以自贸区为重点的范围扩大、领域拓宽、层次加深的开放，包括开放方式创新、布局优化、质量提升，做到沿海开放与内陆沿边开放相结合，引进来与走出去相结合，制造领域开放与服务领域开放相结合，支持多边贸易体制，推动建设开放型世界经济。重点是做到五个提升：

## （一）提升在国际贸易规则建设中的博弈能力

目前全球投资贸易规则正在发生重大变化，广东原有的"赋予型""先天型"的先发优势正逐步丧失，开放中深层次的结构性问题如贸易产业层次低、在全球价值链中处于中端、高新技术产品少等，仍未得到根本上解决，开放面临着构建新优势的转型需求。因此，必须以高水平开放为治理目标，秉承互利共赢、多元发展、安全高效的发展理念，以粤港澳大湾区建设为契机，提升在国际贸易规则建设中的博弈能力。当前，经济全球化已进入国际经贸规则竞争新阶段，不断涌现的经济危机事件，如目前的中美贸易摩擦，昭示着无论是发达经济体，抑或是

发展中经济体，均围绕着巩固和强化自身的竞争优势，对未来经贸规则的修订和完善展开博弈。面对这些高标准经贸规则的大变革趋势，广东只有通过开放的转型升级，重构开放的新优势，建立更高水平的开放制度规则与重大平台载体，形成与国际通行规则相衔接的制度体系和监管模式，融入全球高标准自由贸易区体系网络，才能提升国际经济合作竞争新优势，真正实现高水平的开放。

### （二）提升重大开放型平台创新能力

国家重点开发开放试验区、跨境经济合作区、综合保税区，以及区域性的中新（广州）知识城、中德（揭阳）金属生态城、中德（佛山）工业服务区、中韩（惠州）产业园等国际合作平台建设，是构建全方位开放新体制的关键。广东在立足自身优势与基础条件上，培育园区主导产业，集聚延伸产业链，创新产业链对接与合作的新模式，助力全方位开放格局的形成。当前，要重点推进粤港澳大湾区建设，打造国际一流湾区和世界级城市群。以广州、深圳、香港、澳门四大核心城市作为支撑，带动土地、产业链、生产率等要素的空间布局优化，综合带动其他城市协同发展。建立系统化、分层次的人才引进机制和相关人才培养、科研攻关体系，大力营造培育人才、引进人才的软环境，强化广深科技创新走廊建设，建设珠三角国家自主创新示范区。充分发挥南沙、前海、横琴三大自由贸易区作用，打造粤港澳自由贸易港，通过自由贸易区、贸易港建设，带动高端资源"引进来"，推动自主创新成果"走出去"。积极参与"一带一路"建设，深化泛珠角区域合作，参与多边双边合作，拓展开放型经济发展腹地。

### （三）提升与国际一流营商环境对接的能力

打造贸易投资最便利、行政效率最高、服务管理最规范、法治体系最完善的与国际规则对接的营商环境是高水平开放的题中应有之义。针对广东实际，当前主要以企业为核心，对开办企业、获得电力、办理施工许可、登记财产、跨境贸易、纳税等6个方面进行专项改革整治，实现政府服务理念转变和系统性流程再造，提升与国际一流营商环境对接的能力。在开办企业方面，要开通企业注册"一窗通"服务平台系统，减少办理环节；在获得电力方面，用户申请电力接入由电网企业一口受理，彻底改变原来企业既要交钱、又要跑手续的状况；在办理施工许可方面，完善分类审批模式、推进审批流程再造、探索"多评合一"、推行"多图联审"等改革，减少获得施工许可的政府审批时间；在登记财产方面，实施

"全网通"服务改革，窗口一次受理后即可完成不动产交易登记的全部申请手续；在跨境贸易方面，并联开展口岸作业，实施报检报关、物流作业同步操作，压缩单证时间；在纳税方面，推出办税事项"最多跑一次"清单、探索预填式一键申报、实行网上更正申报、拓展多元缴税方式等。

### （四）提升粤港澳三地合作协调能力

粤港澳大湾区拥有区位、政策和"一国两制"优势。因此，借力粤港澳大湾区上升成为国家战略的重大契机，以建成国际一流湾区和世界级城市群为目标，着力构建粤港澳三地合作协调的新机制。从国家层面，要充分发挥粤港澳大湾区建设领导小组的职能与作用，统筹实施粤港澳大湾区发展规划，研究解决粤港澳大湾区合作发展重大问题，为大湾区的建设与发展规划的高效实施提供制度保障，使港澳在国家发展大局的统领下与珠三角融合发展，相互促进。如构建破解市场一体化体制机制障碍，在就业创业、公共服务、过境边检、通关服务、税收政策等方面促进要素跨境顺畅流通，实现三地产业共同升级，培育湾区国际竞争新优势。从区域层面，积极发挥粤港合作联席会议和粤澳合作联席会议的协商机制优势，整合联席会议的功能，成立粤港澳合作联席会议，共同研究基础设施建设、科技装备设施布局、重点产业创新合作、生态环境保护等重大问题，实现规划衔接，确保空间布局协调、时序安排统一。如对港口，可成立粤港澳大湾区港口联盟，协调港口功能定位，推动航运产业分工，联合海上丝绸之路沿线港口制定标准与规则，合力打造粤港澳大湾区国际航运中心。

### （五）提升对外投资贸易发展新空间

面对中美经贸摩擦日益加深的压力，只有通过创新的手段积极应对，才能释放外贸发展新动能，拓展新的空间。一是提升国际化双向投资水平。抓住国家放宽金融业和制造业外资准入限制的机遇，围绕现代化经济体系的"急需短缺"，引进高质量、强带动的外资项目，提高先进制造业利用外资比重。完善"走出去"的国际法律、国际金融、跨文化管理等服务体系，培育一批具有核心竞争力的本土跨国企业，构筑面向全球的贸易、投融资、生产研发、服务网络，提高全球高端资源配置能力。二是扩大其他国家和地区国际市场。受历史和地理环境的影响，广东主要与中国香港、美、日、韩、俄、欧盟等发达地区和国家进行贸易在来，80%的产品出口到这些地区和国家。一旦遇上了这些国家经济的萧条时期或产业

贸易摩擦，将会受到冲击影响。因此，必须在巩固传统国际贸易市场的同时，多渠道、多方式帮助外贸企业开拓新兴国际市场，改革招商模式，培育外贸新业态、新模式，为广东外贸发展注入新动力。三是扩大先进装备技术和优质消费品进口。扩大进口是满足居民消费结构转型升级的必然要求。2017年，广东居民恩格尔系数为33.5%，已进入联合国划分的30%—40%的富裕区间，这一阶段居民消费结构发生深刻变化，生存型消费向发展、享受型消费转变。但本土企业供给结构跟不上居民消费升级步伐，有效供给能力不足带来"需求外溢"。因此，充分利用国家大幅度放宽市场准入、降低进口关税、举办首届中国国际进口博览会等机会，鼓励进口先进技术设备、关键零部件、紧缺能源资源、优质消费品和高端服务，当前重点是积极扩大汽车等耐用消费品、抗癌药等优质药品进口，积极引进发达经济体教育培训、保健养老、金融理财等优质服务企业。四是不断优化贸易结构。在发展一般贸易的基础上，要大力发展服务贸易，提高产品和服务的技术含量、附加值和品牌影响力。创新外贸综合服务企业、外贸企业孵化基地、跨境电子商务等为代表的外贸新业态，促进外贸进出口规模进一步扩大。

作者单位：广东省人民政府发展研究中心

# 中美经贸摩擦对广东经济的影响与应对策略

刘金山

2018 年，经贸摩擦尤其是中美经贸摩擦，是影响当前世界及其未来发展的大事件，其广度、深度及传导效应，需要深入理性思考。中美经贸摩擦是"修昔底德陷阱"的表现之一。美国发起经贸摩擦，短期为了降低美对中贸易逆差，长期为了重塑制造业辉煌。美国力图通过制造业对中国经济形成系统性冲击。广东作为经济大省、贸易大省和制造业大省，经贸摩擦的主战场在广东。经贸摩擦将会对广东经济增长速度、就业和产业结构等形成多方面的冲击。为此，我们要理性看待经贸摩擦，在战略上，坦然处之，认清优势，充满信心；在策略层上，必须采取综合措施对冲经贸摩擦的系统性冲击：短期重在降成本，长期重在提高生产率。

## 一、中美经贸摩擦的实质与发展进程

中美经贸摩擦是一场持久战，其源头可以追溯到 2008 年：中国制造业产值超过美国居世界第一位，结束了后者近 110 年制造业世界第一的光荣历史；金融危机促使全球达成产业共识，制造业创新发展是大趋势，必须高度重视其对于一个国家（地区）经济安全与经济发展的重要意义。奥巴马时期的"国家制造创新网络"计划就是对 2008 年后产业共识和中国冲击的回应。

中美经贸摩擦是美国"修昔底德陷阱"思维的表现之一。2009 年中国国内生产总值（GDP）超过日本居世界第二位。关于中美"G2"主导世界秩序的说法甚嚣尘上。2015 年 9 月 22 日，国家主席习近平在美国发表演讲时说，世界上本无"修昔底德陷阱"，但大国之间一再发生战略误判，就可能自己给自己造成"修昔底德陷阱"。所谓"修昔底德陷阱"，指一个新崛起的大国必然要挑战现存大国，

而现存大国也必然会回应这种威胁，这样战争变得不可避免。

美国总统特朗普上台以来，对中国发动经贸摩擦，其着力点在制造业（具体表现为遏制《中国制造2025》实施），并通过制造业对中国经济形成总量冲击和结构冲击。所以，经贸摩擦是表象，其实质是科技战，尤其是制造业技术之战，其间伴随着金融战。其经贸摩擦的手段分为关税工具（如反倾销税、反补贴税）和非关税工具（如汇率、知识产权、通关）。关税工具具有直接性，立刻见效；非关税工具，具有间接性，具有滞后效应。

2017年4月，美国贸易代表办公室根据"232条款"对进口钢铁、铝进行调查。同年8月，特朗普政府依据"301条款"启动对中国"非法"贸易手段的调查。2018年3月22日，特朗普签署备忘录，拟对价值600亿美元的中国商品加征关税。4月3日，宣布拟对中国500亿美元商品加征25%的关税，并给出征税清单。6月15日，美方宣布从7月6日开始对中国出口的340亿美元商品征收25%的关税，对其余约160亿美元商品的加征关税措施将进一步征求公众意见，中国随即对等加征关税。7月10日，美国贸易代表办公室公布拟对额外2000亿美元中国对美出口商品加征10%关税，中方表示将做出必要反制。8月1日，美方表示对价值2000亿美元的中国产品加征关税，幅度由7月10日宣称的10%提高到25%。8月3日中国进行反击，宣布拟对美约600亿美元商品，加征25%、20%、10%、5%不等的关税。8月7日，美方针对之前500亿清单中暂未执行加征关税的160亿清单进行更新，并称从8月23日起将对清单上产品加征25%的关税。作为反击，中国商务部公布经调整的对美国输华商品加征关税商品清单二（约160亿美元），自2018年8月23日12时01分起实施加征25%关税。9月17日，美国特朗普政府正式宣布，将于9月24日对2000亿美元的中国产品加征关税，幅度为10%，2019年1月1日上升为25%。9月24日，中国传统节日中秋节，美国送来"厚礼"：对2000亿美元中国出口美国商品实施征税；来而不往非礼也，随即中国"回礼"，对美国600亿美元商品实施征税，并附加一分"厚礼"，《关于中美经贸摩擦的事实与中方立场》白皮书。

12月1日，国家主席习近平与美国总统特朗普在阿根廷布宜诺斯艾利斯举行会晤。双方决定，停止升级关税等贸易限制措施，包括不再提高现有针对对方的关税税率，不对其他商品出台新的加征关税措施，进行为期90天的结构性改革谈判。根据两国元首的指示，2019年1月以来日双方经贸团队分别在北京和美国两地展开多轮的磋商谈判。

## 二、广东是经贸摩擦的主市场

中美经贸摩擦的直接目的是使美国对中国货物贸易逆差降低。按照美国的计算方法，2017年，中国对美货物出口5055亿美元，中国从美货物进口1299亿美元，美国对中国货物贸易逆差3756亿美元，占美国货物贸易逆差总量8000亿美元的47%。当然，按照中国的算法，中国对美国货物贸易顺差，约为2750亿美元。各自算法不同，相差1000亿美元。美国依据的是传统总值法，全球价值链时代，某一产品的生产过程在不同的国家或地区进行，传统总值法将全部顺差都统计在终端产品出口国头上。中国依据的是增加值法，显示出一国在价值链中的获利情况。我国出口商品在生产过程中，使用了从其他国家（地区）进口的原材料和零部件，出口额中包含的并不完全是我国的增加值。二者算法的差异，导致美方高估了美国对中国的贸易逆差，这是值得深入辨析的。

作为经济大省、贸易大省和制造业大省，中美经贸摩擦将对广东产生重要影响。表1表明，广东对美国货物出口，约占中国对美出口总额的1/4左右，2013—2017年分别为25.4%、25.2%、26.3%、25.7%、25.2%。美方加征关税，对广东出口的影响是很直接的。

表1　对美国货物出口

| 年份 | 广东（亿元） | 中国（亿元） | 广东/中国（%） |
|---|---|---|---|
| 2013 | 5712.73 | 22461 | 25.4 |
| 2014 | 6135.79 | 24328 | 25.2 |
| 2015 | 6693.98 | 25425 | 26.3 |
| 2016 | 6552.50 | 25415 | 25.7 |
| 2017 | 7320.80 | 29103 | 25.2 |

资料来源：历年中国和广东统计公报。

表2表明，2013—2017年，广东从美货物进口占全国从美货物进口总额的1/8至1/6左右，分别为16.5%、13.8%、13.8%、14.1%、12.5%。中美双方互相

加征关税，对各自进口都将产生重要影响。广东进口除了最终消费品外，还有很多中间产品。中间产品的进口不畅，将会影响生产的连续性。

表2  对美国货物进口

| 年份 | 广东（亿元） | 中国（亿元） | 广东/中国（%） |
|------|-------------|-------------|---------------|
| 2013 | 1534.16 | 9298 | 16.5 |
| 2014 | 1345.09 | 9764 | 13.8 |
| 2015 | 1277.57 | 9238 | 13.8 |
| 2016 | 1250.55 | 8887 | 14.1 |
| 2017 | 1303.90 | 10430 | 12.5 |

资料来源：历年中国和广东统计公报。

表3表明，2013—2017年，广东对美货物净出口占全国对美货物净出口总额的1/3左右，分别为31.74%、32.89%、33.46%、32.08%、32.22%。这意味着，美方对中国货物贸易逆差中，大约1/3在广东。这表明，美国对广东货物贸易逆差，约占美国货物贸易逆差总量的16%（即47%的1/3）。

表3  对美贸易顺差

| 年份 | 广东（亿元） | 中国（亿元） | 广东/中国（%） |
|------|-------------|-------------|---------------|
| 2013 | 4178.57 | 13163 | 31.74 |
| 2014 | 4790.70 | 14564 | 32.89 |
| 2015 | 5416.41 | 16187 | 33.46 |
| 2016 | 5301.95 | 16528 | 32.08 |
| 2017 | 6016.90 | 18673 | 32.22 |

资料来源：历年中国和广东统计公报。

可见，中美经贸摩擦的主战场在广东。改革开放以来，截止到2017年，广东经济总量连续29年保持全国第一，占比在10%以上；外贸出口32年保持全国第一，占比在25%以上。世界制造中心在中国，中国制造中心在广东。以货物贸易为肇端的中美经贸摩擦，广东首当其冲。对此，我们需要厘清，中美经贸摩擦对广东经济的影响程度和影响路径，既要考虑短期冲击，又要考虑长期冲击，并从战略上和策略上率先突围。

# 三、中美经贸摩擦对广东经济的影响

## （一）对经济总量（GDP）的影响

关于美方起初要求美国对中国贸易赤字下降 1000 亿美元，有些人士认为，这个数额不大，按照 1 美元兑 6.8 元人民币换算，也就不到 7000 亿元，这一外部需求下降规模，对中国经济和广东经济影响不大。这是一个线性思维，值得商榷，需要理性分析。

如果美国对中国贸易赤字下降（或者中国出口下降）1000 亿美元，按照 1∶6.8 汇率计算，相当于最终需求下降 6800 亿元。最终需求具有产业关联效应。根据投入产出模型计算的影响力系数综合估算，出口（最终需求）的产业关联效应约为 1.5。6800 亿元乘以 1.5，为 10200 亿元。粗略估计，中国出口下降 1000 亿美元，会使最终需求下降约 1 万亿元。

2017 年中国 GDP 为 82.7 万亿元，2016 年为 74.4 万亿元。2017 年名义 GDP 增量为 8.3 万亿元。GDP 名义增长率约 11.1%，实际增长率为 6.9%，二者相差 4.2 个百分点，这符合基本经验判断：近年来名义 GDP 增长高于实际 GDP 增长约 4 个百分点。2018 年《政府工作报告》提出今年 GDP 增长约 6.5%。那么，GDP 名义增长约为 10.5%，则名义 GDP 增量为 8.7 万亿元（即 2017 年 GDP82.7 万亿元乘以 10.5%）。

如果中美经贸摩擦使最终需求下降 1 万亿元，约占名义 GDP 增量（8.7 万亿元）的 11%。相比于不发生经贸摩擦，经贸摩擦导致名义 GDP 增量下降 11%，会使实际经济增长率下降 0.7 个百分点以上（即 6.5 乘以 11%）。这是较低的估算，按照较高的估算，可以达到 0.8 个百分点以上。这样中国经济增长率有可能从 6.5% 下降到 5.8%（甚至更低）。这一降幅是巨大的，有点类似硬着陆。

在这最终需求下降 1000 亿美元中，广东将承担约 350 亿美元，按照 1∶6.8 汇率计算，广东净出口下降 2380 多亿元。按照最终需求的产业关联效应 1.5 计算，广东最终需求下降 3570 亿元。需要指出的是，根据美方加征关税清单，主要加征关税产品是广东影响力系数较大的产品（后文详述），按照 1.5 的产业关联效应计算，是合适的。

表4 2015年广东42部门影响力系数大于1的部门

| 部门 | 影响力系数 |
| --- | --- |
| 金属冶炼和压延加工品 | 1.585029 |
| 通信设备、计算机和其他电子设备 | 1.535139 |
| 燃气生产和供应 | 1.50347 |
| 电气机械和器材 | 1.477796 |
| 交通运输设备 | 1.465963 |
| 金属制品 | 1.464873 |
| 废品废料 | 1.463315 |
| 通用设备 | 1.452193 |
| 造纸印刷和文教体育用品 | 1.440304 |
| 其他制造产品 | 1.4362 |
| 仪器仪表 | 1.370452 |
| 专用设备 | 1.339688 |
| 建筑 | 1.285859 |
| 金属制品、机械和设备修理服务 | 1.270959 |
| 化学产品 | 1.256097 |
| 木材加工品和家具 | 1.238376 |
| 纺织品 | 1.220076 |
| 纺织服装鞋帽皮革羽绒及其制品 | 1.215759 |
| 非金属矿物制品 | 1.209322 |
| 非金属矿和其他矿采选产品 | 1.073663 |
| 电力、热力的生产和供应 | 1.013026 |
| 金属矿采选产品 | 1.007308 |

资料来源：根据2015年广东省投入产出表计算而得。

2017年广东GDP为8.99万亿元，2016年为8.09万亿元，2017年名义GDP增量为9000亿元。如果广东预计2018年实际经济增长率为7%，那么名义增长率约为11%，广东名义GDP增量为0.99万亿元，接近1万亿元。根据表4，广东近年来名义GDP增量鲜有超过1万亿元的，这表明0.99万亿元的名义GDP增量可能有一些高估。

2018 年《广东政府工作报告》提出当年 GDP 增长约 7%。如果发生经贸摩擦，最终需求增量下降 3570 亿元，名义 GDP 增量就减少 35.7%，会使广东 GDP 增长率下降约 2.5 个百分点。广东经济增长速度将从 7% 下降到 5% 以下。这对广东而言，将是硬着陆。根据表 5，如果剔除名义 GDP 增量高估因素，这一影响将会更大。

**表 5　广东名义 GDP 增量**

| 年份 | GDP（万亿元） | 名义增量（万亿元） | 名义 GDP 增长率（%） |
|------|---------------|--------------------|----------------------|
| 2012 | 5.80 | | |
| 2013 | 6.35 | 0.55 | 9.48 |
| 2014 | 6.89 | 0.54 | 8.50 |
| 2015 | 7.40 | 0.51 | 7.40 |
| 2016 | 8.09 | 0.69 | 9.32 |
| 2017 | 8.99 | 0.90 | 11.12 |

资料来源：历年广东统计年鉴及作者计算。

从具体事例看，2018 年上半年，中兴系工业企业连续两个月停产，拉低上半年广东规模以上工业增加值同比累计增速 0.7 个百分点。2018 年上半年，广东对美单月出口连续 4 个月下降，对美进出口下降 0.2%；中兴通讯、中兴康讯、中兴供应链进出口合计下降 41%，拉低全省进出口增速 0.4 个百分点。可见，经贸摩擦的冲击，尤其是对广东工业的冲击，是显而易见的。

需要指出的是，以上分析逻辑，是按照整个自然年度计算的。经贸摩擦的影响，那是跨年度的。具体的影响及其后续冲击，会分布在若干时期。所以，以上数据可能无法和年度实际统计数据相匹配。以下对就业的冲击的分析，逻辑基本相同，也是跨自然年度的。

以上最终需求（出口）下降 1000 亿美元的规模，只是一种数值模拟。现实是，美方对"500 亿美元 + 2000 美元"中国出口美国货物加征关税，如果双方谈判维持现状，从长期看，中国和广东的出口是要下降的，这是大概率事件。以上分析的下降 1000 亿美元规模情形，很有可能出现。

### （二）对就业的影响

2018 年《政府工作报告》提出，城镇新增就业 1100 万人以上。这主要靠经济增长，这主要依靠"奥肯定律"发挥作用。如果发生中美经贸摩擦，导致名义GDP 增量降低 11%，则可能导致 121 万人的新增就业岗位无法实现。全年新增就业岗位可能不足 1000 万人，只有 900 多万人。与此同时，每年高校毕业生就有800 万人。这样可能导致约 100 万个大学毕业生无法顺利就业，每一个大学生背后都有一个若干人组成的家庭。这一影响是比较大的。从长期看，大学生是中等收入阶层的主要候选人，是未来社会的中坚力量。经贸摩擦将会长期影响经济社会发展的人口学基础。

2018 年《广东政府工作报告》提出，城镇新增就业 110 万人。如果发生经贸摩擦，名义 GDP 增量减少 35.7%，可能会有约 39 万个新增就业岗位无法实现，只能新增约 71 万个就业岗位。广东的就业形势，将直接影响到全国的就业形势。

由于经贸摩擦出口直接冲击的影响，会导致外向型企业及其上游企业开工率不足，导致存量就业人口变成失业人口。美方通过美元指数魔术，使人民币汇率波动，导致中国出口减少，失业人口可能增加。同时，因为经贸摩擦，部分跨国公司基于全球产业链布局考虑（或者直接避开美国加征的关税），会转移至其他国家和地区，导致失业人口增加。基于科技战，美国公司不向中国企业提供核心元器件，导致中国企业停产，失业人口增加，比如中兴事件和华为事件。

### （三）投资替代贸易的冲击

中美经贸摩擦的背后其实是投资战，美国希望通过这次经贸摩擦将全球的投资吸引回美国，中国的投资减少，那么就业自然就受到很大的冲击。

美国国际收支平衡表，经常项目（进出口）逆差，经常项目亏了，但资本和金融项目赚了。美国是资本项目主导的。资本项目赚的钱，远远超过经常项目亏的钱。资本项目主导的美国，在经常项目（进出口）领域发动经贸摩擦，并不是主战场。经常项目（进出口）主导的中国，不得不在经常项目领域应对经贸摩擦，经常项目绝对是中方的主战场。

1957 年，蒙德尔发表《国际贸易与要素流动》一文，提出了贸易与投资替代模型。由此拓展：美国表面上发动经贸摩擦，实际上在打投资战；把投资拉到美国来，形成美国丰富的制造业产业体系，扭转"空心化"的局面，顺便也把相关贸易拉过来，投资具有贸易创造效应；谋求资本和金融项目赚大钱，经常项目顺便赚些钱，甚至可能实现经常项目和资本项目双顺差。

中国国际收支平衡表，常年是资本项目和经常项目双顺差，但其实质，可是经常项目（进出口）主导的。如果经常项目变弱了，也就把投资吓跑了。投资吓跑了（产业体系可能变弱），资本项目就可能变逆差了。资本项目和经常项目双顺差，有可能变成双逆差，这个影响比较大，也是需要警惕的。

中美经贸摩擦，中国和广东最大的本钱，就是拥有世界上最齐全的工业产业体系。制造业是中国成为世界有影响力大国最重要的经济基础，拥有 39 个工业大类、191 个中类、525 个小类，是世界上唯一拥有联合国产业分类全部工业门类的国家。这一产业体系越强，我方底气越大；这一产业体系越弱，我方底气就弱。经贸摩擦演变成投资战，将对中国和广东制造业产业体系造成一定程度的冲击。从长期看，这是中美经贸摩擦的最关键着力点。

### （四）对产业结构的影响

1. 对制造业的影响

根据美国两轮加税产品清单，表 6 可见，受经贸摩擦影响较大的行业，电气机械及器材制造业、电子及通信设备制造业、普通机械制造业、仪器仪表及文化办公制造业等行业的出口受"500＋2000 亿"征税影响较大。

表 6　中美经贸摩擦加税产品清单涉及规模（万美元）

| 国民经济行业分类 | "500＋2000"涉及中国输美金额 |
| --- | --- |
| 煤炭采选业 | 75 |
| 石油和天然气开采业 | 128 |
| 黑色金属矿采选业 | 149 |
| 有色金属矿采选业 | 11887 |
| 非金属矿采选业 | 37763 |
| 木材及竹材采运业 | 111921 |
| 食品加工和制造业 | 608944 |
| 饮料制造业 | 3657 |
| 烟草加工业 | 190 |

续表

| 国民经济行业分类 | "500＋2000"涉及中国输美金额 |
|---|---|
| 纺织业 | 365626 |
| 服装及其他纤维制品制造业 | 352242 |
| 皮革毛皮羽绒及其制品 | 671807 |
| 木材加工及竹藤棕草制品业 | 203599 |
| 家具制造业 | 2193650 |
| 造纸及纸制品业 | 317288 |
| 印刷业记录媒介的复印 | 9410 |
| 文教体育用品制造业 | 77532 |
| 石油加工及炼焦业 | 41107 |
| 化学原料及化学制品制造业 | 1085421 |
| 医药制造业 | 0 |
| 化学纤维制造业 | 25092 |
| 橡胶制品业 | 300878 |
| 塑料制品业 | 639386 |
| 非金属矿物制品业 | 483439 |
| 黑色金属冶炼及延压加工业 | 92658 |
| 有色金属冶炼及延压加工业 | 68363 |
| 金属制品业 | 1513749 |
| 普通机械制造业 | 2744527 |
| 专用设备制造业 | 668457 |
| 交通运输设备制造业 | 1472155 |
| 电气机械及器材制造业 | 4017530 |
| 电子及通信设备制造业 | 3846812 |
| 仪器仪表及文化办公用机械 | 2195120 |
| 其他制造业 | 63951 |
| 电力煤气及水生产供应业 | 0 |
| 燃气的生产和供应业 | 16 |

资料来源：财富证券研究报告。

根据表4，2015年广东省投入产出表计算的影响力系数可以看出，广东影响力较高的部门是金属冶炼和压延加工品、通信设备、计算机和其他电子设备、燃气生产和供应、电气机械和器材、交通运输设备、金属制品等。这些都是中美经贸摩擦加税产品清单涉及规模较大的部门。可见，美方加征关税，对广东省制造业及其细分行业将会产生较大的影响。

根据表7，2015—2017年广东出口行业中金额排名前五行业基本无变化，分别为手持或车载无线电话、自动数据处理设备及其部件、服装及衣着附件、家具及其零件、鞋类行业，集装箱出口增长率最高，呈急剧上升趋势。这些产品多数直接或间接（上下游产业链）在经贸摩擦加税产品清单之列。加征关税对广东制造业的冲击，是直接的。

表7　广东主要商品出口金额（亿元）

| 商品名称 | 2015 | 2016 | 2017 |
|---|---|---|---|
| 钢材 | 232.56 | 227.53 | 259.0 |
| 纺织纱线、织物及制品 | 781.29 | 764.29 | 847.4 |
| 服装及衣着附件 | 2460.94 | 2488.02 | 2487.3 |
| 鞋类 | 991.59 | 945.52 | 993.1 |
| 家具及其零件 | 1286.08 | 1316.19 | 1341.8 |
| 自动数据处理设备及其部件 | 2592.72 | 2487.22 | 2470.0 |
| 手持或车载无线电话 | 3096.57 | 2832.01 | 3039.0 |
| 集装箱 | 95.39 | 43.65 | 109.9 |
| 集成电路 | 783.36 | 802.17 | 657.9 |
| 液晶显示板 | 723.12 | 712.70 | 725.5 |
| 汽车（包括整套散件） | 40.40 | 42.73 | 42.9 |

资料来源：历年广东统计公报。

2. 对生产性服务业的影响

加征关税对广东产业的冲击，间接影响更是不容忽视，尤其是对服务业的影响。目前，广东的服务业已经超过工业居于主导地位。广东的服务业（尤其是生产性服务业），是依赖于第二产业（尤其是工业）的。广东的生产性服务业，既服

务于省内工业，又服务于全国的工业，甚至全球的工业。所以，广东服务业居于主导地位的实质是：省内外工业兴，则广东生产性服务业兴。

中美经贸摩擦通过省内外第二产业抑制广东生产性服务业发展，对广东经济的间接影响大。由于经贸摩擦，广东第二产业增速趋缓，将导致生产性服务业增速趋缓，既包括省内外工业的上游服务链条，也包括下游服务链条。比如，2018年广州市经济增速和服务业增速下降，与中美经贸摩擦的间接影响，具有一定的关系。

**图 1　生产性服务业受经贸摩擦影响的传导机制**

## 四、树立信心采取多种策略理性应对经贸摩擦

从大历史看，自 1492 年哥伦布发现新大陆进而世界市场联通以来，贸易似乎成为了各国（地区）最大的政治之一。产业立国，贸易兴国，似乎关乎着每一个国民的美好生活。然而，贸易的猜忌随之产生，经贸摩擦似乎成为常态。从大历史看，经贸摩擦古今皆有之。所以，我们要坦然处之。

面对中美经贸摩擦的冲击，从战略上，要理性看待中美的全球地位：经济上"敌强我弱"，但中美生产与消费具有互补性；改革开放以来，中国工业化是一个意义极其巨大的世界历史事件，引领全球工业化版图发生巨大变化，广东是中国工业化的核心组成部分与引领者。我们要坚定信心，凝聚改革共识：改革开放是根本动力，这是 40 年积累的宝贵经验，通过增量改革与存量改革可以实现共享改革发展成果；高质量发展需要创新驱动发展，经贸摩擦是最好的总动员之一。中国的和平崛起是世界历史中的一个大事件，1978 年到 2018 年，是中国大历史波澜壮阔的 40 年，尽管时间相对很短。但这一期间浓缩了太多跨越时空的图景，令人目不暇接，有些爆发式的变化令人扼腕惊叹。这是 1492 年哥伦布发现美洲新大陆而后东西方历史大分岔之后，东西方历史又一次交汇并发生巨大转折的 40 年。习近平总书记多次指出，面对错综复杂、快速变化的形势，我们要保持清醒头脑，从坏处准备，争取最好的结果，牢牢把握主动权。牢牢把握主动权，是发展理念和发展路径的重大突破。从被动纳入国际循环，到主动引领经济发展，既是大国发展理念的转换，更是寻求伟大复兴的可持续机制。所以，面对经贸摩擦，从战略上，我们要充满底气。

从策略层面看，面对经贸摩擦的系统性冲击，必须采取措施进行冲销。经贸摩擦是一场持久战，必然是"边战边谈，边谈边战"，必须通过时间换空间。要通过游说换时间。任何政策都是利益的分配书。经贸摩擦，就美国而言，有人获益，有人受损；就中国而言，同样有人受益，有人受损。组织人员。组织高智力游说队伍，直接或间接游说美方受损利益集团，通过他们施压美国政府。

作为主战场的广东，目前处于战略防御阶段，需要率先突围，尽快达到战略相持阶段。广东必须因时应势，有效应对，对冲经贸摩擦的负面影响。更为重要的是，我们必须做好短期和长期的应对，既要解近忧，又要克远虑，需要打出一套组合拳：短期在降成本，长期在提高生产率。

### （一）高度认识中美经贸摩擦对广东经济冲击的复杂性

广东一直是国家战略与全球化互动的实践者与引领者。面对经贸摩擦的冲击，需要认清作为主战场广东应具有的使命，认清经贸摩擦对广东的间接影响可能远远大于直接影响，认清货物出口背后工业与生产性服务业的传导关系，厘清经贸摩擦冲击的复杂产业图谱。

### （二）主动与相关者沟通厘清经贸摩擦的利弊关系

主动走进在粤的美资生产企业和贸易商，了解困难，了解想法，了解诉求，解决问题，疏通障碍。通过他们向产业链上下游的美国客户及利益相关者，阐释经贸摩擦的冲击及利弊关系，从而争取美国的反对经贸摩擦阶层和中间势力。面对美欧日贸易联盟，跨国公司是最应该发动和团结的力量。只要有产业链分布在广东的美欧日跨国公司，都是可以团结的力量。无论在美欧日，还是在中华大地，进出口贸易商受到的直接冲击最大，也是最容易团结起来的。经贸摩擦，得企业家者，得天下。跨国公司的利润变化，是美欧日统一战线最好的瓦解力量。

### （三）梳理生产性服务业的服务链条

组织有关部门绘制广东主要生产性服务业的服务链条产业图谱。厘清广东各

类国家级战略平台的工业与服务业发展的关系。厘清广东生产性服务业与珠江东岸和珠江西岸产业带的服务链条关系。基于此，分析省内工业与广东生产性服务业融合的短板和关键问题，以寻求突破。尤其是要着眼于粤港澳大湾区梳理工业和服务业的产业联系。广东作为世界制造中心的关键组成部分，需要主动从生产消费品为主转向生产消费品与生产资本品并重为主，依托珠江东岸新兴电子产业带和珠江西岸高端装备产业带的空间布局及有效推进，率先成为国家价值链培育和形成的区域引领模式。

### （四）提升市场拓展服务

奉行新重商主义政策，引导市场拓展，基于全产业链扩大市场规模，既重视下游，也重视上游。基于市场的新重商主义政策要存量与增量并举，实行"三步走"策略：市场扩张带来存量生产网络扩张，市场升级带来存量生产网络升级，市场新需求要求生产网络增量随势而行。这需要智能化的制造组织系统，需要生产网络的智能化、服务化升级，需要 B2B 模式与 B2C 模式并重。广东要大力发展全产业链互联网平台（尤其是跨境综合服务商），大力发展 B2B 生态系统，从而建立智能化出口服务体系。市场问题的核心是，如何把消费者需求无缝衔接地翻译为机器语言，并进行产品全生命周期管理服务，能够提供满足居民消费升级的产品与服务的系统方案。广东未来发展的突破路径之一就是，基于制造业的深厚底蕴，寻求新的产业链增加值，从以加工组装为主向"制造＋服务"转型，从单纯出售产品向出售"产品＋服务"转变，由提供产品向提供全生命周期管理转变，由提供设备向提供系统解决方案转变。更为重要的是，广东要多元化拓展市场，包括"一带一路"沿线国家和地区市场，更要依托强大的国内市场。

### （五）以服务贸易提升对冲货物贸易下降

发达经济体服务贸易规模日益扩大，这是一个基本趋势。通过服务贸易拓展，对冲货物贸易的下降。要充分发挥广东现代服务业发展优势，千方百计扩大服务贸易规模。尤其是利用"一带一路"建设推进的机遇，扩大服务输出。这需要经贸部门、税务部门、金融部门制定并实施跨境服务政策体系。

### （六）引导企业规避汇率风险

金融部门应行动起来，引导企业运用金融工具管理金融风险，把金融工具嵌入产业链。引导企业外贸订单使用人民币结算，引导企业签订外汇合约锁定结汇汇率，引导企业运用期货市场进行套期保值。

### （七）千方百计降低企业成本

减少收费范围，降低费率，调整征收方式，如绿化基金、防洪堤围费等皆有下降空间。降低企业和政府打交道的交易费用，大力推广互联网自助服务。降价格。能降之处，皆可降。比如，企业用于生活部分的水电费，需要区分，按照生活用水、生活用电价格结算。

### （八）培养数字化产业人才

为世界提供更好的产品和服务，这才是经贸摩擦的最强逻辑。当前的趋势是智能产品替代廉价产品。这需要数字技术工人：经受过系统的实验室专业训练，能够很快适应并操作精密化、自动化、智能化的生产流水线和设备，既懂硬件又懂软件，尤其是能通过工业软件调整参数，完善并提升产品品质。重点培养算法人才。发挥广东高校集聚优势，引导理工科把算法作为第一要务。引导企业设立（或提升）企业学院，大力培养实践性数字化产业人才。

### （九）全球化融智

引导企业在境外设立研发中心即离岸创新中心，可以利用获取境外创新资源和智力支持，侧重于立足市场需求的应用技术开发和转移。拓展企业家的国际化能力。外部引进和内部提升，是拓展企业家国际化能力的重要路径。有跨国公司工作经验或海外留学经历的企业家，是广东引进的主要对象。

*作者单位：暨南大学经济学院*

# 促进共享经济健康发展的思路建议

## ——广东共享经济特点与监管治理思路

李　飏

近年来，国内外共享经济发展势头迅猛，对促进经济增长和资源利用效率的提升起到了积极的作用。但是，在发展过程中，共享经济也暴露出了一些问题。这些问题在一定程度上使政府、从业者和使用者对这一新兴经济模式产生了疑虑，甚至引起了争议乃至冲突。本文通过梳理共享经济在广东的发展轨迹与突出特点，提出促进共享经济健康发展的思路建议。

## 一、共享经济的内涵意义

### （一）内涵

共享经济又称分享经济、协同经济，是一种新兴经济形态，其本质是基于社会网络、信息平台实现供需交换的新型商业模式。1987年，美国学者马科斯·费尔逊、琼·斯潘思提出分享消费是在满足日常需求的同时愿意与他人建立关系的经济活动。雷切尔·波茨曼、鲁斯·罗杰斯在《我的就是你的：协作消费的崛起》一书中，进一步发展了分享消费的观点，指出客户的需求不再局限于拥有物品的所有权而是使用需求获得满足。罗宾·蔡斯在《共享经济：重构未来商业新模式》一书中，把共享经济的含义归为三部分：产能过剩（闲置资源）、共享平台、人人参与。共享经济鼓励物品的所有权者与目标使用者基于共享平台，提高闲置资源的使用效率，提倡人与人之间以互信的方式交流、生活。共享经济的概念于2016年首次被写进我国政府工作报告：支持分享经济发展，提高资源利用效率。《中国分享经济发展报 2016》对分享经济的概念是：利用互联网等现代技术整合，分享海量的分散化闲置资源，满足多样化需求的经济活动总和。

### （二）意义

第一，共享经济提升社会资源的利用效率。共享经济可以把闲置的社会资源进行再度利用，减少社会资源的浪费，实现资源的有效利用，提升社会总体资源的利用效率。共享经济能够能促进传统经济发展模式的发展变革。

第二，共享经济的发展能够提供更多的就业机会，能够帮助更多的人就业创业，这对构建和谐社会是一种促进，对社会的进步发展也是一种推动。

第三，共享经济的发展能够拓宽人们的收入渠道，有助于提升人民的生活质量。共享经济是借助于网络平台发展的，在这种开放向的网络平台上，网民都可以借助于这种平台开展经济活动，这样能够有效拓展人们的收入渠道，能够提升人们的生活质量。

第四，在互联网经济下，共享经济完美地实现了供给与需求的无缝对接。供给方通过提供"个性化订制"服务而获得额外收益，需求方也因不再需要拥有产品所有权而取得高性价比的需求满足。在移动互联网、云计算、大数据、物联网等先进技术的支撑下，共享经济平台层出不穷，如滴滴打车、提供房屋短租的Xbed、Airbnb 等，共享经济通过数字化平台取代第三方中介机构，极大地降低了市场交易成本。

## 二、发展历程与成因

20 世纪 70 年代到 20 世纪末是共享经济萌芽阶段，得益于互联网技术飞速进步，网络上的信息爆炸式增长。信息共享突破人际交往、时间、地域等诸多限制，主要以免费的信息为共享资源，较少涉及实物。

21 世纪初至今为共享经济发展阶段。移动互联技术飞速进步、智能手机迅速普及、第三方支付流行、共享经济平台出现，使共享经济由概念转变成现实，人们共享意识得到很大提升。以盈利为目的的共享平台快速出现，吸引了大量资金和用户。共享消费行为与习惯得以更大范围的固化。

共享经济的理念是共同拥有而不占有，共享经济的本质是互助和互利。共享

经济的基本成因：一是可利用的闲置资源，二是共享平台高效供需对接，三是资源供需双方的积极参与。为什么早些年没有出现这种共享经济这种协作模式，是因为互联网技术的发展给共享经济模式提供了落地必需的技术条件。在传统的协作方式里有业务自建和业务外包两种形式。工业化时代，我们整个的社会协作大部分就是人跟组织之间，组织跟组织之间，组织跟人之间的协作。基于组织结构的协作是工业社会的特点，在共享经济（分享经济）则是基于互联网的一种更为广泛和彻底社会大协作模式，是社会广泛协作的一种手段。共享经济（分享经济）的根本点，它建构在互联网之上，改变了我们之前基于组织的协作模式，然后让人跟人之间的协作可以普遍和大规模的发生。

## 三、广东共享经济概况与特点

### （一）率先接应共享经济

广东地处中国改革开放的前沿，自共享经济兴起之时，就传递出鼓励创新的诚意，以开放包容的姿态拥抱新经济。2016年9月，摩拜单车正式登陆广州。仅仅76天后，广州的共享单车数量达到10万辆，在投放摩拜单车的城市中，最快达成这一规模。随着摩拜单车的走红，ofo单车等也相继宣布正式进驻广州，并迅速扩张。2017年2月5日，摩拜单车宣布打通广州与佛山的使用区域，市民可在广州使用摩拜单车畅行禅城、南海、顺德三区。打通广州与佛山的使用区域，是摩拜单车在国内尝试的首个跨城使用与一体化运营项目。从共享单车到共享汽车，从共享雨伞到共享充电宝，从衣食住行到生活服务，不断出现的共享经济让广东成为了显现中国新经济发展活力的窗口。

### （二）共享经济与实体经济互为表里

制造业作为广东省一张耀眼的名片，正在进入转型的十字路口。兴起于日常生活和服务行业的共享经济，也在制造领域生根发芽。在深圳宝安区燕罗街道，一群小微企业主和创客、工匠以"共享制造"的名义结合在一起，他们共享厂房、设备、原料、订单甚至工人。像这样的"共享制造"提高了资源的有效利用率，降低了终端的成本，按下了转型的"快进键"，展现出强大的生命力。产业不是一家一户能够做成的，而是要很多人很多企业一起来做。目前产业发展有两个趋势，一个是碎片化，另一方面则是形成一种生态的集成化，碎片和集成中间的连接就是产业共享经济形态。产业共享经济就是把共享经济的概念引入到实体经济当中，在合作共赢的基础上，促使大产业、大企业进一步开放共享研发、生产、制造、专利、资质、渠道等产业资源。企业不仅要思考自己的商业模式、核心技术，更要搭建生态圈，寻找优良生态结构、降低成本、提高使用效率，从竞争转向竞和寻找新思路，不光是为企业寻找市场，更是为生态圈发展创造机会。

### （三）政府引导下的共享经济解决公道悲剧

政府引导，以产业集群、工业园区、产业转移园、创业创新示范基地为依托，建设各类孵化器、公共技术平台。截至目前，各类各级平台建设已取得显著成绩。

国家级创新平台建设：广东共有各类国家重点实验室 28 家，位居全国第 4；国家工程技术研究中心 23 家，国家临床医学研究中心 2 家。

省实验室建设：广东省 2017 年启动建设 4 个省实验室（再生医学与健康、网络空间科学与技术、先进制造科学与技术、材料科学与技术），2018 年下半年拟启动 1—2 家省实验室建设。

大科学装置建设：广东省目前已建设 4 个大科学装置，分别是散裂中子源、中微子实验二期、加速器驱动嬗变系统及强流离子加速器。有望启动建设同步辐射光源、未来网络、南海科学观测网等 3 个大科学装置。

港澳国家重点实验室伙伴实验室共 18 家，其中，香港 16 家，澳门 2 家；科技部国际合作基地（粤港澳联合实验室）1 家；教育部国际合作实验室（与港澳共建）5 家；广东省教育厅粤港澳联合实验室 5 家。

平台建设离不开政府规范性文件政策的指引。如：为贯彻落实工业和信息化部《关于印发促进中小企业发展规划（2016—2020 年）的通知》（工信部规〔2016〕223 号）、《国家中小企业公共服务示范平台认定的管理办法》（工信部企业〔2012〕197 号）和《广东省人民政府办公厅关于印发广东省促进民营经济大发展的若干政策措施的通知》（粤府办〔2016〕58 号）精神，建立健全和规范我省中小企业公共服务平台发展，加快推进我省中小微企业服务体系建设，2017 年颁布《广东省经济和信息化委中小企业公共服务示范平台管理办法》（粤经信规字〔2017〕2 号文），按照开放性和资源共享原则，中小企业公共服务平台（以下简称"服务平台"），为区域和行业中小企业提供培训、市场、创业创新、管理咨询、

信息化、法律、财税、融资等服务。示范平台应当按照"政府引导、市场运作，面向产业、服务企业，资源共享、注重实效"的原则，非营利服务与市场化服务相结合，服务资源开放共享与统筹规划重点推动相结合，促进产业升级与服务中小微企业发展相结合。示范平台应当以综合服务平台为依托、专业服务平台为支撑，以解决中小微企业共性需求为重点，以中小微企业为主要服务对象，建立省市县三级服务平台纵向协调发展。

为贯彻落实《中国制造2025》《工业和信息化部财政部关于印发智能制造发展规划（2016—2020年）的通知》《智能制造工程实施指南》以及《广东省智能制造发展规划（2015—2025年）》，2018年省经信委制定《广东省智能制造公共技术支撑平台培育建设实施方案》《广东省经济和信息化委关于遴选广东省智能制造公共技术支撑平台（第二批）的通知》（粤经信创新函〔2018〕89号），按照政府引导、市场选择、动态管理的原则，培育建设支撑智能制造产业发展的公共技术支撑平台。兼顾我省智能制造发展特点和地区布局，重点培育产业特色明显、创新能力突出、掌握核心关键技术、辐射带动作用强的智能制造公共技术支撑平台。这些具有公益性与开放性的平台，缓解了单个企业创新动力、研发投入不足的问题，利用智能技术提升了制造业发展水平。目前已经组织开展第二批广东省智能制造公共技术支撑平台遴选工作。

2018年省委省政府出台《关于加强基础与应用基础研究的若干意见》提出支持建设粤港澳大湾区国际创新中心，旨在让创新资源在湾区背景下共建共享。

### （四）基于成熟配套产业链的市场驱动型共享经济

企业自发组织循环利用园区、大机器设备投资租赁、机器人产业共享，智能设备共享。目前市场上已能提供共享停车位、立体车库、停车场等功能，已有小区充电桩、智能充电桩、充电桩、共享充电座、共享充电桩、共享按摩椅、共享智能陪护床等产品。用户可以查询租赁时间和金额，历史租贷记录等，也可实现余额/押金秒充妙退功能。管理者可在后台实时查询门锁状态，包括电量、信号强度、权限人等。如果有门锁故障，通信故障，后台会报警提示，也可远程实时管理各站点医院的陪护床情况、进行财务管理等。最为引人瞩目的就是三一重工与北京创客空间联合打造的智能制造孵化器三一创客项目、奇瑞新能源与北京创客空间联合发布的全球首款汽车产业共享平台2.0。这两大平台将向所有创业者、创业公司开放，通过开放自己的技术、用户、渠道、生产能力，去成就更多的创新创业者。以三一创客为例，该项目是由三一重工与北京创客空间联合打造的智能制造孵化器。经过近半年的内部探索，北京创客空间同三一重工梳理了三一集团超过 100 亿的产业生产资源。根据规划，三一创客将开放三一集团的供应链、专家、设备装载和销售渠道资源，这就代表了人工智能、传感器、物联网等相关技术的中小创业公司，可以通过三一集团的 1000 多家供应商享受到最便宜的采购价格，享受到近 100 位专家分享的产业经验。更为重要的是，创业公司的新技术只要通过了验证，就可以装载到三一集团全球范围内开放的 40 万台设备之中，让基于设备的算法、数据管理、服务和芯片技术等都能够得以运用。

而奇瑞新能源与北京创客空间的合作则更为大胆。双方经过一年多的战略思考和规划，最终决定联合打造全球第一款开放车型共享平台——最新研发的 S51 车型平台。任何怀抱造车梦想的公司或个人，未来都可以基于该平台开发制造两厢车、三厢车、SUV、等多种类车型。创业者可以以该平台为基础，进行创新使用情景下的创新功能模式的二次开发，并与奇瑞新能源汽车共享开发、设计、制造过程，最终联合奇瑞新能源进行验证和测试，在达到国家安全法规要求和批准后进行批量化定制产品的生产，从而大幅度降低造车成本。这种新模式所构建的组织创新和生产销售关系，将使创新要素在需求和供给之间自由汇集和融合流动，在最大程度上打破大企业内部创新发生难、而中小企业创新成长难的窘境。

## （五）分散于特色行业流通领域的共享经济

目前共享经济的典型代表，其运营模式都集中在消费共享领域，很多甚至还只是涉及了互联网浅水区的营销层面、分发层面，并没有真正在深层次改造各行各业，尤其是在商业全流程改造、中后台运营改造，以及组织再造方面仍然有很大欠缺。需要大的投资的医疗、家具物流配送的共享。

## （六）社会领域的资源共享开辟更广泛的应用

时间和空间是共享经济中重要的两个参数，北斗是时间、空间数据感知获取的重要手段，北斗短报文功能则提供了覆盖全球的通信渠道。基于时空信息与大数据的融合所形成的"精准时空大数据"，将有效助推人类生活的智能化发展。北斗对共享经济的价值就是以北斗应用为核心，全面构建一个在任何时间、任何地点都能提供精准时空信息的大数据服务体系，从而培育"北斗时空＋共享经济"

的位置服务新业态。

海格通信将重点开发北斗时空大数据共享服务系统，并推进在个人位置服务、城市公共管理以及新一代平安城市等领域的应用。北斗在共享经济领域的具体应用主要涵盖共享车联网、共享物联网、共享信息网等方面。例如，在共享车联网方面，通过高精度位置服务平台构建一体化的共享时空体系，为未来人工智能时代的自动驾驶、无人机、机器人等新兴行业提供高精度的厘米级的定位服务以及空间信息服务。目前，在共享单车行业中，摩拜、ofo 等已开始尝试电子围栏技术，解决乱停车的问题。

## 四、共享经济发展的困境

### （一）共享经济平台定位不够明确，相关法律法规不完善

共享经济起步较晚，具有跨区域发展的特点，现行的经济法律制度还不是很适应共享经济发展的需要，有些法律条文不能对共享经济进行有效的规范，对参与者缺乏完善的权益保障机制，导致其在发展中很容易出现一些违法欺诈行为，消费者的人身权益、财产安全的权益得不到及时保障。这必然制约共享经济的健康发展。比如，将资金交给网络金融平台管理，投资者对平台有不信任感。由于平台的用户规模较大，筹资数额普遍较低，金融平台对参与双方，特别是筹资方的个人信息、信用水平及偿债能力的调查较少，审核程序简单。这样虽然降低了筹资方的贷款门槛，但对投资方资产权益的保障力也随之降低。

服务提供者的权益保障主要在风险规避与社会保障这两方面。这些从业者与平台是临时的合同关系，那么当交通事故等风险使从业者、消费者和相关第三方受到损害时，平台是否有必要购买临时保险而帮助从业者脱困？这是当下争论的焦点，也是法律的一个空白。

进入移动互联网时代，提供这种对接服务的公司成为平台，并从每次交易中收取信息费或管理费。对于这种自动提供信息匹配而不保有太多自有资产的公司，现行的法律法规不能很有效地对其进行管理。例如以 Uber 为代表的共享出行平台，监管方认为其类似于"出租车公司"，需要承担所有传统出租车公司的责任和成本，但在执行过程中对其实际工作较难监管。共享平台责任定位模糊，使政府面临着"无法可依，无人可管，无路可循"的困境。各国各地区的政府都在摸索

对共享经济的监管方式，以尽快建立相关法律进行管理。

### （二）共享经济与传统经济的冲突问题

共享经济虽然能够实现对现有资源的优化配置，能够方便大众生活，但其发展会对传统经济产生一定的冲击。比如，滴滴出行这种经济模式，为大众出行提供了极大的便利，很多消费者都愿意下载相关软件，选择滴滴方式。但这种经济模式对传统的出租行业产生了很大的冲击，这就导致一些出租司机集体抵制滴滴专车事件的发生。共享经济与传统经济之间的矛盾问题很难解决，这种发展态势也不利于共享经济的发展。

### （三）征信体系不完善

共享经济的健康发展，必须要依赖于完善的征信体系，但目前社会整体信用氛围也不是很理想，部分消费者的个人诚信素养也不是很高，在共享经济活动中，部分消费者不能及时进行支付，甚至不对所享受的服务进行支付，也有部分企业不能按照相关合同为消费者提供服务，社会征信体系的不完善，对于共享经济参与者所产生的监督作用是有限的，影响共享经济的健康发展。

### （四）资源垄断问题突出

共享经济在发展中需要借助于各种信息系统的支持，谁能够掌握丰富的数据资源就可以在竞争中占据优势。率先进入到共享经济领域的企业借助大数据占据先机，取得行业中的垄断地位，这种状况得不到遏制，在共享经济行业内容就会出现明显的行业壁垒情况，这不利于共享经济的健康发展。

## 五、共享经济发展策略

### （一）完善共享经济的法律法规

共享经济在发展中必须要有完善的法律法规的支持。作为新兴行业，共享经济处于现有的市场监管和法律管制的模糊地带，其身份也处于合法与非法之间的灰色地带。只有接受法律的管制，共享经济才能被接受为合法产业，并得到正名。要重视共享经济与传统经济冲突的问题，明确共享经济运营的边界，明确共享经济活动法律范围。要能够针对共享经济发展模式，针对共享经济活动方式制定对

应的法律法规,对相关经济体的行为进行具体的约束,净化共享经济发展环境。建立人性化而又严肃的共享企业审批制度,能够为相关企业发展提供公平竞争的环境支持。

重视共享经济中的各个行业的差异性,在自身发展、市场选择、金融资本支持的情况下,其中一些行业的规模已经逐渐变得不可忽视。此时,政府有必要针对已经较为成型的行业,制定相应的法律法规,设置基本要求。对暴露出的问题,则针对不同行业,以负面清单的形式加以规定,既要依法管理,也不压制发展,更不能因噎废食。同时,对原有法律法规中不适合新形势的条款,进行适当的修改,使新旧法规之间不存在矛盾,以免在执法过程中出现随意解释、错用法律条款的情况。

### (二) 加强网络监管,建立科学有效的信用体系

共享经济发展需要借助于互联网,互联网经济环境是很开放的,容易产生一系列的信用缺失现象,不法分子利用黑客技术盗取客户信息,导致用户的隐私权受到损害,容易在共享经济交易中泄露用户信息,导致用户的财产被受损。如果网络监管不力,共享经济发展必定会受到极大的影响。公安部门应联合金融监管部门加强对共享经济网络特征的分析,加强网络经济行为的监管,严厉惩处网络违法行为,为共享经济创造良好的网络环境。

建立科学完善的信用体系,政府机构还可以采用第三方信用评价体系,通过第三方的参与对共享经济相关参与者的信用指数进行有效的评估,有效降低共享经济中存在的信用风险问题。以当前信用认证系统为基础,可以对认证过的共享平台开放查询犯罪记录的权限,便于他们在受理用户申请时,确认申请者无犯罪记录。在这几项服务的基础上,建立黑名单制度。在互联网时代,成立一些第三方信用服务公司,可以为共享经济平台提供快速查询认证服务。以大数据技术分析对供需双方的评价及客户的信用水平,作为具有时效性的参考。

### (三) 以数据挖掘促产业发展

加大宣传力度,让共享经济平台的运营者规范化理念,提高共享平台数据收集的效率和准确性。平台获得合法的身份和正规的管理,就有必要按照管理部门的要求提供信息。充分发挥大数据技术的作用,以市场表现作为共享平台所提供数据的参考和佐证。政府在获得尽可能详尽的数据和信息后,才有可能对包括共

享平台在内的复杂社会体系进行治理，并出台有效的，适用于共享经济的规章制度。

总之，共享经济作为一种新兴业态，其发展势头已经得到市场和消费者的认可。发展中的问题需尽早受到合理有益的约束。为更好地发挥共享经济的活力，一要制定标准，合理规范，但不能因噎废食。二要鼓励发展，降低门槛、引入竞争。

作者单位：广东省社会科学院现代化战略研究所

# 以全域旅游推动广东旅游高质量发展

庄伟光　邹开敏

　　党的十九大报告指出，当前社会主要矛盾已经是人民日益增长的美好生活需要和不平衡不充分的发展之间的矛盾，人民对美好生活的向往是全党的奋斗目标。旅游业发展到现在，已经进入全民旅游和个人旅游、自驾游为主的全新阶段，传统的景点旅游模式已经不能满足现代大旅游的发展需要。作为新的旅游发展模式的全域旅游，正是一种满足人民向往美好生活的有效途径。全域旅游是实现区域资源有机整合、产业融合发展、社会共建共享的一种新的旅游发展理念和模式，不但可以促进旅游业的全面深化改革，还能为大众提供更为舒适、便利以及体验更丰富和深刻的旅游体验。但是，就我省目前的全域旅游发展的情况来看，由于认识观念没有到位，共识尚未形成，路径不够明确，措施不够得力，一些市县区进展还比较缓慢。因此，全面贯彻落实党的十九大精神，深入贯彻习近平总书记系列重要讲话精神，用习近平新时代中国特色社会主义思想指引广东改革发展实践中，如何加快广东省全域旅游优质发展，是广东适应和引领经济发展新常态的重大举措，也是广东经济发展方式转变和经济结构战略性调整的关键。

## 一、全域旅游优质发展是广东落实五大发展理念的创新实践

　　全域旅游为广东旅游开创了新的发展思路，在"一带一路"、乡村振兴战略、建设粤港澳大湾区的大背景下，由点到线、由线到面，得到广泛实践，成效显著。目前，广东国字号旅游机构 23 个，其中国家级旅游度假区 1 家，"国家全域旅游示范区"创建单位 14 个，全国旅游标准化示范单位 8 个；"省级全域旅游示范区"创建单位 48 个，8 条南粤古驿道旅游重点线路涉及 A 级景区 17 家；旅游及相关

产业固定资产投资建设施工项目 4323 个，计划总投资达 2.33 万亿元，同比增长
17.7%；其中旅游交通项目占 56.1%，景区游览项目 1067 个，酒店住宿项目 388
个，清远长隆森林度假区等一批项目在推进中。2017 年，全省旅游总收入 11993
亿元，同比增长 14.95%；接待过夜游客 4.44 亿人次，同比增长 11.4%。据测
算，2017 年旅游业增加值占全省 GDP 比重达 6.5%，旅游业综合贡献率为
15.1%，对社会就业综合贡献率为 19.5%，全域旅游建设成效初显。全省各地特
别是全域旅游示范区创建单位积极推进旅游扶贫重点村对口帮扶工作，推动乡村
旅游"八小工程"建设，积极扶持引导乡村旅游商品开发和文创基地建设，成功
创建 4 个中国乡村旅游创客示范基地，推动农村一、二、三产业融合发展，创建
了 104 个全省休闲农业和乡村旅游示范镇、240 个示范点，2017 年全省乡村旅游
共接待游客约 2.1 亿人次，营业收入约 680 亿元，约 1100 万游客前往旅游扶贫重
点村旅游。

### 表 1  广东各区域接待过夜旅游者人数

单位：万人次

| 市 别 | 2015 | | | 2016 | | | 2017 | | |
|---|---|---|---|---|---|---|---|---|---|
| | 合计 | 入境游客 | 国内游客 | 合计 | 入境游客 | 国内游客 | 合计 | 入境游客 | 国内游客 |
| 珠三角 | 21903.26 | 3250.87 | 18652.39 | 23610 | 3308.05 | 20301.96 | 25632.1 | 3405.52 | 22226.59 |
| 东 翼 | 4502.23 | 91.23 | 4411 | 5176.99 | 94.05 | 5082.95 | 6193.3 | 112.3 | 6080.99 |
| 西 翼 | 3498.67 | 37.19 | 3461.48 | 3961.93 | 40.93 | 3920.99 | 4645.29 | 48.68 | 4596.61 |
| 山 区 | 6321.04 | 66.08 | 6254.96 | 6969.5502 | 75.37 | 6894.18 | 7916.64 | 81.06 | 7835.58 |

### 表 2  广东各区域旅游业收入

单位：亿元

| 市别 | 收入合计 | | | 旅游外汇收入 | | | 国内旅游收入 | | |
|---|---|---|---|---|---|---|---|---|---|
| | 2015 | 2016 | 2017 | 2015 | 2016 | 2017 | 2015 | 2016 | 2017 |
| 珠三角 | 6474.28 | 7279.71 | 8194.6 | 1052.91 | 1172.68 | 1254.73 | 5421.39 | 6107.03 | 6939.87 |
| 东 翼 | 716.59 | 905.36 | 1102.55 | 21.97 | 25.81 | 33.51 | 694.63 | 879.54 | 1069.05 |
| 西 翼 | 637.87 | 806.29 | 1017.36 | 7.88 | 9.4 | 11.61 | 629.99 | 796.89 | 1005.76 |
| 山 区 | 1252.02 | 1442.43 | 1680.28 | 21.41 | 25.62 | 27.8 | 1230.61 | 1416.79 | 1652.49 |

在广东全域旅游的推进过程中，各地涌现出许多新举措和新亮点。

首先，在机制体制建设方面，惠州市旅发委成员包括了旅游、法院、发改、经信等30多个相关部门，惠州西湖、罗浮山等景区设立了景区旅游派出所、旅游巡回法庭和旅游工商所（旅游市场监督管理所）；中山市在孙中山故里旅游区试点成立旅游警察和旅游城管；台山探索建立与全域旅游发展相适应的旅游综合管理机构，并建立旅游巡回审判点，市公安局治安管理大队旅游管理中队、市场监管局旅游分局也将相继成立。

其次，在旅游新业态方面，"旅游＋工业""旅游＋体育"等产业融合不断深化，佛山南风古灶景区等3家单位创建国家工业遗产旅游基地，清远古龙峡原生态旅游区获评"国家体育旅游示范基地"，广州马拉松赛入选"国家体育旅游精品赛事"；中山市开发建设岐江工业遗址公园，重点打造大涌红木文化镇等特色小镇；龙门县全力打造以龙门客栈、龙门手信、龙门宴、龙门祈福以及龙门温泉十三汤为代表的"四菜一汤"特色旅游品牌，完成"龙门十大手信"评选推介工作；新兴县正式启动六祖故里文化旅游度假区国家5A级旅游景区的创建工作以及禅域小镇等龙头产品的建设；珠海开辟直升机海岛游，争取帆船游艇项目落户桂山，给海岛游注入了新元素。

最后，在公共基础设施与服务方面，全省超额完成全国"厕所革命"三年行动计划；开平打造以碉楼和赤坎古镇为核心旅游吸引物，在第一期250公里慢行休闲系统基础上，新增5条约250公里的步行径；揭西县大力推动大数据建设，专门成立县旅游数据中心，作为旅游局下属正股级事业单位；韶关市加快生态旅游交通公路的建设，出台《旅游交通公路项目建设实施方案》，市财政出资2亿元设立旅游交通公路建设引导基金，支持通往旅游景区的公路建设；翁源县江尾镇南塘村及众多扶贫村主抓农村人居环境整治、旅游厕所等公共基础设施，修缮保护古民居群，建设美丽新农村。

## 二、加快全域旅游优质发展的短板

对比全域旅游优质发展的总体要求，我省仍存在三个主要的问题：

### （一）全域旅游产品总量供给不足与结构性矛盾突出并存

与兄弟省（区、市）对比，我省高等级旅游景区数量不多且增长乏力；景区以观光型产品为主，休闲和度假产品供给不足，游客停留时间短；都市风情、会展、温泉、主题公园等传统优势旅游产品比较优势弱化，产品创新能力不足，老化现象严重；城市旅游综合体、旅游休闲购物街区特色不鲜明，夜间娱乐项目开发不足，文化主题酒店、精品酒店、精品民宿等非标准住宿发展不足且特色不明显；旅游商品创意不足，整体研发设计和包装水平有待提高；国家和省级非物质文化遗产没有很好地活化利用，向旅游商品、旅游产品转化的能力不够，旅游资本市场不活跃，出现新的旅游"圈地运动"倾向。

### （二）全域旅游公共基础设施和服务不够规范便捷

我省旅游公共基础设施和服务集中分布在旅游景区和城市公共场所周边，缺乏全域化的系统布局，并且未能与城乡交通路网（轨道网、绿道网）、南粤古驿道、拟建滨海旅游公路（全长 1875 公里，连接 14 市）等重大公共交通平台相衔接；全省有 4 家 5A 级景区和 43 家 4A 级景区尚未开通高等级公路；旅游公共基础设施建管机制不健全，责任不明确；各地旅游集散中心、游客服务中心建设不成体系，缺乏科学合理的布局和统一的建设、管理、服务标准；旅游标牌标志规划建设混乱，指示不清晰，很多 4A 级以上景区在附近高速公路和国道没有指示标志；旅游信息化建设力度较为薄弱，大数据中心建设和数据分析处理能力亟待加强；口岸出入境便利化通关设施不完善，便利签证政策有待进一步放宽。

### （三）旅游资源整合和协同发展能力有待提高

全域旅游发展的党政统筹体制机制未得到强有力的保障，文化和旅游部门的融合还待推进，省、市旅游工作部门联席会议制度虽已基本建立，但普遍缺乏常态化的协调推进机制，统筹协调功能未有效发挥；农业、海洋渔业、林业等各类涉旅扶持政策和专项资金的整合统筹力度不强，未能很好地为旅游业所用；相关产业叠加旅游功能还不够，多业态融合发展的深度有待加强；旅游市场综合整治、旅游安全综合监管检查、旅游服务质量社会监督等体制机制有待进一步加强落实；对旅游志愿者的激励机制仍不健全，文明旅游志愿服务需全面倡导、深入推动。

## 三、全域旅游是优质发展的有力抓手

全域旅游是指在一定区域内，以旅游业为优势产业，通过对区域内经济社会

资源尤其是旅游资源、相关产业、生态环境、公共服务、体制机制、政策法规、文明素质等进行全方位、系统化的优化提升，实现区域资源有机整合、产业融合发展、社会共建共享，以旅游业带动和促进经济社会协调发展的一种新的区域协调发展理念和模式。党的十九大报告指出，我国社会主要矛盾已经转化为人民日益增长的美好生活需要和不平衡不充分的发展之间的矛盾。这一重大政治论断，进一步确定了供给侧结构性改革将作为党和国家破解长远发展难题的重要手段。纲举方能目张，正本更能清源，广东更应以习近平新时代中国特色社会主义思想引领发展优质旅游实践，时刻牢记总书记对广东工作提出的"四个走在全国前列"的重托，按照"全域布局、全景覆盖、全局联动、全业融合、全民参与"的要求，重点做好五个方面的工作：

**（一）加强体制机制创新改革，为全域旅游纵深发展保驾护航**

在全域旅游发展大背景下，当务之急要积极推动旅游管理体制创新，建立与各部门职能相互包容衔接的各种旅游发展协同制度，如"多规合一"，如民宿、营地等新业态支持措施，如乡村旅游的土地指标灵活政策。各地要紧紧依靠当地党委政府，推动旅游改革创新，在当地党委政府的统一领导下，将相关部门力量整合起来，共同研究哪些问题阻碍了旅游业的发展，如何突破和协调现有利益格局，通过科学合理的制度安排为旅游业持续健康发展提供强大支撑。

**（二）不断丰富旅游业态和产品，提升旅游供给的数量与质量**

通过市场创新、技术创新、经营方式创新、产品创新、流通渠道创新等手段，实现旅游业态的创新，在创新中催生旅游新业态和新产品。全省要围绕"吃住行游购娱、商养学闲情奇"旅游要素，日益丰富业态产品供给，逐步提高旅游品质，本土特色餐饮品牌和美食旅游节庆品牌不断擦亮，发展精品主题酒店、旅游民宿、汽车营地等特色住宿业态，不断增强国家4A、5A级景区和国家、省级旅游度假区等核心旅游产品的市场吸引力增强，不断提高旅游景区和旅游商品的文创设计水平，加快一批旅游特色休闲街区建设和夜间休闲娱乐项目开发，旅游与农业、渔业、中医药等产业融合向纵深推进，促进邮轮、游艇、房车、低空飞行等旅游新业态迅速发展。

**（三）完善旅游公共基础设施和服务体系，提升游客的旅游体验和满意度**

重点做好三个方面的工作：一是继续推进"旅游厕所革命"，加快亲子卫生间建设，在全省实现旅游厕所数量充足、干净无味、实用免费、管理有效。在经济条件好的地区努力实现"厕所革命"的升级，在粤东西北等经济落后的乡村地区则抓好旅游厕所的达标。二是借助智慧旅游的迅速发展加强旅游公共服务体系的供给能力建设，加快建立健全各类旅游应急指挥平台，建立旅游大数据和相关大数据的共享平台和机制，进一步完善旅游公共信息发布及资讯平台、景区门票预约与客流预警平台、旅游大数据集成平台。三是加快优化全省旅游交通网络布局，解决景区的"最后一公里"问题，部分地市和县（市、区）要积极延伸乡村客运公交，开通通往主要景点的旅游巴士或旅游直通车。

### （四）扶植企业发展，提升全域旅游的市场竞争力

旅游企业是旅游业态创新的主体，是全域旅游发展的主力军。建议重点做好三个方面的工作：一是提升旅游企业的整体实力，通过加大投资、引进企业与并购等途径增加旗舰型、领军型的旅游企业集团数量，不断提升其竞争力。二是针对星级饭店、旅行社、景区景点等传统旅游企业转型升级压力大、创新能力不足、利润率偏低的现状，加大主题产品、文创商品、演艺、娱乐等旅游衍生品的开发力度。三是加快在线旅行商、旅游租车、旅游传媒、旅游金融等新兴业态的发展，提升旅游企业开展连锁经营、跨界整合、线上线下整合、海外投资活力。此外，还要加大宣传营销力度，提升旅游企业、旅游产品和旅游服务在国内外的知名度，打造具有较高知名度且无可替代的旅游品牌。

### （五）积极推动各项相关政策的出台与落地，保障全域旅游顺利发展

在旅游发展优惠扶持政策方面，建立全方位支持体系与奖励制度，如对于成功创建全域旅游示范区，一次性给予 500 万—1000 万元的奖励，对成功创建国家级或省级旅游度假区、生态旅游示范区，四星五星级汽车旅游营地、旅游型特色名镇名村、田园综合体等品牌，奖励 100 万—1000 万元。在旅游用地政策方面，出台更明确更灵活的用地政策，一方面从改革创新上保障旅游用地的有效供给，另一方面也要从用地监管上严格旅游用地的供应和应用，杜绝以全域旅游为借口搞房地产的"圈地运动"。在投融资政策方面，推进旅游基础设施和公共服务的PPP 等投融资模式改革创新，促进投资主体的多元化，引导金融机构加大对旅游企业和旅游项目融资支持，鼓励私营企业、民间资本与政府进行合作，吸引国际资本参与重大旅游项目开发，参与公共基础设施建设。在生态环保政策方面，在

有关旅游项目的引进和建设过程中坚守"生态红线",旅游项目开发必须有利于环境保护,从投资实力、经营能力、开发理念、建设规模等方面入手从严审核、严格把关,避免旅游项目同质化建设。在人才引进政策方面,建议制定出台《广东省中长期旅游人才开发战略规划》,对旅游人才挖掘、使用、培训和引进进行系统性、战略性规划。在旅游法律政策方面,2017 年施行的《广东省旅游条例》已经将"全域旅游"作为立法指导思想贯穿整部法规,各地市区应本着因地制宜的原则,将《条例》贯彻落地,出台各自的地方性全域旅游法规或政策,引导和规范本地民宿、乡村旅游、旅游特色小镇、智慧旅游等新业态的发展。

作者单位:广东省社科院旅游研究所

# 广东高等教育"冲一流、补短板、强特色"政策研究报告

孙丽昕　廖诗艳

2018 年 1 月，广东省政府常务会议研究讨论通过《关于 2018—2020 年高等教育"冲一流、补短板、强特色"工作计划及资金安排的方案》；6 月，省教育厅、发展和改革委员会、科学技术厅、财政厅制定出台《高等教育"冲一流、补短板、强特色"提升计划实施方案》（粤教科函〔2018〕119 号，以下简称《"冲补强"实施方案》）；11 月，省教育厅、发展和改革委员会、科学技术厅联合发布高等教育"冲补强"计划建设高校和重点建设学科名单，共有 41 所本科高校和 147 个重点建设学科入选。这三份文件构成广东高等教育"冲一流、补短板、强特色"政策（以下简称"冲补强"政策）的实施蓝图。为进一步了解该政策，助力相关工作，我们开展了此项研究。

## 一、广东高等教育"冲补强"政策内容分析

《关于 2018—2020 年高等教育"冲一流、补短板、强特色"工作计划及资金安排的方案》、《"冲补强"实施方案》、高等教育"冲补强"计划建设高校和重点建设学科名单，是目前"冲补强"政策的重要组成部分和实施的重要依据，从政策构成来看，主要包括如下几项内容：

### （一）政策适用对象以公办本科高校为主

从 41 所本科高校名单来看，包括了目前广东所有的公办本科高校和 1 所省外高校在粤分校［哈尔滨工业大学（深圳）、2 所中外合作办学高校［香港中文大学（深圳）、广东以色列理工学院（汕头）］，但整体上以公办本科高校为主。

### （二）政策主要由三项子计划构成

该计划由"高水平大学建设计划""粤东西北高校振兴计划""特色高校提升计划"三项子计划构成，表明在未来一段时期内广东省公办本科高校将按地域、办学水平等因素和前期建设情况，对应分成"冲一流""补短板""强特色"三个组团，分类发展。其中，高水平大学建设计划分为高水平大学重点建设高校和高水平大学重点学科建设高校，各有10所和8所高校，其中高水平重点学科建设高校广东海洋大学同时列入粤东西北高校振兴计划；粤东西北高校振兴计划共有10所高校和2个校区，2个校区分别是广东药科大学云浮校区和广东技术师范学院河源校区；特色高校提升计划共有14所高校，其中广州11所，东莞、佛山、中山各1所。

### （三）分类确定建设任务和建设目标

在建设任务上，高水平大学建设计划以"冲一流"为核心，着力建设一批原始创新能力强的高峰学科、巩固提升传统优势学科、促进新兴、交叉学科发展、创新本科人才培养机制，加强基础研究和应用基础研究，打通基础研究、应用开发、成果转移与产业化链条以促进学科、人才、科研与产业互动等；粤东西北高校振兴计划建设高校以"补短板"为核心，深入推进省市共建工作，着力建设一批服务区域支柱产业发展的急需学科专业，加快转型发展，补齐办学条件短板等；特色高校提升计划建设高校以"强特色"为核心，着力建设一批特色突出、在国内具有较高影响力的学科专业，深化人才培养模式改革、培养适应现代产业需求的高素质应用型人才，理工类高校深入探索"高校＋研究院＋企业"的产学研合作新模式、提升科技成果转化能力，人文社科类、艺术类高校立足南粤大地加强哲学社会科学和先进文化研究等。

在建设目标上，三项子计划分别确定有学科建设、人才培养、科学研究、师资队伍建设、服务区域经济社会发展等方面的目标，在总体建设目标上，到2020年，全省高校人才培养、科学研究、社会服务和文化传承创新水平显著提升，全省高等教育综合实力、核心竞争力和国际影响力大幅度提高，8—10所高校进入全国百强，在支撑创新驱动发展战略和乡村振兴战略，服务经济社会发展主战场、弘扬中华优秀传统文化等方面发挥更加重要和积极作用。

### （四）实行多元、分类绩效评价

从评价周期上看，分为年度评价和期满考核两种。年度评价，适用所有建设高校，主要是指建设高校对照建设方案和分年度预期建设成效，对年度的改革实施情况、建设目标和任务完成情况、学科水平、资金管理使用情况等进行评价，并发布年度评价报告。期满考核，是指在三年建设期满时对照建设方案和预期建设成效对建设高校进行的一种全面评价。

从评价主体上看，分为自我评价、同行评价和第三方评价。自我评价，主要适用"高水平大学建设计划"和"特色高校提升计划"建设高校的年度评价，以及所有建设高校的期满考核。同行评价，主要适用于"粤东西北高校振兴计划"建设高校的年度评价。第三方评价，则在期满考核时适用。

从评价方式上看，分为以目标管理为核心的评价和结果性指标与过程性指标并重的评价。"高水平大学建设计划"建设高校实行以目标管理为核心的绩效评价方式；"粤东西北高校振兴计划""特色高校提升计划"建设高校采取结果性指标和过程性指标并重的绩效评价方式。

此外，在绩效评价方式上还有一个专项评价，主要是指在期满考核时，第三方评价机构对建设高校体制机制改革、人才培养、学科建设、师资队伍建设、科学研究、对外交流合作、社会服务等方面的建设成效进行的评价。

## 二、追本溯源：广东高等教育"冲补强"政策的提出

从国内高水平大学分布数量来看，根据 2017 年 9 月 21 日，教育部、财政部、国家发展改革委联合发布的《关于公布世界一流大学和一流学科建设高校及建设学科名单的通知》，在 36 所世界一流大学建设高校 A 类高校中，广东仅有 2 所，远低于北京（8 所）、上海（4 所），与天津、江苏、山东、湖北、湖南、陕西等省（市）持平；在 95 所世界一流学科建设高校中，广东有 3 所，远低于北京（21 所）、上海（9 所）、江苏（13 所）、湖北（5 所）等省（市）。从世界一流大学排名来看，根据《泰晤士高等教育》（THE）2018 年亚洲大学排行榜中，广东最好的大学中山大学也仅排名第 43；在世界大学排名中，中山大学一般位列于 200—300 名之间，华南理工大学一般位列于 400—550 名之间。

从广东高等教育规模来看，截至 2018 年 12 月，省内普通高等学校共有 152 所，其中本科高校 64 所，高职高专院校 88 所，规模不算小。从区域分布来看，珠三角地区共有 126 所高等学校，集聚了广东 82.9% 的普通高等学校资源，且"双一流"建设高校全部都位于此区域的广州市，并且大部分的高水平理工科大学建设高校、普通本科高校向应用型转型试点高校也都分布在珠三角地区；粤东、西、北地区分别共有 8 所、13 所、5 所，且办学水平整体不强。

从粤港澳大湾区高等教育发展现状来看，广东仅在高校数量、在校生规模、学科专业种类多样丰富等方面与港澳高等学校相比具有一定的优势，但在办学水平上相比，特别是与香港高等学校相比，还有较大差距。香港大学、香港科技大学、香港中文大学、香港城市大学 4 所大学在 QS、USNews 世界大学排名中可跻身前 100 名或 200 名，这一名次优于广东的中山大学和华南理工大学。当然与港澳高等学校的差距并非仅表现在世界大学的排名，更多还在于整体的办学能力和水平。

从以上数据可以看出，广东高等教育存在着高水平大学数量少、高等教育整体实力和水平仍未进入全国高等教育第一方阵，还不能称为高等教育强省；广东普通高等学校区域分布的不均衡与区域办学水平的不均衡同时并存，区域发展不平衡不充分等问题突出，这越来越成为广东这一国家改革开放先行地、经济发达地区的痛点。而且广东作为在粤港澳大湾区建设中扮演着重要角色的省份，目前高等教育发展的水平不足以支撑未来粤港澳大湾区的建设与发展。

正是基于上述问题，广东省自 2014 年开始筹划高水平大学建设以来，相继启动、实施了高水平大学建设、高水平理工科大学建设、普通本科高校向应用型转型试点、省市共建本科高校、新师范等面向本科高校的高等教育政策与举措，在广东高等教育改革发展的一些重点领域分别展开突破，以超强度建设、超常规投入推动广东高等教育加速发展。政策实施以来取得了一定的成效，特别是"双高"建设面向区域经济社会发展主战场、对接国家和区域重大发展战略、用科研成果支撑广东创新驱动发展，在人才培养、科研创新、校企合作等方面取得累累硕果，成为广东高等教育改革发展中一道亮丽的名片。同时，这些高等教育政策与举措，在一定程度上还推动了广东省本科高校分类发展格局的初步形成，但这仍不能从根本上解决广东高等教育发展不平衡不充分的问题，同时这些政策彼此之间互为独立，也有的存在交叉，特别是其针对的仅是本科高校中的少数高校，可以称为是一种"点式高等教育政策"，在有关工作的推进中还不能形成一个整体，因此，亟须有一个能够将这些高等教育政策与举措予以进一步统筹的政策，即"面式高等教育政策"，这也意味着广东高等教育改革下一步的重点工作将转移到重点解决高等教育发展不平衡、不充分的问题。广东高等教育"冲补强"政策应运而生，由此，本科高等教育发展全面铺开。

## 三、广东高等教育"冲补强"政策实施进展概要

### （一）制订方案，整体规划

2018年1月，广东省政府常务会议研究讨论通过《关于2018—2020年高等教育"冲一流、补短板、强特色"工作计划及资金安排的方案》，整合了系列高等教育建设工程，形成"高水平大学建设计划""粤东西北高校振兴计划"和"特色高校提升计划"三大建设计划，推动高校在不同层次争创一流、特色发展。根据该方案，各高校按照要求，以"冲补强"计划为契机，对学校现状进行分析和梳理，找出"冲""补""强"的内涵，加强顶层设计，精准制订整体建设方案，明确具体的建设目标和工作措施；研究制定了绩效考核目标和年度资金分配计划，提高专项资金利用率和建设效益资金使用效益，并统筹推进各项工作

### （二）广开言路，群策群力

为加快推进高等教育"冲一流、补短板、强特色"工作计划，提高高校服务地方经济社会和支柱产业的精准度，2018年3月13日，省发展改革委、省教育厅联合召开粤东西北地区、部分珠三角地区高校服务区域经济社会发展座谈会。会议围绕"十三五"时期地方经济社会和支柱产业发展对高校学科、科研、人才培养的需求，地方政府引导高校融入本地经济社会和支柱产业发展的政策措施，高校支撑本地经济社会和支柱产业发展的经验做法、存在问题等方面，展开了充分的研讨和交流。会议为地方和高校进一步加强沟通、合作提供了平台，为下一步高校凝聚学科方向，优化学科结构，加快提升应用型人才培养质量和学科建设水平提供了思路。部分高校建议在省级层面建立不同组团高校之间或不同建设层次重点学科之间的精准帮扶制度，通过学科精准帮扶，提升补短板高校的学科建设水平和办学层次，更好地服务地方经济和社会发展。这项工作由省委组织部和省

委教育工委联合实施。

### （三）明确对象，精准发力

2018 年 11 月，广东省教育厅、省发展和改革委员会、省科学技术厅联合公布"冲补强"计划建设高校和重点建设学科名单，全省 41 所本科高校和 147 个重点建设学科入选。其中高水平大学建设高校有 81 个学科入选，重点建设高校 51 个，重点学科建设高校 30 个；粤东西北高校振兴计划高校共有 27 个学科入选；特色高校提升计划共有 39 个学科入选。要求三类高校组团要服务创新驱动，瞄准国家与地方经济社会发展需求，牢牢抓住全面提高创新人才培养能力这个核心点，提升解决重大问题能力和原始创新能力，为广东奋力实现"四个走在全国前列"提供强有力支撑。

### （四）结对帮扶，协同发展

同月，全省高校科技创新暨高等教育"冲一流、补短板、强特色"提升计划工作推进会在佛山举行，省教育厅介绍了"冲补强"计划推进情况，并就进一步推进高校科技创新和"冲补强"计划建设提出具体要求。多所高校获大学科技园培育单位授牌，广东 9 所高水平大学建设高校"一对一"结对帮扶 9 所粤东西北高校，结成高校教育人才"组团式"帮扶并签署帮扶协议。中山大学等 9 所高校作为"组团式"帮扶团队选派高校，根据受扶高校建设需求组建 9 个帮扶团队，每个团队 5 人左右，由 1 名队长和 4 名左右队员组成，按对口帮扶关系，分别对嘉应学院等 9 所高校进行帮扶。对口帮扶 3 年为一个周期。结对高校将在编制规划、学科建设、人才培养、教师队伍建设、科学研究和成果转化等方面进行对口帮扶。受扶高校和选派高校要根据框架协议，抓紧进行沟通对接，细化帮扶工作方案，明确帮扶的具体目标、任务和工作措施，建立定期协调机制。"组团式"帮扶将积极推动区域协调发展，加强高校间的交流合作，着力解决我省高等教育发展不平衡不充分问题，进一步促进粤东粤西粤北地区高等教育事业发展。

## 四、广东高等教育"冲补强"政策实施进展问题分析

### （一）高层次人才数量不足，办学层次与人才引进、学科发展相互掣肘

"冲一流"计划高校国家级的高层次人才数量不足，这类高校多数地处广州，

居高不下的房价、工资待遇、住房政策、税收政策均影响人才落户的积极性，在日趋白热化的人才争夺战中不占优势，高层次人才引进难度加大。"强特色"计划高校学科领军人物和中青年学术带头人不足，国家级科研团队少，对学科提升与后继发展形成制约。这类高校没有博士学位授予权，引进和留住高层次人才的难度大。"补短板"计划高校由于地理位置，区域经济发展的关系，教师队伍中高层次人才数量偏少，成为当前制约学校向更高办学层次迈进和提升学科建设能力的关键性短板。高层次人才在教师队伍占比低，在学校的"申硕"过程中实行一票否决，同时又对学科方向的凝练、重大科研项目的获得、科研经费的增长、高水平科研成果的产出、服务创新驱动发展的成效等指标产生直接或间接的影响。没有硕士学位授予权，人才引进难度大，尤其是领军人才难以引进。不利于吸引和培养更高水平的学科带头人和学术团队。

### （二）学科建设仍较薄弱，科研平台与科研成果不足

学科整体水平不够高。部分学科基础仍较薄弱，以重点学科为支撑的一流学科群建设有待加强，大多数学科未能形成有效的科研团队，学科建设方向不够明确。理工类学科核心竞争力尚待提升，学科建设对创新发展核心关键技术未能形成有效支撑，与地方产业发展结合度有待进一步提高。

基础科研和实力较为薄弱，平台数量不足，且水平难以快速提升。国家重大项目、高级别科研平台仍较少，国家级科技平台和科研获奖有待突破。国家级重点实验室平台仍然缺乏，制约了学科建设水平，不利于高水平科研成果的产生，也影响了高层次人才团队的引进。教育部重点实验室、粤港澳联合实验室、省重点实验室、省工程实验室较少。高水平成果、可产业化研究成果和标志性的创新成果少，省部级以上科研成果奖较少，总体研发水平不高。授权专利数和成果转化项目数还有待进一步提升。

### （三）类别划分与学校自身办学定位和目标存在差异

"冲补强"计划分成"高水平大学建设计划""粤东西北高校振兴计划"和"特色高校提升计划"三大类别，旨在推动高校在不同层次争创一流、特色发展，不过部分高校对自身学校在"冲补强"计划中被归入的类别与学校自身办学定位与目标存在一定差异。有的学校虽然被为高水平大学重点建设高校，但是学校本身综合性大学的性质以及文理工医全面发展的广泛的学科覆盖面，对重点建设学

科数量的需求较大,"冲补强"计划确定的 8 个重点建设学科名额略显不足。有的学校在广东省高水平大学、高水平理工科大学建设计划中被列为高水平理工科大学。2015 年以来,以高水平理工科大学为建设目标,呈现出跨越式和超常规发展态势,迫切需要更大的、可持续的政策支持空间。在"冲补强"计划中被列为特色提升高校,在一定程度上淡化了高水平理工科大学的定位,学校需要对这二者的不一致进行协调,加之对未来政策预期的不确定,给学校的建设发展带来一定的困扰。有的学校被列为特色提升高校,作为一所处于全国前列、单一学科的专业音乐舞蹈高校,自身的办学定位与目标是建设成为中国一流、世界知名、岭南特色的高水平"双一流"大学。

### (四)经费支持不足,且使用受限

"冲补强"计划实施过程中最突出的问题是经费总量不足,较难与学校各方面发展需求相匹配,高校经费压力大。引进人才,学科建设,校区现有基础设施改造和建设项目配套,补齐办学条件短板均需要大量经费支持。涉及新校区建设以及多个新校区同时建设的高校,资金存在较大缺口。"冲补强"计划经费使用有周期限定,且年底有经费使用情况考核与通报,部分高校在年底经费使用情况考核时出现大量经费剩余,年度资金使用情况不理想。究其原因,不是高校不缺经费,而是由于经费使用的诸多限制,很难在规定时间内完成使用。例如设备采购,论证、层层审批、招标、备案,手续繁琐,购买进口设备,时间更长,导致在经费使用期内,无法完成购买和支付程序,进而造成年度资金使用情况不理想。

### (五)体制机制改革尚需深化

学校外部体制机制不畅。《关于广东省深化高等教育领域简政放权放管结合优化服务改革的实施意见》推进一年多,简政放权没有真正落实到位,原来需要审批的事项改成了备案制,但备案需要审批,往往备不上案,实质上,高校的各项工作仍然需要审批,尤其在引进人才入编这个环节,办事难度大,手续繁琐,更甚从前。目前正值国家级发展战略粤港澳大湾区建设,广东高校要主动推进与湾区内相关高校协同创新、合作发展,目前还存在一定的法律与政策障碍,限制了高校创新要素的完全自由流动,不利于湾区建设和服务创新驱动发展。学校内部体制机制改革有待进一步深化。学校在发展规划、科研体制、学科建设机制、人事管理制度、资源统筹等方面仍存在一些薄弱环节,需要借"冲补强"计划进行改革完善。

# 五、助力广东高等教育"冲补强"政策实施的建议

## （一）保持政策的稳定性与持续性

省内高等教育发展方面，2015 年实施"双高"建设，创新强校，2016 年开始省市共建，省市共建方案规划三年，才实施了一年，2018 年"冲补强"计划又开始了。省级层面高等教育发展规划与政策变动频密，缺乏稳定性和持续性。高校反复做方案，论证，面对没有增加的办学经费，以及对政策不稳定的预期，学校发展和建设的手脚被束缚，也给学校决策执行带来一定困扰。建议保持高等教育发展政策的稳定与持续，一是到 2025 年，坚持"双高"建设作为主战略不动摇，"冲补强"计划与高水平大学建设互为重要支撑，省一级支持力度应继续加大，带动省市共建高校相应市继续增加投入、扩大支持。二是针对广东产业布局和大湾区先进制造业创新发展需求，遴选一些改革力度大、办学成效显著、处于快速上升期高校的优势工学学科，将其纳入"冲一流"计划的高水平大学重点学科建设高校行列。三是"冲补强"政策作为当前广东本科高校发展的一个具有较高统筹性的政策，宜在实施过程中稳步推进省市共建本科高校政策，并将普通本科高校应用型转型发展、新师范等政策也有机融入其中，以推进广东本科高校发展政策的整体协调和统一。

## （二）搭建高校协同创新发展平台，助力高校内涵建设

"冲补强"计划落实到各个类别的高校，每个学校都有自己需要"冲补强"的环节和板块，建议省级层面搭建高校协同创新发展平台，建立大湾区高校联盟，鼓励高校之间有序竞争、有效合作，创新发展。"冲一流"和"强特色"高校，主要问题是校内发展不平衡，借助校际合作，补齐自身短板，实现差异化发展。补短板高校基础较为薄弱，人才短缺，发展视野不宽泛，仅靠自身力量，难以补齐应用型人才培养、师资队伍建设、科研创新、办学条件的短板，需要通过协同创新发展平台，形成高校间一对一的结对帮扶、合作交流，着力建设一批服务区域支柱产业发展的急需学科专业。在此基础上，加大结对帮扶力度，让补短板类高校以项目制的形式提出需求，在全省高水平大学遴选特派员进行帮扶。在省级层面举办学习班、培训班、提升班以及进修班，助力高校加快补好自身短板。

## （三）深化体制机制改革，扩大高校办学自主权

创新驱动行动计划中，"冲补强"计划实际上要求体现珠三角创新示范区的高

质量发展以及高等教育的高水平改革开放，省级层面应继续深化体制机制改革，简政放权，落实和扩大高校办学自主权。在人事管理制度、绩效工资改革、财务税收管理制度、人才团队引育、科技合作、平台建设、对外合作交流等方面分别形成支持政策措施。为高层次人才设立绿色通道，在人才认定与评定、落户、住房、出入境、社保、税收等相关配套工作给予照顾。进一步指导学校深入开展体制机制改革，扩大学校办学自主权，最大限度解放和激发改革发展潜能。给予建设高校在人才引进、薪酬待遇、实验设备仪器采购等方面更大的自主权。

### （四）加大经费投入力度，放宽经费使用政策

加大经费投入力度。高等教育竞争更趋激烈，各省纷纷加大"双一流"和高水平大学建设投入力度，从广东省来看，"冲补强"计划经费投入力度对比第一轮高水平建设有所减弱，不利于"双一流"高校进一步提升实力，高水平理工科大学建设高校也面临同样的问题。绝大部分"补短板"高校地处粤东西北地区，存在明显的办学条件、学科建设、师资队伍建设、人才培养、服务社会等各项短板，在"冲补强"计划中，"补短板"高校的扶持经费并没有明显增加。建议加大经费投入力度，助力高校开展内涵建设。同时，在经费使用政策上进一步放宽，提高经费使用的灵活性，适度延长经费使用周期，允许经费跨年度使用，允许经费适当比例投入基础建设。

### （五）尽快出台相应考核评价体系，保障建设效果

根据全国本科教育大会精神，高等教育应该以本为本，落实立德树人根本任务，争创一流本科教育，"冲补强"计划作为解决广东高等教育发展不平衡不充分问题的重要举措，其考核指标应与此相互协调一致。"冲补强"计划实施一年以来，对建设成效的考核指标体系、教学质量评价体系以及对高等教育成效的考核评价体系还没有同步实现"回归"。建议尽快出台相应考核评价体系，并以此为依托和参照，决定下一年度发展扶持经费的拨付比例。同时，还要处理好"冲补强"考核评价指标体系与既有的高水平大学建设、高水平理工科大学建设等评价指标体系相互协调的问题。

作者单位：广东省教育研究院

# 美好生活与幸福指数：基于广东省的实证比较

郑方辉　陈晓绚

党的十九大报告提出"美好生活"概念，指出"我国社会主要矛盾已经转化为人民日益增长的美好生活需要和不平衡不充分发展之间的矛盾"。这一论断是对新时代我国发展战略的重新定位，客观上要求量化主要矛盾的两个方面。事实上，界定"不平衡不充分发展"已有较为清晰的标准和成熟的方法，但对美好生活的测量涉及主观范畴。与此相关的概念指向"幸福指数"。从实践实证来看，2011年，广东曾明确提出建设"幸福广东"的目标，相应地构建了评价指标体系，开展评价实证。新的历史条件下，如何厘清美好生活与幸福指数的关系，对于充分理解发展定位，正视现实矛盾，丰富理论研究具有重要意义。因为追求美好生活与幸福生活是人类发展的永恒主题。

## 一、评价说明

### （一）概念内涵

从理念上看，"美好生活指数"是对"幸福指数"的进一步拓展。亚里士多德第一次提出"美好生活"一词，他认为：美好生活是指人们在拥有基本的物质需求后，经过审慎思考而追求的生活方式，包含了自由、求知及更高层次的生活体验，是人们希望达到的某种生活状态。而所谓"幸福指数"，是衡量人们对自身生存和发展状况的感受和体验。即侧重于从个体感受来认识幸福，是对当下生活的真实体验。其哲学特征受两种幸福观影响，一是阿里斯底波的"快乐主义幸福观"，视满足欲望为幸福；二是亚里士多德推崇的"完善论幸福观"，将幸福作为人的潜能的充分发挥和自身价值的最大实现。因而，美好生活和幸福指数在哲学渊源上相近，但哲学特征却各有不同。

审视学说史，新制度经济学派认为，国家存在的两个关键目的：一是实现国民收入最大化，二是实现社会福利最大化。由此，从组织管理的视角，以考评为手段，驱动"为人民谋幸福"以及追求美好生活成为政府不容推卸的责任，进而要求量化"美好生活"和"幸福指数"。一般认为，1967年，Wanner Wilson 的《自称幸福的相关因素》发表为分水岭，美好生活进入量化研究阶段。同时和"幸福指数"一样纳入政府绩效评价的体系中，成为政府善治的衡量标准。如特朗普政府提出的"美国梦"、新加坡政府启动"智慧国 2025"十年计划、尼泊尔政府构建的跨喜马拉雅立体互联互通网络、我国乡村振兴战略及精准扶贫等蓝图举措，某种意义上都是国家追求美好生活的远景承诺和行动规划。

广东是中国最发达的省份之一。现代化进程中的所面对的矛盾和问题具有前瞻性。对"幸福指数"与"美好生活"测量与比较，是直面"GDP 至上"增长带来的社会经济问题的一面镜子。当然，幸福与美好生活毕竟不是同一概念，对两者关系探讨具有重要的学术价值。

### （二）指标体系

量化"美好生活"和"幸福指数"客观上要求构建科学合理的指标体系。技术层面上，美好生活评价强化社会整体生活状态，不同于幸福指数评价，可采用更多的客观指标。依据概念内涵，遵循系统性、典型性、独立性、可比性、可操作性的原则，针对美好生活理念、目标、准则等因素分解，作为层次分析法特例，按"两两比较"的原则确定层次中诸因素间的相对重要性，继而对各元素进行排序，确立各元素权重，从而构建指标体系。评价维度凸现政府作为、社会公正等客观指标，如图 1 所示。最终确定由收入支出、社会公正、生态环境、政府作为与人民满意 5 项一级指标（权重分别为 20%、20.3%、14.9%、15.1%、29.7%）、18 项二级指标和 40 项三级指标组成的指标体系。

"幸福指数"建立在主观范畴之上，采用了单一综合问题（如过去一年，综合各种条件，你的幸福感如何），进一步细化分项指标，通过抽样调查取得基础信息。根据英格尔哈特的幸福指数测量范式，将评价体系划分为总项评价与分项评价（满意度），构建综合幸福感与满意度为一体的指标结构，如图 2 所示。其中，满意度评价包括个人家庭因素、社会因素、自然因素、政府因素（权重分别为：17.1%、10.6%、5.5%、16.8%）。相对而言，幸福指数更加注重个人体验，二级指标及权重反映这一特点。

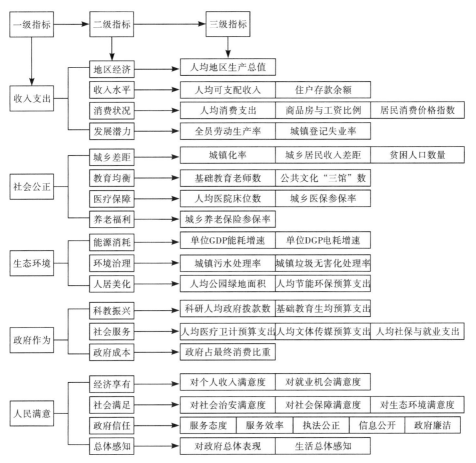

图 1　美好生活指数评价指标与维度

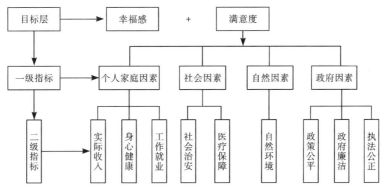

图 2　幸福指数评价指标结构与维度

## 二、评价结果

根据指标体系及政府统计年鉴与抽样调查获得的基础数据，计算 2018 年（针对 2017 年度）广东省 21 个地级以上市美好生活与幸福指数如表 1 所示。

表 1　2017 年度广东省 21 个地级以上市美好生活与幸福指数测量结果

| 地市 | 美好生活指数 | | 幸福指数 | | 人均地区生产总值 | | 年末常住人口数 | |
|---|---|---|---|---|---|---|---|---|
| | 得分 | 排序 | 得分 | 排序 | 数值（万元） | 排序 | 数量（万人） | 排序 |
| 广州 | 77.62 | 3 | 74.39 | 1 | 15.07 | 3 | 1449.84 | 1 |
| 深圳 | 85.21 | 1 | 73.94 | 4 | 18.35 | 1 | 1252.83 | 2 |
| 珠海 | 80.99 | 2 | 74.09 | 2 | 15.55 | 2 | 176.54 | 21 |
| 汕头 | 65.64 | 11 | 71.06 | 6 | 4.20 | 12 | 560.82 | 8 |
| 佛山 | 75.25 | 5 | 72.26 | 5 | 12.43 | 4 | 765.67 | 4 |
| 韶关 | 64.83 | 12 | 68.32 | 11 | 4.20 | 13 | 297.92 | 16 |
| 河源 | 67.04 | 10 | 66.85 | 16 | 3.07 | 19 | 309.11 | 15 |
| 梅州 | 67.16 | 9 | 67.62 | 15 | 2.46 | 21 | 437.43 | 11 |
| 惠州 | 68.15 | 8 | 68.32 | 11 | 8.02 | 7 | 477.70 | 9 |
| 汕尾 | 62.98 | 18 | 64.37 | 20 | 2.86 | 20 | 297.76 | 17 |
| 东莞 | 72.82 | 6 | 70.24 | 7 | 9.13 | 6 | 834.25 | 3 |
| 中山 | 75.50 | 4 | 74.07 | 3 | 10.57 | 5 | 326.00 | 14 |
| 江门 | 68.55 | 7 | 69.86 | 8 | 5.91 | 8 | 456.17 | 10 |
| 阳江 | 61.46 | 19 | 66.45 | 17 | 5.17 | 9 | 254.29 | 19 |
| 湛江 | 64.06 | 15 | 68.15 | 13 | 3.85 | 14 | 730.50 | 5 |
| 茂名 | 64.76 | 14 | 67.63 | 14 | 4.71 | 11 | 620.41 | 6 |
| 肇庆 | 64.82 | 13 | 68.64 | 10 | 5.15 | 10 | 411.54 | 12 |
| 清远 | 63.69 | 17 | 68.85 | 9 | 3.81 | 16 | 386.00 | 13 |
| 潮州 | 60.64 | 20 | 66.28 | 18 | 3.82 | 15 | 265.08 | 18 |
| 揭阳 | 56.30 | 21 | 63.53 | 21 | 3.26 | 17 | 608.60 | 7 |
| 云浮 | 64.00 | 16 | 65.20 | 19 | 3.22 | 18 | 250.54 | 20 |

上述评价结果呈现的特点是：第一，美好生活指数与幸福指数偏低。2017年度全省均值，前者为68.16，后者为69.05，较为相近。以5级衡量，未及良好等级。21个地级以上市中，美好生活指数在70分以上的有6个，80分以上的有2个；幸福指数在70分以上的有7个（无80分以上者）。这一结论吻合当前不充分不平衡发展的总体判断。

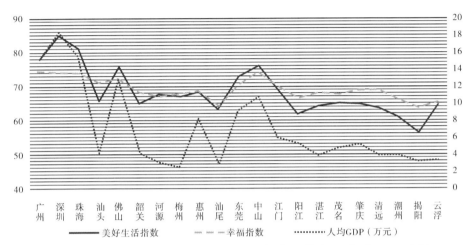

图3　21个地级以上市美好生活指数与幸福指数、人均 GDP 比较

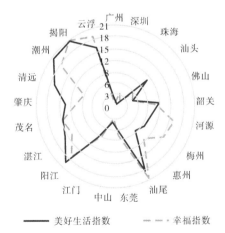

图4　21个地级以上市美好生活与幸福指数排名比较

第二，地市之间结果差异明显。美好生活指数前三是深圳（85.21）、珠海（80.99）和广州（77.62），潮州和揭阳排在全省后列；幸福指数前三是广州

（74.39）、珠海（74.09）和中山（74.07），汕尾和揭阳排全省后列。各地市之间的差距从特定角度印证了省内发展不平衡的现实矛盾。同时，经济发展只是美好生活与幸福指数的维度之一，但两者的走势却与各地经济发展水平存在一定关联性，如图3所示。

第三，社会整体生活与公众主观感知并非同步。由于美好生活指数侧重描绘当前社会的生活状态，幸福指数凸现公众个体的幸福程度。比较各市两者排名发现，差距较大的有清远（8位）、梅州（6位）、河源（6位）、汕头（5位），如图4所示。这种现象表明，创造美好生活并不必然引领人们走向幸福。正如学者Aloys所言："只有个人自己才能找到自己的幸福道路，即使国家知道如何使公民快乐，在实行过程中亦大都背道而驰。"换言之，美好生活是人们追求的目标，但若是生活在物质窘迫、社会极化、环境污染之中，生活美好与公众幸福将形成悖论。

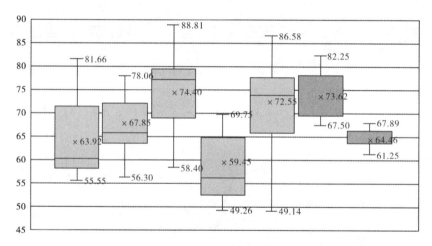

图5　美好生活与幸福指数各维度测量结果分布

第四，美好生活与幸福指数内部维度不均衡。综合来看，美好生活指数在生态环境方面明显优于个体收入和政府作为；而幸福指数则呈现出"感性幸福"优于"理性幸福"的特点。值得指出的是，7个维度中，美好生活指数的主观维度"人民满意"在内容上稍异于幸福指数"满意度"，但两者均值相差达9.16。进一步观察发现，这与"人民满意"维度中"政府总体表现满意度"及"政府信任"指标评分有关。然而，比较客观评价指标"政府作为"（59.45，评分最低），不难看出，人们对政府满意度远优于实际政府作为。换言之，尽管近年来经济转型和环境治理已取得成效，但"政府作为"客观评分偏低，构成短板。

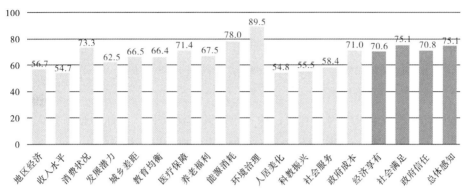

**图6  全省美好生活指数二级指标得分率（%）**

第五，经济收入、人居美化、科教振兴、社会服务等具体指标为制约美好生活水平提升的"短板"。从二级指标看，如图6所示，得分率较高的是环境治理（89.5%）、能源消耗（78.0%）等类别指标，得分率较低的是收入水平（54.7%）、人居美化（54.8%）、地区经济（56.7%）、科教振兴（55.5%）和社会服务（58.4%）。三级指标中，得分率较低的有人均节能环保预算支出、基础教育在校生均预算支出、科技研发人均政府拨款数、境内住户存款余额、城乡居民人均收入差距等。

## 二、结论与建议

作为一个新的概念范畴，"美好生活"指数旨在量化"社会主要矛盾"，提供理想生活的参照标准。而"幸福指数"的提法由来已久，将两者进行实证比较，有助于厘清现实差距，寻求"幸福缺口"，为推动社会进步，完善国家和地方治理提出有针对性的政策依据。

在广东省的实证比较显示，2017年度全省21个地级以上市"美好生活"指数的均值为68.16，"幸福指数"为69.05。其中"美好生活"指数最高的是深圳市（85.21），较低的为揭阳市（56.30）。从排序来看，珠三角地区除肇庆以外，其他8个市居全省前列，排序后5位依次是清远、汕尾、阳江、潮州及揭阳；粤东地区

除汕头外，排序均靠末位；粤西及山区中除梅州外，排序均处于中下位次。同时，"美好生活"5项一级指标均值差异较大，生态环境的评分最高（74.40），政府作为最低（59.45）。相比之下，"幸福指数"最高的是广州市（74.39），较低的是揭阳市（63.53），且全省公众"感性幸福"普遍高于"理性幸福"。从排序来看，珠三角地区除肇庆及惠州外，其他7个市居全省前茅，排序后5位依次是阳江、潮州、云浮、汕尾及揭阳，这与"美好生活"指数排序结果较为一致。不同的是，汕头、清远两市幸福指数位居全省前列。同时，全省"美好生活"与"幸福指数"排序情况与经济发展等因素有关，珠三角地区位居前列，从而印证了省内地区之间发展不平衡等现实矛盾。针对评价结果，我们提出以下建议：

一是减税降负，不断激活民间活力。广东作为改革开放先行区，经济总量一路上行，这虽然是美好生活与幸福指数评价的维度之一，但实证研究表明，各地经济发展水平与两者有所关联。如何激活民间活力，让经济成果惠及大众，是追求美好生活的重要举措。置于广东省情中，中小企业、自主品牌是广东创新创业的重要民间力量。所谓助推民间活力，并非让政府兜底式帮扶各行各业，而是在经济管理活动中将市场看不见的手释放出来，减轻企业负担家。此外，研究发现"执法公正""政府效率"等主观指标评分较高，而"科教振兴""社会服务"等客观指标评分较低，这说明政府不仅要减税降负，还需注重对市场外部利益进行干预，激励更多有益于推动社会服务、科教文卫等方面的民间创造，优化政府职能，简政放权，让社会多元主体参与管理。

二是关注民生，让人民拥有获得感。例如，深圳市在"美好生活"指数排名中位列全省第一，但与此同时，其"商品房销售单价与城镇就业人员月工资比率"指标得分仅有40，明显低于其他城市。这说明城市美好生活背后所谓"高涨不下"的房价问题依旧突出，"居无所住"将对人民"幸福"带来负向作用。政府的作用不局限于调控房价，还应让房产变得更有价值。置于公共管理的视域，相对于深圳，广州作为"幸福指数"排名居首的大城市，在完善推出公租房、人才房、安居房等住房政策方面不断作为，尤其是在部分老市区或农村地区继续保留"本土"建筑群落，反映了公众对安定生活的向往，有利于提升人民获得感与幸福感。

三是大湾区建设需同步振兴粤东西北。除汕头、清远"幸福指数"远高于美好生活指数外，省内大部分城市两者较为相近，并且珠三角地区普遍优于粤东西北，这从侧面印证省内地区之间发展差距悬殊。同时，自粤港澳大湾区战略提出以来，经济社会政策主要针对珠三角提出。如何为粤东西北创造机遇，成为广东发展面对的现实矛盾。因此，衔接两大区域发展战略，落实振兴粤东西北的各项政策，无疑是提高广东整体美好生活水平的重要关口。

四是提升公共服务质量，让人民掌握幸福权。应该说，目前政府公共服务规模已有较大的长进，但质量不尽如人意。结合"社会服务"与"政府成本"等指标评分结果，不难发现"政府作为"评分较低与政府提供公共服务高成本、低效能等问题有关。出路在于持续推进简政放权、放管结合、优化服务，不断提高政府效能。

五是正确处理经济增长与环境保护的关系。值得关注的是，广东各地市"环境治理"指标普遍评分较高，这说明在追求经济增长的同时，地方政府对环境治理投入足够的资源和耐力。但同时，各地市"人居美化"方面指标评分偏低。应动态调整经济增长与环境保护的关系，避免"一切截"，维护政策连续性和公信力。建设最佳宜商宜业宜居的生活生态圈，需要树立尊重自然、顺应自然、保护自然的生态文明理念，把生态文明建设放在突出地位，但同时，经济建设在现阶段始终是第一要务。

作者单位：华南理工大学公共管理学院

# 广东外贸高质量发展的成效、问题与建议

管 理

　　党的十九大报告指出，我国经济由高速增长转向高质量发展阶段，必须把提高供给体系质量作为主攻方向，推动形成全面开放新格局，建设现代化经济体系。报告特别提出，要拓展对外贸易，推进贸易强国建设。广东是外经贸大省，外贸发展具有良好基础。经过近 40 年大胆探索、拓展奋斗，广东已与 230 多个国家和地区建立了长期稳定的贸易往来关系，全省货物贸易进出口总值从 1978 年的 106 亿元增至 2017 年的 6.82 万亿元，占全国比重的 1/4，一直稳居首位。但问题的另一个方面是，长期以来我省外贸主要得益于特殊政策、毗邻港澳和成本比较优势，出口质量水平并不占优，产品档次集中于劳动密集型产品或高端产业的中低端环节，附加值低、全要素生产率与发达国家仍有较大差距。进入新的发展时期，我们必须更加深入研判面临的国内外发展形势，深刻剖析制约广东参与更高水平国际经济合作的瓶颈因素，充分依托对外贸易已具备的先发优势和发展基础，寻找增加外贸优质供给、提升发展质量和效益的路径和方法，加快推动广东由外贸大省向外贸强省转变。

## 一、十八大以来广东对外贸易发展现状良好

### （一）进出口基本保持稳定增长，外贸大省地位进一步巩固

　　党的十八大以来（2012—2017 年），广东货物进出口总额总体保持稳定，2013 年突破 1 万亿美元，2017 年达 10064.9 亿美元（按人民币计价，达 6.82 万亿元），连续 32 年居全国首位，占全国的 24.5%，比占全国比重比排名第二位的江苏高出 10.1 个百分点，占全球比重由 2012 年的 3.2% 提高到 2016 年的 3.8%（见图 1、图 2）。

图 1  2012—2017 年广东进出口额及增速（亿元）

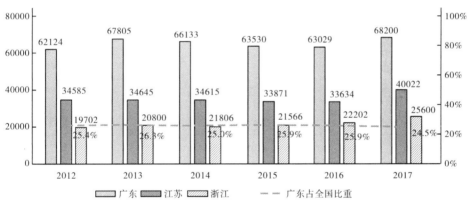

图 2  2012—2017 年广东、江苏、浙江进出口总额对比（亿元）

**（二）机电产品和劳动密集型产品为外贸主力，商品结构不断优化**

近五年，广东不断加强自身创新能力，大力支持具有自主品牌和知识产权的机电产品、高新技术产品出口，特别是机电产品作为我省出口中坚产品，为保障广东外贸增长和产品结构优化起到关键性支撑作用。2012—2017 年，广东机电产品出口年均增长 3.1%。2017 年，机电产品出口 2.86 万亿元，占全省出口总额的

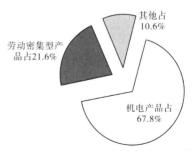

图 3  2017 年广东出口产品结构

67.8%，拉动全省出口增长 4.5 个百分点。2017 年，机电产品进口 1.74 万亿元，占全省进口总额的 66.9%，比 2012 年提高 7 个百分点（见图 3、图 4）。

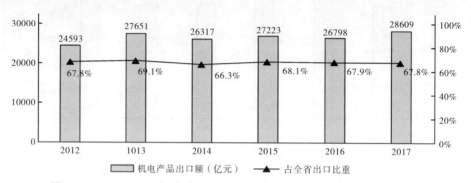

图 4　2012—2017 年广东机电产品出口额及占全省比重（亿元）

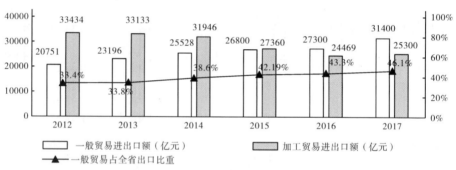

图 5　2012—2017 年广东一般贸易进出口额及占全省比重（亿元）

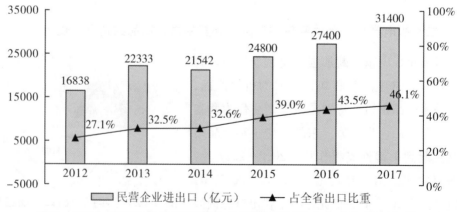

图 6　2012—2017 年广东民营企业进出口额及占全省比重（亿元）

### （三）"民营企业十一般贸易"成为稳定增长主要动力，内生发展动力增强

近五年，广东外贸企业加快转型升级，更加注重创新研发、创建自主品牌，民营企业在外贸领域异军突起，广东外贸从"外资企业＋加工贸易"到"民营企业＋一般贸易"的贸易模式转换步伐加快。2016 年，广东一般贸易年度进出口总额首次超过加工贸易。2017 年，一般贸易进出口 3.14 万亿元，占全省进出口总额比重达 46.1%，超过加工贸易 9 个百分点，比 2012 年提高 12.7 个百分点（见图5）。2017 年，民营企业首次成为广东第一大出口主体，进出口额达 3.14 万亿元，占全省进出口总额的 46.1%，拉动全省外贸增长 6.3 个百分点，比 2012 年提高19 个百分点（见图6）。

### （四）加工贸易转型升级成效明显，溢出效应不断提高

近五年，加工贸易对稳定我省外贸增长，促进经济发展和就业发挥了重要作用；同时，我省积极促进加工贸易创新发展，结构优化取得新成效。一是效益溢出效应明显。"十二五"时期，加工贸易对我省 GDP 直接贡献达 3.8 万亿元，占同期我省 GDP 的 12%。二是贸易溢出效应明显。"十二五"时期，加工贸易进出口对我省外贸进出口增长年均贡献率达 53.6%，有力支撑了全省外贸平稳发展。三是技术溢出效应明显。跨国公司越来越重视在华设立研发机构，先进技术呈现显性或隐性扩散趋势，截至 2015 年底，我省加工贸易企业设立研发中心 3753 个，平均每百家企业拥有 14.7 个研发中心。2015 年"委托设计"（ODM）生产方式比

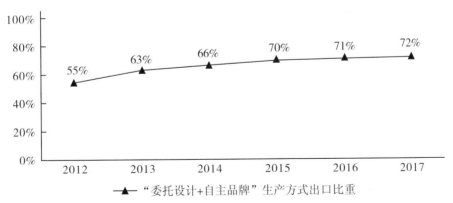

图 7　2012—2017 年广东加工贸易"委托设计＋自主品牌"（"ODM＋OBM"）生产方式出口占比

重达 39.4%，比 2010 年提高 13 个百分点。四是品牌溢出效应明显。我省加工贸易企业加快培育形成自主品牌，截至 2015 年底，我省加工贸易企业拥有品牌 2.2 万个，平均每家企业拥有 1 个品牌。2015 年"自主品牌"（OBM）生产方式比重达 30.6%，比 2012 年提高 1.6 个百分点（见图 7）。

### （五）服务贸易加快发展，与货物贸易发展趋向协调

2017 年，我省服务进出口 8316 亿元，五年年均增长 13.1%，占对外贸易总额（货物贸易＋服务贸易）的比重由 2012 年的 6.8% 提高至 10.9%，提升 4.1 个百分点（见图 8）。

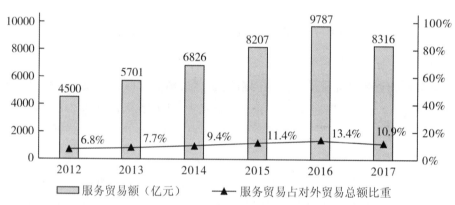

图 8  2012—2017 年广东服务贸易额及占对外贸易总额比重（亿元）

### （六）外贸新业态不断壮大，成为稳定增长的新生动力

近五年，广东外贸新业态增势迅猛，为我省外贸发展注入了强劲新活力。跨境电子商务拓宽企业直接进出国际市场渠道，有利于用"互联网＋外贸"实现优进优出。2017 年，广东跨境电子商务方式进出口 441.9 亿元，增长 93.8%，稳居全国首位。外贸综合服务试点企业以整合通关、退税、物流和融资等供应链各环节服务为基础，极大降低外贸企业交易成本。截至 2017 年底，全省共认定 67 家外贸综合服务试点企业及培育对象，为超过 6 万家中小微企业提供"一站式"服务。市场采购贸易成为促进外贸稳增长、转变外贸发展方式的新增长点和重要突破口，自 2017 年 3 月启动以来，广州花都市场采购贸易试点出口 815.1 亿元，月均增幅达 21.1%，居全国 8 个试点第二位。

## （七）对"一带一路"沿线国家贸易比重不断提高，市场多元化程度得到提升

近五年，我省大力开拓"一带一路"沿线国家和欧美发达国家市场以及俄罗斯、巴西、非洲等新兴市场，开通了中欧、中亚班列。2017年，我省对"一带一路"沿线国家累计进出口1.5万亿元，增长14.9%，较全省整体增速高6.9个百分点，占全省进出口的22.0%，比2012年提高5.6个百分点。对传统市场的依赖减弱，2016年，我省对香港进出口下降5.9%，占全省外贸总额的19.4%，比2012年下降3.8个百分点。

## （八）通关和贸易便利化水平进一步提升，对外贸易管理体制不断完善

近五年，我省不断深化外贸体制改革，减少和规范行政审批，进一步精简和完善各项涉证业务的办理流程。加强关贸、税贸、检贸、汇贸合作，建立信息共享联动机制，广东电子口岸首期开通启用，在全国率先实现"单一窗口"国家标准版全覆盖、推进关检合作"三个一"模式及陆路、港口口岸"三互"大通关模式，率先实施口岸开放审批制度和验收工作改革，口岸通关和贸易便利化水平进一步提升。截至2017年底，全省共开通国际集装箱班轮航线350条，与80多个国家（地区）的230个港口城市实现互联互通。2017年，经广东口岸进出口货运量47046.1万吨，比2012年增长23.7%；经广东口岸进出境人员4.1亿人次，比2012年增长24.2%；出入境交通工具2035.2万辆（艘、列、架）次，比2012年增长3.9%，总量均位居全国前列。

# 二、广东对外贸易面临的主要问题

## （一）核心竞争力不足、参与全球价值链分享能力偏低

当前，广东参与全球价值链仍过多限于对跨国公司价值链的被动适应，对传统发展模式形成一定路径依赖，对全球价值创造话语权不足，尚未形成以技术、设计、品牌为增值核心的竞争优势，对外贸易"大而不强"。一是从产品结构看，虽然我省机电产品出口规模大，但超过50%的机电产品由外资企业出口（2016年为54.1%），且主要以加工贸易方式开展（2016年为45.8%），我省主要从事加工和组装等产业链中低端环节，以赚取劳动力报酬为主，缺乏自主品牌。此外，技

术含量较低的劳动密集型产品仍占 2017 年我省出口总额的 1/5（见图 9）。二是从贸易方式看，2017 年加工贸易仍占我省进出口的 37.1%，同期，上海、浙江分别占比为 23.3% 和 10.0%（见图 10）。而且，我省加工贸易以外资为主导，截至 2015 年底，外资加工贸易企业占全省加工贸易企业的 80.4%。三是从进口看，我省企业核心技术和设备对外依存度高，企业核心技术主要通过境外公司授权或向其购买取得，相关产业关键设备和核心零部件高度依赖进口。如广东是国内最大的手机、计算机以及彩电生产和出口基地，但主要以整机组装制造为主，构成产品价值核心的集成电路以及软件环节缺失，严重依赖进口，2016 年，我省集成电路占全省进口商品总额比重达 26.2%。四是从贸易主体看，自主性不强。虽然民营企业已成为我省第一大出口主体，但 2016 年外资企业进出口仍占我省外贸总额的 49.2%，其中出口占 48.2%。

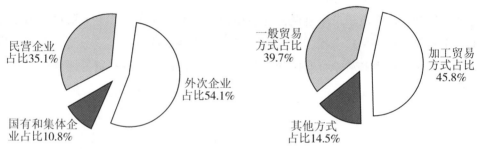

图 9　2016 年广东机电产品出口经营主体和贸易方式分析

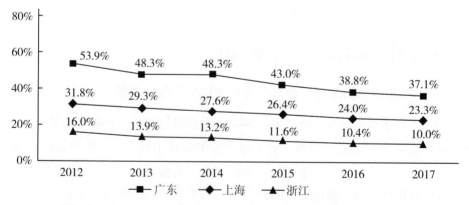

图 10　2012—2017 年广东、上海、浙江加工贸易占比对比

### （二）外贸配套服务体系发展不充分

我省作为对外贸易大省，但外贸服务配套能力整体较弱，自主国际营销渠道匮乏，制造业产品主要通过国外营销和网络渠道进入国际市场，货物贸易需要的大量国际运输、保险等贸易服务主要由境外公司提供。广东的服务提供者和企业在跨境生产组织管理中的贸易供应链、金融供应链、基础设施供应链、人才供应链以及公共服务供应链等方面整体水平偏低，导致广东对对外贸易利益控制权不足，巨大的贸易量未能有效转化为贸易利益，在全球价值链利益分配中处于弱势。

### （三）贸易结构、市场结构及区域发展不平衡

一是进口和出口贸易发展不平衡。2017年，我省出口占外贸总额的61.9%，而进口仅占38.1%，低于全国44.8%的水平，且我省进口占比近年仍呈现下降趋势（见图11）。二是服务和货物贸易发展不平衡。近五年，广东服务贸易虽保持高速增长，但2017年总值仍仅占对外贸易总额的10.9%，低于全国14.5%的水平。同时，我省服务贸易主要以旅游等传统服务项目为主，新兴领域服务贸易总量偏低。2016年，金融、技术服务、专业管理和咨询、知识产权使用费等新兴服务贸易仅占全省服务贸易总额的23.7%。三是市场结构发展不平衡。我省货物贸易市场主要集中在亚洲，对外贸易发展依赖香港局面仍未有效扭转，与欧美发达国家的直接经贸合作仍有待加强。近年来，广东对亚洲市场的贸易占比不断攀升，2016年占比为65.5%，出口达57.3%，其中，对香港出口占比高达30.3%（见图12），而对美国和欧盟进出口则分别只占12.6%和11.3%。四是区域发展不平衡。对外经济贸易合作区域高度集中在珠三角地区，2017年，珠三角9市货物贸易占全省的95.5%，而土地占全省70%、人口占全省50%的粤东西北12市产业基础薄弱、经济外向度低，外经贸主要指标对全省拉动率不足1个百分点（见图13）。

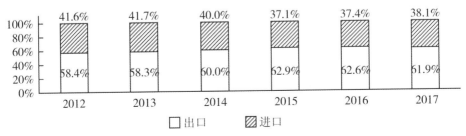

**图11　2012—2017年广东进口和出口占比对比**

图 12　2012—2016 年广东对香港出口占比

图 13　2012—2017 年珠三角和粤东西北地区进出口占比对比

### （四）外贸自主品牌建设力度有待加强

一是企业品牌意识依然较薄弱。部分企业认为自创品牌投入大、时间长、显效慢、风险大，不如贴牌生产省事，效益来得快；一些企业在品牌出口市场不做商标注册，商标保护意识淡薄；较多的企业品牌建设还只停留在国外商标注册等基础性工作上，品牌经营还未成为企业发展战略。二是品牌国际认可度有待提升。很多品牌产品因知名度不高、影响力不够而不被境外客商认可和接受，品牌企业无奈之下较多地以贴牌、无牌出口。据企业反映，许多国际品牌企业实力和资金雄厚，研发、设计能力强，拥有成熟的营销体系，进口商的经销实力也非常强大，它们只希望中国企业以低价提供高质量产品，不认可、不接受中方品牌，从而限制了企业自主品牌发展的空间和主动性。三是品牌运营成本高。创立自有品牌除需拥有一定的核心竞争力和成熟的产品质量外，对品牌的投入需花费大量金钱及时间。境外营销费用高，机电产品特别是家电、机械等商品如果以自主品牌进入欧美等市场，需要建立相应的营销网络和售后服务，并须拥有熟悉当地文化、语言的营销团队，广大中小出口企业难以承受巨额运营费用。

### （五）对外贸易体制机制亟待改进

一是当前广东对外贸易主要以货物进出口额为考核依据，对外贸高质量发展考核和激励不足，如尚未建立统一的自主品牌统计口径，缺乏完整有效的出口品牌扶持体系。二是外贸新业态管理体制机制亟待完善，税收、外汇等领域监管模式远落后于外贸新业态的发展，如市场采购贸易试点缺乏配套税收和外汇监管政策、外贸综合服务企业出口退税周期长等，在一定程度上制约外贸新业态发展。三是尚未建立起以信用管理为核心的监管体系，通关提效率和降成本未有实质性进展。长期以来，我国在进出口环节上海关、检验检疫、港口、税务、外汇等多部门根据对象不同，实行单独领导、分别执法的管理模式，规章制度繁多，各单位之间信息不能完全共享。虽然，当前广东通关便利化改革已全面启动，但改革措施主要集中在单个口岸管理部门内部，跨部门一次性联合检查改革进展缓慢。对标国际高标准贸易投资规则，在业务协调、系统适配、资源整合、风险防控等领域影响通关效率问题依然存在，口岸通关相关收费环节和明目较多，费用较高且不透明，监管效率低下和贸易成本增加，削弱了我省产品出口的竞争力。

## 三、未来一个时期国际贸易形势的研判

### （一）世界经济在波动中逐步复苏，贸易市场总体向好

走过"新平庸"危机十年，2017年以来，世界经济渐次摆脱危机阴影，进入相对强势复苏轨道，周期性因素和内生增长动力增强，金融环境改善，市场需求复苏，2017年全球经济实现3%的总体增长，是自2011年以来全球经济增长最高纪录，全球2/3的国家都经历了强劲增长，许多国家劳动力市场指标持续改善。同时，全球贸易也在2017年出现反弹，前八个月全球商品贸易处于后金融危机时代最快增长速度。世界经济持续复苏仍是支撑贸易复苏重要条件，WTO预计2018年全球货物贸易量增长3.2%。但世界经济新一轮发展周期核心是技术革命引领的新动力，从中长期看，当前的复苏增长背后缺少科技革命和产业变革的动力支撑，全球经济复苏力度和可持续性仍难言乐观，世界经济仍待具有革命意义的科技创新、产业创新等新的发展引擎。短期内相对宽松的世界经济、贸易环境，为我省外贸稳定增长和高质量发展提供了良好的外部条件。同时，历史上每一次

经济危机都催生着科技革命的因子，每一次危机过后都会迎来新技术发展的高潮，新能源、信息技术、生物产业、新材料等各种技术和产业加速融合发展，并在此基础上形成横跨众多产业领域的新业态和新模式，为我省外贸转型升级提供了新机遇。

### （二）欧美国家贸易保护主义抬头，国际市场竞争加剧

与此同时，以欧美发达国家为主的发达经济体，仍未完全摆脱金融危机冲击的心理阴影。特朗普政府的"美国优先"策略推动单边主义与贸易保护主义相叠加，世界主要经济体在经济政策上"逆全球化"倾向愈发严重。各国纷纷实施显性或隐性的贸易保护政策和措施，影响国际市场的公平竞争。多边贸易体制的权威性受到严重削弱，新一轮谈判难以取得预期的效果。2017年，我国共遭遇21个国家（地区）发起贸易救济调查75起，涉案金额110亿美元。中国已连续23年成为全球遭遇反倾销调查最多的国家，连续12年成为全球遭遇反补贴调查最多的国家。国际贸易环境较多的不确定因素，将对未来一段时期我省贸易环境产生影响，包括特朗普不承认中国市场经济地位、欧盟修改反倾销法律、继续"替代国"做法等，对我省扩大出口形成制约。

### （三）"一带一路"合作畅想的推进，为广东加快贸易市场拓展和国际产能合作提供新机遇

随着"一带一路"建设深入推进，企业越来越多通过投资并购获取先进技术和管理经验以及市场营销网络，对外贸易和对外投资有效互动逐渐形成，外贸发展将逐渐由量的扩张转向质的提升，发展新动能正在积聚。国家赋予广东"一带一路"的战略枢纽、经贸合作中心和重要引擎的定位，根据国家信息中心发布的《"一带一路"大数据报告》，广东在各省市参与度指数排名中，已连续两年位居全国第一，未来"一带一路"建设将引领广东开放合作新格局，"一带一路"建设的全面推进为广东外贸发展创造新空间、提供巨大机遇。

### （四）周边地区（国家）和沿海沿边省区与广东形成竞争态势，倒逼我省加快外贸转型升级

从国外看，我省原材料、劳动力、土地、环境等生产要素约束不断趋紧，同时我省主动调整产业结构，对外贸易原有比较优势和政策红利逐渐弱化甚至消失，

外贸发展面临欧美发达国家"再工业化"和东南亚等周边发展中国家利用低成本优势承接产业转移的"双重挤压"。近年广东实际利用外资出现下滑迹象，2016、2017年广东实际利用外资分别下降13.1%和1.9%；广东出口增长也出现一定波动，2015年微增0.8%、2016年出口下降1.3%。从国内看，当前国内各区域板块崛起，竞争日益激烈。随着国内区域经济一体化加快推进，在机制体制创新以及要素资源重新配置的推动下，各区域迸发出强大的活力，广东面临的区域竞争将日益激烈。一是广东与长三角之间的竞争，将主要集中在上海率先获得新一轮改革释放的制度红利，并由此形成对高端产业和高端要素的巨大虹吸效应。随着上海自贸区各项制度不断完善，产生巨大的集聚和辐射能力，吸引、集聚相关高端企业以及企业中的高端部门、高端人才、创新要素等加快向长三角地区流动。目前，上海外资跨国公司总部和研发中心数量居全国首位，先进制造业、现代服务业在国内领先，对广东经济发展和产业升级提出新挑战。二是广东与京津冀地区竞争，将集中在综合实力以及产业竞争力的赶超。京津冀将通过顶层设计打造成为引领中国经济发展的"第三极"，在一体化机制下，京津冀现有产业将形成梯队的产业层级，在产业空间布局和产业链衔接方面协作发展，逐步形成产业合作紧密、分工明确、跨区域的产业集群，产业整体竞争力将大幅提升。广东先发优势面临京津冀后发优势的挑战。三是广东与中西部地区的竞争，则主要体现在国家政策倾斜所带来的挑战以及对技术型人才的争夺。国家在产业配置和重大项目安排上优先向中西部重要城市和地区倾斜，中西部在承接产业转移、梯度升级转型过程中对技术型人才需求亦将扩大，因此来自中西部地区的竞争不可小觑。不进则退，广东必须在推动外贸高质量发展上，大胆探索和创新，才能在未来开放型经济竞争中保持排头兵的地位。

# 四、广东外贸高质量发展指导思想和目标

## （一）指导思想

全面贯彻党的十九大精神，以习近平新时代中国特色社会主义思想为指导，用"三个定位、两个率先"和"四个坚持、三个支撑、两个走在前列"总揽工作全局，以推动外贸向优质优价、优进优出转变为方向，以创新驱动发展为核心战略，以供给侧结构性改革提升对外贸易国际竞争力为支撑，推动培育出口品牌和

自主营销体系建设，大力发展外贸新业态，促进服务贸易创新发展，优化对外贸易布局，增强货物贸易和服务贸易的互动性、协调性，努力构建与国际贸易规则相适应的开放型经济新体制，不断提升全球配置资源能力和水平，加快培育国际经济合作和竞争新优势，提升广东在全球价值链中的地位和作用，推动由贸易大省向贸易强省转变。

**（二）目标**

力争到 2022 年，以技术、标准、品牌、质量、服务为核心的对外贸易新优势逐步建立，与国际贸易通行规则相衔接的开放型经济新体制不断健全，在全球产业链、供应链和价值链中的地位显著提升，贸易强省初步确立。

——货物贸易实现优质优价、优进优出。一般贸易和民营企业为主导的外贸格局进一步巩固，一般贸易进出口占比达 50%，民营企业进出口占比超 50%，自主品牌产品和高新技术产品出口占比不断提高，全省共培育认定 400 家左右出口名牌企业，新业态出口成为重要增长点；进口规模进一步扩大，先进技术、关键设备及零部件、战略性资源能源等进口大幅提高；多元化市场格局更趋完善。

——服务贸易加快增长，创新能力明显增强。服务进出口总额占对外贸易比重达到 18% 以上，现代服务出口占全省服务出口总额的比重达到 35%，率先实现粤港澳服务贸易自由化，服务贸易创新模式不断涌现。

——口岸开放布局进一步优化，贸易便利化水平显著提升。初步建成亚太地区最开放、最便捷、最高效、最安全的客流和物流中心，基本形成全方位、立体化、网络化、与世界互联互通更加紧密的口岸开放新格局；实现国际贸易"单一窗口"建设全覆盖，与泛珠三角区域及内陆沿边地区基本实现口岸通关一体化，与港澳台、"一带一路"沿线国家口岸通关更加便利。

——高层次开放型经济基本形成，对外贸易新优势明显增强。以技术、标准、品牌、质量、服务为核心的对外贸易新优势逐步建立，外贸竞争力方式由产品为核心向服务、营销、金融相结合转变，管理手段由行政管理向服务协调转变，在全球产业链、供应链和价值链中的地位显著提升。

# 五、促进广东外贸高质量发展对策建议

## (一) 创新外贸工作考核机制,构建质量效益导向型外贸促进体系

一是改革目前以货物进出口贸易数量为核心的外贸工作考核体系,从我省外贸现状与发展特点出发,研究制定一套突出综合服务体系及法治化国际化营商环境建设的评价体系,强化对自主知识产权产品出口、自主品牌产品出口、民营企业进出口等外贸质量指标进行考核评价。二是全面梳理现有外贸促进及扶持政策,结合新的考核评价体系,对推动外贸转型升级作出相应政策安排,建立商务、海关、检验检疫、知识产权等方面综合性外贸扶持政策体系,推动我省对外贸易从追求数量规模型向质量效益型转变。三是建立出口企业联系机制。相关职能部门一名党员负责联系一个外贸大企业,及时协助其解决生产经营中遇到的具体问题并通过对外贸转型升级政策解读等开展指导,对于其他中小微企业可采取指定工作人员作为联系人,通过定期座谈、访谈等方式开展工作。

## (二) 推进外贸供给侧结构性改革,实施以质取胜战略

一是促进贸易政策与产业政策相衔接,推动产业和外贸互动发展,将新兴产业领域优势转化为国际市场竞争优势。贸易作为产业链的环节要以产业发展作为基础,反之贸易也会对产业发展产生重大影响,应把握外贸产业发展趋势,加快培育战略性新兴产业和新业态,发展壮大先进制造业,改造提升优势传统产业,全面推进绿色制造,提高珠江东岸电子信息产业和珠江西岸先进装备制造业产业综合竞争力,加快形成以提高全要素生产率为支撑的现代产业体系,推进外贸供给侧结构性改革,加强部门协同互动,通过资金扶持、境外贸易推广活动等实现贸易政策与产业政策的衔接,形成政策合力,将我省在新兴产业领域优势转化为国际市场的竞争优势,提高外贸供给体系质量和效率。二是实施外贸企业质量能力提升工程,巩固传统优势产业出口竞争优势。建立和提升传统优势产业先进标准体系,建立国际认可的产品检测和认证体系,开展广东优质产品质量国际对比研究提升工程,研究制定一批达到国内领先、国际先进水平的产品、服务、制造等广东标准,推进出口质量安全示范区建设,提高纺织、服装、箱包、鞋帽、玩具、塑料制品等劳动密集型产品和陶瓷、建材等资源密集型产品质量、档次和技

术含量。不断提升广东传统出口产品质量、档次和创新要素比重，推动外贸向优质优价、优进优出转变。

### （三）以创新驱动发展为动力，推动外贸发展方式转变

一是加大外贸品牌培育力度。建立完善广东省出口名牌企业评价体系，出台外贸品牌专项扶持政策，实施"自主品牌出口增长计划"，协调海关在报关系统增加品牌产品出口填报模块，建立品牌产品出口海关统计机制，鼓励企业开展自主研发和品牌培育，建立品牌设计、营销、推广中心，支持企业在境外注册商标和申请专利，培育一批具有全球影响力的自主品牌，并鼓励被认定的出口名牌企业入驻广东名优商品境外展销平台。积极利用重点展会、跨境电商平台和境外媒体宣传推广出口名牌企业和产品，并予以资金支持。完善品牌维权与争端解决机制，建立知识产权涉外应对和援助机制，研究成立海外知识产权维权平台。二是促进加工贸易创新发展。建立稳定透明的加工贸易政策支持体系，引导加工贸易企业加速延伸产业链、价值链，吸引外资加工贸易企业在粤设立采购中心、分拨中心和结算中心，支持加工贸易企业由"单纯生产制造"向"生产服务混合型"转变，推动加工贸易与互联网融合发展，积极发展总部经济和生产线服务业。完善加工贸易"双转移"合作机制，推动粤东西北地区加工贸易产业集群发展。三是培育外贸转型升级基地。支持外贸转型升级基地加强技术、质量、品牌、服务等公共服务体系建设，培育形成一批产业优势明显、区域特色鲜明、公共服务体系完善的专业型转型升级基地和综合型转型升级基地，增强我省特色产业集群优势产品在国际市场的竞争力。四是建设外向型公共技术创新平台。鼓励企业依托广东自贸试验区、有条件的地市引进先进技术和设备，建设基于外贸服务的公共技术研发平台、公共实验室、产品设计中心和标准、检测认证中心等公共服务平台。

### （四）加快构建自主营销体系，更大范围更高层次参与国际分工合作

一是开展"国际营销网络覆盖行动"，鼓励出口企业构建自主的境外营销网络。支持一批有品牌优势和市场基础的企业到境外设立地区销售总部或贸易代表处，建设一批推广效果好的展示中心和市场渗透能力强的零售网点等，推行连锁经营、专营、专柜或许可经营，优化现有广东名优商品展销中心新增项目建设和布局，特别是在"一带一路"沿线等重点国家和地区建设更多广东贸易中心，鼓励通过并购获得国际销售网络，构建高质量海外营销体系。鼓励企业赴境外设立

售后服务中心、维修基地和零配件销售中心。二是推动广东产品海外仓储和分拨中心建设。支持我省港口、海运、陆运、航空、快递、货代及第三方物流等骨干企业加快在主要贸易国家的主要交通枢纽、节点建立保税物流园区、商贸物流中心和物流分拨中心，拓展物流基础设施网络，完善广东商品境外供应链服务体系。三是加强口岸互联互通。继续积极推进广东（石龙）铁路国际物流中心等项目建设，打造我省铁海多式联运重要枢纽，在主要贸易国家组织开展口岸通关环境推介和口岸物流推介交流，为广东产品开拓国际市场提供便利化通关环境。

### （五）以实现多元化发展为方向，促进外贸平衡发展

一是积极参与"一带一路"建设。搭建与沿线国家的国际贸易平台和通道，探索与沿线国家在货物通关、检验检疫、自贸园区合作等领域建立合作机制，将广东建设成为与沿线国家交流合作的战略枢纽和经贸合作中心。二是实施市场多元化。全面加强与欧美等发达国家经贸合作；充分利用中韩、中澳、中国—东盟等自贸协定，强化与东盟、日韩、港台等周边国家和地区的贸易往来；大力拓展非洲、中亚等新兴市场。三是实施更加积极的进口政策。优化《鼓励进口技术和产品目录》，围绕产业转型升级和结构调整需求，积极扩大先进技术设备和关键零部件等中间品进口。推动建设进口商品国别中心（博览馆），鼓励我省企业设立以货源国特色产品贸易为主的国别进口公司，主动扩大"一带一路"沿线国家进口。积极支持融资租赁和金融租赁企业开展先进设备进口融资租赁业务，建立先进设备融资租赁市场，加快实现符合条件进口设备减免税政策全覆盖，加大现代化产业体系建设亟须技术和装备的进口力度，稳定资源进口，促进节能减排。围绕居民消费升级，合理增加优质消费品进口，降低进口税率，减少中间环节，引导境外消费回流。探索建立进口技术转移基地，推动国际化优势技术向我省转移。积极打造一批集商流、物流、资金流、信息流于一体，有形市场和电子商务平台相结合的进口展示和交易平台，鼓励企业在海关特殊监管区域设立采购中心、分拨中心和配送中心。四是推动区域均衡发展。发挥珠三角地区对外开放门户作用，加快从加工装配基地向研发、先进制造基地转变，推进服务业开放先行先试。提升粤东西北地区开放水平，稳妥推进将整机生产、原材料配套和研发、结算等向粤东西北地区转移，形成上下游相互配套、专业化分工合作的产业链，加快构建优势互补、错位发展、协调共享的外贸发展格局，打造对外贸易走廊。

### (六) 大力促进新业态发展，增强外贸竞争新优势

一是加快发展跨境电子商务。加快推进广州、深圳国家跨境电子商务综合试验区建设，争取国家在我省新增试点城市，着力在跨境电子商务技术标准、业务流程、监管模式、公共服务平台和园区载体建设等方面先行先试。全面推广跨境电商出口业务，鼓励开展跨境电商进口业务试点，支持企业建设跨境电商海外仓。推动建立与跨境电商相适应的海关监管、检验检疫、征 (退) 税、跨境支付、物流等监管方式。二是支持外贸综合服务企业和供应链龙头企业发展。鼓励我省外贸综合服务企业和供应链龙头企业通过兼并重组等方式做大做优，鼓励与跨境电商、市场采购等贸易新方式相结合，提升通关、物流、退税、金融、保险、供应链等综合服务能力，为广大中小企业参与外贸经营提供有力支撑。加强各监管部门间的信息共享，搭建综合风险防控平台。支持省属大型贸易企业从传统贸易商向国际贸易综合服务商转变。三是促进市场采购贸易发展。在省内较为成熟的专业商品市场推广市场采购贸易试点，探索"集中仓储、联网申报、前移检验、有效监管"的新型市场采购监管模式，加快全省与试点地区贸易及配套监管互通。四是大力发展融资租赁。支持通过融资租赁方式扩大高端设备进口。支持融资租赁企业与境外工程承包方合作，为境外基础设施工程建设提供施工设备租赁。

### (七) 实施服务贸易创新发展战略，推动货物贸易与服务贸易协调均衡发展

一是提升服务贸易战略地位。着力扩大服务贸易规模，推进服务贸易便利化和自由化。依托大数据、云计算、物联网、移动互联网等新技术，促进服务贸易创新发展。二是根据服务业发展水平和承受能力，争取国家支持有序扩大金融、教育、文化、医疗等服务贸易领域对外开放，逐步放宽服务贸易各领域商业存在注册资本、股权比例、经营范围等方面的准入限制，进一步促进服务贸易领域对外开放，提高服务业利用外资水平。三是扎实推进广州、深圳服务贸易创新发展试点，重点对服务贸易管理体制、发展模式、便利化等8个方面的制度建设进行探索。四是创新服务贸易金融服务体系。鼓励保险机构创新业务，探索推出更多、更便捷的外贸汇率避险等险种。加大多层次资本市场对服务贸易企业支持力度，大力推进服务贸易和资本项下人民币结算试点。五是提高货物贸易服务附加值。

促进制造业与服务业、货物贸易与服务贸易协调发展。大力发展金融服务、保险服务、资讯管理服务、计算机信息服务等生产性服务业,带动货物贸易发展。六是积极推进大湾区建设,深化粤港澳服务贸易自由化,加快制定与国际接轨的服务业标准化体系,出台实施细则和解释条文,对不同服务行业的申办条件、登记程序、审批期限及港澳专业人士申请内地执业资质等给予明确指引,依法赋予粤港澳贸易自由化省级示范基地复制自贸区政策。七是促进服务外包升级。以国家级服务外包示范城市为核心,以省级服务外包示范城市、园区、企业等为依托,大力发展信息技术外包、业务流程外包和知识流程外包,构筑特色鲜明、错位互补的服务外包产业发展格局。

### (八)加快推动走出去发展,拓展外经外贸增长新空间

一是支持企业开展国际化经营。引导优势产业和企业"走出去"进行全球布局,培育一批大型本土跨国企业,引导企业积极参与全球资源配置。重点推动纺织服装、食品加工、家用电器、建材、家具、通用装备等优势产业企业"走出去"建设海外生产基地,带动成套生产装备和中间产品出口。二是加快对外投资与对外贸易的有效互动。建立我省"走出去"行业企业联盟,由龙头企业、企业联盟、行业商协会、金融机构牵头,推动"产融结合、央地合作、企企抱团",实施上下游产业结合链条式"走出去",建设一批境外经贸合作区和广东境外产业园。加大对国际产能合作、装备设备出口、大宗商品贸易、对外承包工程、境外直接投资的投融资支持力度,支持行业龙头企业通过战略性并购延伸产业链,带动广东装备、技术、资本、产品和服务走出去。三是以商业模式"走出去"带动自主营销网络建设。复制推广一批价值定位独特、业态搭配合理的成功商业模式,实现"产品+服务+品牌"的捆绑式出口。

### (九)深化自贸试验区改革创新,构建高标准国际投资贸易规则体系

一是构建高标准国际投资贸易规则体系。对标国际先进标准,进一步出台降低国际贸易成本、推进贸易投资自由化便利化,建设智能化大通关体系,完善新型贸易业态监管模式,提高跨境贸易金融服务水平,打造贸易制度环境高地。二是建设市场化国际化法治化营商环境。继续把"放管服"改革作为转变政府职能的核心任务,进一步下放管理权限,赋予自贸试验区更大改革自主权,减少行政审批事项。着力建立健全事中事后监管体系,探索建立统一信用平台、全流程市

场监管体系，创新贸易综合监管模式，构建统一的知识产权行政管理和执法体制。深化"互联网＋政务"模式，建设智慧自贸试验区。健全法律服务体系，发展国际仲裁和调解。

### （十）强化保障措施，构建促进外贸转型升级创新发展的长效机制

一是探索建立促进外贸长期稳定发展的财税金融政策体系。加强对外贸企业政策性信贷和保险支持，完善公共服务平台资金扶持机制。扩大进口贴息范围和覆盖面，鼓励先进技术设备、高端生产性服务等进口。强化外贸金融保障机制，支持外贸企业跨境人民币融资，鼓励跨境贸易人民币结算，减少汇率风险对外贸影响。二是扩大出口信保规模和覆盖面，力求做到应保尽保。研究成立地方进出口信用保险公司，采取省财政与金融机构共同出资方式，为我省进出口提供保障。三是降低外贸企业经营成本。全面清理进出口环节行政事业性收费，在全省口岸推进落实免除查验没有问题的外贸企业吊装、移位、仓储费用试点工作，提高非侵入、非干扰式检查检验比例。四是持续提升口岸通关便利化水平。创新大通关协作机制，进一步推进完善国际贸易"单一窗口"建设，加快推进广东电子口岸平台建设，建立通关时间通报和监督机制，提高通关效率。五是加强公平贸易维护。妥善应对贸易摩擦大案要案，做好重点领域贸易摩擦案件的预警防范，强化"四体联动"（即商务部、地方商务主管部门、商协会、企业）综合应对机制，加强公平贸易工作站建设，建立产业安全预警体系。

作者单位：广东省人民政府发展研究中心商贸金融研究处

# 广东与印度地方经济合作的若干思考

左连村

## 一、加强中印地方经济合作具有重要意义

### （一）加强中印地方经济合作是建立中印战略合作伙伴关系的必然要求

加强中印地方经济合作是在中印双方共同推动建立中印战略合作伙伴关系的大背景下展开的。

2013 年，习主席会见印度总理辛格时就强调抓住机遇携手合作推动中印战略合作伙伴关系迈上新台阶。

2014 年，习主席成功对印度进行首次国事访问，双方确立了今后加快建立面向发展的伙伴关系大方向。

2015 年 5 月，习主席在西安会见印度总理莫迪时指出，双方应该顺应历史潮流和各自实现民族复兴的战略需要，构建更加紧密的发展伙伴关系。

2015 年 7 月，习主席在俄罗斯乌法会见印度总理莫迪时指出，今年 5 月，我们在中国西安就充实中印战略伙伴关系内涵，构建两国更加紧密的发展伙伴关系达成重要共识，向两国人民和国际社会传递了中印两大发展中国家携手合作、共同发展的积极信号。

2016 年 5 月，习主席在人民大会堂同印度总统慕克吉举行会谈。两国元首同意共同努力，发扬中印文明互鉴传统，加强两国全面合作，将中印战略合作伙伴关系推向新高度，促进双方共同发展，为地区和世界和平与繁荣作出更大贡献。

2018 年 4 月，习主席同印度总理莫迪在武汉市举行非正式会晤。两国领导人对两国关系全局性、长期性和战略性的问题交换意见，对两国关系产生了深远和

长期影响。

习近平主席为中印合作确立的中印战略合作伙伴关系的发展定位，为中印地方经济合作指明了方向。

中印地方经济合作受到中印两个国家整体合作格局的影响。国家间的合作关系与地方之间的合作相辅相成，相向而行，中印整体经济合作关系引导和制约中印地方经济合作关系，地方经济合作成为两国整体经济合作关系内容、表现和基础。在中印关系迅速发展的形势下，中印地方经济合作成为建立中印战略合作伙伴关系的必然要求。

### （二）中印地方经济合作进入新阶段对促进中印整体经济合作意义重大

在中印战略合作伙伴关系发展的推动下，2015 年 5 月，首届中印地方合作论坛在北京召开，李克强总理同莫迪共同出席中印地方合作论坛。

李克强总理表示，中印举行首届地方合作论坛，是两国关系中具有重要意义的大事。两国开展地方交流与合作是一个非常好的开端。李克强总理把中印地方合作看成大事，说明地方经济合作在两国合作关系中举足轻重，必须认真对待。两国开展地方交流与合作所为一个好的开端，说明在原来地方合作基础上进入了一个新发展阶段。

首届中印地方合作论坛的召开，说明中印地方经济合作在促进中印建立更加紧密的发展伙伴关系中的重要性，也体现出加强中印地方经济合作是建立中印战略合作伙伴关系的必然要求。中印地方经济合作的强化和发展标志中印地方经济合作进入新的历史阶段，对促进中印经济合作将有重大意义。

### （三）中印地方合作在建立中印更紧密伙伴关系中发挥积极作用

在中印发展更加紧密伙伴关系的背景下，地方的合作可以发挥双方更大的积极性和创造性，进一步推动中印双边经济合作更深入的发展，这是由中国改革开放的实践经验得到的启发性结论。中国改革开放 40 年经济社会发展取得巨大成就，一个重要原因是充分调动中央和地方两方面的积极性，激发市场活力和社会创造力，在这方面，地方政府发挥了重要作用。

中印两国是人口最多的两个发展中国家，都在推动工业化、城镇化建设，国内市场需求强劲，当前中印关系发展迅速，双边地方交流与合作面临新机遇，在中印双方的共同努力下，中印两国开展地方交流与合作将会激发出巨大的市场活力和社会创造力，双方地方交流与合作将会不断加深，合作层次将不断提升。通过加强双方地方交流与合作，把中印双方的整体合作关系推向一个更高水平，为中印两国更加紧密伙伴关系的发展做出重要贡献。

## 二、中印地方经济合作的现状

### （一）中印双方地方经济合作正在发展中

第一，从贸易合作来看，中印双方贸易关系源远流长。据印度商业信息统计署与印度商务部统计，2017年印度与中国双边货物进出口额为845.4亿美元，增长21.4％。其中，印度对中国出口124.8亿美元，增长39.3％；印度自中国进口720.5亿美元，增长18.7％。印度与中国的贸易逆差595.7亿美元。2018年印中双边贸易同比增长18.63％，达到近900亿美元的历史新高。然而，印度与中国的贸易逆差贸易赤字仍维持在600亿美元左右的高位。这个数字比起前几年的印度对中国的逆差又有进一步扩大。为了缓解印中贸易逆差问题，中国在允许印度农产品进入中国市场问题上，已经取得积极进展，中国将去除农产品、药品和IT服务进口上的监管障碍。中印整体贸易格局客观上也反映了中印地方贸易的基本格局。

第二，从投资合作的角度看，中印地方经济合作相对较晚，主要是在21世纪初期开始伴随着中印整体经济合作的加深而逐步展开的。但总的来看，在2014年之前，中国对印度的投资微乎其微，只有4亿美元。直到2015年印度总理莫迪访华期间，中国向印度承诺未来5年投资200亿美元。于是国内一些企业敏锐地洞察到印度经济潜在的巨大机会，开始抢先布局。比如徐工机械、金信诺、海润光伏、福田汽车、美的集团、山东重工、华为、中兴、TCL、金立、VIVO、阿里、上海宝钢、特变电工、上海海立、百度、小米、海尔、万达、华夏幸福、三一重工、携程、滴滴等企业纷纷进入印度市场。截至2016年12月，中国已经累计向印度投资了40.7亿美元，印度向中国投资了6.5亿美元。其中60％的中国资本集中在印度的汽车领域。同时，从投资的地方来看，近年中国企业正在从古吉拉特邦向马哈拉施特拉邦、安得拉邦、泰米尔纳德邦、哈里亚纳邦等几个邦迁移。尽管目前的投资规模不算大，但声势显著。

比如长安、东风、比亚迪及长城4家中国车厂正在与印度安德拉邦、古吉拉

特邦、马哈拉施特拉邦等地方邦政府商讨投资建厂事宜，准备进军印度市场。古邦是中资企业在印度的主要聚集地之一，有近50家中资企业来此投资兴业。特变电工在古吉拉特邦建成并成功运营产业园区，上海宝钢、上海海立等都已经在古吉拉特邦设厂。万达集团计划投资100亿美元在哈里亚纳邦建设万达产业新城，打造世界级综合性产业园区。计划引入软件、汽车、机械、医疗等产业，同时规划建设万达文化旅游城及住宅新区。华夏幸福也与哈里亚纳邦政府就产业新城项目达成初步合作意向，等等。

第三，从两国缔结友好省邦来看，目前两国地方合作迅速发展，两国建成的友好省邦和友好城市已达13对之多。中印地方经济合作已经签订了四批缔结友好省邦协议书。

第一批：2013年10月，北京、成都、昆明分别与印度德里、班加罗尔、加尔各答签署建立友好城市关系协议书。

第二批：2014年9月，广东省与古吉拉特邦缔结友好省邦协议，上海与孟买、广州与艾哈迈达巴德缔结友好城市协议。

第三批：2015年5月，四川省与卡纳塔卡邦、重庆市和金奈市、青岛市和海德拉巴市、敦煌市和奥朗加巴德市建立友好省邦/城市关系。

第四批：2016年，贵州省与安德拉邦、济南市与那格浦尔市、新疆昌吉回族自治州与古吉拉特邦巴罗达市结成友好省邦/城市。

可以看出，中印地方经济合作正在向好的方向发展。

**（二）中印地方经济合作应重点开拓的领域**

从目前的合作意向和合作现状来看，除开贸易之外，在投资领域两国地方合作主要表现在，先进制造（主要集中在汽车领域）、信息技术、智慧城市、金融、基础设施建设、机械、医疗等产业的合作，同时也涉及文化、旅游、住宅等领域。双边贸易、双向投资相互交织的合作局面正在形成。

从更广泛的意义上看，地方合作也要推进双边贸易自由化进程，提升货物贸易力，广泛拓展服务贸易。中印地方之间的相互投资可以在农业、制造业、基础设施等领域广泛展开。目前印度对中国企业开放广泛的投资领域，包括基础设施建设、制造业、电器机械设备及器材、化工、制药、电力、通信等领域，同时给出许多优惠政策。中印地方合作应借此机会加强对印度的投资，借以拓展印度市场，带动出口，营造双赢局面。同时印度也同样通过对中国的投资拉动印度对华出口。

## 三、广东省与印度地方经济合作关系的发展

印度和中国是两个文明古国，千百年来有着千丝万缕的联系。中印两国人民在长达3千年的历史长河中，创造了灿烂的文化，从古至今，一直保持着友好的往来。历史上，印度的天文、数学、音乐、舞蹈、医学、绘画、文学以及炼糖技术先后传入中国，中国的瓷器、茶业、音乐、蚕丝、印刷术等先后传入印度，两国的交通和贸易发展频繁。特别是印度的佛教对中国的影响很大。中国高僧法显、玄奘、义净等到印度取经求法，印度菩提达摩曾在中国南朝梁武帝时期自印度航海来到广州，从广州北行至北魏，到处以禅法教人。到了近代，由于西方列强的对两国人民的压迫和剥削，使两国的友好往来中断。一直到20世纪，两国的文化交流才得以逐渐恢复。二战以后，两国先后独立，各自走上独立自主的发展道路。中国和印度1950年建交。1954年两国总理实现互访，共同倡导了和平共处五项原则。由于历史原因，中印两国因边界问题于1962年发生战争，使两国关系出现一些消极因素。

改革开放以来，中印双边关系发展顺利。1978年，印度和中国正式恢复贸易往来。1984年，中印两国签署最惠国贸易条款。双边贸易额从1978年的250万美元增加到2017年的844.4亿美元。2007年，中国超越美国，成为印度最大的贸易伙伴，印度是中国第九大贸易伙伴。印度的主要出口商品包括铁矿石、棉花、有机化工品、铜和宝石等。中国出口至印度的主要商品包括电力机械、机械、有机化学品、钢铁及钢产品等。中国与印度的经贸关系正处于历史性的良好发展阶段。

广东是中国改革开放的前沿阵地，广东经济发展经验对印度影响很大。2008年6月5日，印度在广州设立总领事馆，其领事事务覆盖中国广东、广西、福建、云南、海南、湖南和四川7个省份，可见广东在中印关系中的重要意义。印度与广东的贸易总额从2007年的58.9亿美元，增长到2015年的144亿美元，占中印贸易总额的1/5强，充分展示了粤印合作的巨大潜力和广阔前景。

中印战略合作伙伴关系的建立，推动了中印地方合作的发展，也推动了广东省与印度地方经贸合作关系的发展。2010年，我省与印度经济实力最强的马哈拉

施特拉邦签署了发展友好关系备忘录。2014年9月，广东省与印度古吉拉特邦缔结友好省邦协议，广州与艾哈迈达巴德缔结友好城市协议（艾哈迈达巴德是该邦最大城市）。应该说，广东选择的合作对象是正确的。

### （一）古吉拉特邦概况

古吉拉特邦是印度国父圣雄甘地的诞生地，全球最廉价汽车"塔塔纳米"（最初售价1759美元）生产下线地，2001年1月26日大地震死伤近20万人也给人们留下深刻记忆。中国僧人玄奘曾在古吉拉特邦生活过很长一段时间，公元641年玄奘在当地造访200家寺庙，拜访万名僧人。古吉拉特邦也是现任印度总理莫迪的家乡，莫迪在这个省邦当了13年的首席部长，大胆进行自由主义的改革，创造了"古吉拉特发展模式"（主要依靠优惠政策和优质服务大规模引进外资，大力发展制造业），是莫迪的政治发迹地。古吉拉特邦面积比中国的广东省略大，超过6000万人口，占印度人口的5%，工业产值却占到全国的16%，出口总值占全国的22%，每年11%的发展速度也远超印度平均水平，是印度发展最快的省邦，近年来被西方称为印度最受欢迎的投资地。麦肯锡咨询公司评价古吉拉特邦扮演着印度工业化动力的角色，就像20世纪90年代广东省对中国的意义一样。正因为如此，古吉拉特邦被印度人称为"印度的广东"。古吉拉特语自成一派，其他邦的印度人也听不太懂。就像广东的粤语一样，国内其他地方的人们不易听懂。2014年9月7日习主席访问印度的第一站就是古吉拉特邦。

### （二）古吉拉特邦是丝绸之路的交汇点

古吉拉特邦是印度最西部的一个邦，海岸线长1600公里，为印度各邦之最，自古以来航海商贸活动活跃。该邦面朝阿拉伯海，那里曾是中国古代海上丝绸之路必经之处。莫迪总理在回答《环球时报》记者提问时表示："丝绸之路、香料之路等贸易路线不仅是区域贸易的通道，更是亚洲繁荣之锚。印度正好位于这些贸易路线的交汇点，不断与沿线国家分享着彼此的智慧结晶。我相信这些自然贸易路线若能重现，必将为建设21世纪繁荣亚洲做出重要贡献。"广东与印度古吉拉特邦建立友好省邦不仅能够促进中印经贸合作的发展，而且是实现"一带一路"建设的重要举措。

### （三）广东与印度古吉拉特邦合作进展情况

*1. 2014 年，广东省与古吉拉特邦签署缔结友好省邦关系协议*

为贯彻落实习近平主席提出的建设"一带一路"决策，2014 年 9 月 17 日下午，在习近平主席和印度总理莫迪的见证下，广东省常务副省长徐少华与古吉拉特邦首席秘书辛哈共同签署缔结友好省邦关系协议，广州市市长陈建华与艾哈迈达巴德市首席市政官唐纳拉桑共同签署缔结友好城市关系协议。双方期待在经贸交流、基础设施、教育文化、企业投资、城市建设、旅游文化、人员往来等方面相互借鉴、加强合作。

*2. 2015 年，广东与古吉拉特邦签署加强友好合作计划书*

2015 年 9 月 14 日至 18 日，广东省省长朱小丹率广东省政府代表团来到印度德里、古吉拉特邦、马哈拉施特拉邦进行友好访问，贯彻落实中印两国领导人达成的共识，务实推进友好省邦交流，深化中印地方合作。在习近平主席访印一周年之际，广东与古吉拉特邦签署加强友好合作计划书，更是标志着两省邦友好交流合作的实质性启动。

双方期待扎实拓展先进制造、信息技术、智慧城市、金融、基础设施、新能源等领域合作，深化文化、旅游合作及民间交流，形成双边贸易与双向投资及产能合作"双轮驱动"的崭新合作局面。同期，由 50 多家粤企组成的广东省经贸代表团抵达印度考察交流，签约 15 个合作项目，签约金额达 5.9 亿美元。

*3. 2015 年，中国广东—印度古吉拉特邦在广州举行经贸投资推介交流会*

2015 年 5 月 18 日，中国广东省—印度古吉拉特邦经贸投资推介交流会在广州举行，印度古吉拉特邦政府企业代表团与 80 余家广东企业的代表进行了深入的交流。会上举行了签约仪式，广州汽车工业行业协会、广东省物流行业协会、广东省建筑设计院科学有限公司、广东南方医药有限公司、广东省易事特电源股份有限公司、广东京大集团有限公司等 11 个企业（机构）分别与印度古吉拉特邦工业推广局签署了合作协议。

*4. 2016 年，中国—印度经贸投资交流会在广州举办*

2016 年 5 月 25 日，中国—印度经贸投资交流会在广州举办。印度总统慕克吉，广东省省长朱小丹、中国贸促会会长姜增伟出席交流会并致辞。慕克吉称，当前印中两国面临相似的机遇和挑战，加强双边贸易和双向投资符合两国利益，

双方经济和商务合作潜力巨大。印度希望推进两国贸易稳步增长，实现更加平衡的双边贸易，并欢迎中国投资者和企业家参与印度的产业走廊、工业园区、基础设施等重点项目建设，充分利用两国经济增长机遇实现互利共赢，谱写印中经贸发展新篇章。

朱小丹倡议粤印携手推进 21 世纪海上丝绸之路建设，充分挖掘双边贸易增长潜力，加大力度推进产业对接和产能合作，加快推动基础设施互联互通合作，不断扩大双方合作领域，增进两地人民的了解和友谊，推动粤印友好合作不断取得新的发展，迎来更加美好的明天。

## 四、广东应加快与印度地方经济合作的步伐

目前，广东与印度地方的合作更多地还停留在协议书层面上，一些合作正在启动过程中，但实质性推进还不是很明显。应加快合作步伐，获得合作先机。

第一，借助广东在古吉拉特邦的响亮名声，大力开展货物贸易和服务贸易。2015 年粤印贸易总额达 144 亿美元，逆势增长 15%，占中印贸易总额的 1/5 强，充分展示了粤印合作的巨大潜力和广阔前景。

第二，进一步发挥广东制造的优势，充分利用中国在古吉拉特邦建立的两个中国工业园项目，找准投资项目，适时适度进入工业园区进行开发建设，赚取利润。

第三，广东与印度地方的合作的地区可以扩大，西南部的一些省邦经济比较发达，都可以考虑进行贸易和投资活动。印度东北地区（8 个邦）比较落后，基础设施很差，普遍认为不具有投资价值，但可以进行基础设施的投资以及农业的投资等。特别是印度东部以加尔各答为中心的五个邦省，热烈欢迎外资的进入，并且投资环境良好，国内一些企业已经进入该地区进行发展。广东也可以发挥自身优势，开展对印度东部五邦的投资。

第四，合作的领域应该拓宽。在调查研究的基础上，可以根据具体情况展开多领域的贸易投资活动，包括货物贸易、服务贸易和投资等。

第五，注意吸引印度优势产业到广东投资发展。

第六，对印度的投资在技术和管理上要避免竹筒倒豆子的做法，注意技术和管理上转让的适度性，不能做教会徒弟饿死师傅的事情。因为中国的产业升级还

需要一个很长的过程。

## 五、中印地方经济合作障碍简析

分析中印地方经济合作障碍，也就是分析广东在同印度以及同印度地方经济合作中面临的障碍。

加强中印地方合作，是"一带一路"在南亚地区顺利推进的重要举措，在国家的大力支持下，进展顺利。但也面临着不小的困难和风险。这些困难和风险也成为中印地方经济合作的障碍和困难。

第一，印度党派斗争激烈，政府更迭频繁，因当地政府政绩需求而促成的投资也会随着领导班子的更换而面临落空的风险。

第二，族群和教派矛盾复杂，宗教差异经常引发教派冲突，引发社会的不稳定，形成对外国投资的重大政治安全隐患。

第三，中央与地方利益冲突，使得中央的意图在地方不能很好地得到贯彻实行，进而影响到中印地方经济合作。

第四，投资征地异常困难。印度实行土地私有制，根据当前的征地法，私人项目征地需获得80％征地涉及对象的同意。莫迪就任总理后抛出征地法修订案，欲废除上述"同意条款"，但遭遇反对党的强力反对，至今修订法案没有任何突破。印度各邦邦权很大，莫迪的倡议也未必会得到各邦的贯彻。外资开发商进入印度的最大难关就是征地。但有利的方面是，印度莫迪政府学习中国的经验，把相关权力下放给地方行使，使征地问题的障碍减少。

第五，腐败滋生，索贿受贿司空见惯，特别是印度政坛腐败更是肆无忌惮。据2011年《印度教徒报》的抽样调查，43％的人认为议员最腐败，32％的人认为政府公务员最腐败，仅这两项就占受访人数的四分之三。印度的小腐败无处不在，基层公务员四处要钱，大腐败也经常出现。腐败问题严重影响外国投资者对印度投资的信心。

第六，行政执行力和管理效率低下。印度是个资本主义国家，实行西方的民主投票制度，加上印度极为错综复杂的社会阶层和各种矛盾，印度政府的行政执行力很低，管理效率低下。中央政府和地方政府都具有这种特征。这对提高地方经济合作效率极为不利。

第七，贸易风险明显，印度人精于做生意，在亚洲可以看做是南亚的典型代表，由于在汇率、法律、道德、清关甚至文化等许多方面经常存在不确定性，因此要特别注意比如结算风险、法律风险、道德风险、信用证风险、清关风险等风险的防范。

第八，中印关系中的政治因素影响。中印边界争端、印巴关系、"中国威胁论"等政治因素的存在，印度对中国投资的安全审查很严。"中国威胁论"也被一些利益集团拿来作为阻止中国发展的利器。这些因素随时会转换为对中国的防范，不利于中印两国的整体经济合作与地方经济合作。

因此，在推动中印地方经济合作中如何抓住机遇、排除障碍、促进发展是值得深入研究的。

作者单位：广东外语外贸大学南国商学院

# 推动文化产业高质量发展

*广东省文化和旅游厅*

近年来，广东贯彻落实中央和省委、省政府关于加快发展文化产业的部署，以新发展理念为引领，大力实施创新驱动战略，推进供给侧结构性改革，推动文化产业转型升级、提质增效，取得积极成效。"十三五"开局以来，全省文化产业进入全面快速发展时期，整体实力和竞争力显著提升，逐步成为国民经济支柱性产业和战略性新兴产业。

## 一、发展现状及主要做法

### （一）文化产业领域主要指标稳居全国前列

2017 年全省文化及相关产业增加值 4817.17 亿元，占 GDP 比重 5.37%。文化系统各产业领域发展势头良好：演艺业总体规模逐渐扩大，是国内最重要的演出市场之一，2018 年演出行业收入约 55 亿元，较上年增长 8%；全省游戏营收规模达 1811 亿元，占全国 76.2%；网络文化蓬勃发展，2018 年，我省经营性互联网文化单位 8581 家，同比增长 63.2%；动漫产业发展稳健，产业链条日趋完善，运营模式不断成熟，涌现出一大批优秀动漫企业和知名动漫品牌，是国内动漫产业发展门类最齐全、产业链较完整的地区之一；艺术品市场规模稳步上升，2018 年，我厅审批美术品进出口经营活动 153 宗，同比增长 35.4%；文化装备制造业良性发展，2018 年游戏游艺机行业营收总额为 162 亿元，占全国市场 98.8%。

### （二）全省各级文化行政部门多措并举，扎实推进文化产业工作再上台阶

完善政策体系，优化产业发展环境。修订印发了《省级文化产业示范园区管

理办法》，加强对全省文化创意产业园区的规划、指导和监督管理，促进园区建设规范化发展。出台《广东省人民政府办公厅转发国务院办公厅转发文化部等部门关于推动文化文物单位文化创意产品开发若干意见的通知》，要求各地各部门深化文化体制改革，完善扶持政策和措施，推动文化文物单位文化创意产品开发。在开展省内外文化产业调研的基础上，起草《广东省关于加快文化产业发展的若干政策意见》，主要从深化"放管服"改革、"文化＋"行动、促进文化产业集聚和文化与科技融合、扩大文化消费以及强化金融、土地、人才、财税政策扶持等方面，对加快文化产业发展提出相关扶持意见。广州推进"1＋N"文化产业政策体系，陆续出台文化科技融合、文化金融融合、商旅文融合等政策措施，出台《广州市时尚创意（含动漫）产业发展专项资金管理办法》《关于加快动漫游戏产业发展的意见》，起草《广州市关于加快文化产业创新发展的实施意见》。深圳起草《深圳市文化产业园区评估考核办法（试行）》，加快制定《深圳市文化产业创新发展政策》。佛山起草《关于加快文化产业发展的若干政策》。各级文化行政部门认真做好产业政策修订和制度完善工作，全省文化产业发展政策环境不断优化。

### （三）推动"文化＋"，促进文化产业转型升级

加快文化与相关产业融合发展，推动传统业态升级，培育新兴业态。推动"文化＋旅游"，制定印发《广东省文化旅游融合发展示范区创建办法（试行）》，至 2018 年共认定两批 14 个广东省文化旅游融合发展示范区，并对部分文化项目给予一定经费支持，引导示范区进一步提升示范引领效果和作用。推进"文化＋金融"，连续四年联合中国人民银行广州分行举办银企对接活动，成功促成文化行业及文化旅游企业共获得银行授信累计 2000 亿元；组织金融机构与文化行业协会座谈，促进金融机构对文化行业和文化领域加深认识，打造更适合文化行业的金融产品。广州组建了省内第一家具备综合功能的文化金融服务中心，在政策引导、项目对接、信息服务、信用增进、人才培养、资金支持等方面，为文化企业和金融机构提供服务。推动"文化＋科技"，支持通过"互联网＋"、生产工艺智能化改造、加大技术研发与创意设计以及产业链的整合延伸等方式，促进传统文化产业转型升级。在游戏游艺设备制造领域，游戏游艺企业积极引入 VR/AR、人工智能等新技术，推出了一批集益智、健身、训练等功能为一体的优秀产品和设备。在艺术品领域，雅昌文化有限公司借助数码技术改造传统艺术品行业，通过"印

刷＋数字科技＋艺术服务"的创新商业模式，实现从单纯的产品制造企业向行业综合服务运营商的转型。支持文化创意领域孵化载体建设，引导骨干企业、投资机构等市场主体围绕文化创意产业建设孵化平台，实现从项目孵化到产品孵化再到产业孵化的全链条、一体化服务。

### （四）因地制宜，加快区域特色文化产业发展

支持广州、深圳、东莞等珠三角地区发展创意设计、动漫游戏、网络文化等高端和新兴文化创意产业。以广州、深圳为核心的珠三角地区涌现出一大批业内知名的创意设计类园区，如田面设计之都创意产业园、中芬设计园、羊城创意产业园、TIT 创意园、广东工业设计城、金嘉创意谷等等，形成了以创意设计、工业设计等生产性服务业为核心的优势产业群。广州的漫画节、东莞的漫博会、深圳的动漫节办展有声有色，专业影响力不断扩大。鼓励粤东西北区域因地制宜开展文化旅游融合发展示范区创建，探索乡村资源与文化产业结合的休闲游、观光游，开发富有特色的文化旅游纪念品和演艺产品，激发特色文化产业发展活力。支持大埔青花瓷文化与旅游融合发展项目、沙湾古镇岭南特色旅游演艺项目、百侯非遗和文化文物资源活化利用工作、海上丝绸之路文物文创产品开发等一批优秀的特色文化产业项目获得省文化产业发展专项资金扶持。江门举办振兴传统工艺推介活动，"中国工艺美术产业基地"正式揭牌并落户江门台山，将整合珠三角及国内高端传统家具、玉石等工艺美术资源，打造集工艺美术创意设计、展示、销售、旅游为一体的产业集群。河源开展"河源有好茶"活动，开发《桃花水母》《娘酒》等演艺娱乐产品，带动以客家文化为核心的旅游商贸体验。清远筹备举办"一带一路"特色文化产业项目路演推介活动。通过错位发展、特色制胜，从而更有效地实现文化产业的科学发展。

### （五）点面结合，培育文化市场主体发展壮大

扶持骨干文化企业做大做强。积极支持、推送我省骨干文化企业、优秀文化产品和重点项目参加国家级奖项、项目的认定评选及各类资金的申报，支持创梦天地、多益网络等文化企业筹备上市。借助文化行业排行榜发挥文化产业各领军企业的示范、表率和带动作用。培育中小微文化企业发展壮大。进一步扩大市场领域准入，推进审批权限下移，降低准入门槛，通过简政放权，激发市场活力展。组织举办文化产业经济政策培训班、原创动漫提升培训班，促进广大文化企业对

产业政策加深了解，提升经营水平。推动文化产业园区健康发展，在修订出台的《省级文化产业示范园区管理办法》中，明确将"有配套的公共服务体系，能够为入园文化企业提供管理咨询服务、投融资服务、专业技术服务等孵化服务功能"作为申报省级文化产业示范园区的必备条件，促进园区内众创、众包、众扶、众筹等平台快速发展。指导广州北京路文化核心区成功申报创建国家级文化产业示范区。组织开展省级文化产业园区创建工作，并在创新、孵化服务平台给予一定经费支持，支持产业园区通过建立和完善公共服务、技术服务、投融资服务等各类公共服务平台建设，为入园企业提供产业链对接、项目孵化、协同创新等高端增值服务，助力企业成长。目前共有国家级文化产业示范园区 1 家、在创建的国家级文化产业示范园区 1 家、国家文化产业示范基地 22 家；省级文化产业园区 15 家、在创建的省级文化产业示范园区 16 家。佛山连续开展"展翅—佛山初创文创企业扶持行动"，惠州加快筹建创客空间文化综合体，东莞举办文化创新学堂，创办创意工作坊，搭建文化创意人才培育平台等等，各级文化部门多措并举，全力打开大企业顶天立地，小企业铺天盖地的新局面。此外，支持鼓励相关行业组织加强与会员的沟通和服务，积极组织会员参加相关展会、业务交流、学术研讨，参与政府相关项目评审、政策调研等活动，更好地发挥行业协会在提供行业服务、反映行业诉求、规范行业行为、参与社会管理方面的作用。

### （六）落实国家试点工作，扩大和引导文化消费

加强对国家文化消费试点城市的工作督导。指导第一批试点城市广州、深圳（福田区）、惠州根据文化和旅游部及省的有关工作部署要求，结合本地实际，制定适合自身特点的促进文化消费试点方案和具体措施；会同文化和旅游部专家组对试点城市进行调研督导，了解试点工作落实情况。以点带面，推动扩大文化消费工作。广州通过一系列重点项目补助引导相关单位实行惠民演出等方式，带动和促进文化消费，一批企业获得"广州市扩大文化消费试点单位"称号。深圳与包商银行深圳分行签订文化金融战略合作协议，文化消费主题卡正式发行，具备深圳图书馆免费借阅、深圳书城"一元购书"等多项功能，拓展文化消费功能逐步显现。惠州采取文化消费补贴和文化惠民特色活动相结合的模式，从文化消费供给端和消费端两头入手，提高企业丰富文化产品供给的积极性，同时以"文化惠民套餐"保障群众文化消费需求。书展、旅游节、动漫节等各色文化消费品牌

活动层出不穷。

### （七）加强文化资源活化利用，促进创意产品开发

大力推进文化文物单位文化创意产品开发工作，加强对我省 9 家列入国家文化文物单位文创产品开发试点单位的督导扶持，协调解决试点工作中的体制机制问题。探索开展省级文创产品开发试点工作，16 家符合申报要求的文化文物单位获确定为省文创产品开发试点单位。举办广州国际文物博物馆版权交易博览会，协办第 15 届香港国际授权展中国内地馆，在第十三届、第十四届深圳文博会期间分别举办"琢文创器——广东文化文物单位文创产品展""雅韵清赏——广东文创与传统书房器物展"，集中展示全省各地文化文物单位报送的具有代表性的文创产品共 1000 余件/套，推动文博单位与生产商、设计师、消费者之间形成良性产业链条，引导更多社会力量参与文创产品开发。指导成立广东文创联盟，联盟由省博物馆牵头，省内 78 家涵盖文创产品资源开发、产品设计、生产、销售、资金等全产业链的文化文物单位、文化企业、相关机构参与，着力打造广东文创品牌。积极支持推动联盟与广州白云机场、省新华发行集团等达成资源优势互补合作协议，推进广东文创产品进机场、进新华书店、进景区，打通文创产品销售最后一公里。举办 2018 年广东（珠海）文化创意设计大赛，大赛以弘扬、传承和发展岭南优秀传统文化为宗旨，以全省各地文化部门选送的文化资源项目为设计标的，得到了社会各界积极支持和广泛参与，收到大赛标志设计参赛作品 296 件，经大赛组委会组织专家评审及公示结果，最终确定 162 件参赛作品获奖，形成一批拥有自主知识产权、文化内涵深厚、富有岭南特色的广东文创新品。通过文创大赛平台，将我省丰富的传统文化资源与制造业大省的产业优势结合起来，着力开发一批优质文创产品，培育一批优质文创企业和人才，形成一批岭南特色文创品牌。惠州、中山、河源、韶关等各地市的文创设计比赛此起彼伏，促进岭南文化创造性转化、创新性发展，具有岭南特色文化内涵的文创产品不断丰富，促进中华优秀文化传承传播。

### （八）多管齐下，推动文化产业"走出去""引进来"

支持各地打造有影响力的文化会展平台。第十四届深圳文博会共有 42 个国家和地区的 130 家海外机构参展，广州的中国国际漫画节吸引了 300 多家海内外动漫游戏厂商、品牌参展，珠海的中国国际马戏节、中山的国际游戏游艺博览交易

会游博会、东莞的中国国际影视动漫版权保护和贸易博览会、梅州的客家文博会、云浮的石文化节等等，这些各具特色的会展平台对促进文化企业、文化产品交流交易发挥了积极作用。立足区位优势，推进粤港澳大湾区文化产业交流。广州组团赴港参加 2018 香港高级视听展；珠海与澳门文化部门、香港西九文化区管理局大湾区文化行参访团等开展座谈；中山对接香港理工大学专家团队，增进与香港优势文创设计团队的沟通交流。加强与欧美地区文化产业合作，深圳与英国爱丁堡市、美国加州帝国郡和澳大利亚布里斯班市共建国际创意产业孵化中心，推进组织开展"深圳·爱丁堡 2018 国际创新交流周"、"当熊猫遇上考拉——中澳创意产业交流大会"、"一带一路"中墨文化经贸合作对接会等多个国际间产业交流合作活动。

## 二、存在的问题

一是区域发展不平衡。我省文化产业发展的重点区域主要集中在广州、深圳等珠三角地区，粤东西北经济欠发达地区的文化产业无论规模、结构，还是社会化、产业化程度，基本还处在比较落后的状态，这些地区丰富的文化资源没有得到充分利用。区域发展不平衡问题导致了资源有效利用率低，制约了我省文化产业的发展后劲和综合实力。

二是产业结构有待进一步调整优化。我省文化产品和设备制造业比重大，内容创意生产短板明显，以内容创意为主的文化服务业占比低于全国平均水平。文化产品众多，但在出版、影视、演艺、设计等领域，有全国影响、"双效"俱佳的高品质原创精品和文化品牌不多。我省文化产业结构有待进一步优化，文化内容和文化服务业有较大提升空间。

三是人才培养体系有待健全。随着文化产业的快速发展，我省文化产业人才梯队建设滞后于产业快速发展的现实需要，行业从业人员发展不均衡，人才结构不合理，一般技术人才多，大师级的内容创意人才、高端设计人才屈指可数，特别是熟悉文化、又掌握信息技术、具备产业运营管理能力的复合型人才尤为缺乏。需要加强对各类文化产业人才特别是高技能人才和高端文化创意、经营管理人才培育和扶持。

# 三、新形势下推动文化产业高质量发展的基本思路

习近平总书记在党的十九大报告中指出："推动文化事业和文化产业发展""满足人民过上美好生活的新期待，必须提供丰富的精神食粮"，要"着力加快建设实体经济、科技创新、现代金融、人力资源协同发展的产业体系"，要"健全现代文化产业体系和市场体系，创新生产经营机制，完善文化经济政策，培育新型文化业态"。2018年10月，习近平总书记视察广东并发表重要讲话，对广东提出了深化改革开放、推动高质量发展、提高发展的平衡性和协调性、加强党的领导和党的建设等四个方面重要要求。这些都为我省发展文化产业，实现"十三五"时期文化产业新辉煌指明了方向，提供了根本遵循。

## （一）加大"放管服"改革，营造产业发展的良好环境

不断健全文化产业高质量发展的体制机制，加大"放管服"改革力度，激发文化市场活力，规范文化市场秩序，形成统筹发展、高效服务的机制。在内容创意、文化流通、文化科技、新型业态等领域打造一批骨干企业，培育具有全国竞争力的龙头文化企业。健全有利于创新创业的环境，考虑以奖补方式支持众创空间和双创服务平台建设，扶持中小微企业发展。对文化企业开拓国际市场活动、研发文创产品、开展技术改造予以支持。支持文化科技企业建设承担国家重点实验室、国家技术创新中心、国家工程（技术）研究中心、国家企业重点实验室等平台建设任务。加强文化产业立法工作，推动制定《广东文化产业促进条例》，把行之有效的文化经济政策法定化。

## （二）做好机构改革，促进文旅深度融合

深入贯彻落实习近平总书记关于文化和旅游融合发展的重要论述精神和中央关于机构改革的要求，充分认识文化建设和旅游发展的重大意义。文化是内容，旅游是渠道，文化部门和旅游部门合并，是坚持文化发展先进理念、遵循文化自身规律的具体体现，是顺势而动、应时而为的重大改革举措。两者融合将实现"1＋1＞2"的效果，形成新的发展优势。文化和旅游有融合的一面，也有各自相对独立的一面，要避免片面强调特殊性，又要避免完全忽视特殊性，按照中央要求，推动文化事业、文化产业和旅游业统筹发展。要牢固树立融合发展的理念，坚持

宜融则融、能融尽融的原则。加强战略研究和制度设计，着力推动文化和旅游真融合、深融合，让更多文化资源、文化要素转化为旅游产品，用文化的养分滋养旅游，丰富旅游的内涵、拓展旅游的空间，推动旅游的特色化、品质化、效益化发展。着力促进文化和旅游在公共服务、产业发展、科技创新、对外交流与合作等领域的深度融合。研究出台促进文化和旅游融合发展的措施，创建一批文化和旅游融合发展示范区、示范点。在开展各类示范区、园区建设时，增强融合发展意识，统筹考虑文化和旅游的有关内容。依托旅游的产业化、市场化手段丰富文化产品的供给类型和供给方式，进一步提升文化的吸引力、竞争力、影响力，让旅游为社会主义核心价值观弘扬传播、为中国特色社会主义文化繁荣发展搭建更多更广的平台、注入新的活力。

### （三）培育发展文化旅游服务经济，打造文化旅游支柱性产业

要把文化和旅游业打造成我省国民经济的重要支柱产业。文化和旅游业既有事业属性，又有产业属性，在提升消费、扩大投资、拉动内需中具有独特优势，是转型升级的方向和经济发展的新增长点。要充分发挥文化旅游的产业经济功能，努力把文化和旅游业打造成为广东国民经济的重要支柱性产业，推动文化和旅游业的增加值占全省 GDP 比重的 10％以上。特别是我省粤东西北地区，不可能复制珠三角的发展模式，所以除原有的产业园区继续发展工业之外，还要重点发展文化旅游业，如全域旅游、乡村旅游等等。调整优化文化旅游供给结构，特别是在演出、展览、活动等方面提供有效供给，推动文旅产品从"有"向"好"、向"优"发展，推动旅游业由传统观光游向深度的体验游、休闲游转变，加强高端文化创意产品和特色旅游产品的开发供给，培育打造广东文创、粤美乡村、魅力都市等品牌，进一步提升广东文旅产业的核心竞争力和市场影响力，更好地满足人民群众和市场需求。

### （四）推进粤港澳大湾区文化旅游合作，建设人文湾区

粤港澳大湾区建设是推动粤港澳三地共同繁荣的国家发展重要战略。粤港澳文化同根同源，三地之间的紧密关联和交流互动，为社会的发展和文化的繁荣带来重要影响。粤港澳大湾区建设不仅仅是经济的融合，更是人心的相通。要高度重视，立足区位优势，扎实推进大湾区文化和旅游业交流合作。围绕大湾区城市经济带建设，积极探索开展大湾区文化和旅游产业与优势项目的对接。推动湾区

文化总部和湾区文化产业带协同发展，珠三角地区要充分发挥主阵地作用，以珠三角"9＋2"城市群构建湾区文化总部，形成"人文湾区"核心区，粤东西北要加强与大湾区发展对接，推动形成"人文湾区"拓展区。各地区要明确自身在大湾区建设中的目标定位、空间结构和产业布局。围绕打造一批湾区文化品牌，形成彰显新时代岭南文化魅力的湾区文化产业带。

### （五）文化旅游产业要成为乡村振兴、城市品质提升的生力军

习近平总书记视察广东时提出"要提高发展的平衡性和协调性，加快推动乡村振兴"。抓均衡发展，重点是要抓乡村，促进乡村旅游业发展就是乡村振兴的重要手段之一，通过把产区变景区、田园变公园、劳作变体验、农房变客房，能够吸引农民就近就地就业。粤东西北中小城市、小城镇和农村可以充分挖掘特色文化资源，积极发展县域特色文化产业和文化旅游产业，建设文化特点鲜明和主导产业突出的特色文化街区、特色文化乡村。老旧街区承载了城市的记忆。城市规划和建设要高度重视历史文化保护，要突出地方特色，注重人居环境改善，多采用微改造这种"绣花"功夫，注重文明传承、文化延续，让城市留下记忆，让人们记住乡愁。结合精准扶贫、传统工艺振兴计划等，推动相关乡村传统工艺创造性转化、创新性发展，促进传统工艺与现代生活融合，拓宽产品推介、销售渠道，带动村民致富。通过发挥文化产业在脱贫攻坚战略中的积极作用，推动形成文化和旅游产业优势互补、相互协调、联动发展的布局体系，实现全省文化和旅游产业均衡发展。同时，讲均衡发展不是搞平均主义，不要求各地发展整齐划一，而是要缩小差距，更注重发展机会的公平和资源配置的均衡，补齐发展不协调的短板，从而实现全省文化和旅游产业的科学发展。

### （六）提高开放水平，大力发展对外文化贸易

我省有地缘、人缘和一直以来形成的对外开放优势，现在要在更高的水平上进一步扩大开放，提高开放水平，增强文化影响力。要积极发挥国家对外文化贸易基地、国家文化出口基地的作用，辐射和带动更多文化企业及其产品和服务走出去。进一步支持文化企业积极拓展对外文化贸易，培育文化贸易新业态、新模式，加快我省优秀文化企业、产品和服务走出去步伐，构建互利共赢的文化产业国际交流合作新格局。落实促进"一带一路"国际合作的部署，扩大与沿线国家、地区的文化贸易往来和文化产业交流合作。支持行业协会、文化产业园区完善对

外文化贸易和服务平台建设，为文化企业拓展海外市场提供海外知识产权保护、海外市场咨询等服务支持。鼓励利用跨境电子商务、市场采购贸易等新兴贸易方式，提高数字文化产品的国际市场竞争力，推动文化装备制造技术标准走出去，将我省打造成文化产业高水平对外开放门户枢纽。

# 国地税机构合并后广东税收征管新模式制度设计的法律思考

王勇堂

第十三届全国人大一次会议于 2018 年 3 月通过了国务院机构改革方案，其中包括实施省级和省级以下国税和地税机构合并，由此时隔 24 年后国税、地税再次合二为一。现阶段，全国各省级和计划单列市的国税地税机构、各市级国税地税机构陆续完成了国地税合并的各项工作。在新形势下，广东作为改革开放的前沿阵地，应当在税收征管新模式制度设计中敢于先行先试，为我国的财政管理制度改革积累广东经验、贡献广东智慧。

## 一、国地税机构合并对于广东税收征管体制的促进意义

改革开放以来，广东"摸着石头过河"，不畏艰难、勇于探索，经济发展水平发生了翻天覆地的变化，地区生产总值从 1978 年的 185.85 亿元，到 2018 年的 9.73 万亿元。[①] 在税收征管领域，广东积极完善征管体制、提升纳税服务，着力实现税收征管现代化，税收征管机制、征管方式发生了巨大的变革，从而极大地提高了税收征管效率。

### （一）税收征管机制的不断优化

我国税务机关历经数次改革，每一次的改革都离不开特定的经济和时代发展背景。国地税合并之后，各级税务机关迎来了新一轮的体制机制改革。广东国地税机构合并以后，在国家大政方针的指引下，税收征管机制正在发生深刻的变革。

---

① 《广东经济"科技红利"显现》，南方网，2019 年 2 月 2 日。

第一，机构职能进一步优化。国地税合并意味着税务机关内部职能的进一步优化，而不仅仅是原国税和地税机关在形式上的简单相加。在国家大政方针的统筹部署下，广东税务机关职能和资源配置得到了进一步的调整优化，明确部门职责、规范税收征管流程，致力于打造规范、高效、统一的税收征管体系。目前，省内居民基本养老保险等非税收入征管职责划转工作已经稳步推进。

第二，税收政策执行更加合理。税收政策的制定与纳税人的切身利益息息相关，在国地税合并之前，不同税务机关在税收政策的执行口径、重大事项的界定标准、相关文件的执行方式以及税收优惠政策的落实程度等方面往往存在差异，这就容易导致税收争议的产生。而在国地税合并之后，广东省税务局整合内部机构职能，使纳税人只需面对一个税务机关，政策解释和执行口径实现了统一。

第三，税收"智库"建设稳步推进。税收数据是经济发展运行情况的重要反映，在国家大政方针的制定上具有重要的参考意义。国地税合并以来，广东省级税务局设置了税收经济分析处，并与大数据和风险管理局、收入规划核算处等信息中心等部门形成优势互补、团结协作的税收经济分析联动机制，对各项税收数据进行整合分析，从而形成有利于决策参考的分析报告。

### （二）税收征管方式的不断创新

广东税务机关在信息化、科技化指引下，敢于先行先试，不断探索新形势下税收征管新规律，开展了一系列富有成效的税收征管改革。在税收征管方式等领域率先在全国推出诸多具有创新性和可操作性的改革措施，为广东经济的发展贡献了力量，同时也为全国税收征收管理提供了宝贵的借鉴经验。

第一，征管信息化建设取得进展。广东税务机关根据国家税务总局推进征管体制和税制改革创新、深化税收征管改革方案的要求，先行一步，积极推进税收征管信息化建设。国地税合并后，征管系统、征管信息和纳税服务资源都得到了进一步整合，不仅提升了税收征管能力，也为纳税人提供了更多的便利，为经济社会活动提供了高效的税收服务。

第二，智能化服务建设成果丰硕。广东税收征管充分利用互联网技术，以实现最大程度的智能化服务。国地税合并后，广东税务机关将减轻办税和缴费负担，将持续提升纳税人和缴费人满意度作为改革的首要任务。推出了"最多跑一次"

清单和"全程网上办"清单。① 目前，广东已在全国率先建立"电子办税为主，实体办税和自助办税为辅"的新体系。②

第三，税收执法尺度更加公正。国地税合并之前，原国税、地税税收执法职能重合，部分企业不得不面对国、地税机关的分别检查，一定程度上影响了纳税人的生产经营活动。同时，由于国、地税部门都制定了税收执法方面的相关制度，执法尺度有时会出现不一致的情况。国地税合并后，广东税务机关在执法行为、执法依据、执法尺度方面实现了统一，既实现了同一尺度执法，也避免了对企业造成的困扰，进一步提升了税收征管水平。

### （三）税收征管效率的不断提高

国地税的合并，对两个税务机关的办税流程、税收信息进行了整合，并以信息化的方式构建起全面、高效的现代征税系统，在方便了纳税人的同时，使税收征税管理效率也得到了很大的提升。

1. 税收业务资料一套办理。纳税人只需要进一个门、拿一个号、排一次队、报一套资料就能办好相关业务，解决了国地税合并之前纳税人需分别向国税、地税部门报送财务会计报表等涉税资料的问题，纳税人办税人工成本和时间成本大幅降低。

2. 税收业务一厅通办。国地税合并前，不同税种不同业务往往由国、地税分别管理，纳税人往往要花费大量的时间了解相应业务的管辖部门，造成诸多不便。而在国地税合并之后，由广东对原国税、地税业务窗口进行重新整合，税务局管理所有的税种、所有的税收业务，税收服务的标准、流程以及资源等都实现了统一。

3. 税收数据有效整合。国地税合并后，广东税务机关在整合已有数据收集、分析机制的同时，致力于提升税收数据的收集、分析能力，并对征管系统进行了升级，运用现代化信息技术，推进"互联网＋税务"建设，推出的打造广东省电子税务局在极大方便了纳税人的同时，也有效提高了税收征管效率和税收数据的分析效率。

---

① 《广东税务机构改革纪实：踏长歌勇立潮头　展新颜走在前列》，国家税务总局广东省税务局网站，2019 年 2 月 3 日。

② 《改革开放铿锵行　广东税月春秋四十载印记》，金羊网，2019 年 2 月 2 日。

## 二、当前税收征收管理的制度反思

税收征收管理与法律制度、央地关系密切相关，税收征管体系划分了中央与地方的税收管理权限。长期以来，中央与地方两级政府将已经形成了相对固定的权限划分。国地税合并的意义不仅在于完善税收征管体系、提升税收征管能力，而且将作为财税体制改革的组成部分，为深化我国在财税体制方面的改革"铺路"。因而，国地税合并后的税收征收管理新制度的设计不仅应当探索完善税收征管制度，也应充分考虑央地财政关系的现实状况。

### （一）央地事权财权关系不明确

现阶段，地方政府承担了较多的事权而缺乏相应的财权，越到基层，财权和事权的矛盾越是突出。而由于我国区域发展不平衡，不同地域、不同层级的政府之间的财政收支状况存在较大差异。如何划分中央和地方的事权范围，是分配税收收入的前提和关键所在，中央和地方事权范围不明确，影响了税收收入在二者之间的准确划分。

第一，事权划分有待明确。现阶段我国的央地两级政府间事权划分很大程度上缺乏明确的法律依据[1]，不同层级的地方政府之间的职能划分也存在交叉。在法律方面，我国有着"下位法服从上位法"法律规则，而在中央与地方两级政府之间，往往也存在下级服从上级的"规则"。[2] 在缺乏法律依据的情况下，下级政府往往基于各方面的考量服从上级政府的安排，导致下级政府在有限的财政收入的情况下承担着越来越多的支出责任。

第二，财权分配不甚合理。不可否认的是，国地税分设以来，中央财政状况得以明显改善，扭转了地方政府财权过多而中央政府事权过多的局面，但这一改革却走向了地方政府财政困境的另一个极端。根据财政部发布的《2018 年财政收

---

[1] 党的十八届三中全会提出"推行地方各级政府及其工作部门权力清单制度，依法公开权力运行流程"，"权力清单制度"为未来明确政府间的事权奠定了坚实基础，但目前仍未以法律的形式对各级政府的事权加以规定。

[2] 王建学：《论地方政府事权的法理基础与宪法结构》，《中国法学》2017 年第 4 期。

支情况》①，2018 年全国一般公共预算收入 183352 亿元，中央一般公共预算收入 85447 亿元；地方一般公共预算本级收入 97905 亿元。地方政府承担了较多的事权而缺乏相应的财权，许多地方政府不得不举债以满足财政支出的需要。

第三，支出责任划分有待规范。长期以来，不同层级政府间的事权、财权和支出责任划分不明确。② 许多没有法律明确规定的支出责任往往由中央政府或者上级政府决定，使得中央与地方支出责任界限模糊。而支出责任社会公共产品的供给，与经济的发展和人民群众的切身利益息息相关，只有对支出责任的划分加以规范，才能推进不同层级的政府的高效履职。

### （二）税收法定原则落实不到位

法律是税收征管工作的依据，而依据税收法定原则的要求，税种、税制和税收征收管理等税收基本制度应由法律规定。现阶段，《税收征管法》及其实施细则构成了我国税收征管法律制度的主要内容。同时，大量的税收部门法和规范性文件构成了税收征管工作的主要依据。由于税收法定原则落实不到位，在税收行政法规大量存在的情况下，我国税收立法权实际上高度集中于中央政府，导致地方政府所享有的税收立法权限相当有限，税收立法话语权缺失等问题的出现。

第一，税收立法层级有待提高。税收立法是税法实施的前提条件，而税收征管作为税法实施的重要组成部分，离不开法律的制定。目前，在我国的税收法律规范中，只有烟叶税法、企业所得税法、个人所得税法、船舶吨税法、车船税法以及环境保护税法等六部税收法律。我国现行有效的税收规范主要是由国务院等行政机关制定的，而由立法机关制定了以法律形式体现的税收法律规范则相对较少。

第二，地方税收话语权有待加强。当前税权划分是由行政法规或规章来规定的，这就导致收益权划分的主导权完全在于中央政府。税收收入的具体划分是由中央政府来决定的，一旦中央政府有调整划分标准的需要，地方政府需要无条件服从其调整。例如，1998 年证券交易税由地方税变成共享税，2016 年起国务院发

---

① 《2018 年财政收支情况》，中国财政部网站，2019 年 2 月 8 日。

② 徐阳光：《论建立事权与支出责任相适应的法律制度——理论基础与立法路径》，《清华法学》2014 年第 8 期。

出通知将其变为中央税，这一变动的依据仅仅是国务院发出的一则"通知"，[①] 而不是通过全国人大及其常委会的法定程序采取法律的形式加以规定。

第三，税收征管法律有待完善。随着经济社会、信息技术的迅速发展，税收征收管理法已难以适应形势的需要。特别是信息化技术不断升级，现代化的税收征管模式未能在税收法律上得到充分合理的体现，使得税务部门进行的现代化征管模式探索难以得到法律的有效支持，改革成果也难以及时以法律的形式加以确认。而在国地税合并之前出现的征管权限、税收机构的设置以及税收征管效率等方面的问题也与税收征管法律的缺位关系密切。

### （三）税收征管制度有待理顺

长期以来，国地税的分设产生了固有的税收征管模式，而国地税合并不仅是简单的税务部门机构重组，也会对税务机关与地方政府的关系、税收征管信息化建设以及税收征管成本等产生影响。国地税合并后实行，税务机关与地方政府的关系有待理顺。而大数据时代的到来，不仅为税收征管提供了新的手段，也给我国的税收征管带来了一些挑战。

第一，税务机关与地方政府的关系有待理顺。国地税合并之前，国税系统的领导体制是由总局垂直领导，地税系统则是以地方政府领导为主，同时接受上级税务机关的领导。在国地税机构合并后的双重领导体制之下，税务机关与地方政府的工作衔接上可能会在一定时期内出现不顺畅的情况，包括双方权利和责任的划分以及在税收管理上既要实现地方政府的需求，也要达到中央增加财政收入的目标等问题。[②]

第二，税务机关内部职能需要优化整合。国地税合并之前，职责的交叉往往导致征管漏洞、征管冲突等问题。而国地税的合并目前未涉及中央与地方的税收分配，也没有涉及当前的央地两级财权分配中出现的新情况。但国税部门与地税部门作为两套税收征管机构，长期以来各自形成了完整的征管体系和内部职能划分，在合并之后，需要适应新形势下的税收征管建设要求，进一步整合内部职能。

第三，税收征管信息化建设有待加强。在大数据时代，社会活动新业态层出

---

① 刘继峰，曹阳：《我国地方政府债务法律监管研究》，《法学杂志》2017 年第 8 期。
② 董蕾等：《我国国地税机构合并衍生问题探析》，《税务与经济》2018 年第 6 期。

不穷、复杂多变，传统的税收管理模式已经难以适应这些新情况。目前，税务机关虽然在信息化建设中取得了不小的进展，但存在信息碎片化问题，同时由于各个信息系统的组成平台存在差异，信息整合存在一定障碍，数据分析未能深入开展，没有达到为经济决策提供参考的程度，需要加以改进。

## 三、创新广东税收征管体制的几点建议

税收征管不仅是税务机关完成税收收入任务的手段，更是国家治理的重要工具。[①] 税收征管体制与财政制度关系紧密，在大数据时代，广东税收征管体制的创新应与厘清央地两级政府事权财权关系相结合，落实转变税收征管方式的要求，推动征管体制机制的进一步完善，助力粤港澳大湾区建设的同时，争当新时代改革创新的排头兵。

### （一）完善权力清单制度以厘清央地两级政府事权

国地税合并后，央地两级政府间的税收收入划分问题依然存在，如果不对现行的税收收入划分制度进行改革，中央与地方事权与财权划分不匹配的问题仍然会长期影响我国的经济社会发展。目前，广东已经在政府权力清单制度建设方面走在全国的前列，可以在税收征管新制度的设计中充分考虑各级地方政府的事权，并依此划分相应的税收收入，做到财权与事权相协调。

第一，权力清单制度能够明确政府的权力范围和责任机制。十八届三中全会《关于全面深化改革若干重大问题的决定》提出要"推行地方各级政府及其工作部门权力清单制度，依法公开权力运行流程"。十八届四中全会公布的《中共中央关于全面推进依法治国若干重大问题的决定》则指出，"各级政府及其工作部门依据权力清单，向社会全面公开政府职能、法律依据、实施主体、职责权限、管理流程、监督方式等事项"。

第二，权力清单制度为厘清央地两级政府事权奠定基础。现阶段推行权力清单制度旨在推进简政放权与政府职能转变。通过权力清单，将政府所拥有的各项

---

① 王秀芝：《税收能力提升的必由之路：税收征管现代化建设》，《中国人民大学学报》2015 年第 6 期。

权力公开化、透明化、规范化、制度化。① 然而，有权必有责，权力明确也就意味着义务的明确，从而为事权的厘清乃至进一步法治化奠定了基础。至 2016 年底，广东基本完成政府工作部门权责清单编制和公布工作，完成试点部门和地区纵向权责清单编制工作。②

第三，完善权力清单制度为财权与事权的协调统一提供广东经验。在国地税机构合并的新形势下，广东应当主动作为，配合中央政府的统一步骤，大胆推进政府自身建设和改革，进一步完善权力清单制度，进而明确本级政府的事权，在为经济社会持续健康发展筑牢基础的同时，为央地两级财政收入的合理划分先试先行，从而为全国各地财权与事权协调统一提供必要的经验。

**（二）落实税收法定原则以保障地方税权**

完备的法律是税收体系是完善税收征管体制的重要前提，只有通过法律规范的形式对税收法律加以规定，才能科学指导税收征管，充分保障地方税权。就目前现状来看，国地税合并之后，地方税收征管改革不断面临新问题和新挑战，有必要从阻碍税收法定原则落实的疑难问题出发，通过提高税法层级、赋予地方税收立法选择权、健全税收征管法律税法体系，从而落实税收法定原则，保障地方税权。

第一，提高税收立法层级。税收法治是全面推进依法治国的重要组成部分，要实现依法治税，必须使立法机关制定的法律成为税收征管工作的依据。落实税收法定原则需要对当前的立法授权和授权立法进行梳理并逐步收回税收立法授权。③ 税收立法授权被收回后，根据授权而制定的税收行政法规应当由国务院废止或由全国人大及其常委会决定撤销或制定相应的法律。开征新税的，应当通过全国人大及其常委会制定相应的法律。

第二，适当赋予地方税收立法选择权。广东可以争取先行先试适当扩大地方的税收管理权限，提升因地制宜的能力。扩大地方税收管理权限并非赋予地方政

---

① 朱新力，余军：《行政法视域下权力清单制度的重构》，《中国社会科学》2018 年第 4 期。

② 《广东推进"互联网＋政务服务"让权力在阳光下运行》，《南方日报》网络版，2019 年 2 月 8 日。

③ 熊伟：《重申税收法定主义》，《法学杂志》2014 年第 2 期。

府税收立法权。① 全国人大及其常委会在制定地方税收的相关法律时，可对税率、免征额及计税依据等税收要素设计一个合理的幅度，并授权地方人大及其常委会根据本地实际情在这个幅度内行使一定的立法选择权。广东既是我国经济发展水平较高的地区，同时省内区域发展水平差异也较大，应当充分发挥广东省人大及其常委会的积极作用，发挥地方 ·定的立法自主性，以在国家税法框架下确保地方税权得到良好的实现。

第三，完善税收征管法律。信息化时代下的税收征管面临新挑战，由于我国税收征管法律制定时间较早，税收征管面临一系列挑战，税收征管法与当前的税收征管工作存在一些不适应的地方，给税收征管的科学化、高效化建设带来了一些障碍。因而根据需要制定新的税收法律。同时，将税收征管法从管理型、技术型法规向服务型、权利型法规转变。

### （三）健全税收征管体制以提高征税效率

国地税合并后征管体制的设计应当朝着有利于运行机制的优化、征管方式的创新和征管效率的提高的方向发展。而这不仅需要在税务机关与地方政府的双重领导职能分配上探索新的制度设计，也要充分考虑国地税合并后税务机关内部的职能整合与调配，并在现代化税收征管系统地有力支持下向降低税收成本、提高税收征管效率和提升纳税遵从度的目标前进。

第一，探索税务机关与地方政府双重领导职权划分新模式。广东应当在国地税机构合并后实行的新管理体制的制度安排下，探索省级政府与国税总局的具体职权划分模式。国地税合并之前，国家税务总局更多地承担了宏观政策的制定、税收政策的指导以及税收征管的整体监管职责，而不同层级的地方政府则更多地为税务机关提供良好的税收征管环境。因此，可以在以往税务机关与地方政府管理职权划分的基础上，进一步以法律的形式明确划分管理权限。

第二，推进税务机关内部职能优化整合。由于长期的国地税机构分设、各自为政，无法形成统一的信息系统，难以汇集统一的信息资源，一定程度上妨碍了税收征管手段的现代化。税务机关合并以后，应当在整合原国税、地税内部人员、机构的基础上，结合当前的改革趋势和税收征收管理实际，进行科学、有序地职

---

① 苗连营：《税收法定视域中的地方税收立法权》，《中国法学》2016 年第 4 期。

能整合。并根据信息化征管的需求，进一步实现内部职能优化整合，完善、简化税收征管流程，为纳税人提供更加便捷、优质的服务。

第三，加强税收征管信息化建设。广东应当在现有的走在全国前列的信息化、科技化税收征管建设基础上，进一步整合与协调国地税征管体系，以税收征管手段现代化促进税收征管产出。同时，加强与港澳地区税务机关的交流与合作，在粤港澳大湾区建设中主动作为，探索粤港澳不同关税区税收征管、争议解决的新模式，以税收效率的提升为助力粤港澳大湾区的发展。

作者单位：华南理工大学财经法研究所

# 2019

## 粤港澳大湾区建设

# 粤港澳大湾区扩大高水平开放的体制机制研究

毕斗斗

　　"全面开放新格局"是习近平总书记在党的十九大报告中提出的治国理政方针理论。从党的十九大报告,到"一带一路"国际合作高峰论坛、博鳌亚洲论坛、首届中国国际进口博览会等多个国内外重要场合,习近平总书记多次强调,"中国开放的大门不会关闭,只会越开越大"。2018中央经济工作会议明确提出"坚持深化市场化改革、扩大高水平开放",将"推动全方位对外开放"列为2019年全国重点工作任务之一。粤港澳大湾区是习近平总书记亲自谋划、亲自部署、亲自推动的重大国家战略,是中国的顶层设计之一。2018年10月,习近平总书记视察广东时强调"要把粤港澳大湾区建设作为广东改革开放的大机遇、大文章,抓紧抓实办好"。广东省省长马兴瑞在2019年政府工作报告中指出,要举全省之力推进粤港澳大湾区建设,在更高水平上扩大开放,将粤港澳大湾区建设放在广东2019年着重抓好的十项工作之首。粤港澳大湾区是中国深化对外开放、实现经济高质量发展的战略安排,肩负着引领中国改革开放再出发、发展更高层次开放型经济、形成全面开放新格局的重大历史使命。

## 一、粤港澳大湾区扩大高水平开放的背景与意义

　　坚持开放发展,是我国新时代的重大发展理念,是习近平总书记系列重要讲话精神的高频词。面对国内外纷繁复杂的形势和层出不穷的挑战,粤港澳大湾区将以扩大高水平开放赢得国内发展和国际竞争的主动权,也宣示着中国全面深化改革、拥抱世界的胸怀和决心。

### （一）高水平开放的内涵

何为"高水平开放"？根据党的十九大报告精神，推进更高水平的开放要以"一带一路"建设为重点，坚持引进来和走出去并重，遵循共商共建共享原则，加强创新能力开放合作，形成陆海内外联动、东西双向互济的开放格局。拓展对外贸易，培育贸易新业态新模式，推进贸易强国建设。实行高水平的贸易和投资自由化便利化政策，全面实行准入前国民待遇加负面清单管理制度，大幅度放宽市场准入，扩大服务业对外开放，保护外商投资合法权益。凡是在我国境内注册的企业，都要一视同仁、平等对待。优化区域开放布局，加大西部开放力度。赋予自由贸易试验区更大改革自主权，探索建设自由贸易港。创新对外投资方式，促进国际产能合作，形成面向全球的贸易、投融资、生产、服务网络，加快培育国际经济合作和竞争新优势。可以从以下五方面理解其内涵：

一是高水平开放必须服务于高质量发展。开放发展是引领构建现代化经济体系的新发展理念之一，其核心是通过高水平开放推动供给侧结构性改革，坚持创新引领，构建拥有开放经济结构、发达交通系统及国际交往网络、高效资源配置能力、强大集聚外溢功能的开放型经济。

二是高水平开放必须对标国际高标准经贸规则。十九大报告提出实行高水平贸易和投资自由便利化政策。中央经济工作会议在部署 2019 年经济工作时强调，要适应新形势、把握新特点，推动由商品和要素流动型开放向规则等制度型开放转变，要放宽市场准入，全面实施准入前国民待遇加负面清单管理制度，保护外商在华合法权益特别是知识产权，允许更多领域实行独资经营。

三是高水平开放必须重视国际经济合作和培育国际竞争新优势。高水平开放必须适应新一代技术革命发展和产业分工布局变化，通过挖掘市场潜力、创新贸易监管模式，释放新产业、新经济、新业态发展需求，促进国际产能合作，迎接更为激烈的国际竞争，持续提升全球价值链地位。

四是高水平开放需要拓展和优化开放布局。高水平开放要推动形成陆海内外联动、东西双向互济的开放格局，培育若干新增长极，把进一步开放与发挥区域优势、推动区域产业优化升级结合起来。

五是高水平开放旨在提升人民福祉和促进全球包容发展。高水平开放是以满足人民日益增长的美好生活需要为根本，坚持普惠共赢原则，倡导不同文明、制

度、道路的多样性及交流互鉴，促进经济、社会、环境协调发展。

### （二）粤港澳大湾区扩大高水平开放的时代价值

粤港澳大湾区是新时代深化我国改革开放的示范区、国家全面走向现代化的综合改革试验区，是推动落实"一带一路"和亚太自贸区的战略构想的核心举措，是支持港澳融入国家发展大局的重要载体和推进"一国两制"事业的实践创新。粤港澳大湾区扩大高水平开放具有重大战略意义和现实意义：

第一，以扩大高水平开放推动体制机制创新，构筑我国新常态下开放型经济新体制先行区和参与全球化竞争的战略门户枢纽。大国竞争、贸易摩擦、金融市场动荡、商品市场震荡、地缘政治矛盾、地区冲突风险日益复杂变化，在此背景下，粤港澳大湾区扩大高水平开放有助于倒逼和推动体制机制改革，实现改革开放再出发以及习近平总书记对广东"四个走在全国前列"的工作要求，提升粤港澳大湾区在国家经济发展和全方位开放中的引领作用，为国家增添新的战略机遇。

第二，以扩大高水平开放引领高质量发展，打造国际一流湾区和世界级城市群的中国样板。国际湾区经济和世界级城市群代表开放程度较高的发展模式，是高质量经济发展的典范。扩大高水平开放有利于粤港澳大湾区深入推进供给侧结构性改革，谋求更高质量、更有效率、更加公平、更可持续的发展，增加改革新动力和开拓新空间。扩大高水平开放将引领更高质量的发展，推动粤港澳大湾区朝着更加开放、包容、普惠、平衡、共赢的方向发展。

第三，以扩大高水平开放助力"一国两制"行稳致远，建设优质生活圈及世界文明高地。扩大高水平开放将有助于粤港澳大湾区深化经济、文化、教育、养老、医疗、创新创业、生态文明、旅游休闲等领域的交流合作，有助于建设中西文明交汇的重要窗口、中华优秀文化遗产传播地、国际文化交流中心、港澳与内地居民同享高质量生活的美好家园，形成法治民主、自由平等、公平正义、多元包容的现代文明大湾区和世界文明互鉴共赏地。

## 二、粤港澳大湾区扩大高水平开放的现实基础

独特的"一国两制"制度优势、"陆海空铁"现代化立体交通网络优势、庞大的国内外市场优势、"金融＋科技＋制造业"现代产业优势、呈现叠加效应的创新

政策集成优势，为粤港澳大湾区扩大高水平开放奠定了坚实基础。

### （一）"一国两制"实践展现出强大生命力和独特魅力

粤港澳大湾区拥有"一国两制"、自由港、自贸区和经济特区等体制叠加优势。多元差异的制度互补优势不仅保持了香港、澳门在回归祖国后的长期繁荣稳定，也推动了以广东为首的内地经济多年来整体快速发展态势。近年粤港澳大湾区进出口水平屡创新高、产业结构逐步优化、城市群发展空间组团布局合理、湾区经济总量持续增长、创新驱动发展成效显著，粤港澳大湾区正生动展现着中国特色社会主义新时代和"一国两制"新实践的勃勃生机。粤港澳大湾区扩大高水平开放，将进一步发挥港澳地区双向开放的桥梁作用，发挥香港、澳门国际生产网络以及在促进东西方文化交流、文明互鉴、民心相通等方面的特殊作用，带动资本、技术、人才等参与国家经济高质量发展和新一轮高水平开放，以新成就为全世界提供"一国两制"的中国智慧和中国方案，描绘出国家和平统一战略和治国理政模式新蓝图。

### （二）"一桥一铁"+先进海港群、空港群构筑现代交通体系

粤港澳大湾区濒临南海、背靠中国大陆、面向东盟，东接海峡西岸经济区，西接北部湾经济区及东南亚，可通过陆路交通和海洋运输连接中国内陆与东盟各国，是国际物流运输航线的重要节点和21世纪海上丝绸之路的重要枢纽。"一桥一铁"（港珠澳大桥、广深港高铁）为代表的跨境工程的开通撑起了粤港澳大湾区珠江口两岸城市群互联互通的"脊梁"。由香港国际机场、广州白云机场、深圳宝安机场三个国际化机场配套澳门机场、惠州机场、莲溪机场形成的"三核三辅"空港群，由广州港、香港维多利亚港、深圳港、珠海港、东莞港5个亿吨级大港组成的世界级港口群，共同拓展了粤港澳大湾区对外合作空间。2017年粤港澳大湾区港口集装箱吞吐量是世界其他三大湾区总和的4.5倍。2018年粤港澳大湾区机场旅客吞吐能力约2.15亿人次，货邮吞吐能力约828.5万吨，客货运规模位居全球湾区机场群之首。四通八达的高速公路网、先进的高铁城轨网、货物吞吐量居全球前列的港口群以及密集发达的世界级机场群，共同构筑了粤港澳大湾区"陆海空铁"现代化综合交通运输体系。

### （三）泛珠三角地区以及"一带一路"沿线国家提供庞大市场支撑

粤港澳大湾区的市场化水平和对外开放度领先全国。珠三角9市一直是全国

市场导向改革的先行者和市场体系较完备的地区。香港、澳门两个特别行政区实行市场经济制度，属于自由经济体，拥有大量全球跨国公司区域总部、海外金融机构及开放型国际网络。广东省外向型经济特征突出，2018年进出口总额和实际利用外资分别占全国的23%和16%。泛珠江三角地区包含中国华南、东南和西南的9个省份及2个特别行政区（福建、广东、广西、贵州、海南、湖南、江西、四川、云南、香港和澳门特别行政区），覆盖中国1/5的国土面积、占全国1/3的人口和1/3的经济总量，是粤港澳大湾区的核心市场腹地，所延伸联系的中国国内市场更为巨大。粤港澳大湾区同时是落地国家"一带一路"建设的重要依托，是落地东盟"10+1"自贸区发展的重要桥头堡，是中国与海上丝绸之路沿线国家或地区海上往来距离最近、经济互动最密集的区域。"一带一路"涉及约65个国家44亿人口，为粤港澳大湾区提供了广阔的国际市场空间。

### （四）具有世界竞争力的生产要素和产业集群提供产业支撑

粤港澳大湾区具有世界级影响力的制造中心、投资中心、企业孵化中心和新经济策源地，拥有蓬勃的创新高地、强大的产业集群，是我国综合实力最强、开放程度最高、经济最活跃、创新力最强的地区。粤港澳大湾区有以香港为核心的大珠三角金融、航运、贸易中心圈，有以深圳为核心的类似硅谷创业创新高端产业中心圈，有以佛山、东莞为代表的全球最大的制造业基地，有全球知名旅游目的地澳门。"广州—深圳—香港—澳门"科技创新走廊目前正在加紧建设中。从产业结构来看，粤港澳大湾区内上下游产业供应链完备，产业之间存在梯度，可以互补，能够实现错位发展。粤港澳大湾区拥有300多个各具特色的产业集群，既有中低端生产要素、基于全球分工和支持跨国公司运营的加工贸易基地，又有高端生产要素、基于自主创新的全国科技产业创新与技术研发平台，是世界闻名的产品供应基地和亚太区首屈一指的现代服务业中心，拥有具有全球影响力的完善的产业链服务体系与宽松自由的创业氛围。粤港澳大湾区囊括了"金融湾区"纽约湾区、"科技湾区"旧金山湾区、"制造业湾区"东京湾区所有的产业类型，形成了"金融+科技+制造业"现代产业格局。

### （五）各类深化改革的先行先试政策集成产生叠加效应

广东一直是我国改革开放排头兵和前沿阵地，先后设立深圳特区、珠海特区、南沙新区、前海深港合作区、横琴—粤港澳紧密合作示范区、广东自贸区等一系列改革开放试验区，在放宽市场准入、改善投资环境、加大试验区、自贸区和开发区开放力度、加强知识产权保护、扩大金融领域开放、推动人才合作等方面政策的数量和质量都走在全国前列，拥有自贸区、国家自主创新示范区、国家级新区、粤港澳合作示范区、中国特色社会主义先行示范区等改革创新先行先试政策集成优势。国家层面一直密集出台推动港澳与内地开放合作政策，如内地与港澳《关于建立更紧密经贸关系的安排》及系列补充协议、《推动共建丝绸之路经济带和21世纪海上丝绸之路的愿景与行动》、《深化粤港澳合作推进大湾区建设框架协议》、《进一步深化中国（广东）自由贸易试验区改革开放方案》，涉及贸易合作、要素流动、体制机制创新等，开放合作层次逐渐深入。2019年2月18日，《粤港澳大湾区发展规划纲要》正式颁布，融合、开放、创新成为关键词。国家给予粤港澳大湾区政策与广东省多年来持续体制机制改革创新形成叠加效应，政策红利持续释放。

## 三、粤港澳大湾区扩大高水平开放的体制机制障碍

制度壁垒、要素流动性障碍、区域发展差距等因素制约着粤港澳大湾区全面扩大开放，我们必须清醒审视粤港澳大湾区在市场一体化发展、区域协同发展治理、公共产品跨境跨城供给等方面的体制机制障碍。

### （一）市场一体化发展体制机制障碍

粤港澳大湾区"一个国家、两种制度、三类法律体系和三个独立关税区"的独特格局，阻碍了市场一体化发展。一是行政制度壁垒。香港政府奉行"小政府、大市场"的不干预理念，曾有部分先行先试、推动制度创新的合作领域受到阻挠或搁浅。二是法律制度壁垒。绕不过的"区际法律冲突问题"提高了粤港澳大湾区跨区域规划与协调的难度以及经济合作成本。三是要素流动壁垒。粤港澳三地在人才、资金流、物流、信息流等生产要素的流动和对接上还存在一定制度性和机制性壁垒，三地在通关模式、查验手段、关税征管、管理机制上存在较大差异。四是监管制度壁垒。香港对于金融业和海关的监管严格而保守，广东主要依托自由贸易试验区对这两个领域进行压力测试积累监管经验。香港很多监管措施沿用港英政府时期颁布的政策，不仅阻碍经济发展，还间接引致政治和民生问题。目

前，粤港澳大湾区城市群尚未形成以统一市场为标志的"湾区经济"模式。

### （二）区域协同治理体制机制障碍

粤港澳大湾区扩大高水平开放亟须健全区域协同治理体制机制。一是行政协同治理层面，目前粤港澳三地合作处于以行政协议为主的政策导向型机制层面，缺乏立法先行的法治推进型合作机制，区域规划和地市层面参与协作治理受到法律制度的制约明显。二是产业协同治理层面，港澳先进生产性服务业与广东先进制造业协同发展不足，各城市间产业合作不协调，需要通过"合理分工＋协同创新"实现产业联动和错位发展。三是空间协同治理层面，粤港澳大湾区内部广东城乡发展二元结构问题比较突出，珠江三角洲地区开放程度高，粤东粤西粤北地区开放水平较低。各类载体平台空间整合与协同不足，尚未形成互动格局。粤港澳大湾区开放还有待加强"一带一路"建设、京津冀协同发展、长江经济带发展等重大战略以及与广西、海南、福建等中国南部省份的协调对接。四是社会协同治理层面，粤港澳大湾区重大决策公众参与机制有待健全，以更好发挥智库和行业协会的作用，创造共治共建共享局面。五是参与全球治理层面，亟须加强粤港澳大湾区参与全球治理体系的谈判能力建设，增强相关规则制定的话语权和主导权。

### （三）区域公共产品供给体制机制障碍

粤港澳大湾区扩大高水平开放需要进一步改善区域软硬发展环境，实现公共产品跨境跨城的"互联互通"。一是基础设施建设缺乏统筹协调。粤港澳大湾区交通一体化建设有待加强，以提高大湾区高铁、公路、隧道、轨道交通、机场、港口码头、大洋航线、桥梁、水利、网络电缆和电网、工业互联网、物联网等基础设施互联互通的效能，破除资源阻隔，推动湾区各种交通与城镇空间发展相协调，真正实现世界级城市群内的同城化发展。二是交通门户枢纽的能级有待提升。粤港澳湾区需要建设面向世界的交通门户，全面提升国际航空枢纽体系和国际航运中心体系，建成功能完备、及时可靠、通关便利、流转顺畅、经济高效、海陆空并进的门户和枢纽。三是粤港澳大湾区内的软公共物品供给能力亟待提升。粤港澳大湾区发展产业需要依靠高端高端人才，亟须推进医疗、教育、社会保障、环境保护、住房以及其他关乎宜居城市条件等民生领域的互联互通，建立覆盖多元制度区域的公共服务体系。

## 四、粤港澳大湾区扩大高水平开放的体制机制建议

粤港澳大湾区应按照党中央、国务院的部署，坚定不移扩大高水平开放，破除体制机制障碍，优化制度有效供给，切实当好改革开放排头兵、创新发展先行者、全国新一轮改革开放先行地，将粤港澳大湾区建设成充满活力的世界级城市群、具有全球影响力的国际科技创新中心、"一带一路"建设的重要支撑、内地与港澳深度合作示范区、宜居宜业宜游的优质生活圈。

### （一）借鉴关税同盟经验，建设统一大市场发展机制

关税同盟是区域经济一体化的重要形式，是成员国之间相互取消关税和与关税具有同等效力措施的同时，建立起统一对外关税的区域经济一体化组织。欧洲经济共同体建立关税同盟，其目的在于确保西欧国家的市场，抵制美国产品的竞争，积极推进欧洲经济一体化的进程。俄白哈关税同盟建立，标志着俄罗斯主导的欧亚一体化进入实质性阶段。一些发展中国家为了维护本地区各国的民族利益，促进区内的经济合作和共同发展也建立了关税同盟。关税同盟具有大市场效应，有助于吸引外部投资和促进成员国之间企业的竞争，关税同盟发展目标和方向是单一市场。粤港澳大湾区可以借鉴关税同盟尤其是欧盟单一市场的发展经验，构建区域大通关体制、市场联动发展机制，推动资本、技术、服务、信息、人员自由畅通流动，进一步提高口岸通关能力、突破跨境居住和工作的相关政策，实现金融合作与共同监管方面，形成类似欧元区的粤港澳大湾区经济和社会发展共同体。一是加强口岸协作，创新粤港澳边境旅检口岸查验模式与监管模式。探索粤港澳检验检疫、服务业标准互认和信息互联，深化粤港澳海关执法部门"信息互换、监管互认、执法互助"合作力度，实行更高标准的贸易监管制度。探索依托信用平台实现智能旅客出入境信息管理，建立跨部门共管的车辆管理模式，打造面向"一带一路"沿线国家的多式联运中心，推广货物信息化溯源管理，促进人员、车辆、货物便捷流动。破除粤港澳现行类似国与国的通关流程设计，逐步实现从法律层面统一粤港澳三地对安全准入的执法范围、执法标准、作业要求，对国外直接进入大湾区的国际机场、码头进行管控，对粤港边境、粤澳边境实行放开。二是探索"香港、澳门2个自由贸易港"＋"广东自贸试验区3个片区（南

沙、前海、横琴)"组合联动,在区域内实施与港澳相同的关税政策和海关监管模式,分布扩大和推进粤港澳大湾区关税减免。三是从社会层面,推动粤港澳大湾区各城市间在社会、文化、教育、卫生等领域逐步相互融合为一体化市场,使大湾区全体居民都能分享经济发展成果,享受更好的公共服务。

### (二)增强湾区聚合力,健全区域协调治理机制

粤港澳大湾区需要突破行政区划束缚,构筑覆盖生态环境治理、基础设施共建共享、社会经济协调发展等多领域的协调机制,构建以政府、市场和社会为主体的协商合作平台,完善协调组织架构与法律法规保障,提高城市群一体化水平。一是重视区域规划。纽约区域规划协会(Regional Plan Association,简称RPA)早在1929年就发布了世界上第一个关于大都市区的全面规划——《纽约及其周边地区的区域规划》,之后于1968年、1996年、2017年分别进行三次规划破解阻碍纽约湾区发展的问题。东京湾区也依靠规划保持区域建设的长期性和协同性,主要通过智库居中协调各部门各城市的规划。《粤港澳大湾区发展规划纲要》及实施细则的颁布,为跨区域统筹提供了行动指南。二是组建半官方性质的地方政府联合组织,推行"专事专管"管理模式。旧金山湾区的交通、土地使用、空气质量、海滨事务、水资源质量,分别由大都市区交通委员会(Metropolitan Transportation Commission,MTC)、湾区政府联合会(Association of Bay Area Governments,ABAG)、湾区空气质量管理局(Bay Area Air Quality Management District,BAAQMD)、湾区保护和发展委员会(Bay Conservation and Development Commission,BCDC)、区域水资源质量控制委员会(Regional Water:Quality Control Board,RWQCB)以及海湾地区可持续发展联盟(Bay Area Alliance for Sustainable Development)统一管理。这种由地方政府自愿联合,获得联邦和州政府支持的半官方性质的、松散型行政组织易被各方接受且具有一定的协商协调功能。粤港澳大湾区可以借鉴经验以提高湾区公共事务处理的专业性和透明度。三是创新协同发展治理机制。基于"一国两制"的总体框架,粤港澳大湾区应探索构建法治框架,调动社会、市场及个人等多元主体的力量协调共治,进一步推动湾区治理精细化。

### (三)优化营商环境,形成贸易投资便利化长效机制

营商环境体现区域的软实力、竞争力。营商环境本身是一种生产力,有助于

粤港澳大湾区加快发展更高层次的开放型经济。一是对标国际高标准规则。制度型开放的核心是对标国际通行规则。粤港澳大湾区要以广东自贸试验区为试验田，深化粤港澳大湾区创新体系、要素市场、监管体制和治理能力改革，突破上市环境、要素流动、公共服务、口岸、金融、贸易等方面的标准和规制的壁垒，构建与国际投资贸易通行规则相衔接的制度框架体系，形成有利于人才、资本、信息、技术等创新要素跨境流动和区域融通的制度保障。二是全面提升政府的服务意识和能力。粤港澳大湾区政府需要继续简政放权，深入推进商事登记制度改革，健全粤港澳大湾区社会信用体系，强化知识产权保护，高标准加强粤港澳大湾区法治建设，增强企业对扩大开放的预期和信心。三是实现湾区交通互联互通。世界一流湾区将高密度的港口、机场、城际轨道、高速公路等贯通连接，可促进各通道沿线经济要素的流动，形成规模和集聚效应。例如，东京湾区整合东京湾、千叶港、川崎港、横须贺港、木更津港和船桥港在内的 7 个港口，与羽田、成田两大国际机场和东海道、北陆、东北等新干线以及数条高速公路、各类轨道交通线一起，构成海陆空立体交通网。粤港澳大湾区需要进一步整合与连通港口群、空港群、城市轨道交通网络和现代货运物流，建设"陆海统筹、协作联动"的世界级交通门户。四是建设"数字湾区"。建设粤港澳大湾区大数据平台，整合工业、产业、城市、政府等大数据资源，结合物联网、区块链、人工智能、移动终端的运用，提高信息互联互通功能，促进实体湾区创新要素资源的更快流动、更高效对接，打造"智慧湾区"。五是建设人才高地。加强科技教育人才合作，为粤港澳大湾区发展提供智力支撑。率先探索港澳居民全面享有国民待遇改革，探索"大湾区"绿卡，营造具有全球竞争力的创新创业环境。六是共建宜居宜业宜游的国际化优质生活圈。以改善民生为重点，推进"美丽湾区"和"幸福湾区"建设，提升湾区的生态品质与文化特色，增加优质公共产品和服务供给，建成低碳环保、环境优美、充满活力、富有人文魅力的湾区。

### （四）培育竞争优势，强化高水平开放的内生动力机制

扩大高水平开放将促进粤港澳大湾区实施供给侧结构性改革，集聚高端创新要素、高端产业，形成面向全球的贸易、投融资、生产、服务网络。一是强化中心城市的引领辐射功能优势。充分发挥香港、澳门、广州、深圳核心城市在粤港澳大湾区扩大高水平开放中的"头雁"引领作用。巩固提升香港国际金融、航运、

贸易中心地位，支持澳门建设世界旅游休闲中心以及中葡商贸合作服务平台。努力把香港、澳门打造成国家双向开放的重要桥头堡。提升广州和深圳在对外贸易、金融、国际人口流动方面的国际化程度，增强全球资源配置能力。二是发挥重大载体平台优势。以广东自由贸易试验区（前海、南沙、横琴）为核心平台，发挥其在深化改革、扩大开放、促进合作中的试点示范作用，实行自贸区升级扩容，探索建设自由贸易港；依托香港国际创新科技中心、粤港澳大湾区国际科技创新中心、珠三角国家自主创新示范区等创新平台，高水平建设"广深港澳科技创新走廊"平台，形成产业联动、空间连接、功能贯穿的世界级创新经济带，以科技创新跨越新技术性贸易壁垒；依托广东产业合作园区、高新区、特色小镇，发展"飞地经济"，鼓励港澳及国外投资者设立"园中园""共建园"，加强境外工业园区的建设，提升国际产能合作水平。三是以服务贸易和服务业为重点深化对外开放。服务业市场开放将释放市场化改革的新红利。发挥香港国际大都会在高端现代服务业方面的优势，为内地引入服务业先进标准、人才、理念，推动香港及澳门地区先进生产性服务业与广东实体经济的融合发展，促进广东生产性服务业向专业化和价值链高端延伸、生活服务业向精细化和高品质转化。四是建设全球科技产业创新中心。加强粤港澳大湾区在创业孵化、科技金融、国际成果转让等领域创新能力合作，依托现有产业集群、延伸产业链、丰富创新链、提升价值链，发展具有国际竞争力的高新技术产业与战略性新兴产业，构筑区域创新网络体系，成为全球创新生态系统培育地。

### （五）优化开放布局，深化高水平开放的区域合作机制

粤港澳大湾区扩大高水平开放需要提高发展平衡性和协调性。一是深化广东沿海经济带开放。2018年10月，习近平总书记在广东考察时强调，"要做优做强珠三角核心区，加快珠海、汕头两个经济特区发展，把汕头、湛江作为重要发展极，打造现代化沿海经济带"。广东沿海经济带包括广东省沿海陆域及相关海域，陆域为海岸带涉及的15个县（市）及相关15个地级以上市的中心城区，占全省陆域的32.7%，是国家参与经济全球化的核心区域、改革开放的先行区和世界制造业基地。广东省正全面实施以功能区为引领的"一核一带一区"区域发展新战略，需要顺应全球经济向海发展趋势，把海洋资源优势与产业转型升级和开放型经济发展需要紧密结合起来，大力发展湾区海洋经济，重点推动湛江、珠海、汕

头等沿海城市发展。广东省推进广东自贸区扩区，也将为汕头经济特区等地争取新一轮改革开放的新平台。二是构建粤港澳大湾区城市群联动开放机制。2018 年 11 月颁布的《中共中央国务院关于建立更加有效的区域协调发展新机制的意见》中提出"以香港、澳门、广州、深圳为中心引领粤港澳大湾区建设，带动珠江—西江经济带创新绿色发展"。粤港澳大湾区珠江两岸城市群要实现联动开放发展，同时积极带动粤东粤西粤北地区城市的开放发展。三是增强粤港澳大湾区对泛珠三角地区开放的影响能级。粤港澳大湾区在港深莞穗核心发展轴和珠江西岸次轴的融合发展下，辐射范围将扩大深入泛珠三角地区及华南腹地。粤港澳大湾区需要完善加速形成泛珠三角高铁经济带，建设连接东盟和泛珠区域的陆路国际大通道。四是推动"一带一路"建设再上新台阶。发挥粤港澳大湾区在 21 世纪海上丝绸之路建设中的特殊作用，积极打造海上丝绸之路的战略枢纽和支撑平台，推进境外产业园区和物流园区开发运营，促进金融与投资贸易联动，积极参与全球经济治理。同时，注意国际风险防范，提高粤港澳大湾区在国际竞争和贸易摩擦中的应变能力，维护国家发展利益和经济安全。

作者单位：华南理工大学

# 先行探索建设大湾区自由贸易港

陈　林

党的十九大报告提出："赋予自由贸易试验区更大改革自主权，探索建设自由贸易港。"《2018年国务院政府工作报告》进一步明确要求，出台实施粤港澳大湾区发展规划纲要，全面推进内地同香港、澳门互利合作。国家意愿不仅为当前自由贸易试验区建设指明了方向，也为自由贸易港更好发挥自身在全面开放新格局中的引领作用提供了有力支持。当前形势下，深化自由贸易试验区改革理论与实践，探索建设中国特色自由贸易港，打造开放层次更高、营商环境更优、辐射作用更强的开放新高地既是我国积极应对世界经济贸易形势变化的应有之义，也是我国深化改革开放的必经之路。

粤港澳大湾区旨在完善粤港澳三地创新合作机制，促进互利共赢合作关系，将其建设成为更具活力的经济区、宜居宜业宜游的优质生活圈和内地与港澳深度合作的示范区，最终迈向国际一流湾区和世界级城市群。而自由贸易港则以对标全球最高开放水平的高标准规则来深化自由贸易试验区的制度变革，营造一流的营商环境，构建开放型经济新体制。在粤港澳大湾区先行先试打造自由贸易港不但可为两大国家战略叠加，扩大自由贸易港制度创新的辐射力创造政策基石，而且也可为实现自由贸易港这一"点"的创新突破、反向提高粤港澳大湾区的区域竞争力开辟新路径。当前背景下，在粤港澳大湾区先行先试打造自由贸易港将为广东省引领国家发展注入强劲动力、极大发挥两大战略区域的功能作用，释放出巨大的发展红利。

# 一、自由贸易港的内涵与外延

长期以来,自由贸易港作为一种特殊的经济联系形式与贸易促进工具,在全世界各国和地区加强对外经贸关系、发展外向型经济中发挥了显著作用。自由贸易港是一个不断演变的概念,且在既有研究与各国(地区)的实践中,存在众多与自由贸易港属性相近而名称不同的其他术语。有学者曾指出,与自由贸易港相近的概念至少有 19 个,自由港、自由区、自由贸易园区、出口加工区、对外贸易区、保税港区、自由贸易港区、海关特殊监管区等也都是被广泛使用于正式法律文本中的概念。

由于历史条件、建设目的、功能需求和管理体制有所差异,国内的各类探索性、过渡性的自由经济区在从 20 世纪 80 年代到今天的演进过程中体现出鲜明的时代特征和功能特征,这些自由经济区是参考国外自由贸易港或自由贸易园区结合国内具体实际的功能拓展和制度演化的产物,可以看作是建设中国特色自由贸易港的前期实践。国内最早的探索无疑是改革开放初期设立的经济特区,然后是各类保税区、出口加工区等,直到 2013 年开始建设的自由贸易试验区,具体如表1 所示。

表 1　中国主要海关特殊监管自由经济区

| 类型 | 主要功能 | 典型代表 |
|---|---|---|
| 经济特区 | 吸收外资、引进技术、发展生产 | 深圳、珠海、汕头、厦门(1980) |
| 保税区 | 保税仓储、出口加工、转口贸易 | 上海外高桥保税区(1990) |
| 出口加工区 | 制造、加工、装配出口 | 深圳出口加工区(2000) |
| 保税物流园区 | 仓储、现代物流 | 上海高桥保税物流园区(2003) |
| 跨境工业区 | 新型工业化、现代物流、自由贸易 | 珠澳跨境工业区(2003) |
| 保税港区 | 口岸、物流、加工 | 上海洋山保税港区(2005) |
| 综合保税区 | 国际中转、配送、采购、转口贸易、出口加工 | 苏州工业园综合保税区(2006) |

续表

| 类型 | 主要功能 | 典型代表 |
|---|---|---|
| 自由贸易试验区 | 加快政府职能转变、探索管理模式创新、促进贸易和投资便利化 | 上海自由贸易区（2013） |

表1中各类自由经济区均有特定的功能和属性，包含在自由贸易港的功能范畴中。但从开放度和自由度方面来说，自由贸易港是目前全球开放水平最高的特殊经济功能区。综合国内学者对国际"自由港"的理论认识以及中央对自由贸易港的定性描述，可将"自由贸易港"的内涵定义如下：自由贸易港是设在一国（地区）境内关外、货物资金人员进出自由、绝大多数商品免征关税的特定区域。在这一特殊区域内，绝大部分的外国商品在遵守东道国相关政策法规的前提下，可以自由进出、装卸、储存、包装、销售或者加工制造。自由贸易港的基本特征为："境内关外"（最显著特征）和四大自由（本质特征），即货物、服务、金融和人员自由流动。自由贸易港的功能从最初简单的减免关税及通关便利化，延伸到物流服务、出入境管理制度、货币金融制度、甚至是国家战略发展等领域，其功能越来越丰富多元。

## 二、自由贸易港的指标体系构建

我国自由贸易港建设对标国际最高标准，除了完善基础设施建设、构筑发达运输网络体系、拓展航运能力和运输能力，更为重要的是要营建具有国际市场竞争力的软环境，具体包括高标准的国际投资贸易制度、良好的法治营商环境以及高效、便利、透明的现代管理体制，这其中涉及港内市场的对外开放、投资自由化、贸易便利化、金融国际化、法治保障体系化等。

建设自由贸易港是一个长期且系统性的工程，应如何对其进行阶段性评估、判断其是否达到阶段性目标？基于中国特色自由贸易港政策内涵与建设目标，参考借鉴世界经济论坛的《全球竞争力报告》、世界银行的《营商环境报告》等部分经济指标，构建自由贸易港发展评价体系，包括四个不同制度领域层的一级指标：基础设施与基本营商环境、对外贸易与投资制度、金融服务效率和政府效率；将4个一级指标再细化至21个二级指标（见表2），满足指标体系构建的科学性、全面性原则。

### 表2　自由贸易港的指标体系

| 一级指标 | 二级（基础）指标 | 指标属性 |
|---|---|---|
| 基础设施与基本营商环境 | 整体基础设施 | 正指标 |
| | 运输基础设施（公路、铁路、航空、港口） | 正指标 |
| | 通讯和电力 | 正指标 |
| | 营商环境 | 正指标 |
| | 产权保护 | 正指标 |
| 对外贸易与投资制度 | 市场准入与开放度 | 正指标 |
| | FDI规则对企业投资影响 | 正指标 |
| | 外资所有权限制 | 正指标 |
| | 贸易壁垒（非关税壁垒） | 逆指标 |
| | 关税税率 | 正指标 |
| | 跨境贸易效率 | 正指标 |
| 金融服务效率 | 金融服务可供性 | 正指标 |
| | 金融服务便捷性 | 正指标 |
| | 资本市场的融资能力 | 正指标 |
| | 风险投资的可获得性 | 正指标 |
| | 银行的稳健性 | 正指标 |
| | 证券交易所监管力度 | 正指标 |
| 政府效率 | 政府政策透明度 | 正指标 |
| | 解决纠纷的法律框架效率 | 正指标 |
| | 非常规支付与贿赂 | 正指标 |
| | 企业的政府监管负担 | 正指标 |

## 三、大湾区自由贸易港建设有望成为粤港澳合作4.0版

改革开放以来，粤港澳合作走过了三个阶段。一是基于"前店后厂"的粤港澳合作1.0版，粤港澳之间在制造业领域的"前店后厂"式跨境生产与服务的产

业分工体系。这一阶段内粤港澳合作使得珠三角成为世界性制造业基地,香港成为国际金融、贸易和航运中心。二是基于CEPA的粤港澳合作2.0版,从1998年粤港合作联席会议到2003年CEPA的出台,再到2010年粤港合作框架协议的签订,粤港澳合作进入以服务经济为特征的产业合作发展阶段。三是基于自贸区的粤港澳合作3.0版。广东自由贸易试验区的建设,使得广东省与香港和澳门两个特别行政区之间得以实现自由贸易的制度合作,包括货物贸易自由化、服务贸易自由化和投资贸易自由化。

在粤港澳大湾区中打造自由贸易港有望成为粤港澳合作4.0版。粤港澳大湾区是继美国纽约湾区、旧金山湾区和日本东京湾区之后的世界第四大湾区。它不仅是引领全球经济增长的超级城市群,而且与自贸区、"一带一路"倡议一同是推动中国经济高质量发展的重要战略举措,是国家参与全球分工、增强中国经济辐射带动力的重要空间载体。广东自由贸易试验区的战略定位为:以制度创新为核心,依托港澳、服务内地、面向世界,将自贸区建设成为粤港澳深度合作示范区、21世纪海上丝绸之路重要枢纽和全国新一轮改革开放先行之地;自由贸易港则是在自由贸易试验区的基础上进一步深化改革开放。因此,粤港澳大湾区与自由贸易港两者对于加强粤港澳合作、促进区域经济增长等有一致的政策目标。如果粤港澳大湾区是华南、华东的增长极,那么大湾区内的自由贸易港就是增长极中的增长极。

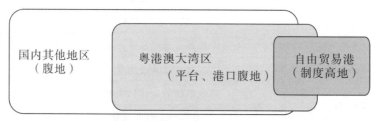

**图1 粤港澳大湾区打造自由贸易港的机制分析**

一方面,增长极的培育,不仅受到培育资金的约束,还受到技术创新、基础设施建设、区域内相关政策实施等重要因素的影响和制约;粤港澳大湾区作为世界级制造业基地,拥有完善的基础设施建设、优质的服务业、较高水平的创新能力等,可以为自由贸易港建设提供一个优良的增长极培育环境。

另一方面,自由贸易港内货物、服务、金融和人员自由流动这四大特点是粤港澳大湾区建立开放的商品和要素市场的基础，有利于减少各种经贸壁垒。自由贸易港建设将使得粤港澳大湾区成为对接国际最高标准的、新时期我国对外开放的政策创新高地，有利于粤港澳合作从功能性区域一体化走向制度性区域一体化。

表 3　粤港澳大湾区与自由贸易港

|  | 粤港澳大湾区 | 自由贸易港 |
|---|---|---|
| 战略定位 | 打造国际一流湾区和世界级城市群，深化粤港澳合作 | 全面深化改革开放，构建开放型经济新体制 |
| 优势资源 | 巨量的经济总量、优质的基础设施、互联互通、世界级制造业基地、优质金融制度、优质服务业、高水平教育科研 | 制度创新高地：境内关外，货物、服务、金融和人员自由流动 |
| 联动策略 | 科技创新的引领，良好的创新创业生态环境，香港、澳门自由港制度的辐射带动，为自由贸易港建设提供良好平台 | 开放、一流的营商环境有利于引入香港、澳门的投资、创新创业，通过贸易、投资便利化、金融和人员流动自由化加强内地同香港、澳门互利合作。以自由贸易港为载体推动服务业创新 |
| 共同点 | 先行先试、探索经验、示范引领、辐射带动，发挥增长极作用 | |

# 四、粤港澳大湾区自由贸易港建设的 SWOT 分析

## （一）优势分析（Strengths）

第一，得天独厚的区位优势。粤港澳大湾区位于中国东南沿海，是亚太地区的交通枢纽、第三条亚欧大陆桥的关键节点和中国经略南海桥头堡。粤港澳大湾区内的广东省区域，是我国改革开放的先行地、"四个走在前列"新要求的引领示范地。港珠澳大桥实现了大陆地区与香港、澳门的互联互通。香港和澳门作为我国目前仅有的自由贸易港，特别是香港自由贸易港，是国际上最开放、最具活力、最具竞争力的自由贸易港之一。在粤港澳大湾区内建设自由贸易港，具有天然的

279

"近水楼台先得月"的学习和辐射机遇。粤港澳大湾区的总体对外开放水平在全国处于领先地位,比较优势突出。

第二,条件充沛的"软""硬"环境优势。粤港澳大湾区将是高端制造业、高科技产业、现代服务业和消费经济的承载区,拥有相对完善的基础设施建设、更多的技术创新活动,为建设自由贸易港提供了优良外部环境。与其他三个世界著名湾区(东京湾区、旧金山湾区、纽约湾区)相比,粤港澳大湾区在港口集装箱吞吐量和机场旅客吞吐量方面高居第一,国际化程度较高,将成为全球大宗商品国际贸易与资源配置新中心。同时,粤港澳大湾区内的产业聚集效应、丰富的就业机会和发展前景、宜居宜业的生活和工作环境也是吸引自由贸易港建设所需人才的重要优势。

第三,广东自贸试验区的先行经验积累。广东自贸试验区三大片区(广州南沙新区片区、深圳前海蛇口片区、珠海横琴新区)都在粤港澳大湾区内,自成立以来在投资管理制度、贸易监管制度、金融监管制度、行政监管体制机制等方面积累了一定的可复制、可推广的自贸试验区建设经验,释放了制度创新红利。

### (二)劣势分析(Weaknesses)

粤港澳大湾区部分地区的经济制度、法律体系、行政体系存在差异,在核心城市之间、核心城市与其他城市之间以及城市群与外围腹地之间未形成有序分工的协作关系,阻碍大湾区协同发展的各种壁垒依然存在。例如要素流动方面,人民币未能完全实现国际化,而港币在大湾区内还不能顺畅流通;口岸管理、户籍管理、人员出入境体制还未能达到对接国际自由贸易港规则的人员自由流动标准;行业的地方保护明显;跨境行政协调机构和机制未形成,政府缺乏跨区管理经验等。

大湾区内三个自贸区内部分化严重,尚未形成共同关注效应,产业分工体系不够完善,没有达到优势互补反而形成无序竞争。其原因可能是广东自贸区各片区之间的政府部门还存在较强的竞争心理,自贸区片区之间的竞争心态大于协同互助心态。三大自贸区功能定位总体上"贪多求广"、追求"大而全",而未形成自己的特色产业、聚焦"小而精",同质化竞争较为严重,三大自贸区片区都以金融、高端服务业作为自身的重点发展产业,未能实现差异化发展。

### （三）机遇分析（Opportunities）

2017 年 3 月，粤港澳大湾区被提升到国家战略层面，国务院总理李克强在政府工作报告中指出，要推动内地与港澳深化合作，研究制定粤港澳大湾区城市群发展规划。2017 年 10 月，习近平总书记在党的十九大报告中指出：香港、澳门发展同内地发展紧密相连。要支持香港、澳门融入国家发展大局，以粤港澳大湾区建设、粤港澳合作、泛珠三角区域合作等为重点，全面推进内地同香港、澳门互利合作。2018 年政府工作报告也提出要"出台实施粤港澳大湾区发展规划纲要，全面推进内地同香港、澳门互利合作"。粤港澳大湾区规划建设将进入加速发展期，预示着我国大湾区经济时代即将来临。在国家"双向"开放、"一带一路"建设和实现经济发展方式转变的战略背景下，粤港澳大湾区肩负着重大的建设使命。

自由贸易港是粤港澳大湾区内开放型经济的制度高地，可以作为粤港澳深度合作示范区，加强与港澳之间的经贸合作、民生往来。可合理利用自由贸易港一定的立法权，加强粤港澳司法合作交流、科技创新交流，在供应链环节环环相扣，紧密联系，在人力资源上既有输入也有输出，互为共享。

### （四）挑战分析（Threats）

建设自由贸易港是一个庞大而复杂的系统性工程，对我国来说是一个崭新的建设领域。从国家内部角度来看，广东省虽然积累了自由贸易试验区的经验，但自由贸易港更高的目标要求、更宏大的发展定位使其建设面临更严峻的挑战和风险。更开放、自由的市场意味着更严峻的市场风险考验，包括离岸金融市场风险、经济类违法犯罪风险等。政府部门在协调好"自由"与"监管"方面还需要更多的实践和努力。从国际上来看，以美国为首的西方发达国家贸易保护主义盛行，全球化遇阻，而我国在技术方面还比较依赖欧美等发达国家，自主创新能力不足，容易遭受技术壁垒。另外，贸易投资便利化和自由化以及税收大幅度减免等优惠政策在吸引外商投资的同时，也会在短期内对本土的劣势产业造成冲击，对企业的创新活动、转型升级形成压力，本土企业将面临新一轮优胜劣汰的挑战。

## 五、粤港澳大湾区自由贸易港建设路径

### （一）完善自由贸易港法律法规制度

探索建设自由贸易港的首要任务就是立法先行，国家层面的法律基础和制度保障是自由贸易港政策创新真正落到实处的前提。借鉴国际自由贸易港法律法规建设经验，基于中国特色自由贸易港的战略定位，出台符合国际游戏规则的中国特色自由贸易港法律体系。各界应加快推进自由贸易港的立法工作，以特别法的形式明确自由贸易港的法律定位；尽快出台自由贸易港在海关监管制度、企业设立、金融服务、外汇管理、税收征管、投资便利化等方面的法律规范。

### （二）实施贸易、投资自由化便利化政策

加强港口基础设施建设，改革海关管理制度，全面推进信息化管理，按照"境内关外"的通行规则，最大程度简化一线申报程序，提高跨境贸易效率。实行更加宽松的投资准入制度，缩减现有的投资准入负面清单，除一些公共事业部门和毒品、武器等管制品外，放宽其他部门尤其是服务业的外资准入。全面实施企业自主登记，以保障企业自主投资权。降低外资企业的设立门槛，应简化企业注册手续、降低企业注册成本、提升投资便利化水平。

### （三）完善金融服务业发展

在自由贸易港内打造资本自由流动的自由贸易港金融体制。吸引更多境内外银行、期货、证券公司、投资公司开展跨境业务，为境内外企业提供多渠道融资。逐步取消外汇管制、提升外汇结算便利程度；进一步放开金融行业准入限制，放宽对证券、期货、保险及资产管理公司设立的外资限制等等，提升金融要素的配置效率和整合能力。

### （四）提高政府管理效率

深化简政放权、放管结合、优化服务改革，全面提升政府治理能力和管理效率。取消企业一般投资项目备案制；推进"不见面审批"，"最多跑一次"，"一次办好"，率先建立"多管合一"的大市场监管体制；探索推进与自由贸易港建设相适应的司法体制改革，提高政府政策透明度等。

## （五）加强港口与腹地之间的联系

自由贸易港包含在粤港澳大湾区中，加强港口与腹地的紧密联系，利用自由贸易港宽松的自由贸易空间和完备的物流处理体系、腹地发达便利的贸易物资运输交通和仓储，整合港口内外部资源，促进区域内资源的优化配置和产业分工。通过自由贸易港"小增长极"的集聚效应，吸引国外、粤港澳大湾区其他地区的资金、人才以及技术等生产要素，并通过增长极的扩散效应，促进粤港澳大湾区经济发展。在相同机制作用下，让广东省其他地区成为粤港澳大湾区"大增长极"的拓展区，周边省份为延伸区，直至辐射到全国各区域。

## （六）加强前海、南沙、横琴协同发展，共同打造自由贸易港港口联盟

广东省政府应积极参与前海、南沙、横琴三大自贸试验区的功能规划和统筹管理，充分考虑各个自贸区的区位优势、功能定位，实现功能互补和错位发展，减少区域内竞争。通过协商凝聚区域合作共识，实现信息、技术、市场的共享与合作。

遵循世界第四代港口的演化规律，基于供应链思想，将在物理空间上独立分离的各个港口、自贸区融入供应链环节，在经营和管理上统一和衔接，形成港口联盟。依托粤港澳大湾区建设平台，建立高效、科学、统一的服务管理系统，推动合作形式多元化和运用灵活化，实现港口联盟成员资源共享、内外资源要素自由流动，形成"港口开放＋产业开放"的新格局、新思路。

*作者单位：暨南大学广州南沙自由贸易试验区研究基地产业经济研究院*

# 粤港澳大湾区产业结构现状分析与建议

舒　元　周吉梅

　　建设粤港澳大湾区，是习近平总书记亲自谋划、亲自部署、亲自推动的国家战略，是新时代推动形成全面开放新格局的新举措，也是推动"一国两制"事业发展的新实践。通过对粤港澳大湾区与世界三大湾区产业结构与发展水平的国际比较，以及粤港澳大湾区内城市群的产业现状分析，对粤港澳大湾区未来产业发展方向提出政策建议。

## 一、四大湾区产业结构与发展水平

### （一）粤港澳大湾区的提出

　　2015 年下发的《推动海上丝绸之路经济带和 21 世纪海上丝绸之路的愿景与行动》提出"深化内地与港澳台地区合作，建设粤港澳大湾区"，这是"粤港澳大湾区"概念首次被明确提出。2016 年"粤港澳大湾区"被写进"十三五"规划，标志着建设粤港澳大湾区从区域战略上升为国家战略。从地理位置看，粤港澳大湾区指由广州、佛山、肇庆、深圳、东莞、惠州、珠海、中山和江门等九市与香港、澳门两个特别行政区形成的"九市二区"城市群，是继美国纽约湾区、旧金山湾区和日本东京湾区之后的世界第四大湾区。

### （二）粤港澳大湾区与世界三大湾区的比较

　　2017 年粤港澳大湾区人口约 6700 多万，地区生产总值达 10.21 万亿元[①]；全

---

① 香港和澳门的地区生产总值根据 2017 年全年各自货币与人民币的平均汇率折算。

国同年末总人口 13.9 亿，同年国内生产总值约 82.08 万亿元。也就是说，粤港澳大湾区仅用全国 4.8% 的人口，创造了全国 12.4% 的产值，综合实力非常强大。

表 1　四大湾区 2017 年主要指标对比

| | 粤港澳大湾区 | 东京湾区 | 旧金山湾区 | 纽约湾区 |
|---|---|---|---|---|
| 地区生产总值（万亿美元） | 1.6 | 1.86 | 0.78 | 1.68 |
| 区域面积（万平方公里） | 5.6 | 3.68 | 1.79 | 2.15 |
| 人口（万人） | 6774 | 4396 | 768 | 2340 |
| 人均 GDP（万美元） | 2.36 | 4.23 | 10.16 | 8.34 |
| 第一产业比重（%） | 1.17 | 0.27 | 0.28 | 0 |
| 第二产业比重（%） | 32.75 | 17.46 | 16.95 | 10.65 |
| 第三产业比重（%） | 66.08 | 82.27 | 82.76 | 89.35 |
| 全球金融中心指数排名 | 香港（3）深圳（12）广州（19） | 6 | 14 | 1 |
| 港口集装箱吞吐量（万 TEU） | 6520 | 773 | 237 | 625 |
| 机场旅客吞吐量（亿人次） | 1.86 | 1.17 | 0.76 | 1.3 |
| 代表产业 | 金融、航运、电子、制造业、互联网 | 装备、制造、钢铁、化工、物流 | 电子、互联网、生物 | 金融、航运、科技 |

数据来源：《香港统计年刊》《澳门统计年鉴》《广东统计年鉴》和 Wind 资讯。[①]

与世界三大湾区相比较，粤港澳大湾区地区生产总值 1.6 万亿美元，经济总量已经超越旧金山湾区，与东京湾区、纽约湾区的差距已经不大，但仍存在诸多的不足：

1. 粤港澳大湾区作为一个"湾区概念"，还处于湾区经济发展的初级阶段

世界三大湾区的发展历史都大致经历了港口经济、工业经济、服务经济和创

---

① 下文中表格如无特殊说明，数据均来自于历年《香港统计年刊》《澳门统计年鉴》《广东统计年鉴》。

新经济四个阶段。目前，纽约、东京、旧金山三大湾区大多处于服务经济或创新经济阶段，第三产业占比超过80%；相比起来，粤港澳大湾区大部分城市处于工业经济阶段，整体来看第三产业比重稍显偏低，存在较大转型提升空间。

2. 粤港澳大湾区坐拥世界最大的港口群，具备打造世界级湾区的潜力

目前粤港澳大湾区是世界上吞吐量最大的湾区，拥有世界最大的海港和空港群，深圳港、香港港和广州港分别排名世界第三、第五和第七，货物和旅客吞吐量处于世界三大湾区的领先水平。

3. 粤港澳大湾区具备区域面积大、人口多等优势，但是单位土地产出、人均产出均位列世界三大湾区之后

粤港澳大湾区作为湾区，其区域面积、人口等指标均已经达到世界三大湾区的水平，但粤港澳大湾区的单位指标偏低，人均GDP只有2.36万美元，远低于世界三大湾区的平均水平，甚至不足旧金山湾区的1/4。

4. 世界三大湾区内部聚集效应明显，粤港澳大湾区内部多极发展，内部整合存在一定难度

世界三大湾区内部聚集效应明显，其中纽约湾区和东京湾区的单核发展明显，纽约市占据了整个湾区约89%的GDP和约85%的人口，东京都则占据了整个湾区约57%的GDP和约37%的人口；旧金山湾区一主一副的发展分工明显，旧金山市作为商业和文化中心，占据了约59%的GDP和约55%的人口，而圣何塞市作为科技和创新中心，占据了约29%的GDP和约23%的人口。

粤港澳大湾区内部的11个城市群人口和GDP相对分散，以香港、深圳、广州为主，呈现出多极的态势，香港、深圳、广州三个城市占据了整个湾区约65%的GDP和约48%的人口。此外，与世界三大湾区不同，粤港澳大湾区由于历史原因，形成了"一国两制"三个关税区的特殊局面，对整合湾区经济也存在一定难度。要实现粤港澳大湾区的区域协同和聚集发展还需要进一步明确粤港澳大湾区内部的定位、分工。

因此，与世界三大湾区比较，粤港澳大湾区地区生产总值、地域面积、人口数量等总量指标均已经达到了世界湾区的水平，但人均GDP、单位土地产出等单位指标离三大湾区仍有较大差距。从生产要素上来看，粤港澳大湾区的技术、资金、劳动力、土地资源等人均效率上存在较大的增长空间。

## 二、粤港澳大湾区城市群产业结构与发展水平

### （一）粤港澳大湾区城市群产业发展阶段不同，港澳地区与珠三角城市产业结构差异大

采用 2017 年粤港澳大湾区 11 个城市三次产业增加值的数据，按照第三产业比重从高到低的顺序，可以得到产业结构图（见图 1）。按照第三产业的比重，可以把粤港澳大湾区 11 个城市大致分为三类：

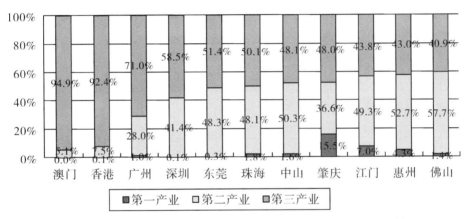

**图 1 2017 年粤港澳大湾区 11 个城市三次产业增加值结构**

第一类是以澳门和香港为代表的纯服务业经济体，其第三产业比重超过 90％；

第二类是以广州、深圳、东莞和珠海为代表的经济体，这些城市的产业已经由第二产业向第三产业过渡，第三产业的比重超过 50％；

第三类是其余的 5 个城市，包括中山、肇庆、江门、惠州和佛山，这些城市仍处在工业化阶段，第二产业是拉动 GDP 的主要来源，其中肇庆又是这 5 个城市里第一产业比重最大的，占比达 15％多，第二和第三产业基础相对其他城市薄弱。

整体来说，与世界三大湾区的经济相比，粤港澳大湾区的部分城市仍处于工业经济发展阶段，特别是肇庆、江门等城市的第一产业占比仍然较高，亟须提高经济发展水平，将农业、低端制造业向粤东、粤北、粤西转移。

**（二）珠三角 9 个城市三次产业结构存在高度趋同，但香港和澳门仅与广州和深圳存在产业结构趋同现象，与其他珠三角城市产业结构不存在显著趋同**

衡量产业结构趋同的测量方法很多，大多数研究采用联合国工业发展组织（UNIDO）国际工业研究中心提出的产业结构相似系数。根据产业结构相似系数的计算公式，采用 2017 年粤港澳大湾区 11 个城市三次产业的增加值数据，得到产业结构相似系数（见表 2）。

表 2　2017 年粤港澳大湾区 11 个城市产业结构相似系数

|  | 香港 | 澳门 | 广州 | 深圳 | 珠海 | 佛山 | 惠州 | 东莞 | 中山 | 江门 | 肇庆 |
|---|---|---|---|---|---|---|---|---|---|---|---|
| 香港 | 1.000 |  |  |  |  |  |  |  |  |  |  |
| 澳门 | 1.000 | 1.000 |  |  |  |  |  |  |  |  |  |
| 广州 | 0.957 | 0.949 | 1.000 |  |  |  |  |  |  |  |  |
| 深圳 | 0.860 | 0.846 | 0.971 | 1.000 |  |  |  |  |  |  |  |
| 珠海 | 0.775 | 0.757 | 0.925 | 0.989 | 1.000 |  |  |  |  |  |  |
| 佛山 | 0.642 | 0.620 | 0.837 | 0.943 | 0.982 | 1.000 |  |  |  |  |  |
| 惠州 | 0.692 | 0.671 | 0.871 | 0.962 | 0.992 | 0.997 | 1.000 |  |  |  |  |
| 东莞 | 0.782 | 0.764 | 0.929 | 0.990 | 1.000 | 0.980 | 0.990 | 1.000 |  |  |  |
| 中山 | 0.747 | 0.729 | 0.908 | 0.982 | 0.999 | 0.989 | 0.996 | 0.998 | 1.000 |  |  |
| 江门 | 0.719 | 0.699 | 0.888 | 0.969 | 0.994 | 0.990 | 0.998 | 0.991 | 0.996 | 1.000 |  |
| 肇庆 | 0.816 | 0.800 | 0.935 | 0.968 | 0.968 | 0.929 | 0.956 | 0.965 | 0.962 | 0.972 | 1.000 |

整体来看，除香港、澳门以外，珠三角 9 个城市的产业结构相似系数基本大于 0.85，三次产业结构存在高度趋同，但香港、澳门除了与广州和深圳的产业结构相似系数比较大以外，与珠三角其他城市的产业结构相似系数基本都在 0.8 以下，产业结构趋同程度不明显。

细分来看，产业结构相似系数最高的前五名依次是：珠海和中山（0.999）、惠州和江门（0.998）、东莞和中山（0.998）、佛山和惠州（0.997）、中山和江门（0.996）。这些城市之间产业结构趋同更为严重。

相反，产业结构相似系数最低的前五名依次是：澳门和佛山（0.62）、香港和佛山（0.642）、澳门和惠州（0.671）、香港和惠州（0.692）、澳门和江门

（0.699）。这说明，佛山、惠州和江门目前在产业结构上和香港、澳门的差异比较大，双方能更好地推进产业内分工，实现产业结构的优势互补。

粤港澳大湾区内部位于珠三角的珠海、佛山、江门、中山、惠州、东莞等六大城市产业结构相似系数高于 0.98 也反映出该等城市的同质化竞争和重复投资严重。若从粤港澳大湾区整体来看，存在同质化竞争和资源浪费的情况。

### （三）粤港澳大湾区城市群三次产业劳动生产率差距大，产业互补优势明显

产业结构相似系数是通过三次产业的比重来计算的，是一个相对数；由于珠三角城市三次产业增加值比重差异不大，因此计算出来的相似系数就偏高。只有通过计算三次产业的劳动生产率才能更好地把握深层次的产业结构和发展水平。图 2 给出了 2017 年粤港澳大湾区 11 个城市三次产业的劳动生产率。

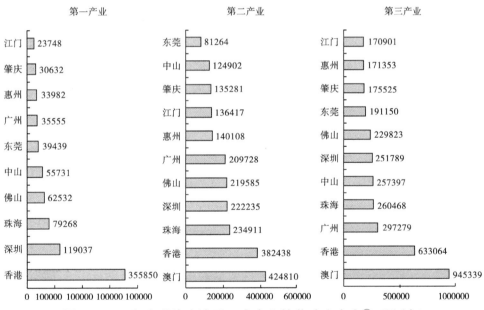

图 2　2017 年粤港澳大湾区三次产业的劳动生产率[①]（元/人）

结合各城市三次产业的整体劳动生产率以及各细分行业产出增加值等数据[②]，

---

[①] 澳门没有第一产业，因此也就没有第一产业的劳动生产率。

[②] 细分行业数据不再一一列出。

我们可以整理出各城市产业的生产效率，也即具有比较优势的产业。

一方面，香港和澳门第三产业的优势非常明显。香港依旧是金融、服务业的天下，金融和生产性服务业劳动生产率非常高，也是香港服务业 GDP 最主要的贡献；澳门仍然是以娱乐旅游为主导的城市，博彩业明显支持服务业增长。

另一方面，珠三角绝大部分城市第二产业和第三产业的优势开始凸显。2008年金融危机以后，珠三角推进产业转移和劳动力转移的"双转移战略"，劳动密集型产业向东西两翼、粤北山区转移，经过 10 多年的发展，珠三角已经培育了一批自己的优势产业，比如深圳的高新技术产业，广州的生物医药和先进制造业，珠海的电子信息产业，佛山的家电、家具制造业以及东莞和中山的特色镇等。江门和肇庆的产业基础相对薄弱，三次产业的劳动生产率都不太高，但两地自然环境良好，适宜发展生态产业。

### （四）粤港澳大湾区城市群三次产业区位商差距大，产业专业化程度不一

我们可以计算区位商比较这 11 个城市三次产业的相对规模。区位商是计算相对规模的常用指标，表示地区产业产出结构与整个国民经济产出结构的相对规模差异。它反映了地区产业分工中的地位，它的大小也是说明产业的优劣势。一般来说，区位商的值越大，产业的专业化程度越高。因此区位商大于 1 的产业被视为该地区具有相对比较优势的行业，可以在这个产业的基础上进一步实现产业升级。需要注意的是，区位商大于 1 的产业是跟自己相比有相对优势的产业，但不一定有绝对优势。

以下我们计算出 2017 年粤港澳大湾区 11 个城市三次产业的增加值区位商和从业人员区位商（见表3）。

表3　2017 年粤港澳大湾区 11 个城市三次产业的区位商比较

| 城市 | 增加值区位商 | | | 从业人员区位商 | | |
| --- | --- | --- | --- | --- | --- | --- |
| | 第一产业 | 第二产业 | 第三产业 | 第一产业 | 第二产业 | 第三产业 |
| 香港 | 0.06 | 0.23 | 1.40 | 0.01 | 0.27 | 1.83 |
| 澳门 | 0.00 | 0.15 | 1.44 | 0.00 | 0.24 | 1.86 |
| 广州 | 0.87 | 0.85 | 1.07 | 0.93 | 0.75 | 1.24 |
| 深圳 | 0.07 | 1.27 | 0.88 | 0.02 | 1.01 | 1.15 |

续表

| 城市 | 增加值区位商 | | | 从业人员区位商 | | |
|------|------|------|------|------|------|------|
| | 第一产业 | 第二产业 | 第三产业 | 第一产业 | 第二产业 | 第三产业 |
| 珠海 | 1.56 | 1.47 | 0.76 | 0.71 | 1.10 | 0.95 |
| 佛山 | 1.21 | 1.76 | 0.62 | 0.63 | 1.28 | 0.80 |
| 惠州 | 3.71 | 1.61 | 0.65 | 2.18 | 1.13 | 0.69 |
| 东莞 | 0.26 | 1.48 | 0.78 | 0.11 | 1.55 | 0.64 |
| 中山 | 1.38 | 1.54 | 0.73 | 0.61 | 1.47 | 0.63 |
| 江门 | 5.94 | 1.50 | 0.66 | 4.15 | 0.90 | 0.59 |
| 肇庆 | 13.21 | 1.12 | 0.73 | 6.20 | 0.58 | 0.54 |

从三次产业增加值的区位商来看，第一产业区位商大于 1 的城市有 6 个，其中区位商大于 3 的有肇庆、江门和惠州，而澳门、香港、深圳、东莞和广州的区位商小于 1，说明这些地市不宜发展第一产业。

第二产业增加值区位商大于 1 的城市比较多，有佛山、惠州、中山、江门、东莞、珠海、深圳和肇庆。这些城市第二产业的相对专业化程度较高，特别是佛山、惠州和中山，第二产业区位优势非常明显，应巩固和继续做大做强第二产业。

第三产业增加值区位商大于 1 的城市只有澳门、香港和广州。这些地市第三产业的相对专业化程度较高，具有区位优势，应当优先发展。

从三次产业从业人员区位商的排名来看，基本和增加值区位商差不多，但其绝对值就比增加值区位商要小。

# 三、珠三角城市现代产业发展比较

国家统计局从 2011 年开始核算现代产业增加值，包括先进制造业、高技术制造业和现代服务业。

## （一）以电子、石化、汽车等为代表的先进制造业

2017 年，先进制造业增加值总量超过 1000 亿元的珠三角城市依次为：深圳 5716 亿元、广州 2456 亿元、佛山 2033 亿元、东莞 1920 亿元、惠州 1195 亿元。

增加值占各市规模以上工业的比重分别为：深圳 71.2%、广州 59.5%、惠州 64.6%、东莞 53.1%、佛山 46.9%。从规模来看，深圳的先进制造业占据了广东的 1/3（33.1%）；从所占各市规模以上工业的比重来看，珠江东岸的各市比重较高，珠江西岸的各市比重较低，除珠海外，比重都低于 50%。

2011—2017 年，珠三角先进制造业比重上升较快的主要是：珠海、佛山、中山和东莞，分别上升 20.2、15.1、12.9、10.9 个百分点。

### （二）以高端电子信息、航空、医药等为代表的高技术制造业

2017 年，高技术制造业增加值总量超过 800 亿元的珠三角城市依次为：深圳 5353 亿元、东莞 1459 亿元、惠州 812 亿元，全部为珠江东岸城市。增加值占各市规模以上工业的比重分别为：深圳 66.7%、东莞 40.3%、惠州 43.9%。从规模来看，深圳的先进制造业占据了广东的"半壁江山"（56.3%）；从所占各市规模以上工业的比重来看，也是珠江东岸各市的比重较高，珠江西岸各市的比重除珠海（25.7%）外，都低于 20%，佛山、肇庆、江门等 3 市的比重不足 10%。

2011—2017 年，珠三角高技术制造业比重上升较快的主要是：东莞、深圳和惠州，分别上升 11.4、9.9、7.8 个百分点。

### （三）现代服务业

现代服务业主要包括：金融、信息（互联网）、现代物流、房地产、商务、研发、高等教育、医疗、文化娱乐等服务行业。

从现代服务业的规模看，2017 年，珠三角 9 市的现代服务业增加值依次为：广州 10061 亿元、深圳 9703 亿元、东莞 2403 亿元、佛山 2268 亿元、中山 1010 亿元、惠州 809 亿元、珠海 742 亿元、江门 713 亿元、肇庆 388 亿元。广州、深圳齐头并进，遥遥领先于各市。

从现代服务业的比重看，2017 年，珠三角各市的现代服务业增加值占第三产业比重普遍达到 60% 左右，居前两位的是深圳（70.8%）、广州（66%）。2012—2017 年，珠三角现代服务业增加值占第三产业比重上升较快的主要有：江门、惠州两市，分别上升 9.8、7 个百分点。

## 四、粤港澳大湾区城市群支柱产业及发展建议

目前粤港澳大湾区各城市的支柱产业如下表。

**表4　粤港澳大湾区 11 个城市的支柱产业**

| 城市 | 支柱产业 |
|---|---|
| 香港 | 贸易及物流业、金融业、专业服务及其他生产性服务、旅游业 |
| 澳门 | 博彩、旅游、金融 |
| 广州 | 汽车、石油化工、电子、贸易、金融、房地产、交通物流 |
| 深圳 | 电子信息、金融、贸易、电气机械、房地产、创意文化、互联网 |
| 佛山 | 家用电器、金属制品、陶瓷建材、纺织和服装、铝材加工、化工 |
| 东莞 | 电子信息、电器机械、家具、防服、造纸 |
| 惠州 | 石化、数码、服装 |
| 中山 | 电子、电器、化工、灯饰、服装 |
| 珠海 | 电子信息、家电电器、石油化工、机械制造、生物医药 |
| 江门 | 金属制品、纺织、汽车、船舶、电子信息 |
| 肇庆 | 金属加工、汽车零配件、农产品、电子信息、食品饮料 |

对各城市的具体分析如下：

1. 香港

一方面，香港是全球服务业主导程度最高的经济体，经济的四大支柱产业分别为：贸易及物流业（2016 年该业增加值占 GDP 的 21.7%）、金融业（17.7%）、专业服务及其他生产性服务（12.5%）和旅游业（4.7%）。四大支柱产业合计为香港贡献超过 50% 的 GDP。另一方面，香港具有明显优势可进一步发展的六项产业分别是：文化及创意产业、医疗产业、教育产业、创新及科技产业、检测及认证产业，以及环保产业。2016 年，这六项产业的增加值合计占 GDP 的 8.9%。根据世界贸易组织统计，2017 年香港是全球第七大商品输出地，也是全球第 15 大服务输出地，香港的对外贸易市场十分活跃。自 2011 年起，香港国际机场是世界上最繁忙的国际货运机场。同时，香港也是全球最繁忙的货柜港之一。2017 年，以

货柜吞吐量计算，香港在全球排名第五。

香港过去二三十年经历了重大的产业结构转型。20 世纪 80 年代中期以后，在高经营成本的压力下，香港制造业大规模向广东珠三角地区转移。从 2005 年开始，服务业占香港本地生产总值的比重超过 90%。香港是全球重要金融中心之一，在粤港澳大湾区中重要性凸显。但是，香港专业服务及其他行业也面临着本地营商环境转差及资产市场整固，本地需求的下行风险。在本港的市场空间有限的情况下，服务海外与服务内地成为开拓市场的必然选择。

2. 澳门

澳门是中国人均 GDP 最高的城市，人均 GDP 排名为亚洲第二、世界第四。2017 年，澳门经济（生产总值）中所占比重处于前列的行业分别为：博彩旅游业（49.1%）、不动产业务（10.6%）、批发及零售业（5.6%）和金融业（5.4%）。而会展业、中医药产业等新兴产业在回归祖国后得到进一步发展。2017 年会展业、特色金融、中医药产业及文化产业占所有行业的增加值总额 8.07%。

旅游博彩业是澳门第一大支柱产业。澳门现在每年的客流量大概是 3000 万左右，主要的消费群体是内地游客，内地游客占澳门游客总量的 70%—80%。尽管旅游博彩业在澳门产业结构中发挥了主导作用，在澳门经济总量中处于绝对领导地位。然而，单一的产业结构容易受外部经济波动的影响，给澳门经济发展带来潜在的风险与不确定性。澳门可考虑在稳定发展主导产业的前提下，促进产业适度多元化，并从协同发展、产业外溢、垂直整合和横向拓展四个维度提出了澳门产业在新时代的发展新思路。

3. 广州

广州作为广东省省会、国家重要中心城市，处于粤港澳大湾区中心地位，正围绕建设现代化经济体系，着力打造以战略新兴产业为引领、现代化服务业为主导、先进制造业为支撑、都市型现代农业为补充的综合型现代产业体系。

2017 年广州市实现地区生产总值（GDP）21503 亿元，人均 GDP22317 美元，三次产业结构由 2007 年的 2.1：39.5：58.4 变为 2017 年的 1：28：71，呈"三二一"产业格局，服务业经济占主导地位。

2017 年，广州服务业四大支柱行业增加值以及占 GDP 的比重分别为：批发零售业 3156 亿元（14.7%）、金融业 1955 亿元（9.1%）、房地产业 1834 亿元（8.5%）、交通物流业 1499 亿元（7%）。制造业三大支柱行业工业总产值以及占规模以上工业的比重分别为：汽车制造业 5117 亿元（28.8%），电子信息业 2167 亿元（12.2%），石化行业 1433 亿元（10.9%）。

从 2014 年开始，广州工业增速大幅下降，感受到了前所未有的压力，2017 年正式提出"IAB"战略，即发展新一代信息技术、人工智能、生物制药等战略性新兴产业，选取了新一代信息技术、汽车、高端装备、生物医药、新材料及新能源、生产性服务业共六大新兴产业，作为未来优先发展的重点。

4. 深圳

2017 年深圳市实现地区生产总值（GDP）22438 亿元，人均 GDP27199 美元，三次产业结构由 2007 年的 0.1∶50.1∶49.8 变为 0.1∶41.4∶58.5，呈"三二一"产业格局，服务业经济占主导地位。

2017 年，深圳服务业三大支柱行业增加值以及占 GDP 的比重分别为：金融业 2924 亿元（13.6%）、批发零售业 2367 亿元（10.5%）、房地产业 1894 亿元（8.4%）。制造业内部两大支柱行业的工业总产值以及占规模以上工业的比重分别为：电子信息业 19005 亿元（59.2%）、电气机械业 2649 亿元（8.2%）。

深圳已成为全国重要的金融中心，2016 年在全国大中城市中证券业位列第一，基金业位列第二，银行业位列第三，保险业位列第四。初步成为国际航运中心，拥有全球第三大集装箱海港。深圳机场初步成为国际航运枢纽，金融、航运、贸易等大湾区核心功能业态齐备。

深圳工业从上世纪 80 年代"三来一补"加工业开始起步，到 90 年代着力打造以电子信息产业为龙头的高新技术产业，再到本世纪前 10 年初步构建起现代产业体系，发展出以高新技术产业、现代金融业、现代物流业和文化产业为支柱产业，以生物、互联网、新能源为战略新兴产业并逐步迈向现代化的国际先进城市。

5. 佛山

以制造业为主导是佛山产业结构的典型特点，制造业是佛山经济、产业发展的根基。2017 年佛山市实现地区生产总值（GDP）9550 亿元，人均 GDP18709 美元，三次产业结构由 2007 年的 2.3∶64.6∶33.2 变为 1.4∶57.7∶40.9，呈"二三一"产业格局。

其中，2017 年，佛山制造业六大支柱行业工业总产值以及占规模以上工业的比重分别为：家用电器业 4321 亿元（20.6%），金属制品业 1919 亿元（9.1%），陶瓷建材业 1364 亿元（6.5%），纺织和服装业 1259 亿元（6%），铝材加工业

1246 亿元（5.9%），化工行业 951 亿元（5.3%）。

近年来，佛山的装备制造行业（含汽车工业）已经逐渐取代金属制品、陶瓷建材和家用电器等传统产业，跃居佛山第一大支柱产业，与金属制品、家用电器一同构成佛山新的三大支柱产业。佛山作为制造中心，为佛山高新区的智能制造提供了坚强后盾，而佛山高新区是佛山最有创新能力和资源的区域，也为佛山制造业的转型升级提供强有力的支撑。自 2000 年起，南海主动承接了香港的信息数据产业外溢，其目前主要分布在佛山高新区和千灯湖，这是最重要的一个起步。这些信息数据产业对银行业等发展起到了推动作用，让佛山高新区拥有了金融数据产业支持。为了支持产业转型升级，也为了中小企业的发展壮大，佛山于 2014年在省内率先明确金融、科技、产业融合发展的目标和任务。"十二五"期间，佛山金融业增加值保持快速增长，占 GDP 比重由 3.31% 增加到 4.69%。另外，全市债券融资规模明显扩大。

6. 东莞

2017 年东莞市实现地区生产总值（GDP）7582.12 亿元，人均 GDP13527 美元，三次产业结构由 2007 年的 0.4：56.8：42.8 变为 0.3：47.4：52.3，呈"三二一"产业格局。

2017 年，东莞制造业两大支柱行业工业总产值以及占规模以上工业的比重分别为：电子信息业 8200 亿元（46.5%）、电器机械业 1345 亿元（7.6%）。

东莞制造业的优势产业分别是：电子信息业、电气机械及设备制造业、纺织和服装业、食品饮料加工业、造纸及纸制品业。其中，发展势头最为强劲的是电子信息业。2012 年以来，东莞已逐渐成为国内智能手机及移动终端的重要生产基地，2017 年全市智能手机产量达 3.56 亿部，全球每五部智能手机中就有一部由东莞制造。

未来，东莞将继续加快纺织、电子等传统优势产业优化提升，支持传统优势产业技术改造，同时，持续推进服务业优质化，构筑产业创新体系、大力发展先进制造业与战略新兴产业、推动现代服务业转型升级。构筑产业创新体系，形成区域联动创新体系。以松山湖为核心打造"创新轴"，形成横贯珠三角东岸的"创新走廊"；依托广深高速、西部干线等建设横向贯穿东部片区的"创业之路"；依托珠江口东岸现代产业集聚区，建设"临港现代产业创新带"；东南和西南则发挥毗邻深圳优势，建设"环深创新资源融合发展带"，最终形成辐射各镇的"创新网"。

### 7. 惠州

2017 年惠州市实现地区生产总值（GDP）3830 亿元，人均 GDP11879 美元，三次产业结构由 2007 年的 6：59：35 变为 4.3：52.7：43.0，呈"二三一"产业格局。

2017 年，惠州现代服务业增加值 809 亿元，占第三产业比重为 51.9%。地方一般公共预算收入占 GDP 比重是反映一个地区经济发展整体质量的主要指标，2017 年惠州达 10.2%，仅次于深圳（14.8%）、广州（12.6%）、珠海（12.3%），居珠三角各市第四位。

惠州正在加快构建"2＋2＋N"产业现代产业体系，即做强做优电子信息、石油化工两大支柱产业的同时，推动汽车与装备制造、清洁能源成为新的支柱产业，培育物联网、云计算、LED、生物医药等产业成为优势产业，推动金融服务、现代物流、电子商务、休闲旅游等现代服务业加快发展，加快服装制鞋、家电制造、水泥建材等传统产业转型升级，提高农业现代化水平，构建支柱多元、结构优化、支撑力强的现代产业体系。

总的来说，惠州的经济规模对比深圳、广州、佛山、东莞还有较大差距，但整体经济质量比较好，在工业、第三产业的产业结构方面，现代产业比较突出，在珠三角各市对比中具有先进性。而且，在生态和宜居方面尤为突出。

### 8. 中山

中山依靠制造业起家，是典型的"工业大市"，2017 年中山市实现地区生产总值（GDP）3450 亿元，人均 GDP15748 美元，三次产业结构由 2007 年的 3.1：60.9：36.1 变为 1.6：50.3：48.1，呈"二三一"产业格局。

2017 年，中山制造业支柱行业以及占规模以上工业的比重分别为：电气机械业和器材制造业（18.11%），电子信息业（12.4%），塑料制品业（6.0%），纺织和服装业（5.9%），金属制品业（5.0%）。

中山以"一镇一品"专业镇经济的拳头行业，形成灯饰、服饰、五金等传统产业。中山市未来应当打造高端装备制造、新一代信息技术、健康医药三大战略性新兴产业；同时加快推进优势传统产业优化升级，培育高端产业集群。

### 9. 珠海

2017 年珠海市实现地区生产总值（GDP）2565 亿元，人均 GDP22080 美元，

三次产业结构由 2007 年的 2.9：55.2：41.9 变为 1.8：48.1：50.1。

2017 年珠海制造业三大支柱行业工业总产值以及占规模以上工业的比重分别为：电子信息业 895 亿元（22.7%），电气机械业 765 亿元（19.4%），化工行业 298 亿元（9.9%）。

珠海集中发展中医药、高新技术、特色金融、会展、休闲旅游等产业，争取先行先试医疗健康政策，推动粤澳合作中医药科技产业园加快发展；加快横琴科学城建设，携手澳门共同发展特色芯片设计、测试和检测等相关产业；建设横琴金融岛，设立澳门特色金融服务基地等。

10. 江门

2017 年江门市实现地区生产总值（GDP）2690 亿元，人均 GDP8752 美元，三次产业结构由 2007 年的 8.4：55.6：36 变为 7：49.3：43.8，呈"二三一"产业格局。

2017 年，江门制造业九大支柱行业工业总产值以及占规模以上工业的比重分别为：金属制品业 460 亿元（11.1%），电气机械业 442 亿元（10.6%），食品制造业 337 亿元（8.1%），电子信息业 302 亿元（7.3%），纺织和服装业 266 亿元（6.4%），摩托车制造业 254 亿元（6.1%），化工行业 244 亿元（5.9%），造纸纸品业 243（5.8%），水泥建材业亿元（5.2%）。

多年以来，江门以机电、纺织服装、食品、电子信息、造纸及纸制品、建材六大产业为支柱（占 GDP 高达 70%），并大力发展先进装备制造业，以轨道交通、汽车制造、海洋工程装备、新材料新能源装备为重点方向，积极打造新的优势产业集群。

11. 肇庆

2017 年肇庆市实现地区生产总值（GDP）2201 亿元，人均 GDP7950 美元，三次产业结构由 2007 年的 22.5：33.1：44.4 变为 15.5：36.6：48 的格局。

2017 年，肇庆制造业五大支柱行业工业总产值、以及占规模以上工业的比重分别为：金属制品业 475 亿元（16.2%），水泥建材业 384 亿元（13.1%），化工行业 241 亿元（8.2%），电子信息业 158 亿元（5.4%），铝材加工业 150 亿元（5.1%）。

肇庆在金属制品业、水泥建材业、化工行业、电子信息业、铝材加工业五大支柱行业具有一定的基础，但整体产业结构层次较低，与粤港澳大湾区其他城市相比，肇庆的三次产业配比不均衡，产业结构仍以第二产业为主，第一产业比例不低，第三产业发展不够突出。从产业结构来分析，肇庆的主导产业建设、龙头企业建设等经过多年的发展依然处于弱势，各个产业之间还没有形成相对完整的产业链条，与要追赶的珠三角核心区仍有较大距离。肇庆可考虑利用区位优势，承接大湾区核心区产业链延伸。发挥比较优势，打造差异化发展空间，推动传统产业创新和转型升级。

作者单位：舒元，中创产业研究院；

周吉梅，中山大学学报编辑部

# 推进粤港澳大湾区高等工程教育改革

袁　华　刘贻新　周晓辉　李　香

　　"粤港澳大湾区"是继美国纽约湾区、旧金山湾区、日本东京湾区之后，世界第四大湾区，是国家建设世界级城市群、参与全球竞争的重要空间载体和优化区域开放新格局的重大战略。2015 年 3 月，国家发改委、外交部、商务部发布《推动共建丝绸之路经济带和 21 世纪海上丝绸之路的愿景与行动》，首次提出"深化与港澳台合作，打造粤港澳大湾区"。随后，"粤港澳大湾区"在国家"十三五"规划、2017 年政府工作报告、十九大报告、2018 年中央经济工作重点、2018 政府工作报告等党和国家重要文件中均被提及。种种迹象表明，打造粤港澳大湾区是国家从全球坐标出发，扩大对外开放、提升国际竞争力的又一重大举措。

　　制造业是立国之本、兴国之器、强国之基，是构建区域产业体系和支撑国民经济发展的重要基础。粤港澳大湾区包括香港、澳门和广东省内 9 个城市，是我国制造业门类最全、产业链最丰富、市场化最活跃的城市群。这种多元化城市集群为第四次工业革命的原始创新、集成创新创造了条件，为引领和推动全球科技革命和创新变革提供了丰富的产业资源、科技资源、市场空间及企业主体。因此，粤港澳大湾区肩负着使中国成为"第四次工业革命"的重要策源地进而实现"弯道超车"的重大使命。同时，除香港、澳门、深圳、广州外，粤港澳大湾区其他城市以制造业为主，制造业是粤港澳大湾区的支柱产业。但大湾区内制造业企业尚处在全球价值链的较低端，附加价值不高，产业层次较低，同质化严重，亟待转型升级。因此，粤港澳大湾区既迎来了创新发展的重大机遇，也面临着产业转型升级的严峻挑战。习近平总书记多次强调"人才是创新的根基"，"把人才作为支撑发展的第一资源"，"创新驱动实质上是人才驱动"。粤港澳大湾区的创新发展和制造业的转型升级，关键取决于高层次创新型人才尤其是高层次工程科技人才的供给。因此，作为高层次工程科技人才主要供给渠道的高等工程教育，面临着新的机遇和挑战。

# 一、高等工程教育与工业革命以及制造业转型升级

高等工程教育（本文仅指本科及以上层次的工程教育）是高等教育的重要组成部分，是以技术科学知识为基本理论基础，以培养出具有工程技术的人才为核心，同时强调学生的实际实践能力和创新创造能力的技术教育。纵观国内外高等工程教育改革与发展的历史，始终无法回避工业革命的影响和挑战，高等工程教育改革与工业革命之间是辩证统一的关系。首先，高等工程教育起源于国防建设和工业发展的需求，工业发展的水平和质量与高等工程教育的水平和质量相互促进、相互制约。其次，高等工程教育体系是在产学结合——与工业革命、产业体系发展的互动与融合过程中形成与发展起来的，科学与技术、市场与经济、社会与文化等多层次因素及它们之间的交叉与互动，构成了动态、复杂的高等工程教育的外部环境和发展基础。最后，高等工程教育不仅担当培养工程科技人才的责任，还直接参与科学技术研发、工业革命技术创新、产业转型升级的中坚力量。因此，高等工程教育与工业革命、产业转型升级是一种互相依存的关系，一方面，高等工程教育必须适应工业革命、产业转型升级所带来的工程教育外部环境变化以及工程科技人才培养要求的变化；另一方面，高等工程教育也为工业革命、产业转型升级提供强有力的人才支撑和技术引领。

# 二、粤港澳大湾区制造业转型升级的背景及其基本特征

## （一）粤港澳大湾区制造业发展概况

粤港澳大湾区制造的主体和核心在广东省尤其是位于粤港澳大湾区内的 9 个城市。经过改革开放 40 年的发展，2017 年广东全省工业总产值达 148173.99 亿元，为 1978 年的 717.3 倍，在工业的三大门类即采掘业、制造业、电力热力燃气及水生产和供应业中，从 2000 年至 2017 年间，制造业发展表现尤为出色。2017年规模以上工业实现增加值达 31349.47 亿元，为 2000 年的 9.2 倍，其中制造业增加值 28818.97 亿元，为 2000 年的 10.4 倍，占全省工业增加值比重为 91.9%，

比 2000 年提高 11.0 个百分点，期间对工业增长贡献率达 93.3%，广东逐渐发展成为世界知名度较高的制造业基地[①]。广东制造业发展呈现出产业结构趋向高端化、"龙头"产业成绩突出、重点产业、重点行业发展向高端化推进等显著特征。

### （二）粤港澳大湾区制造业转型升级的背景

广东制造业经过 40 年的沉淀，取得了举世瞩目的成就，但也存在一些突出问题，尤其是在制造业关键核心技术方面存在明显短板。2018 年，中美贸易纠纷及美国对中兴通讯的技术制裁，将广东制造业缺乏关键核心技术这一脆弱面暴露无遗，为广东制造业敲响了警钟。同时，近年来，欧美等制造业发达国家相继出台了具有"第四次工业革命"意味的振兴工业的国家重大战略，如德国抛出以 CPS 为核心的工业 4.0，美国推行"软"服务为主的工业互联网，日本提出以人工智能为突破口的工业 4.1J。在此背景下，2015 年 5 月，国务院印发《中国制造 2025》，核心目标在于推动产业结构迈向中高端、坚持创新驱动、智能转型、强化基础、绿色发展，加快从制造大国转向制造强国。在欧美等发达国家回归制造业、发展中国家低成本竞争加剧并存的形势下，广东制造业原有的人口"红利"、低成本等优势逐渐减弱甚至丧失，企业利润遭到挤压，产业转型升级迫在眉睫。为此，广东省制定实施了《广东省智能制造发展规划（2015—2025 年）》《广东工业转型升级攻坚战 3 年行动计划》《珠江西岸先进装备制造业产业规划》等政策文件，旨在变"广东制造"为"广东创造"，变"传统制造"为"智能制造"。

### （三）粤港澳大湾区制造业转型升级的基本特征

"第四次工业革命"背景下广东制造业为代表的粤港澳大湾区制造业转型升级其核心目标是构建智能制造体系，包括构建智能制造自主创新体系，以突破智能制造关键技术和核心部件、发展智能装备与系统、实施"互联网＋制造业"行动、推进制造业智能化改造、提升工业产品智能化水平、完善智能制造服务支撑体系等。这一转型升级的过程具有以下显著特征：

1. 技术变革范式发生了根本性变化

纵观人类工业发展史，每一次工业革命都是建立在技术变革的基础之上的。

---

① 《工业大跨越发展新动能——改革开放 40 年广东经济社会发展成就系列报告》，广东统计信息网，2018 年 11 月 30 日。

当下正在经历的"第四次工业革命"是以信息技术为基础、多技术多学科融合产生的技术上的变革。信息技术与工业、社会管理深度融合，呈现出多学科、多技术交叉融合的鲜明特征。

2．工程创新模式的变革与协同创新的导向性

工程创新模式本质上是创新过程知识组合结构的演化，制造业的转型升级将进一步推动由科技推动型创新、市场拉动型创新向设计驱动型创新的创新模式演进。与此同时，制造业转型升级需要通过重大"平台创新"与持续"微创新"有机结合，全面推进技术创新、产品创新、应用创新、管理创新与商业模式创新的集成、协同与良性互动①。

3．产业融合将改变产业分工与体系格局

制造业转型升级过程中的一个重要变化趋势是促使产业不断融合和创新发展。产业之间的界限开始变得模糊，新兴产业与传统产业、互联网公司与传统企业、虚拟经济与实体经济的融合正在深化发展，企业的兼并重组与跨界经营也日益普遍②。

4．工程科技人才需求结构产生重大变化

智能制造的核心要素是高技术的劳动力，在以数字化与智能化制造为基础的新工业体系中，一线的蓝领工人会越来越少，而是需要大量的人进行编程，或者操纵数字化和智能化设备。制造业转型升级将需要大量的新型工业化人才，促使工程科技人才需求结构发生重大变化。

# 三、高等工程教育应对粤港澳大湾区制造业转型升级的困境

## （一）粤港澳大湾区制造业转型升级对高等工程教育的影响

如前文所述，包括制造业在内的工业发展的状况及水平是高等工程教育赖以生存、发展乃至变革的重要外部环境，同时也是支撑和引领制造业发展的重要力量。粤港澳大湾区制造业的转型升级，使得高等工程教育外部环境发生了广泛而

---

① 邱学青、李正、吴应良等：《面向"新工业革命"的工程教育改革》，《高等工程教育研究》2014年第5期。

② 同上。

深刻的变化，这些重要变化深刻决定了高等工程教育的改革与发展：

1. 改变工程教育的专业设置和结构

现代工程教育体系就是在不断适应工业革命、产业发展环境与要求的过程中建立与发展起来的，制造业转型升级要求工程教育在更广泛深入的产学合作中改革与发展，世界各国也在大力推动战略新兴产业的发展，这些新兴产业的崛起与发展，需要工程教育的专业设置与其相适应，势必影响和改变工程专业的设置和结构。产业的转型升级与新产业形态的产生，产业发展模式的改变，科学技术的发展日新月异，学科之间的交叉与融合日益广泛与深化，"大科学""大工程"的发展势必要改变与重组工程教育发展的学科基础和知识体系，需要工程教育的专业体系进行动态优化和适时调整。

2. 改变工程实践环境和工程训练模式

制造业转型升级，使技术与工程创新速度加快，新技术的应用引发工艺技术、系统流程、生产方式、管理模式与商业模式的变革，进而进一步深刻改变工程实践的性质和工程教育模式。以制造业的数字化、智能化制造模式与生产方式变革为例，基于创客模式的社会化创新完全改变了原有产品的设计模式——消费者深度参与设计；而3D打印以"机器生产机器"与"生产者与消费者的合一"的模式，完全颠覆了传统的产品生产方式，在产品设计、复杂和特殊产品生产、个性化服务等方面已显示其独特优势。这些新的技术与模式正在重新定义"制造"和"生产"。因此，工程实践与工程训练的模式将受到重大影响，需要跟上产业发展变革的步伐。

3. 影响和改变工程教育的要素和范式

工程教育环境的复杂变化，创新模式的持续演进，对工程教育范式的演变产生了深远的影响。制造业的转型升级，将会使工程范式面临进一步发展和深化，工程教育需要积极回应大数据、大科学、大工程、大产业的产生与发展，进一步适应新工业体系与社会发展模式的转变——智能、生态、和谐、合作、共享与可持续发展。

**（二）高等工程教育应对粤港澳大湾区制造业转型升级的困境**

现行工程教育体系根植于传统工业化系统，与传统工业化的生产方式、工程实践体系、技术支撑体系一脉相承，标准化、流程化、批量化的人才培养方式是其显著特征。面对"第四次工业革命"的时代浪潮,现有的高等工程教育体系已难以适应制造业转型升级对工程科技人才多样化、个性化、高素质、创新性的要求。具体到粤港澳大湾区工程教育层面,其在工程科技人才培养的规模与结构、教育理念、培养目标、培养模式与机制等方面陷入了困境。

1. 教育规模、结构与制造业不匹配

从工科办学规模看,截止至 2015 年 6 月,广东省共有工科类本科生 267710 人(含专升本,下同),占广东省高校在校本科生总数的 26.8%,低于全国 33% 的平均水平;从专业结构看,广东省高校设置有教育部专业目录中工学类专业下的专业种数为 96 个,仅占专业目录种数的 56.8%;从工科院校实力看,广东省与国内其他省份相比有较大差距。比如 2016 年中国内地(港澳台除外)的工科实力 100 强(共 101 所)的大学中,广东省仅有华南理工大学和广东工业大学上榜,比福建省多 1 所,与湖南省持平①。可见,广东省高等工程教育的规模、结构和水平与其制造业发展水平严重不匹配。

2. 教育理念陈旧,与产业需求脱节

教育理念,即关于教育方法的观念,是教育主体在教学实践及教育思维活动中形成的对"教育应然"的理性认识和主观要求。教育理念之于教育实践,具有引导定向的意义。当前,工程教育理念已难以适应社会经济发展新常态,主要表现在人才培养规格上与社会需求脱节,在人才培养模式与机制上与外界互动不够,高等工程教育的人才培养与产业发展需求两张皮的问题始终未能得到有效解决。教育理念陈旧、封闭落后是制约高等工程教育质量提升的根本原因。

3. 培养模式单一,培养机制僵化

人才培养多以学科为本位,培养模式单一,依靠本校师资,偏重理论学习,学生缺乏实践操作技能,中低端人才培养量充裕,但科技研发、经营管理、技术技能等高端复合型创新人才匮乏。尤其是由于近年来企业接纳大学生实习、实践的实际困难,学校在教学安排上重课堂教学、轻实践教学,重理论知识灌输、轻

---

① 郑文,薛亚涛等:《广东高校本科层次工科人才培养结构研究》,《华南师范大学学报(自然科学版)》2017 年第 49 期。

实践能力训练，难以胜任岗位要求①，进而导致工科学生工程实践能力、创新能力严重不足。

4. 专业设置重复，教育内容陈旧

首先，相关学科专业设置缺乏多样性与选择性，高校之间专业设置的重叠现象明显，行业院校与综合性大学在专业人才培养上，难以体现学校的办学特色和行业特点。其次，新专业开设空缺，培养内容缺乏前瞻性，教学模式单一，课程体系设置缺乏系统性，无法跟上产业发展形势。最后，由于专业区分过于细化，涉及新领域的跨学科方向设置，因而复合型创新人才培养跟不上实践及市场需求②。

## 四、面向粤港澳大湾区制造业转型升级的高等工程教育改革

粤港澳大湾区制造业转型升级恰逢全球"第四次工业革命"浪潮，也是在高等工程教育"回归工程"运动以及新工科建设等大背景下进行的。面对粤港澳大湾区制造业转型升级，大湾区内高等工程教育必须做出积极回应，要以新工科建设、"回归工程"的理念为基本宗旨，从以下四个方面推动高等工程教育的改革。

### （一）扩大教育规模，优化高等工程教育专业结构

随着粤港澳大湾区建设的深入推进，制造业转型升级对高素质、复合型、个性化的工程科技人才需求将不断扩大。主动适应产业的变革发展，对工程技术人才的质量、数量、结构等需求进行深入分析，做好人才队伍建设与人才培养工作的顶层设计和前瞻性规划。科学剖析人才的知识结构、能力要素和素质框架，按照人才发展的客观规律，建立完善的工程技术人才培养标准体系，形成产业需求与人才培养的协调机制。为此，一方面，粤港澳大湾区要在现有高等工程教育规模的基础上，加大高水平理工科院校的建设，扩大工程教育规模，力争用 5 年左右的时间，有 5 所以上理工科院校进入全国工科院校 100 强；另一方面，进一步优化高等工程教育专业结构，积极引导粤港澳大湾区内高校人才培养更加紧密对

① 中国教育科学研究院课题组：《完善先进制造业重点领域人才培养体系研究》，《教育研究》2016 年第 1 期。

② 同上。

接区域经济社会发展需求，服务大湾区制造业转型升级。鼓励高校设置"互联网＋"、"中国制造2025"等战略新兴产业所亟须的专业，构建与粤港澳大湾区产业结构相适应的高等工程教育专业集群。

### （二）转变教育理念，优化高等工程教育顶层设计

教育理念是教育实践的先导，在粤港澳大湾区高等工程教育顶层设计层面，应以"服务需求，提高质量"为根本宗旨，围绕高等工程教育与制造业深度融合这个核心理念，系统建构开放、共享、协同式高等工程教育培养体系。

所谓"服务需求"，就是强调高等工程教育必须"接地气"，要深深地扎根于广东的制造业，在服务广东产业结构调整和转型升级上做出应有的贡献。所谓"提高质量"，就是对工科类学生的培养注重产教融合，聚焦工程实践能力、创新创业能力、职业素养和工匠精神培养，使之成为"立地"式工程技术创新人才。

在改革路径的设计上，重点要围绕高层次工程科技人才培养最核心的两个问题即培养资源和培养机制两个方面展开探索。一方面，高等学校要积极与地方政府、新型研发机构、行业龙头企业合作，多模式构筑工科学生开放式创新育人平台，解决产教协同育人资源匮乏难题；另一方面，高等学校应与地方政府、新型研发机构、龙头企业等共同探索创新产教协同育人模式与机制，为产教协同育人提供强有力的抓手。

### （三）改革培养模式，完善产教融合人才培养体系

粤港澳大湾区是我国创新要素和创新资源高度聚集的重要区域之一，区域内高水平大学、新型研发机构和高新技术企业林立，同时高度发达的市场经济孕育了一大批创新型社会组织，创新生态系统也初步形成，这为深化高等工程教育培养模式改革，构建产教融合人才培养体系提供了得天独厚的条件。为此，要从创新育人资源整合的角度，研究粤港澳大湾区高等工程教育产教融合培养体系构建的政策壁垒和制度障碍，分析校企创新育人资源整合的具体路径、方式和机制。重点研究如何发挥骨干企业、新型研发机构在产教融合中的重要主体作用和引领作用，推进校企在师资队伍、课程模块、产业学院、实践基地、重大项目、重点实验室等方面的全面深度合作。

### （四）完善培养机制，提高工程科技人才培养质量

推动不同类型的高校围绕粤港澳大湾区制造业创新链构建多层次、多类型的

人才培养体系。更新知识体系和教学内容，按照制造业两化融合的需求，强调学科交叉与融合，强化工程能力与素质培养。完善实践教学制度，加快建立学生到行业企业实习实训的长效机制。深化创新创业教育改革，将创新创业教育融入人才培养全过程各环节，面向全体学生开展，推动全体教师参与。加强实践平台建设，根据"中国制造2025"规划以及粤港澳大湾区制造业发展规划的重点领域，建设一批综合性工程训练中心。支持粤港澳三地高校加快工程实践中心、实习实训基地、创客空间等校内实践平台建设。支持粤港澳三地高校联合制造业创新中心（工业技术研究基地），建设一批校外人才培养基地。培养多层次、多类型，具有创新精神、创业意识和创新创业能力的高素质工程人才。

作者单位：广东工业大学

# 加快世界级机场群建设 促进粤港澳大湾区世界级城市群的发展

左连村

　　世界级机场群是现代民航业发展的重要标志,也是世界经济和区域经济发展的重要引擎。尤其是世界著名的湾区经济都表现出世界级城市群和世界级机场群相伴而生,相互促进的局面。国家"十三五"规划明确提出,要建设京津冀、长三角、珠三角世界级机场群,这说明我国在推进国内三大明星区域板块经济发展过程中已经充分认识到世界级机场群建设的重要性。本文着重探讨粤港澳大湾区世界级机场群的建设问题。

## 一、建设粤港澳大湾区世界级机场群是推进粤港澳大湾区世界级城市群的必然要求

　　中国经济经过改革开放 40 年的发展,已经进入发展新时代,开始由高速增长向高质量发展转变。在城市化发展的推动下,中国也已经开始进入城市集聚发展的时代,大都市圈和大都市带的发展成为中国经济发展新时代的重要方向。粤港澳大湾区城市群的建设被确定为国家战略是这一发展方向的重要体现。

　　2017 年 3 月 5 日,李克强总理在十二届全国人大五次会议上所做的政府工作报告中提出,要推动内地与港澳深化合作,研究制定粤港澳大湾区城市群发展规划,发挥港澳独特优势,提升在国家经济发展和对外开放中的地位与功能。粤港澳地区首先被国家确定为以湾区经济作为载体,大力发展现代化城市群的经济区域,这为粤港澳地区的经济发展指明了方向。粤港澳大湾区上升为国家战略,使粤港澳地区的经济发展如同插上腾飞的翅膀。

　　建设粤港澳大湾区,打造国际一流湾区和世界级城市群,是习近平主席亲自

谋划和推动的国家战略，是新时代推动形成全面开放新格局的新举措，也是实行"一国两制"方针的新实践。2017 年 7 月 1 日，在习近平主席的见证下，内地与港澳共同签署了《深化粤港澳合作推进大湾区建设框架协议》。按照协议，粤港澳三地将完善创新合作机制，促进互利共赢合作关系，共同将粤港澳大湾区建设成为更具活力的经济区、宜居宜业宜游的优质生活圈和内地与港澳深度合作的示范区，打造国际一流湾区和世界级城市群。2018 年 3 月 7 日，习近平主席在参加十三届全国人大一次会议广东代表团的审议时指出，要抓住建设粤港澳大湾区重大机遇，携手港澳加快推进相关工作，打造国际一流湾区和世界级城市群。

认真领会习主席提出的粤港澳大湾区的发展定位，对如何建设粤港澳大湾区有重要意义。从某种意义上说，把粤港澳大湾区打造成国际一流湾区和世界级城市群，从发展目标的质量来看应当是一致的，即国际一流湾区必然伴随着世界级城市群，而拥有世界级城市群的湾区也必然会成为国际一流湾区。因此集中精力发展粤港澳大湾区世界级城市群是建设粤港澳大湾区的具体而又明确的战略选择。

从世界各国的经济发展实践来看，世界级城市群所在的地区往往是一个国家最发达和最繁荣的地区，这样的地区集现代工业、商业、金融、外贸和文化等各种职能于一身，成为国家经济活动最密集、经济效益最好、对外开放程度最高的区域，也是新技术、新思想的诞生地，对一个国家、一个地区甚至世界经济发展都具有引领作用。根据联合国预测，未来世界各地的超级大都市将逐渐发展成更大的超级城市群，到 2050 年全球城市人口占总人口的比例将超过 75%，最大的40 个城市群将参与全球 66% 的经济活动和 85% 的技术革新。① 粤港澳大湾区世界级城市群建设也必将极大地促进粤港澳区域经济的进一步提升，对于深化内地和港澳交流合作，对于港澳参与国家发展战略，保持长期繁荣稳定，对于拉动中国经济实现中华民族的伟大复兴，以及对于世界经济发展的影响都将具有重要意义。

考察世界主要城市群的发展历程，可以从各种角度总结发展的经验，但交通条件则是城市群形成和发展的最基础的条件。没有交通条件，就难以形成各种要素的聚集与扩散，城市尤其是现代大城市也就难以较快产生和发展，城市之间的各种功能联系也就难以形成和强化。伴随着城市的发展，交通运输方式和技术的

---

① 冯正霖：《实现世界级城市群和机场群联动发展》，人民网—《人民日报》，2017 年 7 月24 日。

运用也在不断地变化和进步，早期的海运在湾区经济发展和湾区城市的形成过程中起到了积极推动作用，现代化的世界级城市群早已形成了海运、陆运和民航运输相互交织在一起的综合交通运输体系。这种综合的交通运输体系客观上成为世界级城市群存在的必要基础条件，但同时也是世界级城市群发展的必然要求和必然结果。人类的不断进步，世界经济的不断发展，客观上要求像湾区这样的局部地区首先发展起来，从而推动人口、物资等各种资源的日益聚集，城市规模不断扩大，城市的发展质量不断提高，为适应这种发展的需要，必然要求交通运输设施更加完善、方便和快捷。

在各种现代交通运输方式中，航空运输方式具有快速、高效、便捷的优势，因此与世界级城市群相适应的世界级机场群建设就成为客观的必然要求。这二者是一个相辅相成的过程，具有联动效应。世界级城市群的发展和各种功能的有效发挥，离不开世界级机场群的支撑，而世界级城市群的发展又会产生对航空业更广泛和更高质量的需求，从而促进机场群发展。[1]

机场群建设不仅仅是经济和社会发展的基础设施表现形态，更重要的是以机场群为核心所建立起来的航空运输业的战略性产业意义。机场群的建设有利于提高城市群的对外开放程度，依托方便快捷的航空运输，推动城市群全面深入地融入全球产业分工体系，加快城市群建设的速度和质量。同时能够带动空港经济和临空经济的发展，促进产业结构调整与优化，带动区域经济的成长并引领国家经济的发展。

目前粤港澳大湾区城市群和机场群也存在相互影响和相互促进的联动态势，城市群和机场群的发展已经具有了建成世界级城市群和世界级机场群的基础和条件。粤港澳大湾区城市群拥有约 1 亿人口，面积 5.6 万多平方公里，GDP 规模约 1.3 万亿美元（约合人民币 9 万亿元），这些发展规模整体指标毫不逊色于旧金山、纽约、东京等成熟的大湾区城市群。[2] 据公开资料显示，2017 年，粤港澳大湾区五大机场（香港、澳门、广州、深圳、珠海）的总体旅客吞吐量超过 2 亿人次，

---

[1] 赵巍：《中国打造三大城市群世界级机场群的机遇与挑战》，民航资源网，2017 年 8 月 28 日。

[2] 戴双城，朱伟良，沈梦怡：《粤港澳大湾区打造全球交通枢纽合力形成"一带一路"重要支撑》，《南方日报》2018 年 1 月 2 日。

货邮吞吐量近 800 万吨，运输规模已经超过纽约、伦敦、东京等世界级机场群，位于全球湾区机场群之首。[①]

但与世界级城市群和世界级机场群的目标还存在明显的差距。综合来看，粤港澳城市群和机场群的发展速度和发展质量总体保持在相同水平，但城市群的发展要比机场群的发展更快一些。这是因为城市群是机场群发展的基础，没有城市群发展的要求，就不会产生机场群的发展，这是与粤港澳区域经济发展的实际相一致的。同时，由于我国推进城市化发展战略，也使得城市群的发展步伐加快。这是加快粤港澳机场群建设的客观要求。

## 二、世界级机场群的主要特征

机场群是指以一两个空域资源丰富、流量较大的枢纽机场为核心，周边数量不等规模相对较小的机场相辅助，所形成的航空网络形态。世界级机场群则是与世界级城市群相匹配，其枢纽机场成为世界级城市群的大型国际航空枢纽的航空网络形态，它是世界级城市群政治经济对外开放和互动交流的桥梁和门户。

建设世界级机场群，需要把握和了解世界级机场群的主要特征。根据法国地理学家戈特曼的学说，目前国际上公认的世界级城市群有五个，即美国大西洋沿岸城市群、美国五大湖城市群、欧洲西北部城市群、英国伦敦城市群和日本太平洋沿岸城市群。与世界级城市群相适应，世界级机场群大体上有纽约机场群、伦敦机场群、芝加哥机场群、巴黎机场群和东京机场群。不同的世界级机场群有着不同的发展特色，但总的来看，也呈现出一些共同的特征。

### （一）世界级机场群的空间布局特征

第一，世界级机场群一般集中分布于海岸线，生成于世界级大湾区之内，与世界级城市群相协调，成为服务于世界级大湾区的国际交通体系的支撑平台。当今世界，发展最好的城市群普遍集中在沿海湾区，比如东京湾区、纽约湾区和旧金山湾区等。如前述，世界大湾区的形成过程与不同的交通运输方式紧密相连，湾区发展初期，区域内仅有零星的公路和铁路，交通方式以海运为主，区域内产

---

① 陈若萌：《粤港澳大湾区机场竞合提速世界级机场群雏形已现》，21 世纪经济报道网站。

业主要依托天然的港口资源发展临港工业。随着工业化的加快和贸易的扩大，促进了环海湾区交通体系的形成，特别是随着航空业的发展，催生了服务于工商业发展的机场群，这种机场群随着城市群的发展和扩大，逐渐具有世界性。

第二，机场群中的不同机场一般位于湾区主要交通体系的重要节点位置，而且不是孤立存在的。借助城市群高度发达的综合交通网络，机场群内机场之间形成了彼此间的高效连接，特别是轨道交通成为其主要连接方式。机场群拥有一体化的地面交通和以航空为主体的多式联运体系，这种多式联运体系在湾区内更突出地表现为空海联运方式，如旧金山湾区的各大机场和主要客运码头之间就存在着十分紧密的一体化发展的区域轨道交通系统。①

第三，世界级机场群一般拥有一个或两个世界级的枢纽机场。为适应城市群的多层次需求，枢纽机场或是单一机场，或是多机场系统。同时，以枢纽机场为核心的多机场布局成为常态。枢纽机场处于机场群的核心地位，对机场群内的中小机场起到很强带动作用，从而能够大幅提高区域机场体系的整体容量，有利于城市群的扩展。

第四，从一个国家看，机场群所形成的航空枢纽在国土范围内的分布相对比较平衡。以美国为例，美国的国际航空枢纽机场形成向东西海岸线集中分布的格局。并且逐步形成以旧金山、休斯敦、迈阿密和纽约、洛杉矶、芝加哥等城市为中心的机场群。

### （二）世界级机场群的发展特征

第一，世界级机场群所在城市群都是国际大都市群，与世界级城市群相伴而生，规模巨大。美国大西洋沿岸城市群包括 40 多个大中小城市，人口约占全国 20.4%，面积达到 13.8 万平方公里，2014 年 GDP 产值约占全国 25.7%，制造业占全美 30% 以上，城镇化水平高达 90%；北美五大湖地区城市群，包括 35 个中小城市，面积达 24.5 万平方公里，人口超过 5000 万，GDP 产值在 2014 年 3.36 万亿美元，占美国城市产值的 19.15%；英国中南部地区城市群，人口占英国总人口的 56%—57%，经济总量占全英的 78.3%；欧洲西北部城市群，连接法国、

---

① 欧阳杰，张倩丽：《大湾区机场群布局规划和发展特征研究》，民航资源网，2018 年 4 月 18 日。

德国与比利时，包括多个欧洲著名经济中心与工业城市，拥有 4600 万人口，2014年 GDP 产值高达 2.1 万亿美元；日本太平洋沿岸城市群，拥有全日本 55.1% 的人口和 72.4% 的经济总量。[①]

与世界级城市群相适应，世界级机场群也形成了巨大规模。纽约机场群拥有百万级以上机场数量 10 个，其中有 8 个超千万级机场；伦敦机场群有 5 个百万级以上的机场，其中 4 个超千万级；芝加哥机场群有 9 个百万级以上的机场，有 5个千万级；巴黎机场群拥有百万以上机场数量最多，达到 11 个；东京机场群区域面积 3.5 万平方公里，占日本国土的 6%，人口占全国总人口的 61%，工业产值占全国的 65%，分布着全日本 80% 以上的金融、教育、出版、信息和研究开发机构。[②]

第二，世界级机场群业务量巨大。国际旅客吞吐量以及国际航空货物吞吐量大。以 2015 年机场旅客吞吐量来看，纽约机场群旅客吞吐量超过 2.64 亿人次；芝加哥机场群旅客吞吐量超过 2.13 亿人次；伦敦机场群整体旅客吞吐量超过 1.64亿人次；巴黎机场群旅客吞吐量超过 2.29 亿人次。[③]

第三，世界级机场群的全球化吸引力和影响力高。伴随着城市国际化程度的不断提升，机场群国际化程度也不断得到提升，核心机场成为国际航空枢纽。世界各国的政治、经济、贸易、旅游、文化等活动通过世界级机场群的航空网络，加强了相互之间的交流和联系。世界级城市群和世界级机场群加强了全球性的人才、资金、物资、信息等各种资源的聚集，产生极大吸引力和国际影响力，成为所在国经济和世界经济的重要引擎。

第四，世界级机场群具有极高的一体化程度。世界级城市群地区不仅在一国之内具有很高的一体化程度，而且跨国城市群内的城市之间也表现出很强的同城效应，区域一体化达到较高水平。与此相适应，机场群也具有极高的一体化程度，世界级机场群不仅仅是区域内多个机场的集合，更是以协同运行和差异化发展为主要特征的多机场体系。在不同机场之间有着合理的分工协作，差异化定位特色

---

① 邹建军：《世界级城市群视角下的机场群特征分析与发展建议》，《中国民用航空》2017年第 4 期。

② 同上。

③ 同上。

明显，有着一体化与差异化经营的良好竞争局面。

第五，世界级机场群形成了市场化资源配置机制，运营效率高。在运营管理方面，世界级机场群能够根据城市群的发展需求，不断创新管理方式和商业运营模式，形成了市场化资源配置机制。机场群建设通过航线布局、产业联合等方式优化各个机场的资源配置，形成分工合理、功能齐全的机场共同体，城市群资源要素流动畅通，提高了生产运营效率，具有高水平的服务水平和服务能力。同时机场群自身的发展又推动了城市群创新发展。

## 三、粤港澳大湾区世界级机场群建设的优势与不足

目前我国民航业已经成为世界第二大航空运输系统，粤港澳大湾区作为国内发展最快的地区，在世界级机场群建设方面拥有许多优势，无论从设施规模、运输量级和效率、管理水平和国际影响力等各方面看，都已经具备建设世界级机场群的基本条件。

### （一）建设粤港澳大湾区世界级机场群的优势条件

第一，粤港澳大湾区城市群和机场群已经形成规模，成为建设粤港澳大湾区世界级机场群的良好基础。从大湾区城市群的人口、面积和经济规模来看，粤港澳大湾区可以说已经处于和纽约、东京等国际湾区的同一水平上。2016 年统计，纽约湾区拥有 2.15 万平方公里，人口 836 万，GDP1.4 万亿；东京湾区拥有 3.68 万平方公里，人口 1318 万，GDP1.8 万亿；而粤港澳湾区拥有土地面积 5.6 万平方公里，人口 6000 万，GDP1.37 万亿。[①] 从机场群业务规模来看，据公开资料显示，2017 年，粤港澳大湾区五大机场（香港、澳门、广州、深圳、珠海）的总体旅客吞吐量超过 2 亿人次，货邮吞吐量近 800 万吨，运输规模已经超过纽约、伦敦、东京等世界级机场群，位于全球湾区机场群之首，已具备发展成为世界级机场群的良好市场基础。[②]

第二，密集的国际航线网络成为建设粤港澳大湾区世界级机场群的重要条件。

---

① 鲁飞：《粤港澳大湾区机场群为什么能建成世界级航空枢纽？》，泛珠三角合作信息网，2018 年 6 月 15 日。

② 连龙飞：《珠三角世界级机场群建设的几点思考》，《空运商务》2018 年第 1 期。

粤港澳大湾区各机场拥有优良的硬件设施，有条件满足世界各地旅客的出行需求，并且已经开行了密集的国际航线。其中，香港已开通覆盖 100 多个国家的 137 条国际航线，每日起降的航班超过 1100 架次，5 小时内可飞往全球半数人居住的城市。澳门国际机场已迅速成为全球发展最快的机场之一，2017 年澳门国际机场新增 6 个航点和 5 家航空公司。广州白云国际机场截至 2017 年底其国际航线网络已覆盖全球 90 个航点，已有超过 75 家中外航空公司在此运营。深圳宝安国际机场新航站楼总建筑面积 45.1 万平方米，共提供 62 个近机位和 14 个临近主体的远机位，可服务旅客吞吐量达 4500 万人次。2017 年，机场新增 16 个国际客运通航城市，持续完善国际航线网络。2020 年深圳机场的国际班机将达到 48 条。[①]

第三，粤港澳大湾区巨大的市场和旺盛的增长活力是建设世界级机场群的前提条件。粤港澳大湾区是中国经济最发达、最活跃的地区，具有经济规模大、增长活力旺盛、产业结构高端化等区位经济优势，推动了珠三角机场群近年来的飞速发展。珠三角机场群正在向世界级机场群快速迈进。机场群中的香港、广州和深圳等三大机场吞吐量达到整个机场群 93%，呈现出较高的集中度。随着珠三角地区商贸和经济的不断发展，机场群内航空市场将依然保持快速增长。随着商贸和整体经济的不断发展，粤港澳大湾区的国际航空市场将依然保持快速增长。根据国际航空运输协会 IATA Consulting 预测，估计到 2020 年，客货运需求量将分别达到 2.33 亿人次和 1000 万吨，到 2030 年，客货运需求量达 3.87 亿人次和 2000 万吨。[②]

第四，海陆空铁一体化的综合交通体系正在进一步完善。粤港澳大湾区世界级机场群所依托的陆海空铁交通一体化的格局已基本形成，并在广东自由贸易区的推动下进一步发展完善。国家提出要畅通内地与香港的物流大通道，发展粤港澳大湾区海空联运、陆空联运和铁空联运通道。珠三角发达的轨道交通网络、高速公路网络、港珠澳大桥以及航运枢纽系统等形成了便捷的交通优势，这为粤港澳大湾区机场群开展联动运输提供强大支持。

第五，珠三角机场群建设规划有利于大湾区世界级机场群的成长。国家发展

---

① 鲁飞：《粤港澳大湾区机场群为什么能建成世界级航空枢纽？》，泛珠三角合作信息网，2018 年 6 月 15 日。

② 同上。

改革委员会与中国民航局联合制定的《全国民用运输机场布局规划》，提出要建设京津冀、长三角、珠三角等三大世界级机场群。对于珠三角地区提出要"推进广州、深圳等地机场资源共享、合作共赢、协同发展，提升国际枢纽竞争力，共同打造珠三角地区世界级机场群"。中国民航局印发的《关于进一步深化民航改革工作的意见》提出，要疏解北京、上海、广州等机场非国际枢纽功能，以北京首都机场为试点，研究制定大型国际枢纽航班分流补偿机制，优化航权、航线、航班时刻结构，增加国际航线覆盖面和国际中转比例。

《广东省综合交通运输体系发展"十三五"规划》指出，要打造珠三角世界级机场群，把广州白云机场定位为国际航空枢纽机场，构建覆盖全球的国际航空客货运输网络，重点打造通达欧美、澳洲、非洲及南美洲等地区的国际运输通道，提升国际中转功能。深圳宝安机场加快建设国际航空枢纽，强化区域航空枢纽机场功能。增加国际航班航线航点数量，积极发展面向东南亚及欧美地区的国际航空客货运输网络。珠三角新干线机场与广州白云机场共同形成国际航空枢纽。主要服务珠三角中西部及周边地区，积极发展国内国际航空客货运输。珠海金湾机场打造复合型国际干线机场，主要服务珠江西岸及周边地区，主要发展客运和国内、东南亚货运航线网络。惠州机场建设干线机场，主要服务惠州、汕尾、河源以及深圳东部地区，发挥深圳第二机场功能。[①]

应当客观认识到，不管是国家发改委还是中国民航总局以及广东省的航空发展规划也都只是停留在小珠三角的范围内进行布局，都还没有包括香港和澳门的机场与航空业的发展。因此，严格讲这些都还不是粤港澳大湾区世界级城市群的概念，真正的粤港澳大湾区世界级城市群的规划还要等国家的规划出台，但已有的这些规划对于粤港澳大湾区世界级城市群的建设将产生极其重要的作用。

第六，国家和地方政府政策支持成为湾区世界级机场群建设的重要保证。习近平主席亲自部署和推动，国家相关部门制定国家层面的战略规划，出台相关政策比如过境免签政策等。香港、澳门特区政府也十分重视，比如由特区政府提出的给予合资格飞机出租商及合资格飞机租赁管理商利得税宽减的税务修订条例草案得到香港特区立法会通过等。各方政策的大力支持都成为粤港澳大湾区机场群的建设的重要保证。

---

① 参见广东省综合交通运输体系发展"十三五"规划。

### （二）粤港澳大湾区世界级机场群发展存在的问题

城市群和机场群既然是相伴而生，那么粤港澳大湾区建设世界级城市群和世界级机场群所面临的基础优势和存在的问题也基本上是相仿的。粤港澳大湾区世界级机场群发展存在的问题主要有以下方面：

第一，粤港澳大湾区机场群目前的规模仍然不够大。粤港澳大湾区的面积和人口均大大高于纽约和东京等国际大湾区，但GDP总量则与这些大湾区基本持平甚至较低。这说明粤港澳大湾区城市群的经济发展总量和机场群的发展规模仍然有巨大发展空间。

第二，粤港澳大湾区还没有明确世界级机场群的核心枢纽机场。正像粤港澳大湾区城市群发展中没有明确哪个城市为龙头城市一样，粤港澳大湾区世界级机场群建设中同样也没有明确哪个或哪些机场为核心枢纽机场。尽管国家和广东省在建设珠三角世界级机场群规划中把广州作为核心枢纽机场来规划建设，但在粤港澳大湾区多机场体系中，香港机场作为客获吞吐量最大的机场还没有被官方规划纳入讨论。

第三，粤港澳大湾区不同城市产业同质化发展明显，机场群的发展与城市群的发展相一致，机场基本是为所在地区服务，是一个自然而然地发展过程。虽然广东省的规划对此作了分工，但实践的结果如何以及规划是否完全合理还需要得到实践的检验。机场群内的合理分工以及差异化发展格局还没有形成。

第四，城市群和机场群的一体化程度较低。城市群的协同发展不够，机场群的协作较差。目前粤港澳大湾区在政府层面还缺乏统一的监管协调机制，更多依赖于各市场主体的自发合作。粤港澳大湾区五大机场虽已在粤港澳合作框架下形成了A5联盟，建立了定期沟通协调机制，但由于定位分工、产权归属、运行标准、利益主体等多方面的原因，在基础设施、国际客货等方面合作进展缓慢。这与世界级机场群的要求存在较大差异。

第五，粤港澳大湾区不同机场的管理水平和经营效率存在比较明显差距，"一国两制"条件下内地机场与港澳机场在管理制度方面的差异仍需要努力协调。香港机场在价格、服务以及与航空公司联动等方面均比内地机场有显著优势，不少内地居民在出境旅行时都会选择从香港出发，特别是珠三角的居民更是如此。这说明香港机场在管理和营运方面的做法是值得内地机场学习的。然而在粤港澳大湾区世界级机场群的运作模式下，如何协调内地与港澳机场的管理制度仍然是一个值得研究的问题。

第六，虽然粤港澳大湾区机场群的规模整体上比较大，但目前人均出行次数远远低于世界其他国际大湾区的机场群，仅为纽约湾区的1/4，伦敦湾区的1/5。虽然从正面来看，这个指标说明粤港澳大湾区机场群还存在巨大发展潜力，但这个落后局面确实是客观存在的。而且存在哪些潜力以及如何挖掘潜力都是发展中应当面对的现实问题。

第七，发展世界级城市群和世界级机场群的思想观念（包括管理理念、服务理念、经营模式以及合作理念等）和实际要求不吻合，认识落后于实践要求。珠三角经济已经进入世界级城市群和世界级机场群发展时代，实践要求加快发展和推动，但人们的认识仍然基本停留在过去几十年发展的模式上。观念认识的滞后严重制约了粤港澳大湾区世界级城市群和世界级机场群的发展。

## 四、建设粤港澳大湾区世界级机场群的战略思路

第一，继续做大经济规模，为世界级机场群的发展提供坚实的物质基础。世界级机场群是围绕世界级城市群而发展起来的，往往是一个国家或区域的经济核心区和增长极，具有完整的现代产业体系和合理的国际分工协作体系。珠江三角洲经过40年的发展，产业集群和经济规模已经拥有一定的比较优势，但面对新的形势要求，需要建立更加庞大的现代的产业体系和更大规模的经济总量，只有这样才能催生更大规模的世界级机场群的发展。中国经济已经进入新时代，创新驱动战略成为国家发展的主导方向。面对世界级城市群和世界级机场群的要求，珠三角需要以创新驱动为引领，紧紧抓住制造业发展的优势，大力发展现代服务业和战略性新兴产业，进一步扩大开放，建立资源流动更加方便快捷的网络体系，以更大经济规模支撑世界级城市群和世界级机场群的发展。

第二，成立粤港澳大湾区世界级机场群协调组织机构，建立统一的监管协调机制，合理配置资源，促进良性竞争。粤港澳大湾区涉及一个国家，两种制度，三个独立关税区，三种法律体系以及多元文化，无论是在城市群建设还是机场群建设中都会面临诸多矛盾和问题，比一般的国际大湾区的机场群在管理方面都要复杂得多。因此借鉴国际经验，成立由中国民航总局和粤港澳三地主要机场参与

的粤港澳大湾区世界级机场群协调组织机构，建立统一的监管协调机制，集中管控机场运营，整体协调，合理配置航空资源，避免恶性竞争，提高粤港澳大湾区世界级机场群整体运营效率。

基于"一国两制"的实践，粤港澳大湾区世界级机场群协调组织机构在管理上可以综合参考纽约机场群和东京机场群的做法。纽约机场群实行强有力的整体协调和集中管控，而东京机场群则实行政府政策调控下的管理主体多元化。粤港澳大湾区世界级机场群协调组织机构可以采取统一协调监管与粤港澳三地各机场产权主体独立管理相结合的管理体系。这是考虑粤港澳地区的实际而采取的政策措施。

第三，制定粤港澳大湾区世界级机场群的发展规划，明确核心枢纽机场，实行机场群内部差异化经营策略。珠三角要打造世界级城市群必须联手港澳。应通过规划确立核心枢纽机场的地位。世界级机场群发展规划要注意与世界级城市群发展规划相衔接，要与珠三角地区的经济地理格局和珠三角地区经济发展水平相一致，同时还要体现大数据和互联网时代城市群集散方式的新特征。通过规划还要明确世界级机场群差异化、协同化的机场功能定位，为民航资源优化配置提供支持。

第四，进一步完善粤港澳大湾区世界级机场群的地面综合交通体系。前面讲到，现代航空业不是孤立运行的，机场群运营效率包括地面综合交通体系的运营效率，四通八达、方便快捷的一体化地面综合交通体系是世界级机场群建设的必然要求。粤港澳地区的地面交通体系可以说已经具有良好基础，但相对于世界级机场群的要求来说，还有许多需要继续不断提高和完善的方面。特别是在数字化经济时代，将极大改变人们的出行方式和出行习惯，因此现代化的地面综合交通体系的建设网，不仅表现在数量和规模上，而更多的是表现在软硬件配套、智能化发展的趋势和高质量的服务上。

第五，正确处理政府与市场的关系。建设粤港澳大湾区世界级机场群首先要遵循政府的调控政策，特别是航空业发展的调控政策，接受政府对航空经济的宏观管理。同时要充分发挥市场在资源配置中的决定性作用，并以市场为基础，在符合总体规划的框架内，各个机场寻找并确立符合自身特点和当地发展的功能定位并实施动态微调，形成合作互补关系，促进资源的优化配置，提升机场群整体服务能力，实现机场群的高效运营。

6. 注重人才、资金、技术、信息、空域和创新观念在粤港澳大湾区世界级机场群建设中的重要地位。建设世界级机场群需要有一流的高端人才（包括技术人才、管理人才、经营人才等）、成熟的融资方式、先进的航空技术和互联网技术、丰富快捷的信息、广阔的国内外空域以及不断开拓创新的观念，这是保证世界级城市群和世界级机场群持续繁荣的重要产业资源。

作者单位：广东外语外贸大学南国商学院

# 完善粤港澳大湾区财税协调机制的基本设想

段小强

## 一、粤港澳大湾区财税制度剖析

粤港澳大湾区包括香港特别行政区、澳门特别行政区和广东省广州市、深圳市、珠海市、佛山市、惠州市、东莞市、中山市、江门市、肇庆市（以下称珠三角九市），总面积5.6万平方公里，2017年末总人口约7000万人，是我国开放程度最高、经济活力最强的区域之一，在国家发展大局中具有重要战略地位[①]。虽然地域范围不大，但是由于粤港澳大湾区涉及"一国两制""三个不同法域"的社会法律制度不同问题[②]，财税制度也存在着显著的差异，在社会经济交往中，难免会发生税法冲突与矛盾。因而要想解决财税制度的冲突与矛盾，必须首先理清粤港澳三地现有财税制度的状况、具体差异所在。

### （一）珠三角九市财税制度的特色

珠三角九市整体适用我国内地通行的税收法律，但是由于存在深圳前海、广州南沙、珠海横琴三个自贸区以及深圳经济特区，所以具体的税收政策可能有一些区别。目前我国税收方面的法律文件主要有以下三个层次：税收法律、税收行政法规、税收规章，已经形成了初具规模的财税法律体系。其中，税收法律是税收的基础性文件，只能由全国人大及其常委会制定。根据北大法宝[③]法律数据库搜

---

① 中共中央国务院印发：《粤港澳大湾区发展规划纲要》，新华社，2019年2月18日。
② 叶一舟：《粤港澳大湾区协同立法机制建设刍议》，《地方立法研究》2018年第4期。
③ 北大法宝网，2019年1月19日。

索可得，我国目前行之有效的税收法律只有七部①，尚未生效的有两部②，此外，还有一些授权立法的文件，例如《中华人民共和国增值税暂行条例》。税收行政法规是由国务院制定，在税收法律体系中占比很大，这是不符合我国法律的基本原则的，也是以后财税体制改革的重点所在。地方政府没有税收立法权，只能根据中央的立法制定一些具体的实施措施，这在一定程度上阻碍了地方经济的发展，对广东省而言，没有地方的税收立法权无疑是对大湾区建设的掣肘。

其次，在税种结构方面，我国现行的税收体系之下，税种大致分为直接税和间接税，并且形成了间接税占大部分的税种结构，这是与港澳地区存在差异的地方。根据财政部公布的 2018 年前三季度财政收支情况③可以计算得出，增值税作为我国第一大税种，占比达 32.5%，与土地相关的税占比 9.5%，关税以及进口商品税费也达到了 10.6%，再加 6.8% 的消费税和 1.2% 的印花税等，我国间接税占财政收支的额度达到了 60% 左右。珠三角九市虽然在具体的税种占比上可能存在微小的差距，但是总体税种结构也是大体如此。

最后，就是税收征管机构的设置。我国的税收征管机构经历了一系列的变化过程，目前，已经开始了新一轮的国税和地税的整合过程，这意味着我国的税收权限将统一归为中央所有，中央会根据税收的具体情况对地方进行相应的分配。具体来讲，我国的各级国家税务局负责税收的申报、评定、征收、稽查以及违法处罚等一系列的工作。对于税务征收过程中的争议④，根据我国相关法律，遵循复议前置的制度安排，即纳税人对税务机关的纳税决定不服的，必须首先缴纳税款或者提供担保，在此基础上，也不能直接起诉，而是应该向相应的机关申请复议，如果纳税人对复议决定不服的，才能最终依法向人民法院提起诉讼，整个过程是相当繁琐和复杂的。

### （二）香港地区财税制度的特色

由于香港曾受英国长期的殖民统治，且成为我国特别行政区之后没有对其法

---

① 分别是《中华人民共和国个人所得税法》《中华人民共和国企业所得税法》《中华人民共和国车船税法》《中华人民共和国环境保护税法》《中华人民共和国烟叶税法》《中华人民共和国船舶税法》《中华人民共和国税收征收管理法》。

② 分别是《中华人民共和国车辆购置税法》《中华人民共和国耕地占用税法》。

③ 参见财政部网站。

④ 这里是指纳税人资格的认定、须缴纳税款的数额等事务，不包括税务处罚。

律体系进行大的变动，所以香港的财税法律也呈现出普通法系的特点，以不成文法为主，成文法为补充。香港税法主要由《税务条例》《遗产税条例》《印花税条例》《博彩税条例》和《储税券条例》等组成。其中，《税务条例》属基本税收法律，颁发于 1947 年，期间经历过多次修订，目前《香港税务条例》基本保持着每年修订的惯例，主要规定税法的解释、税种的征收范围、税率以及征收管理方法等具体的制度，且对薪俸税、利得税、物业税和利息税等税种的征收作出具体的规范。除此之外，香港对遗产税、印花税、博彩税等进行了单独立法，并实行不定期修订。

香港实施的是资本主义制度，注重自由竞争，充分发挥市场作用，因而税收只体现为财政收入的功能，而没有进行宏观调控的作用。在这种理念下，香港的税种结构也较为简单，征税面窄，税负较轻[1]。香港的税收构成与大陆不同，体现为直接税占较大比重，在 2016/2017 财年[2]，直接税占比将近 60%。直接税包括利得税（对应内地的企业所得税，法人、团体税率为 16.5%，其他税率 15%）、薪俸税（对应内地的个人所得税，纳税人可以择优选择标准税率 15% 或者累进税率）、物业税（对应内地的房产税）、遗产税四大类，没有流转税（对应我国的主要税种增值税、消费税）。其中占比最大的利得税，最高税率仅为 16.5%，物业税和薪俸税税率都维持在 15% 左右，体现了轻税负的特点。

就税收征管而言，香港地区税务由税务局依据《香港税务条例》负责征收，主要负责征税、索取与评税有关的资料、调查和追缴税款等一系列工作。当出现纳税争议时，解决方法与大陆在本质上是一致的。如果纳税人对税务局做出的决定有意见，可以书面向税务局局长提出，如果二者没有达成一致，则纳税人可以向税务上诉委员会发出上诉通知，一般而言，委员会的决定即为最终决定。当然，纳税人也可以选择就与税务局的争议直接向高等法院或者上诉法院提出上诉，由法院做出最终裁定[3]。

---

① 郭滨辉，成慕杰：《国际税收协调经验对粤港澳大湾区的启示》，《财会研究》2018 年第 11 期。

② 香港的财政年度从每年 4 月 1 日至下一年 3 月 31 日。香港税务局：《税收概况》，2019 年 2 月 4 日。

③ 於鼎丞：《港澳台税制》，暨南大学出版社 2009 年版，第 14 页。

### （三）澳门地区财税制度的特色

其一，澳门自 1999 年回归以来，财税立法同样没有发生明显的变化，只是对一些具体的措施加以修补。《澳门组织章程》属澳门税收基本法律，其中明确规定税法的制定权由澳门立法会行使，只有立法会才有权制定、修改、废除澳门地区的税收法律。在《澳门组织章程》之下，《印花税规章》《机动车辆税规章》《旅游税规章》《市区房屋税规章》《职业税章程》《营业税规章》等税务规章、税务章程、税务规则和税务政策等构成澳门税法体系的重要组成部分。

其二，澳门同样实行"一国两制"下的独立税法制度，税制结构也以直接税为主，间接税为辅，且直接税呈现"一枝独大"的局面，占比达到将近95%。其中专营税，又称赌博专营税，在 2017 年占据了将近87%的税收总额，并且有逐年增加的趋势。此外，直接税中的所得补充税、职业税以及房屋税仅占据了 5%、2%、1%的份额①。这种单一税种独大的结构，构成了澳门税制的一大特色。

其三，澳门税法实行实体法与程序法一体化，没有针对税务征管制定专门的法律，而是附着在各个税种规章或章程之中，构成实体法与程序法一体的澳门的特色。税务征管机构由澳门财政司和其所属税捐厅组成，其中，财政司负责税务的总体工作，而税捐厅才是具体的工作单位，由财税处、课税管理处、稽查处②等构成，负责澳门的纳税申报、评税、征收以及处罚等工作。如果出现税收争议，则依据各税收章程中的纳税人的保障条款进行处理。首先纳税人需要针对异议事项提出复议，请求更改或者废止该事项，对处理结果不满意的，可以向财政司司长提出诉求。最后的保障措施则是提起司法诉讼，通过司法途径解决税务争议。

## 二、完善粤港澳大湾区财税协调机制的必要性

纵观世界三个湾区，纽约湾区、旧金山湾区和东京湾区，无疑都是实施着极其相似的财税政策，都具有一个总体的财税协调机制。所以，基于粤港澳大湾区的实际情况，为了解决现有三种税收制度的基本冲突，进而促进粤港澳大湾区资

---

① 吴泱、廖乾：《欧盟税收合作经验对粤港澳大湾区建设的启示》，《西南金融》2018 年第 9 期。

② 於鼎丞：《港澳台税制》，暨南大学出版社 2009 年版，第 107 页。

源的流动，为大湾区转型发展、创新发展注入新活力，推动粤港澳成为真正的世界级湾区，使之成为丝绸之路经济带和 21 世纪海上丝绸之路对接融汇的重要支撑区①，必须在大湾区形成一个强有力的财税协调机制。

### （一）消除粤港澳税制冲突的需要

粤港澳大湾区现行税制不统一，甚至是存在着诸多相互冲突的地方，就有可能侵蚀大湾区经济发展的根基，影响大湾区的长久发展。对于三个世界级大湾区，纽约湾区和旧金山湾区都位于美国境内，虽然存在跨洲际的情况，但是湾区内的税制基本都是相对统一的，而东京湾区更是实施由日本国家政府的统一制定的税制，正是因为税制的统一化，这些湾区才能为经济的腾飞奠定基础。

首先，针对税种来看，港澳地区以直接税为主，而珠三角九市则是以间接税为主，其中作为间接税的第一大税增值税占到全国税收总额的三成有余。我国增值税标准税率为 16%，与港澳地区不征收增值税相比，企业在内地运行时难免要承担不能抵扣的增值税税负，这极易于降低港澳企业内地投资的积极性。作为直接税的所得税，珠三角九市也是远远高于港澳地区，其企业所得税标准税率为 25%，而香港的利得税（相当于内地的所得税）的税率在 15% 左右，澳门的所得补充税（相当于内地的所得税）的税率则是超额累进税率，最高不超过 12%；珠三角九市的个人所得税采用超额累进税率，税率在 3%—45% 之间，对于高收入的人员税负不可谓不重，而香港的薪俸税并用标准税率 15% 和累进税率，让纳税人自己选择，所以税负一般不会高于 15%，澳门的职业税与香港类似，维持在 15% 左右。由此可以看出珠三角九市的所得税负对于港澳工作人员来说是相当高的，不利于人才的流动。再者就是关税，珠三角九市采用内地通用的关税，平均税率为 9.8%，而港澳是自由港，不征收关税，这点差异对于大湾区以后关税的是否征收提出了难题。

其次，税收的管辖问题，不同税收的管辖不同会造成避税的大规模出现，同时也可能造成双重征税问题。就拿所得税来讲，港澳地区的所得税都是对在本行政区域的所得征收的一种税，都是单一的来源地征税，而珠三角九市则是同时采用居民标准和所得来源地标准，这样难免会造成企业的双重纳税问题。此外，内

---

① 中共中央国务院印发：《粤港澳大湾区发展规划纲要》，新华社，2019 年 2 月 18 日。

地和港澳地区在税率上存在着很大的差异，这难免会促使内地人和物大规模流往港澳进行避税，这必然会造成广东地区发展进一步受限，会对粤港澳大湾区的规模化经济的形成造成阻碍。

### （二）促进粤港澳市场资源流通的需要

市场条件下的各种资源，例如人才、资金等，都会在区域间进行流通，以此谋求最大的经济效益。但是，由于地区间各种国家政策的不一致，会导致资源的流通不是十分充分，资源都会流向政策优越的地区。财税政策是极其重要的政府政策之一，其本该立足于本身的中性属性，不应过多干预市场资源的流动，所以，在毗邻地区实施不同的财税政策，会直接造成"政策洼地"，会吸引资源的集聚，这对于其他资源流出地区是不公平的，对其发展也是十分不利的。

很显然，在粤港澳大湾区内，就形成不同程度的财税"政策洼地"，处于这个洼地之中的港澳地区，凭借着其较低的税负，较少的税种，较便捷的服务，不断从周围的广东地区吸取优势资源，发展自身。而本身发展程度就稍低的珠三角九市，由于区域内税负较重，会在大湾区的进一步融合过程中丧失市场的各种资源，处于劣势地位。据数据统计得知，2017 年，珠三角九市的税负约为 21.6％，而同期的香港的税负为 13％左右，澳门扣除博彩专营税后更是只有 6％，相比之下，珠三角九市的税负是绝对过重的。为此，在粤港澳的大湾区的建设过程中，为了整个湾区的发展，而不是个别城市一骑绝尘，就必须建立区域的财税协调机制，将整个区域的财税政策趋于统一，使得市场资源不过多考虑政策的影响，在粤港澳范围内高效流动，优化配置。

### （三）优化粤港澳产业布局的需要

粤港澳大湾区属于湾区经济，而湾区经济是一种典型的城市集群发展的经济类型。在湾区范围之内，为了避免各个城市相互恶性竞争，一般都会形成较为清晰的产业分工，这种分工也是相对合理的，是以促进湾区经济的均衡发展为目标，而不是为了拉大不同城市之间的经济差距。以纽约湾区城市群为例，美国政府曾适时调整了城市的产业结构和规模，形成了纽约以金融、商贸为主，费城和曼哈顿以制造业和运输业为主的产业格局，不仅有利于因地制宜，而且合理统筹了资

源配置，促进了纽约湾区的整体发展①。

目前，粤港澳大湾区的产业分工虽然存在，但是如今的分工结构是港澳产业转移的产物，对于珠三角九市来讲，是接受了港澳的落后的产业，或是说接受了大量的制造业、大量的制造工厂和大量的外包机构。这样的产业布局，不仅不利于大湾区的整体产业结构升级，还会造成广东地区的税款流失。而且，即使在珠三角九市内，也存在着深圳特区和前海、横琴和南沙等三个经济自贸区，这些地区的税收优惠措施也会直接影响不同产业的发展，造成产业布局的扭曲。

因此，要调节、优化粤港澳地区的产业结构，必须要充分平衡粤港澳地区的税负，必须将财税协调机制摆在重要的位置。只有如此，才能使市场资源在湾区范围内进行充分的选择，才能推动大小城市合理分工、功能互补，进一步提高区域发展协调性，促进城乡融合发展，构建结构科学、集约高效的大湾区发展格局②，助力其成为世界级的湾区。

## 三、完善粤港澳大湾区财税协调机制的法律路径

由于粤港澳湾区制度情况复杂，财税协调机制的建立难度较大。我们要抓重点，解决主要矛盾，将解决的重点放在建立税收法律制度方面，用税收法律来规制范税收优惠政策的制定、税收的征管以及税收争议的解决，进而促使粤港澳湾区内的税收逐渐趋于中性、趋于公平、趋于效率，最大限度刺激市场的活力，推动大湾区的可持续发展。

### （一）推动粤港澳大湾区实体税收政策逐渐趋同化

要解决粤港澳大湾区的财税冲突的问题，首要就是从顶层着手，从实体政策的制定着手，必须使粤港澳大湾区内的顶层财税政策相统一，只有在此基础上，才能逐渐解决推动政策实施过程中产生的问题。在实体税收政策方面，有三种税种之间的冲突值得重点关注，分别是关税、企业所得税以及个人所得税，只有这三种税收的政策协调之后，才能有力地促进资金、人才以及其他资源在粤港澳大

---

① 引自何诚颖博客《国际成熟湾区系列研究报告（一）：纽约湾区发展成为世界级湾区的原因及经验启示》。

② 中共中央国务院印发：《粤港澳大湾区发展规划纲要》，新华社，2019年2月18日。

湾区的流通。

首先，关税应该得以统一。目前，港澳地区作为自由港，实施的是零关税措施，而珠三角九市则征收关税。在粤港澳大湾区内部，由于签署过 CEPA 及其补充协议①，对于广东地区进口港澳地区的特定物品，可以免收关税，这一定程度促进了粤港澳大湾区内部资源的流动，特别是港澳地区向广东地区的商品出口。但是，这个协议的零关税仅仅针对的是港澳地区，并不涉及世界上其他国家和地区，这意味着其他国家出口商品至珠三角九市相比港澳地区，仍要承担关税，也意味着成本更高，这对于珠三角九市的港口来讲，更处发展的弱势。因而要逐渐实现大湾区关税的趋同化，港澳地区的零关税政策是不能改变的，只可以在珠三角九市现有三个自贸区之外，再增设若干自贸区，保证市级地区都有自贸区，只有这样，才能实现粤港澳大湾区范围内关税的真正一致。

其次，协调统一企业所得税和个人所得税。就目前的税收情况，港澳的企业所得税都维持在 15% 左右，而珠三角九市则是在 25% 的高点，税率差距较大。因而需要统筹考虑，首先就是降低珠三角九市的企业所得税率，使其逐渐趋于港澳地区的税率标准。再者，可以适当通过实施税收的优惠政策，以间接方式实现整个湾区税负的均衡，尤其是针对珠三角九市急需发展的产业，以及高科技产业和其他附加值较高的产业，可以通过适当的税收优惠来吸引港澳，甚至是世界范围内的投资。就个人所得税来看，除了香港同时适用标准税率和超额累进税率外，澳门和珠三角九市都适用的是超额累进税率，只不过在具体的税率上可能会存有差距。为了促进人才在粤港澳地区的流动，必须要维持个人所得税的税率在同一高度，可以通过实施统一的计税方法，例如超额累进税率，在此基础上，可以适当平衡粤港澳三地区的税率层级，达到最终的税负基本一致。

## （二）推动粤港澳大湾区税收征管体制相协调

对于税收而言，实体法的协调只是基础，更为重要的是程序，也即征管体制

---

① CEPA 指的是由中华人民共和国商务部和中华人民共和国香港特别行政区财政司于 2003 年 6 月 29 日签署并实施的《内地与香港关于建立更紧密经贸关系的安排》，后期又相继签署补充协议及其他相关协议。目的是逐步减少或取消双方之间实质上所有货物贸易的关税和非关税壁垒；逐步实现服务贸易自由化，减少或取消双方之间实质上所有歧视性措施；促进贸易投资便利化。

和机制。只有征管体制机制得以完善，税收实体法才能更好付诸实施，更好地发挥其作用。在珠三角九市，自国地税系统合并之后，由国家税务总局对税收进行垂直管理。而在港澳范围内，由于实行高度自治的政治体制，港澳政府对所辖区域享有完全的税收征管权限，国家一般情况不得干预。因而在当前的政治体制之下，将粤港澳区域的税权集合起来行使不太现实，但并意味着我们无计可施，我们虽然无法统一行使税收征管权，但可以通过其他路径达到相似的效果。

国家在《粤港澳大湾区发展规划纲要》中强调要优化提升信息基础设施，要在湾区范围内构建新一代信息基础设施、智慧城市群①。所以，在财税系统方面，我们首先应进一步提升税收征管系统的信息化水平，争取实现税收的全过程都能通过互联网完成。在此基础上，我们可以逐步协调粤港澳大湾区的各个地市，使其税收征管互联网系统都趋向统一，实现大湾区范围内的税收信息能够互通有无，甚至做到同步处理，无缝对接。税收征管系统的一致化还可以解决跨区域避税的情况，通过实时互通税收数据，可以大幅度减少利用税收机制差异进行避税的情况，增加粤港澳大湾区的税收收入。最后，我们还可以通过税收互联网系统进行跨区域的税收协调性事务的协助工作，提高地区内部的行政效率，进一步优化营商环境。

### （三）推动粤港澳大湾区税收争议解决机构的成立

粤港澳大湾区范围内税收实体法的完善和征管体制的协调很大程度上已经能够满足经济发展的需要，但是随着湾区范围内经济、文化、人才等因素的加速流通，税收系统所依附的社会制度不同，难免会产生税收事务的争议问题②。税收争议能否顺利得以解决，关系着财税协调机制的成功与否，只有税收争议得以公平、高效地处理，才能更进一步推动财税体制的深入协调，二者是相辅相成的。

在现有的财税体制之下，港澳地区享有对本辖区内税收争议的终审权，而珠三角九市的税收争议则可能会上升到中央政府进行处理，广东省并没有最终的处理权限。因而在粤港澳大湾区内，是存在着两种不同层级的税收争议处理权。当税收实体法趋同化、税收征管系统趋于协调，税收争议的问题也必须放在统一层

---

① 中共中央国务院印发：《粤港澳大湾区发展规划纲要》，新华社，2019 年 2 月 18 日。

② 郭滨辉，成慕杰，刘瑞华，田淑华，彭文华：《粤港澳大湾区经济一体化中税收协调的必要性及政策建议》，《商业会计》2018 年第 20 期。

级进行处理。然而，港澳地区的终审权依法律规定，是由本地政府进行处理，这是无可改变的；珠三角九市是由中央进行统一管理，这个权限是不大可能下放至地方政府。在这种情形下，只有从中央的高度来思考税收争议解决机构的成立问题。《粤港澳大湾区发展规划纲要》已经指出，要设立粤港澳大湾区建设领导小组，研究解决大湾区建设中政策实施、项目安排、体制机制创新、平台建设的重大问题①。所以，可以在领导小组的牵头下，联合港澳地区的政府系统和法院系统，成立一个新的税收争议问题解决机构，负责日常税收争议的解决。这个机构的组成人员，可以由粤港澳三地区共同抽调。而其负责的事务只是最初级的日常性的税收争议，纳税人对此机构处理结果表示异议时，要及时上升至粤港澳大湾区建设领导小组进行解决。

粤港澳大湾区税收争议解决机构的成立，可以很大限度地顺应湾区发展的需要，一方面降低了纳税人争议解决的成本，另一方面简化了流程手续，还提升了政府的形象，打造出一个良好的营商环境和负责任的政府，为吸引世界各地的资源流入、建设世界级大湾区奠定坚实的基础。

作者单位：华南理工大学法学院

---

① 中共中央国务院印发：《粤港澳大湾区发展规划纲要》，新华社，2019 年 2 月 18 日。

# 论粤港澳大湾区区际法律冲突协调机制的构建

黄思煦

　　粤港澳大湾区的建设，实际上是珠三角九市与香港、澳门区域一体化的进程。区域一体化要求突破行政区划、制度壁垒等刚性束缚，实现区域内经济合作与生产要素的自由流动，从而使区域间经济效益达到最大化，深化区域间的合作交流。中共中央和国务院颁布的《粤港澳大湾区发展规划纲要》，将粤港澳大湾区定位为世界级城市群、国际创新中心、"一带一路"重要支撑、内地港澳合作示范区以及"三宜"优质生活圈，旨在协调区域发展、优化创新环境、深化改革开放。由于粤港澳三地存在着三种不同的法律制度，客观上对区域间的合作交流产生阻碍，形成了区际法律冲突的局面，需要一种法律协调机制破解困局。随着《粤港澳大湾区发展规划纲要》的发布，法律在粤港澳大湾区一体化建设中的地位与作用变得更为关键，区际法律冲突协调机制的构建也愈发重要。因而当务之急，是针对区际法律冲突问题进行深入的分析，探寻粤港澳大湾区法律协调机制的实现路径，从而为粤港澳大湾区一体化进程提供有力的法律保障。

## 一、粤港澳大湾区区际法律冲突的形式、成因和影响

　　区际法律冲突是不同区域法律对同一法律关系进行调整时，由于不同法律间效力上的差异而产生的矛盾。对于这一客观存在的事物，需要通过其存在形式来分析成因，总结其引发的影响，深刻、全面地认识到问题所在，形成较为严谨、缜密的协调区际法律冲突的思路。

### （一）粤港澳大湾区区际法律冲突的形式

粤港澳大湾区的区际法律冲突主要存在于制度与文化两个层面，以法律制度冲突和法律文化冲突的形式表现出来。应当从法律冲突的形式入手，思考其形成原因，透过现象发现本质，此为分析与解决粤港澳大湾区的区际法律冲突问题的根本出发点。

第一，法律制度的冲突。由于法律内容的不同，导致各地区的法律在结构体系以及具体内容方面出现差异，此即制度层面的法律冲突。按照差异所在的不同方面，又可将法律制度的冲突分为法律部门的冲突和法律规则的冲突。（1）法律部门的冲突，是由于对法律规范分类组合的方式不同而产生。我国内地的法律部门，就是由宪法、行政法、民商法、经济法、刑法、社会法、诉讼及非诉讼程序法七个部门法组成。澳门特别行政区受大陆法系的影响，亦以几部主干法典为核心划分部门法。目前，在基本法之下，澳门的法律部门有特别行政区政府组织法、民法、商法、刑法、刑事诉讼法、民事诉讼法。香港特别行政区的法律主要是以单行法例与判例的形式表现，并未严格地将调整不同社会关系的法律规范划分为各个法律部门，因而形成了与粤澳两地在法律部门上的冲突。同时，即使粤澳两地法律规范皆依法律部门划分，也同样存在着诸多冲突。（2）法律规则的冲突，是法律在同类问题规定方面的不同要求或矛盾，在法律实务中往往会引起矛盾和冲突。例如，有关期间的规定，我国内地的法律习惯以事件发生的下一日开始计算期间，而香港地区的法律习惯以事件发生当日开始计算期间；有关税收的规定，我国大陆地区的税收法律制度设置了增值税与消费税两个税种，香港特别行政区与澳门特别行政区则不征收消费税与增值税。诸如此类的差异，形成了粤港澳法律规则的冲突。

第二，法律文化的冲突。在文化层面，法律冲突通过法律的创制和运行而体现出来，更为深刻、复杂与牢固。法律文化包括了法的历史传统、意识观念、技术经验等诸多因素，是法律规范的底蕴，决定了法律规范的诠释及其在实际运用中的变化。客观上，粤港澳法律文化存在着明显差异，这种层面的差异更需要高度重视。法律文化冲突的典型案例，是香港特别行政区终审法院终审刑事上诉1999年第4号香港特别行政区诉吴恭劭、利建润案。在该案中，吴恭劭、利建润在游行中涂污、毁损中华人民共和国国旗和香港特别行政区区旗，律政司控告二

人侮辱国旗以及侮辱区旗，初审法院裁定指控成立。二人上诉至高等法院，上诉庭法官认为英美国家有将毁损国旗视为言论自由的判例，作出无罪的裁定。律政司向香港终审法院提出上诉，终审法院援引《中华人民共和国香港特别行政区基本法》，认为国旗区旗具有特殊象征意义，毋庸置疑地，需要保护国旗与区旗所具有的合法利益，以涂污、毁损的方式进行表达超出了基本法中规定的言论自由的范畴，从而支持律政司上诉请求，宣告吴恭劭、利建润侮辱国旗、侮辱区旗罪行成立。这其实是中国法律文化与西方法律文化的差别，造成对一定行为的法律属性的不同认识与理解，进而引起了法律适用的冲突。由于法律文化的不同，粤港澳三地法律冲突还会出现在更多的领域。因此，须重视法律文化差异性，并采取合理的方式解决客观存在的冲突问题。

### （二）粤港澳大湾区区际法律冲突的成因

概观粤港澳大湾区的区际法律冲突表现形式之后，应通过外在的现象去分析其内在的形成原因。根据成因的作用力的大小与影响的主次，可将其分为根本原因和直接原因。

第一，我国多个不同法域的存在，是粤港澳大湾区区际法律冲突产生的根本原因。法域是法律发生效力的范围，即法律效力因时、因地、因人而异，具有属地性、属人性以及属时性的特征。正是因为法域的本质特征，决定了法律冲突的产生。尽管我国是单一制国家，只有一个中央政府——国务院、一个最高立法机关——全国人民代表大会、一部宪法以及一套完整的司法系统，但是，为了解决历史遗留问题，我国在香港、澳门两地设置了特别行政区，赋予港澳高度的自治权。除了外交、国防以及中央人民政府授权特别行政区依照基本法处理的事务外，特别行政区享有行政管理权、立法权、独立的司法权和终审权，而且正在实施的法律制度不因主权更迭而改变。在此基础之上，香港地区与澳门地区均形成了独特的法域，再加上广东省所属的内地亦为一个法域，使得我国成为多法域国家，客观上存在使区际法律冲突发生的可能。

第二，我国多个法域分属不同的法系，是粤港澳大湾区区际法律冲突产生的直接原因。法系是按国家或地区法律的历史传统与内容形式分门别类而成的系列，通常把法律的历史传统、形式内容相同或近似的国家或地区划分为同一法系。在我国，除了基本法以外，香港地区主要以判例、条例、习惯法为法的渊源，故系属英美法系；澳门地区法的渊源主要是法典化的法律，还有大量的法令和规章，因而属于大陆法系。而内地的法律渊源是以宪法为核心的制定法，包含各类法律、法规、规章。实际上，与学界的传统分类有所出入，属于大陆法系中有中国特色的社会主义法律制度，与我国现阶段社会性质、政治体制、经济发展水平相适应，符合我国的国情。而香港与澳门仍保留资本主义法律制度，分别属于英美法系和大陆法系。由于粤港澳三地分属不同法系，直接决定了不同地区的法律的制定和适用都会有差异之处，形成区际法律冲突。

### （三）粤港澳大湾区区际法律冲突的影响

粤港澳大湾区区际法律冲突的影响，是区际法律冲突对粤港澳大湾区法律的执行与适用产生的负面影响。区际法律冲突对法律的执行的影响集中体现于行政执法中，对法的适用产生的影响则在司法裁判中。

第一，在法律的执行方面，由于粤港澳三地的法律关于执法主体权限划分、行政相对人的权利义务以及执法程序的规定不一，影响着大湾区府际行政执法的合法性、合理性。例如，在环境执法方面，香港行政机关普遍采用委员会制的组织形式，原则上对行政违法行为没有处罚权，属于"控权式行政"；而澳门行政机关有先予执行的优先权，无须进行复核，属于"执行式行政"。而广东省作为内地先试先行的省份，在环境行政执法采取以行政效率为主的"控制式行政"：既须以中央政府为主导，又可在法律授权范围内结合广东省实际情况进行。由于粤港澳三地行政执法体制不同，还会产生行政执法冲突进而产生较大的经济损失和交易成本。

第二，在法律的适用方面，区际法律冲突不仅使得同一问题在各地的司法裁判中出现不同的结果，而且不同的结果要获得其他地区的承认与执行难度较大。在实体法律规范以及程序法律规范方面，粤港澳三地存在着较大的差别。这种差别既使区际案件的司法程序复杂、诉讼成本高且效率低下，不利于保障当事人的权益，又在调查取证、判决的承认和执行方面影响了粤港澳大湾区的区际司法协助，阻碍着粤港澳大湾区的法律协调。

## 二、粤港澳大湾区区际法律协调的原则与策略

在对粤港澳大湾区区际法律冲突问题进行剖析之后，需要从全局着眼，明确

协调法律冲突的总体思路，探寻贯穿始终的原则和最优路径的策略。从而更加清楚、精准地把握区际法律冲突的实质，做到对症下药、有的放矢，解决区际法律冲突引发的一系列问题。

### （一）粤港澳大湾区区际法律协调的原则

粤港澳大湾区法律协调原则，是贯穿协调区域内法律冲突全过程的指导性原理和必须始终坚持落实到位的准则。粤港澳大湾区的法律协调原则是由经济水平、政治体制、社会制度、法治进程等现实的国情决定的，具体而言，协调粤港澳大湾区的区际法律冲突应坚持以下原则：

第一，"一国两制"原则。"一国两制"是我国实现和平统一的基本国策，是处理内地与香港、澳门地区关系的根本原则。协调粤港澳大湾区法律冲突，首要坚持的原则就是"一国两制"。因为香港特别行政区和澳门特别行政区的基本社会、政治、经济、法律制度都是我国基于"一国两制"的原则确立下来的，所以在处理法律冲突问题时，必须认识到中国特殊形式的国家统一，不同法域的地区均拥有比较广泛和独立的立法、行政、司法权力。《粤港澳大湾区发展规划纲要》亦将"'一国两制'，依法办事"作为基本原则，要求在坚持"一个国家"的基础之上，充分发挥"两种制度"的优势。因此，应从"一个国家，两种制度，三个法域"的实际情况出发，在维护国家统一和保证各法域平等、独立的状态下进行粤港澳大湾区法律协调。

第二，互利协调原则。互利协调，就是实现粤港澳大湾区利益的相互促进，以协调因利益矛盾而产生的法律冲突。协调粤港澳大湾区的法律冲突，不仅要从"一国两制三法域"的实际情况出发，认识和把握区际法律冲突的本质以及发展规律，而且还应当注重主观层面的利益协调，力求共识的最大化。粤港澳大湾区的各法律主体进行法律行为，形成法律上的权利义务关系，都是为了追求一定的利益。所以，解决法律纠纷时应当保护来自不同法域的法律主体的一切正当权益。如果在解决区际法律冲突时不是以协调各方利益、实现互利共赢为原则，而是死死盯住地方利益，从各自不同的政治体制、社会制度、经济水平、意识形态和生活方式出发，制定解决区际法律冲突规则和制度的标准，那么，粤港澳大湾区的共同利益不仅得不到应有的保护，而且区际法律冲突也无法解决。正因为这样，坚持互利共赢，不断寻求与增进共识，树立"一荣俱荣"的观念，在此观念指导下进行协调，才能更好地保障粤港澳大湾区各地区的利益与整体的利益。

第三，公共秩序保留原则。公共秩序是维护、保障社会公共生活必需的秩序，与一国之国家利益、基本政策、法律原则甚至是道德观念息息相关。由于公共秩序的极端重要性，世界各国都会在处理法律冲突问题都会坚持公共秩序保留原则。公共秩序保留，是指在拥有案件管辖权的法院所在国家的冲突规则规定应适用某一外国法，因适用外国法会影响本国公共秩序，或与法律、道德的基本原则相悖，即可排除该外国法的适用。它在保障一国法律安全方面，具有重大的意义，因此目前几乎所有国家都规定了这一制度，来排除那些严重危及本国公共利益的外国法律的适用。鉴于粤港澳大湾区各法域之间法律冲突的广泛性、深刻性、敏感性和复杂性，以及区际法律协作的长期性，需要坚持公共秩序保留，维护粤港澳大湾区最基本的利益，促使各地区经济社会的有序运转和稳定发展。

### （二）粤港澳大湾区法律协调的策略

粤港澳大湾区法律协调的策略，是由区际法律冲突形势决定的行动方针、对解决方案进行顶层设计的思维框架，连接粤港澳大湾区法律协调原则与粤港澳大湾区法律协调机制。构建切实可行的区际法律冲突协调机制，需要讲究以下策略：

第一，准用涉外法律规范。鉴于我国是特殊形式的国家统一，粤港澳大湾区各法域的法律在形式内容、体系结构、法律性质、法律传统等众多领域都有深刻的差异以及根本的不同，需要通过冲突法的路径进行协调。由"一国两制三法域"形成的粤港澳大湾区区际法律冲突，实际上是国际政治与国际经济的冲突在法律领域的集中体现。对此，应将粤港澳大湾区中的区际法律冲突视为涉外法律事务，准用涉外法律规范，按照专门法规和区际协议予以处理，如无专门法规和区际协议则参照适用涉外法规。当然，准用涉外法律规范原则并不排斥适用专门针对粤港澳大湾区制定的一些专门规定或者法域之间的协议，这时候就可以直接使用专门的规定或者协议，而与冲突法律规范或者反致、转致无涉。

第二，以国际法协调区际法律冲突。当前，经济全球化、区域一体化和法律趋同化趋势愈发强烈，在国际背景之下，英美法系与大陆法系的区别日益缩小，区际法与国际法渗透加剧，可将国际法运用于区际法律冲突的协调中。由于特别行政区可以在经济、贸易、金融、航运、通讯、旅游、文化、体育等非政治领域单独地同世界各国、各地区及有关国际组织进行交往，签订和履行有关协议，并

且可以参加一些国际组织和国际会议。因此，各法域可以先后或一起共同加入某些国际条约，以国际条约的形式推动各法域法律在某些领域的协调，间接为解决区际法律冲突铺平道路。以国际法协调区际法律冲突，并非全都直接适用相关国际条约来处理相关区际法律冲突，而是强调通过参加国际条约，既让各法域承担了将国际条约转化为本地法的义务，促进各法域的法律实质内容趋同，减少区际法律之间的实质冲突。另外，因为国际条约是在充分协商的基础上制订的，可降低各法域之间的谈判成本，加快共识的形成和互信的建立。

第三，循序渐进融合。基于当前国际经济与国际社会的发展趋势，粤港澳大湾区交往日益频繁，各法域间政治、经济、文化融合加深，通过多年的协商调整和借助国际条约的推动，各个法域的法律之间的差异会逐渐缩小，一致或趋同的则会扩大。粤港澳大湾区各个法域的实体法、程序法以及冲突法在内容上都会渐趋一致，直到形成冲突与融合的动态平衡。由于各法域经济、政治和社会文化仍存在着差异，而发展到一个相当的水平又是一个长期渐进的过程。法律属于政治上层建筑，在经济基础还存在相当大的差距的时候，就强行统一政治上层建筑，结果必定是不牢固的，还会产生许多消极影响，既不利于提升国家的高度统一，又无助于各法域稳定、和谐与繁荣。因而，对于协调区际法律冲突不能操之过急，一定要从各法域的经济政治和社会文化的实际情况出发，尤其是要考虑到我国仍然面临着完善市场经济、发展民主政治、创生现代文化、建设和谐社会的重大责任和紧迫任务。在紧迫任务尚未取得重大进展的时候，试图把区际冲突全部解决，存在较大的难度。为此，要循序渐进，逐步推进协调，结合我国区际法律冲突的特点，通过各法域间的充分协商和协调来推动法律的实质融合。

## 三、完善粤港澳大湾区法律协调机制的几点建议

在分析粤港澳大湾区的区际法律冲突的成因、形成协调粤港澳大湾区法律冲突的总体思路之后，应当从立法、执法、司法三个层面着手，构建体系严密、高效可行的粤港澳大湾区法律协调机制。《粤港澳大湾区发展规划纲要》因而需要构建跨区域协调机关并发挥其主导作用，协调机关下辖成员单位予以积极主动配合，各方秉持立法、司法和执法能动主义，有力推动法律实践的向心发展，通过法治的不断统合，最终实现粤港澳大湾区一体化。

## （一）构建区际协同立法机制的建议

国家的现代治理是一种理性之治，有赖于国家运用规则和制度驾驭各种冲突因素的能力。法律即为一种重要的治理方式，任何政策、决定、协议最终都要通过法律规范的形式予以落实和保障。粤港澳大湾区一体化进程需要立法不断提供规则、制度以应对一系列问题，而创制能够调整复杂的利益关系，处理各类纷争的法律，则应进行协同立法，构建区际协同立法机制。具体而言，应从立法模式、立法主体与立法内容方面进行构建。

第一，在立法模式的选择上，可采取国家机关主导、社会演进为辅的区域立法合作机制。国家机关主导由于具有目标明确及措施具有强制性的特点，往往具有更高的效率；社会演进辅助发展出来的协同立法机制较为贴合社会真实需求及本土资源，更加细致、全面。《粤港澳大湾区发展规划纲要》明确提出要扩大社会参与，让各类市场主体参与建设，集思广益，群策群力。将国家机关主导与社会演进辅助结合起来，既可做出更具规划性与执行力的安排，又能充分反映社会各界对立法的需求，发挥科学立法与民主立法的作用，切合粤港澳大湾区高速发展的现实需要。对此，还应充分发挥大湾区内的经济特区、自由贸易区联结企业、社会以及国家的纽带作用和改革开放前沿地带的探索实践优势，进行社会演进辅助，将特区与自贸区的立法作为示范，形成示范法与粤港澳大湾区其他地方立法的良性循环互动。

第二，在立法主体方面，应由粤港澳大湾区各立法机关共同组建成为粤港澳大湾区协同立法机关。进一步讲，即在中央立法机关的授权下，由广东省立法机关、大湾区九市立法机关与下辖法制机构，会同香港立法会、澳门立法会组成协同立法机关。粤港澳大湾区协同立法机关通过建立健全区域立法信息交流与共享机制、区域内立法动态通报机制、区域合作性地方规则制定征求意见机制、区域立法机关例会机制等一系列区域立法协调工作程序机制，由立法机关把好区际法律协调的第一道关。同样地，可以在协同立法中发挥经济特区立法的作用。《粤港澳大湾区发展规划纲要》提出要合理运用经济特区立法权，加快构建适应开放型经济发展的法律体系。对此，与特别行政区毗邻的经济特区，尤其是与香港隔河相望的深圳市应充分利用经济特区立法，在区际协同立法中先试先行，加速区际协同立法机制的运行，为协调粤港澳大湾区的区际法律冲突提供更多优质资源。

第三，在立法内容方面，应由粤港澳大湾区协同立法机关制定合作性地方规则。合作性地方规则是区域协同立法机关制定的推进地方合作交往、与区域协调发展相一致的地方性法规、规章等的总称。合作性地方规则是协调性法律制度的重要组成部分，最大特征在于区域协调性，因为立法机关在立法过程中已进行了充分、有效的协调。制定合作性地方规则，能有效减少区际立法矛盾与冲突，同时提高粤港澳大湾区立法机关之间的相互信任，实现协调性法律制度的持续供给。

### （二）创新行政执法协调机制的建议

粤港澳大湾区各级政府应当加强政府间合作，将行政执法的力量进行整合与统筹，发挥政府在行政执法协调的主导和推动作用。对此，应创新粤港澳大湾区政府行政执法协调机制，在行政执法的范围和程序方面进行协调。

第一，明晰区域行政执法的范围。各政府应着重针对包括贸易、金融、海关、税收等在内的经济领域进行信息互通和情况交流，减少抵牾以及对市场不必要的干预，保障区域内经济合作与生产要素的自由流动。而对于治安、边防、环境等涉及地区稳定与安全的重要领域，各政府应先划清权力范围、各司其职，确保地区整体的安稳；若出现影响整体安稳的行为或事件，各政府应特事特办，进行联合执法，共同维护地区利益。

第二，协调区域行政执法的程序。行政执法程序是影响粤港澳大湾区协同执法效果的关键因素，各政府应协商大湾区协同行政执法程序，将跨行政区域的执法进行程序上的对接。同时，由于三地执法体制不一，对于公平与效率的价值追求各异，需要协调行政程序，以兼顾实质与形式的公平以及效率。

### （三）完善区际司法协助的建议

粤港澳大湾区应同时加强司法协助，完善区际司法协助机制。由于涉港澳纠纷分布具有地区不均衡的特点，广东是大部分涉港澳纠纷的解决场所。为此，应根据实际情况，允许广东或广东辖下地区与港澳先行达成有关司法互助安排，就解决司法协助的难点问题进行先行先试，待经验成熟后再进行推广，从而从局部到整体推动粤港澳司法协助的发展与突破。

第一，完善现有司法协助制度。对于已经达成双边司法安排的领域，应侧重于制度的完善，逐渐消除区际司法协作的障碍。例如，在民事判决的承认和执行方面，可以先从已经实现粤港澳相互承认和执行的婚姻家庭类案件入手，通过一类案件，不断地创新区际司法协助的新领域和方法，由婚姻家庭类案件扩展到其他人身关系案件，再从人身关系案件到财产关系案件，实现民事判决的全面互相承认和执行。进而可以由民事判决的相互承认和执行推动商事判决的承认和执行，加强民商事判决在粤港澳大湾区的流通，增进粤港澳大湾区的司法互信，深化粤港澳大湾区司法交流与司法协作。

第二，通过协商或将实践中的惯常做法填补制度空白。对于尚未达成双边安排的领域，应探索粤港澳先行先试，开展全方位司法协助。例如粤港澳管辖权冲突问题，需要关注不同类型的管辖权冲突形态，有针对性地构建解决机制。灵活采用多种管辖权冲突解决机制，重视两地在司法实践中对于具体机制选择上的共识权衡两地特有机制在被对方法域接受的可行性。可以构建为专属管辖权和协议管辖权优先，以先受理法院机制为主，以不方便法院为辅的路径。其中，专属管辖权效力优先于协议管辖权、先受理法院机制和不方便法院机制；协议管辖权优先于先受理法院机制和不方便法院机制。设立法院受理案件的优先级，以协调区际管辖权冲突。

作者单位：华南理工大学法学院

# 2019

## 生态环境保护

# 以更大力度促进广东民族地区绿色发展

*广东省人民政府发展研究中心城乡统筹研究处课题组*[*]

连南瑶族自治县、连山壮族瑶族自治县、乳源瑶族自治县是广东仅有的 3 个少数民族自治县，经济发展水平相对落后，公共服务供给不足，与我国第一经济大省地位不相称，也是全省全面建成小康社会的最大短板之一。加快民族地区高质量发展，必须站在区域协调发展、维护民族团结、落实绿色发展理念和生态文明建设的角度思考和对待，用改革创新办法解决民族地区发展遇到的困难与问题，实现民族地区从"小而穷"向"小而富、绿而美、特而强"转变，成为广东经济社会发展的标兵。

## 一、基本概况和发展现状

连南、连山、乳源 3 个民族县位于广东西北部，并与连州市、阳山县相毗邻。中华人民共和国成立以后，乳源县先后隶属韶关专署、韶关地区、韶关市管辖，而连南县与连山县几经变更：1953 年，连南县与连山县合并；1954 年，恢复连山县建制；1958 年，连县（现连州）、连南县、连山县、阳山县合并为连阳各族自治县；1960 年，恢复阳山县建制，成立连州各族自治县；1961 年，恢复连南瑶族自治县建制；1962 年，连山壮族瑶族自治县正式成立；1988 年，设立清远市，连南、连山从韶关市划出，隶属清远市辖。由于连州曾是连阳、连州各族自治县的行政中心，并且拥有瑶安、三水两个瑶族乡，故作为"三连一乳"民族区域一起

---

[*] 执笔人：宁雪兰。课题组成员：张爱军、陈圣河、田晓霞、冼频、刘勇、李登峰、宁雪兰。

研究。

**（一）基本情况**

2016 年，"三连一乳"陆地面积 7426 平方公里，占全省陆地面积的 4.13%；户籍人口 106.45 万，占全省户籍人口的 1.16%；常住人口 79.62 万，占全省常住人口的 0.72%；地区生产总值 281.92 亿元，占全省地区生产总值的 0.35%；人均地区生产总值 35408 元，为全省人均地区生产总值的 48.65%；地方一般公共预算收入 14.15 亿元，占全省一般公共预算收入的 0.14%；地方一般公共预算支出 79.12 亿元，占全省一般公共预算支出的 0.59%。

表 1    "三连一乳" 2016 年地域概况

| 项　目 | 连南 | 连山 | 乳源 | 连州 |
|---|---|---|---|---|
| 土地面积（平方公里） | 1240.9 | 1218.5 | 2299 | 2667.6 |
| 耕地面积（公顷） | 6858.73 | 9978.37 | 19639.57 | 40060 |
| 水田面积（公顷） | 3000.2 | 9388.08 | 12738 | 24260 |
| 旱地面积（公顷） | 3858.53 | 590.29 | 6275 | 15686.7 |
| 森林覆盖率（%） | 83.5 | 86.2 | 78.28 | 72.3 |
| 省级生态公益林占比（%） | 47.4 | 48 | 53.14 | 46.05 |

表 2    "三连一乳" 2016 年行政划分及人口

| 项　目 | 连南 | 连山 | 乳源 | 连州 |
|---|---|---|---|---|
| 下辖乡镇（个） | 7 | 7 | 9 | 12 |
| 行政村（个） | 69 | 48 | 115 | 163 |
| 户籍人口（万人） | 17.37 | 12.3 | 22.32 | 54.46 |
| 常住人口（万人） | 13.42 | 9.41 | 18.57 | 38.22 |
| 少数民族人口占比（%） | 56.5 | 63 | 11 | 1.76 |

表 3    "三连一乳" 2016 年经济发展概况

| 项　目 | 连南 | 连山 | 乳源 | 连州 |
|---|---|---|---|---|
| 地区生产总值（亿元） | 40.04 | 30.97 | 73.7 | 137.21 |

续表

| 项　目 | 连南 | 连山 | 乳源 | 连州 |
|---|---|---|---|---|
| 第一产业（亿元） | 6.39 | 7.37 | 7.95 | 35.99 |
| 第二产业（亿元） | 11.31 | 8.61 | 33.86 | 28.79 |
| 第三产业（亿元） | 22.34 | 14.99 | 31.89 | 72.43 |
| 人均地区生产总值（元） | 29882 | 32970 | 39857 | 35949 |
| 地方一般公共预算收入（亿元） | 1.48 | 1.23 | 5.21 | 6.23 |
| 地方一般公共预算支出（亿元） | 15.6 | 17.81 | 22.29 | 23.42 |
| 财政自给率（%） | 9.5 | 6.9 | 23.3 | 26.6 |

表4　"三连一乳"2016年居民收入情况

| 项　目 | 连南 | 连山 | 乳源 | 连州 | 全省平均数 |
|---|---|---|---|---|---|
| 城镇居民人均可支配收入（元） | 20256 | 20000 | 21529 | 23344 | 37684 |
| 农村居民人均可支配收入（元） | 11007 | 11051 | 11734 | 11072 | 14512 |

表5　"三连一乳"扶贫情况

| 项　目 | | 连南 | 连山 | 乳源 | 连州 |
|---|---|---|---|---|---|
| 第一轮 | 贫困村（个） | 38 | 37 | 68 | 17 |
| | 贫困人口（户） | 3361 | 4751 | 6995 | 1066 |
| | 贫困人口（人） | 14019 | 16232 | 28036 | 3189 |
| 第二轮 | 贫困村（个） | 27 | 9 | 31 | 57 |
| | 贫困人口（户） | 5193 | 915 | 2594 | 7459 |
| | 贫困人口（人） | 17256 | 3671 | 8863 | 22739 |
| 新一轮 | 贫困村（个） | 0 | 0 | 0 | 66 |
| | 贫困人口（户） | 2007 | 1201 | 2810 | 8426 |
| | 贫困人口（人） | 5500 | 3411 | 7103 | 18042 |

### （二）资源优势

第一，生态环境优美。"三连一乳"是南岭山地森林及生物多样性生态功能区的核心组成，拥有连州地下河、连山金子山、广东第一峰、乳源大峡谷、南岭国

家森林公园、连南万山朝王等优质生态资源。唐代诗人刘禹锡任连州刺史时，曾以"剡溪若问连州事，惟有青山画不如"来描绘连州的自然生态景观。连南、连山、乳源、连州分别建有各级森林公园7个、8个、2个、11个。

第二，民族文化特色明显。非物质文化遗产丰富。连南拥有瑶族耍歌堂、瑶族长鼓舞、瑶族婚俗3项国家级非物质文化遗产项目，瑶族刺绣、八排瑶族民歌、瑶族长鼓制作技艺等9项省级非物质文化遗产项目。连山拥有瑶族小长鼓舞1项国家级非物质文化遗产项目，过山瑶婚礼、牛王诞、瑶族八音3项省级非物质文化遗产项目。乳源拥有瑶族盘王节、瑶族刺绣、瑶族民歌3项国家级非物质文化遗产项目，乳源瑶族服饰、双朝节、苦爽酒酿造技艺3项省级非物质文化遗产项目。连州拥有瑶族高台小长鼓舞、瑶族布袋木狮舞、舞马鹿等6项省级非物质文化遗产。特色村寨资源丰富。连南县油岭村委油岭古寨、连水村委连水墩龙瑶寨等6个村寨被国家民委命名为"中国少数民族特色村寨"。连山全县7个镇20个村委会36个自然村纳入少数民族特色村寨建设计划。乳源有必背镇必背口村、游溪镇"八一"瑶族新村等4个村列入中国少数民族特色村寨命名挂牌名录。连州有三水瑶族乡挂榜村、瑶安瑶族乡盘石里村2个中国少数民族特色村寨。

第三，民族旅游基础禀赋较好。民族地区生态、文化旅游资源丰富，旅游接待人数和综合收入保持较高增长趋势。2016年，连山、连南、乳源、连州的接待游客和旅游收入分别为59.76万人次和3.14亿元、271万人次和10.5亿元、414.56万人次和34.77亿元、878万人次和43.6亿元，比上年分别增长13.8％和14.6％、30.3％和26.4％、10.3％和12.2％、10.6％和11.3％。

表6　"三连一乳"国家级景区情况

| 项　目 | 连南 | 连山 | 乳源 | 连州 |
| --- | --- | --- | --- | --- |
| 5A级景区（个） | 0 | 0 | 0 | 1 |
| 4A级景区（个） | 2 | 0 | 4 | 1 |
| 3A级景区（个） | 0 | 1 | 3 | 1 |

第四，特色农业培育成效初显。连南、连山、乳源、连州近年来加大无公害农产品、绿色食品、有机农产品和农产品地理标志（"三品一标"）的培育力度，并通过"旅游＋农产品"融合发展的模式，带动特色农产品的发展。连南具有无

公害农产品 1 个，绿色食品 1 个，有机农产品 1 个，农产品地理标志 2 个，自 2014 年开始举办"稻田鱼文化节"，打造了赏鱼、抓鱼、吃鱼、购鱼的稻田鱼产业链，稻田鱼从每斤 20 元卖到每斤 40 元，农民增收明显。连山县有效期内的无公害农产品认证 2 个；取得绿色食品认证企业 1 家，认证产品 3 个；取得有机产品认证企业 7 家，认证产品 17 个；农产品地理标志产品 1 个。乳源县绿色食品产品有 6 个，无公害产品有 20 个，有机食品产品 7 个，农产品地理标志 1 个。连州市有无公害农产品 109 个、绿色食品 21 个、有机农产品 23 个和农产品地理标志 5 个。

### （三）落实《关于扶持民族地区加快发展的意见》成效显著

2015 年 5 月，省委、省政府印发《关于扶持民族地区加快发展的意见》（粤办发〔2015〕11 号），出台了 8 个方面共 27 项工作举措全方位扶持"三县七乡"加快发展。随着部分政策于 2017 年年底到期，省政府作出决定，将实施到期的政策延续 5 年，执行到 2022 年，3 个自治县的交通基础设施补助从每县每年 1000 万提高至 2000 万，其他相关支持补助资金保留并适度增加规模，政策支持力度不断加大，民族地区实现加快发展。

基础设施进一步完善。2015 年以来，连续三年每年安排 3 个自治县各 1000 万元用于普通公路建设；2016 年以来，对 7 个民族乡每年各新增安排 30 万元的农村公路养护，道路建设按最高档次标准给予补助。2015—2017 年，连山、连南、乳源国道、省道建设投入资金 3.86 亿元，建成 34.87 公里，在建 29.10 公里；农村公路硬底化共投入 5.4 亿元，完成 291 公里。免除中小河流治理工程县级配套，2015—2017 年，中小河流治理 425.68 公里，村村通自来水建成 162 个项目点，惠及 12.55 万人。

特色产业取得新进展。3 年累计投入 3756 万元扶持 3 个自治县发展现代农业和林下经济。安排 3 亿元支持清远民族工业园，安排 0.5 亿元支持乳源产业转移工业园，推动园区进一步发展壮大。大力扶持生态旅游发展，编制完成《广东省少数民族特色村镇保护与发展规划（2016—2020 年）》和《连南、连山和乳源区域旅游合作发展规划（2016—2025 年）》两个专项规划，投入 5800 万元支持 17 个优秀村寨被国家命名为"中国少数民族特色村寨"。

社会民生事业持续改善。3 个自治县全部创建成"广东省教育强县"，完成连

南民族初级中学、三江镇中心小学和连山民族小学改扩建项目。安排 1105 万元扶持完善文化馆、博物馆、图书馆等文体场馆。安排珠三角对口帮扶 3 个自治县人民医院。提高农村危房改造标准，大力开展脱贫攻坚。

## 二、发展差距及主要原因

2015 年，在全国 120 个民族自治县中，连南、连山、乳源县的 GDP 分别排名第 92、102、49 位，人均 GDP 分别排名第 43、32、25 位，财政收入分别排名第 103、108、29 位，农村居民人均可支配收入分别排名第 29、28、18 位，规模以上企业数分别排名第 92、111、12 位。

2016 年，连南、连山、乳源县在全省 57 个县（市）中 GDP 分别排名第 55、56、52 位，财政收入分别排名第 56、57、43 位，财政分别排名第 55、57、25 位，城镇居民人均可支配收入分别排名第 40、45、26 位，农村居民人均可支配收入分别排名第 54、53、38 位。三个民族县经济社会发展明显落后的主要原因如下。

第一，基础设施建设滞后。运输方式单一，连南、连山、连州境内没有铁路，京广铁路经过乳源境内的桂头镇，但没有设立站点，规划建设的韶柳铁路途经民族县，但工程尚未启动。对外高速公路少，连南、连山、连州纵向有二广高速和清连高速，乳源纵向有京港澳高速和乐广高速，但连接北部山区的横向高速并没有打通，国省道与高速路之间的连接线不完善。国省道主干线公路路网结构不够合理，纵横向的公路网络未能形成，有部分扩建、改建和维修项目应上未上。基础设施建设资金缺口大，由于民族地区地方财政薄弱，难以完成配套资金造成缺口。民族地区道路建设成本高但补助标准偏低造成缺口。大部分民族地区地处偏远山区、地形复杂、基础设施建设成本高。如行政村通客运班车，省对民族县按 13 万元每公里补助行政村公路窄路基面拓宽改造，但实际成本至少要 30 多万元。

第二，生态优势尚未有效转化为经济效益。环保型产业发展缓慢。光伏、风能发电等一些可加快生态发展区经济社会发展的环保型产业项目仍受各种限制难以落地。生态补偿机制不完善。广东 2016 年出台了《广东省人民政府办公厅关于健全生态保护补偿机制的实施意见》，具体办法在各部分要求相关部门负责制定实施，目前还有部分未落实。碳汇交易的机制不健全，未能充分体现经济价值。地方财力有限制约旅游产业深度开发。民族地区旅游资源丰富，但地方财政困难，对旅游业投入力不从心。旅游公路、停车场等配套设施建设滞后，接待能力有限；景区经营管理水平不高，规模小、档次低，旅游项目不够丰富，导致游客逗留时间短，回头客不多。

第三，基本公共服务供给不足。学校、医院、文化馆、体育馆等基础设施比较完善。但是，有学校没有优质教师、有医院没有优秀医生、有场馆没有内容活动，重硬件轻软件、有设施无人才、硬件利用率低等问题突出，本地人不愿意在当地读书、就医。社会主义新农村建设任务艰巨。民族地区均属于山区县，多数群众居住在山上，农村普遍存在缺乏统一规划、道路狭窄、垃圾处理难、用水难、住房条件差、基本公共服务均等化水平低等问题，农村人居环境较差。

第四，城乡居民增收困难。城乡居民人均可支配收入虽然保持增长态势，但增速较低，贫困人口致富难度大。由于基础设施长期不完善、地理位置普遍较差、土地贫瘠、易受灾，驻村工作队撤走后，部分第一、二轮扶贫"双到"的帮扶项目难以维持，部分贫困人口出现返贫。2016—2017 年，通过政策性兜底、产业帮扶、资产收益脱贫、转移就业、金融扶贫等方式，连南、连山、乳源、连州分别实现 4084 人、2519 人、5401 人、15713 人脱贫，仍分别有 1416 人、892 人、2702 人、2329 人未脱贫。这些贫困人口分布广、因病因残致贫情况突出，脱贫难度大。3 个民族县没有省定的贫困村，不能享受省定贫困村的相关政策，而此前贫困村的建设整体水平不高，提升贫困村建设需要较大投入，资金缺口大。

第五，市级政府的带动有限。乳源紧挨韶关市区，县政府距离韶关市区不到 40 公里，距离韶关高铁站不到 30 公里，并且有京港澳高速相连接，即将改扩建的韶关机场位于乳源县桂头镇，韶关对乳源起到良好的带动作用。相比之下，清远市对"三连"的带动作用有限。连南、连山、连州距离清远市中心约 180 公里，需要 3 个小时路程，只有一条清连高速进行连接，没有铁路。清远市定位为广州的后花园，近年来以广清一体化为抓手，把发展的重心放在南部地区，对北部的民族地区投入有限。

第六，内生发展动力不足。内生发展的主体缺乏。贫困人口经过前两轮扶贫"双到"，并没有将外部的人力、财力和技术转化为内生驱动力；部分基层干部存在"等、靠、要"思想；民族文化传承后继乏人；人才引入难、留住难问题突出。工业发展面临各种制约。一是地处边远山区，交通不便且缺乏产业链配套，招商引资吸引力不足。二是产业发展受到多项政策制约。重点生态功能区相当部分范

围同时列入了环保严控区，企业设厂选址要求严格，环境排放指标受限，允许建厂的土地较少；《广东省国家重点生态功能区产业准入负面清单（试行）》缩小了工业项目可选范围；资源大部分储存在禁止开发区内不能开发和生产，资源加工型的工业企业受到严格限制；《广东省财政厅关于支持珠三角与粤东西北产业共建的财政扶持政策》门槛较高，民族地区难以有符合标准的项目进行申报。三是"飞地经济"发展受阻。连州、连山、连南、阳山曾在连州合建民族产业园，并列入省级产业转移园，但由于招商引资达不到预期效果，利益协调难度大，清远市把民族产业的管理权下放给连州，合建已名存实亡。

## 三、以体制机制创新促进民族地区高质量发展

推进民族地区实现高质量发展是实施乡村振兴战略、区域协调发展战略的必然要求。结合广东民族地区的实际以及省外民族地区经济社会发展经验，提出以下建议。

第一，与粤北生态特别保护区叠加，打造省直管的"粤北民族·生态保护区"。2017年，省委提出集中力量在韶关、清远打造连片的、规模较大的粤北生态特别保护区，筑牢粤北生态屏障。连南、连山、乳源位于粤北生态特别保护区规划范围内，建议把支持民族地区发展与建设粤北生态特别保护区结合起来，实现民族文化和绿色生态的价值最大化，打造"粤北民族·生态保护区"，实现连片开发、组团发展。

第二，补齐铁路、公路、民航等基础设施短板，构建综合交通运输基础设施网络。加快韶贺高速公路等重大项目建设，加大投入支持民族地区旅游路、乡村路建设。将民族地区的旅游公路纳入省公路交通网络建设规划，扩大干线路网覆盖程度，提高公路技术等级和水平。支持国省道提高等级，打通国省道与高速公路连接线。加强国道G323、省道S261等重点项目的督促检查和跟踪落实。加快推进铁路及高铁建设，加快韶柳铁路建设进展，并同步规划韶柳高铁，努力争取建设呼南高铁南延段（永州到广州）。规划建设民族地区与韶关新机场的连接线。

第三，大力发展低碳富民产业，使绿水青山成为金山银山。走农业精品路线，大力发展农业品牌经济，创建区域公用品牌，打响生态品牌、维护地域品牌，扶持发展高山茶叶、有机稻、绿色蔬菜等特色产业，推广"三品一标"认证，打造

名优特产品，提高农产品附加值。整合"三连一阳一乳"丰富多样的旅游资源，引入大型旅游公司，打造全域旅游品牌。鼓励企业投资开发具有民族特色的民宿旅游项目。协调解决建设用地，实施景区公路改扩建，大力搞好厕所、旅馆、停车场、垃圾处理、指示标志等配套设施建设。积极引入生态环保的工业项目，协调省级重点绿色生态环保企业落户少数民族自治县，国土、环保、林业等有关部门协助调整生态严控区、生态公益林范围、国土规划调整、征地、林业用地等审批手续，助力解决项目发展用地问题。建立名企帮扶机制，协助引进大企业帮扶民族地区，通过大企业的资源、管理等优势，增强民族地区发展后劲。

第四，理清财政事权与支出责任，以财税体制改革保障协调发展。形成财力与事权相匹配的财政体制，增强转移性支付，特别是交通基础设施和公共事业投入，以及满足当地保民生、保工资、保运转等刚性支出需求（包括乡镇工作补贴等上级开口子的支出等），由省财政全额负担。深化农村综合改革，开展涉农资金整合试点，深化农村集体产权股份合作制改革，走"资源变资产、资金变股金、农民变股东"的发展道路。建立稳定的资金筹集管理制度。对照国家西部大开发的政策，借鉴援藏援疆管理模式，加大援助资金筹措力度，对生态地区的生态贡献予以补偿。

第五，推进基本公共服务均等化，不断保障和改善民生。通过开展"上挂下派"、民族地区与对口帮扶单位互派干部挂职交流等形式，激发基层干部干事创业的内在动力。深入实施"三支一扶"、特岗教师计划等人才支持计划，引入、留住优秀人才资源。完善县级医院和基层医疗卫生机构建设，提高基本养老保险参保率、基本医疗保险参保率。适应学生流向县城或乡镇中心小学的趋势，通过改扩建县城和中心镇中小学，适度增加学位。倡导社会力量举办文化活动，广泛吸纳企业、社会机构、民间组织自发参与、自主操办，提高文化体育场馆利用率。支持民族地区新农村建设，在实施乡村振兴战略中，优先安排和重点投入民族地区，在3—5年间实现民族地区社会主义新农村建设全覆盖。

# 推动"一区"加快绿色崛起的思考和建议

刘 勇

绿色发展是当今产业变革和科技革命的重要方向,生态经济是最具发展前景和增强发展后劲的优势所在。习近平总书记视察广东指出:"充分发挥粤东西北地区生态优势,不断拓展发展空间、增强发展后劲",同时强调,"全力筑牢粤北生态屏障,把绿水青山变成金山银山"。生态资源不仅是经济财富的自然资本,也是创造经济财富的新来源。广东在实施"一核一带一区"区域发展战略中,要把短板变成"潜力板",必须推动生态保护区着力营造绿色生产方式,构建存量经济绿色化改造和增量经济绿色化,形成符合生态文明要求的产业体系,努力让生态文明建设落到实处,把生态优势作为提高要素生产率和驱动经济增长与转型升级的重要推动力,把"绿水青山就是金山银山"作为破解发展不平衡不协调的重要行动,实现全省区域更平衡更协调的发展,为全面建成小康社会、实现共同富裕奠定扎实基础。

## 一、生态优势与经济发展的特性关系

生态优势构成了产业的核心竞争力,推动生态经济绿色发展,能够很好地促进生态资产从优选的"绿青"到现实"金银"的转化。生态经济作为变革传统工业化增长方式,是实现经济社会与生态环境协调、可持续发展的必然选择。生态经济的增长方式,一是低密度开发。保存和增加自然资本,维护重要生态功能区,维持更多的绿色生态空间。限制和控制工业化和城镇化的规模,保有更多绿色生态空间,防止出现城镇群的"水泥森林"蔓延扩大。二是低资源消耗。生态经济的生产生活方式,是充分利用自然资源而较少消耗自然资源,特别是通过生态经济技术进步和制度优化，不断减少和降低土地、水、能源资源等消耗规模和比率，保持自然资本的存量甚至有增量。三是低环境污染。生态经济发展，必须是低碳环境排放，对周边水、土、气产生的污染和破坏较小，能够保持地区较好的重要生态价值、环境质量以及其他自然资本的良性循环功能和增值效应，保有经济价值化的自然资源和环境优势。

通过科学技术的创新和政策制度的保障，生态经济出现"三高"特征：一是高生态环境质量。生态经济地区的基础在于自然资本，在于生态功能，在于环境质量。通过"三低"的生态经济生产生活方式，使区域内的自然资源资产得到保护、生态环境得到修复、"生态欠账"得到偿还，使更多区域拥有碧水、蓝天、净土和生物多样性。二是高绿色财富积累。生态经济地区高绿色财富体现自然资源资产总量不能减少，还要有增加，在尊重自然规律的原则下，将自然资源资产转化为经济价值，以健康、环保为重点，以循环利用、高新企业为主体，引导自然和生态资源经济化和产业绿色化的产业链，实现创造生态经济累积财富新的增长点。三是高向往宜居空间。作为生态环境优良地区，加上生态经济累积财富的特色产业链、带动经济发展和人民富裕的"双赢"机制，生态经济地区必须成为人民群众对美好生活向往、宜居幸福指数较高的地区，成为居住生活、养生休闲的理想场所；同时也是环境偏好型企业及高技术产业服务型经济首先选择的地区。

生态经济要突出以自然资源资产价值为重点，保障生态经济高技术产业化和低污染生态品的需求。作为生态资源最为丰富，生态服务功能最强的地区，生态经济的产业定位一般是生态产品供给的核心区。要把资源环境的生态优势（绿水青山）转化为产业的优势，实现单位生态经济的价值提升（金山银山）和比价优势，提高生态经济创造财富的能力，必须以健康、智慧、环保（甚至高值）为主题，依靠产业融合延伸生态经济产业链来提高附加值。粤东西北的生态经济发展要按照主体功能区规划与多规合一的要求，根据空间开发程度与本地条件，科学划定生态、产业、城镇三类空间，强化空间用途管控，保护并适度增加生态空间，构建绿色产业增值体系，形成第一、二、三产业在市场条件下稳定的增值，使生态产业的价值得到变现。

## 二、在产业生态化和生态产业化中"找清"生态优势

产业生态化和生态产业化有助于破解开发与保护的矛盾，有助于将生态优势向产业优势提升，推动传统产业转型升级，把生态优势转变为发展优势。在自然系统承载能力上，对特定区域空间内产业、生态与社会系统之间进行紧密融合、协调优化，达到充分利用自然资源，消除环境破坏，实现社会、经济与生态资源的可持续发展。依据生态服务和公共产品基本理论，将生态环境资源作为特殊资本来运营，实现保值增值，按照保护化开发、社会化生产、市场化经营的方式，将生态服务由无偿享用的资源转变为有价值商品和服务。生态产业经济发展可为生态保护和环境治理提供大量资金和设备，反哺生态环境质量改善和提高。在发挥生态优势上，不推进产业生态化，生态资源的开发就会受到容量约束；不推进生态产业化，生态资源的优势就无法真正得到体现。一方面，大力推进产业生态化，不断挖掘生态优势的潜力，大力推进清洁化生产、循环化利用、低碳化发展，遏制黑色发展、高碳发展的生存空间，激发绿色发展、循环发展、低碳发展的巨大潜力。另一方面，大力推进生态产业化，不断探索生态优势的开发，通过自然资源产权制度改革努力做到资源价格"出清"，通过环境资源财税制度改革努力做到"外部性内部化"，通过气候资源产权制度改革努力做到"公共物品"的高效配置。

"绿水逶迤去，青山相向开"。粤东西北生态资源丰富，生态产业的发展潜力巨大，要把生态优势转变为发展优势，要大力培育绿色经济，推动产业发展生态化、生态经济产业化，大力发展生态农业、生态旅游、生态工业，这样既可以把"绿水青山"变成"金山银山"，也能大幅度降低资源环境对经济社会发展的瓶颈约束，还能促使贫困落后地区发挥后发优势，实现跨越式发展。绿水青山强调的是生态优势，金山银山强调的是经济优势。生态优势并不是直接的经济优势，如何将生态优势转化为经济优势？一是遵循生态文明原则，实现产业的生态化。产业结构不合理是造成生态环境问题的重要原因。必须按照生态文明的原则要求，调整和优化产业结构。根据自然禀赋和生态环境价值等因素，合理确定产业结构。要按照产业生态学的原则，促进农业生态化、工业生态化、服务业生态化，按照节约资源、保护环境、维护生态安全的要求组织生产。核心是要把工业文明和生态文明统一起来。二是作出生态创新选择，实现生态的产业化。要把自然优势转化为产业优势，实现生态效益和经济效益的统一。无论是山川秀美的地方，还是生态脆弱的地方，都要按照这一原则在产业上作出生态创新选择。在将生态优势转化为经济优势的过程中，要注意生态环境效益，这是因为转化和开发都面临着自然界的生态价值的问题。遵循生态价值就是遵循自然规律。三是明确生态文明核心基础，大力发展生态产业。在实现产业生态化和生态产业化相统一的过程中，关键是要将生态农业、生态工业和生态第三产业作为生态文明产业结构的基础和核心。农业上，在继承有机农业经验的基础上，利用科技技术手段，大力发展现代高效生态农业。工业上，要借鉴国外工业经验，利用"互联网＋"的方式，走出一条科技含量高、经济效益好、资源消耗低、环境污染少、安全条件有保障、人力资源优势得到发挥的新型工业化道路。在第三产业方面，要大力发展节能环保产业、生态旅游等产业。

## 三、充分发挥粤东西北生态优势的建议

生态资源不仅是可以生财的自然资本，也是生态财富的新来源。通过构建生态产业优势，探索绿水青山转化为金山银山的有效机制，充分发挥粤东西北的绿色长处和生态优势，形成符合生态文明要求的产业体系，促进第一、二、三产业均衡发展，不断拓展粤东西北发展空间、增强发展后劲，更好更全面地实现后发优势。

### （一）在"绿色财金"上创新，为生态经济注入活力

绿水青山自然资产的存在，确定了"绿色金融"将成为绿色发展、生态经济转型的加速器。

一是建立绿色发展评价指标体系，开展绿色发展水平与能力评价。建立生态文明建设目标考核办法，依据生态保护的有关规定，改革完善财政转移支付办法，使财政转移支付对象的遴选、转移支付依据的确认、转移支付份额的确定等，充分考虑各地区资源环境生态贡献大小因素，以资源环境生态贡献份额（耕地保有量、森林面积、草地面积、水资源量、各类保护地等份额）确定省财政转移支付份额。建立由省财政和粤东西北地区财政共同出资成立生态环境基金。

二是建立资源环境监测平台以及更大范围的环境信息公开制度。加快推进环境经济核算实施，完善全省绿色统计调查制度，积极开发更多更好的前瞻性、导向性、综合性统计，尽快明确界定与国际接轨的"绿色"范畴、分类、标准与规范，加快绿色产业、绿色就业、绿色金融、绿色投入、绿色技术、绿色专利、绿色税收以及绿色支出（包括绿色投资和绿色相关的转移支付）区域和产业统计标准。不断改进和完善经济增长和工业生产过程中自然资源消耗实物量和货币量的信息统计，加快统筹推进基于绿色增长战略的资源产出率统计和物质流分析等基础工作，实现资源生产率监控，并为准确识别产业或价值链中存在的效率提升机会提供科学支撑。

三是建立区域均衡的财政转移支付补偿制度。根据地区间财力差异状况，调整完善省级对市县一般性转移支付办法，加大均衡性转移支付力度，在充分考虑地区间支出成本因素、切实增强粤东西北地区自我发展能力的基础上，将常住人口人均财政支出差异控制在合理区间。省级财政加大对重点生态功能区转移支付力度，提供更多优质生态产品。通过调整收入划分、加大转移支付力度，增强省以下政府区域协调发展经费保障能力。

四是建立"绿色大金融"创新性制度。发展绿色金融，是实现绿色发展的重要措施，也是供给侧结构性改革的重要内容。同时要利用绿色信贷、绿色债券、绿色股票指数和相关产品、绿色发展基金、绿色保险、碳金融等金融工具和相关政策为绿色发展服务。支持建立生态环境（保护）基金，发行绿色债券、绿色货币，探索建立生态银行。完善区域交易平台和制度。建立健全用水权、排污权、碳排放权、用能权初始分配与交易制度，培育发展各类产权交易平台。进一步完善自然资源资产有偿使用制度，构建统一的自然资源资产交易平台。选择条件较好地区建设区域性排污权、碳排放权等交易市场，推进水权、电力市场化交易，进一步完善交易机制。建立健全用能预算管理制度。促进资本跨区域有序自由流动，完善区域性股权市场。以增强生态环境保护、发展绿色经济的资金能力，在绿色、安全、规范的前提下，在规定的地方，以规定的方式适度开采当地建设所必需建材类矿产资源。重点优先安排碳交易及碳汇建设项目、林权交易与生态林补偿项目、水权交易与水源地补偿项目、山水林田湖草生态系统修复工程项目、水土保持和退耕还林还草还湿项目、城乡污水处理类项目、农业面源污治理项目、绿色矿山及地质环境治理项目，以及循环经济、绿色经济等项目、农业可持续发展项目。

五是建立财政税收对环境保护的保障机制。积极推进环境保护、节能减排方面的技术进步，推动金融机构和社会资金对生态环境方面的投入，形成以政府引导，全社会多元投入的环保投入机制。加大对采用节能减排新技术的企业的补贴力度，补贴资金与节能减排量挂钩。对环保产业给予税收优惠，并将其扩大到环保机器制造、环保工程设计施工安装、环保工艺等领域，对使用环保产品、技术、工艺或者在资源开发利用中减少环境污染和资源损耗的纳税人给予税收减免。开征环境新税种，健全环境税收体系。尽快建立资源有偿使用税收制度，建立涵盖所有生态环境资源的资源税收制度，为生态环境保护提供法律屏障。同时，积极创新研究制定绿色生活清单，探索推广"绿色货币"使用，明确对产、用、建主要生产环节行为和"衣、食、住、行、娱、游"等生活环节行为制定标准，列出"绿币"兑换条件，为保障这一制度的运行，成立"绿色生活基金"，以现金形式统一回购"绿币"。

### （二）在"逆城市化"上引导，为乡村繁荣"另辟蹊径"

大规模的城市建设使城市成为经济和生活的中心，在城市化进程中如何实现城乡统筹、"各美其美"，着力点是通过完善产业基础设施和功能区布局规划，强化小城市和镇的产业配套与服务功能，增强其对大企业的吸引力；通过完善乡村公共生活设施和社会保障体系，增强其对原住民的吸引力，让"在小城镇工作、回乡村居住"成为理想的工作生活方式，形成产业和人口的"逆城市化"发展趋势。让大企业的总部设在小镇上，从而带动小城镇的现代化和乡村人口（才）的回流，促进城乡的均衡协调发展。

一是均衡城市化和生产力布局，促进乡村地区综合发展。将应对人口结构变化、提升乡村生活质量以及塑造年轻化的乡村作为其重点。对于缺乏乡村就业机会的劣势地区，应该让生态绿色的发展项目更大幅度地向农村社会发展领域倾斜。走以小城市和镇为主的城市化道路，通过空间规划和区域政策引导高附加值低污染和绿色偏好产业向小城市和镇区布局，为"在乡村生活、在城镇就业"的人口迁移模式提供可能，带动乡村地区的发展。广东已进入城镇化快速发展阶段，城镇化进程中各类资源明显向大城市集中，"大中小城市和小城镇协调发展"的预期结果并未出现。以大中城市为主、农民大跨度转移就业的人口迁移模式，对乡村

腹地的带动效果不明显。要在基础设施投资、医疗和教育资源布局、土地指标分配等方面为粤东西北地区县城和小城镇发展创造条件。只有把小城市和镇这个节点做活，才能为城乡融合发展提供有效支点。

二是把土地整治作为促进乡村振兴的重要平台。在城市化进程中要始终重视乡村土地整治作为解决乡村发展问题的重要切入点，在不同发展阶段赋予不同功能。在推进农地整治，解决细碎化问题，以利于机械化和规模经营的基础上，要把基础设施和公共事业建设作为乡村土地整治的重点。制定农业结构调整方案、土地整治法实施办法、村庄更新实施条例，专门制定土地产权调整条例。随着城市化的发展，乡村土地利用结构、布局、功能都会发生急剧变化，单纯靠土地市场难以适应这种急剧变化，需要政府以法律、规划、建设项目的方式介入。在推进农村土地整治，主要目的是提高耕地质量、增加耕地面积，以及腾退农村建设用地指标等与乡村发展深度融合。应赋予农村土地整治更完整的功能，作为实施乡村振兴战略的重要平台，推动土地整治与农业规模经营、乡村旅游、基础设施建设、景观和环境保护等相结合。

三是针对乡村不同发展阶段，以"村庄更新"提升乡村生活品质。在城市化发展过程中，不同的发展阶段面临的农村发展问题不同，应对策略也有较大差异。主要是以农业支持保护对冲农业比较效益下降，以基础设施和公共服务建设对冲城乡生活条件差异的扩大，应该更加注重以空间规划和区域政策对冲城乡工业的效率差异，以生态环境和乡土文化对冲城乡生活繁华程度差异的扩大。目前广东仍处在城镇化快速发展阶段，应坚定不移地推进以人为核心的新型城镇化，继续降低乡村人口总量和占比。但是要特别注意改善乡村人口结构，让乡村能够留住和吸引年轻人，以增强乡村生机和活力。要紧紧抓住振兴产业这个核心，为年轻人创造有足够吸引力的职业发展空间。同时，要改善农村人居环境、提高公共服务水平，让年轻人愿意在乡村长期生活下去。在以整体推进的方式确保农村能够享受同等的生活条件、交通条件、就业机会。通过推动基础设施的改善、农业和就业发展、生态和环境优化、社会和文化保护，在强化美丽乡村共同愿景基础上，以居民广泛参与项目决策、规划设计和自主改造的方式自下而上推进实施，积极引入专业机构提供设计、评估、认证、促进合作等方面支持，形成多方联合参与推进乡村建设。

四是营造社会氛围，以创新发展推动乡村"再振兴"。让乡村形成特色风貌和生态宜人的生活环境，"乡村"成为"美丽"的代名词。要注重为乡村振兴营造氛围。在全省开展美丽乡村竞赛活动制度，每两年举办一届以"我们村庄更美丽"为内容的竞赛活动，从注重外在美转向注重内涵美。开展这个活动，既引起全社会对乡村发展的关注，也有利于激发各个村庄建设美丽家园的积极性。最近农业农村部也在推动开展"中国农民丰收节"活动，应借鉴国内外经验，对活动进行全省性统筹谋划，围绕现阶段乡村振兴的核心内容设计赛事内容和规则，提高活动的实效性和影响力。

### （三）在经济结构上"吸优"，为优势产业"开流"效益

生态产业集群超越了一般产业范围，形成了在特定区域内多个产业相互融合，众多企业及机构相互联结的共生体，生成区域产业特色与竞争优势。

一是在生态文明理念指导下发展产业集群。产业集群及区域合作模式的选择实质上是共生理论在产业链接与区域合作中的应用。产业集群生态共生理论的核心是模仿自然生态系统，应用物种共生、物质循环的原理，设计出资源、能源多层次利用的生产工艺流程，促进产业集群与环境的协调发展。通过合理开发利用区域生态系统的资源与环境，使资源在产业集群内得到循环利用，从而减少废弃物的产生，最终实现产业与环境的和谐。具有特色和竞争优势的企业通过空间聚集形成区域化的产业集群，并对区域经济产生乘数效应。必须加大对带动作用强的重大项目引进力度，着力推进产业集聚，努力培育和形成支撑经济发展的强势产业集群或者特色产业基地，同时鼓励发展高新技术产业集群，促进低成本型产业集群向创新型产业集群转变，全面提升产业集群对优化国土空间开发格局的支撑作用。

二是建设生态工业园区。生态工业园区建设是实现生态工业的重要途径。生态工业园区通过园区内部的物流和能源的合理设置，模拟自然生态系统，形成企业间的共生网络，实现园区内工业生产污染排放生态化。从园区内部看，园区内各企业间通过建立产业共生网络，实现副产品和废物的交换，将上游副产品和废物变为下游企业的原材料。从园区外部看，园区内充分实现了以生态系统的自净平衡发展，构建以生态文明建设为前提的链条型产业经济发展模式，拉动区域经济发展，提高区域竞争力。产业集群中的生态工业园围绕当地资源展开，园区通过延伸产业链、补充新的产业链等能吸引更多的企业入园，带动当地相关产业发

展。生态工业园区建设必然成为带动区域经济发展的经济增长点，提供更多的就业岗位。同时，生态工业园区的产业空间集聚，有利于区域产业结构调整和发展，实现区域范围或企业群间的资源最佳循环利用和实现污染"零排放"。园内企业的合作和相互依存，使园区企业间产业链更加紧密，园区之间的合作与竞争也是壮大了区域经济实力的有效途径。加上集群体制优势和整体协调优势，必然使区域竞争力得到极大提高。

三是在乡村发展中引入新的模式。促进乡村发展需要更加重视投资思维，把综合开发乡村发展的比较优势作为重要目标。靠在农村单一的农业以及向农民提供补贴的传统模式很难持续发展，能提供的就业机会比例很低。乡村的发展远不限于农业，乡村有绿色地区也有棕色地区（小城镇）。发达国家有大量人口在乡村生活，这些人口是乡村居民，他们的生活方式是城市化的，看重的是乡村生活更好的品质和特殊的生态环境。在政策安排上，不能一提到乡村发展就需要补贴农民，因为补贴后农民经营的内容可能还是以前的农业结构和发展模式，导致差距仍然存在。适当的非农业人口居住在乡村，不仅优化城乡发展格局，而且优化乡村人口结构，提高乡村经济社会发展水平。促进乡村发展转型必须促进跨产业跨行业发展，重视发挥乡村的多功能性，推进城乡功能互补。培育积聚人口和服务的小型城镇及"棕色"地带，开发投资乡村特色比较优势。要用投资和创新理念指导乡村发展，重视开发有增长潜力的产业，推进乡村结构性改革。

四是要坚持向绿色要效益。空气清洁、水源优质，催生出森林旅游、碳汇交易、农林产业等众多绿色经济，良好的生态实现了绿富双赢。在土地开发、财税金融、林木采伐等方面，出台支持措施，创新林地流转机制，推广大林区小业主、"田路分家"、土地无偿使用、有偿转让、土地入股分红等方式，加快推进林地合理流转。保证充足的造林用地，打造一批规模大、集约化程度高的精品绿色工程。坚持"政府引导、社会参与、市场运作"的原则，创新筹资方式，广开融资渠道。成立林业生态建设投资公司，通过财政注资、开展国有和集体林场资本化改革，广泛吸引政策性贷款和社会资本。坚持造管并举、建管同步，大力推行造林工程招投标制、合同管理制和工程监理制，保证绿化质量。在同样的土壤、气候条件下，大力发展兼用林，优先发展经济林，重点加快建设岭南水果、观光采摘等优势果品基地，要依托龙头企业、合作社，在当地条件较好的浅山丘陵，规划建设现代林果业示范园区，带动果品产业转型升级。培育壮大林下经济，充分利用林地资源和森林环境，科学选择林药、林菌、林禽等发展模式，着力培育林下种养基地，促进区域增绿、林业增效、农民增收。积极发展林业新兴产业，加大省级花卉示范基地扶持力度。对种苗、森林旅游、森林康养、野生动物繁育利用等产业快速发展，成为林区增收新的增长点。

五是要牢固树立"大旅游"观，充分利用好旅游资源优势。加快推动四季游、观光游向休闲体验游、景区景点游向全域旅游的转轨转型，把文化旅游真正打造成为粤东西北的重要资源和管用的竞争力。大力开发生态旅游业，生态旅游业是集多种产业于一体的综合性产业，其产业特征是综合性、动态性、可持续性，生态旅游业密度高、链条长、拉动大，能拓展第一、二、三产业的市场，同时为其他服务业的发展带来机遇，促进地区产业结构的优化和升级，对加快地方经济的发展有巨大的推动作用。做足粤东西北得天独厚的旅游资源优势，做精品、强龙头、创品牌、带全域，加快实现文化旅游产业从山庄时代到全域旅游时代的跨越。打好特色文化牌。把南粤历史"唯一性"和"不可复制性"的文化元素融入到旅游业发展的全过程，打造文化旅游共生体，建设一批精品文化项目，着力提升旅游业的发展内涵。打好自然资源和区域地理牌。粤东西北拥有高山、温泉、森林、草原、湖泊、田野、湿地等诸多特色景观，类型全、品质高、亮点多。要依托这些大自然赋予的宝贵财富，加快推进与旅游产业深度融合。推动形成全域旅游多点支撑、多点辐射、多点带动的格局。粤东西北面向珠三角辐射港澳地区，消费市场自然天成。打好生态环境牌。发展全域旅游核心在生态，竞争力也在生态。粤东西北生态环境极具优势，已经成为珠三角消费人群经常前往的地方。大力开发森林游、乡村游、山地游、河谷游，推出一批以山区生态旅游、南粤风情之旅、南粤古驿道之旅、温泉之旅为主题的旅游精品，满足游客回归自然的消费需求。着力打造旅游新业态。旅游新业态是满足多样化、多层次旅游消费需求的重要载体，也是推动旅游产业转型升级的强大动力。围绕深入推进旅游供给侧改革，推出"商、养、学、闲、情、奇"和"吃、住、行、游、购、娱"并重，全力做好旅游业发展"跨界融合"这篇大文章。重点搞好旅游与农业相融合。按照"近郊依城、远郊靠景、突出特色、集约发展"的思路，结合美丽乡村建设，加快打造美丽乡村精品片区，继续推出观光农业、休闲农业、体验农业等特色农业休闲观光带，打造特色乡村旅游村镇。推进旅游与科技相融合。抓住大数据电子信息产业快速发展的机遇，依托现有特色小镇等平台，把科技元素、时尚元素和创意元

素与旅游业结合起来，培育旅游房车、景区电动车、大型游乐设施等装备制造产业，加快打造"VR、AR，MR体验园"、现代影棚、电子竞技等旅游消费新产品。重点搞好旅游与体育相融合。粤东西北地域广阔、地貌特征多样的特点，具有举办国际马拉松、山地徒步大赛、古驿道马背嘉年华、山地自行车赛的自然条件。大力发展山地越野、山地自行车、野外探险、徒步攀岩、水上竞技、低空体验、航空跳伞等具有时尚和消费引领的项目，不断丰富体育旅游综合体，加快形成一批新的旅游消费热点。重点搞好旅游与康养相融合。依托生态优势，加快推进一批重点项目，打造特色养生小镇、温泉水城、山庄人家、示范性度假村和养老基地。特别是强化与国学文化、南粤中医药康养文化、生命医学大健康产业相结合，努力打造特色医疗保健养生基地。重点搞好旅游与扶贫相融合。加快特色小镇和美丽乡村建设，统筹推进旅游业与脱贫攻坚、现代农业、山区综合开发、全域经济的融合发展。推广"乡下咱家""景区＋农户"等模式，盘活农村闲置资源，在核心景区周边、城区周边、交通道路沿线集中打造精品旅游村，推进全域旅游扶贫示范工程建设，带动贫困人口脱贫致富。

六是以国家公园建设为主体率先实现绿色振兴。国家公园是自然保护体系的主体，在地方参与国家公园保护、国家公园带动地方经济发展方面，具有代表性和特殊性，在"生态保护第一"的同时也"坚持全民公益性"。一方面，国家公园保护要求高，要按照生态系统特征对国家公园进行科学管理，对原住民传统利用资源的生产、生活的方式进行管控。另一方面，充分尊重地方基本权益，动员地方参与保护、获得补偿且能将管控后的产品在市场上实现增值，即通过发展绿色产业（挣钱）和生态补偿（要钱），实现生活富裕。国家公园体制试点在生态文明体制建设中还具有先行先试的意义，具有先导价值，具备资源价值高、保护和发展矛盾较小、体制配套改革较容易等特点。粤东西北应尽量争取进入国家公园产品品牌增值体系，通过将国家公园品牌所蕴含的生态和文化价值，实现从"资源—产品—商品"的升级，使第一、二、三产业的产品整合到国家公园产品品牌增值体系当中，实现由品质和市场认可度提高所带来的单位产品的增值，从而在开发利用面积基本不扩大的情况下带动地方人均收入的提高，增加社区在发展和保护方面的话语权，满足主要利益相关者的可持续发展。

**（四）在生态补偿上"用力"，为粤东西北"止渴解痛"**

加快形成"成本共担、效益共享、合作共治"的生态保护和治理长效机制。

按照区际公平、权责对等、试点先行、分步推进的原则，明确地区主体责任，实行环境目标责任制和考核制，鼓励生态受益地区与生态保护地区、健全资源输出地与输入地之间利益补偿机制。坚持市场导向和政府调控相结合，加快完善有利于资源集约节约利用和可持续发展的资源价格形成机制，确保资源价格能够涵盖开采成本以及生态修复和环境治理等成本。鼓励资源输入地通过共建园区、产业合作、飞地经济等形式支持输出地发展接续产业和替代产业，建立支持资源型地区经济转型长效机制，使生态优势真真切切变成发展优势。建立公平公正的生态补偿机制，通过财政转移、差别税收、税收返还等政策，构建起生态受益区与生态成本付出区之间利益补偿机制，使生态成本付出区居民或企业得到相应的经济回报，以促进地区关系良性发展。

一是尽快出台生态保护补偿专门立法。在认真总结近年来生态保护补偿实践经验基础上，加快研究制定操作性强、对生态地区更为倾斜的生态保护补偿条例，明确生态保护补偿的基本原则、主要领域、补偿范围、补偿对象、资金来源、补偿标准、相关利益主体的权利义务、考核评估办法、责任追究等。明晰生态保护补偿制度法律属性。

二是区分生态保护补偿制度与资源有偿使用制度。生态保护补偿制度的实质，是对生态环境建设和保护行为给予的一种补偿，重在实现对保护行为的激励。

三是健全生态保护补偿配套制度体系。进一步推进自然资源资产产权制度改革，通过清晰明确的产权界定和统一的确权登记，确立生态保护补偿的产权基础。推动建立生态保护补偿标准体系，依据各地区、各类型补偿实际情况，完善测算方法，分别制定生态保护补偿标准。研究建立生态保护补偿统计指标体系和信息发布制度。加强生态保护补偿效益评估，积极培育生态服务价值评估机构。提升对重点领域，如森林、耕地、湿地、湖泊等的监测能力，进一步加强省控监测点位布局和网络建设，制定完善监测指标体系。强化科技支撑，深化生态保护补偿理论和生态服务价值等课题研究。

四是加大生态保护补偿投入力度。多渠道筹措资金。基于市场原则，通过绿色金融支持、PPP项目、设立公益基金、接受公众捐助等方式吸收社会资金投入山水林田湖草的生态修复工程。在试点的基础上，大力探索市场化的补偿机制，提高林业生态保护补偿的标准，真正让市场充分体现生态的价值。

五是健全横向生态保护补偿机制要素。通过流域上下游地区自主协商具体确

定，科学选择补偿方式，流域上下游地区可根据当地实际需求及操作成本等，协商选择资金补偿、对口协作、产业转移、人才培训、共建园区等补偿方式。鼓励流域上下游地区开展排污权交易和水权交易。合理确定补偿标准，流域上下游地区应当根据流域生态环境现状、保护治理成本投入、水质改善的收益、下游支付能力、下泄水量保障等因素，综合确定补偿标准，以更好地体现激励与约束。

六是完善生态环境损害鉴定评估制度。建立健全生态环境损害鉴定评估技术和标准体系，出台具体的鉴定评估操作规范，针对大气、土壤、森林、河流、湿地、岸线、海岛、生态系统等生态环境要素等制定标准。成立、运营与扶持第三方生态环境损害鉴定评估机构。明确鉴定评估机构的设立条件、运营资质与规则。建立鉴定评估专家库，明确入库专家的学科领域、遴选条件与申请程序以及专家库的具体运作方式和机制。设立全省民间生态环境损害赔偿鉴定评估机构，在生态环境损害赔偿鉴定领域推进形成监督和竞争机制，确保建立起科学、公正、中立的鉴定评估规则体系。

### （五）在体制机制上"补缺"，为绿色发展提供支撑

生态环境优美、生态经济繁荣，才是真正的绿色发展。粤东西北既有沿海经济带，也有生态保护区；既是全省的经济短板，也是发展的潜力板。要加大制度创新探索，形成"一带一区"的政策叠加效应，推动其加快形成科技含量高、资源消耗低、环境污染少的产业结构，让生态优势和沿海优势真正成为粤东西北发展的核心竞争力。

一是抓实珠三角核心区与粤东西北地区统筹发展。建立健全长效普惠性的扶持机制和精准有效的差别化支持机制，加快补齐基础设施、公共服务、生态环境、产业发展等短板，健全省内国土空间用途管制制度，引导粤东西北地区积极探索特色转型发展之路，推动形成绿色发展方式和生活方式。以承接产业转移示范区、跨地市合作园区等为平台，支持珠三角核心区与粤东西北地区共建产业合作基地和资源深加工基地。建立珠三角核心区与粤东西北地区区域联动机制，先富带后富，促进共同发展。同时，实行差别化的区域政策，充分考虑区域特点，发挥区域比较优势，提高财政、产业、土地、环保、人才等政策的精准性和有效性，因地制宜培育和激发区域发展动能。坚持用最严格制度和法治保护生态环境的前提下，进一步突出重点区域、行业和污染物，有效防范生态环境风险。加强产业转

移承接过程中的环境监管，防止跨区域污染转移。对于生态功能重要、生态环境敏感脆弱区域，坚决贯彻保护生态环境就是保护生产力、改善生态环境就是发展生产力的政策导向，严禁不符合主体功能定位的各类开发活动。

二是提升粤东西北基本公共服务保障能力。深入推进财政事权和支出责任划分改革，逐步建立起权责清晰、财力协调、标准合理、保障有力的基本公共服务制度体系和保障机制。规范省级与地市共同财政事权事项的支出责任分担方式，调整完善转移支付体系，基本公共服务投入向粤东西北地区的薄弱环节、重点人群倾斜，增强市县财政特别是县级财政基本公共服务保障能力。强化省级政府统筹职能，加大对省域范围内基本公共服务薄弱地区扶持力度，通过完善省以下财政事权和支出责任划分、规范转移支付等措施，逐步缩小县域间、市地间基本公共服务差距。

三是按照主体功能区战略构筑新的发展格局。引导粤东西北严格按照主体功能定位推进发展。以"一核一带一区"建设、粤港澳大湾区建设等重大战略为引领，以西部、北部、东部三大板块为基础，促进区域间相互融通补充。充分发挥珠三角核心、沿海经济带横跨东中西三大板块的区位优势，以共抓大保护、不搞大开发为导向，以生态优先、绿色发展为引领，依托优势，推动广东地区协调发展。要把深入实施"一核一带一区"战略放在区域发展总体战略的优先位置，加大对粤东西北地区特别是生态保护区的支持力度，加强基础设施建设和生态环境保护，大力发展科技教育，支持特色优势产业发展，完善现代产业体系，发挥生态优势，改善投资环境，积极支持粤东西北地区率先发展。

四是处理好激励和约束的关系。科学设定资源消耗上限、环境质量底线、生态保护红线，为粤东西北地区发展战略、产业优化布局，评估资源消耗、环境损害、生态效益，提供基础数据和决策支持，处理好各类环境规制措施与正向激励措施之间的关系。要根据粤东西北的资源禀赋特点进行生产力布局，完善产业准入的负面清单，制定更严格的生态环境标准，树立更高的生态环境建设目标，建立健全生态环境损害评估与损害赔偿责任追究机制等，用完善的约束制度美化"绿水青山"。要在构建高水平保护基础上制定高质量发展的激励机制，增强财政投入的政策引导性，保证用于生态环境建设的财政投入占 GDP 的比重增长高于同期财政收入增长。要建立差异化的领导干部考评机制，制定更为完善的经济指标考核比重，提高生态文明建设和绿色发展指标在领导干部考核中的权重，制定体

现干部"生态政绩"的考核标准体系，从根源上消除领导干部以牺牲环境谋求经济增长的动机。

五是加强政府引导和激发市场活力。生态环境服务作为典型公共产品，在进行生态环境建设过程中，政府应发挥主导作用，完善顶层设计和社会化服务体系建设，明晰产权，建立生态公共资源交易市场，制定生态产品和服务的统一标准和品质规范，实行标准化生产，规划好产业政策导向，鼓励企业参与环境污染治理，引导企业投身生态产业建设。在生态环境建设涉及跨区域、跨领域、多层次、多对象、多途径提供更高效、更差异化、更符合利益相关者需求的公共服务。在制定战略、制定规则、制定标准，资金投入、技术投入和人才投入等方面发挥主体作用。要善于激发市场主体的创造活力，利用税收、金融、土地等方面的优惠政策，提供适度和优质的生态产品和服务，实现利益最大化。积极吸引社会力量参与粤东西北生态发展建设，积极利用各类环境经济措施，弥补单一的行政管制措施的不足。通过发展绿色金融来撬动更多社会资本参与生态经济发展建设，培育绿色消费市场，依托粤东西北地区资源特点开发各类绿色生态产品，将粤东西北地区打造成为全省和粤港澳大湾区绿色消费的重要市场。要处理好内生和外补的关系，在生态发展初期，除了加大财政转移支付力度和完善生态补偿机制外，应千方百计培育内生发生动力，在全省进行产业布局时应优先考虑将低污染、低能耗的绿色产业布局到粤北山区的重点开发区域，将外部支援转化为内生动力，变生态优势为发展优势。

作者单位：广东省人民政府发展研究中心生态文明研究处

# 完善生态补偿机制　长效保护绿水青山

*张冬霞*

　　生态补偿机制建设是习近平生态文明思想的重要内容，是生态文明制度建设的重要组成部分。党的十九大明确提出，构建市场化、多元化的生态补偿机制。2018年10月，习近平总书记在广东视察时明确提出，生态文明建设是关系中华民族永续发展的根本大计，也是高质量发展的必然要求，广东有条件有能力把生态文明建设搞得更好。近年来，广东在生态补偿方面开展了一些有益尝试，但生态权责匹配机制尚未建立，保护绿水青山的长效机制还没有形成。为此，在深入有关地市和部门开展专题调研的基础上，我们建议广东应加大改革力度，尽快建立完善市场化、多元化的生态补偿机制，以健全的制度机制有效保护生态环境，实现"绿水青山就是金山银山"。

## 一、生态补偿机制建设意义重大

　　生态补偿机制，主要是指以保护生态环境、完善生态体系、促进人与自然和谐为目的，根据生态系统服务价值、生态保护成本、发展机会成本，综合运用行政和市场手段，调整生态环境保护和建设相关各方利益关系的制度安排。探索建立完善生态补偿机制，不仅具有重要的理论意义，而且具有丰富的实践意义。

　　第一，生态补偿是维护生态公正的重要手段。习近平总书记指出，"良好生态环境是最公平的公共产品，是最普惠的民生福祉"。生态公正要求全体社会人员在生态权益的享有和生态责任的承担上要相一致，谁污染谁治理，谁受益谁付费。当前生态领域的日益严重的破坏及权责混乱现象，严重影响了生态公正。我们必须加快完善生态权益与责任相一致的生态权责匹配机制。那些长期以来无偿占有、

使用生态资源者，或已对生态环境造成污染破坏但没有付出任何成本者，要通过更多地承担生态责任来补偿以往自己的责任；那些因保护生态环境付出巨大成本的企业、群体、个人及市、镇、村等，要有相应的经济补偿。

第二，生态补偿是强化生态保护的有效之策。多年来，以高投入、高消耗、低产出、低效率为特征的粗放型发展方式带来的能源资源短缺和生态环境破坏等问题日益严峻。2017年全省仍有8.5%的地表水国考断面为劣 V 类，大大高于江苏（1.9%）和浙江（2.7%）水平。全省仍有243条黑臭水体有待整治。全国第一次土壤污染状况调查结果显示，我省土壤总点位超标率为26.3%，其中耕地点位超标率36.1%，均远高于全国平均水平（分别为16.1%和19.4%）。生态环境保护机制既要通过环境消费"付费"强化生态环境消费者的自我约束，更要通过生态环境产品价值实现强化生态环境供给者的正向自我激励。建立科学有效的生态补偿机制，既有利于推动生态环境消费者的消费成本内部化、制度化、刚性化，有效约束生态环境消费者对生态环境的过度消费；也有利于通过给予生态服务供给方的直接激励机制，实现生态产品外部性的内部化，从而更好地实现对生态环境的保护。

第三，生态补偿是解决区域协调发展问题的必要举措。全省区域、城乡发展不平衡不充分问题是广东最大的短板。习近平总书记在参加十三届全国人大一次会议广东代表团审议时指出，缩小粤东粤西粤北与珠三角发展差距，是广东区域协调发展的紧迫任务，要从区域生态补偿机制等体制机制改革入手。由于重点生态功能区、水源保护地等实施差别化环保准入政策及国家产业政策，产业投资受限，粤东西北地区多面临经济发展与环境保护的"双重"压力。生态补偿机制，就是要使生态资源保护引入资源价值体系和资产市场机制，发挥财政资金的杠杆作用，促进交易和市场化补偿的发生，建立生态产品和服务的价格机制，最终形成生态产品和服务的市场和产业，从而缓解和消除区域发展不平衡问题。

## 二、广东生态补偿的有益尝试

为贯彻落实党中央、国务院关于健全生态保护补偿机制的重要部署，广东省先后出台了《广东省生态保护补偿办法》《关于健全生态保护补偿机制实施意见》等一系列政策文件，采取了一系列具体措施，取得了积极成效。

第一，加大对重要区域和重点领域的生态补偿力度。加大重点生态功能区的生态补偿。2012—2017 年，我省对市县重点生态功能区转移支付资金从 7.6 亿元提高到 27 亿元。建立健全生态公益林效益补偿机制。省级以上生态公益林补偿标准从 2018 年的 32 元/亩，按每年 4 元/亩的标准逐年提高，至 2020 年提高到每亩 40 元。加大对中小河流流域综合治理、水资源节约与保护等项目的投入。2018 年，全省水利建设总投资 234.42 亿元，落实 20 亿元支持推进韩江榕江练江水系连通工程，5.4 亿元推进练江流域水环境综合整治。加强休（禁）渔期渔民生产生活补助，2018 年总补助资金 3358 万元，对休渔渔业船员每人每年补助标准不低于 2100 元，禁渔渔业船船员每人每年补助标准不低于 2200 元。

第二，建立自然资源有偿使用制度。建立自然资源开发使用成本评估机制，积极推动差别电价政策。完善土地有偿使用制度，推进国有农用地和公共服务项目用地基准地价制订工作。完善海域海岛有偿使用制度。完善生态保护修复资金使用机制，将海域使用金、矿业权出让收益、矿业权占用费等资源收费基金和资源有偿使用收入统筹用于海洋生态保护、地质调查和矿山生态保护修复等相关领域生态保护补偿。

第三，推进跨省流域横向生态补偿。按照中央有关部门统一部署，推进落实跨省流域上下游横向生态保护补偿工作。2016 年，广东先后与广西、福建、江西签署水环境补偿协议，建立起九洲江流域、汀江—韩江流域、东江流域上下游横向水环境补偿机制。协议签订以来，3 条试点补偿的跨省流域，水质均稳步向好。

第四，积极开展市场化生态补偿。逐步建立碳排放权交易制度，探索开展碳普惠制试点，深化碳排放权交易试点，完善林业碳汇交易机制。2018 年省财政安排 8.66 亿元用于支持森林碳汇及抚育工程建设。广东碳市场作为全国碳交易体系中率先启动的试点碳市场，先后纳入钢铁、电力、石化、水泥、造纸、航空六大高碳产业，自 2013 年启动以来市场规模和体量一直居全国第一、全球第三，配额累计成交量、成交金额已分别达 6500 万吨、15 亿元。已备案签发 65 万吨碳普惠核发证减排量，其中 31 万吨来自韶关市 37 个省定贫困村及少数民族县村林业碳普惠项目，通过市场化机制募集扶贫资金超过 500 万元，为精准扶贫、生态扶贫工作提供了有效补充手段。

## 三、广东生态补偿机制建设面临的主要难题

广东在生态补偿领域已经开展了一系列有益的尝试，取得了明显的成效。但随着我国生态文明建设的快速推进，森林、湿地、流域、土地等生态保护活动不断增多，生态保护者的合理权益与经济利益还未获得足够有效的保障，生态补偿机制仍有待健全完善。

第一，法律法规缺乏，政策分散。我国目前还没有相对统一的基于生态补偿的法律法规，新的生态问题和生态保护方式缺乏有效的法律支持。自然资源及环境保护的法律、规章和规范性文件广泛分散，生态补偿实施过程中补偿依据不足、补偿目的不准、补偿标准不明、补偿对象不清。受制于国家生态补偿机制还处于形成初期且相关制度有待健全的影响，我省财政、发改、环保、林业、水利、农业等不同的职能部门，均按照部门职权来逐步推动生态补偿机制的实施。这就造成生态补偿政策相对较多，补偿主体、补偿标准、补偿所涉及当事人的权利与义务，未能清晰界定。例如，基本农田保护经济补偿与耕地地力保护补贴政策目标一致，补助对象交叉，但主管部门却不统一，分别由国土资源部门和农业部门负责。

第二，资金来源单一，生态补偿标准相对偏低。我省生态补偿所需资金主要来源于政府，生态补偿项目大多是以各级政府作为制定和实施生态补偿政策的主体，政府仍然是生态产品唯一购买者。生态补偿标准的制定不尽合理，主要基于政府支付能力制定，生态补偿标准相对偏低，没有充分关注不同地区不同主体的直接经济损失。省级以上生态公益林平均补偿标准为 32 元/亩，远远低于浙江、福建等省 70 元/亩以上的标准，距离保护区群众期望经济利益与生态效益实现双赢的目标仍有较大差距，出现一些地方的群众不愿被划入保护区，导致生态保护存在不稳定因素。基本农田保护省级补贴标准偏低，对保护单位的激励性不强。粤东西北等欠发达地区的市、县两级财政薄弱，补偿资金筹集困难，基本依靠省级补贴资金；珠三角等经济发达地区虽可通过相对高额的地方补偿进行弥补，但因其本身经济发达，地方补偿仍然对农民产生不了足够吸引力。

第三，补偿方式单一，跨区域补偿机制有待完善。我省生态补偿多以转移支付方式拨付给地方政府，受益主体不明确，距离直接惠民还相差较远。一些以项目为支撑的生态补偿，存在不可持续的问题。生态受益者履行生态补偿义务的约束机制不健全，对生态保护者的帮扶力度不足，全社会还没有形成破坏者付费、使用者付费、受益者付费、保护者得到补偿的体制机制。实施生态补偿的市场机制还不健全，基于市场交易的生态补偿的实施手段较为单一。跨省流域上下游横向生态保护补偿初步建立，但省内跨区域、流域的上下游之间还缺乏高效的沟通协调与补偿机制，横向生态补偿发展不足，区域间的横向转移支付缺失。

第四，评估体系欠缺，缺乏有效的监督考核机制。生态服务价值评估核算体系、生态环境监测评估体系建设滞后，还没有形成统一、权威的指标体系和测算方法。对生态补偿的考核评估，往往是针对某一具体项目或政策实施的部分目标，缺乏系统、全面的绩效评估。生态补偿受益地区都只希望提高补偿资金标准，但对得到补偿后同时应负哪些责任，通过什么手段、什么渠道来履行这些责任，资金使用及效果如何等却重视不够，生态补偿全过程监督的评估考核制度还未建立。

# 四、完善生态补偿机制的对策建议

习近平总书记指出，推动绿色发展，建设生态文明，重在建章立制，用最严格的制度、最严密的法治保护生态环境。完善生态补偿机制，就是要不断完善生态权益与责任相一致的生态权责匹配机制，不断健全生态保护成效与资金分配挂钩的激励约束机制，形成法治保障、政府主导、多方参与、齐抓共管的生态补偿工作格局。

## （一）加强顶层设计，完善生态补偿法律制度体系

完善的生态补偿法律体系是塑造生态补偿机制的重要前提。只有在相对完善的法律制度框架下，不同的职能部门在制定、出台详细的生态补偿实施措施时，才能形成一套分工相对明确、衔接相对紧凑的规章制度体系。

一是建立生态补偿地方法规体系。用好地方立法权，全面清理现行法律法规中与建设生态文明不相适应的内容，加快制修订地方性法规和政府规章，破解执行过程中不一致、不适应、不协调的问题。研究制定出台我省生态保护补偿相关规范性制度文件，建立生态保护者权益保护制度、生态保护补偿协商响应机制，不断推进生态保护补偿的制度化和法制化。

二是构建重点区域生态补偿管理机制。以生态功能区为基本单元，以主体功能区定位和生态保护红线划定为基本依据，坚持财权和事权相统一的原则，编制科学可行的生态补偿规划。根据生态补偿基础、实际需求及生态系统服务价值状况，明确一定时间内的目标体系，科学制定补偿主体、补偿方式、资金来源、补偿标准、资金分配、资金使用、监督考评等方面的制度，构建标准规范、架构明确、管理清晰的纵向补偿与横向补偿相结合的生态补偿机制。

三是成立省级生态补偿工作领导小组。由分管财政的常务副省长担任组长，分管生态环境厅的副省长担任副组长，成立由省发改委、财政厅、自然资源厅、生态环境厅、农业农村厅等部门参与的生态补偿工作领导小组制度。加强跨行政区域跨部门生态补偿指导协调，组织开展政策实施效果评估，研究解决生态补偿过程中的重大问题，强化职责分工。

### （二）加强统筹协调，健全生态补偿财税体系

相对成熟和健全的环境财税体系是做好生态补偿工作的重要保障。

一是加大生态补偿财政支持力度。确立"保护"也是"发展"的政策导向，把生态保护区的环境维护职责进行量化后与财政转移支付制度挂钩，引导生态保护补偿由单一性要素补偿向基于主体功能区的综合性补偿转变，以生态保护补偿助推生态建设、环境综合治理。生态补偿专项资金列入财政预算，变重点生态功能区转移支付机制为奖补结合的生态功能区生态补偿机制，逐步增加对我省重点生态功能区的生态补偿资金投入力度，并设立稳定的增长机制，确保补偿资金及时足额发放。逐步加大乡村振兴类、节能环保类、农林水类、国土海洋气象类等领域专项资金对生态保护补偿的投入力度，大幅向粤东西北重点生态保护区域倾斜，缩小区域间财力水平差距。理顺基本农田保护补偿与耕地地力保护补贴关系，统筹为同一保护资金对耕地实行全方位保护补贴，并对耕地中属于基本农田的进行额外补贴，提高资金补贴力度，增强耕地保护补贴激励性。

二是加快生态环境税费改革。进一步完善水、土地、矿产、森林、环境等各种资源税费的征收使用，加大各项资源税费用于生态补偿的比重，并向欠发达地区、重要生态功能区、水系源头地区和自然保护区倾斜。进一步完善企业环保税费改革，鼓励企业增加环境保护投入，在企业购置节能减排等环境保护设备领域相应抵扣增值税进项税额；对企业使用先进环境保护技术、改革工艺等所发生的

投资，给予相应税收抵免等优惠政策。

三是拓宽生态补偿资金渠道。建立以政府投入为主，全社会参与的生态补偿的投融资体制，形成共建共治共享的社会化、多元化、长效化的保护和发展模式。按照"谁投资、谁受益"的原则，支持鼓励社会资金参与对生态建设、环境污染整治的投资。大力发展绿色产业投资基金、绿色担保基金等，撬动更多的社会资本参与流域环境保护和生态建设。进一步完善绿色信贷机制，支持以碳排放权、排污权和节能项目收益权等为抵押的绿色信贷，发行绿色金融债券，支持符合条件的节能减排项目通过资本市场融资。积极争取中央支持，在我省试行发行生态补偿彩票，吸引民间资本对生态补偿的资金投入。

### （三）完善资源有偿使用市场交易制度，构建多元化补偿机制

明确生态产品的商品属性，通过市场调节促进生态服务的外部性内部化，从而形成全面反映市场需求、资源稀缺程度、生态环境损害成本和修复效益的市场化生态补偿机制。

一是进一步完善碳排放权、排污权、水权、林权等市场交易制度。完善碳交易试点机制设计，打造国家级碳交易综合平台。健全碳普惠制与碳排放权交易的联动机制，支持经济欠发达地区发展。完善排污权交易制度。积极推进珠海、佛山、东莞等地市排污权交易试点建设，在健全一级市场的基础上，有序推动二级市场的交易。健全水权交易制度。深化水权、林权改革，引入市场机制和市场化手段，推进完成潜在水权和林权项目的交易，提高资源配置的效率和效益。

二是进一步健全资源价格动态调整机制。在市场价格机制的引导下，不断健全资源性产品价格产生和调整机制，形成政府、企业、消费者共同参与协商的定价机制。根据区域重要性、经济条件等实行生态公益林区域差异化补偿的政策，给予更高的生态补偿标准。

### （四）创新生态补偿方式，提升区域发展内生动力

积极创新生态补偿方式，以多种方式充分调动政府、社会各界和全体公民保护生态环境的积极性，最终实现区域发展、人民受益。

一是推动生态产业化发展。按照"一核一带一区"的发展规划要求，积极探索生态产业化的新模式，把生态环境优势转化为产业发展优势，大力发展特色生态产业，建立与当地居民的利益联结机制，让绿水青山变成金山银山。从项目审

批、建设、用地、资金等多方面，大力支持生态旅游产业发展，把旅游资源的开发与生态环境的恢复建设结合起来，建设一批森林公园、湿地公园、国家公园，大力发展山、水、海、湖、林、田生态旅游。设立农业生态补偿专项资金，鼓励发展生态农业，大力培育观光农业、康养农业、林下经济等新业态，实施农业废弃物资源化利用等生态农业提升工程，打造一批集产业、观光、旅游为一体的生态循环农业示范园区。

二是加大生态扶贫力度。鼓励生态受益地区和保护地区遵循成本共担、效益共享、合作共治的保护思路，坚持谁受益、谁补偿原则，以保护和改善区域生态环境质量为目标，通过对口支援、产业转移、园区合作、生态移民等方式实施横向生态补偿助力生态扶贫。加大生态扶贫的政策扶持力度，加强生态移民的转移就业培训。整合涉农涉林资金指标，增加一批建档立卡贫困户就地转移为生态护林人员。

三是推进生态地区率先实现基本公共服务均等化。优先考虑在禁止开发区、重点生态功能区所在地区开展教育、就业、医疗、社会保障、住房保障等基本公共服务均等化综合改革试点。加大基本公共服务领域转移支付对生态地区倾斜力度，健全基本公共服务与生态保护补偿相互促进的体制机制。

### （五）以流域为试点，建立横向生态补偿机制

在跨省横向生态补偿试点工作的基础上，探索建立省内流域横向生态补偿，形成上下游成本共担、效益共享、合作共治的流域生态保护长效机制。

一是做好流域横向生态补偿机制设计。建立东江、西江、韩江等省内流域生态补偿机制，构建上下游成本共担、效益共享、合作共治的流域生态保护长效机制，加强流域水环境治理和生态保护力度。由省市政府共同组建生态补偿专项资金，省级财政出资60%，流域主要市、县按地方财政收入的一定比例及用水量的一定标准缴付40%资金。以水环境质量作为主要标准，兼顾森林生态、用水总量控制因素，建立水质考核激励机制，对水质状况较好、水环境和生态保护贡献大、节约用水多的市、县加大补偿，反之则少予或不予补偿，全面调动各市、县保护生态环境的积极性。

二是配套强化联防联治。制定出台流域生态补偿实施方案，紧密结合流域水环境保护现状和保护目标要求，统筹各市县水污染防治和生态工作，科学规划引领流域综合整治工作。明确每年横向生态补偿资金用于流域生态环境保护与治理

的具体项目及资金补助标准，有效推进流域养殖业治理、城乡污水垃圾治理等主要污染源整治。充分发挥流域管理局及河长办联席会议制度的平台作用，协商推进流域保护与治理，推动流域上游地区节约用水、水污染综合整治、水源涵养建设和水土流失防治，促进流域下游地区加强本行政区域内的生态环境保护治理和节约用水，并对上游地区开展的流域保护治理和节约用水工作、补偿资金使用等进行监督。

### （六）强化考核监督，健全配套制度体系

加强生态补偿的评估核算和监督考核，确保生态补偿科学合理、公平公正。

一是完善补偿标准体系。加快完善流域水环境、重点生态功能区等不同领域的生态保护补偿标准体系，根据生态系统服务价值、生态环境承载力、生态保护和环境治理投入、发展机会成本、经济条件等因素，完善测算方法，研究制定补偿标准。

二是完善考核评价体系。借鉴《广东省绿色发展指标体系》和《广东省生态文明建设考核目标体系》，按照科学性、有效性以及可操作性等原则构建生态补偿监测评估考核指标体系。建立生态环境动态监控体系与第三方独立评估机制，结合资金分配使用，科学评估生态补偿效益，确保生态补偿政策落到实处，发挥最大效益。

三是完善监督协调体系。建立联合监测、联合执法、应急联动等机制。加强跨区域跨部门的沟通协调，实现生态信息共通共享，构建重点生态功能区不同区域、流域上下游综合监管、综合预警和综合调度机制。建立生态补偿项目监督检查制度。由省委、省政府督查室牵头，省生态环境厅、自然资源厅、财政厅、水利厅等部门参加，定期开展监督检查，确保科学、合理、有效使用补偿资金，按期、按质完成生态补偿项目。

四是完善制度化常态化的宣传教育体系。多渠道、多形式弘扬生态文明观，引导群众自觉将生态理念厚植于脑海、扎根在心灵、落实到行动，形成全社会共建共治共管共享的生态补偿监督管理体系。从娃娃抓起，从学校做起，以家庭为纽带，深入推进生态文明宣传教育进学校、进企业、进社区、进农村，增强全民节约意识、环保意识和生态意识，营造爱护生态环境的良好风气。

*作者单位：广东省人民政府发展研究中心生态文明研究处*

# 深入探索生态补偿机制 推进主体功能区差异化协同发展

## ——基于广东省 21 地市绿色低碳发展现状调研

赵黛青 王文军 王文秀 骆志刚

　　推进生态文明建设，优化国土空间开发格局，是党的十九大提出的要求，是国家实施区域协调发展战略的重要手段，是促进人口资源环境相均衡、经济社会生态效益相统一、建设美丽广东的重大举措。2012 年广东省政府开始实施《广东省主体功能区规划》（以下简称《规划》），拟通过区域功能的差异化发展，盘活生态资本、优化物质资本，使绿水青山长存、金山银山永续，形成绿水金山交相辉映的区域发展新格局，从源头上推进生态文明建设。2016 年，省政府印发了《生态文明建设"十三五"规划》，提出了建设形成人与自然和谐发展的现代化建设新格局。2018 年制定了《广东省国土规划（2016—2035 年）征求意见稿》，以资源环境承载力和国土空间适宜性评价为基础，对国土空间开发，资源环境保护等作出总体部署和统筹安排，为广东落实"三个定位、两个率先"和"四个坚持、三各支撑、两个走在前列"的要求提供有利支撑和基础保障。

　　广东省陆地国土空间分为优化开发、重点开发、生态发展（即限制开发，下同）和禁止开发四类主体功能区域。为落实省政府的主体功能区规划和生态文明建设"十三五"规划，从源头上推进生态文明建设，各地市政府采取积极行动，通过产业政策、国土规划、环保政策等将经济发展向主体功能方向引导。经过 5 年多的主体功能区建设，已经取得了一定进展，为了总结经验、发现问题，精准发力，推动省政府的大政方针和决策部署在基层落地生根，在省政府"大学习、深调研、真落实"的号召下，中国科学院广州能源研究所能源战略与低碳发展研究室在执行经省发改委气候处部署的《结合主体功能区规划的广东省低碳发展研究》项目过程中，组织了专项调研队，对广东21个地市的主体功能区建设及低碳发展情况进行了为期4个月的深度调研，参加调研的基层官员共计120多人，来自高等院校、国有企业、民营企业和第三方咨询机构人士共计40多人，收集调研材料80多份。调研队通过访谈、实地考察、企业走访等多种形式获得了较为全面的第一手资料。

# 一、调研基本结论

自《规划》出台以来，全省的产业发展格局正逐渐向主体功能方向演进，相关配套政策不断完善，主体功能区建设已经在制度层面取得一定进展，区域间经济布局得到有效改善，地区间人均GDP差距显著缩小，最高与最低地区间（地级以上市）的差距从2010年的6倍多降到2016年的4倍左右；国土生态空间的自然属性得到重视，不同区域的经济开发方式正朝着差异化和特色化发展，但《规划》的持续推进存在一定困难。总体上，除禁止开发区外，其他功能区以工业经济为中心的发展方式没有得到根本改变，国土空间的生态支撑功能较弱。由于生态产品价格远低于工业品、生态补偿力度不足以替代工业收入，迫于生存压力，占全省65％左右国土面积的生态发展区，工业仍然是支柱产业，而且部分地区还存在对工业的"投资饥渴症"；在没有强制性政令和明确政绩考核的情况下，基层政府一般采取选择性执行的方式进行经济和产业布局，部分重点开发区处于"污染企业请不走，优质企业拉不来"的困境等一系列问题。对生态保护的经济刺激不足、主体功能规划落实不细、建设过程监管缺位、辅助政策不够是造成我省目前各区域的功能性差异不明显的四个根本性原因。建议通过创新强化生态补偿机制对生态发展区进行功能矫正，探讨生态产品价值实现机制；引导教育、科技、医疗、文化等优质资源向重点开发区和生态发展区分流，这些资源对环境负面影响最低，对社会发展拉动最大；开展执行层面的对策研究、出台辅助政策以提高主体功能区规划的执行力，避免形成路径锁定和依赖。主体功能区服务于全省整体发展规划，只有每个区域发挥好本区域的主体功能作用，才能形成功能区之间的有效分工协作、协调发展的经济格局。

## 二、调研结果分析

### （一）以工业经济为中心的发展方式没有得到根本改变，需要理顺生态产品价格机制，激发和强化生态资源的服务价值功能

根据《规划》，优化开发区、重点开发区、生态发展区和禁止开发区分别承担着经济增长、生态涵养和生态屏障等功能，为社会提供工业品、农产品和生态产品。但是从目前情况看，工业仍然是大部分生态发展区的主要经济支柱和收入来源，如，辖区内有七个县被划为重点生态功能区的韶关市，工业的增加值和投资都远超农业三倍以上（2017年数据）。目前，生态补偿机制是生态产品价值化的重要渠道，对现有的生态补偿渠道单一、资金有限、流程长、到位慢，难以为生态发展区提供有效的生态产品供给刺激和保障。在这种情况下要求人们放弃工业发展带来的高收入去保护河流和土壤是困难的，没有经济效益的生态项目也难以让地方财政持续运转。生态产品同农产品、工业品和服务品一样，都是维持人类生存发展所必需，只有生态产品成为生态发展功能区的主要收入来源，其生态涵养和屏障功能才能真正实现。我省生态发展区占全省总国土面积的65%左右，发挥生态发展区的主体功能对实现区域空间协调发展至关重要。

### （二）规划执行难，关键在于细化功能区布局和完善辅助政策

调研中发现的一个较为普遍的问题是《规划》执行难，主要体现在两个方面：第一，《规划》以县区为最小单元进行主体功能定位，而产业是以乡镇为基本单位进行布局，难以进行有效对接。特别是一个地市包含了几种主体功能类型的地区，需要明确每个乡镇在主体功能区中的角色，才能真正将主体功能规划落实到位。对地方而言，一个县中某几个镇不能发展工业是可以接受的，但全县没有工业是不实际的。如，梅州蕉岭县被划为国家级重点生态功能区，按照《规划》要求以保护和修复生态环境、提供生态产品为首要任务，实际上水泥产品是蕉岭县的支柱产业，据调查，蕉岭县每个家庭至少有一个人在水泥厂工作，如果全县停止水泥生产是不现实的，如果按镇进行功能分区布局，可以很好地解决这个问题。从调研情况看，除了东莞、珠海、阳江、江门等少数地市外，大部分地区还没有制定本市的主体功能区规划。第二，主体功能区规划尚缺乏具体可操作的辅助政策，

造成职能部门难以执行。在省政府《规划》开篇中提到主体功能区规划是广东省国土空间开发的战略性、基础性和约束性规划，并配套了产业和环保政策，但没有执行层面的措施来确保主体功能区规划的基础性和约束性作用。职能部门难以在操作层面执行。如，对一些落地在生态发展区的企业，职能部门只能以是否符合产业政策、环保政策等要求其整改，没有权限要求其搬迁或关闭。部分区县存在不符合主体功能规划的企业"请不走"，优质企业"拉不来"的现象，阻碍了当地的主体功能开发。例如，云浮市云安县被省政府定位为生态发展区，也是国家级农产品主产区，但目前该县的企业类型主要是高耗能、资源型企业，如硫化工等，与其主体功能定位不符，政府多次要求这类企业搬迁，但没有相应的法律手段和依据强迫企业关闭或搬迁，云安县里的工业短期内难以撤出。重点开发区的功能定位为未来广东省"新经济增长极"，但位于重点开发区的地市在区位条件和基础设施方面普遍落后于优化开发区，难以吸引高技术、低污染、低能耗的企业入驻，为了生存和发展，少数地方政府愿意引进任何能创造经济效益和解决就业的项目，自称患有"投资饥渴症"。在这种情况下，即使省政府颁布了与《规划》配套的《广东省主体功能区产业发展指导目录》（以下简称《产业发展指导目录》），但真正按文件执行的也不多，在没有强制政令和明确政绩考核的情况下，基层政府为了扩展税源、提高居民收入，往往会采取选择性执行上级政策的方式进行经济和产业布局。建议出台具有操作指南性质的精细化辅助政策体系，建立差异化评估与动态修订机制，解决执行难问题。

### （三）主体功能区建设的有效推进需要数据基础与考核引导

政策制定离不开数据的支持，政策落实需要考核予以监督引导。现有的数据统计体系是按照行政区划编制，难以对主体功能区的精准设计与考核形成支撑。如，《产业发展指导目录》中对制造业提出的三大准入标准中，产值综合能耗是一个重要指标，但这个数据没有被现有统计体系纳入，造成实际上的不可操作。调研发现，工作在第一线的基层干部任务繁重，一个部门向多个上级部门负责，又要面对和处理社会各方面的需求和矛盾，如果没有明确的考核评价指标作为工作指南，基层政府难以开展该项工作。在调研过程中，许多地市多个部门的政府官员都提出，希望省政府下发具体的工作指标以便精准执行。在国家和省《规划》中都提出要对主体功能区制定差异化绩效考核评价机制，并提出了考核方向，但

目前还没有具体的考核指标和标准。

**（四）不同类型主体功能区的低碳发展方式出现"同构化"现象，地方政府需要自由选择低碳发展模式的空间，避免造成新的资源浪费**

建设生态文明、走低碳发展道路是全省经济发展总方向，不同类型主体功能区的碳排放结构、资源优势、产业基础和发展方向具有较大的差异，但不同类型功能区在低碳发展过程中存在同构化现象，没有形成差异化低碳发展路径。以绿色交通为例，根据《广东省"十三五"节能减排规划》，重点发展以天然气为燃料的交通设备，积极推广天然气交通工程，但用气成本高，对于财政资金贫乏的地区而言，普及燃气交通并非最佳绿色交通方式；纯电动车的发展也存在基础设施新增投入和现有设备报废带来的经济和环境问题，如，目前各地区的充电桩接口不一样，国家要求统一接口标准，要在全省范围内普及纯电动车，需要全部更换充电桩，而充电桩投入高，回报期长，仅基础设施投入这一项，对欠发达地区而言都是难以负担的成本。在优化开发区目前还有很多现存的非纯电动车没到报废期，强制性淘汰带来资源浪费。如果燃油动力车的能效标准高，也是绿色交通的一种补充。因地制宜的走低碳发展道路，根据不同类型主体功能区的实际情况制定出特色化的发展方案，有利于全省更快地形成格局清晰的主体功能区。

**（五）重点开发和生态发展区建设需要稳定、接地气的高端人才，跨越马太效应带来的发展差距**

社会发展质量最终是由人力资本质量决定。优化开发区基础设施好，经济和环境条件更容易吸引高端人才进入，而重点开发和生态发展区地处粤东西北，高等院校少，也难以引进和留住优秀人才，地方政府落实上级政策、解决实际问题需要一批了解当地情况的高端人才给予持续的支持，同时，这些专业人才所带来的能力溢出效应能够快速提高当地政府的执政能力。调研发现，在优化开发区的政府官员、企业精英和知识分子中有大量是来自粤东西北等生态发展区和重点开发区的原居民，如何使未来的人才流向欠发达地区，是全省实现共同富裕需要解决的一个关键课题。

## 三、政策建议

土地是资源之本，国土空间是我们赖以生存和发展的基础性资源。对国土空间的发展布局进行主体功能规划，引导各区域实现差异化、特色化发展，有利于国土空间高效和可持续开发、形成更稳定的区域协调发展格局，从源头上推进生态文明建设。因此，提出如下建议：

1. 积极融入粤港澳大湾区发展进程，打造生态安全防护屏障，提供优质生态产品

广东省初步形成由珠三角、粤东沿海地区、粤西沿海地区、粤北山区构成的国土开发格局。从区域定位看，珠三角是世界级加工制造业基地，经济总量2017年占全省79.14%，粤东粤西是全省重点开发区域，粤北是全省重要的生态安全屏障，水源涵养区和生物多样性保护区域。其中广东省的珠三角九市被纳入粤港澳大湾区发展战略，将发挥辐射带动泛珠三角区域发展的作用，粤东西北地区应抓住历史机遇期，充分发挥自身优势，通过机制创新、产品设计、市场连通，参与粤港澳大湾区一体化建设，在打造全省生态安全防护屏障的过程中，谋求自身发展，建设全面小康社会。

全面辩证看待我省的低碳发展尤其重要，需要区分我省不同地区的低碳发展方式。如珠三角城市群的低碳发展应走集约化、绿色化制造、能源供应清洁化路线（主要是核电、天然气发电、煤炭超临界发电、外购电等方式）；粤东西北地区可立足当地资源、积极发展海上风电、生物质资源化、外加外购电力的路线。使生态发展区既能满足经济发展的需求又可以承担保护粤港澳大湾区的生态屏障重大任务。

2. 消除低碳发展与发展经济的对立关系误区，走提高"碳生产力"的发展道路

目前有部分观点误认为，生态发展区的定位是保护环境就是不能够发展，因此，省政府应该给予该两类地区财政转移补助资金。实际上生态发展区并非简单的字面意义"不能开发"，而是指不能粗放式的开发和发展。如果不发展，则意味着当地居民缺少更多的就业、创造收入的机会、当地政府税收来源少，无力提供更多优质的基础公共服务，这种发展方式是不可持续的，禁止开发可能出现人口

流失、衍生出当地政府官员消极等靠要、不作为等思想。显然，这不是我们希望看到的。

从区域功能定位看，生态发展区和禁止开发区的低碳发展水平应该处于全省较高水平，从碳生产力角度来说，该类区域的碳生产力应该比优化开发区和重点开发区的碳生产力更高，才符合国土空间开发导向。如何做到该类地区的更高碳生产力，唯有在不破坏环境、维持最低生态承载力的前提下，因地制宜大力发展清洁能源供应体系，如沿海风电、山区生物质资源。同时加大生态价值的变现途径、渠道、走品牌化、绿色化产品路线。

3. 理顺生态价值的实现途径，推动环境成本内部化，帮助生态发展区和禁止开发区在发展特色产品具有相对成本优势

从地区经济发展竞争的格局来看，生态发展区和禁止开发区的经济产品优势在于绿色、有机和低碳，随着人们对绿色低碳健康生活的追求，对这类绿色产品的需求必然是越来越多。目前，市场上已经开始出现有机产品、绿色产品的认证，这种方式使具有较高生态价值的产品更容易被消费者辨识，但尚未形成规模市场。因此，政府如何推进生态产品市场的形成与发展，使环境污染者、高碳排放者付出更高成本，环境保护和绿色发展在市场上获得更多认可，实现应有价值及其重要性。

对于公益性的水源涵养、生态屏障保护方面所作的努力，我们建议由省级政府制定一定的规则对该地方财政实施奖励。在目前的情况下，可实现省财政保底转移支付以及地市之间生态补偿市场机制。政府主导与市场机制并行是可行方案。

4. 督促各市编制并上报本地区的主体功能规划，作为考核依据

要求各地市政府在《规划》（粤府〔2012〕120号）的指引下制定乡镇层级的主体功能规划方案，对本地区国土空间进行功能分区，明确各功能分区的定位和边界、发展目标和方向、开发和管制原则等，使主体功能区规划落实到位。省政府加强组织、协调和监督检查，督促各市尽快编制和上报本地区的主体功能规划，并以此作为"十三五"期末主体功能区发展绩效的考核依据。

5. 为主体功能区规划配套具有操作指南性质的精细化辅助政策体系，建立差异化评估与动态修订机制，解决执行难问题

目前与《规划》精准配套的有环保政策和产业发展指导目录，实际上只有通过环保政策为抓手进行产业发展管理，需要配套更多有操作性的辅助政策，推动

主体功能区战略在市县层面精准落地。建议：（1）征集环保、发改、国土等各部门的意见，结合《规划》发展目标，建立差异化的主体功能区绩效评价体系；（2）制定省市两级的《主体功能区规划》精细化辅助政策体系，明确工作任务、操作措施、奖惩机制等；（3）展开地市的主体功能区发展动态评估工作，提交评估报告，根据评估结果提出需要调整的规划内容或对规划进行修订的建议。2017 年底《中共中央国务院关于完善主体功能区战略和制度的若干意见》（中发〔2017〕27号）中强调要建立差异化绩效考核评价机制、主体功能区规划评估和动态修正机制。建议我省尽早展开这项工作。

6. 开展多元化生态补偿机制研究，探索绿水青山变为金山银山的有效路径

建立健全生态保护补偿机制是建设生态文明的八大制度之一，生态发展区承担资源环境保护责任，工业经济发展受限，建议开展多元化生态补偿机制研究，探索绿水青山变为金山银山的长效机制：（1）编制自然资源资产负债表，摸清自然资源家底，包括各类自然资源的实物量、价值量、自然资源的种类及特性。为制定多元化的生态补偿方案奠定基础；（2）探索生态产品定价机制，围绕科学评估核算生态产品价值、培育生态产品交易市场、创新生态产品资本化运作模式、建立政策制度保障体系等方面进行探索实践，为生态补偿提供方法和技术保障；（3）创新生态补偿内容，以生态产品交易市场为核心，纵向与横向补偿为机制主框架，从补偿类别、方式、渠道、范围、力度、层级、补偿金来源等方面展开研究；（4）开展多元生态补偿机制的社会福利效应评估，进行多目标优先排序，以便地方政府根据本地功能定位和发展目标，选择合适的生态补偿模式。

7. 以多样化组合资源配置推动地区差异化发展，形成区域功能协同互补格局

区域功能协同互补格局是生态文明社会的空间形态，地区差异化发展是形成区域功能互补的基础。落实差异化发展需要政府在资源配给上给予相应支持，虽然《规划》制定了不同功能区的发展方向和内容，但社会资源在短期内不会随着政策变化自动分流，而优化开发区凭借其得天独厚的区位优势和资源积累，持续不断地吸引更多优质资源涌入，如果政府不及时采取干预措施，对社会财富和资源进行疏通与调配，优化开发区将出现"醉氧"，而其他功能区发展"缺氧"。建议省政府以四类主体功能区规划目标为原则，对现有的财政、土地、人才、产业政策的功能区适宜性进行评估，针对不同主体功能区定位设计具体的多样化组合资源配置方案，将优化开发区的资源优势集聚在工业化城镇化的品质提升上；使

重点开发区能够充分发挥资源环境承载力强的优势，快速成为我省新经济增长极；为生态发展区成为我省生态安全屏障和农产品基地提供充足、持续、稳定的条件。

8. 解决人才问题靠灵活的用人制度，以"打组合拳"的方式为粤东西北地区留住有用之才

建设主体功能区是我国经济发展和生态环境保护的大战略，人才是根本。特别是重点开发区的人才队伍建设非常重要，重点开发区是我省未来新经济增长极，其发展质量关系到全省的整体发展水平，"骏马能历险，犁田不如牛；坚车能载重，渡河不如舟"，建议通过多样化的人才队伍建设以解决目前重点开发区人才队伍存在的"量少质低"问题：（1）建立高端智库机制，依托省政府专家委员会的力量，为每个市配备 1—2 名高级人才，建立与地市政府定期交流机制，持续的为地市发展出谋划策；（2）省人力资源社会保障厅的人才政策向欠发达地区倾斜，支持本土人才回乡服务；（3）争取高等院校在欠发达地区开设分校，发挥人才集聚效应；（4）对地方职能部门的干部开展定期培训，提高决策水平。

作者单位：中国科学院广州能源研究所

# 韩江流域水环境保护治理情况调研报告

蔡子平

习近平总书记强调指出，生态文明建设是中华民族永续发展千年大计，河川之危、水源之危是生存环境之危、民族存续之危。韩江是我省第二大河流，是粤东地区最重要的饮用水源，承担着为近 2000 多万人提供饮用水的重任。治理好、保护好韩江水环境，对确保粤东地区人民群众饮水安全和经济社会可持续发展至关重要。2017 年以来，韩江全面实行河长制，韩江流域水污染整治力度不断加大，成效初显，水质总体稳定良好，但水污染防治和水资源保护形势依然严峻，仍需继续加大整治力度，高质量打好水污染防治攻坚战，确保水环境质量、安全全面提升。为全面掌握韩江流域水环境现状，排查保护治理过程中的隐患与重点难点问题，为韩江进一步全面落实河长制提供决策参考，日前，我中心调研组赴汕头、潮州、梅州及福建省龙岩市，进行了深入调研。现将调研情况报告如下。

## 一、韩江基本情况

### （一）流域概况

韩江流域是广东省第二大流域，流域干流长 470km，南北长约 310km，平均宽约 98km，总面积 30112km²。流域范围涉及广东、福建、江西 3 省 22 市县。韩江上游为梅江、汀江和梅潭河。梅江源头是琴江，发源于紫金县七星崠，长 307km，集水面积 13929km²。汀江发源于福建省长汀木马山，全长 323km，我省境内长 43km，流域集水面积 11802km²，我省境内集水面积 1333km²；梅潭河发源于福建省平和葛竹山，全长 137km，省内长 83km，流域集水面积 1603km²，我省境内集水面积 662km²。梅江、汀江和梅潭河在大埔三河坝汇合后始称韩江。韩

江自三河坝而下经高陂、留隍，转折东南，至潮州潮安进入韩江三角洲，分为东溪、西溪、北溪，经汕头市各入海口注入南海。流域内还有支流五华河、宁江和石窟河。五华河发源于龙川亚鸡寨，于水寨镇汇入梅江，长 105km，集水面积 1832km²；宁江发源于江西省寻乌县荷峰畲，贯穿广东省兴宁市南北，至水口圩汇合梅江，长 107km，集水面积 1423km²；石窟河发源于福建武平洋石坝，经梅县东洲坝汇入梅江，全长 179km，我省境内长度 87km，集水面积 3681km²，我省境内集水面积 2295km²。韩江流域总面积按河段划分，梅江为 13929km²，汀江为 11802km²，韩江干流（三河坝至潮安）为 3346km²，韩江三角洲（潮安以下）为 1035km²；按省份划分，广东省 17851km²（占 59.3%），福建省 12080km²（占 40.1%），江西省 181km²（占 0.6%）（见图 1）。

表 1　韩江流经各省份河流情况

| 省份 | 流域面积（km²） | 干流长度（km） | 主要支流 |
| --- | --- | --- | --- |
| 福建省 | 12080 | 0 | 汀江、梅潭河、石窟河、松源河等 |
| 江西省 | 181 | 0 | 程江等 |
| 广东省 | 17851 | 470 | 五华河、宁江、石窟河、汀江、梅潭河等 |
| 全流域合计 | 30112 | 470 | |

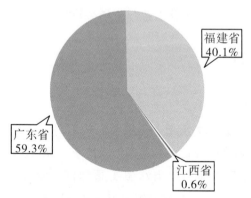

图 1　韩江流域各省所占比例

韩江流域在广东省境内涉及的行政区包括河源、梅州、潮州和汕头四市。其中，河源市涉及紫金县和龙川县局部地区，流域面积占其行政区面积 25%；梅州市除丰顺局部属粤东诸河流域、兴宁局部属东江流域外，其余均属韩江流域范围，流域面积占其行政区面积91%；潮州市涉及湘桥区和潮安区，流域面积占其行政区面积79%；汕头市金平区、龙湖区和澄海区均属韩江流域，流域面积占其行政区面积100%。韩江流域4个地市涉及县区主要行政区国土总面积2.46万 km²，占广东国土总面积的5.6%（见表2）。

表2　韩江流域基本情况表

| 地市 | 韩江流域 | 涉及面积（万 km²） | | | 干流岸线长度（km） | |
|------|---------|------|------|------|------|------|
| | | 行政区面积 | 流域面积 | 比例 | 左岸 | 右岸 |
| 河源市 | 紫金县、龙川县 | 0.67 | 0.17 | 25% | 36.9 | 36.9 |
| 梅州市 | 梅江区、梅县区、兴宁市、大埔县、丰顺县、五华县、平远县、蕉岭县 | 1.59 | 1.45 | 91% | 390.0 | 390.0 |
| 潮州市 | 湘桥区、潮安区 | 0.14 | 0.11 | 79% | 42.6 | 42.6 |
| 汕头市 | 龙湖区、金平区、澄海区 | 0.06 | 0.06 | 100% | 0 | 0 |
| 合　计 | | 2.46 | 1.79 | 73% | | |

注：行政区面积引自各市2016年统计年鉴，岸线长度数据仅为韩江紫金源头至东西溪分流潮州供水枢纽处。

### （二）自然地理

#### 1. 地形特点

韩江流域是以"多"字形构造为特点，高程20m—1500m不等。山地占总流域面积的70%，多分布在流域北部和中部，一般高程在海拔500m以上；丘陵占总流域面积25%，多分布在梅江流域和其他干支流谷地，一般高程在海拔200m以下；平原占总流域面积的5%，主要在韩江下游三角洲，一般高程在海拔20m以下。韩江流域多为山区，其下游河床又高于地面成为"悬河"，客观上使得污水很难直排韩江，这是韩江受污染较为轻微的重要原因。

#### 2. 气候特点

韩江气候属亚热带气候，气候高温、湿热，暴雨频繁。受海洋性东南季风影响很大，且处于低纬度地区太阳辐射强，日照天数多，平均气温高。夏季盛吹东

南风,冬季多吹北风和偏北风。四季主要特点:春季阴雨天气较多;夏季高温湿热水汽含量较大,常带来大雨、暴雨;秋季常有热雷雨、台风雨;冬季寒冷,雨量稀少,霜冷期短。

3. 雨量和水量

韩江流域内雨量充沛,多年平均降水量约为 1600mm。但雨量年内分配不均匀,集中在 4—9 月,约占年雨量的 80%左右。其中 4—6 月多为锋面雨,7—9 月多为台风雨。广东境内流域 2017 年平均降雨量 1294mm。

4. 森林植被

韩江流域森林广布,有林山地面积共计 1976.88 万亩。过去,由于山林权属不明确、不稳定,许多地方存在乱砍滥伐现象,森林植被遭到破坏,造成植被生态失调,部分地区自然条件恶化。改革开放以来,各地大力开展植树造林活动,着力培育和保护森林资源,使全流域的森林生态逐步得到恢复和改善,森林覆盖率从 80 年代 30%提高到 1997 年的 65%。韩江流域范围内的河源、梅州、潮州、汕头的 2016 年森林覆盖率分别为 74.57%、75.06%、62.93%、33.31%。

## (三)经济发展与用水需求情况

### 1. 经济发展情况

近年来,流域内各县(市、区)经济增长较快,但总体水平不高。2016 年,流域内涉及县区 GDP 为 3246.75 亿元,仅占全省的 3.6%;人均 GDP 为 33317 元,

表 3　韩江流域内地市基本情况

| 地市 | 涉及县区 | 行政区面积 (万 km²) | 地区生产 总值(亿元) | 常住人口 (万人) | 人均地区生 产总值(元) |
|---|---|---|---|---|---|
| 河源市 | 紫金县、龙川县 | 0.67 | 264.98 | 139.25 | 19029 |
| 梅州市 | 梅江区、梅县区、兴宁市、 大埔县、丰顺县、五华县、 平远县、蕉岭县 | 1.59 | 1045.57 | 436.08 | 23976 |
| 潮州市 | 湘桥区、潮安区 | 0.14 | 774.29 | 177.31 | 43668 |
| 汕头市 | 龙湖区、金平区、澄海区 | 0.06 | 1161.91 | 221.85 | 52374 |
| 合　计 | | 2.46 | 3246.75 | 974.49 | 33317 |

注:引自各个地市 2016 年统计年鉴。

不到全省平均水平 74000 元的一半。流域内经济发展水平最高的汕头市，人均
GDP52374 元，而较为落后的梅州市则只有 23976 元（见表 3）。2017 年流域内四
市三次产业结构分别为汕头 4.6∶50.2∶45.2，潮州 6.9∶51∶42.1，梅州 18.5∶
34.3∶47.2，河源 10.8∶42.0∶47.2。韩江流域人口密集，2016 年流域内四市每
平方公里人口密度为 933 人，远高于全省平均水平。劳动力资源非常丰富。

2. 用水需求

韩江流域农业生产潜力较高，农田灌溉用水量大。根据《广东省水资源公报》
（2016 年），2016 年韩江流域农田灌溉、林木渔畜、工业、城镇公共、居民生活、
生态环境等供水总量为 33.08 亿 m³，其中农田灌溉用水占一半以上（见表 4）。

表 4　韩江流域用水量（2016 年，亿 m³）

| 水资源分区 | 农田灌溉 | 林木渔畜 | 工　业 | 城镇公共 | 居民生活 | 生态环境 | 合　计 |
|---|---|---|---|---|---|---|---|
| 韩江白莲以上 | 15.38 | 1.56 | 2.95 | 0.70 | 2.43 | 0.14 | 23.16 |
| 韩江白莲以下 | 3.15 | 0.72 | 2.34 | 0.76 | 2.83 | 0.11 | 9.92 |
| 全流域 | 18.53 | 2.28 | 5.29 | 1.46 | 5.27 | 0.25 | 33.08 |
| 用水占比 | 56.0% | 6.9% | 16.0% | 4.4% | 15.9% | 0.8% | 100% |

## 二、韩江流域整治成效初显

省委、省政府及韩江沿岸各地对韩江水源保护工作高度重视，尤其是 2017 年
河长制建立以来，各级河长和有关责任部门组织开展重点河库水环境综合整治、
黑臭水体整治、污水和垃圾处理设施建设、畜禽养殖污染整治、农业面源污染整
治、中小河流治理等专项行动，成效初显。

第一，河长制扎实推进。截至 2017 年，流域各市已全面建设市（地级以上
市）、县（市、区）、镇（街道、乡）、村（社区）四级河长体系。河长体系延伸到
自然村，实现区域与流域相结合的四级河长体系全覆盖，比中央要求提前一年完
成河长制建立工作，"见河长"阶段任务已全面完成。2017 年以来，韩江省级河
长巡河 5 次、召开河长会议 1 次。同时，流域各市积极探索实践，形成了一些好
经验好做法。一是高位推进河长制工作。市、县（市、区）、镇三级均实行双总河
长制，由同级党委、政府主要负责同志共同担任总河长。河源市由政府分管同志

担任河长制办公室主任。二是推进河流治理管护。汕头市通过实施"百村示范、千村整治""百河千沟万渠大整治"等专项行动，实现了辖区内河流、沟渠全面综合治理。梅州市加强中小河流治理和管护，将中小河流治理与美丽乡村建设有机结合起来，实现河流生态和人居环境的改善。潮州市通过实施"水岸同治""治六乱"等专项行动，有效清理全市水体两岸乱搭乱建乱占等行为。三是创新河长制工作方式。汕头市通过购买社会服务，对练江干流、韩江北溪等河道进行清漂保洁。河源市源城区作为中小河流治理"互联网＋河长制"试点，建立"源城河道管理"微信公众号。梅州市采用无人机航拍等方式，收集河流治理、管护资料。潮州市出台地方性法规《潮州市韩江流域水环境保护条例》，推进"绿色生态水乡网"建设。今年1月，梅州市河长制工作受到国家全面建立河长制中期评估核查组的高度肯定。

第二，水资源保护得以强化。流域各市实行最严格水资源管理制度，强化水资源开发利用控制、用水效率控制、水功能区限制纳污等3条红线刚性约束，严格考核评估和监督。2017年，省政府批复同意《韩江流域水质保护规划（2017—2025)》。近期，省政府批准实施《韩江流域水资源分配方案》，省政府常务会议审议通过《韩江榕江连江水系连通工程建设总体方案》。目前，韩江流域水环境质量总体保持良好，干流水质基本保持在国家地表水Ⅱ—Ⅲ类水标准，饮用水水源达标率为100％。2017年对全流域重要河流水库水质实施监测数据显示，水质达到或优于Ⅲ类水的断面占总断面数的92.5％，比2015、2016年分别高出13.2、9.2个百分点。2017年，韩江成功入选首届全国十条"最美家乡河"。

第三，水污染防治持续推进。一是严防污染转移。流域各市严格执行建设项目"环评"和"三同时"制度，强化建设项目管理，近年来均没有引进严重污染韩江水质的项目。二是加快治污设施建设。流域各市推进城乡生活垃圾和污水处理设施建设和运营管理工作。流域内汕头、河源、梅州、潮州四个地市共建成城镇生活污水处理设施105座（200.6万吨/日）、污水管网4769km，城市生活垃圾无害化处理设施19座（0.7万吨/日）。其中，2017年新建污水处理设施3座（7.5万吨/日）、污水管网292km，建成城市生活垃圾无害化处理设施1座（1050吨/日）。19个黑臭水体有11个完成阶段整治，初见成效。构建流域湿地生态保护体系，流域四市建有湿地自然保护区20个、湿地公园25个。三是推进农村水环境综合整治。实施"以奖促治"农村环境综合整治，大力推进农村连片整治与生态建设，部分区域农村环境质量得到改善。

第四，跨省水环境整治有效开展。韩江流域约 50％ 水量来自福建省，上游水质对韩江水环境影响较大。近年来，我省高度重视粤闽韩江流域水环境保护合作，取得突破性进展。一是签订并实施跨省流域生态补偿协议。2016 年 3 月，我省与福建省签订《福建省人民政府、广东省人民政府关于汀江韩江流域上下游横向生态补偿的协议》，将汀江、梅潭河、石窟河、象洞溪 4 条跨省河流纳入考核，实行"双向补偿"。二是我省环保厅与福建省环保厅签订了跨界河流水污染联防联治协作框架协议，建立了粤闽省际联合执法机制。

第五，水安全保障能力进一步增强。通过实施防洪控制水利枢纽建设、重要堤围达标加固及中小河流治理，流域水安全保障能力进一步提高。韩江重要堤围梅州大堤、潮州韩江南北堤、汕头大围等经过达标加固，已达到 50 年一遇及以上的防洪标准。韩江潮州供水枢纽建成运行后，下游水资源调配能力将显著增强。

第六，流域局充分发挥作用。近年来，韩江流域管理局扎实推进韩江管理保护有关工作，加强流域水功能区监测、通报工作。每月对水功能区水质进行监测评价，将不达标情况向地市政府通报，要求采取治理措施，在韩江源头保护、督促清溪水库水环境整治、协调河道垃圾清理、调配枯水期水量等方面，取得明显成效；建立流域水资源管理联席会议制度，协调解决流域管理保护问题，邀请人大代表、政协委员和专家学者参会建言献策；实施流域巡查监管，与水利、公安、海事等部门联合开展执法检查活动，有力打击违法采砂行为；积极推广使用"广东智慧河长"微信平台，举办以"保护母亲河"为主题的"韩江徒步节"13 届，参加群众累计达数十万人，宣传和引导群众参与韩江保护。

## 三、韩江水生态环境存在隐患及整治工作难点

近年来，韩江流域整治工作取得了一定成效，但其成效是初步和阶段性的。流域位于粤东欠发达地区，河湖管理保护治理基础工作还很薄弱。同时，跨省、跨市界河流情况复杂，水环境保护及水污染治理难度较大，交叉问题多。2018 年第一季度水质劣于 III 类的监测断面与去年同期相比有所上升；流域四市均未完成国家下达的"2017 年消除 60％ 黑臭水体"目标任务。

## （一）污染源和入河排污口底数不清

入河排污口和污染源是河流环境治理的基础性资料。全面准确掌握入河排污口情况，有利于我们正确研判流域水污染形势，提高打好水污染防治攻坚战的靶向性。目前，韩江流域入河排污口及污染源底数仍然不清，给流域水环境整治带来很多困难。主要原因：一是排污口数量增多，布局发生变化。随着流域城镇化进程不断加快，产业结构和布局不断调整，大量工业废水和生活污水排入城市河道水系，流域排污口和污染源也发生较大变化，许多工业污染源由单独排放转向园区集中排放，一些排污企业还在行洪河道设置排污口，也对提防和河道安全构成潜在威胁。二是排污口设置、论证、审批工作有待深化和完善。水利部仅提出了入河排污口设置论证的基本要求，但对设置论证工作的具体要求、范围及深度等仍缺乏统一的规范要求；水行政和环保主管部门对入河排污口设置审批职责尚存在工作交叉、互相制约等现象。其中环境影响评价涉及环保部门，河道内建设项目、取水许可管理涉及水利系统内部管理，使得排污口设置审批程序难以理顺，统计口径无法统一，目前排污口底数仍然不清。三是污染源类型复杂。流域内农村地区小微型工业企业类型繁杂，排放的污染物种类和成分难以认定，各支流排放的污染物种类成分以及废污水入河量仍未准确统计。违规设置排污口及排污口超标排放仍时有发生。正在进行的水源地专项督查发现，韩江潮州段竹竿山水源地二级保护区内有两个排污口，现场检查时一个正在排水。四是基层环境保护能力薄弱。环境监测体系尚未全面覆盖到农村，污染源普查相关工作仍落实不到位。由于专职普查经费和人员匮乏，在排污许可证发放之后，基层环保部门对本地区

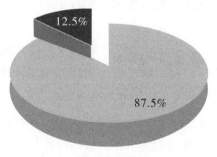

图2 2018年第一季度监测断面水质类别示意图

的污染源监管无法做到全面监管。在排污许可证年审时，由于在线监测往往不能全覆盖，企业排污量的核算缺少必要依据，难以定量。

## （二）输入性污染源偏多

韩江流域共有 40 个主要河流、水库水质的监测断面。其中省界断面 6 个，市界断面 6 个，重要支流汇入口断面 7 个，重要饮用水源地断面 15 个，重要源头和水文控制断面 6 个。根据《地表水环境质量标准》（GB3838—2002）（粪大肠菌群和总氮不参加评价），对 2018 第一季度流域监测断面进行监测，结果显示，水质中铅、五日生化需氧量、溶解氧、高锰酸盐指数、氨氮、总磷、锰等营养素含量过高，35 个断面水质达到或优于Ⅲ类（即Ⅰ—Ⅲ类），占 87.50%；5 个断面水质劣于Ⅲ类（即Ⅳ至劣Ⅴ类），比例达 12.50%，水污染防治形势严峻（见图 2）。

**表 5　2018 年第一季度韩江流域主要河流、水库断面水质状况表**

| 断面类型 | 断面名称 | 所在河流 | 水质状况 | | | 水质目标 | 达标与否 | 超标项目 |
|---|---|---|---|---|---|---|---|---|
| | | | 2018年第一季度 | 2017年第一季度 | 2017年第四季度 | | | |
| 省界断面 | 富石水库 | 程江 | Ⅱ类 | Ⅱ类 | Ⅱ类 | Ⅱ类 | 达标 | |
| | 长兴电站 | 石窟河 | Ⅲ类 | Ⅲ类 | Ⅲ类 | Ⅲ类 | 达标 | |
| | 多宝水库 | 松源河 | 劣Ⅴ类 | Ⅳ类 | 劣Ⅴ类 | Ⅱ类 | 未达标 | 铅、五日生化需氧量、溶解氧、高锰酸盐指数、氨氮、总磷 |
| | 虎市 | 汀江 | Ⅱ类 | Ⅱ类 | Ⅳ类 | Ⅲ类 | 达标 | |
| | 小溪口 | 漳溪河 | Ⅲ类 | Ⅴ类 | Ⅲ类 | Ⅱ类 | 未达标 | 氨氮、总磷 |
| | 联丰 | 梅潭河 | Ⅱ类 | Ⅱ类 | Ⅱ类 | Ⅲ类 | 达标 | |
| 市界断面 | 琴江吉祥 | 琴江 | Ⅱ类 | Ⅱ类 | Ⅱ类 | Ⅱ类 | 达标 | |
| | 合水村 | 五华河 | Ⅳ类 | Ⅲ类 | Ⅲ类 | Ⅲ类 | 未达标 | 氨氮、总磷 |
| | 赤凤 | 韩江 | Ⅱ类 | Ⅱ类 | Ⅱ类 | Ⅱ类 | 达标 | |
| | 庵埠水厂 | 韩江西溪 | Ⅱ类 | Ⅱ类 | Ⅱ类 | Ⅱ类 | 达标 | |

续表

| 断面类型 | 断面名称 | 所在河流 | 水质状况 | | | 水质目标 | 达标与否 | 超标项目 |
|---|---|---|---|---|---|---|---|---|
| | | | 2018年第一季度 | 2017年第一季度 | 2017年第四季度 | | | |
| 市界断面 | 急水 | 韩江东溪 | Ⅱ类 | Ⅱ类 | Ⅱ类 | Ⅱ类 | 达标 | |
| | 白水湖大桥 | 韩江北溪 | Ⅱ类 | Ⅱ类 | Ⅱ类 | Ⅲ类 | 达标 | |
| 重要支流汇入口断面 | 河口桥 | 五华河 | Ⅱ类 | Ⅲ类 | Ⅱ类 | Ⅱ类 | 达标 | |
| | 水西桥 | 宁江 | Ⅲ类 | Ⅲ类 | Ⅲ类 | Ⅱ类 | 未达标 | 氨氮、总磷、高锰酸盐指数 |
| | 秋云桥 | 程江 | 劣Ⅴ类 | Ⅳ类 | 劣Ⅴ类 | Ⅲ类 | 未达标 | 氨氮 |
| | 石窟河大桥 | 石窟河 | Ⅱ类 | Ⅱ类 | Ⅱ类 | Ⅱ类 | 达标 | |
| | 平水 | 梅潭河 | Ⅱ类 | Ⅱ类 | Ⅱ类 | Ⅱ类 | 达标 | |
| | 三河坝 | 韩江 | Ⅱ类 | Ⅱ类 | Ⅲ类 | Ⅲ类 | 达标 | |
| | 神砂大桥 | 丰良河 | Ⅱ类 | Ⅱ类 | Ⅱ类 | Ⅱ类 | 达标 | |
| 重要饮用水源地 | 桂田水库 | 蕉洲水 | Ⅱ类 | Ⅲ类 | Ⅱ类 | Ⅱ类 | 达标 | |
| | 益塘水库 | 矮车河 | Ⅱ类 | Ⅱ类 | Ⅱ类 | Ⅱ类 | 未达标 | 铁、锰 |
| | 合水水库 | 宁江 | Ⅱ类 | Ⅱ类 | Ⅱ类 | Ⅱ类 | 达标 | |
| | 梅州桥 | 梅江 | Ⅲ类 | Ⅲ类 | Ⅱ类 | Ⅱ类 | 未达标 | 氨氮、铁、锰 |
| | 清凉山水库 | 白宫水 | Ⅱ类 | Ⅰ类 | Ⅱ类 | Ⅱ类 | 达标 | |
| | 横水水库 | 中行河 | 劣Ⅴ类 | Ⅳ类 | Ⅲ类 | Ⅱ类 | 未达标 | 氨氮、锰 |
| | 黄田水库 | 柚树河 | Ⅱ类 | Ⅰ类 | Ⅱ类 | Ⅱ类 | 达标 | |
| | 黄竹坪龙潭水库 | 高陂河 | Ⅰ类 | Ⅰ类 | Ⅱ类 | Ⅱ类 | 达标 | |
| | 湖寮 | 梅潭河 | Ⅱ类 | Ⅱ类 | Ⅱ类 | Ⅱ类 | 达标 | |
| | 凤凰水库 | 凤凰溪 | Ⅱ类 | Ⅰ类 | Ⅱ类 | Ⅱ类 | 未达标 | 锰 |
| | 田头何 | 韩江西溪 | Ⅱ类 | Ⅱ类 | Ⅱ类 | Ⅱ类 | 达标 | |
| | 澄海第二水厂 | 外砂河 | Ⅱ类 | Ⅱ类 | Ⅱ类 | Ⅱ类 | 达标 | |
| | 南社 | 新津河 | Ⅱ类 | Ⅱ类 | Ⅱ类 | Ⅱ类 | 达标 | |

续表

| 断面类型 | 断面名称 | 所在河流 | 水质状况 | | | 水质目标 | 达标与否 | 超标项目 |
|---|---|---|---|---|---|---|---|---|
| | | | 2018年第一季度 | 2017年第一季度 | 2017年第四季度 | | | |
| 重要饮用水源地 | 澄海东部水厂 | 韩江南溪 | Ⅱ类 | Ⅱ类 | Ⅱ类 | Ⅱ类 | 达标 | |
| | 北溪大桥 | 韩江北溪 | Ⅱ类 | Ⅱ类 | Ⅲ类 | Ⅱ类 | 达标 | |
| 重要源头和水文控制断面 | 际头 | 琴江 | Ⅱ类 | Ⅰ类 | Ⅱ类 | Ⅰ类 | 未达标 | 总磷 |
| | 尖山 | 琴江 | Ⅱ类 | Ⅲ类 | Ⅱ类 | Ⅱ类 | 达标 | |
| | 回龙 | 五华河 | Ⅱ类 | Ⅱ类 | Ⅱ类 | Ⅱ类 | 达标 | |
| | 水口 | 梅江 | Ⅲ类 | Ⅲ类 | Ⅱ类 | Ⅱ类 | 未达标 | 氨氮 |
| | 横山 | 梅江 | Ⅳ类 | Ⅱ类 | Ⅳ类 | Ⅲ类 | 未达标 | 氨氮 |
| | 溪口 | 汀江 | Ⅱ类 | Ⅱ类 | Ⅲ类 | Ⅱ类 | 达标 | |

从表5可看到，2018年第一季度不达标的7个监测断面中，省界断面中，松源河多宝水库断面水质为劣Ⅴ类，不达标主要原因是水库受福建省内新建洗沙场和养殖污染造成影响，2017年以来水质虽有所改善，但由于长期受到严重污染，污染底泥沉积，水库水质仍然超标，主要超标项目均为有机污染物；漳溪河小溪口断面水质为Ⅴ类，不达标主要原因是省界沿岸养殖废水排入；市界断面中，五华河合水村断面水质为Ⅳ类，不达标主要原因是五华县和龙川县部分村镇的养殖废水及生活污水排入。重要支流汇入口断面中，宁江水西桥断面水质为Ⅲ类，不达标主要原因是兴宁市城区的生产和生活废污水排入；程江秋云桥断面水质为劣Ⅴ类，不达标主要原因是梅州市城区部分生活污水排入；重要饮用水源地中，中行河横水水库断面水质为劣Ⅴ类，不达标主要原因是江西省内非法稀土开采历史遗留污染物入河。重要源头和水文控制断面中，梅江横山断面水质为Ⅳ类，不达标主要原因是生产生活废污水以及农业面源等污染。

以上分析可知，农业面源污染物、城乡生活用水污染物和工业污染物等输入性污染源偏多，是造成韩江监测断面不达标的重要原因。

一是农业面源污染面大量广。近年来，韩江上游福建省境内畜禽养殖业迅猛发展，养殖规模大，已成为面污染源最大的贡献者。流域我省境内也有规模化畜

禽养殖场 794 家，其中汕头市 72 家，潮州市 18 家，梅州市 704 家。饲养生猪约 159 万头，散养猪约 73 万头。

——畜禽养殖方面。一是养殖功能区执行不到位。我省在 2017 年底已全面完成畜禽禁养区的拆迁，但畜禽养殖面广量大，禁、限养落实不到位等问题仍时有发生。如正在进行的全国水源地专项督查发现，汕头市龙湖区韩江外砂河一级饮用水水源保护区内，存在一处无证无照的肉鹅养殖场，未按要求搬迁关闭。该养殖场占地面积约 2500㎡，饲养肉鹅 600 只，大量养殖废水和畜禽粪便直排保护区内。二是养殖方式粗放。养殖场治污水平普遍较低，散养企业基本没有污染治理措施，多采用水冲粪方式清理废弃物，废水未经处理直接排入鱼塘或周边环境；规模化养殖企业虽自行配套有污水处理设施，但为了节省成本，不按照环保要求进行相应的废水、废渣处理，大量养殖废水和粪便排放到江中，造成省界、市界及支流小流域等严重污染。如梅州 80% 的规模化养殖企业已配备了沼气池发酵的粪污水处理设施，但大部分均未进行综合利用。

——农药化肥使用方面。目前，韩江流域农业发展模式相对比较落后。随着城镇化和农村劳动力的转移，农村耕地撂荒比较严重。实际耕种面积逐年减少，为保证农业生产产值，在多施多放就能多产出的传统观念主导下，农药化肥的使用总量仍然偏高。潮州市 2016 年农用化肥、农药和农用塑料薄膜用量分别为 54282 吨、4286 吨和 1206 吨，比 2015 年分别增加了 977 吨、407 吨和 7 吨，尚未实现化肥农药用量零增长的既定目标。同时，部分农户不清楚所使用农药化肥成分，未掌握农药化肥成分，氮肥、无机肥用量过多，有些甚至滥用化学激素，加之目前粮食作物化肥农药利用率较低[1]，大量化肥营养元素富集流失，造成土壤、水体污染严重。另外，韩江流域上游水库养鱼普遍，网箱养鱼和大量投肥等养殖方式，超过流域的承载力和自净能力，水库水质恶化和富营养化趋势明显，水污染呈现流域蔓延态势。流域长潭水库、多宝水库、合水水库和双溪水库都存在不同程度的富营养化，发生蓝藻水华风险较高，加强这些水库的蓝藻水华治理工作

---

[1] 经科学测算，2017 年我国水稻、玉米、小麦三大粮食作物化肥利用率为 37.8%，农药利用率为 38.8%，美国粮食作物氮肥利用率大体在 50%，欧洲粮食作物氮肥利用率大体在 65%，欧美发达国家小麦、玉米等粮食作物的农药利用率在 50% 至 60%，与发达国家相比，我国化肥农药利用率仍有不小差距。

刻不容缓。

二是工矿企业污染整治任务重。整体上，工业源对韩江流域水体污染相对较小，但特殊行业企业污染问题需重点关注。流域内水泥制造、线路板、食品加工、陶瓷、采矿、造纸、印染等高污染低效益企业数量较多。85家企业被列为重点污染源，部分企业未按要求处理废水、废渣，造成局部地区污染严重。如兴宁市的主要排污沟东排沟，汇集产业转移园、发电厂、造纸厂、铁矿厂、印染、漂染和造纸等大量未经处理的工业废水，导致2017年宁江水西桥断面水质在12次监测中11次不达标，介于Ⅱ—Ⅳ类之间，主要超标项目为氨氮、总磷、高锰酸盐指数和五日生化需氧量。福建省平和县、永定区的小造纸、小冶炼、石板材加工企业排放的大量废水，造成我省梅潭河、漳溪河污染严重。工业废水污染还导致跨省界、跨市界水污染突发事件。2010年7月3日福建省上杭县紫金山矿业重大水污染事件造成韩江梅州段涉污染水域断面铜浓度超标[①]。

三是生活污染源问题。韩江流域人口密度大，部分群众公共卫生意识较弱，贪图方便随意向河流直排生活污水、在河道倾倒垃圾时有发生，且随着流域城镇化进程的推进，产生大量生产生活废水和生活垃圾。1980年，流域工业和生活废污水排放量为4.96亿 m³，到2016年增加到13.6亿 m³，增幅达174%。同时，部分养殖户为减少损失，不按规定处置病死动物，将其丢弃后使之直接或间接进入江中，造成部分河段富营养化。富营养化水质又引发江中水浮莲等水生植物快速生长。水浮莲结成大型浮块后，加上漂浮垃圾，严重污染水生态环境，影响船舶航行安全及涵闸泄洪功能。梅州市汀江、梅潭河、漳溪河等省界断面，汕头市韩江东溪、西溪等市界断面，均存在水浮莲、垃圾漂浮物污染；汛期排涝泄洪时，下游清漂保洁工作速度远比不上垃圾杂物下泄速度，群众饮水安全受到威胁。

### （三）污染物处理能力滞后

城市黑臭水体治理是污染防治攻坚战七场标志性战役之一。2017年，流域内

---

① 2010年7月3日16时许，紫金山铜矿湿法厂岗位人员发现污水池的污水水位异常下降，且有废水自废水池下方的排洪涵洞流入汀江。据初步判断，是由于福建省龙岩市上杭紫金矿业集团股份有限公司废水池防渗膜垫层异常扰动，导致防渗膜局部破损，废水渗透到废水池下方的排洪涵洞，流入汀江。本次废水渗漏量为9100立方米。事故造成福建省棉花滩水库出水与广东省大埔青溪电站水体混合后铜含量明显增加，超出渔业水质标准，对两省跨界河段产生明显影响，汀江沿岸大面积鱼类死亡，梅州境内河段渔业养殖面临较大风险。

潮州、河源二市均未完成国家下达的"2017年消除60％黑臭水体"目标任务。其中河源2条黑臭水体未完成整治，对标"长制久清"目标仍有较大差距（见表6）。黑臭水体整治的关键是周边废污水、垃圾等污染物的收集处理。而污水收集管网和垃圾处理厂建设滞后，是黑臭水体整治滞后的主要原因。同时，项目建成后缺乏配套管理制度，重建轻管，运营经费、人员落实不到位，管养体制不完善等，也是导致水质难以长效保持、水体反复恶化的重要因素。

表6　黑臭水体整治工作进展情况表（截至2018年4月底）

| 序号 | 城市 | 黑臭水体数量（个） | 整治工作进展（个） | | | 初见成效比例（％） |
|---|---|---|---|---|---|---|
| | | | 已开工整治（含已实现初见成效） | 其中：已实现初见成效的黑臭水体 | 前期工作 | |
| 1 | 汕　头 | 13 | 10 | 8 | 3 | 61.54％ |
| 2 | 河　源 | 2 | 2 | 0 | 0 | 0.00％ |
| 3 | 梅　州 | 2 | 2 | 2 | 0 | 100.00％ |
| 4 | 潮　州 | 2 | 2 | 1 | 0 | 50.00％ |

一是村镇污水处理设施建设滞后。（1）韩江流域266个乡镇仅建成镇级污水处理设施75座。其中，河源市列入"十二五"减排计划的龙川县城二期、龙川县麻布岗镇污水处理设施进展缓慢，未按时建成。梅州106个镇（街）中只有30个镇完成或基本完成生活污水处理设施建设，行政村污水处理设施基本为空白。汕头有9座、河源有1座、潮州有4座污水处理厂未完成应于2017年年底完成的提标改造工作；河源、梅州、潮州三市长期在我省城镇污水处理季度考核工作中排名处于中下游，2017年得分分别仅为74.1分、76.6分、78.4分。2. 污水处理收集管网建设进展缓慢。大部分污水收集管网仍为雨污合流，未进行沿河截污。由于配套管网投资额相对较大、缺少运营收入，传统PPP项目较少纳入管网建设，导致管网工程建设资金较难筹集，管网建设严重滞后。同时，污水处理设施特别是次支管网建设周期长、回报慢、收益不高，中标企业不主动推进管网建设，项目难以落地，甚至出现项目工程转包现象，项目质量难达标。其中，龙川县宝通（鹤市）污水处理厂、紫金县古竹镇污水处理厂虽已建成试运行，但由于配套管网不完善，进水量和进水浓度低，难以持续发挥减排效益。

二是垃圾处理能力不足。（1）垃圾收运系统不完善。大量垃圾未得到有效处理。流域日产生活垃圾约 6735 吨，目前仅建成 4270 吨/日的处理能力，城镇生活垃圾无害化处理率仅 63.4%，农村生活垃圾虽有收集，但大部分未达到无害化处理。（2）垃圾处理简单。大部采用填埋方式。垃圾填埋产生的垃圾渗滤液成分复杂，其中含有难以生物降解的奈、菲等芳香族化合物、氯代芳香族化合物、磷酸脂、邻苯二甲酸脂、酚类和苯胺类化合物等。渗滤液对地面水的影响会长期存在，即使填埋场封闭后一段时期内仍有影响。渗滤液对地下水也会造成严重污染，主要表现在使地下水水质混浊，有臭味，COD、三氮含量高，油、酚污染严重，大肠菌群超标等。（3）垃圾焚烧发电厂等城市生活垃圾处理设施受"邻避"效应影响进展缓慢。"十二五"规划项目中汕头市 1 座、潮州市 2 座仍未建成。"十三五"规划项目中河源、梅州、潮州市分别有 1 座城市垃圾处理设施未开工建设。河源市有 11 座镇级垃圾填埋场尚未开工。

### （四）流域水资源利用压力较大

一是流域水资源紧缺。（1）人均水资源量较低。2016 年汕头市人均水资源量仅 336m³、潮州市为 1226m³、梅州 5180m³、河源 7359m³。按照国际标准（人均水资源量少于 1700m³ 的地区为用水紧张，人均水资源量少于 1000m³ 的地区为缺水），汕头市属于严重缺水地区，潮州市属于用水紧张地区。根据《广东省水资源公报》，韩江流域内河源、梅州、潮州、汕头四市 2016 年用水总量距 2020 年控制红线分别还剩 0.99 亿 m³、1.57 亿 m³、0.38 亿 m³、1.83 亿 m³，各行政区用水总量均已接近控制红线。（2）可利用水资源量较为紧张。流域内各市水资源开发程度较高。2016 年韩江流域内河源、梅州、潮州、汕头各市水资源开发利用率分别为 8.4%、10.0%、17.6%和 38.5%。（3）流域外水质性缺水也较为突出，承担的跨流域调水任务艰巨。流域外的揭阳市、潮阳潮南区、南澳县本地水资源有限，且随着经济发展需水量不断增加。邻近的榕江、练江、黄冈河流流域畜禽养殖业较为发达，近岸养殖场大量未经处理的畜禽粪便直排河入库，水体污染严重，水质性缺水突出，进一步加重了流域供水压力，从韩江引水需求迫切。同时，高陂水利枢纽工程、粤东灌区工程和流域外调水项目等还未完成，水资源供需矛盾愈加突出（见表 7）。

二是枯水期生态流量紧张，地下水难以利用。韩江流域水量年内分配不均，

每年70%—85％的水量集中在汛期4—9月，枯水期只有年总量的15％—30％，导致枯水期用水紧张。同时，由于近年来在韩江流域上、中、下游兴建了多个水利水电工程，由于利益冲突，加上流域水源涵养能力不足，容易导致部分河段枯水期生态流量得不到保障。韩江上、中游地下水较丰富，占了整个流域地下水资源量的88.4％，但埋藏较深，大量开发成本高，且含碱盐等杂质，大部分不符合使用标准，可开发利用率低。

表7　韩江—榕江—练江三江连通后韩江流域水资源预计开发利用量

| 广东省韩江流域水资源分配量（亿 $m^3$） | | | | | | | |
|---|---|---|---|---|---|---|---|
| 可利用量 | 已分配水量 | | | | | | 超利用量 |
| 水资源量1156亿 $m^3$ ×开发利用率30% | 河源 | 梅州 | 潮州 | 汕头 | 四大引韩 | 三江连通 | |
| | 2.4 | 20.2 | 5 | 6.2 | 7.2 | 6.2 | |
| 46.8 | 47.2 | | | | | | 0.4 |

### （五）流域水土保持任务繁重

一是上游水土流失较为严重。韩江上游水土流失以自然侵蚀为主，水土流失面积达 $2513km^2$，主要分布在上游河源市龙川县、梅州市五华县、兴宁市、梅县区、大埔县、丰顺县等。其中，上游梅州市崩岗侵蚀较为严重，共有54017个崩岗，面积达 $457.78km^2$，分布占比均超过全省的50％以上，是全省崩岗危害最为严重的地市。水土流失一方面造成了河道淤积，降低水体自净能力。潮安以下有些河段河床平均每年淤高2.6—4.0厘米。梅江河床1958—1983年25年间淤高0.75米，河道通航里程减少了40％左右，不少水库也因淤积而降低效益甚至危及工程安全；另一方面，大量表土进入水环境，造成水体氨氮、总磷等超标。此外，根据土地利用现状，梅州市矿业开采用地规模占土地总面积的4.2％，高于城镇用地等建设用地。矿山开采对地表植被等破坏严重，对水体安全风险较高。

二是河道采砂存在较大隐患。为维持水生态健康发展，韩江划定河砂禁采区和可采区，实行"计划开采、总量控制"原则，但实际超量开采严重。韩江干流河道基本每年划定共约有4至5个采区，采砂方量共约有 $35×5＝175$ 万 $m^3$。目前，韩江干流在采采区为丰顺县枫坑采区采砂1个。据业内人士保守估计，粤东地区建筑市场一年的用砂量在1000万 $m^3$ 以上，河砂市场供求矛盾突出，河砂市场零售价从 2010 年的 20 元/m³ 升至 100 元/m³。易采、易销、成本低、售价高、利润空间大，导致韩江干流非法采砂运砂现象屡禁不绝。目前，潮州和梅州交界赤凤河段盗采河砂最为严重。转运盗采河砂船只采用躲匿或弃船等方式躲避检查，部分不法分子甚至暴力抗法。当前主要靠水行政主管部门打击违法采砂，尚未建立起联合执法长效机制，同时存在有案不移、有案难移、以罚代刑现象，监管面临巨大挑战。另外，上游部分采区还存在现场采砂标识不明显，采砂计量方式不科学，河砂合法来源证明使用不规范，现场监管人员责任意识不强等问题。

### （六）跨界水体污染联防联控机制不健全

广东省与福建省对流域水环境功能区划分存在矛盾。由于汀江为下游重要饮用本源地，广东省水环境功能区水质要求为Ⅱ类，而上游福建省水质要求为Ⅲ类，存在下游水质要求高于上游现象。跨界问题来源已久，自 2007 年开始逐步得到重视。经过 10 年的努力，我省与福建省于 2016 年签订汀江—韩江流域上下游横向生态补偿协议。根据协议，福建水质达标广东将给予补偿。按照生态补偿的执行标准，闽粤两省生态补偿考核项目为 pH 值、高锰酸盐指数、氨氮、总磷、五日生化需氧量 5 项。溶解氧不是生态补偿考核项目，汀江闽粤跨界断面的溶解氧经常不达标。而我省对下游韩江则要考核溶解氧。两省水质保护和污染监管的尺度不一致使得水质交接目标仍然难以协调。跨界污染防控领导小组和工作小组尚未形成，流域水污染联防联控机制缺失、信息共享渠道缺乏，导致两省各自为战、分散作战，合作仍停留在合作框架协设层面。

## 四、进一步加强韩江流域治理的对策建议

韩江流域各市经济发展较为落后，面临加快发展的重任。做好韩江流域治理工作，关键是要处理好绿水青山和金山银山的关系。这不仅是实现可持续发展的内在要求，而且是推进现代化建设的重大原则。生态环境保护和经济发展不是矛盾对立的关系，而是辩证统一的关系。要实现韩江流域高质量发展，必须从长远利益考虑，走生态优先、绿色发展之路，使绿水青山产生巨大生态效益、经济效益和社会效益，让粤东人民的母亲河永葆生机活力。

### （一）多措并举落实河长制

河长制实施时间不长，全面实施也还不够充分，个别基层河长和河长办履职不规范、不到位，对河流存在问题和解决方案不够明晰。这些都需要各方面齐抓共管、多策并用。一要进一步深化河长制落实。河长制体系全面建立后，工作重点要转到治河、护河上，重心要下沉到镇、村（村民小组）。要完善河长制工作考核办法，将最严格水资源管理和水污染防治行动计划的考核纳入河长制考核体系，根据考核评价结果，实行激励和问责机制，以奖惩分明促各级河长勤政有为。借力以奖代补，助推河湖长效管护，建立河长制省级奖补工作机制，设立河长制省级补助资金，一部分作为河长制以奖代补资金，奖补河长制工作先进地区，推动河湖长效管护；另一部分作为河长制专项资金，由省级河长统筹使用。二是加强流域协作。流域各市可充分利用流域联席会议制度、各级河长制等工作机制，加强跨区域、跨部门之间的协作，推进信息互通共享，及时解决跨界有关问题。韩江局要密切配合省河长办，发挥流域管理机构的监测、协调、监督、指导作用。三要探索实施网格化管理。可按照地形条件、人口密度等情况，韩江各主要河道及小河、小溪等小微水体进行责任网格划分，明确相应网格负责人及巡河员，详列分工管理责任，与已成熟的社会治安群防群治体系进行衔接。以部门履职重心下移带动基层护河力量，参照环境卫生市场化保洁的办法进行每日保洁、清漂，并以网格为单位设立网格化管理公示牌，确保沿河垃圾日产日清，河道保洁不留盲区，彻底打通治河最后一公里，让河长制在基层落地生根。四要提升科学化管理水平。要重视水质监测数据的准确性，不断运用先进水质监测技术，健全地表水环境质量监测体系。加快国家地表述考核断面水质自动监测站建设，提高水质监测准确率，防止出现上下游、左右岸责任牵扯不清情况。建立健全河长制信息管理平台，整合水利、环保、住建、国土等相关行业信息资源，运用信息化手段理顺河长交办督办、部门联动解决问题的工作机制，推动河长制全面落实到位。五要加强宣传发动，营造治河良好氛围。加大媒体宣传力度，充分发挥媒体监督作用，曝光河湖管理中的违法违规问题，推动问题更好地解决。壮大民间河长队伍，鼓励创新设立党员河长、企业河长等，提高全社会的责任意识和参与意识。编制广东秀美河湖画册，挖掘我省河湖历史文化资源，并加以大力宣传，营造治河护河爱河的良好氛围。在工作平台、新闻媒体开辟"河长在行动"专栏，集中对各级河长巡河情况进行宣传报道。

### （二）全面摸清入河排污口及污染源家底

一要开展入河排污口及污染源现状核查。要对全流域排污口现状进行系统核查，并分析存在的主要问题，核查范围要覆盖流域内排污口、支流口、农灌退水口及潜在污染源。要摸清入河排污口及潜在污染源的名称、位置、地理信息、投入使用时间、排入的水功能区、污染来源、主要污染物入河量、入河浓度、排放规律和排放方式等基本信息。调查工业园区入河排污口时还应摸清流域现有工业园区数量、规模、规划、批复排放量等；调查支流口时还应摸清流经的行政区域、水体质量等；农灌退水沟还要调查其退水规律。要对入河排污口按照市政、生活、企业、养殖业及污水处理厂等进行分类，明确不同的整治措施。探索对入河排污口进行统一编号，借助信息化平台，用"身份证"来管理排污口；二要理顺排污口审批设置职能，推广中山市有关模式，水利和环保部门同时参与审批入河排污口设置审批，环保部门负责核定排污量，水利部门负责审核入河排污口对水利工程的影响评估。统一涉水统计口径，加强核查信息互通共享；三要加强基层水资源统筹监控管理能力。要根据国家水资源监控能力建设要求，在广东省水资源管理信息系统的基础上，流域水利部门要扩大对取水户、水功能区、水源地的建设范围，提高水资源监控能力；环保部门应完善污染源在线监控网络，实施重点企业重金属和挥发性有机化合物等特征污染物在线监控，加强污染源自动监控系统日常运行管理和自动监控数据有效性审核，提高企业排污状况智能化监控水平；改善执法装备，推广利用遥感、卫片、无人机航班等科技手段实时察看、传输河道污染源治理和水质变化情况；采用集中培训的方式举办培训班，加强基层水源地普查人员专业技能培训、管理人员能力提升、专业技术人员知识更新；四是加强排污许可证统一管理。建议国家尽快将排污许可证制度纳入法律中，使排污许可证用法律程序固定下来；实施排污许可证统一管理，将排污许可证管理制度与环评审批、"三同时"验收、总量减排、限期治理等环境管理制度有机衔接；建立有效的政府监督管理机制，对排污许可采取定期检查、实时监督及排污企业定期填报特定报表的方式进行监管。

### （三）加大农业面源污染防治

一要加强畜禽养殖污染防治。严格"禁养区、限养区、适养区"管理，加大

禁养区、限养区内畜禽养殖场清理整顿力度。新建、改建、扩建规模化畜禽养殖场（小区），要严格执行环评审批制度和"三同时"制度。加快推进新型生态养殖，试点采用高床发酵型养殖模式改造大规模养殖场，从根本上减少禽畜废水随意、直接排放。严格禁止禽畜养殖废弃物随意堆放，鼓励中小型养殖场和散养户采取就地或附近消纳污染物生态养殖模式。推动养殖专业户实施粪便收集和资源化利用，推动建设一批畜禽粪污原地收储、转运、固体粪便集中堆肥等设施和有机肥加工厂。鼓励养殖户对禽畜产生的粪尿进行无害化处理后作为有机肥还田，以减轻对环境的危害。二要加大水产养殖污染防治力度。依法关闭或变迁禁养区内的水产养殖专业户，停止向水质已超标水库排放废水、废渣的水产养殖项目。要着力控制水产养殖污染，推进生态健康养殖。严格控制环境激素类化学品污染监控评估水源地、农产品种植区及水产品集中养殖区风险，实施环境激素类化学品淘汰、限制、替代等措施。推广工厂化循环水养殖、池塘生态循环水养殖及大水面网箱养殖底排污等水产养殖技术。三要优化化肥农药使用方式。积极推广世界银行贷款广东农业面源等污染治理项目，采用定制化补偿标准和方式，向散户、种植大户、农场、企业、合作社等不同补偿对象发放补贴，推广有机肥替代化肥模式，推行环境友好型化肥、农药的使用。学习借鉴浙江农药包装废弃物回收处理方式，强化对农药、化肥及废弃包装物，以及农膜使用的环境管理，推进有机肥料的综合利用和各类生物、物理病虫害防治技术，降低化肥、农药施用强度，新建高标准农田应达到相关环保要求。饮用水水源保护区、重要水库汇水区、供水通道沿岸等敏感区域要采取坑、塘、池以及排水渠改排等工程措施，减少径流冲刷和土壤流失，并通过生物系统拦截净化面源污染。

### （四）加大工业面源污染防治

一要推进小企业和重污染行业整治。全面排查手续不健全、装备水平低、环保设施差的小型造纸、制革、印染、染料、炼焦、炼硫、炼砷、炼油、电镀、农药等严重污染水环境的工业企业，依法全部取缔不符合国家或省产业政策的"十小"生产项目，并建立长效机制防止回潮。二要推进十大重点行业专项整治。制定韩江流域内造纸、焦化、氮肥、有色金属、印染、农副食品加工、原料药制造、制革、农药、电镀等十大重点行业专项治理方案，加强其清洁生产审核，新建、改建、扩建上述行业建设项目实行主要污染物排放等量或减量置换。实施造纸、焦化、氮肥、有色金属、印染、农副食品加工、原料药制造、制革、农药、电镀等行业清洁化改造。三要加强园区污染整治。严格入园项目准入门槛，严格检查各企业废水预处理、集聚区污水与垃圾集中处理、在线监测系统等设施是否达到要求，对不符合要求的集聚区要列出清单并提出限期整改计划，对逾期未完成设施建设或污水处理设施出水不达标的，由批准园区设立部门依照有关规定撤销其园区资格。对未指定产业准入目录的园区不予审批其规划环评，实现园区工业废水和生活污水全收集全处理，打造"生产、生活、生态"相融合的第三代产业园区。

### （五）提高污染防治处理能力

一要加快城镇污水处理设施建设与改造。加强城镇排水与污水收集管网的日常养护，着力解决污水管网渗漏、破损、错接、混接等突出问题。加速完善城乡结合部、城中村和老旧城区排水管网、污水主管网的建设，尽快形成主管网系统，改变雨污合流的现状。对城区自建房集中的社区进行排污管网的逐一排查，对所有恶意直排口和由于地理因素无法将污水接入主管网的直排口，采取建污水应急处理设施收集污水，从源头上削减污染物的直接排放。在大市政污水管网不配套的地区，当地采用截留沟、渠、闸、井等末端截污方式，利用泵站将污水抽送到最近的管网；在远离城市管网地区，采用就地处理等手段截污。在省内外一些生态镇村，还使用人工湿地处理农村污水，既减少成本又成为当地的生态景观。二要加快农村生活垃圾收运处理设施建设。健全农村生活垃圾"户收集、村集中、镇转运、县处理"收运体系，实现"一县一场（厂）""一镇一站""一村一点"，确保生活垃圾及时清运。积极探索农村生活垃圾分类减量和资源化利用方式。加强环保宣传与培训，推行"分类收集、定点投放、分拣清运、回收利用"，引导农村生活垃圾源头分类、就地减量，逐步实现资源化利用。三要深入开展城市建成区黑臭水体整治。结合城市总体规划，因地制宜建设亲水生态岸线，统筹防洪排涝、生态水网建设。根据实际情况选择性增加永久性、系统性工程措施，建立健全整治长效机制，确保整治成效。城区河流的底泥是河流黑臭的主要原因之一，要及时将底泥中的污染物清除，减少污泥中的污染物向水体释放。可借鉴常德市打造海绵城市的方式方法，利用生态滤池等微生态系统，提高合流污水净化能力。

### （六）推动水资源优化利用

一要积极稳步推进韩江榕江练江水系连通工程建设，尽快实现三江水资源可控、可调，切实改善粤东地区江河水质、水生态和水环境。二要加强流域水资源管理和调配。加快推进韩江高陂水利枢纽、韩江粤东灌区工程等项目建设，优化韩江骨干性水利工程调度，保障流域用水需要。三是可参考省内东江流域水权交易试点经验，探索形成政府引导和市场调节相结合的水权交易市场，以水权倒逼节水。

### （七）打造健康河湖水生态

一要划定生态保护红线，充分衔接现有生态保护规划成果，强化河湖生态保护红线刚性约束及周边区域污染联防联治。二要成立湖长制，探索建立与生态文明建设相适应的河湖健康评价指标体系，开展河湖健康监测与评估，做好河道、采砂管理等地方性法规修订工作，加大执法力度，严厉打击盗采河砂行为。三要加强韩江流域重要饮用水源地保护区、准保护区范围内水源涵养林建设。在水土流失问题较突出的山区增补建设水源涵养林和水土保持林，在主要水库集水区域内增补和改造水源涵养林。四要结合"数字政府"建设，提升预测预报精细化水平，推进三防系统标准化、信息化建设，保障流域水生态安全，打造流域山水林田湖生命共同体。

### （八）构建跨界联合监管新体制

一要建立跨界断面水环境保护目标协商机制。尊重上游需求，也要有利于下游水资源保护和利用，允许上下游间存在过渡区，但上游过渡区起止断面的水质必须达到下游河段起始断面的水质目标要求；建议成立生态补偿项目监督补偿项目监督检查制度，由两办督查室牵头，省环保厅、财政厅、水利厅组成检查小组，定期开展监督检查，确保、科学、合理有效利用补偿资金。二要形成跨界区域水环境联合监测与评估机制。上下游同步推进监测体系建设，协商确定跨界水质测量地点，可在闽粤省界设置国考断面，确保进入我省流域水质达标，监测结果及时向双方报告，将其作为共同的水质交接断面的主要依据，依托补偿资金建立跨界区域水质监测数据共享平台，便于双方及时查阅相关数据。

### （九）着力解决流域治理中的资金矛盾

一要构建多元化生态补偿机制。继续做好汀江—韩江流域跨省横向生态补偿工作，鼓励我省流域上下游通过对口协作、产业转移、人才培训等方式建立横向补偿机制，同时加大纵向生态补偿力度，加大重点生态功能区转移支付力度，利用好乡村振兴战略专项资金，向流域重点生态保护区倾斜，缩小区域财力差距。二要扩大利用社会资本。为解决乡镇污水处理设施规模小、管网建设量大、建设复杂等问题，可将一定数量的小规模项目打包捆绑招标，发挥规模效应，统一引入实力雄厚、运营管理经验丰富的投资型或运营型社会资本，保障项目建设质量，降低运营成本。通过特许经营、购买服务、股权合作等方式，建立政府与社会资本利益共享、风险分担的长期合作关系。如推广佛山试点污水处理厂与纳污管网一体化建管运体系，将处理水量、进水浓度等作为 BOT 付费的重要依据的做法。同时，大力发展绿色产业投资基金、绿色担保基金等，鼓励企业与金融机构发行绿色债券，撬动社会资本解决融资难题。大力推动流域各市建设海绵城市，以城市建设繁荣旅游、商贸、养老、地产市场，将周边停车场经营权与环保基础设施建设打包，提高 PPP 项目吸引力。三要活用环境经济政策。进行惠及环保产业的改革突破，以污染者付费的分担机制并调动更广泛的社会群体和企业参与污染防治。可探索实行流域排污权交易，通过搭建排污权交易平台，鼓励企业进行排污权交易，在完成主要污染物减排基础上，将富余排放指标出售或储备。对大力提高环保标准、投入资金进行污染物减排的生产企业，政府可以适当提高企业排放权的购买指标作为奖励，以使得企业有多余的污染物排放量用以出售，换取发展资金，进一步加大对节能减排的资金投入，以实现良性循环。

作者单位：广东省人民政府发展研究中心

# 2019

## 乡村振兴战略

# 努力开创广东实施乡村振兴战略新局面

## ——广东推动实施乡村振兴战略的实践探索

刘洪盛

党的十九大首次提出实施乡村振兴战略，这是以习近平同志为核心的党中央从党和国家事业全局出发，深刻把握现代化建设规律和城乡关系变化特征，着眼于实现"两个一百年"奋斗目标，顺应亿万农民对美好生活的向往作出的重大决策部署，是决胜全面建成小康社会、全面建设社会主义现代化国家的重大历史任务。这标志着我国"三农"工作已经上升为国家发展战略，也意味着我国以乡村振兴为基础的新时代已经到来，是中国特色社会主义进入新时代做好"三农"工作的总抓手。

党的十九大后，党中央高度重视推动实施乡村振兴战略。习近平总书记先后就实施乡村振兴战略作出一系列重要讲话、重要论述和重要指示。强调"走中国特色社会主义乡村振兴道路，让农业成为有奔头的产业，让农民成为有吸引力的职业，让农村成为安居乐业的美丽家园"；提出"五个振兴"的科学论断，即乡村产业振兴、乡村人才振兴、乡村文化振兴、乡村生态振兴、乡村组织振兴；指出"要结合实施农村人居环境整治三年行动计划和乡村振兴战略，进一步推广浙江好的经验做法"，"建设好生态宜居的美丽乡村，让广大农民在乡村振兴中有更多获得感、幸福感"；明确要"把实施乡村振兴战略摆在优先位置，坚持五级书记抓乡村振兴，让乡村振兴成为全党全社会的共同行动"；同时要求要注意处理好四方面的关系，"一是长期目标和短期目标的关系"，"二是顶层设计和基层探索的关系"，"三是充分发挥市场决定性作用和更好发挥政府作用的关系"，"四是增强群众获得感和适应发展阶段的关系"。在 2018 年 10 月 22 日至 25 日，习近平总书记视察广

东时提出，要"提高发展平衡性和协调性"，"要加快推动乡村振兴，建立健全促进城乡融合发展的体制机制和政策体系，带动乡村产业、人才、文化、生态和组织振兴"等等。习近平总书记的一系列重要论述和重要指示批示精神，为推动实施乡村振兴战略指明了方向，是实施乡村振兴战略的根本遵循和行动指南。中央农村工作会议、中央1号文也先后对实施乡村振兴战略作出全面部署，谋划了一系列重大举措，确立了推动实施乡村振兴战略的"四梁八柱"。2018年9月，中共中央、国务院印发了《乡村振兴战略规划（2018—2022年）》，对实施乡村振兴战略第一个五年工作做出具体部署；中央还将研究制定中国共产党农村工作条例，把党领导农村工作的传统、要求、政策等以党内法规形式确定下来，明确加强对农村工作领导的指导思想、原则要求、工作范围和对象、主要任务、机构职责、队伍建设等，完善领导体制和工作机制，确保乡村振兴战略有效实施；国家还采取一系列重要战略、重大行动和重大工程为乡村振兴战略实施提供支撑；还有就是部署了一系列重大改革举措和制度建设，及对解决"钱从哪里来的问题"进行了全面谋划，确保乡村振兴战略实施落地生根、开花结果，让群众真正得到实惠，生产生活条件得到改善，幸福感和获得感明显增强。

一

广东高度重视推动实施乡村振兴战略。坚持以习近平新时代中国特色社会主义思想为统领，以习近平总书记的"三农"重要论述、有关乡村振兴的重要讲话精神和对广东工作的重要批示指示精神为根本遵循和行动指南，坚定走中国特色社会主义乡村振兴道路，扎实推进实施乡村振兴战略在广东落地生根、开花结果，努力探索一条具有广东特色的乡村振兴发展路子。广东省委书记李希同志在全省乡村振兴工作会议上提出，要"举全省之力把乡村振兴战略谋划好、实施好"，"要拿出'走在前列'的气魄和行动，努力为全国'三农'工作大局作出新的更大贡献"。2018年是实施乡村振兴战略的起步、开局之年，广东按照党中央的决策部署，结合实际，采取了一系列卓有成效的政策举措，开展了一系列富有广东特色的乡村振兴实践活动，各项工作实现良好开局，取得明显成效，初步形成了全省上下、各级党委政府、部门、社会力量和广大干部群众齐抓共管参与乡村振兴的工作局面，呈现出良好的、有序的和积极向上的发展态势。从2018年的实践看，广东推动实施乡村振兴战略主要有几个特点：

## （一）强化党的领导，高位推动落实

推动实施乡村振兴工作，关键在党，关键在于完善党领导"三农"工作的体制机制。广东建立了以省委书记任组长、省长任常务副组长，省委常委、省政府副省长担任副组长和各部门一把手为成员的乡村振兴战略领导小组，省委省政府"一把手"亲自抓，把乡村振兴战略工作摆在优先位置，统筹各方面资源、形成合力，扎实推动乡村振兴战略实施落地生根、开花结果。对习近平总书记的重要讲话精神和党中央的决策部署，省委书记第一时间亲自组织学习和贯彻落实；在广东召开的各种重大、重要会议上，省委书记亲自部署谋划推动乡村振兴工作；凡是下乡调研，省委书记均把乡村振兴战略推动落实情况纳入重要内容，加强督导和指导。省政府主要领导也亲自调研、亲自解决乡村振兴工作推进中遇到的各种困难和难题，亲自落实筹措乡村振兴资金投入问题和推动梅州市、湛江市开展乡村建设投入资金使用管理、简化程序、提高审批效率的试点工作，为加快推进乡村振兴奠定基础。省委委员、省政府副省长等各位分管领导，结合分管部门职能，积极抓好乡村振兴各项工作的落实。省人大、省政协也围绕乡村振兴战略大局，积极以不同的方式、形式参与到乡村振兴中。广东各地市、县、镇也强化了党对乡村振兴工作的领导，党政"一把手"亲自抓落实和推动，履行第一责任人职责，总体上全省基本形成了五级书记抓乡村振兴的良好格局。

## （二）建立健全政策体系，抓好顶层设计

党的十九大以来，党中央为推动实施乡村振兴战略，先后制定出台了一系列重大政策、重大举措。重点抓住了"钱、地、人"等关键环节，破除一切不合时宜的体制机制障碍，推动城乡要素自由流动、平等交换，促进公共资源城乡均衡配置，建立健全城乡融合发展体制机制和政策体系，强化了乡村振兴的制度性供给，为推动乡村振兴奠定扎实基础。为推动广东乡村振兴战略实施，广东组织开展了"大学习、深调研、真落实"活动，深入学习领会习近平总书记重要讲话和重要批示指示精神，贯彻落实中央的决策部署，推动乡村振兴工作往深里走、往实里抓。在深调研的基础上，广东围绕5个振兴的要求，结合广东实际，制定出台了一系列政策措施，建立健全了广东推动实施乡村振兴战略的"四梁八柱"。主要出台了《关于推进乡村振兴战略的实施意见》《关于全域推进农村人居环境整治

建设美丽宜居乡村的实施方案》，及制定了《广东省实施乡村振兴战略规划
（2018—2022年）》等6项重大规划、20多个专项配套政策，明确了44项重点任
务，为推动广东乡村振兴战略实施、夯实基础、补齐短板、促进发展等奠定基础。
广东各地根据资源禀赋条件，结合群众要求迫切的重点难点等民生问题，进一步
制定完善了本地政策措施和实施重点，加强了乡村振兴的针对性和可操作性，体
现了各地特色，确保让群众在乡村振兴中有实实在在的获得感。

### （三）积极拓宽资金筹措渠道，形成多元投入格局

乡村振兴是党和国家的大战略，是解决好农村发展不平衡不充分问题、满足
群众对美好生活需要的重要举措，需要加大真金白银的投入。乡村振兴是一个系
统工程，要实现党的十九大提出的产业兴旺、生态宜居、乡风文明、治理有效、
生活富裕总要求和战略规划提出的目标任务，需要健全投入保障制度、创新投融
资机制、拓宽资金筹措渠道和形成财政优先保障、金融重点倾斜、社会积极参与
的多元投入格局。据农业农村部党组副书记、副部长韩俊在出席2019年1月12
日"清华三农论坛"时表示：经初步测算，要实现乡村振兴战略五年规划的目标，
至少要投资7万亿。广东在筹措投入资金推进乡村振兴工作中，力度大、措施实、
效果好，为推动乡村振兴战略实施取得实实在在的效果提供坚实的保障。广东计
划用10年左右时间，投入1600亿元用于乡村振兴工作，彻底改变农村面貌。
2017—2020年省级财政安排300多亿元，专项用于推进2277个贫困村创建新农村
示范村工作，推动贫困村改善人居环境、提高宜居水平，实现高质量脱贫；2018
年，省级财政安排616.8亿元支持实施乡村振兴战略，规模历年最大，增长幅度
历年最高（比上年增长125.9％）。加上其他用于"三农"的资金，总规模达
1054.54亿元；2019年，省级财政预算安排589.6亿元用于推进乡村振兴战略实
施。除省级财政加大乡村振兴投入外，广东积极探索创新资金筹措办法，利用垦
造水田、拆旧复垦等方式，盘活农村闲置资源，为乡村振兴开拓资金筹措渠道。
2018年广东通过垦造水田和拆旧复垦带动超过260亿元资金投入农村建设。广东
还利用民营经济发达、华人华侨众多等优势，实施"万企帮万村"行动，发动、
引导企业和乡贤积极参与支持乡村振兴工作，推动社会资本、人才和要素上山下
乡。各市县、各部门也积极安排资金、安排项目支持乡村振兴战略工作，发动群
众积极参与，全省基本形成了上下齐抓共管、多方参与、多元投入的乡村振兴新

格局。

### （四）聚焦重点难点集中发力，彰显广东特色

总书记在 2017 年 12 月中央农村工作会议上强调，"实施乡村振兴战略，要顺应农民新期盼，立足国情农情，以产业兴旺为重点、生态宜居为关键、乡风文明为保障、治理有效为基础、生活富裕为根本，推动农业全面升级、农村全面进步、农民全面发展"。实施乡村振兴战略，是一个有机整体、系统工程，需要更加注重协同性、关联性、整体性，不能顾此失彼、只抓其一不顾其他。广东按照党中央部署和乡村振兴的总要求，围绕农业农村现代化的总目标，认真贯彻落实农业农村优先发展总方针，把乡村振兴工作抓实抓细，明确了乡村振兴的重点，突出了群众关注的迫切要求，扭住了农业农村发展的关键，有效带动了乡村振兴全面发展，探索了一条具有广东特色的乡村振兴实践模式。

一是抓实施"头雁"工程，把党建引领放在首位。推进乡村振兴，关键要靠好的带头人，要靠一个好的基层党组织，要发挥好农村基层党组织在宣传党的主张、贯彻党的决定、领导基层治理、团结动员群众、推动改革发展等方面的战斗堡垒作用。能不能选好带头人、建强农村基层党组织和发挥党组织的核心作用，决定乡村振兴的成败。广东在推进乡村振兴过程中，坚持以党建为引领，以实施"头雁"工程为牵引，把选好选优配强农村基层党组织带头人队伍作为首要任务和一项重要基础性工程，这是推动乡村振兴的关键之举。从 2018 年开始，广东计划连续 5 年每年选派 1000 左右优秀党员干部向农村基层党组织派出第一书记，重点安排到全省贫困村、软弱涣散村、集体经济薄弱村担任党组织第一书记，专门指导和推进乡村振兴工作。通过实施"头雁"工程，不断完善乡村自治、德治、法治相结合的治理体系，探索在基层党组织领导下的乡村自治模式，依托村民议事会、村民理事会、村民监事会等组织形式，构建农村基层民事民议、民事民办、民事民管的共建共治共享共管的新格局。

二是抓富民兴村工程，把产业发展摆在优先位置。产业振兴是乡村振兴的重点内容和重要的物质基础。广东依托丰富的自然资源条件，突出在"特"字做文章，培育特色产业强镇强村，集中连片发展特色产业。提出以高质量建设现代农业园区为龙头，以"一村一品、一镇一业"建设为龙尾，带动农业全面升级，农村全面发展。规划到 2020 年建设现代农业园区 150 个（2018 年已启动建设 50

个),力争到2021年带动全省建设200个特色农业镇(乡)、3000个农业特色产业村和形成3000个以上新型经营主体。推进现代农业园区建设,将有效利用现有土地资源和土地制度改革成果,解决目前农业经营分散、产业化水平低、农业效益低等突出问题,有利于提升全省农业适度规模经营和农业现代化水平,及解决小农户与现代农业发展有机衔接问题,促进农民从生产经营中增效、增收,使农业真正成为有奔头的产业。

三是抓"千村示范、万村整治"工程,把改善人居环境作为第一场硬仗。让生态美起来、环境靓起来、条件好起来,是实施乡村振兴战略的重要任务,也是广大农民的殷切期盼。广东认真学习借鉴浙江"千村示范、万村整治"工程经验,提出滚动发展打造1000个以上示范村引领带动,用10年左右时间全面整治提升全省1.97万个行政村的人居环境,努力再现岭南山清水秀、天蓝地绿、村美人和的美丽画卷。按照国家印发的农村人居环境整治三年行动方案要求,广东提出以点带面、梯次创建、连线成片、示范带动、全域推进人居环境整治工作。从2014年至2018年,投入66亿元,共启动了5批、66个省级新农村连片示范工程,连线连片推进人居环境整治和美丽乡村建设;从2017年开始,启动了2277个省定贫困村创建新农村示范村工作,推进贫困村人居环境整治和美丽乡村建设;从2019年开始,计划将启动一批示范县、示范镇、示范村的创建行动,以整县、整镇、整村推进人居环境整治,带动全域人居环境改善。广东推动人居环境整治的重点,按照中央的部署要求,突出在补短板、强弱项上努力。重点提升村容村貌,包括清理村巷道及生产工具、建筑材料乱堆乱放,清理房前屋后和村巷道杂草杂物、积存垃圾,清理沟渠池塘溪河淤泥、漂浮物和障碍物;拆除危房、废弃猪牛栏及露天厕所茅房,拆除乱搭乱建、违章建筑,拆除非法违规商业广告、招牌等,及推进村道硬化、集中供水、垃圾污水治理、"厕所革命"和住房整治等基础设施建设。

四是抓"粤菜师傅"工程,推动培育新产业新业态。广东乡村历史文化底蕴深厚、特色内涵丰富。在饮食文化上,广东有不同区域包括广府、潮州、客家的粤菜风味特色,在全国享有盛名。广东在推进乡村振兴中,利用广府菜、潮州菜、客家菜这种地方性的特色资源,大力实施"粤菜师傅"工程,将资源优势转化为发展优势。制定出台了《广东省"粤菜师傅"工程实施方案》,着力推进品牌行动、产业行动、人才培养、就业创业,加快群众致富、带动农村发展,把"粤菜师傅"工程成为富民工程。推动各地依托田园综合体和蔬菜、禽畜优良养殖、土特产食材基地，大力发展"一村一品""一镇一业"，推广乡村本土特色菜，以"美食＋美景"推动"粤菜师傅"工程与文化、旅游、农业等深度融合，促进乡村旅游发展，提升乡村振兴发展后劲。充分发挥院校、培训机构作用，采取学历培训、证书培训、高级研修班等形式，建设一批"粤菜师傅"工程培训平台、工作室和创业孵化基地，不断拓展粤菜在种植加工、市场营销、人才培养、技术服务方面的产业链条，努力在饮食风味、食材选择、烹饪技术等方面精耕细作、精益求精，培养打造更多粤菜名师、名品、名店。"粤菜师傅"工程是广东实施乡村振兴战略、推动乡村人才振兴的重要内容，是促进农民脱贫致富、打赢脱贫攻坚战的重要途径。据有关部门介绍，截至 2019 年 1 月 7 日，广东共有 147 所技工院校和职业院校开设粤菜相关专业，建成 3 个粤菜烹饪类省级重点和特色专业，在校生共 5.6 万多人。目前广东建设了潮州饶平永善古村落农家美食、河源万绿湖景区、清远清城白切鸡等 63 个乡村粤菜美食旅游景点，到 2020 年，全省将打造 1000 个乡村粤菜美食旅游点，建设 100 条乡村旅游美食精品线路。到 2022 年，全省将建设 30 个粤菜烹饪技能人才省级重点和特色专业，免费开展粤菜师傅培训 5 万人次以上，直接带动 30 万人实现就业创业，将"粤菜师傅"打造成弘扬岭南饮食文化的国际名片，打造成广东乡村振兴的一个亮点，成为农民增收的一个重要途径。

五是抓村规民约修订完善，塑造乡村文明新风。在我国历史上，村规民约源远流长，是村民进行自我管理、自我教育、自我约束的有效形式。村规民约，是村民之间的契约，目的是规范村民的行为，激发村民的内生动力，引领乡村良好的社会风尚。推进乡村振兴，既要塑形，更要铸魂，要形成人人参与、人人出力和人人当主人的良好氛围。乡村具有明显的熟人社会特点、特征，村规民约在引领乡村道德规范、培育文明新风和激发内生动力上发挥着不可替代的重要作用。广东提出要在全省乡村全面开展修订村规民约活动，把修订过程变为弘扬社会主义核心价值观、凝聚党心民心、提升文明共识、补齐"精神短板"、推动乡村善治的过程，变为乡村振兴的宣传发动、组织动员的过程，变为激发群众群策群力、共同建设美丽家园的行动，带动乡村焕发乡风文明新气象，使群众真正成为参与推进乡村振兴战略实施的主体力量。制定完善新时代村规民约，要求始终坚持把党的领导、社会主义核心价值观引领、发挥农民主体作用相统一，把党委领导贯

穿全过程，牢牢把握正确方向，确保村规民约既符合时代精神、德治法治要求，又传承文脉血缘，带动形成积极向上、共谋共建共享共管的社会风尚，为加快推进乡村振兴注入新的活力。

六是抓"万企帮万村"行动，推动社会资本下乡。广东是民营经济发达省份。2018年，全省民营单位突破1000万大关，达到1120.12万个，比上年增长12.0%，其中私营企业个数增长17.2%。据广东省统计局预计，2018年广东民营经济增加值将增长7%，有望突破5万亿元大关，达5.24万亿元，占全省增加值比重预计达到53.8%。2018年广东有12家本土企业位列世界500强，其中8家是民营企业；营业收入超100亿、超1000亿的民营大型骨干企业分别有104家、15家，60家广东企业入围全国民营企业500强。广东民营经济增加值、私营企业和个体工商户数、实现税收、进出口总额均居全国第一。广东民营经济是乡村振兴不可替代的重要力量，民营企业家是乡村振兴不可或缺的宝贵财富。广东提出全面开展"万企帮万村"行动，制定了行动方案，广东省委宣传部、省委农办、省国资委、省工商联、省科协、省妇联等六部门联合发出了倡议和号召，鼓励支持企业特别是涉农企业到农村建基地、做品牌、搞服务，推动村企对接、村企互动、村企共建，把企业的优势和镇村资源禀赋匹配起来，实现村企互利共赢，推动乡村产业振兴。广东农村有基础、有条件、有政策和有资金扶持，及有最大的潜力和后劲，民营企业积极参与乡村振兴将为民营企业拓展发展空间、加快转型升级带来重要机遇。广东重点积极引导企业助推脱贫攻坚，突出产业和就业帮扶；助推乡村产业发展，参与现代农业产业园建设，发展"一村一品、一镇一业"，增强农村集体经济"造血"功能；助推美丽乡村建设，参与村庄规划、乡村旅游等，为建设宜居宜业宜游美丽乡村作出努力。

七是抓打赢精准脱贫攻坚战，推进高质量、高水平脱贫。广东认定相对贫困村2277个，相对贫困人口70.8万户、176.5万人，明确到2020年如期完成脱贫攻坚任务、实现"两不愁、三保障、一相当"的总体目标。让贫困人口如期脱贫，是乡村振兴的重要内容和基本要求。广东高度重视脱贫攻坚工作，把打好脱贫攻坚战与实施乡村振兴战略有机衔接起来，把提高脱贫质量、脱贫水平放在首位，不局限于产业扶贫一个方面，同时要在改善生活环境、生活质量、生活条件上有新突破。一方面是着力抓好产业扶贫、就业扶贫，提升"三保障"水平，确保实现每个有劳动能力、有参与意愿的相对贫困户都有扶贫产业带动，每个有劳动能力、有转移就业意愿的贫困人口实现就业，强化对老弱病残等特殊贫困人口保障性扶贫和不断提升保障水平。另一方面是，深入推进 2277 个省定贫困村创建新农村示范村工作，着力改善贫困村人居环境和生产生活条件，达到干净整洁村或美丽宜居村标准，及结合资源禀赋打造为特色精品村，建设美丽乡村，实现贫困村由后队变前队，高质量、高水平完成脱贫攻坚任务。截止 2018 年底，广东累计有 150 万相对贫困人口达到脱贫标准，有劳动能力、有转移就业意愿的贫困人口，实现转移就业和就地就近就业累计达 57.1 万人，农村低保最低标准提高至年人均 5280 元以上，贫困户危房改造基本完成，建档立卡贫困人口"两不愁、三保障"总体实现。2277 个贫困村创建新农村示范村工作推进顺利，基本完成村庄规划，人居环境整治完成 98％以上，贫困村村容村貌实现较大改善。

## 二

2018 年 12 月，习近平总书记对做好"三农"工作作出重要指示。习近平强调指出，"2019 年是决胜全面建成小康社会第一个百年奋斗目标的关键之年，做好'三农'工作对有效应对各种风险挑战、确保经济持续健康发展和社会大局稳定具有重大意义"。要"深入实施乡村振兴战略，对标全面建成小康社会必须完成的硬任务，适应国内外环境变化对我国农村改革发展提出的新要求，统一思想、坚定信心、落实工作，巩固发展农业农村好形势"。要"强化五级书记抓乡村振兴，加强懂农业、爱农村、爱农民农村工作队伍建设，发挥好农民主体作用，提高广大农民获得感、幸福感、安全感，在实现农业农村现代化征程上迈出新的步伐"。习近平总书记的重要批示精神，是扎实推动实施乡村振兴战略的根本遵循和行动方向，要认真学习和深刻领会，并结合实际，扎扎实实推动贯彻落实。

2018 年广东推进实施乡村振兴战略实现良好开局，但"对标全面建成小康社会必须完成的硬任务"依然繁重，需要继续下功夫、下狠劲抓落实。结合广东实际，在实施乡村振兴战略中，应注意把握好几个问题：

一是着力打好人居环境整治攻坚战，为群众提供一个干净整洁的生活环境，这是党中央部署推进实施乡村振兴战略的第一场硬仗。中央在《农村人居环境整治三年行动方案》中提出，到 2020 年，实现农村人居环境明显改善，村庄环境基本干净整洁有序，村民环境与健康意识普遍增强。广东制定的实施方案也提出，

到 2020 年底前，粤东西北地区 80％以上、珠三角地区全部村庄达到干净整洁村标准；粤东西北地区 40％以上、珠三角地区 60％以上行政村达到美丽宜居村标准。广东农村面广，历史欠账多，基础底子薄，人居环境短板突出，要打好这场硬仗，实现人居环境整治的预期目标要求，迫切需要有硬招和硬措施，树立持之以恒地推进和久久为功的思想。

二是着力发展富民兴村产业，推动乡村产业振兴，这是实施乡村振兴战略的重点。广东是一个农业大省，但农业产业化水平总体不高，制约农业产业发展的因素包括生产经营规模小、效益低、产业链条短、人才缺和新型经营主体市场竞争力弱等问题仍然突出，迫切需要加大改革创新力度加以破解，提升产业化水平。

三是千方百计增加农民收入，让农民有实实在在的获得感、幸福感，这是推动实施乡村振兴战略的关键。2018 年 6 月习近平总书记在山东考察时强调，农业农村工作，说一千、道一万，增加农民收入是关键。改革开放 40 年来，广东农民收入实现较快、稳步增长，农民生活得到较大改善。但与兄弟省份相比，农民收入仍然有差距，仍然需要下功夫拓宽农民增收渠道，提升农民增收水平。2018 年广东农村居民人均可支配收入达到 17167.7 元，比 1978 年 193.25 元增加约 89 倍，年均增长 12.2％。而同期，全国增长 109 倍、年均增长 12.8％；浙江增长约 166 倍、年均增长 14.0％；江苏增长约 135 倍、年均增长 13.4％；山东增长 142 倍、年均增长 13.6％；福建增长约 130 倍、年均增长 13.3％。从绝对数看，2018 年广东农村居民人均可支配收入，低于浙江 1 万多元（10134 元）、低于江苏 3677.3 元、低于福建 653.3 元，仅比山东多 870.7 元、比全国多 2550.7 元。从 2017 年广东农村居民人均可支配收入构成即工资性收入占 49.8％、财产性收入占 2.6％、转移性收入占 21.5％情况看，要实现农民持续增收目标，在继续加大政府支农惠农政策力度外，关键需要在扶持农民转移就业或就地就近就业创业、增加工资性收入，提高农业生产经营水平与农业经营效益、增加家庭经营性收入和盘活土地、宅基地、闲置房屋等资产，提高财产性收入等方面下功夫。

四是深化农村改革，激发农村发展活力。习近平总书记视察广东时指出，城乡、区域发展不平衡是广东发展的最突出短板，主要表现为粤东西北地区农村发展相对滞后。要解决广东发展不平衡、破解城乡二元结构问题，最终要靠深化农村改革，向改革要动力，着力破除体制机制弊端，突破利益固化藩篱，盘活粤东西北地区农村集体资产、闲置宅基地和闲置房屋的"沉睡资产"等各种优势资源，让农村资源要素活化起来，让广大农民积极性和创造性迸发出来，不断拓展发展空间、增强发展后劲，努力把短板变成"潜力板"。当前最重要的是，需要扫除思想障碍，在全省进一步营造敢闯敢试、敢为人先的改革氛围，推动思想再解放，增强改革意识，强化担当精神，激发改革活力。

五是推进高质量、高水平脱贫，彻底解决贫困问题。广东打赢精准脱贫攻坚战有两大任务，一个是突出产业、就业扶贫，重点解决有劳动能力贫困户的收入问题，及落实"三保障"政策；另一个是创建新农村示范村，让2277个贫困村建设美丽乡村，这是广东扶贫攻坚中的一个亮点，也是广东高质量、高水平脱贫的重要内容。当前，2277个贫困村总体基础较薄弱，资源禀赋相对较贫乏，区位优势不突出，贫困人口的文化素质、生产技能相对较低等，要培育一个具有市场竞争力、带动力强的扶贫产业需要付出很大的努力，也需要经历不断探索、不断完善和持续推进的过程。从贫困村创建新农村示范村情况看，要将贫困村建设成为美丽乡村，彻底改变贫困村的落后面貌，需要加大补短板力度、加大做深入细致的群众工作，努力引导和解决群众的观念问题，切实将群众组织起来和参与进来，激发群众内生动力，变"要我建"向"我要建"转变，发挥群众的主体作用。广东要如期完成尤其是高质量、高水平完成精准脱贫攻坚任务，仍需要全省上下共同努力。

为确保推动乡村振兴的硬任务顺利完成，建议进一步加强几方面工作：一要进一步压实五级书记抓乡村振兴的责任。五级书记抓乡村振兴，是推动实施乡村振兴战略的制度保障，是确保中央和省部署的各项工作落实到位、各项硬任务按时完成的重要举措，必须认真压实责任，加强督促检查，县委书记要当好乡村振兴"一线总指挥"。二要进一步落实将乡村振兴战略摆在优先位置的要求。2018年7月习近平总书记对实施乡村振兴战略作出重要指示，强调要"把实施乡村振兴战略摆在优先位置"，"让乡村振兴成为全党全社会的共同行动"。防止乡村振兴流于形式和"说起来重要、干起来次要、忙起来不要"的现象，推动各项工作落地生根和开花结果。三要进一步贯彻好坚持农业农村优先发展的总方针。确保各地在干部配备上优先考虑、在要素配置上优先满足、在资金投入上优先保障和在公共服务上优先安排等"四个优先"要求得到落实，克服等靠要思想，切实为推动乡村振兴提供人力、物力和财力的支撑。四要进一步将乡村振兴各项硬任务抓实抓细。要对照硬任务，明确责任领导、责任部门、责任人，把任务分解到县、

到镇、到村，一级抓一级，层层抓落实。五要进一步弘扬改革创新精神。各地各部门尤其主要领导干部，要弘扬改革开放 40 年来广东改革创新精神，逢山开路、遇河架桥，敢于担当，主动作为，破解各种体制机制和不合时宜的政策、制度障碍，为推动乡村振兴战略顺利推进实施奠定基础。六要进一步重视加强对乡村振兴建设成果的巩固。近年来，广东推进乡村振兴工作力度之大、投入之大和成效之大前所未有，农村基础设施建设明显加强，村庄村容村貌、生产生活条件明显改善，群众的获得感、幸福感明显提高。这些成果、成效来之不易，凝聚了各级党委政府和广大干部群众的心血与汗水，迫切需要重视建立健全长效管护机制，巩固建设成果。

作者单位：广东省人民政府发展研究中心

# 以党建引领乡村振兴的实践与思考

姚楚旋

　　习近平总书记在党的十九大报告中首次提出"实施乡村振兴战略"，这是以习近平同志为核心的党中央作出的重大决策部署，为实现农业农村现代化指明了方向。在 2018 年 10 月视察广东时，总书记又强调要"加快推动乡村振兴"。农村基层党组织是党在农村全部工作和战斗力的基础，是党联系广大农民群众的桥梁和纽带，是实施乡村振兴战略的"主心骨"，只有大力加强农村基层党建，使每一个农村基层党组织坚强有力，真正发挥领导核心和战斗堡垒作用，才能凝聚起强大的力量，为加快推动乡村振兴提供坚强组织保证。近年来，清远市紧紧围绕"加强基层党建引领乡村振兴"进行了一系列有益的探索，收到了一定的成效，但也遇到了一些困难和问题。本文拟结合清远市实际情况，就如何解决基层党建引领乡村振兴的瓶颈难题作一些深入探讨。

## 一、加强基层党建引领乡村振兴的实践探索

　　第一，着力加强农村基层党员干部学习教育阵地建设，不断深化乡村振兴发展思想引领。围绕省市关于基层党组织建设三年行动计划"规范化建设"年度主题，抓好镇街党校建设的"五个规范"，即规范课程设置、师资建设、阵地建设、经费保障、制度建设，高标准、规范化打造农村基层党员干部学习教育主阵地。清远市全市 8 个县（市、区）、85 个镇街党校全部建成并投入使用，坚持把习近平新时代中国特色社会主义思想、党的十九大精神、习近平总书记系列重要讲话精神特别是视察广东重要讲话精神，以及实施乡村振兴战略等内容纳入党校培训课程，面向镇村干部、自然村（村民小组）党支部书记、"两新"组织党支部书记、

基层党员等群体举办各类培训班 250 余期，培训学员 23400 余人次，使农村基层有计划性的学习培训成为常态，学习教育"最后一公里"得以打通，农村基层党员干部的自豪感和荣誉感得到增强，对强化基层党组织建设、全面推进乡村振兴发展的思想认识得到深化，干事创业、担当作为的精神境界明显提升。

第二，着力提升农村基层党组织的组织力，不断强化党在乡村振兴发展中的领导核心作用。一是农村党组织设置全面优化。认真贯彻落实中央和省委关于"推进党的基层组织设置创新""推动社会治理重心向基层下移"等决策部署，大胆探索把党组织建在村民小组一级，以单建、联建的方式建立自然村（村民小组）党支部 7999 个，并围绕作用是否有效发挥，每年优化调整党组织设置，使党员的归属感和党的意识、党员意识明显增强，农村党组织的领导核心作用不断强化，农民参与村庄建设推动乡村振兴的内生动力和活力得到有效激发。二是基层基础保障持续加强。市县财政按照 10 人及以下党支部补贴 4600 元、11—20 人党支部补贴 6200 元、20 人以上党支部补贴 9300 元的标准，每年补贴村民小组一级党组织党建工作经费近 5000 万元，全市建成村民小组一级党组织议事活动场所 3535 个，为农村基层党组织开展各项组织活动、发挥党建引领作用搭建了平台、提供了保障。三是农村党组织规范化程度有效提升。采取"打造典型、阶段推进、全面建设"的方式，以组织设置、班子建设、党员教育、组织生活、运作机制、工作保障为重点，启动了村、组两级党组织规范化建设工作。完善了《清远市村级党组织工作职责》《村级组织工作职责》《村（居）民小组一级组织工作职责》，以制度形式确立了农村党组织的领导核心地位。目前，已全面完成村（社区）党组织规范化建设。

第三，着力建强村级党组织带头人队伍，不断释放"头雁"助推乡村振兴效应。一是加强党组织带头人选育工作。建立第一书记日常监管、考核和召回制度，2016 年至今共召回调整 29 名不胜任的第一书记。大力实施农村党组织"青苗培育"工程，目前已选拔培养农村党组织带头人储备人员 2105 名。2017 年以来，全市共吸引 1506 名外出青年回乡就业创业，其中当选村（社区）"两委"干部的 485 名，进入自然村（村民小组）党支部任职的 173 名。二是调整撤换"四不"书记。结合实施村（社区）党组织书记县级备案管理制度，对全市村（社区）党组织书记、第一书记履职情况进行全面排查，坚决调整撤换了 19 名不合格、不廉洁、不胜任、不尽职的书记。三是实施基层党组织书记素质提升工程。组织 1361 名村

(社区)"两委"干部参加大专学历教育培训，有效改善了村（社区）干部队伍的学历结构。2018年先后举办了全市省定贫困村党组织书记及村委会主任培训班、党员致富带头人培训班，各县（市、区）落实基层党组织书记全员轮训，集中轮训7498人次。

第四，着力健全完善关爱帮扶制度，不断激发基层党员干部投身乡村振兴建设的动力。坚持真情关爱基层干部，全面启动全市乡镇（街道）"五小"场所建设，市级投入1200万元用于乡镇（街道）小食堂、小厕所、小澡堂、小图书室、小文体活动室建设，预计2019年"七一"前全市85个乡镇（街道）完成"五小"场所建设。坚持大力帮扶困难党员，印发《关于建立清远市党内关爱扶助机制的意见》《党内关爱扶助机制重病、重大灾难或其他突发性事故扶助细则》，覆盖全市、措施得力、长期有效的党员帮扶体系不断完善。设立党内关爱扶助金，市财政每年划拨不少于450万元作为党内关爱扶助金经费，采取发放临时救济、进行固定补助、组织免费体检等方式，对困难党员给予关怀扶助。2018年，全市共帮扶老党员、困难党员1392人，发放帮扶金251.23万元。

第五，发挥党建工作领导小组统筹协调作用，不断压实党建工作责任。一是以党建述职评议考核为抓手压实各级抓党建工作责任。统筹党建工作领导小组成员单位贯彻落实基层党组织建设三年行动计划和《清远市抓党建促乡村振兴实施意见》等考核重点，细化考核指标和述职内容，采取"日常＋年终"考核方式，并启用党建平台"述评考"网络系统作为日常考核重要载体，形成"重日常看实效"工作导向，有效压实各级党委（党组）抓党建工作责任，不断强化各级党组织书记"抓好党建是最大政绩"的意识，真正实现抓党建促乡村振兴发展。二是以"十述"为抓手推动"头雁"工程落实。区分不同类型的行政村（社区）和村民小组党组织，差异化设置十个述职重点内容，帮助村组两级党组织书记理清抓党建"抓什么、怎么抓"工作思路，推动村级基层党组织领导核心作用发挥，切实打通抓党建"最后一公里"。

## 二、加强基层党建引领乡村振兴亟待解决的突出问题

第一，乡镇（街道）党（工）委领导实施乡村振兴战略的"龙头"作用发挥不够。主要表现在：一是抓党建主业意识不强。部分乡镇（街道）党（工）委书

记未能把党建工作作为主业主责抓紧抓好，对农村基层党组织建设、抓党建促乡村振兴等工作过问不多、指导不够，上级一些政策落到基层容易走形变样、执行不到位。班子成员中基本只有专职副书记、组织委员在抓党建工作，没有形成抓党建引领乡村振兴发展的合力。分管党建工作的专职副书记对党建工作业务不够熟悉，党建专职副书记"专职不专"的现象比较普遍，难以集中精力去抓党建工作。比如，阳山县某镇党群专职副书记同时分管组织、财贸、征地等23项工作，这种现象在全市还比较普遍。多数乡镇（街道）其他班子成员未能很好地把党建工作与业务工作融合起来同步推进，因而难以形成齐抓共管党建工作的良好局面。二是抓党建工作力量薄弱。全市85个乡镇（街道）中，只有不到20%单独设置了党建办、组织办等党建工作机构，在党政办加挂牌子的较多，相对固定从事党建工作，人员在3人或3人以下的乡镇（街道）有65个，约占76.5%。三是抓党建工作责任缺位。一些基层党委对党员队伍的监管不到位，农村发展党员程序不规范、"近亲繁殖"、弄虚作假等问题不同程度地存在。

第二，部分农村党组织引领乡村振兴的领导核心作用发挥不够。主要表现在：少数自然村（村民小组）党支部作用发挥不明显，村民小组党支部书记兼任村民小组长、理事会理事长的比例偏低，部分党支部没有掌握集体经济领导权，党组织的全面领导仍需加强。部分农村基层党组织带头人不优不强，政治素质不高，不愿做、不会做群众工作，在群众中威信不高。有的农村党组织书记存在"等靠要"思想，不重视发展农村集体经济等工作。农村党组织"青黄不接"、后继乏人等问题还比较突出。比如，英德市某村，党组织书记已超过60岁，但年轻的选不上来，年长的又退不下去。全市村（社区）党组织书记中，超过60岁的还有80个。

第三，农村党员队伍推动乡村振兴的先锋模范作用发挥不够。主要表现在：农村党员队伍结构不够合理，全市农村党员年龄老化现象比较严重、文化水平总体偏低，其中60岁以上党员占34.9%，高中以下学历占59.4%。村"两委"干部组织群众、宣传群众、凝聚群众、服务群众的能力不足；有的村党员干部工作作风不正、漠视群众利益，违法违纪问题时有发生。如在扫黑除恶专项斗争中，清城区龙塘镇新庄社区有8名党员因涉黑涉恶被查处。农村基层党员素质良莠不齐，有的农村党员党性意识淡薄，平时不愿意亮明自己的党员身份，先锋模范作用发挥不突出，过组织生活不够严肃，存在"三会一课"走过场、补笔记现象，集中学习基本是读文件念报纸，甚至要靠发误工补贴才能维系党组织生活。

## 三、强化基层党建引领乡村振兴的对策建议

**（一）突出政治引领，把思想和行动统一到习近平新时代中国特色社会主义思想上来**

一要把学习宣传贯彻习近平总书记视察广东重要讲话精神作为当前和今后一个时期的头等大事和重要政治责任。按照省委、市委的部署要求，各级党组织要怀着深厚的感情、感恩的心情抓好总书记视察广东重要讲话精神的学习。严格落实"会前必学制"，把学习贯彻习近平总书记视察广东重要讲话精神作为各级党组织会前学习的第一议题，作为各级党校的核心课程和第一堂党课，作为基层党员干部教育培训的重中之重。二要充分发挥传统媒体和新媒体的特点和优势。通过组建宣讲团、乡村新闻官，借助各级各类新闻媒体、新时代文明实践中心，以更具厚度、更有温度、更接地气的方式，推动习近平总书记视察广东重要讲话精神进企业、进农村、进机关、进校园、进社区、进网站，做到家喻户晓、深入人心。三要以"十学讲话"为抓手，学深悟透习近平总书记视察广东重要讲话精神。按照全覆盖、无遗漏的要求，开展支部专学、党校办学、专家讲学、驻村导学、编书引学、微信递学、班外送学、体验教学、交流谈学、派组督学等"十学讲话"活动，多层次、全方位、立体化推动习近平总书记视察广东重要讲话精神学习。充分发挥乡镇（街道）党校主阵地作用，将习近平总书记视察广东重要讲话精神及乡村振兴有关要求纳入培训计划和教学布局，切实打通学习宣传贯彻"最后一公里"。

**（二）注重责任落实，充分发挥乡镇（街道）党（工）委抓乡村振兴的"龙头"作用**

一要强化管理力度。加大对乡镇（街道）党（工）委书记的管理和监督力度，改善和提升镇级行政条件，强化乡镇（街道）党（工）委管党治党力度和责任。把乡镇（街道）党（工）委书记抓党建的业绩作为评价其政治素质和工作业绩的重要依据。二要加大培养使用力度。把乡镇（街道）党（工）委书记岗位作为培养磨砺领导干部的重要阵地。优先提拔重用抓党建实绩突出的乡镇（街道）党

（工）委书记，激励镇街书记担当作为，推动每届任期中有 25% 以上的乡镇（街道）党（工）委书记直接提拔进入县级党政领导班子和市直部门班子。三要健全党建工作机构。借助机构改革契机，推动人财物、权责利向基层转移下沉，确定重点依靠乡镇解决农村问题，增强乡镇直接解决农村问题的力度，强化乡镇建设。配齐配强乡镇（街道）党务工作者队伍，推动党建专职副书记、组织委员、组织干事等党务工作者专职化，为强化农村基层党组织建设、推动乡村振兴发展提供坚强组织保证。四要努力改善乡镇（街道）干部待遇。确保乡镇（街道）干部工资待遇高于县级机关同职级干部 20% 以上，年度考核优秀等次比例提高到 20%。推进乡镇（街道）"五小"场所建设，努力改善基层干部的工作环境和生活条件。

### （三）健全以党组织为核心的村级组织体系，着力破解城乡二元结构问题

一要建立健全领导机制，全力保障农村基层党组织领导核心作用发挥。大力推进村党组织书记通过法定程序担任村民委员会主任和集体经济组织、农民合作组织负责人，推行村"两委"班子成员交叉任职，提倡由非村民委员会成员的村党组织班子成员或党员担任村务监督委员会主任，村民委员会成员、村民代表中党员应当占一定比例。创新党组织设置，推动农村基层党组织和党员在脱贫攻坚和乡村振兴中提高威信、提升影响。加强农村新型经济组织和社会组织的党建工作。二要大力推进"四个致富"。坚持以体制致富、产业致富、乡村致富、脱贫致富"四个致富"为抓手，努力带动乡村产业、人才、文化、生态和组织全面振兴。推进体制致富。以推进乡村振兴综合改革试点为契机，继续抓好农村综合改革，进一步丰富"三个重心下移、三个整合""四个致富""五级创建"内涵，引导人才、资金、技术等要素资源"上山下乡"，努力在体制机制上实现新突破。推进产业致富。紧紧围绕农业供给侧结构性改革，加快打造"3＋X"农业产业体系，大力实施"农业＋互联网"，突出发展乡村旅游、休闲农业，推动一、二、三产业融合发展。推进乡村致富。按照"五个梯度创建"模式，稳步实施"美丽乡村 2025"行动计划，全面推进村庄规划编制，全域开展村庄人居环境综合整治。积极加大农村道路、供水、厕所等基础设施建设力度，着力补齐农村基层设施短板。推进脱贫致富。认真按照习近平总书记提出的"全面建成小康社会一个都不能少"的要求，着力探索从体制机制上脱贫的治本之策、长效之策。三要积极打造连樟村全国示范基地。习近平总书记 2018 年 10 月视察广东时亲临英德市连樟村视察调

研，对加强农村基层党组织建设作出重要指示，为此清远市委研究制定了《连樟村基层党组织示范建设规划方案》，提出精细研判、精密谋划、精准施策的工作思路，努力将连樟村打造成为全国加强基层党组织建设的示范基地。核心举措是对连樟村每一位"两委"班子成员和每一名党员实行"一人一分析一定位"，对村党总支的各项工作实行"一项一研判一方案"，通过精准升级打造，努力把现任党总支书记打造成新时代农村基层党组织带头人的标杆，把上一任党总支书记打造成农村党组织书记传帮带的模范，把村"两委"班子成员打造成带领群众脱贫奔康、实现乡村振兴的标兵，把每一名在村党员以及外出务工党员打造成一面面鲜艳的旗帜。同时，研究围绕感恩动力策划开展党群主题活动，引导党员群众把感恩转化为推动连樟村迅速发展的强大合力。

### （四）坚持严管厚爱，加强农村基层党组织带头人和党员队伍建设

一要牢记总书记嘱托选"头雁"。突出"有干劲、会干事、作风正派、办事公道"的标准衡量、选拔基层党组织书记，对不符合条件的坚决予以调整撤换，着力建强"头雁"队伍。二要优化措施育"青苗"。实施"党员人才回乡计划"，严格落实"村推镇选县考察"的培养选拔制度，按不低于1：2的比例建立村（社区）党组织书记储备队伍，明确培养指导员，开展"一对一帮带"；明确培养途径，实施"一人一方案"培养；想方设法创造条件，加强学习培训、实践锻炼和岗位历练。三要实施学历提升工程强素质。由市委组织部统筹，采用政府与高校合作办学、市县镇三级分担经费的模式，在清远市职业技术学院开设乡村振兴学院并设置相关专业，开办大专学历教育班，面向村（社区）"两委"干部、聘用干部、储备人选及优秀党员等农村优秀青年招生。前五年计划每年可招生800—1000人，确保在第一期学员毕业后五年内，全市村（社区）"两委"干部和后备干部的大专以上学历比例实现翻番。四要立足发挥党员作用建制度。大力推行发展党员"村培镇管"制度，强化乡镇（街道）党（工）委把关责任，积极探索解决和防止农村发展党员不规范、违反程序、"近亲繁殖"等问题，确保农村发展党员工作的规范性和党员队伍的纯洁性。优化全市农村基层党员队伍建设，开展党员亮身份、亮职责、亮承诺活动，推动广大党员在乡村振兴中发挥先锋模范作用，不断提高村级党组织的创造力、凝聚力和战斗力。五要加强农村基层党风廉政建设。强化农村基层干部和党员的日常教育管理监督，加强对《农村基层干部廉洁履行职责

若干规定（试行）》执行情况的监督检查。开展扶贫领域腐败和作风问题专项治理，严厉打击农村基层黑恶势力和涉黑涉恶腐败及"保护伞"，严肃查处发生在惠农资金、征地拆迁、生态保护和农村"三资"管理领域的违纪违法问题，坚决纠正损害农民利益的行为，严厉整治群众身边腐败问题。

### （五）强化人才培育，全面激发各方面人才投身乡村振兴的动力

一要大力推动干部投身乡村振兴。落实《清远市进一步激励广大干部新时代新担当新作为十条措施》，注重在"三大攻坚战""乡村振兴"主战场、基层一线选拔干部，进一步延伸和拓宽选人用人视野，鼓励广大基层干部在推动乡村振兴的一线担当作为。二要着力实施"三个100"工程。用3年左右的时间，通过挂职培育100名党员干部到精准扶贫和对口帮扶工作一线，选拔培育100名年轻干部到基层一线锻炼培养，引进培育100名素质高、发展潜力大的高校毕业生到基层锻炼培养的方式，为清远实施乡村振兴战略培养一批优秀年轻干部。三要强化人才振兴保障。每年安排300万元用于乡村人才工作，即安排100万元用于推动有关职能部门抓好新型职业农民、农村实用人才培训；安排100万元选拔培养一批在乡村振兴中作出较大贡献、示范带动能力较强的农村实用人才；安排100万元支持农村青年创业小额贴息贷款。实施农技推广人才培养计划，鼓励在岗农技推广人才参加大专以上学历进修，实行学费补贴政策，真正做到以人才振兴推动乡村振兴。

### （六）全面升级整合，不断强化农村基层党组织建设基础保障

一要全面优化软弱涣散基层党组织整顿工作机制。市委组织部下沉两级直接跟踪督导一批重点难点村基层组织建设，重点做好软弱涣散村、集体经济薄弱村、空壳村等重点难点村跟踪管理，建立专门台账，定期跟踪问效，确保整顿转化取得实效，推动短板变成"潜力板"、后进村薄弱村成为示范村。二要规范整合村（社区）工作平台。整合村（社区）现有涉及党务、政务、公共服务等信息系统，统一建设一个由党组织主导的"清远市村（社区）信息管理服务平台"，综合解决农村农民问题，提高农村工作信息化、现代化水平。三要推动整合村（社区）工作力量。整合各级挂点联系领导、乡镇（街道）驻点联系群众团队、第一书记、扶贫工作队等工作力量，打造一支覆盖全市乡村的乡村振兴工作队伍，汇聚推进乡村振兴发展的强大合力。按照省的要求启动2019—2020年精准扶贫驻村干部的

轮换工作，顺利完成人员对接，确保平稳过渡，选派一批优秀党员干部到软弱涣散村、集体经济薄弱村担任党组织第一书记。四要加强基层各项保障。进一步加大各级财政对基层党建投入力度，抓好基层组织保障各项经费使用管理。全面落实村组两级党组织运转经费保障政策，逐步提高村"两委"干部补贴标准；落实离任村干部生活补助。加强党内激励关怀帮扶，定期走访慰问农村老党员、生活困难党员，帮助解决实际困难。完善抓基层党建工作述职评议考核机制，强化各级党组织书记落实党建责任的考核，半年检查、一年考核，适时通报考核结果，促使各级党组织书记树牢"抓好党建是最大政绩"的意识，以抓基层党建的良好成效为加快推动乡村振兴提供更加坚强的组织保证。

作者单位：清远市委组织部

# 广东乡镇农经管理组织现状调研和创新思考

*傅 晨 刘梦琴*

  农村经营管理体系是国家农业行政管理部门的农经管理工作体系，是贯彻落实党和国家农业农村发展政策的重要力量。乡镇农村经营管理（以下简称"乡镇农经管理"）是国家农村经营管理体系的最基层和最薄弱的环节，是加强农村经营管理体系建设的重点。本文基于广东调查，研究乡镇农经管理组织的现状和创新。分析数据来自 2018 年上半年课题组对广州市增城区、东莞市、揭阳市、梅州市农业局及下属 8 个乡镇（街道）的实地调研，以及广东省农业厅农村经济体制与经营管理处 2015 年、2017 年两次全省调查。

## 一、广东乡镇农经管理组织的现状和主要问题

### （一）机构设置

  目前乡镇农经管理机构有单独设置和综合设置两种基本类型。单独设置是指乡镇农经管理机构独立设置，综合设置是指乡镇农经管理机构与其他机构合并。2000 年乡镇机构改革前，乡镇农经管理机构大多单独设置。乡镇机构改革后，大多数乡镇农经管理机构撤销，与其他机构合并综合设置。据广东省农业厅农村经济体制与经营管理处 2017 年 8 月调查数据，全省 1443 个乡镇，单独设置农经管理机构（事业编制）有 244 个乡镇，占全省乡镇总数 16.9%。据此粗略估计，广东省超过 80% 的乡镇农经管理机构属综合设置类型①。

---

  ① 需要指出，广东乡镇农经管理机构有事业编制和行政编制，而且，全省 2/3 乡镇农经管理机构是行政编制。这个数据只是包含了单独设置的乡镇农经管理机构为事业编制，不包含行政编制，因而不能完整反映全省乡镇单独设置农经管理机构的数量和比重。

430

这里，有一个疑问。说大多数乡镇农经管理机构为综合设置类型，是不是说一个乡镇只有一个农经管理机构？换言之，在一个乡镇，综合设置的农经管理机构只有一个，还是多个？实地调研显示，乡镇机构改革前，乡镇农经管理机构大多单独设置，一个乡镇只有一个专职的农经管理机构；乡镇机构改革后，大多数乡镇农经管理专门机构撤销，乡镇农经管理工作分解，但是，承接农经管理工作的机构不是一个，而是多个，因此，乡镇农经管理机构多元化了。乡镇承接农经管理工作的机构主要有：农业办公室（或经济办公室）、财政所、农村合作经济管理办公室、农村财政结算中心、农村集体资产交易中心、农业服务中心等。

**表 1　调查乡镇承接农经管理工作的主要机构**

| 调查乡镇 | 机构名称 | 机构名称 | 机构名称 |
|---|---|---|---|
| 广州市增城区新塘镇 | 农村发展与管理办公室 | 农村财政结算中心 | 农村集体资产和工程建设交易中心 |
| 广州市增城区派潭镇 | 农业办公室 | 农村财政结算中心 | 农村集体资产交易中心 |
| 东莞市新城街道办事处 | 农林水务局 | 社区集体资产管理办公室 | |
| 东莞市石龙镇 | 农林水务局 | 农村集体资产管理办公室 | |
| 揭阳市普宁市广太镇 | 农业办公室 | 农村合作经济管理办公室 | 财政所 |
| 揭阳市榕城区仙桥街道办事处 | 农业办公室 | 财政所 | 农业服务中心 |
| 梅州市丰顺县汤坑镇 | 农业办公室 | 农村合作经济管理办公室 | 财政所 |
| 梅州市平远县八尺镇 | 经济事务办公室（农业事务办公室） | 财政所 | 农业服务中心 |

资料来源：实地调查。

乡镇农经管理机构多元化了，有更多的机构从事农经管理工作，乡镇农经管理工作应当加强，为什么反而被削弱？调查发现，虽然乡镇农经管理机构多元化，但是，体制不顺，滋生了很多问题。

1. **乡镇农经管理机构名称不统一**

乡镇农经管理机构多元化，但是，同一个机构在不同地方的名称不统一。例

如，镇"农办"是大多数乡镇承接农经管理工作的主要机构，但是，镇"农办"在各地的名称五花八门。有的叫"农业办公室"或"农业事务办公室"（简称"农办"）；有的去掉"农"字，叫"经济事务办公室"或"经济办公室"（简称"经济办"）；有的根据当前农村工作的重点或热点，加挂了许多牌子，如"农村合作经济管理办公室""农村土地确权办公室""农村扶贫办公室""农村宜居办公室"等。东莞市乡镇（街道）"农办"叫"农业局"，现在更名叫"农林水务局"。

乡镇农经管理机构多元化，但是机构名称不统一，给人的感觉十分混乱；而且，由于机构名称没有"农"字，容易让人产生错觉，以为乡镇没有农经管理机构。例如，调查发现，一些市、县（区）农业局向乡镇发工作文件，不知道发给谁，于是发给镇政府，再由镇政府转给镇分管领导，由分管领导安排给相应的工作部门。课题组到乡镇调研农经管理机构，一些乡镇没有"农"字头机构，不知道调查谁；一些乡镇只通知有"农"字头的机构，而没有通知其他涉及农经管理工作的机构，如负责农村集体经济财务管理和审计监督工作的财政所。可见，乡镇农经管理机构多元化，机构名称不统一，在实际工作中带来信息混乱，增加管理和交易成本。

2. 乡镇农经管理机构行政管理关系不统一

乡镇农经管理机构多元化，但是，机构的行政管理关系各地不统一。例如，广州市增城区、东莞市设立农村集体资产管理办公室，负责农村集体资产管理工作，农村集体资产管理办公室设立在市（区）农业局，是"副处级"参公管理事业单位，有与市（区）农业局"并驾齐驱"之势。增城区新塘镇农经管理工作机构主要有三个：镇"农办"、农村财政结算中心、农村集体资产和工程建设交易中心。长期以来，农村财政结算中心和农村集体资产交易中心挂牌子、有公章，独立运行。2017 年广州市和增城区巡视组认为农村财政结算中心和农村集体资产交易中心的设置不符合相关规定，要求整改。目前，农村财政结算中心和农村集体资产交易中心牌子取消，公章收回，名义上由"镇农办"统筹负责。但是，实际上农村财政结算中心和农村集体资产交易中心保持独立运行，只是业务需要加盖镇"农办"公章。增城区派潭镇农经管理工作机构主要有两个：镇"农办"和农村财政结算中心，农村集体资产交易中心只是镇"农办"的一个工作岗位。东莞市负责农村集体经济资产管理的机构，在乡镇叫农村集体资产管理办公室（简称"农资办"），在街道叫社区集体资产管理办公室（简称"社资办"），农村（社区）

集体资产管理办公室的行政管理关系不统一。据调查，12个镇（街道）农村（社区）集体资产管理办公室独立运行，12个镇（街道）农村（社区）集体资产管理办公室归农口线管理，8个镇（街道）农村（社区）集体资产管理办公室归财政线管理。乡镇农经管理机构行政管理关系不统一，政出多门，也带来信息混乱，增加管理和交易成本。

3. 乡镇农经管理机构分工不统一

乡镇农经管理机构与其他机构合并综合设置，农经管理工作分解，多个机构承接农经管理工作，但是，承接机构的分工各地不统一。在多数乡镇，"农办"（"经济办"）负责大部分农经管理工作，财政所负责农村集体经济财务管理和审计监督。也有乡镇"农办"（"经济办"）不负责农经管理工作，例如，梅州市平远县八尺镇经济事务办公室加挂农业事务办公室牌子，但是，并不主要负责乡镇农经管理工作；镇财政所负责农村集体经济财务管理和审计监督，其他农村经营工作放到镇农业服务中心的农业组。乡镇农经管理机构多元化，但是机构的分工不统一，不仅带来信息混乱，增加管理和交易成本，而且，可能产生部门职能交叉、权责不清、工作推诿，降低工作效率。

4. 乡镇农经管理工作以兼职和临时安排为主

乡镇农经管理机构与其他机构合并综合设置，农经管理工作分解由多个机构承接，但是，承接机构的工作具有多样性，不限于农经管理。例如，镇"农办"类似镇一级农业局，业务不限于农经管理。东莞市乡镇（街道）"农办"叫"农业局"，现在更名叫"农林水务局"，对口承接市农业局、林业局、水务局、海洋与渔业局和气象局等六个部门的业务。

乡镇农经管理机构多元化，承接农经管理工作的机构工作具有多样性，农经管理工作如何运行？调查发现，主要有三种情况：

一是设立农经管理工作岗位，专人负责农经管理工作。例如，揭阳市揭东县镇级农经管理机构撤销并入镇"农办"，核定1名人员负责农经管理工作，全县15个镇（街道），共有15名专职农经管理人员。揭阳市榕城区有9个街道办事处，其中2个设立农业办公室，7个设立经济办公室，共有专职农经管理人员13名。

二是不设立农经管理工作岗位，农经管理工作兼职。例如，梅州市平远县八尺镇经济事务办公室有工作人员2人，同时是镇财政所工作人员，兼职做农村集体经济财务管理和审计工作。梅州市五华县有16个镇，每个镇有1名农经管理人

员，全部是兼职。从全省来看，据广东省农业厅农村经济体制与经营管理处 2017 年 8 月调查数据，全省 1443 个乡镇，综合设置的农经管理机构（事业编制）244 个，有专职农经管理人员 869 人，兼职人员 803 人，专职和兼职两类人员数量基本持平；综合设置的农经管理机构（行政编制），有专职农经管理人员 922 人，兼职人员 1577 人，兼职人员是专职人员的 1.7 倍。

三是不设立农经管理工作岗位，农经管理工作临时安排人员。例如，据平远县农业局介绍，平远县有 12 个乡镇，其中 5 个镇没有专职农经管理人员，农经管理工作主要是临时安排人员，而且年年更换，由于临时安排人员不懂业务，无法胜任工作，只好找退休人员来做。五华县农业局反映，乡镇农经管理人员变动频繁，且无工作交接，造成业务无连续性，始终处于工作开始接触状态。

表 2　调查乡镇农经管理人员的在岗情况

单位：人

| 调查单位 | 在岗人员 | 专职 | 兼职 | 临时 |
|---|---|---|---|---|
| 增城区新塘镇农办 | 4 | | 2 | 2 |
| 增城区新塘镇农村财政结算中心 | 16 | 15 | 1 | |
| 增城区新塘镇农村集体资产交易中心 | 5 | 5 | | |
| 增城区派潭镇农办 | 9 | 4 | 2 | 3 |
| 增城区派潭镇农村财政结算中心 | 11 | 7 | 1 | 3 |
| 东莞市石龙镇农林水务局 | 4 | 1 | 3 | |
| 东莞市新城街道农林水务局 | 6 | 5 | 1 | |
| 普宁市广太镇农村合作经济管理办公室 | 1 | 1 | | |
| 揭阳市榕城区仙桥街道农业办公室 | 3 | 3 | | |
| 丰顺县汤坑镇农村合作经济管理办公室 | 2 | 2 | | |
| 平远县八尺镇经济事务办公室 | 2 | 2 | | |

注：在岗人数为从事农经管理工作的人员数量。

资料来源：调查问卷。

调查发现，在乡镇，农经管理工作专职、兼职和临时安排三种情况普遍存在，只是程度不一。从机构来看，乡镇农经管理机构多元化，一般来说，镇"农办"

由于工作多样性，农经管理工作兼职和临时安排的程度较高；镇财政所、农村财政结算中心负责的农村集体资产财务管理工作相对单一，农经管理工作的专职程度较高。例如，新塘镇"农办"负责农经管理工作有4名工作人员，2人为兼职，2人为临时安排人员；而农村财政结算中心和农村集体资产交易中心的工作人员基本上都是专职人员。

乡镇农经管理机构综合设置，农经管理工作兼职和临时安排人员，对乡镇农经管理工作具有负面影响。一是乡镇农经管理机构与其他机构合并，农经管理工作分解由多个机构承接，由于承接机构的工作多样性以及领导重视程度变化，农经管理工作的重要性可能下降。二是乡镇农经管理工作兼职或临时安排，人员频繁变动，队伍不稳定，人员业务素质与履职要求有较大差距；而且，容易形成农经管理工作是"兼职"或者"临时"的消极思维，影响工作主动性和责任心，导致乡镇农经管理工作处于无人主动过问的边缘化状态。三是乡镇农经管理工作与其他机构合并，农经管理人员也要兼职承担农经管理以外的其他工作，分散精力，占用时间。据课题组对广州市增城区、东莞市、揭阳市、梅州市等8个乡镇（街道）农经管理人员的调查，当问及过去一年，除了农经管理工作，还做了哪些其他主要工作，普遍的回答是3种以上，有的与农经管理无关，如征地、农村"维稳"、党风廉政建设、人居环境整治、乡村精神文明创建、村委会换届选举、计划生育、驻村挂点工作等。很多乡镇工作人员称自己是"万金油"，什么工作都做。一些乡镇农经管理人员"在职不在岗"，主要工作本末倒置。

5. 部分乡镇农经管理机构和人员的编制性质与承担职责不匹配

一是大约1/3乡镇农经管理机构是事业编制，机构性质与承担职责不匹配。农经管理工作的性质是政府农业行政管理职责，从事农经管理工作的机构就应当是政府行政管理机构。然而，2000年乡镇机构改革中，很多地方把乡镇农经管理机构并入基层农业技术推广体系，机构性质成为事业单位，与承担职责的行政性质不匹配。2006年《国务院关于深化改革加强基层农业技术推广体系建设的意见》（国发〔2006〕30号）指出，"农经管理系统不再列入基层农业技术推广体系，农村土地承包管理、农民负担监督管理、农村集体资产财务管理等行政管理职能列入政府职责，由乡镇人民政府承担"。据广东省农业厅农村经济体制与经营管理处2015年《广东省基层农经体系建设情况汇报》，我省单独设置和综合设置的镇级农经管理机构1853个，职责明确由行政机构承担的1224个，占66%。以

此估算，目前广东大约 1/3 乡镇农经管理机构是事业编制机构。

从机构来看，乡镇农经管理机构多元化，一般来说，镇"农办"（"经济办"）、财政所是行政编制，其他机构大多是事业编制。例如，增城区乡镇农经管理机构主要有三个：镇（街道）"农办"、农村财政结算中心、农村集体资产交易中心。镇（街道）"农办"是行政编制，农村财政结算中心和农村集体资产交易中心是事业编制。梅州市乡镇普遍建立农村服务中心，为原镇农业技术推广站、农机服务站、水利站、畜牧兽医站、农经管理站等合并而来，为事业编制单位。在梅州很多乡镇，农村服务中心下设农业组，是负责农经管理工作的主要机构。

二是大约 60% 乡镇农经管理人员是事业编制，编制性质与承担职责不匹配。既然农经管理工作是政府的农业行政管理职责，农经管理工作人员就是政府的行政管理人员。然而，2000 年乡镇机构改革中，随着乡镇农经管理机构撤并，很多农经管理人员成为事业编制人员，编制性质与承担职责不匹配。据广东省农业厅农村经济体制与经营管理处 2015 年《广东省基层农经体系建设情况汇报》，我省单独设置和综合设置的镇级农经管理机构 1853 个，共有专职和兼职人员 5002 人，其中，在编行政人员 1978 人，占比 39.5%。据此估算，目前广东大约 60% 乡镇农经管理人员是事业编制人员。

从机构来看，目前乡镇农经管理工作机构多元化，一般来说，镇"农办"（"经济办"）、财政所工作人员主要是行政编制，其他机构的人员主要是事业编制或无编制的合同制聘用人员。例如，东莞市新城街道农林水务局在岗人员 10 人（其中 6 人从事农经管理工作），2 人为行政编制，4 人为事业编制，4 人为无编制的合同制聘用人员。东莞市石龙镇农林水务局在岗人员 4 人，全部为事业编制。增城区新塘镇"农办"从事农经管理工作的在岗人员 4 人，其中，镇"农办"主任 1 人为行政编制，其余 3 人为无编制的合同制聘用人员。新塘镇农村财政结算中心在岗人员 16 人，除中心主任 1 人为事业编制，其余 15 人均为无编制的合同制聘用人员。新塘镇农村集体资产交易中心在岗人员 5 人，中心主任 1 人为行政编制，其余 4 人均为无编制的合同制聘用人员。派潭镇"农办"从事农经管理工作的在岗人员 9 人，其中，3 人为行政编制，1 人为事业编制，其余 5 人为无编制的合同制聘用人员（含区财政统发工资的"三支一扶"人员 1 人）。派潭镇农村财政结算中心在岗人员 11 人，其中，1 人为行政编制，1 人为事业编制，其余 9 人为无编制的合同制聘用人员（含区财政统发工资的"三支一扶"人员 2 人）。

## 表 3　调查乡镇农经管理人员的编制情况

单位：人

| 调查单位 | 在岗人员 | 行政编制 | 事业编制 | 无编制合同聘用人员 |
|---|---|---|---|---|
| 增城区新塘镇农办 | 4 | 1 | | 3 |
| 增城区新塘镇农村财政结算中心 | 16 | | 1 | 15 |
| 增城区新塘镇农村集体资产交易中心 | 5 | 1 | | 4 |
| 增城区派潭镇农办 | 9 | 3 | 1 | 5 |
| 增城区派潭镇农村财政结算中心 | 11 | 1 | 1 | 9 |
| 东莞市石龙镇农林水务局 | 4 | | 4 | |
| 东莞市新城街道农林水务局 | 10 | 2 | 4 | 4 |
| 普宁市广太镇农村合作经济管理办公室 | 1 | | 1 | |
| 揭阳市榕城区仙桥街道农业办公室 | 3 | 3 | | |
| 丰顺县汤坑镇农村合作经济管理办公室 | 2 | | 1 | |
| 平远县八尺镇经济事务办公室 | 2 | 2 | | |

资料来源：调查问卷。

乡镇农经管理机构和人员编制不同，给乡镇农经管理工作带来的负面影响是两个：第一，农经管理工作的性质是政府农业行政管理职责，乡镇农经管理机构和人员属于事业编制，不具有从事农业行政管理的主体资格；第二，乡镇农经管理人员因编制不同工资水平呈现较大的制度性差异，"同工不同酬"严重挫伤工作积极性。

调查发现，第一个问题在乡镇并没有引起重视，乡镇关心的是只要有机构和人员做事，并没有想过做事的机构和人员是否具有合法性；第二个问题导致农经管理人员不安心工作，队伍不稳定，乡镇已有"切肤之痛"。一般来说，行政机构和行政编制的农经管理人员拿公务员工资，工资水平较高；事业单位和事业编制的农经管理人员干行政活，拿事业工资，工资水平较低；无编制的合同制聘用人员，既不是行政编制，也不是事业编制，工资水平更低。例如，在增城区新塘镇，税前工资水平，行政编制的农经管理工作人员（普通科员）税前工资每月可上1万元，事业编制的普通工作人员每月大约8000元，无编制的合同制聘用普通工作

人员每月大约 5000 元,扣除社保等后大约每月 3000 元。乡镇农经管理人员从事同样的工作,经济待遇却大相径庭,"同工不同酬"严重挫伤了工作积极性。无编制的合同制聘用人员不安心工作,有机会就会"跳槽",导致人员流动,农经管理队伍不稳定。

### (二)管理队伍

#### 1. 人员规模

合理的乡镇农经管理队伍人员规模,对做好乡镇农经管理工作具有积极影响。历史地看,由于基层工作条件和待遇差,不利于吸纳人员和稳定队伍,乡镇农经管理队伍人员数量不足。随着经济和社会发展,国家对"三农"问题高度重视,农经管理工作面不断拓宽,基层工作条件和待遇改善,乡镇农经管理队伍人员规模不断扩大。据广东省农业厅农村经济体制与经营管理处 2015 年《广东省基层农经体系建设情况汇报》,我省单独设置和综合设置的镇级农经管理机构 1853 个,共有专职和兼职人员 5002 人。又据广东省农业厅农村经济体制与经营管理处 2017 年 8 月调查数据,全省 1443 个乡镇,单独设置的农经管理机构(事业编制)在岗人员 1202 人;综合设置的农经管理机构(事业编制)专职人员 869 人,兼职人员 803 人;综合设置的农经管理机构(行政编制)专职人员 922 人,兼职人员 1577 人。综上合计,2017 年 8 月全省乡镇农经管理人员 5373 人,比 2015 年 5002 人增加了 371 人。需要指出,虽然乡镇农经管理队伍人员规模有所扩大,但是,包含大量兼职人员,占比约 2/3。

虽然广东省乡镇农经管理队伍人员规模有所扩大,全省平均每个乡镇农经管理人员数量从 2015 年 2.7 人增加到 2017 年 8 月 3.7 人,但是,从调查乡镇来看,乡镇农经管理人员普遍数量不足,呈现"事多人少"的局面。例如,梅州市辖 8 个县(市、区),有 112 个镇(场),每个镇(场)农经管理机构有 1—2 名工作人员,且多数为兼职,还要承担与农经管理无关的工作。再如,增城区乡镇农村财政结算中心负责农村集体经济组织财务管理工作,主要使用无编制的合同制聘用人员,2003 年推行农村会计代理制度以来,主要工作是帮村做账。派潭镇有 36 个行政村,471 个组,镇农村财政结算中心在岗人员 10 人,平均 1 个人承担 40 多个组。新塘镇有 32 个行政村,233 个组,镇农村财政结算中心在岗人员 16 人,平均 1 个人承担 20 多个组。新塘镇农村集体经济总量大,占增城区农村集体经济总量

50％以上，因此，新塘镇农村财政结算中心的工作量很大。调查中，新塘镇农村财政结算中心的工作人员抱怨，单是帮村做账工作量已经很大，去年又新增了农民专业合作社，工作量增大，已经吃不消了。

2. 人员结构

（1）性别结构

人力资源管理理论说明，合理的员工队伍性别结构对工作绩效具有积极影响。目前，尚无全省乡镇农经管理队伍人员性别结构的调查数据。据课题组对广州市增城区、东莞市、揭阳市、梅州市的 8 个乡镇（街道）的调查，镇（街道）"农办"工作人员的性别构成大致平衡，农村财政结算中心工作人员绝大多数为女性。例如，增城区新塘镇农村财政结算中心在岗人员 16 人，除中心主任 1 人为男性，其余 15 人均为女性。考虑到新塘镇农村财政结算中心大多数女性工作人员年龄在 35 岁以下，由于生育产假等因素，可能对农经管理工作带来一定程度的影响。

### 表4 调查乡镇农经管理人员的性别结构

单位：人

| 调查单位 | 在岗人数 | 男性 | 女性 |
|---|---|---|---|
| 增城区新塘镇农办 | 4 | 2 | 2 |
| 增城区新塘镇农村财政结算中心 | 15 | 1 | 14 |
| 增城区新塘镇农村集体资产交易中心 | 5 | 2 | 3 |
| 增城区派潭镇农办 | 9 | 5 | 4 |
| 增城区派潭镇农村财政结算中心 | 11 | 4 | 7 |
| 东莞市石龙镇农林水务局 | 4 | 3 | 1 |
| 东莞市石龙镇委派会计出纳 | 19 | 8 | 11 |
| 东莞市新城街道农林水务局 | 6 | 3 | 3 |
| 普宁市广太镇农村合作经济管理办公室 | 1 | 1 | |
| 揭阳市榕城区仙桥街道农业办公室 | 3 | 2 | 1 |
| 丰顺县汤坑镇农村合作经济管理办公室 | 2 | 1 | 1 |
| 平远县八尺镇经济事务办公室 | 2 | | 2 |

注：增城区新塘镇农村财政结算中心在岗 16 人，填写问卷 15 人。

资料来源：调查问卷。

(2) 年龄结构

员工队伍的年龄结构对工作绩效也具有影响。历史地看，由于基层工作条件和待遇差，不利于吸收新鲜血液，乡镇农经管理队伍年龄结构老化，给乡镇农经管理工作带来负面影响。近年来，随着基层工作条件和待遇不断改善，吸纳新鲜血液，乡镇农经管理队伍的年龄结构趋于年轻化。据广东省农业厅农村经济体制与经营管理处 2015 年《广东省基层农经体系建设情况汇报》，全省单独设置和综合设置的镇级农经管理机构共有 1853 个，专职和兼职人员 5002 人。其中，35 岁以下的 1977 人，占比 39.5%；35—50 岁的 2362 人，占比 47.2%；50 岁以上的 663 人，占比 13.3%。可见，我省乡镇农经管理人员的年龄结构以 35 岁以下和 35—50 岁为主，二者合计占将近 90%。

对乡镇的实地调研支持上述结论。据课题组对广州市增城区、东莞市、揭阳市、梅州市的 8 个乡镇（街道）的调查，乡镇农经管理人员年龄 35 岁以下的 44 人，占调查人数 54%；35—50 岁 34 人，占调查人数 42%；50 岁以上 3 人，占调查人数 4%。调查乡镇农经管理人员的年龄构成比全省数据更为年轻。

**表5 调查乡镇农经管理人员的年龄结构**

单位：人

| 调查单位 | 在岗人数 | 35 岁以下 | 35—50 岁 | 50 岁以上 |
|---|---|---|---|---|
| 增城区新塘镇农办 | 4 | 3 | 1 | |
| 增城区新塘镇农村财政结算中心 | 15 | 11 | 4 | |
| 增城区新塘镇农村集体资产交易中心 | 5 | 4 | 1 | |
| 增城区派潭镇农办 | 9 | 6 | 1 | 2 |
| 增城区派潭镇农村财政结算中心 | 11 | 7 | 4 | |
| 东莞市石龙镇农林水务局 | 4 | 1 | 3 | |
| 东莞市石龙镇委派会计出纳 | 19 | 6 | 12 | 1 |
| 东莞市新城街道农林水务局 | 6 | 3 | 3 | |
| 普宁市广太镇农村合作经济管理办公室 | 1 | | 1 | |
| 揭阳市榕城区仙桥街道农业办公室 | 3 | 1 | 2 | |
| 丰顺县汤坑镇农村合作经济管理办公室 | 2 | | 2 | |

续表

| 调查单位 | 在岗人数 | 35 岁以下 | 35—50 岁 | 50 岁以上 |
|---|---|---|---|---|
| 平远县八尺镇经济事务办公室 | 2 | 2 | | |
| 合计 | 81 | 44 | 34 | 3 |
| 占比（％） | | 54 | 42 | 4 |

注：增城区新塘镇农村财政结算中心在岗 16 人，填写问卷 15 人。

资料来源：调查问卷。

（3）学历结构

学历是文化程度的表现，对工作绩效具有重要影响。从历史来看，由于基层工作条件和待遇较差，不利于吸收高学历人员，乡镇农经管理队伍文化程度偏低。随着基层工作条件和待遇改善，乡镇农经管理人员的学历结构不断优化。据广东省农业厅农村经济体制与经营管理处 2015 年《广东省基层农经体系建设情况汇报》，全省单独设置和综合设置的镇级农经管理机构共有 1853 个，专职和兼职人员 5002 人。其中，大学本科以上学历 1448 人，占 29％；大专学历 2351 人；占 47％；中专学历 515 人，占 10.3％。可见，我省乡镇农经管理队伍的学历结构以大专学历为主。

实地调研发现，乡镇农经管理队伍学历结构不断优化。据课题组对广州市增城区、东莞市、揭阳市、梅州市的 8 个乡镇（街道）的调查，硕士研究生学历 4 人，占调查人数 5％；大学本科学历 51 人，占调查人数 63％；大专学历 20 人，占调查人数 25％；中专学历 6 人，占调查人数 7％。可见，调查乡镇的农经管理队伍的学历以大学本科学历为主。

### 表 6 调查乡镇农经管理人员学历情况

单位：人

| 调查单位 | 在岗人数 | 硕士研究生 | 大学本科 | 大专 | 中专 |
|---|---|---|---|---|---|
| 增城区新塘镇农办 | 4 | | 4 | | |
| 增城区新塘镇农村财政结算中心 | 15 | | 8 | 7 | |
| 增城区新塘镇农村集体资产交易中心 | 5 | | 3 | 1 | 1 |
| 增城区派潭镇农办 | 9 | 2 | 3 | 2 | 2 |

续表

| 调查单位 | 在岗人数 | 硕士研究生 | 大学本科 | 大专 | 中专 |
|---|---|---|---|---|---|
| 增城区派潭镇农村财政结算中心 | 11 | 1 | 8 | 1 | 1 |
| 东莞市石龙镇农林水务局 | 4 | | 4 | | |
| 东莞市石龙镇委派会计出纳 | 19 | 1 | 11 | 5 | 2 |
| 东莞市新城街道农林水务局 | 6 | | 5 | 1 | |
| 普宁市广太镇农村合作经济管理办公室 | 1 | | 1 | | |
| 揭阳市榕城区仙桥街道农业办公室 | 3 | | 3 | | |
| 丰顺县汤坑镇农村合作经济管理办公室 | 2 | | | 2 | |
| 平远县八尺镇经济事务办公室 | 2 | | 2 | | |
| 合计 | 81 | 4 | 51 | 20 | 6 |
| 占比（％） | | 5 | 63 | 25 | 7 |

注：增城区新塘镇农村财政结算中心在岗 16 人，填写问卷 15 人。

资料来源：调查问卷。

（4）专业结构

专业结构指乡镇农经管理人员最后学历所学专业的构成。农经管理工作对人力资本具有一定的专业性要求，要求农经管理人员具有一定的专业知识。如果农经管理人员的专业知识距离农经管理工作太远，业务素质与履职要求就会有差距，影响对国家农业农村政策的理解和执行力，对乡镇农经管理工作产生负面影响。实地调查显示，大多数乡镇农经管理人员的最后学历所学专业为经济管理类，学以致用，但是，农业经济管理专业出身的少之又少，少数人员所学专业与从事工作严重不对口。

从机构来看，目前乡镇农经管理机构多元化，一般来说，镇"农办"工作具有多样性和综合性，农经管理人员中最后学历所学专业为文科非经济管理类的较多；农村财政结算中心和农村集体资产交易中心的工作是财务管理，工作人员的最后学历所学专业以文科经济管理类为主。例如，增城区新塘镇"农办"农经管理工作人员 4 人，最后学历所学专业为文科经济管理类的 1 人，文科非经济管理类的 2 人，自然科学的 1 人；新塘镇农村财政结算中心在岗人员 15 人，最后学历所学专业全部为文科经济管理类。

调查发现，影响乡镇农经管理人员专业结构变化的一个重要因素是乡镇工作轮岗。工作轮岗是乡镇的一项普遍性制度安排，每年都有发生。由于轮岗，原来从事农经管理工作的人员轮换到非农经管理部门，目前从事农经管理工作的人员从非农经管理部门轮岗而来。乡镇农经管理人员专业结构发生变化，一些人对农经管理工作不了解不熟悉，可能对农经管理工作产生负面影响。调查发现，这个问题在乡镇没有引起足够重视，很多人没有意识到农经管理工作对人力资本专用性的要求，认为农经管理工作是"万金油"，谁都可以做。

表 7　调查乡镇农经管理人员的最后学历所学专业

单位：人

| 调查单位 | 在岗人数 | 社会科学 | | | 自然科学 |
| --- | --- | --- | --- | --- | --- |
| | | 农业经济管理 | 经济管理类 | 非经济管理类 | |
| 增城区新塘镇农办 | 4 | | 1 | 2 | 1 |
| 增城区新塘镇农村财政结算中心 | 15 | | 13 | | |
| 增城区新塘镇农村集体资产交易中心 | 5 | | 3 | 1 | 1 |
| 增城区派潭镇农办 | 9 | | 1 | 5 | 2 |
| 增城区派潭镇农村财政结算中心 | 11 | | 6 | 3 | 2 |
| 东莞市石龙镇农林水务局 | 4 | | 4 | | |
| 东莞市石龙镇委派会计出纳 | 19 | | 15 | 4 | |
| 东莞市新城街道农林水务局 | 6 | | 5 | 1 | |
| 普宁市广太镇农村合作经济管理办公室 | 1 | | 1 | | |
| 揭阳市榕城区仙桥街道农业办公室 | 3 | | 1 | 2 | |
| 丰顺县汤坑镇农村合作经济管理办公室 | 2 | 1 | | 1 | |
| 平远县八尺镇经济事务办公室 | 2 | | 1 | 1 | |

注：增城区新塘镇农村财政结算中心在岗16人，填写问卷15人。

资料来源：调查问卷。

（5）职称结构

技术职称是专业技能水平的表现。然而，由于多方面原因，乡镇吸纳高职称

人员难，农经管理人员职称晋升难，乡镇农经管理队伍的职称层次偏低。据广东省农业厅农村经济体制与经营管理处 2015 年《广东省基层农经体系建设情况汇报》，全省单独设置和综合设置的镇级农经管理机构共有 1853 个，有专职和兼职人员 5002 人，拥有专业技术职称的 922 人，占比 18.4%。其中，拥有中级职称的 296 人，占比 5.9%；拥有高级职称的 26 人，占比仅 0.5%。全省乡镇农经管理队伍拥有专业技术职称的人员占比不超过 20%，拥有中、高级技术职称的人员凤毛麟角。

对乡镇的实地调研支持上述结论。据课题组对广州市增城区、东莞市、揭阳市、梅州市 8 个乡镇（街道）的调查，农经管理人员中拥有中级职称的 7 人，占调查人数 8%；拥有初级职称的 18 人，占调查人数 22%；无职称的 56 人，占调查人数 69%。

表 8　调查乡镇农经管理人员的职称情况

单位：人

| 调查单位 | 在岗人数 | 中级职称 | 初级职称 | 无职称 |
|---|---|---|---|---|
| 增城区新塘镇农办 | 4 | | | 4 |
| 增城区新塘镇农村财政结算中心 | 15 | | 5 | 10 |
| 增城区新塘镇农村集体资产交易中心 | 5 | | | 5 |
| 增城区派潭镇农办 | 9 | | | 9 |
| 增城区派潭镇农村财政结算中心 | 11 | 1 | 3 | 7 |
| 东莞市石龙镇农林水务局 | 4 | 1 | 1 | 2 |
| 东莞市石龙镇委派会计出纳 | 19 | 4 | 4 | 11 |
| 东莞市新城街道农林水务局 | 6 | 1 | 3 | 2 |
| 普宁市广太镇农村合作经济管理办公室 | 1 | | 1 | |
| 揭阳市榕城区仙桥街道农业办公室 | 3 | | 1 | 2 |
| 丰顺县汤坑镇农村合作经济管理办公室 | 2 | | | 2 |
| 平远县八尺镇经济事务办公室 | 2 | | | 2 |
| 合计 | 81 | 7 | 18 | 56 |
| 占比（%） | | 8 | 22 | 69 |

注：增城区新塘镇农村财政结算中心在岗16人，填写问卷15人。

资料来源：调查问卷。

需要指出，按照现行政策，国家行政机构公务员不参加技术职称评定。目前我省2/3乡镇农经管理机构是行政编制，40％乡镇农经管理人员是行政编制，按照政策规定不参加技术职称评定。考虑到乡镇农经管理机构改革的目标是将乡镇农经管理机构和人员全部转为行政编制或参照公务员管理，今后乡镇农经管理人员也将不参加技术职称评定。因此，从发展趋势看，乡镇农经管理队伍具有职称人员数量偏低情况将持续下去。由于乡镇农经管理队伍职称结构失衡是制度规则导致，不能准确反映乡镇农经管理人员的技术水平，因此，用职称结构观察乡镇农经管理队伍具有局限性。

（6）学习机会

农经管理工作对人力资本具有一定的专用性要求，人力资本不仅来自学历教育，也来自继续学习；除了个人学习，参加业务培训是学习的一个重要途径。特别是，随着农村经济和社会发展以及国家对"三农"问题的高度重视，农经管理工作的面不断拓宽，新的工作不断出现，工作重心不断发生变化，工作量不断增大，对乡镇农经管理人员业务素质的要求也越来越高，业务培训学习显得越来越重要。然而，实地调查发现，乡镇农经管理人员参加业务培训学习的机会少，普遍反映知识更新难，影响业务素质提高。据课题组对广州市增城区、东莞市、揭阳市、梅州市的8个乡镇（街道）的调查，在过去的一年中，参加县以上部门召开的业务培训学习会议，3次及以上的14人，占比17％；参加2次的40人，占比49％；参加1次的16人，占比20％；没有参加过业务培训学习的11人，占比14％。

### 表9　调查乡镇农经管理人员参加业务培训学习会议情况

单位：人

| 调查单位 | 在岗人员 | 3次及以上 | 2次 | 1次 | 无 |
|---|---|---|---|---|---|
| 增城区新塘镇农办 | 4 | 1 | | | 3 |
| 增城区新塘镇农村财政结算中心 | 15 | 3 | 4 | 7 | 1 |
| 增城区新塘镇农村集体资产交易中心 | 5 | | 1 | 2 | 2 |
| 增城区派潭镇农办 | 9 | 1 | 5 | 1 | 2 |
| 增城区派潭镇农村财政结算中心 | 11 | 5 | 5 | 1 | |

续表

| 调查单位 | 在岗人员 | 3次及以上 | 2次 | 1次 | 无 |
|---|---|---|---|---|---|
| 东莞市石龙镇农林水务局 | 4 | | 4 | | |
| 东莞市石龙镇委派会计出纳 | 19 | | 19 | | |
| 东莞市新城街道农林水务局 | 6 | 2 | 2 | 1 | 1 |
| 普宁市广太镇农村合作经济管理办公室 | 1 | 1 | | | |
| 揭阳市榕城区仙桥街道农业办公室 | 3 | | | 2 | 1 |
| 丰顺县汤坑镇农村合作经济管理办公室 | 2 | 1 | | 1 | |
| 平远县八尺镇经济事务办公室 | 2 | | | 1 | 1 |
| 合计 | 81 | 14 | 40 | 16 | 11 |
| 占比（％） | | 17 | 49 | 20 | 14 |

注：增城区新塘镇农村财政结算中心在岗16人，填写问卷15人。

资料来源：调查问卷。

（7）工作年限

人力资本不仅来自学习，也来自工作经验积累，而工作经验与工作年限有关。据课题组对广州市增城区、东莞市、揭阳市、梅州市的8个乡镇（街道）的调查，乡镇农经管理人员从事农经管理工作的时间，1—3年的26人，占比32%；4—6年的25人，占比31%；7年以上的30人，占比37%。可见，总体而言，大约2/3乡镇农经管理人员从事农经管理工作的时间为4年以上，积累了一定的农经管理工作经验；而大约1/3乡镇农经管理人员从事农经管理工作的时间为1—3年，农经管理工作经验不足。从事农经管理工作1—3年的这部分人员又分为两种情况：大约1/2是刚刚参加工作的年轻人，另外1/2是乡镇工作轮岗转为从事农经管理工作，后者比较年长，工作经历和经验丰富，能够很快适应农经管理工作。

表10 调查乡镇农经管理人员从事农经管理工作的时间

单位：人

| 调查单位 | 在岗人数 | 1—3年 | 4—6年 | 7年以上 |
|---|---|---|---|---|
| 增城区新塘镇农办 | 4 | 2 | 2 | |
| 增城区新塘镇农村财政结算中心 | 15 | 2 | 8 | 5 |

续表

| 调查单位 | 在岗人数 | 1—3 年 | 4—6 年 | 7 年以上 |
|---|---|---|---|---|
| 增城区新塘镇农村集体资产交易中心 | 5 | | 4 | 1 |
| 增城区派潭镇农办 | 9 | 8 | | 1 |
| 增城区派潭镇农村财政结算中心 | 11 | 4 | 5 | 2 |
| 东莞市石龙镇农林水务局 | 4 | 1 | 1 | 2 |
| 东莞市石龙镇委派会计出纳 | 19 | 4 | 3 | 12 |
| 东莞市新城街道农林水务局 | 6 | 2 | 1 | 3 |
| 普宁市广太镇农村合作经济管理办公室 | 1 | | | 1 |
| 揭阳市榕城区仙桥街道农业办公室 | 3 | 1 | | 2 |
| 丰顺县汤坑镇农村合作经济管理办公室 | 2 | | 1 | 1 |
| 平远县八尺镇经济事务办公室 | 2 | 2 | | |
| 合计 | 81 | 26 | 25 | 30 |
| 占比（%） | | 32 | 31 | 37 |

注：增城区新塘镇农村财政结算中心在岗 16 人，填写问卷 15 人。

资料来源：调查问卷。

### （三）经费保障

乡镇农经管理工作需要必要的经费保障。按照国家相关政策规定，土地承包管理、纠纷调解仲裁、农村财务审计、农民负担专项审计、合作社指导等农经管理工作经费要列入财政预算。从全国来看，目前多数乡镇农经管理工作经费未列入乡镇财政预算。据广东省农业厅农村经济体制与经营管理处 2015 年《广东省基层农经体系建设情况汇报》，我省大部分镇（街）农经管理工作经费尚未列入镇级财政预算，开展工作需要专门申请经费，有的经费落实难，给乡镇农经管理工作带来一定负面影响。据课题组对广州市增城区、东莞市、揭阳市、梅州市的 8 个乡镇（街道）的调查，虽然农经管理工作经费未列入乡镇财政预算，但是，乡镇重视"三农"工作，一般是按实报销，因此，农经管理工作有经费保障。

乡镇农经管理工作经费未列入乡镇财政预算，原因是多方面的，解决起来也有一定难度。首先，乡镇财政不宽裕，工作面宽，乡镇资金往往统筹使用，不可能单独量化农经管理工作经费。其次，乡镇农经管理工作的面也很宽，工作难度

不一，工作量难以确定，从而难以量化农经管理工作经费。最后，乡镇农经管理机构综合设置，农经管理工作分解给多个部门，承接农经管理工作的机构工作具有多样性，也不可能单独量化农经管理工作经费。

一些被调查的乡镇认为，乡镇农经管理工作经费的真正问题是乡镇财政紧张，因此，上级业务主管部门在下达农经管理工作时，最好能配套一定数量的资金。据丰顺县农业局介绍，丰顺有 16 个乡镇、1 个国有农场，县农业局每年下拨每个镇（场）5 万元，用于年报、半年报和农民负担监测工作，但是，其他农经管理工作没有配套经费。

### （四）工作手段

工作手段主要指办公用房和办公设备。历史地看，由于城乡发展差距等多方面原因，乡镇工作条件普遍较差。随着国家经济和社会发展，财政投入增多，基本建设加强，乡镇工作条件不断改善。但是，乡镇工作条件的历史欠账严重，办公条件落后的问题还没有完全解决。据广东省农业厅农村经济体制与经营管理处2015 年《广东省基层农经体系建设情况汇报》，我省大部分乡镇农经人员没有独立办公室、档案室，办公设施简陋，一些乡镇农经管理机构基本的办公条件如桌椅、计算机、交通工具等不齐备，工作手段与承担任务严重不相称。

据课题组对广州市增城区、东莞市、揭阳市、梅州市的 8 个乡镇（街道）的调查，乡镇农经管理机构的办公条件已经有很大程度的改善。例如，我们调查的丰顺县汤坑镇农村合作经济管理办公室，2 名工作人员，配备有 1 间独立办公室，面积约 20 平方米，配备办公桌 3 张，办公椅 5 张，沙发茶几 1 套，计算机 2 台，打印机 2 台，文件柜 3 个，完全能满足工作需要。城市化地区的乡镇（街道）农经管理机构的办公条件更胜一筹，例如，我们调查的增城区新塘镇和东莞市新城街道办事处。但是，乡镇农经管理机构办公条件的差距较大。例如，增城区派潭镇"农办"9 名农经管理工作人员共用 2 间办公室，面积约 40 平方米，十分拥挤。

从调查乡镇来看，目前乡镇农经管理工作手段落后的突出问题是办公用房紧张。但是，办公用房紧张并非农经管理机构独有，而是乡镇机关的普遍问题。实地调研发现，乡镇办公用房紧张的原因主要是历史欠账，一些乡镇政府机关的基本建设年代久远，原来的设计规划和建设规模远远落后于当前工作的实际需要。面对办公用房紧张，乡镇普遍没有根治办法，而只能缓解。例如增城区派潭镇，目前是通过租房来缓解办公用房紧张问题的。

# 二、广东乡镇农经管理组织创新的政策建议

## （一）科学设置机构

加强乡镇农经管理组织创新，必须科学设置机构。根据中央精神，科学设置机构要坚持改革创新，加强顶层设计，鼓励地方探索，着力破除体制机制障碍。2010年《农业部关于加强农经管理体系建设的意见》（农经发〔2010〕9号）指出，"必须把有效履行职能作为推进农经体系建设的关键点，围绕深化行政管理体制改革，科学设置机构，合理配置职权"。2017年中共中央办公厅、国务院办公厅《关于加强乡镇政府服务能力建设的意见》（中办发〔2017〕11号）提出，"统筹乡镇站所管理体制改革，按照精简统一效能的要求，统筹乡镇党政机构设置，根据不同类型、不同规模乡镇工作实际，确定党政机构设置形式和数额，可设立若干办公室，也可只设若干综合性岗位，扎实推进乡镇事业站所分类改革，严格控制乡镇事业站所数量"。综合中央精神和课题调研，我们建议：

1. 将镇"农办"统一改名为镇"农业农村办公室"，下设农村经营管理站，为乡镇负责农村经营管理工作的唯一机构

目前乡镇农经管理机构多元化，多个机构做农经管理工作，但是，机构的名称不统一、行政管理关系不统一、分工不统一，信息混乱，增加管理和交易成本，部门职能交叉、权责不清，降低工作效率。因此，必须理顺多元乡镇农经管理机构的关系。目前，在大多数乡镇，"农办"是承接农经管理工作的主要机构。而且，2018年国家农业部正式改名为农业农村部。据此，我们建议，将镇"农办"统一改名为镇"农业农村办公室"，简称依旧为镇"农办"。

由于镇"农办"的工作涉及农业农村发展的多个方面，不限于农村经营管理，我们建议，在镇"农办"内设立负责农经管理工作的专职机构，统一命名为"农村经营管理站"，简称"农经管理站"或"经管站"。将乡镇负责农村经营管理工作的机构命名为"农经管理站"，既有历史渊源，也符合现行政策规定。历史上，乡镇负责农经管理工作的专门机构就叫"农经管理站"。2010年《农业部关于加强农村经营管理体系建设的意见》（农经发〔2010〕9号）提出，"支持鼓励乡镇办好经管站（中心），明确岗位职责，改善工作条件，强化职能履行，加强农村经

营工作"。

明确乡镇农经管理站为乡镇负责农村经营管理工作的唯一机构。为此，需要剥离镇财政所、农业服务中心等机构的农经管理业务，撤销农村合作经济管理办公室、农村财政结算中心、农村集体资产交易中心等机构，将所有农经管理工作统一收归农村经营管理站。

理顺乡镇"农办"与农经管理站的行政管理关系。镇"农办"是乡镇农业农村工作的综合性领导机构，农经管理站是镇"农办"的下属机构，专职负责乡镇农村经营管理工作。由于镇"农办"的行政级别一般为股级，镇农经管理站的行政级别可以定为副股级，由1名镇"农办"领导（副职）分管并出任站长。

对乡镇农村经营管理工作进行业务分工整合重组。由于农村经营管理工作具有多方面内容，在镇农经管理站内设立若干工作小组或岗位，进行业务分工整合重组。例如，设立资源管理组或岗位，负责与农村集体土地等资源有关的管理工作，如土地承包及合同管理、土地流转管理和服务、土地确权、土地承包经营纠纷调解等；设立资产管理组或岗位，负责与农村集体资产有关的管理工作，如农村集体经济财务管理和审计监督、农村集体资产交易等；设立产业管理组或岗位，负责与发展现代农业相关的管理工作，如实施农业产业化、设立农民专业合作社、培育新型农业经营主体、构建新型农业经营体系等。

需要指出，改革开放以来，伴随工业化城市化的迅猛发展，不少乡镇已经不是传统意义的农村，而是所谓的"工村""商村"；一些乡镇经过"村改居"，改为街道办事处。在上述乡镇（街道），要不要设立农业农村办公室？要不要设立农村经营管理站？我们认为，虽然在这些乡镇（街道）农业已不是主要产业，但是，资源、资产、资金的集体所有性质没有变，工业化城市化后乡镇（街道）的经济社会发展和管理仍然具有"农村"性质。因此，在工业化城市化程度较高的"工村""商村"和街道，仍然需要设立负责农业农村发展的工作机构即农业农村办公室，下设农村经营管理站。如果当地已确无农业，可以将农业农村办公室改名为"经济管理办公室"，将农村经营管理站改名为"经济管理站"。

2. 明确界定乡镇农村经营管理站为行政编制机构

乡镇农村经营管理工作是政府的农业行政管理职责，乡镇农村经营管理机构就应当是政府的行政编制机构。乡镇农村经营管理机构为事业编制，机构的性质与承担职责不匹配，不具有行政管理和执法主体资格。2010年《农业部关于加强农村经营管理体系建设的意见》（农经发［2010］9 号）指出，"按照中央关于事业单位分类改革的有关精神，主要承担行政职能的事业单位将逐步转为行政机构或将行政职能划归行政机构。已经部署事业单位分类改革的地方，农业部门要根据农村经营事业单位主要承担行政职能的实际和有关法律法规文件授权，加强与有关部门沟通协调，正确划分农村经营事业单位的类别，争取转为行政机构。尚未部署事业单位分类改革的地方，继续争取农村经营事业单位参照公务员法管理，为分类改革打下良好基础"。根据文件精神，我们建议，明确界定乡镇农村经营管理站为行政编制机构。

将广东乡镇农村经营管理机构改制为行政编制机构，乍听起来工作量很大，其实不然。据广东省农业厅农村经济体制与经营管理处 2015 年《广东省基层农经体系建设情况汇报》，广东省单独设置和综合设置的镇级农村经营机构共 1853 个，其中，职责明确由行政机构承担的 1224 个，占 66％。可见，广东省大约 2/3 乡镇农经管理机构已经是事业编制机构，不需要转制。从机构来看，目前乡镇农经管理机构多元化，一般来说，镇"农办"、财政所等是行政编制机构，农村财政结算中心、农村集体资产交易中心等是事业编制机构。按照我们的设想，农村经营管理站为乡镇负责农村经营管理工作的唯一机构。镇"农办"已经是行政编制机构，不发生编制转制问题。剥离财政所等行政机构的农经管理业务回归农村经营管理站，也不发生编制转制问题。撤销农村财政结算中心、农村集体资产交易中心等事业编制机构，这些机构不存在，也就没有编制转制问题。

3. 明确界定乡镇农村经营管理人员为行政编制人员

既然农村经营管理工作是政府的农业行政管理职责，农村经营管理工作人员就是政府的行政管理人员。农村经营管理人员为事业编制人员，编制性质与承担职责不匹配，不具有行政管理和执法主体资格；而且，乡镇农村经营管理人员因编制不同，工资水平呈现较大的制度性差异，"同工不同酬"严重挫伤工作积极性。因此，建议明确界定乡镇农村经营管理人员为行政编制人员。

明确界定广东乡镇农村经营管理机构工作人员为行政编制人员，乍听起来转制的工作量很大，其实也不然。目前，乡镇农经管理工作机构多元化。一般来说，镇"农办"、财政所从事农经管理工作的人员多数是行政编制，不需要进行转制；农村财政结算中心、农村集体资产交易中心等机构的人员主要是事业编制和无编制的合同制聘用人员，这是人员编制转制的重点。我们建议，将上述机构中原来

属于事业编制的人员转制为行政编制，对于无编制的合同制聘用人员，可以根据工作需要继续聘用，保持合同制身份。

据广东省农业厅农村经济体制与经营管理处 2015 年《广东省基层农经体系建设情况汇报》，广东省单独设置和综合设置的镇级农村经营机构共 1853 个，专职和兼职人员共 5002 人，其中，在编行政人员 1978 人，占比 39.5%。据此估算，目前广东大约 60% 乡镇农经管理人员属于事业编制，人员数量 3024 人。我们认为，将 3024 名乡镇农经管理人员全部转为行政编制需要一个过程，可以采取分步走，分期分批，逐渐到位。一是在转制的路径上多管齐下，一部分人员直接转为行政编制，一部分人员实行参公管理。二是在转制的时间上分期分批，首先转制年长和工龄长的职工。通过多管齐下和分期分批，五年内逐渐将属于事业编制的农经管理人员全部转为行政编制人员。

### （二）加强队伍建设

1. 适度扩大乡镇农经管理队伍人员规模

合理的乡镇农经管理队伍人员数量规模，是确保乡镇农经管理工作"事有人干"的重要条件。从总量上看，我省乡镇农经管理队伍人员规模不断扩大，但是增长不快，而且包含大量兼职和临时安排人员。从调查乡镇来看，乡镇农经管理人员普遍数量不足。乡镇农经管理人员数量不足，一个制约因素是乡镇人员编制数量不足。我们认为，随着乡镇经济和社会发展，管理事务增多，尤其是当前党中央国务院提出加强乡镇政府服务能力建设，扩大乡镇政府服务管理权限，应当适时适度扩大乡镇人员编制数量，在此基础上，适度扩大乡镇农经管理队伍的人员规模。

2. 科学制定乡镇农村经营管理人员编制数量

科学制定乡镇农村经营管理人员的编制数量，有利于在制度上保障乡镇农村经营管理队伍的合理人员规模。基于设立乡镇农村经营管理站为乡镇负责农经管理工作唯一机构的设想，乡镇所有农村经营管理工作收归农经管理站，我们建议，根据工作量大小，一个乡镇配备 5—8 名农村经营管理工作人员。

目前乡镇农经管理机构多元化，一个乡镇从事农村经营管理工作的人员汇总起来可达二三十人，而我们建议一个乡镇配备 5—8 名农村经营管理工作人员，可能受到质疑。需要指出，目前乡镇农经管理机构多元化，乡镇农经管理工作人员包含专职、兼职和临时安排三种情形。据广东省农业厅农村经济体制与经营管理处2017年8月调查数据，全省1443个乡镇，综合设置的农经管理机构（事业编制）244个，有专职农经管理人员869人，兼职人员803人，专职和兼职两类人员数量基本持平；综合设置的农经管理机构（行政编制），有专职农经管理人员922人，兼职人员1577人，兼职人员是专职人员的1.7倍。据此粗略估计，专职与兼职人员的构成比例是2：3。换言之，一个乡镇配备1名农经管理专职工作人员，就有1.5—2个兼职工作人员。我们设计的农村经营管理站是乡镇负责农经管理工作的唯一机构，工作人员都是专职，因而不需要二三十人的规模。

3. 保持乡镇农经管理队伍人员结构优化态势

做好乡镇农经管理工作，需要不断优化乡镇农经管理队伍人员结构。本文对我省乡镇农经管理队伍人员结构进行了分析，从调查乡镇看，目前乡镇农经管理队伍人员结构已经得到很大程度的优化。具体表现在，性别结构合理，年龄结构趋于年轻化，学历以大学本科毕业为主，专业（最后学历所学专业）以经济管理类为主。但是，由于乡镇工作轮岗，资深的农经管理人员流失，农业经济管理专业毕业的人员少之又少，少数人员所学专业与从事工作严重不对口。今后，继续保持乡镇农经管理队伍人员结构的优化态势，要注意稳定和提升乡镇农经管理队伍人员结构的专业特色。一方面，注意吸收农业经济管理专业和经济管理类专业的人员，充实乡镇农经管理队伍；另一方面，乡镇在安排工作轮岗时，应当尊重农经管理工作对人力资本的专用性要求，尽量微调，避免大面积和频繁轮换对乡镇农经管理队伍人员专业结构带来负面影响。

4. 加强乡镇农经管理人员学习培训

乡镇农经管理工作对人力资本具有一定的专用性要求，人力资本不仅来自学历教育，也来自继续学习，包括个人主动学习和参加业务培训。尤其是，当前农业农村改革和发展不断深化，国家对"三农"问题高度重视，新的政策不断出现，乡镇农经管理工作的面不断拓宽，工作重心不断发生变化，对乡镇农经管理人员业务素质的要求也越来越高，迫切需要加强学习。然而，调查显示，乡镇农经管理人员参加业务培训学习的机会较少，影响业务素质提高。调查还发现，乡镇农经管理人员埋头日常工作，忙于琐碎事务，自我学习的主动性不强，对国家农业农村发展形势和政策缺乏深刻认识。针对上述问题，我们建议：

第一，创建学习型组织。2010年《农业部关于加强农村经营管理体系建设的

意见》（农经发［2010］9号）指出，"建设学习型组织是农经体系建设的一项战略任务。用中国特色社会主义思想武装头脑，努力掌握'三农'工作必备知识，形成重视学习、崇尚学习、坚持学习的良好氛围"。我们理解，所谓建设学习型组织，就是说农经管理机构绝不是一个简单的工作机构，仅仅完成上级下达布置的工作任务，而是要成为一个学习研究性组织，不仅要努力掌握"三农"工作必备知识，还要用中国特色社会主义思想武装头脑，形成重视学习、崇尚学习、坚持学习的良好氛围；而且，要围绕当前农经管理工作，深入开展调查研究，认真总结实践经验，努力创新工作思路，积极提出政策建议。为此，我们建议，省农业厅制定乡镇农经管理队伍建设规划，把创建学习型组织作为一项重要工作，明确学习内容，加强组织领导，健全学习制度，创新学习形式，突出学习重点，不断增强学习的计划性、针对性和实效性；同时，围绕当前农经管理工作面临的突出矛盾和问题，选择一些重大课题，深入开展调查研究，认真总结实践经验，努力创新工作思路，积极提出政策建议。

第二，加强业务培训。培训是提高乡镇农经管理队伍素质的有效途径。建议省农业厅制定乡镇农经管理队伍建设规划，计划五年内将我省乡镇农经管理人员全部轮训一遍。乡镇农经管理人员培训要按照分级负责原则，积极开展省、市、县农业行政管理部门的分工合作，丰富培训内容，创新培训方式，完善培训教材，提高培训质量和水平。充分利用农业系统培训项目和资源，加强与有关单位协作配合，采取联合培训、委托代培、直接承办、交流考察等方式，拓展培训渠道。

5. 加强乡镇农经管理队伍内部管理

管理出质量，管理出效益。2010年《农业部关于加强农村经营管理体系建设的意见》（农经发［2010］9号）提出，加强内部管理是加强农经体系建设的内在要求。加强乡镇农经管理人员内部管理，一要完善岗位责任制，明确任务分工，加强目标管理。二要健全绩效考核制度，充分运用考核结果，采取表扬、奖励等多种形式鼓励先进，营造积极向上的农村经营工作氛围。三要按照属地管理、分级负责的原则，加强督查督办，提高工作效能。四要深化部门协作，创新合作方式，加快形成内部充满活力、外部密切配合，分工协作、齐抓共管的农经工作落实机制。

### （三）综合配套改革

#### 1. 加强经费保障

加强乡镇农经管理组织创新，必须加强经费保障。2010 年《农业部关于加强农村经营管理体系建设的意见》（农经发〔2010〕9 号）指出，各级农业部门要积极争取财政、发展改革等部门的支持，将农经工作经费列入当地财政预算予以保障。目前，从全国来看，多数乡镇农经管理工作经费未列入乡镇财政预算；我省大部分镇（街）农经管理工作经费也尚未列入镇级财政预算。根据我们的调查，目前乡镇普遍是农经管理开展工作时申请经费，一般是按实报销，但也存在经费落实难，给乡镇农经管理工作带来一定的负面影响。调查发现，一些乡镇认为，农经管理工作经费的真正问题是乡镇财政紧张，上级业务主管部门在下达农经管理工作时，最好能配套一定数量的资金。我们认为，这个意见值得考虑。这里，关键是要求上级部门研判农经事业发展趋势，加强农经管理工作规划部署，布置安排经费，按照公共财政和预算管理的要求，组织编制农经专项规划，明确扶持重点，确定具体项目，纳入当地发展规划和部门年度预算。同时，严格项目规范管理，确保资金使用安全，提高资金使用效益。

#### 2. 明确乡镇和乡镇机构事权

首先，要明确乡镇的事权。乡镇农经管理人员数量不足，"人少"是一方面，"事多"是另一方面。目前，乡镇承担了太多的经济和社会管理事务，乡镇工作人员兼职和加班加点是家常便饭。必须明确乡镇事权，从源头上解决乡镇"事多人少"的问题。要按照 2017 年中共中央办公厅、国务院办公厅《关于加强乡镇政府服务能力建设的意见》（中办发〔2017〕11 号）精神，明确乡镇政府提供基本公共服务和扩大乡镇政府服务管理权限的范围。

其次，要明确乡镇内部机构的事权。目前乡镇没有明确农经管理人员的编制数量，全部人员编制由乡镇统一调配使用，深层次原因是乡镇机构事权不清，服务能力和工作效率低下，乡镇机构没有实现合理分工，不得不采取"挖东墙，补西墙"的方式统一调配使用乡镇人员编制，保证乡镇各方面工作的开展。明确乡镇机构的事权，要求各个机构独立完成职能分工，不得从其他机构"拉夫"。明确乡镇机构的事权后，农经管理机构独立完成职能分工，不属于农经管理的工作可以不做。农经管理人员专职、全力从事农经管理工作，不做非农经管理工作，相

当于在一定程度扩大了农经管理人员数量规模。

3. 创新乡镇农村经营管理服务供给形式

乡镇农村经营管理"人少事多",还必须创新农村经营管理服务供给形式,由花钱养人向花钱办事转变。2017 年中共中央办公厅、国务院办公厅《关于加强乡镇政府服务能力建设的意见》(中办发〔2017〕11 号)提出建立公共服务多元供给机制,加大政府购买服务力度。文件要求"厘清乡镇政府和村(居)民委员会、农村集体经济组织的权责边界","积极健全城乡社区治理机制,完善社区服务体系,充分发挥社会工作专业人才在乡镇公共服务提供中的作用","加强乡镇政府购买服务公共平台建设,对适宜采取市场方式提供、社会力量能够承担的公共服务项目,应尽可能交由社会力量承担,由花钱养人向花钱办事转变"。反思目前乡镇农经管理工作,存在主体错位,服务大包大揽。例如,目前乡镇普遍设立农村财政结算中心,自推行村会计委托代理制以来,主要工作是帮村做账,包办了农村集体经济组织财务工作,而不是进行业务指导和审计监督。从长远看,农村集体经济组织财务工作应当由农村集体经济组织自己完成。但是,鉴于目前农村财务人员缺乏的实际情况,解决办法是创新乡镇农经管理服务供给形式。东莞建立乡镇(街道)管理委派会计队伍的做法值得借鉴学习。乡镇(街道)管理的委派会计人员是社会财务服务机构的专业人员,由乡镇农经管理机构聘任,不占用乡镇农经管理机构人员编制。乡镇(街道)管理委派会计人员工资由乡镇(街道)向村收取转发,乡镇(街道)财政适度补贴。此举由"花钱养人向花钱办事转变",大大减少乡镇农村经营管理机构的人员数量,大大减轻乡镇农村经营管理人员的编制压力。

作者单位:傅晨,华南农业大学经济管理学院;

刘梦琴,广东省社会科学院社会学与人口学所

# 发展开放教育　助推乡村振兴

刘文清　瞿志印

教育是国之大计、党之大计，是成功实施乡村振兴战略的根本所在。开放教育是整个教育的重要组成部分，在乡村振兴战略的实施过程中扮演着十分重要的角色。

## 一、广东开放教育的历史与现状

开放教育是以信息技术为支撑、面向全民终身学习的现代远程教育，是国家教育综合改革创新突破口，是现代科技革命推进教育信息化、教育现代化的先行区，是适应终身教育发展需求、建设学习型社会的重要平台，不仅承担着学历教育，还承担着社区教育、老年教育、职工教育、新型农民教育等非学历教育以及学习型社会建设的政府延伸职能。

广东开放教育的实施主体是广东开放大学，其前身是成立于1978年的原广东广播电视大学。原地方广播电视大学实际上只是中央广播电视大学的延伸管理机构，没有办学自主权，地方积极性得不到充分发挥。为了与国际接轨、探索调动地方办学积极性，2010年国务院办公厅发布《关于开展国家教育体制改革试点的通知》（国办发〔2010〕48号），布局开放大学改革试点，将原中央广播电视大学、北京广播电视大学、上海广播电视大学、广东广播电视大学、江苏广播电视大学、云南广播电视大学作为试点，转型为开放大学，转型之后的五所地方开放大学拥有学士学位授予权，可以自主办学，成为了真正意义上的大学。广东开放大学于2012年正式挂牌，2015年春季开始自主招生，2017年1月以优异成绩全票通过学士学位授予权评审。

转型五年来，广东开放大学在省委省政府的正确领导下、在社会各界的大力支持下，在专业建设、教学改革、科研项目、人才培养四个方面取得了历史性突破，实现了招生规模、体系建设、学分银行建设、终身教育体系支撑平台建设、校企深度合作、低成本办学六个方面走在全国前列。

目前，广东开放大学有 110 多所分校，全省开放大学体系教职员工 5000 多人（其中副高以上 550 多人，中级职称 1790 多人），各级各类在校生 29.2 万人。为了充分利用办学资源，广东开放大学于 2005 年在中山市创办了一所全日制的广东理工职业学院，在校生 1.1 万人。2017 年，广东开放大学荣获中国现代远程教育（1998—2016 年）"终身教育特别贡献奖"和联合国教科文组织的"全球开放远程教育卓越贡献奖"。

办学 40 年来，累计培养 114.4 万本专科毕业生（其中本科生 14 万余人），占同期全省大学毕业生的十分之一，为普及广东高等教育、提升全民素质、缩小我省高等教育毛入学率与全国的差距、促进教育公平发挥了极为重要的作用。

## 二、广东开放教育助推乡村振兴的回顾与总结

回顾两年来广东开放教育助推乡村振兴的主要做法有：

一是以建设国内一流开放大学为目标，坚持开放、全纳、终身、灵活、便捷的发展理念，加快实施"一体、两翼、三化"发展战略，努力提高助推乡村振兴的强大实力。

"一体"，即开放教育与职业教育一体化。广东开放大学和广东理工职业学院实行两块牌子、一套人马的管理体制，两所学校、两种教育的资源共享、优势互补、统筹安排，实现教师队伍建设一体化、课程开发一体化、社会服务一体化。

"两翼"，即既开展学历教育又开展社区教育、老年教育、企业员工教育、新型农民工教育等非学历教育，充分发挥广东终身教育学分银行总枢纽的作用，着力打造全民学习、终身学习服务体系。

"三化"，即特色化、信息化、国际化。特色化就是坚持人无我有、人有我优、人优我特。信息化就是全程采取信息化手段进行教学和管理，包括信息化课程、信息化教学与管理平台、数字化教室、数字化图书馆和数字化实验实训室等。"国际化"就是走出去、请进来，与国外开展交流合作。

　　二是按照乡村振兴战略 20 字的总要求，坚持面向基层、面向行业、面向社区、面向农村，积极、主动寻找切入点和突破口：

　　（1）强化服务乡村振兴的理念。学校把服务乡村振兴摆上了重要议事日程，学校层面的会议经常研讨与乡村振兴有关的事项，贯穿在每年的工作安排之中。

　　（2）拓展乡村振兴的服务内容。在开展学历教育的同时，积极开展非学历教育、老年教育、社区教育等有关工作。

　　（3）加强与乡村振兴相关的专业建设。一方面强化市场营销、电子商务等传统专业服务乡村振兴的功能，另一方面开设与乡村振兴密切相关的新专业。

　　（4）加强服务乡村振兴的师资队伍建设。一方面鼓励、支持现有教师转型乡村振兴方面的教学，另一方面采用多种方式引进具有"三农"学术背景的专任教师。

　　（5）强化平台建设。引进民间工艺大师在我校设立大师工作室，积极争取省社科联在我校设立了"广东省学习型社会建设协同创新研究中心"，成立乡村振兴学院。

　　（6）筑牢服务乡村振兴的基层基础工作。积极推进重心下移的工作方案，强化基层网点建设，加强基层督导，加大基层的支持力度，注重深入基层调查研究。

　　三是充分发挥联合办学的优势，大力推进大联盟、大合作，广泛整合社会力量，为深度参与乡村振兴聚集办学资源。

　　大联盟是指与中山大学等 10 所高校建立教学支持联盟；与广东省标准化协会、广东省文化产业促进会等 8 个行业组织建立行业支持联盟；与中国电信、广船集团等 9 家大型企业建立企业支持联盟，推进协同育人、协同发展；与广东省和国内知名高校共建优质课程；与广东轻工职业技术学院等国家和省级示范高职院校开展专本衔接协同育人试点；依托广东终身教育学分银行，建立健全中高本及各高职院校之间学分互认制度。

　　大合作是指校企深度合作、产教深度融合，开展高职"现代学徒制"人才培养试点，推动形成行业、企业协同制定人才培养方案、共同开发课程、共编教材、共管顶岗实习、共设"学徒制"与"订单班"的"校企合作六共同"培养模式，其中投资与理财现代学徒制试点工作经省教育厅考评为优秀。

　　四是鼓励、支持、督导市县和行业开放大学积极参与乡村振兴，着力提高全省开放大学系统助推乡村振兴的整体作战能力。

广东开放大学不仅注重使省校致力于乡村振兴，而且注重组织、调动系统力量参与乡村振兴。乡村振兴战略提出之后不久，我校在本系统的媒体及有关会议上就提出了各级开放大学要积极参与乡村振兴的要求，为基层开放大学到外省学习、交流如何参与乡村振兴经验牵线搭桥；大力支持基层开放大学积极探索乡村振兴的具体模式和路径，及时为基层开放大学参与乡村振兴提供指导与帮助；专门下文支持肇庆开放大学创办乡村振兴学院，校领导带队调研基层开放大学参与乡村振兴的有关情况，校长亲自带队参加云浮市委市政府成立开放大学乡村振兴学院挂牌仪式并作指导讲座。

经过以上的努力，广东开放教育在助推乡村振兴的战略中已初见成效，取得了阶段性成果，突出表现在为乡村振兴招收和培养了一批人才。近三年来，共招收学生16.8万人，毕业学生14.8万人（占同期全省大学毕业生的6.09％）。其中60％以上在县（区）以下工作，特别是通过实施"一村一名大学生"计划，培养了一批农民大学生，这些学生生于农村、长于农村，对农村怀有深厚感情，成为乡村用得上、留得住、能安心的"永久牌"人才。

广东开放教育虽然在助推乡村振兴的过程中取得了显著的阶段性成果，但按照"四个走在全国前列"和发挥"两个重要窗口"作用的要求，仍然任重道远：

一是招生规模有待进一步扩大。广东的人口数量庞大，每年有大量的初中生和高中生难以升学，但每年报读开放大学的新生只占很小比例，除了有一部分人报读了中专和普通成人教育、自学考试、普通高校的网络远程教育外，还有相当部分的初高中生失学。广东高等教育的毛入学率只有38％，比全国平均水平相差7个百分点，这是广东的重大社会问题，也是广东开放大学的潜力所在。广东开放大学完全可以通过采取进一步的有效措施，把这一人群的一部分发展为自己的学生，这样既扩大了自身的学生规模又为缩小我省高等教育毛入学率与全国的差距、为社会的安全稳定做出贡献。

二是专业结构有待进一步调整。从文理科的结构来看，目前文科学生比例高达70％—80％，理科生明显偏少，主要原因是数字实验实训室还未建立，缺乏大规模招收理科生的实验实训条件。从专业结构来看，涉农专业比例不多，主要原因是以前比较专注于为农村剩余劳动力的转移培养人才，忽视了留守农业农村的人才培养，随着乡村振兴战略的实施，必须加快培养这部分人才。

三是办学质量有待进一步提升。开放教育尽管建立了比较严格的质量监控体系，但总有一部分学生成绩不够理想，难以按时毕业，一方面体现了开放教育的宽进严出，另一方面也说明了开放教育在调动学生学习积极性、全面提升办学质量、帮助学生按时毕业方面还有很大的潜力。如何挖掘这一潜力，是开放教育必须解决的重大课题，否则开放教育的吸引力就会大受影响，社会认可度就会下降，持续发展能力就会被削弱。

四是办学条件有待进一步改善。人手少任务重的矛盾比较突出，不论是管理干部、技术干部还是专任教师都超负荷工作。信息技术的支撑作用和信息化管理水平有待加强，信息孤岛现象较为明显，现代信息技术与教育教学融合不够深入。财政投入不足，历史欠账较多，广东开放大学一直没有生均拨款，且收费较低，除去成本之外可以用于发展的资金十分有限。

五是办学体系有待进一步强化。体制内外、市县之间发展不够平衡；乡村的办学网点偏少，有待进一步拓展；体制机制还不够顺畅，省校内部的管理体制有待完善，省市县三级的管理体制还不尽合理，社会合作机制有待改革。

六是外部挑战有待进一步破解。社会偏见比较普遍，社会对开放大学的办学理念、办学模式认识不足，普遍把开放教育看成是二流教育，没有看成是另外一种类型的教育，报读开放大学似乎低人一等、矮人三分，开放大学的社会地位以及学生报读的积极性远远不如传统的普通院校。即便是行政管理机关，有的单位也对开放教育抱有成见，有的资格只给普通高校，不给开放大学。此外，新一代信息技术的迅猛发展、我国加快实现教育现代化和建设教育强国的客观需求、社会主要矛盾的新变化、缩小广东高等教育毛入学率与全国平均水平的差距等都对广东开放教育提出了新要求、新挑战，适应这种新形势需要作出新的艰苦努力。

## 三、广东开放教育助推乡村振兴的独特优势

广东开放教育助推乡村振兴具有许多独特优势：

（1）全域优势。广东开放大学实现了全省城乡全覆盖，省、市、县（区）及有关行业都有机构，部分城乡社区也有学习中心，广东有多大开放教育的覆盖面就有多大。目前拥有 19 所市级开大，69 所县级基层开大，23 所行企分校，开办了 50 多所社区大学（社区学院），成为了真正处于老百姓身边的大学。由于具有遍布全省的办学体系，广东开放大学可以在全省范围大规模拉开助推乡村振兴的

战场，形成浩大声势，凝聚宏大力量，这是其他任何大学不可比拟的优势。

（2）平台优势。广东开放大学拥有广东终身教育学习网、广东终身教育学分银行两个大平台，这两大平台均是省级平台，功能强大，面向全体社会成员，服务于全民终身学习，这也是开放大学独有的优势。广东终身教育学习网以"1＋N"模式，构建省、市、县（区）三级联动学习平台，可为广大学习者提供丰富多彩的学习内容。广东终身教育学分银行由广东省教育体制改革领导小组统筹领导和协调，由广东省教育厅主办和管理，省人力资源和社会保障厅、省发展与改革委员会、省经济和信息化委员会、省民政厅、省财政厅等相关部门和广东开放大学共同建设。学分银行由于具有累计学分的功能，对农村青年具有较强的吸引力，有利于为乡村振兴培养更多的人才。

（3）课程优势。广东开放教育的在线课程主讲者大多是全省、全国乃至全球最好的专家，接受开放教育的学生可以接受到最好的课堂教学。正因如此，广东开放大学的学生尽管入学时基础较差，但在严格的教学管理下，经过几年的学习，其专业素质和综合素质均能得到大幅度提升，不少校友成为了各行各业的骨干和优秀人才，有的还成为了党和政府的高级干部。

（4）便利优势。广东开放教育可以做到人人皆学、处处能学、时时可学。无需考试，入学容易，只要注册便可上学；学习时间比较自由，一机在手便可随时随地进行学习；除了学历教育外，还有课程教育，人人可学，没有门槛限制；学制比较灵活，所学课程可以换算成积分，存入学分银行，成绩终生有效，没有时间限制，学分累计达到一定程度便可拿到相应文凭。

（5）线上线下融合的优势。广东开放教育有全日制高职院校、众多办学点和实验实训场地，在线上教学的同时还可以在线下教学，具备线上线下教学融合的优势。

（6）一体化办学的优势。广东开放教育实行中职、高职、本科相衔接的一体化办学体制，读中职时可注册入读高职、读高职时可注册入读本科，相关度比较高的低一层级的学分可以转换为高一层级的学分，学习者不用重复学习，避免时间浪费，缩短学习年限，提早工作时间。

（7）成本低廉的优势。由于规模巨大，加上又是线上教学，开放教育的成本远远低于普通高等教育，而成本低，收费就少，学生负担轻，更适合于低收入的农村青年阶层。

（8）人才贡献的优势。广东开放大学是全国甚至全球最大的大学，且还有很大的发展空间。广东开放教育不仅可以为乡村振兴培养出任何大学都无法比拟的众多人才，而且培养出的很多人才本身就是农民。他们稳定在乡村，特别是通过参加"一村一名大学生"计划，留守乡村的人才比例还可进一步提高，因此广东开放教育是乡村人才振兴的贡献大户。

## 四、广东开放教育进一步助推乡村振兴的基本思路

（1）进一步明确努力方向。从乡村振兴的需求和学校自身职能出发，广东开放教育进一步服务乡村振兴的主攻方向主要包括以下 10 个方面：一是开展包括学历教育和非学历教育在内的乡村人才培养，为构建乡村党政人才、管理人才、技术人才队伍和培育现代新型职业农民作贡献，为此要丰富乡村振兴所需要的专业和课程，特别是农业经济管理、土地管理、农业企业管理、农田水利、农村环保、乡村旅游、农产品加工、农产品冷链物流、农产品安全、农村古建筑保护、农村民宅设计、农村电商、乡风民俗研究等具有浓厚"农味"的适用专业；二是开展乡村所需的应用性技术研究、推广先进适用的各种技术，满足乡村生产、生活、生态方面的技术需求；三是开展包括技术、规划、设计、政策、信息、科研、评估、社会治理等在内的咨询服务，为乡村的发展提供智力支撑；四是开展校企合作、校社合作，促进农业龙头企业和农民合作社的发展；五是参与脱贫攻坚，包括推进自身扶贫点按期精准脱贫并为其他的扶贫点如期精准脱贫提供人才和智力支持；六是组织有关专业的师生参与农耕文明和现代文明传承与创新的活动和项目建设，进而促进乡风文明；七是开展乡村振兴的国际交流与合作，采取走出去、请进来的办法，分享各自经验、寻求互利合作；八是开展农村社区教育和老年教育，构建农村终身教育体系；九是参与乡村振兴示范点建设，出谋划策、总结提高，使之成为先进典型和教学案例；十是开展乡村振兴调查研究，为各级党委政府决策提供第一手资料。

（2）进一步建立健全服务平台。除了要不断完善现有的几个服务平台外，还要继续搭建新的服务平台，包括成立乡村振兴规划实施监测评估中心、乡村振兴研究院、乡村规划设计院、乡村生态研究院等多个服务平台，分别从不同的角度为乡村振兴提供专业化服务。

（3）进一步强化基层网点建设。市、县（区）两级办学体系早已全面建成，但乡村网点和社区网点还不够健全，需要进一步完善。为此，要改善基层网点的教学条件并不断地向社区、乡村延伸，以方便学生学习，增强社会吸引力，扩大乡村招生规模，提高开放教育的社会影响力和感召力，真正办成老百姓身边的大学和终身学习的平台。强化基层网点建设，重点是走合作办学之路，有条件的县（区）级开放大学也可自己直接投资与管理。

（4）进一步丰富教学资源。一是要组织力量编写与乡村振兴有关的系列教材；二是要加大信息化教学资源库的开发力度，建成具有"三农"特色的农民培训、教学资源库；三是要加强实验实训室和基地建设；四是要分类遴选一批"种养加"结合、乡村旅游、农村电子商务、古村落保护、社会管理等方面的先进典型作为现场教学点。

（5）进一步强化队伍建设。一是加强师资队伍建设，一方面要加强自有教师的队伍建设，既要教育、使用、管理好现有教师又要不断引进高水平教师，特别是学科带头人；另一方面要加强外聘教师的队伍建设，要从党政机关、企事业单位遴选一批名师名家作为在线课老师、一批具有较高素质的专家学者作为课程辅导老师、一批实践经验丰富的行家里手作为实验实训实习指导老师。二是加强干部队伍建设，包括补充数量、改善结构、提升素质，打造一支政治过硬、作风优良、廉洁自律、能打硬仗的干部队伍，特别是要加快引进基建、财务、信息等紧缺技术干部，提高技术的支撑能力。

（6）进一步强化科研引领。要瞄准乡村振兴中的热点难点焦点问题组织科技攻关，并把科研成果变成教学内容，达到既促进乡村振兴又促进课堂教学的目的。一是要根据有关规定并结合开放教育实际，研究、制定能够充分调动科研人员积极性的科研项目与经费管理办法；二是要通过搭建若干科研、教学平台，把全省开放大学系统的科研力量组织起来，再通过平台组建团队、争取项目、开展研究；三是要积极争取有关部门的大力支持，为开放教育的科研工作创造良好的外部环境条件。

（7）进一步推进合作办学。开放教育重在合作、贵在合作，合作是开放教育的根与魂。进一步办好开放大学、更好的服务乡村振兴，要继续加强合作办学、合作科研，包括校企合作、校校合作、校行合作、校地合作、国际合作。为此，要精准选择合作伙伴，认真进行资格审查，优中选优、宁缺毋滥，增强合作的有效性、目的性和针对性；要合理签订合作协议，条款要公平，权责要对等，避免不平等合约的出现；要切实履行合作义务，合作各方都要自觉履行合作条款，一旦出现问题就要及时处理，杜绝久拖不决。

（8）进一步完善信息化手段。鉴于乡村点多、面广的特点，开放教育助推乡村振兴，必须充分发挥信息技术优势，加快完善信息化手段。要提升数据中心的服务功能，完善学习和管理平台，丰富数字化课程，建设一批数字化课室，打造数字化图书馆和数字化校园，建设一批数字化实验实训室。要通过上述努力，打造智能化教学和管理体系，推进"互联网＋"教学与管理模式创新，促进信息技术与教育教学的深度融合。

（9）进一步健全质量保障体系。接受开放教育的学生大部分都是中考、高考落榜生，基础普遍较差，确保这些学生按质、按时毕业，必须建立健全质量保障体系，全面加强质量管理。要树立全面质量观，把全面质量观贯穿到教学的全过程、全方位、全领域和全体教职工；要建立健全专业、课程标准，按标准教、按标准学、按标准考，达标者按时毕业，不达标者继续学习，直至达标；要加强教学过程的管理，省校要经常深入基层进行督导，发现问题及时整改，把问题化解在萌芽状态；要加强质量评估，做到自己评估、同行评估、学生评估和用人单位评估相结合。

（10）进一步创新体制机制。一是在省校自身改革方面，要进一步完善党委领导下的校长负责制，落实学校章程，改善治理结构；要简政放权，管理重心下移，变学院管理为大学管理；要改进人财物管理制度，完成管理流程再造，为广大师生和基层开放大学提供高效、便捷的服务。二是在全省体系内部改革方面，要全面理顺各个层级的管理体制，建立系统运作的规范化要求，创新系统科研体制，督导市及市以下开放大学加大服务乡村振兴的工作力度；三是在合作办学方面，要分类建立合作规范，拓展各种类型的合作，加快与"一带一路"沿线国家的合作；四是在优惠政策方面，要探索建立优秀学生的奖助学金制度，进一步加大对基层的支持力度，特别是粤东西北地区的支持力度，出台农民学生减免学费政策，降低农民学生负担，吸引更多的青年农民报读开放大学。

（11）进一步加大宣传力度。广东开放大学是由原广东广播电视大学转型而来的，知名度不高，很多人对这所学校不了解、不熟悉，特别是在广大的农村很多人连开放大学的名字都没有听过，因此加大开放教育的宣传力度势在必行。要进

一步通过传统媒体、新媒体、开放大学系统自身媒体三个渠道广泛开展包括以下内容在内的宣传活动：开放大学的性质、特点、地位与作用，报读的条件与手续，学习的形式与要求，独特优势与国家的优惠政策，奋斗在各条战线的优秀校友等。

（12）进一步加强思想政治工作。继续确保开放教育的正确政治方向，必须始终把加强思想政治建设放在首位，抓紧抓好。一要旗帜鲜明讲政治，树牢"四个意识"，坚定"四个自信"，做到"两个坚决维护"，自觉在政治立场、政治方向、政治原则、政治道路上与党中央保持高度一致。二要加强网络舆情的监控，高度重视意识形态工作，积极主动用马克思主义占领学校的意识形态阵地，对错误的言行要及时发声、及时亮剑，不给错误的思想传播以喘息之机。三要把党的教育方针贯彻到学校工作的各个方面、烙印到每个人的心坎，把思想政治工作变成全体教职员工的工作，做到时时有人管、处处有人抓、人人皆尽职。四要培养和组织一支善做思想政治工作的政工队伍，把思想政治工作做在经常、做到个人，确保习近平新时代中国特色社会主义思想进学校、进网络、进教材、进课堂、进头脑。要通过上述工作，确保开放大学的社会主义方向得到坚持、党的教育方针得到贯彻、立德树人的根本任务得到落实。

（13）进一步加强组织领导。一是要成立广东开放大学服务乡村振兴工作领导小组，实行书记、校长双组长负责制，市县参照成立相应的领导机构；二要研究制定广东开放大学服务乡村振兴三年行动计划（2019—2021），明确目标任务，出台政策措施；三是要研究制定《广东开放大学系统服务乡村振兴考核办法》，层层压实责任，做到有奖有罚；四是要确保人、财、物足额到位，安排足够经费、配齐足够人员，积极为开放教育助推乡村振兴创造有利条件。

*作者单位：广东开放大学*

# 始兴县沈南村：一条贫困村的"三农"调查报告

马占亚

党的十九大提出实施乡村振兴战略，坚持把解决好"三农"问题作为党和政府工作的重中之重，促进农业农村优先发展、城乡融合发展。全省乡村振兴工作会议和省委十二届四次全会强调，举全省之力，改变我省农村落后面貌。我们以精准扶贫工作为契机，深入定点帮扶的沈南村开展调研，从中找出全省农村地区普遍、共性的情况和问题。

## 一、沈南村概况

### （一）交通区位

沈南村隶属韶关市始兴县沈所镇，是省定贫困村，距韶关市区约60公里，距广州市约260公里。该村距县政府4公里，交通条件便捷。沈南村是沈所镇的政治、经济、文化中心，镇委镇政府、学校、金融机构、农贸市场等均设于村内。

### （二）组织及人口

沈南村土地面积约2平方公里，下辖15个自然村。2017年底，沈南村共有户籍人口750户、2789人，80%以上劳动力从事非农产业。沈南村党员共92人，50岁以上者接近60%。全村有相对贫困户54户、147人，贫困发生率5.3%，缺劳动力、因病（残）及两者叠加是大部分贫困户致贫的主要原因。

### （三）资源禀赋

沈南村所在的始兴盆地被称为"粤北粮仓"，村内有1家大米加工厂和1家竹片加工厂，是典型的纯农业地区。资源类型主要有四种。一是耕地资源。全村有

467

耕地 2075 亩，土壤肥沃、平坦连片，水田占比 90％以上。二是林地资源。全村有山林地 3002 亩，除少量确权到小组外，剩余 2750 亩（占 90％）已纳入南山省级自然保护区。三是水利资源。沈所河流经沈南村北沿，既是沈南村与沈北村的界河，也是全村大部分耕地的灌溉水来源。四是文化旅游资源。沈南村的旅游资源以人文景观为主，虽有一定历史价值，但由于小、散、残等原因，难以吸引游客、发挥带动效益。

## 二、村民生产生活

### （一）农业产业

沈南村的农业以两造水稻、或花生水稻轮作的种植业为主，仍然是一家一户的经营方式。传统种养业普遍存在，但缺乏特色、不成规模，没有上下游产业链，也未形成组织化。

（1）水稻。早、晚稻种植面积约为 600 亩和 1350 亩。在种植方式上，机耕、机收已基本普及，但播种仍然以人工插秧为主。以粮商收购方式估算，水稻亩产值约为 1200—1400 元，不考虑人工成本，利润约为 200—300 元/亩。

（2）花生。全村花生种植面积约 900 亩，普遍为上造种植，主要用于榨油。以榨油零售方式估算，每亩花生的生产资料成本不低于 600 元，产值为 2400 元左右，不考虑人工成本，利润约为 1600 元/亩。

（3）甜玉米。全村玉米种植面积不超过 10 亩，主要原因是玉米销售以零售为主，要占用人力，并且价格波动较大，因此"不划算"。以零售方式估算，每亩甜玉米的生产资料成本不低于 800 元，亩产 1500 斤左右，产值约为 3500 元，不考虑人工成本，利润约为 2500 元/亩。

（4）肉猪和母猪。村内养猪的农户已不多见，这是农民生产生活方式转变、劳动力转移以及肉猪养殖收益低、周期性风险大等因素综合影响的结果。目前，全村肉猪和母猪的存栏量约为 50 头和 15 头。肉猪以全饲料喂养为主，养殖成本约为 1500 元/头，按出栏肉猪 250 斤/头、生猪均价 7.5 元/斤估算，每头肉猪约可获利 100—150 元。母猪养殖对人力和技术的要求更高，全村只有 5—6 户农户仍在养殖，以产崽销售方式估算，除去各种成本，1 头母猪每年约可创利 3000 元左右。

（5）家禽。家禽散养以母鸡为主，鸭、鹅等占比较小，全村鸡、鸭、鹅饲养量约为 5000 只、100 只和 50 只。土鸡养殖期在 6 个月以上，粗略估算喂养成本约为 1 元/日/只，出售并不划算。加上农户从食品的品质、安全考虑，普遍以自给性消费为主，即便土鸡价格高达 25—30 元/斤，仍然"一鸡难求"。此外，村内有个别农户圈养肉鸡 500 只以上，具备一定规模，按活鸡批发价 9 元/斤计算，约可获利 10 元/只。

（6）黄花菜。黄花菜是沈南贫困村的"一村一品"扶贫主导产业。帮扶单位围绕黄花菜特色品种，打通"产、加、销"一条龙产业链，为农户依靠特色产业实现脱贫谋划了整套解决方案。目前，沈南村已建立黄花菜合作社，带动包括贫困户在内的 34 户农户种植黄花菜 80 余亩。2018 年，黄花菜平均亩产 2000 斤，每亩增收 5600 元以上，全村黄花菜总产量 16 万斤，产值达 45 万元以上。

### （二）转移就业

非农领域就业已成为农户增收的主渠道。对贫困户就业状况分析可知，全村 37 户有劳动力贫困户中，至少 1 人务工的有 30 户、41 人，占比超过 80%。其中在珠三角务工的 10 人，打散工的 10 人，剩余在县内务工。工种上，大部分是制造业普工，工资水平约为 2000—3000 元/月。散工以泥水工为主，收入按日计算，1 个散工平均每月收入在 1500 元以上。

## 三、村委村务

### （一）村集体收支

帮扶前沈南村的集体收入不足 5 万元，目前通过集体增收项目已提高至 8 万元。即便如此，村集体收支仍然处于紧平衡甚至收不抵支的状态。由于村委干部待遇水平提升、公共服务责任增加、财务制度的不断规范等原因，村两委在自我发展、民生保障等方面几乎没有可自主支配的资金。

### （二）村委班子及工作方式

沈南村现有两委干部 4 人、计生专干 1 人、聘用文书 1 人，共 6 人。整个村委班子无论在年龄搭配、男女比例，还是学历水平上都相对均衡，理应是一个兼具稳重和朝气、脚踏实地、大有可为的干部团队。但沈南村除贫困村的身份外，还被认定为"党组织软弱涣散村"，反映出村委内部矛盾问题的复杂性。在这样的

背景下，村委班子在常规"条线分工"的基础上，建立起"分片负责"的工作方式。一方面"条线分工"保证各项工作，主要是上下衔接的连续性；另一方面"分片负责"对急、难、重的任务形成分担机制，明确责任落实。但一些村干部"自扫门前雪"，甚至"出工不出力"，既无法实现工作量合理分配，更难以保证质量。

### （三）村委工作内容

"上面千条线，下面一根针"，村委承载着越来越多的行政任务，肩负所有涉农政策的"最后一公里"落实责任。

一是"麻雀虽小，五脏俱全"。基层部门的涉农工作几乎都要通过村干部传导至村民，任务被分解至各村，并通过督办、检查、评比、问责等方式保证落实，村干部无不身兼数职，一心多用。这些自上而下的工作占据了村干部全部的时间和精力，仍然难以保证各项工作都能完善到位。

二是工作要求多、细、教条化。村委工作表现为规定动作多、灵活裁量少，并且几乎所有工作都体现在表格、报告、照片、记录等佐证上，以利于各级各部门随时检查。村委干部不得不疲于应付各种资料上报要求，将数量化、形式化考核等同于工作实效。

三是工作压力大。目前，村干部与机关部门实行相同的上下班制，工作时间必须在岗、全部脱产，为完成任务，加班也是常态。此外，对村干部的工作，村民往往看得见缺点，看不见付出，也给村干部带来了不小压力。

## 四、需要关注的问题

### （一）传统农业呈现半丢荒、去商品化趋势

传统分散农业不赚钱，农户又不愿放弃经营，不少农户对土地流转积极性不高。农民不再把追求效益放在首位，而是从自家需要等方面考虑农业生产，农业半丢荒、去商品化现象更具普遍性。

### （二）产业转型升级对劳动力素质提出更高要求

农村多数劳动力仍然从事技术含量较低的普工工种，伴随我省产业升级，对工人知识技能水平的要求也不断提高，未经系统培训的劳动力越来越难以适应工

作需要，将对农业劳动力稳定转移和工资持续增长形成制约。

### （三）多数贫困户难靠自身能力实现稳定脱贫

尽管贫困户的致贫原因各有不同，但症结主要是收入渠道狭窄导致入不敷出、积重难返。贫困户既没有技术能力，也缺乏脱贫信心，如果没有从产业链角度谋划整体的脱贫方案，则无法吸引贫困户主动参与。

### （四）基层工作状态已影响到村干部的积极性

村委工作中显现出的一些问题带有普遍性。一是集体经济基础还不稳，二是工作任务纷繁庞杂、量大面宽、效率不高，三是村干部可进可出、选优配强的机制未完全建立，四是年轻干部优势难以发挥。

## 五、体会和思考

### （一）建立农业适度规模经营的配套机制

当前，工商资本下乡的热情较高，土地丢荒、农业去商品化等趋势也显示出农民潜在的土地流转需求，关键在于资本与资源如何对接，这就需要政府以"有形之手"拉动产业发展。一方面应在严控土地用途的前提下，大力招商引资投身农业；另一方面应对投资主体的"家底和诚意"严格把关，同时引导农村做好土地流转集中工作，保证投资主体的经营稳定、可持续。为鼓励工商企业发展现代农业，应在设施用地上给予支持。为鼓励农户土地流转，可考虑在初期实施地租奖补。此外，鼓励工商企业面向分散农户提供统防统治、代耕代种、统购代销等多样化、社会化服务，与农户建立更为紧密的利益联结，切实保障农户财产权益。

### （二）持续提升农村劳动力产业技能水平

保证转移劳动力稳定就业、加快培养新型职业农民是增收致富的重要途径，应更加重视贴近企业用工需求的职前和职中培训。一方面鼓励职业院校与企业建立紧密的劳动力供求联系，通过培训项目合作等形式，为企业输送具备定制化技能的劳动力；另一方面以奖补方式鼓励企业建立培训体系，对工人进行系统、持续的在职培训、带薪培训，形成人力资本积累与产业转型升级的良性循环。对留守农村及返乡创业的青壮年劳动力，应为农村劳动力提供观摩学习、更新观念的便利途径。同

时，发挥资本下乡、企业下乡的示范带动作用，鼓励有规模、上水平的经营主体秉持开放态度，"把田间做课堂，把办公室做教室"，注重在内部培育能人、大户、带头人，辐射带动周边有意愿的农户，传授现代农业技术和市场经济理念。

### （三）大力引导支持扶贫主导产业发展

建立有效的扶贫主导产业需要整套系统、周全、可行的实施方案。以最为普遍的农业主导产业为例，一是要精挑细选特色品种；二是以新型农业经营主体带动农户规模化生产和统一销售；三是围绕产业定期开展技术培训，并随时解决病虫害等生产问题；四是制定生产流程标准，督促农户正确施肥用药，加强田间管理，保证农产品质量产量；五是探索农产品加工方式，提高附加值、降低市场风险；六是争取产品绿色、有机、产地等认证，设计产品包装样式，打造产品品牌形象，谋划广告投放，扩大宣传影响，以多种方式大力营销；七是对接线上线下销售渠道，建立长期稳定的产品销路；八是谋划挖掘产业的休闲观光价值，把生态优势、康养优势、红色优势、土特产优势等资源整合起来，培育自驾游、亲子游、民宿游等，做实村民收入稳定渠道。

### （四）改革完善基层组织建设

一是明确基层职责界限。全面梳理层层下达的工作任务，避免政出多门、多头管理和推卸责任，"合并同类项"、提高行政效能，减轻基层工作压力。二是进一步简化流程形式。适应农村人口流动大、常住地分散的客观实际，依据工作需要优化程序，为外出村民参与乡村治理提供便利，降低基层工作难度。三是建立围绕农村的信息平台。打通涉农信息孤岛，实现基层填报数据一次提交、多次多部门利用，以及数据交叉验证和信息挖掘，避免重复填报和纸质填报的低效率。四是倡导求真务实、勇于解决实际问题的基层工作作风。客观认识农村工作的复杂性，以原则底线来约束干部行为、以实效为主来评价干部工作，对想干事、敢干事的基层干部要"撑腰打气"，让他们放开手脚，更好地发挥主观能动性。五是充实乡村治理力量。在加强党的领导、选好带头人和干部班子基础上，可考虑给予村委一定的聘用人员职数，以这种灵活方式来加强基层组织活力和战斗力，为各项工作落实提供保障。

*作者单位：广东省人民政府发展研究中心城乡统筹研究处*

# 绿色发展、循环农业、农户认知及其参与

## ——基于六省七市的农户问卷调查

傅　晨　宋慧敏

## 一、引言

　　绿色发展是习近平新时代中国特色社会主义思想新发展理念的重要组成部分。循环农业是农业绿色发展的实现形式。发展循环农业，就是遵循"减量化（Reduce）、再使用（Reuse）、再循环（Recycle）"的原则，在农业经济活动的源头减少资源投入从而减少废弃物产生和排放，最大限度多次利用产品而不是一次性使用就废弃，在经济活动的终端回收废弃物进行资源化循环利用。循环农业将传统的农业发展模式从"农业资源→农产品→农业废弃物"单向流动线形经济，转变为"农业资源→农产品→农业废物再利用"的闭路循环经济，实现经济发展与生态环境保护的"双赢"，循环农业是农业发展方式的革命。

　　西方发达国家发展循环农业走在世界前列。我国是农业文明古国，存在很多古老朴素的循环农业形式。但是，在漫长的传统农业岁月，循环农业只是朴素的生产经验和个人行为，没有科学的理论和政策指导，更没有上升为国家行为。20世纪90年代后期，循环经济理论引入我国。进入21世纪，发展循环经济进入国家决策。2006年中央一号文件《中共中央、国务院关于推进社会主义新农村建设的若干意见》首次提出发展循环农业。2007年农业部在全国范围内组织实施"循环农业促进行动"。2016年2月，国家发展改革委、农业部、国家林业局联合发布《关于加快发展农业循环经济的指导意见》（发改环资〔2016〕203号）。当前，我国循环农业进入了加快发展的新阶段。

我国农业实行家庭承包经营基本制度，亿万家庭承包经营农户科学认知和积极参与，是我国循环农业发展的关键。本文通过对六省七市农户的问卷调查，揭示当前我国农户对循环农业认知和参与的现状和主要问题，提出相应的政策建议。

## 二、调查地点和样本

我们调查的六省七市样本农户分别来自广东省梅州市、广东省佛山市顺德区、河北省承德市、山东省莱西市、湖南省怀化市、江西省九江市、贵州省遵义市。调查共涉及 10 多个县、20 多个镇、50 多个村委会。调查对象以家庭承包经营农户为主，适当调查了一部分专业大户和参加合作社的农民，代表新型农业经营主体。由于农业内部种植业、林业、畜牧业、渔业的生产情况差异较大，我们的调查对象从事种植业。我们在上述六省七市各发放 50 份问卷，总计发放问卷 350份。调查采取随机选择调查对象进行访谈，采取不记名方式，由调查员完成调查问卷的填写。剔除无效问卷，回收有效问卷 342 份，有效回收率 97.7%。

调查样本的结构特征见表 1。性别方面，调查对象男性占 44.7%，女性占55.3%。年龄方面，调查对象 40 岁及以下占 17%，41—59 岁占 59%，60 岁及以上占 24%。文化程度方面，调查对象小学及以下文化程度占 43%，初中占39.2%，高中及以上占 17.8%。调查对象主要从事农业，完全务农的占 40.6%，以农业为主兼业的占 45.3%，以非农业为主兼业的占 14.1%。经营组织类型方面，普通农户占 71.1%，专业大户占 14.3%，参加合作社的占 14.6%，反映了农业生产的组织化程度不高。调查样本平均每个家庭 4.6 人，劳动力 2.8 人，从事农业的劳动力 1.2 人。家庭平均承包地面积 4.4 亩，家庭实际经营面积为 5.2 亩，反映了农业经营规模较小。除专业大户，普通农民的农业生产专业化不强，普遍种植两种以上农作物，粮食作物有水稻、小麦、玉米、番薯、土豆、高粱，经济作物有油菜、花生、芝麻、甘蔗、茶叶、棉花，园艺作物有花卉、蔬菜和水果。家庭收入方面，调查样本家庭收入主要来自农业的占 46.5%，主要来自非农业的占 53.5%；收入水平较高的占 9%，收入水平中等的占 74.3%，收入水平较低的占 16.7%。综上，调查样本的结构合理，可以展开分析。

## 表 1　调查样本构成

| 变量 | 题项 | 频数（个） | 比重（%） | 均值 |
|---|---|---|---|---|
| 性别 | 男 | 153 | 44.7 | — |
| | 女 | 189 | 55.3 | — |
| 年龄 | 40 岁及以下 | 58 | 17.0 | — |
| | 41—59 岁 | 202 | 59.0 | — |
| | 60 岁及以上 | 82 | 24.0 | — |
| 文化程度 | 小学及以下 | 147 | 43.0 | — |
| | 初中 | 134 | 39.2 | — |
| | 高中及以上 | 61 | 17.8 | — |
| 从事职业 | 完全务农 | 139 | 40.6 | — |
| | 以农业为主兼业 | 155 | 45.3 | — |
| | 以非农业为主兼业 | 48 | 14.1 | — |
| 经营组织类型 | 普通农户 | 243 | 71.1 | — |
| | 专业大户 | 49 | 14.3 | — |
| | 参加合作社 | 50 | 14.6 | — |
| 家庭人口数量 | 人 | — | — | 4.6 |
| 家庭劳动力数量 | 人 | — | — | 2.8 |
| 家庭从事农业劳动力 | 人 | — | — | 1.2 |
| 家庭承包地面积 | 亩 | — | — | 4.4 |
| 实际经营面积 | 亩 | — | — | 5.2 |
| 家庭收入主要来源 | 农业 | 159 | 46.5 | — |
| | 非农业 | 183 | 53.5 | — |
| 家庭收入水平 | 较高 | 31 | 9.0 | — |
| | 中等 | 254 | 74.3 | — |
| | 较低 | 57 | 16.7 | — |

4. 循环农业功能认知

循环农业具有经济和生态多重功能。然而，调查显示，农民对循环农业功能的认识存在偏差，对生态功能的认知程度显著地高于经济功能。在我们调查的六省七市 342 个农民中，85.1％认为发展循环农业可以减少环境污染，59.1％认为可以减少农业生产成本，42.7％认为可以提高农产品质量，36.3％认为可以增加农民收入。这从一个侧面反映，农民认为发展循环农业的生态功能大于经济功能，没有认识到二者可以实现"双赢"。经济利益是农民参与循环农业的主要动力，如果农民误认为发展循环农业的经济效果不显著，就会削弱其参与循环农业的积极性。

表5　你认为发展循环农业的主要好处有哪些

| 题项 | 频数（个） | 频率（%） |
| --- | --- | --- |
| 减少环境污染 | 291 | 85.1 |
| 减少农业生产成本 | 202 | 59.1 |
| 提高农产品质量 | 146 | 42.7 |
| 增加农民收入 | 124 | 36.3 |
| 其他 | 4 | 1.2 |

注：题项可以多选。

5. 循环农业主要受益者认知

发展循环农业利国利民，然而，调查显示，农民对发展循环农业主要受益者的认识存在偏差，大多数农民认为国家是主要受益者。在我们调查的六省七市 342 个农民中，64.9％认为循环农业主要有益于国家，28.1％认为主要有益于农业龙头企业，23.7％认为主要有益于循环农业示范点，只有 20.9％的农民认为主要有益于农户。如果农民认为自己不是发展循环农业的主要受益者，就会削弱其参与的积极性。

表6　你认为发展循环农业主要对谁有好处

| 题项 | 频数（个） | 频率（%） |
| --- | --- | --- |
| 国家 | 222 | 64.9 |
| 农业龙头企业 | 96 | 28.1 |

续表

| 题项 | 频数（个） | 频率（%） |
|---|---|---|
| 循环农业示范点 | 81 | 23.7 |
| 农户 | 71 | 20.9 |

注：题项可以多选。

### 6. 循环农业发展主体认知

发展循环农业需要政府、农民、农业龙头企业等多元主体参与，各个主体的职责不同，不能相互替代。然而，调查显示，农民对循环农业发展主体的认识存在偏差，大多数认为政府是发展主体。在我们调查的六省七市 342 个农民中，81.3% 认为发展循环农业主要是政府的事，59.2% 认为主要是循环农业示范点的事，46.9% 认为主要是农业龙头企业的事，仅有 28.0% 的农民认为是农户的事。如果农民认为自己不是发展主体，就会削弱其参与的积极性。

**表 7　你认为发展循环农业主要是谁的事**

| 题项 | 频数（个） | 频率（%） |
|---|---|---|
| 政府 | 278 | 81.3 |
| 循环农业示范点 | 202 | 59.2 |
| 农业龙头企业 | 160 | 46.9 |
| 农户 | 96 | 28.0 |

注：题项可以多选。

### 7. 循环农业发展困难认知

发展循环农业是新生事物，农民存在很多担心和困惑。在我们调查的六省七市 342 个农民中，55.6% 认为农业经营规模小发展不划算，52.0% 认为技术和设施投入很花钱，23.7% 认为循环农业单产不高，21.6% 认为风险很大。显然，农民的担心和困惑会影响其参与的积极性。

**表 8　你认为发展循环农业的主要困难是什么**

| 题项 | 频数（个） | 频率（%） |
|---|---|---|
| 农业经营规模小不划算 | 190 | 55.6 |

续表

| 题项 | 频数（个） | 频率（%） |
|---|---|---|
| 技术和设施投入很花钱 | 178 | 52.0 |
| 单产不高 | 81 | 23.7 |
| 风险很大 | 74 | 21.6 |
| 其他 | 40 | 11.7 |

注：题项可以多选。

### 8. 循环农业政策认知

2007年农业部在全国范围内组织实施循环农业促进行动以来，国家相继制定出台了一系列政策和措施支持循环农业发展。那么，农民是否知道国家扶持政策？在我们调查的六省七市342个农民中，26.3%表示知道，73.7%表示不知道。从地区来看，我们调查的六省七市，对国家扶持政策知晓率最高只有32.0%，最低只有20.0%。大多数农民不知道国家发展循环农业扶持政策，从一个侧面反映政策宣传工作做得不好。如果农民误以为发展循环农业是要他们独自抗击面临的困难，就会削弱其参与的积极性。

表9　你是否知道国家发展循环农业的扶持政策

| | 知道 | | 不知道 | |
|---|---|---|---|---|
| | 频数（个） | 频率（%） | 频数（个） | 频率（%） |
| 全体样本 | 90 | 26.3 | 252 | 73.7 |
| 广东梅州市 | 16 | 32.0 | 34 | 68.0 |
| 广东顺德区 | 15 | 30.0 | 35 | 70.0 |
| 湖南怀化市 | 15 | 30.6 | 34 | 69.4 |
| 河北承德市 | 13 | 26.0 | 37 | 74.0 |
| 江西九江市 | 10 | 22.7 | 34 | 77.3 |
| 山东莱西市 | 11 | 22.5 | 38 | 77.5 |
| 贵州遵义 | 10 | 20.0 | 40 | 80.0 |

## 四、农民对循环农业的参与

### 1. 农民参与循环农业试点

循环农业试点是循环农业的先行者。2007年农业部在全国范围组织实施循环农业促进行动，其中的一项重要工作就是开展循环农业试点建设。那么，目前农民参与循环农业试点的情况如何？调查显示，在我们调查的六省七市342个农民中，22.2%反映村里有循环农业试点项目，77.8%反映没有。由于大多数农村没有循环农业试点项目，大多数农民没有机会通过政府扶持的试点项目参与循环农业。在我们调查的六省七市342个农民中，仅有19.6%表示参加了循环农业试点项目，80.4%没有参加。

表10 村里是否有循环农业试点项目

| | 是 | | 否 | |
|---|---|---|---|---|
| | 频数（个） | 频率（%） | 频数（个） | 频率（%） |
| 全部样本 | 76 | 22.2 | 266 | 77.8 |
| 河北承德 | 25 | 51.0 | 24 | 49.0 |
| 广东梅州 | 24 | 48.0 | 26 | 52.0 |
| 广东顺德 | 7 | 14.0 | 43 | 86.0 |
| 江西九江 | 6 | 13.6 | 38 | 86.4 |
| 贵州遵义 | 6 | 12.0 | 44 | 88.0 |
| 山东莱西 | 5 | 10.2 | 44 | 89.8 |
| 湖南怀化 | 3 | 6.0 | 47 | 94.0 |

表11 你是否参加了循环农业试点项目

| | 是 | | 否 | |
|---|---|---|---|---|
| | 频数（个） | 频率（%） | 频数（个） | 频率（%） |
| 全部样本 | 67 | 19.6 | 275 | 80.4 |
| 广东梅州 | 23 | 46.0 | 27 | 54.0 |
| 河北承德 | 22 | 44.9 | 27 | 55.1 |

续表

| | 是 | | 否 | |
|---|---|---|---|---|
| | 频数（个） | 频率（%） | 频数（个） | 频率（%） |
| 江西九江 | 6 | 13.6 | 38 | 86.4 |
| 贵州遵义 | 6 | 12.0 | 44 | 88.0 |
| 广东顺德 | 4 | 8.0 | 46 | 92.0 |
| 山东莱西 | 3 | 6.1 | 46 | 93.9 |
| 湖南怀化 | 3 | 6.0 | 47 | 94.0 |

进一步看，在我们调查的六省七市，反映村里有循环农业试点项目和参与循环农业试点项目的农民比例差异很大，最高的河北承德、广东梅州达到50%左右，最低的贵州遵义只有6%。但是，这并不完全代表各地循环农业的发展水平。河北承德农民所指的循环农业试点项目主要是当地政府号召改种比较节水的玉米，广东梅州则主要是当地农业局宣传推广使用高效低毒低残留农药。由此可见，即使有循环农业试点项目，即使农民参与，内容也比较简单和单一，缺乏广度和深度。

2. 农民使用循环农业技术

参加政府的循环农业试点项目并不是农民参与循环农业的唯一途径，调查显示，农民主动采用循环农业技术是目前农民参与循环农业的主要形式。我们调查分析了农民使用循环农业技术的情况。

（1）使用节水技术。节约和高效利用水资源是循环农业的一项重要技术。在我们调查的六省七市342个农民中，55.3%表示使用了节水技术，44.7%表示没有。从地区来看，河北承德农民使用节水技术的比例达到91.8%，贵州遵义达到74.0%，山东莱西为61.0%，江西九江为54.5%，广东顺德为54.0%，广东梅州为28.0%，湖南怀化为24.0%。缺水的北方和西部地区农民使用节水技术的比例显著高于水资源相对丰富的南方地区，说明南方农民的节水观念不强，需要加强宣传教育。从节水技术的具体内容来看，在使用节水技术的189个农民中，44.6%改种比较节水的农产品，42.9%利用雨水进行灌溉，38.0%有减少灌溉渗漏浪费。可见，农民使用的节水技术比较简单，滴灌、喷灌、废水回收利用等先进技术鲜见使用。

### 表 12　你是否使用节水技术

| | 是 | | 否 | |
|---|---|---|---|---|
| | 频数（个） | 频率（％） | 频数（个） | 频率（％） |
| 全部样本 | 189 | 55.3 | 153 | 44.7 |
| 河北承德 | 45 | 91.8 | 4 | 8.2 |
| 贵州遵义 | 37 | 74.0 | 13 | 26.0 |
| 山东莱西 | 30 | 61.0 | 19 | 39.0 |
| 江西九江 | 24 | 54.5 | 20 | 45.5 |
| 广东顺德 | 27 | 54.0 | 23 | 46.0 |
| 广东梅州 | 14 | 28.0 | 36 | 72.0 |
| 湖南怀化 | 12 | 24.0 | 38 | 76.0 |

（2）使用节肥技术。减少使用化肥，增施有机肥，推广水肥一体化和测土配方施肥等，是发展循环农业的重要技术。在我们调查的六省七市 342 个农民中，57.6％表示使用了节肥技术，42.4％表示没有使用。从地区来看，农民使用节肥技术的比例地区差异很大，最高的广东顺德达到 82.0％，最低的河北承德只有 44.7％。从节肥技术的具体内容来看，在使用节肥技术的 197 个农民中，多使用畜禽粪便等有机肥的占 65.9％，减少化肥使用量的占 61.1％，使用测土配方施肥等先进技术的仅占 18.8％。可见，农民使用的节肥技术主要是多使用畜禽粪便有机肥和减少化肥使用量，而水肥一体化、测土配方施肥等先进技术的进展不大。

### 表 13　你是否使用化肥节约技术

| | 是 | | 否 | |
|---|---|---|---|---|
| | 频数（个） | 频率（％） | 频数（个） | 频率（％） |
| 全部样本 | 197 | 57.6 | 145 | 42.4 |
| 广东顺德 | 41 | 82.0 | 9 | 18.0 |
| 广东梅州 | 31 | 62.0 | 19 | 38.0 |
| 江西九江 | 26 | 59.1 | 18 | 40.9 |
| 湖南怀化 | 26 | 52.6 | 24 | 47.4 |
| 贵州遵义 | 26 | 51.6 | 24 | 48.4 |
| 山东莱西 | 25 | 51.0 | 24 | 49.0 |
| 河北承德 | 22 | 44.7 | 27 | 55.3 |

（3）使用节药技术。减少农药过量使用，淘汰高毒农药，推广使用高效低毒低残留农药和生物防治技术，是发展循环农业的重要技术。在我们调查的六省七市 342 个农民中，70.8% 反映使用了农药节约技术，29.2% 反映没有使用。从地区来看，农民使用节药技术的比例地区差异很大，最高的广东顺德达到 94.0%，最低的河北承德只有 46.9%。从节药技术的具体内容来看，在使用了农药节约技术的 232 个农民中，使用低毒低残留农药的占 84.1%，减少农药使用量的占 50.9%，使用生物防治等新型技术的仅占 14.2%。调查说明，循环农业在推广使用低毒、低残留农药上取得重大进展，但是，有近一半的农民没有减少农药使用量，农民使用生物防治等新型节药技术的不多。

**表 14 你是否使用农药节约技术**

| | 是 | | 否 | |
|---|---|---|---|---|
| | 频数（个） | 频率（%） | 频数（个） | 频率（%） |
| 全部样本 | 242 | 70.8 | 100 | 29.2 |
| 广东顺德 | 47 | 94.0 | 3 | 6.0 |
| 湖南怀化 | 42 | 84.0 | 8 | 16.0 |
| 贵州遵义 | 42 | 84.0 | 8 | 16.0 |
| 广东梅州 | 33 | 66.0 | 17 | 34.0 |
| 江西九江 | 27 | 61.4 | 17 | 38.6 |
| 山东莱西 | 28 | 57.1 | 21 | 42.9 |
| 河北承德 | 23 | 46.9 | 26 | 53.1 |

（4）农作物秸秆回收利用。长期以来，我国农作物秸秆被看作废弃物大量抛弃或焚烧，不仅浪费了秸秆资源，而且带来生态环境污染问题。发展循环农业，要积极开展农作物秸秆回收利用。在我们调查的六省七市 342 个农民中，种植蔬菜、花卉、水果的农民表示没有秸秆，249 个种植水稻、小麦、玉米等粮食作物的农民有农作物秸秆。其中 175 个农民对农作物秸秆回收利用，占 70.3%，未回收利用的占 29.7%。农民回收利用农作物秸秆的比例地区差异很大，最高的广东顺德达到 100%，最低的江西九江只有 35.1%。

表 15　你是否回收利用农作物秸秆

| | 是 | | 否 | |
|---|---|---|---|---|
| | 频数（个） | 频率（%） | 频数（个） | 频率（%） |
| 全部样本 | 175 | 70.3 | 74 | 29.7 |
| 广东顺德 | 2 | 100.0 | 0 | 0.0 |
| 湖南怀化 | 36 | 78.3 | 10 | 21.7 |
| 贵州遵义 | 32 | 78.0 | 9 | 22.0 |
| 河北承德 | 32 | 76.2 | 10 | 23.8 |
| 山东莱西 | 32 | 76.2 | 10 | 23.8 |
| 广东梅州 | 28 | 71.8 | 11 | 28.2 |
| 江西九江 | 13 | 35.1 | 24 | 64.9 |

调查显示，农民对农作物秸秆回收利用的程度差异很大。在对农作物秸秆进行回收利用的 175 个农民中，回收利用率 80% 及以上的占 19.7%，回收利用率 51%—79% 的占 28.9%，回收利用率 31%—50% 的占 11.2%，回收利用率 30% 及以下的占 10.4%。目前全国农作物秸秆综合利用率为 70%，国家制定的发展目标是"十二五"期末（2015 年）达到 80%。调查显示只有将近 20% 的农民农作物秸秆回收利用率达到 80%，说明农作物秸秆回收利用工作任重道远。

表 16　农作物秸秆回收利用程度

| 回收利用率 | 频数（个） | 频率（%） |
|---|---|---|
| 80% 以上 | 49 | 19.7 |
| 51%—80% | 72 | 28.9 |
| 30%—50% | 28 | 11.2 |
| 30% 及以下 | 26 | 10.4 |
| 合计 | 175 | 70.3 |

农作物秸秆回收利用有多种形式，可以做肥料、饲料、燃料、一些特殊农产品生产的基料（如食用菌）和工业用原料（如造纸）。调查显示，在农作物秸秆回收利用的 175 个农民中，部分肥料化使用的占 72.0%，部分燃料化使用的占

42.9％，部分饲料化使用的占 30.3％，部分原料化使用的仅占 0.6％。可见，农作物秸秆回收利用主要是肥料化使用，回收利用方式还比较单一。

表 17　农作物秸秆回收利用结构

| 题项 | 频数（个） | 频率（%） |
|---|---|---|
| 肥料化使用 | 126 | 72.0 |
| 燃料化使用 | 75 | 42.9 |
| 饲料化使用 | 53 | 30.3 |
| 原料化使用 | 1 | 0.6 |

注：题项可以多选。

（5）废旧农用塑料地膜回收利用。在我们调查的六省七市 342 个农民中，从事粮食和水果生产的农民表示没有使用农用塑料地膜，205 个从事蔬菜、花卉生产的农民表示使用了农用塑料地膜。其中，对废旧农用塑料地膜回收利用的有 75人，占 36.6％；未回收利用的有 130 人，占 63.4％。从地区来看，农民回收利用废旧农用塑料地膜的比例地区差异很大，广东顺德最高，达到 54.2％；湖南怀化最低，仅 6.3％。可见，废旧农用塑料地膜回收利用程度不高，地区发展严重不平衡。

表 18　你是否回收利用废旧农用塑料地膜

| | 是 | | 否 | |
|---|---|---|---|---|
| | 频数（个） | 频率（%） | 频数（个） | 频率（%） |
| 全部样本 | 75 | 36.6 | 130 | 63.4 |
| 广东顺德 | 26 | 54.2 | 22 | 45.8 |
| 江西九江 | 15 | 48.4 | 16 | 51.6 |
| 广东梅州 | 12 | 48.0 | 13 | 52.0 |
| 河北承德 | 10 | 52.6 | 9 | 47.4 |
| 山东莱西 | 8 | 17.8 | 37 | 82.2 |
| 贵州遵义 | 3 | 14.3 | 18 | 85.7 |
| 湖南怀化 | 1 | 6.3 | 15 | 93.7 |

调查发现，废旧农用塑料地膜回收利用落后与农村废品回收服务发展落后有关。废旧农用塑料地膜的回收利用方式以农户再次利用和废品收购为主，然而，废旧农用塑料地膜的再次利用是有条件和限度的，对于无法再次利用的废旧农用塑料地膜，只能作为废品由废品收购站或企业来集中收购处理。调查获悉，农民普遍反映当地没有废品收购站或没有企业来收购，大量废旧农用塑料地膜只好丢弃或者焚烧。

（6）农村沼气利用。农村沼气利用是我国发展循环农业的一项重要工作，主要是因地制宜，在农户集中居住、新农村建设等地区建设村级沼气集中供气站，在养殖场或养殖小区发展大中型沼气工程。在我们调查的六省七市342个农民中，仅9.1%使用沼气，90.9%未使用。从地区来看，我们调查的六省七市农民使用沼气的比例都很低，最高的广东梅州也只有18.0%。主要原因是，当地畜牧业发展水平不高，农民家庭散养畜禽，不能产生足够的畜禽粪便用于发展沼气；农村沼气建设资金需求大，依赖政府补贴；农村沼气设施陈旧老化，使用率低，报废率高；使用沼气不如使用其他能源便利。

表19  你是否使用沼气

|  | 利用 | | 没有利用 | |
|---|---|---|---|---|
|  | 频数（个） | 频率（%） | 频数（个） | 频率（%） |
| 全部样本 | 31 | 9.1 | 311 | 90.9 |
| 广东梅州 | 9 | 18.0 | 41 | 82.0 |
| 贵州遵义 | 9 | 18.0 | 41 | 82.0 |
| 江西九江 | 5 | 11.4 | 39 | 88.6 |
| 山东莱西 | 5 | 10.2 | 44 | 89.8 |
| 湖南怀化 | 3 | 6.0 | 47 | 94.0 |
| 河北承德 | 0 | 0.0 | 49 | 100.0 |
| 广东顺德 | 0 | 0.0 | 50 | 100.0 |

## 五、基本结论和政策建议

绿色发展是习近平新时代中国特色社会主义思想新发展理念的重要组成部分，

循环农业是农业绿色发展的实现形式，亿万家庭承包经营农户科学认知和积极参与是发展的关键。通过六省七市的农户问卷调查，本文揭示了当前我国农民对循环农业的认知和参与的现状和主要问题。在认知方面，大多数农民不知道循环农业概念，对循环农业具体形式的知晓程度差异很大，对发展循环农业的主要功能、主要受益者和发展主体的认识存在偏差，对发展循环农业存在担心和困惑，对国家循环农业扶持政策不了解。在参与方面，大多数农村没有循环农业试点项目，大多数农民没有机会参与；即使参与，内容也比较简单单一。农民主动采用循环农业技术是目前农民参与循环农业的主要形式，然而，相当多的农民没有使用循环农业技术。农民使用的循环农业技术先进程度不高，不同地区农民使用循环农业技术的程度差异很大。

针对上述问题，本文提出以下建议：第一，加强宣传，提高认识。加强宣传我国发展循环农业的重大意义，宣传普及循环农业基本知识和技术，宣传国家扶持循环农业发展政策，有的放矢释疑解难。第二，扩大试点，加强示范。扩大循环农业试点数量，拓展循环农业试点内容，让更多的农民参与循环农业试点项目，逐渐提升农民采用循环农业技术的水平。第三，培育主体，引领带动。积极培育新型农业经营主体率先发展循环农业，引领带动家庭承包经营农户参与循环农业。第四，组织创新，产业链接。积极推进多种形式的产业循环链接和集成发展，构建跨农户、跨企业、跨产业和第一、二、三产业联动发展的复合型循环农业产业体系。

作者单位：华南农业大学经济管理学院

# 从德庆乡村产业振兴面临的困惑看全省的出路

李　潇　黄婉瑶

　　肇庆市德庆县是一个"八山一水一分田"的典型山区县，作为首批国家农村产业融合发展示范园，近年来该县大力推动实施乡村振兴战略，做强富民兴村产业，取得了显著成效，为县域经济发展注入新活力。2017年，全县农村居民人均可支配收入达18018元，增长9.8%，高于全省1.1个百分点和全国1.2个百分点。在推动乡村产业振兴过程中，德庆县碰到的一些实际困难具有典型意义，因而，我们试图对这些带有共性意义的困难问题进行深入剖析，查找原因，以期为全省的乡村产业振兴提供可资借鉴的路径。

## 一、德庆县以"五大带动模式"探索乡村产业振兴之路

　　德庆县的贡柑、砂糖橘、巴戟天、何首乌等6种农产品分别被列为国家"农产品地理标志"产品，总面积达88.45万亩，产量11.92亿斤，产值达46.78亿元。德庆县获得"中国何首乌名县""中国巴戟天名县""中国肉桂名县"等3个"国字号"称号。在实施乡村振兴战略的过程中，德庆以创业创新探索产业带动振兴的新路径新模式，逐步形成乡村产业振兴的"五大带动模式"。

**2018年德庆六大地理标志农产品面积、产量和产值**

| 产品名称 | 产品面积（万亩） | 产量（亿斤） | 产值（亿元） |
| --- | --- | --- | --- |
| 贡　柑 | 10.50 | 4.50 | 22.50 |
| 砂糖橘 | 3.40 | 1.60 | 6.10 |

续表

| 产品名称 | 产品面积（万亩） | 产量（亿斤） | 产值（亿元） |
|---|---|---|---|
| 何首乌 | 2.20 | 0.44 | 1.20 |
| 巴　戟 | 5.90 | 0.76 | 3.80 |
| 肉　桂 | 63.20 | 3.00 | 7.50 |
| 紫淮山 | 3.25 | 1.62 | 5.68 |
| 合　计 | 88.45 | 11.92 | 46.78 |

第一，以产业园区带动现代农业集群化和特色化，形成以园区带动产业发展的有效模式。一是建设国家农村产业融合发展示范园。德庆县以建设国家级三产融合示范园区为核心，大力拓展农村产业园区功能，规划布局了"一片三区九基地"，创新"股份合作""订单＋保险""共享经济"等6种产业发展新模式，辐射带动柑橘、南药等优势农产品及其加工业向规模化、产业化发展，培育壮大乡村休闲旅游等融合发展新业态。二是建设贡柑省级现代农业产业。加快建设高标准示范基地等6个基地，构建农民利益联结体系等6个体系，拓展延伸产业链条。全力创建南药省级现代农业产业园，以"一村一品、一镇一业"为抓手促进特色农业优化发展。三是创建省级农业科技园区。坚持科技兴农，大力发展数字农业、智慧农业，加快推进农业全程机械化，打造农业科技创新与成果转化孵化基地，提高全要素生产率，促进农民增收。

第二，以龙头企业带动千家万户联结大市场。龙头企业（包含专业合作龙头组织）承担农业产业链上下游整合重任，联结千家万户与大市场。一是大力推动供销社供给侧结构性改革，在全省率先建立具有德庆特色的生产、供销、信用"三位一体"新型农村合作经济体系，有效整合涉农资源。二是采取"农民专业合作社＋企业＋基地＋农户（贫困户、家庭农场）＋农产品流通平台"等合作模式，切实解决农民"单家独户"、合作组织"单家独社"难以连接市场的问题。三是推广"龙头企业＋N＋农户"模式，支持和鼓励龙头企业与合作社、专业大户、家庭农场及一般农户实现有效对接和深度融合。如高良镇巴戟天的种植超三分之一为公司经营，企业成为巴戟天种植经营的主体。德庆全县现有农业龙头企业25家，专业大户、家庭农场140多家，农民专业合作社475家，带动农户3.5万多户。

第三，以乡贤带动新型创业，为产业振兴注入新活力。乡村振兴战略拓宽了乡贤回家的路，也创新了农村就业的模式。德庆县积极出台吸引外出创业成功者、离退休老干部、老教师等乡贤回乡再创业政策，推进"返乡创业孵化基地"等重点项目建设，对创业孵化基地建设给予一次性创业补贴，推广"政府＋银行＋保险"融资模式，打造乡贤创业创新的新模式；在全县 12 个乡镇和德城街道评选"最美乡贤"，培育富有地方特色和时代精神的新乡贤回乡创业文化。倡导"能人＋贫困村＋贫困户"的扶贫新模式，收入按比例分红。近两年，乡贤回乡已成功创办 36 家企业，吸引创业资金达几千万元。其中涉及种养、农产品加工和观光农业等行业分别达到 17 家、17 家和 2 家。

第四，以新型研究机构加工商资本带动技术创新和应用。一是设立新型农业科学研究机构。德庆县与广东省农科院共建广东省农科院德庆柑橘研究所，与仲恺农业工程学院共建德庆仲恺农业产业科技创新研究院，与华南农业大学、肇庆市农业技术学校等院校均建立战略合作关系。德庆仲恺农业产业科技创新研究院建在官圩镇区县道农贸超市北侧，靠近县的田间地头，直接服务农户，缩短了科研成果从实验室到田头的距离。二是鼓励实力雄厚的工商资本下乡创业创新。如德庆县金一百农业发展有限公司的创始人金一百，带着早期在佛山从事进出口贸易积累的百万资本，投资于德庆县的农业种植业，承包近 300 亩土地进行生产与经营，并与德庆县农业技术推广中心、仲恺农业工程学院深度合作，在其种植基地进行 10 亩地的蓝莓引种试种。试种成绩喜人，丰果期每株可结果达 10 斤左右，有效探索出农业多元化合作的新路径。

第五，以"头雁"工程构建农村创业的中坚力量。2018 年 4 月召开的全省乡村振兴工作会议上，李希书记提出全省大力实施"头雁"工程，把选优配强农村基层党组织带头人队伍作为首要任务，以"头雁"工程形成强大的"头雁效应"。德庆县大力推动基层党组织建设，发挥党组织在引领乡村振兴的坚强战斗堡垒作用，在建设美丽乡村、精准扶贫方面取得显著成效，培养了农村中的主体中坚力量。2017 年，基本完成"三清理""三拆除""三整治"工作；全县 16 个省定贫困村全部完成村庄规划，树立"脱贫致富"示范户 118 户，发展产业项目 105 个，带动贫困户 271 户，发展产业项目 158 个。在全省首创新时代"农（市）民夜校"，在全市率先实现"初心堂"新时代讲习所建设全覆盖，"飓风 2018"专项行动成果排名全市第一。

## 二、德庆县在推进乡村产业振兴中面临的共性困难与问题

当前乡村产业振兴遇到的共性困难与问题，归纳起来就是"五缺乏"：

第一，缺乏推进农业供给侧改革的清晰思路。思路决定着产业振兴的出路。中央要求"十三五"时期各项工作的改革，要以供给侧结构性改革为主线，以满足有效需求为目标，切实提高供给质量，实现高质量的发展。当前，我省一些基层干部对如何把握好深化供给侧结构性改革这条主线还存着理解认识不足、思考不深入不彻底、运用效率不高等突出问题，缺乏主动对接消费需求转型升级的战略观和"市场需要什么，就有效供给什么"的应变力。主要表现在：一是还不能瞄准市场消费需求新变化，着力推动农村产业转型升级和生产经营模式创新，对居民消费结构升级趋势看不清、把不准，对提升农业价值链的改革不知从何入手，对拓展农村的消费空间办法少，不把发展农业的第三产业作为农村经济的新增长点。二是科学的政绩观仍未完全树立，传统发展观念仍根深蒂固，过度关注总量、速度、规模等指标，对质量、效益、动力转换，提升农产品附加值等高质量发展指标不够重视，实现差异发展、特色发展的办法不多。三是缺少敢于担当、奋发有为的情怀。面对农村产业振兴工作中出现的新困难、新问题，个别领导干部瞻前顾后，害怕困难，不敢、不想改革，懒政怠政有所抬头；一些地方、部门领导缺乏专业本领，也缺乏打持久战的耐心，热衷于上项目、扩产能，稳增长、保速度的惯性冲击了农村转型升级、结构调整的战略定力。

第二，缺乏辐射带动能力强的龙头企业。企业，尤其是拥有较强的种苗和技术研发、规模化种养、提炼加工、理念策划、业态创新、拓展市场及辐射能力的龙头企业，是农业高质量发展的强大引擎，是农业经营的新型主体，乡村产业振兴不能靠分散经营的农户。但在当前农村中，许多地方的承包地碎片化和小农经营体制严重制约了农业生产规模化、集约化、效益化，阻碍了种养大户、家庭农场、农民专业合作社以及农业龙头企业等新型创业经营主体的发展壮大。目前德庆有种养大户 1500 多家，家庭农场 19 家，农民专业合作社 493 家（其中国家级示范社 1 家），农业龙头企业只有 25 家（其中省级 3 家、市级 5 家、县级 17 家），数量、质量离居民消费升级需求和现代农业的发展还有相当距离。我省现有 820 家重点农业龙头企业，上市的涉农公司 65 家。按省规划，到 2020 年要打造 1000

家省重点龙头企业、100家上市龙头企业，任务相当艰巨。造成龙头企业难以培育壮大的主要原因是受制于农村土地制度改革滞后、领军企业人才缺乏的约束。现行农村经营制度下，相当部分农民依然不愿流转土地也不从事经营，撂荒也还十分严重。德庆耕地流转面积只占总面积的44.3%，经营10亩土地以上的农户仅占8.5%，仅8.3%农户流转给龙头企业、合作社等新型经营主体，撂荒土地面积达3.6%，农村土地资源的利用率十分低下。2018年，德庆全县总可用地指标为246亩，低于上年的417亩。土地利用效率低下与不断发展的产业需求之间的矛盾形成"土地困局"。一些好的项目没有土地，尤其是一些大型农业项目如农业产业园区、农产品加工区、特色乡镇、田园综合体缺乏建设用地指标，严重制约了当地经济发展；商品交易市场、农村冷链物流等服务业用地也无法保障，这是德庆县第三产业凋零的主要原因。领军龙头企业少、创业人员中素质不高也是造成农业企业难以做大的重要原因。德庆的25家农业龙头企业中，拥有大专以上学历只有45人。

第三，缺乏善于提升产业价值链的创新性人才。提升价值链，满足用户高端化、生态化需求是乡村产业振兴的最终目的。由于缺乏吸引人才到农村创业的机制，农村综合类人才奇缺，这也是农村凋敝的重要原因之一。据对我省农科类高等院校大专以上学历毕业学生粗略统计，毕业后回乡创业的不足5%，有些农科类学生宁愿在珠三角等专业不对口的地方打工，也不愿意回乡创业就业。如德庆县有农业科技服务人员150人，其中55岁以上的占了15%，大专以下文化学历的占80%。有中级职称的只有7人，只占农业系统人数的4.76%。由于创业创新人才长期匮乏，我省农产品在提升价值链空间方面受到严重的制约。一是产前供应体系无法适应市场日益增长的对农产品新品种、高品质的需求。以绿色、有机、安全为特色的农副产品供应不足，相当部分的农副产品只满足于种养出什么就卖什么，缺乏深加工提升附加值的能力。优良种子、生物发酵肥、特色农产品等也因研发不足或成本偏高导致供给困难。二是产中生产体系效率偏低。以传统小农作业为主的生产方式使粮食亩收益增速远远低于生产和管理成本，例如德庆县种植何首乌一年的成本高达每亩5000元，占总产值近1/2，农民可得到的种植收益有限。三是产后加工销售体系产业链条短。农产品加工多为效率低下的小作坊式企业，停留在初加工阶段，精加工的行业潜力空间远未发挥。同时，农产品缺乏规范化的市场交易平台，"德庆农业e家"等流通新业态尚未有效形成较大规模；网

络电商参差不齐，仍以农户沿街摆卖为主的销售方式难以打开市场，何首乌和巴戟天等南药面临产销失衡的严重问题。

第四，缺乏有效引导工商资本下乡的制度机制。吸引城市的工商资本到农村投资是振兴乡村产业的关键所在。但由于体制机制尤其是农村土地制度的障碍，加上营商环境不佳，城市的工商资本进入农村领域缓慢，农业投资回报率低，投入乡村产业振兴的资金和技术十分缺乏。一是农业科技支撑体系不健全。德庆县的农业服务业仍以传统农科所和农技站为主，相关机构有 14 个；从事现代农业技术推广服务和培训的公司仅 1 家；病虫害防治科技公司发展滞后，只有 2 家；农业中介服务公司如化肥、农药供应、产后收割服务公司等情况稍好，有 110 多家。落后的农业科技服务导致柑橘黄龙病、百香果烂根等病虫害问题得不到有效防治及根本解决，农产品的品质大打折扣。二是对休闲农业和乡村旅游业缺乏引导。一方面政府引导投资和策划宣传力度有限。2017 年德庆县投资旅游业金额为零，尚未有重点打造的特色旅游项目，具有一定规模的休闲观光农业企业仅 2 家，农家旅舍的发展面临制度障碍。另一方面因历史遗留问题导致政府难以作为。德庆部分特色景区经营权出租给广东南湖国旅，如曾是广东著名景点的德庆县盘龙峡，除了山水、水车群、瀑布群、木屋群等，还有盘龙峡勇士漂流、温泉等。但因广东南湖国旅管理策略问题，近年来旅游人次急剧下降。三是对农村金融服务业发展不够重视。德庆虽已实现乡村金融服务站全覆盖，土地承包经营权抵押贷款走出了金融服务千家万户的新路，但仍然面临涉农贷款资金少、成本高的问题。2017 年全县新发放农户贷款约 1.94 亿元，农业资金缺口约 3.73 亿元。风投机构更呈空白，尚未形成多元主体参与、多元平台借力、多种模式发展的农村金融体系和产业融合发展态势。

第五，缺乏支撑县域经济发展的有特色、成规模的产业。从全省范围看，农村普遍是有特色、有产品，但无法形成较大规模的集群产业，缺乏有效的产业供给，缺乏培育大产业的机制，无法完全满足市场需求，特色产业无特色、无规模，无法成为乡村产业振兴的新动力。一是对特色产业发展的认识严重滞后。由于乡村资源环境的承载能力、基础条件及产业要素集聚不足、营商环境差等现实状况，县域难以承接大规模的产业转移，环境保护的需要也决定了不可能大办工业类的产业园区。因而，大力发展、培育特色乡村产业是更加现实和有效的乡村振兴带动县域经济发展的思路。但是一些地方政府依然认识不深、重视不够。德庆县六大地理标志的特色产业产值只有 46.78 亿元,既不能进行有效的深加工延伸产业链、提升附加值,也没有形成特色产业园区;引入外来的产业创业创新主体很少,难以做出产业规模经济,对当地经济增长的拉动能力有限。二是对特色农业科技项目投资远远不足。德庆县 2018 年农业固定投资仅占总投资的 10.15%,农业科技项目投资仅为 100 万元,不到总投资的 1%。特色产业发展严重缺乏科技支撑。从全省层面来看,农业投资不足问题突出。如 2016 年,广东省农业固定资产投资占一般公共预算分别低于浙江省和山东省的 0.8 和 3.6 个百分点。三是对以特色产业拉动消费增长的重视程度不足。一些地方基层政府对居民消费需求、消费结构、消费特征缺乏研究,消费来源单一,特色产品、服务的供应与市场需求脱节,消费潜力远未挖掘。如目前德庆县何首乌、巴戟天等五大南药尚未打通市场,出口更是无从谈起。主要原因是不重视从种苗、配药到检测等一系列标准化生产,加工度低,增值率低,难以形成强大的市场竞争力。

## 三、以深化供给侧结构性改革为主线,谋划乡村产业振兴的出路

乡村振兴战略是中央的重大决策部署,也是广东推进城乡协调发展的必由之路,要把产业振兴作为推动乡村振兴的重大抓手予以高度重视,总结包括德庆在内的各地实践,以深化供给侧结构性改革,谋划有效途径,大胆探索广东特色的乡村产业振兴新路。

第一,树立新理念,以高质量发展为指引推动乡村产业振兴。要以供给侧结构性改革为动力,推动农村的土地、资本、技术、信息、人才、劳动力等生产要素重新组合产生新的供给,构建新型的生产力和生产关系。一是破除唯 GDP 论英雄的惯性思维。落实省委、省政府出台的高质量发展差别化的政绩考核制度,针对不同区域的发展定位和起点差异,因地制宜突出考核重点,分区施策,不搞"一刀切"。以考核指标为指挥棒引导乡村产业发展。二是拓展农业功能,更加注重质量效益。进一步拓展农业的休闲、生态、教育、观赏、旅游、康养功能,多业态发展农业新产业。坚持质量兴农、绿色兴农,加快构建现代农业产业体系、生产体系、经营体系,提高农业创新力、竞争力和全要素生产率。推动基础设施建设、人居环境整治等重大工程,健全一、二、三产业融合发展的体制机制和政策体系,推进城乡资源要素双向流动。三是重视智慧农业的建设与应用。引导新

增投资加大对农村服务产业发展信息化基础设施的支持力度。目前，美国农业已建立高效的信息采集、监测预警和信息发布机制，为企业农产品生产、经营和贸易提供了强有力的支撑。我省农业发展要紧跟数字化时代步伐，促进互联网、大数据和人工智能等现代信息技术与农业深度跨界融合，探索智能灌溉、智能施肥与智能喷药等自动控制技术，逐步实现农业生产全过程的信息感知、定量决策、智能控制、精准投入、个性化服务等全新农业生产方式。

第二，增强新动力，破解乡村产业振兴中的突出制约因素。一是推动农村土地制度改革。农村土地制度是国家的基础性制度，事关经济社会发展和国家长治久安。2018 年 12 月 23 日，全国人大常委会审议《土地管理法修正案（草案）》，将土地征收、集体经营性建设用地入市、宅基地管理方面的制度创新经验及时上升为法律制度。新修订的土地管理法将为我省促进农业农村发展和农民生产经营起到极大的推动作用。大力推进"三清三拆"工作。可借鉴重庆市地票改革的经验，鼓励农村人口进城并创新完善农村建设用地退出机制，使闲置的农民宅基地及其附属设施用地等复垦为合格耕地，形成标准化的交易标的物并产生相应的城市建设用地指标，解决因城乡二元分割的土地制度导致的"两头占地"矛盾。同时，推动农地适度规模经营。可推广清远阳山"农综改"经验，通过整合和整治的"双整"方式做好农村土地入股产业项目，实现土地连片，土地资源变成优质资产，整合的资金投入变成股金，农民跟着一起变成股东，成为推动农业供给侧结构性改革的新动力。借鉴日本脱离农地零碎化的成功经验，通过适度放宽农地流转限制，政府对转让、抵押、继承等多种农地流转形式持鼓励态度。二是规范工商资本投资农业。带动和引导具有新经营理念和新组织机制的工商资本下乡，发展当地优势产业和特色农业，使新型工商资本通过独资经营、"资本＋企业（合作社）＋农户""资本＋基地＋农户"等多种形式，投资成长型农业、产业化企业和农村发展项目，填补当地农业产业链的薄弱环节，使工商资本成为农业发展的重要驱动力。搭建政企合作平台，以政府为中介促进企业与社区、农户对接；由政府协助建立企民合作平台、社区合作平台，促进企业与社区、农户沟通交流；找准企业与农户的利益汇合点，让农户更多地从工商资本下乡中受益。在土地、税收、金融等方面为工商资本下乡创造有利条件，实现相关企业与农民共建共享。

第三，搭建新平台，为乡村产业发展提供综合性服务支持。一是支持创建一批具有岭南特色的现代农业产业园区。如德庆县南药种植历史悠久，资源丰富，是全国最大的肉桂基地，巴戟天是全国面积最大、产量最多、单产最高、品质最好的生产基地，支持创建德庆县南药省级现代农业产业园，加大政策、资金和人力等支持力度，聚集现代生产要素，做大做强岭南中药材产业，促进农民就业增收。二是打通"研发—生产—加工—流通"的全产业链条。加快发展农业科技型企业带动农民增收，加快搭建集农资销售、农技推广、农产品展示流通、电子商务、涉农信息发布等功能于一体的新型助农服务平台。加快发展农业科技服务平台，鼓励创立更多建在田头的农业科学研究院，实现科研院与田间地头的有效对接。三是发挥融资租赁服务平台在农业生产领域中的独特优势。除了农村土地承包经营权可以依法向金融机构融资担保、入股从事农业产业化经营外，培育专业农业融资租赁公司，为新型农业经营主体提供专业化的融资服务。适度降低农村融资租赁公司的准入门槛，形成组织形式多元化、经营特长专业化、优势互补良性化的农村融资租赁格局，为农业发展提供全方位金融支持。四是探索建立以双创园区（基地）和农业企业为主的平台载体。通过平台载体聚集要素、共享资源、产业关联，为农村双创提供创业基金、创业孵化基地等软硬件支持，提供见习、实习、实训、咨询、孵化等多种服务的模式，推动形成农村双创产业集群。

第四，发展新业态，把第三产业培育成乡村产业振兴的新增长点。一是补齐农业第三产业在我省推进农业供给侧结构性改革中的短板，以乡村休闲旅游为重点，根据各村建筑风貌、人文历史、地理环境、文化特色等因地制宜、明确定位，发展观光农业、文化创意、农耕采摘体验、民宿民居体验等农业农村旅游项目，用好省市扶贫基金，将贫困村创建成生态休闲旅游名村，打造农业休闲旅游观光品牌。二是适应人民对消费结构升级的需求，优化市场供给结构。加大对共享农业、体验农业和创意农业等新兴产业的扶持优惠力度，提供线上线下、虚拟实体有机结合等多种消费模式。三是探索"流通—生产"型产业驱动新模式的内在机制。建立农村电子商务服务站，加快构建农村电商网络，完善物流供应链，提高农产品配送质量与效率。实现农商直供、个人定制的个性化服务，不断延伸农业产业链条。

第五，创建新队伍，共谋共建共享乡村振兴成果。推动我国农业现代化，要创新联动"政府＋企业＋农民"的力量，形成政府引导、企业推动、农民主体、多方参与的良好格局。一是进一步激发群众参与创业热情。充分发挥农民的主体作用，激发农村发展的内生动力。大力推动基层党组织"头雁"工程，发挥好基

层党组织的领导核心作用，统筹好农村各类基层组织的重要作用。二是落实扶贫共建挂点帮扶项目。健全落实帮扶协调联动机制，开展"万企帮万村"行动，探索村企结对帮扶，推动扶贫协作工作向共建共赢转化。三是政府要发挥好引导作用，提高对市场配置的调节能力，提高农村经济活力。提高对农业服务业的重视程度，扶持农业服务主体规模化发展，建立农业服务综合平台，构建从产前生产资料供应到产后加工、运输、销售等服务的完备体系，推动农村一、二、三产业融合发展。四是引导企业积极开展产业扶贫，有条件的企业设立产业投资基金，建立与农户的长效利益联合分享机制和规范的运行机制，激发村民的内生动力，形成合力，扩大企业经营规模，提高质量效益。五是利用农村专业合作社推动农村经济发展。借鉴日本政府扶持农村合作社经验，以最优惠的政策，鼓励规范的农民合作社免税进入金融、保险或低税进入房地产、购销、餐饮、加工、旅游等各种非农产业，在第二、第三产业中产生的收益必须50％以上返还给"三农"，有效地帮助农民增收。六是重视乡贤的作用，重视对新型农民的培养。鼓励广大农民争当新型职业农民，对成功创业的可按有关规定享受创业贷款贴息、创业资助、租金补贴等扶持政策，建立健全新型职业农民社保体系。围绕休闲农业、乡村旅游、特色产业、文化传承等，培育一批富有工匠精神的乡土人才和能工巧匠。

第六，开拓新市场，做大乡村地理标志农产品产业。学习德国农产品"以出养进"的经验，大力发展生态农业、绿色农业，把有机农业作为可持续发展的生产方式，大量生产、出口比较优势高的农产品。我省可以地理标志农产品为龙头，多渠道拓展农产品增值空间。一是打开国际市场，选出技术先进、实力雄厚的当地企业给予政策支持与优惠，建立种苗繁育和标准化示范基地，抓好出口品种培育关；加强出入境检验检疫查验，抓好质量管控关；加快农产品品质标准化体系建设，做好营销宣传，抓好品牌建设关，打造不同层次和受众的区域品牌。二是尊重自然规律，倡导发展生态农业。掠夺式的生产经营容易破坏生态环境，改变土壤理化性质，给农业发展带来较大的负面影响。如德庆县的土地长期种植贡柑导致土壤过酸，根系对几乎所有的营养元素吸收利用率都降低，易出现黑根、烂根等铝中毒症状。德庆县金一百农业种植基地的成功经验表明，通过种植喜酸性土壤的蓝莓，采用与柱花草等绿肥作物间种的"草果模式"和施用蚯蚓肥等生物发酵肥等方式，不但能有效防止土壤酸化加剧，节省改善土壤理化性质的巨额成本，而且种植出了高端的蓝莓品种。一方面提升了农产品质量，提高了农业经济效益；另一方面也保护了珍贵的土壤资源，实现了高效利用和可持续发展。这些做法在其他地区也可结合实际加以应用。三是加强与港台地区和农产业发展国家的合作。借鉴推广翁源兰花基地的经验做法，大力引进适合广东气候、土壤条件的优质农、林、花、果、茶、鱼、禽、牧等优质高值品种和加工技术，着力培育一大批"一村一品""一镇一业"的示范基地，形成强大的"雁群效应"，让广大农村的绿水青山真正变成金山银山。

作者单位：广东省人民政府发展研究中心宏观经济研究处

# 2019

## 区域协调发展

# 提高跨境电商零售进出口发展质量

来有为

近年来，我国跨境商业基础设施建设取得长足进展，国内消费者"全球购"习惯逐渐养成，跨境电商零售进出口保持持续、快速发展态势，成为我国对外贸易的重要增长点。不过，跨境电商零售进出口作为一种新业态新模式，在发展过程中也面临一些问题和挑战。建议多措并举，提高我国跨境电商零售进出口的发展质量，促进我国跨境电商零售进出口健康、可持续发展。

## 一、我国跨境电商零售进出口保持持续、快速发展态势

跨境电商零售进出口是一种新兴业态，它有利于国内中小企业参与国际贸易，依靠快捷、高效的跨境电商平台和国际物流对接海外买家和消费者，实现出口多元化并通过数据沉淀建立国际信用，获得贸易融资。发展跨境电商零售进出口，推动消费、流通与生产的数字化对接，使我国的生产制造商和服务提供商可以洞悉海外市场变化和消费者需求，实现按需生产和服务创新，带动我国产业的数字化转型。2014年以来，我国跨境电商零售进出口年均增速超过50%，保持持续、快速发展态势，成为我国对外贸易的重要增长点。从狭义统计口径来看，2017年，通过中国海关电商管理平台验放的跨境电商零售进出口商品总额达到902.4亿元，同比增长80.6%。其中出口额为336.5亿元，进口额为565.9亿元，同比分别增长41.3%和120%。与狭义统计口径相比，广义统计口径还包括代购、海淘等灰色渠道以及通过快件途径进出口的物品。

我国跨境电商零售进口的增速远高于同期电子商务和一般贸易进口的增速。跨境电商零售进口业务品类多并且小额高频。根据财政部制定的《跨境电子商务

零售进口商品清单》，有近1300种8位税号商品可以开展跨境电商零售进口，包括部分食品饮料、服装鞋帽、家用电器以及部分化妆品、婴儿用品、玩具等。根据海关总署监管代码分类统计，2016年和2017年我国约80％的跨境电商零售进口通过保税备货模式完成，海外直邮进口模式约占20％。保税备货模式是我国促进跨境电商零售进口发展的重要制度创新，它将大量零散的个人采购和运输变成集中采购和运输，通过跨境电商零售进口的商品进入海关特殊监管区域后，政府有关部门通过"三单合一"等制度安排掌握有关数据和信息，优化了通关流程，提高了监管效率。此外，跨境电商零售进口试点城市还探索出了"事前备案、事中监管、事后追溯"等创新型监管方式。跨境电商零售进口是一般贸易进口的补充，二者在交易主体、通关模式、运输方式、税收征管等方面都存在明显差异。跨境电商零售进口大多直接面对国内消费者，以自用为主，交易金额小，代理链条短。

近年来，我国跨境电商零售出口展现出巨大活力。我国跨境电商零售出口的卖家逐步由东部沿海地区向中西部地区拓展，出口的商品由3C等低毛利率标准品向服装、户外用品、健康美容、家居园艺和汽配等新品类拓展。以2018年"双十一"为例，海外217万消费者在天猫出海平台上实现了26亿元消费，同比增长38％。排名前十位的出海品牌中，南极人的服饰、小米的手机和家电、三只松鼠的零食、得力的文具、倍思的数码配件最受海外消费者喜爱。中国香港、中国台湾、美国、马来西亚、澳大利亚、新加坡、日本、中国澳门、韩国、加拿大是天猫出海平台上消费量最大的10个国家和地区。

广东省是我国对外贸易发展的排头兵，也是我国跨境电子商务发展的排头兵。广东省非常重视发展跨境电子商务，出台了《广东省人民政府办公厅关于促进跨境电子商务健康快速发展的实施意见》《广东省大力发展电子商务加快培育经济新动力的实施方案》等政策文件，充分发挥广州、深圳、珠海、东莞等跨境电子商务综合试验区的示范引领作用，培育壮大跨境电子商务经营主体，加强产业集聚园区（载体）建设，充分发挥各类园区的聚集效应和服务优势；发挥粤港澳三地仓储物流设施和流通渠道资源优势，加快粤港、粤澳现代物流信息合作，创新特色跨境电子商务业务模式。广东省还积极完善跨境电子商务监管措施，推广中国（广东）自由贸易试验区跨境电子商务监管模式，对跨境电子商务企业和商品实施"一点备案、全关通用"，对商品出入境实施全申报管理；依托"智检口岸"建立跨境电子商务质量追溯体系，推动跨境电子商务第三方采信制度建设。在政策的支持下，依托广东省良好的产业基础和区位优势，广东省跨境电子商务近年来实现了迅猛发展，市场主体快速壮大，跨境电商产业链进一步完备，聚集效应开始显现。广州空港经济区、南沙自贸试验片区、广州经济开发区以及深圳前海蛇口自贸片区成为广东省跨境电子商务发展的重要动力引擎。2017年，包括跨境电商零售进出口在内的广东跨境电子商务进出口总额为441.9亿元，同比增长93.8%；2018年，广东跨境电子商务进出口总额再创新高，达到759.8亿元，同比增长71.9%，成为广东省对外贸易的重要增长点。

## 二、我国跨境电商零售进出口的主要发展趋势

我国跨境电商零售进出口呈现出以下一些发展趋势：

### （一）国内消费者"全球购"习惯逐渐养成

近年来，伴随着跨境物流时效的大幅提升，越来越多的国际品牌商品通过跨境电商平台进入中国市场，一些国际知名品牌把中国跨境电商平台企业作为进入中国市场的首选贸易伙伴，这为国内消费者带来了更加丰富的产品和服务选择。跨境电商平台的质量保证、全球溯源计划提振了国内消费者的信心，国内消费者通过跨境电商零售进口采购国外优质商品逐步走向常态化，购买黏性较强，新增消费者复购率高，中国成为全球跨境电商规模最大、发展最快的市场。国内消费者足不出户，就能轻松开展"全球购"。天猫国际通过对历年新用户消费行为的分析发现，在尝试通过跨境电商平台购买进口商品后的几年，新用户的客单价、人均购买过的品类数均呈现逐年增长的态势。比如，2014年购买首单的用户，到2017年平均购买了4种品类的进口商品，客单价是2014年的2.5倍。

### （二）跨境电商消费群体迅速扩大并趋向年轻化

近年来，跨境电商消费群体迅速扩大并呈现出年轻化的特征，年轻一代消费者成长为驱动市场增长的主力军。中国国际商会、德勤、阿里研究院发布的《持续开放的巨市场——中国进口消费市场报告》显示，跨境电商零售进口消费群体中"90后"占比超50%。2017年，天猫国际的"90后""95后"消费者人数占消费者总人数的45.2%，2018年这一占比超过了50%。"90后""95后"一代逐渐

成长为国内跨境电商消费的主力人群。这些年轻消费群体的重要特点是熟悉互联网，愿意尝试新鲜事物，愿意花时间研究产品并分享体验。不过，从购买金额来看，"80后"和"85后"仍是购买力最强的群体，2017年该群体的消费金额占总金额的47.6%。

### （三）国内消费者的消费选择渐趋多元化

伴随着我国城乡居民收入水平的提高和消费观念的转变，我国进入了消费选择日益多元、消费结构不断升级的新阶段。2014—2015年，我国各大跨境电商平台的主打商品是奶粉、纸尿裤等母婴用品。2016年以来，国内消费者的消费需求逐步从满足生活必需向提升生活品质的方向发展。2016年，天猫国际销售额同比增速最快的品类是美妆，2017年同比增速最快的品类是数码家电。随着国内消费结构的升级，国内消费者从传统的母婴、美妆等刚需商品向改变日常生活品质的细分需求商品升级，对健康、安全、绿色等高品质商品的需求增加，注重品牌的消费观念逐渐凸显，对非标品、个性化商品的购买也越来越多，跨境电商零售进口已经成为购买海外高品质商品的重要渠道。

### （四）跨境商业基础设施建设取得长足进展

近年来，支撑跨境电商零售进出口发展的跨境商业基础设施建设取得长足进展。交易支付方面，截至2018年10月底，支付宝与250家境外金融机构开展了合作，支持27种货币结算。支付宝在海外9个国家和地区已经有了本地电子钱包，其中5个国家和地区的本地电子钱包用户可以使用移动支付。物流网络方面，全球智能物流骨干网已连接海内外231个跨境仓库、共3000万平方米仓储面积，以及300多条跨境物流专线，其中包括4条洲际定期电商专用航线、4条中小企业电商专属海运线。2018年"双十一"整体空运承运量相当于杭州萧山国际机场12天的吞吐量。全球十几个国家的20万快递员参与了2018年"双十一"，近30个国家的邮政部门、快递公司与菜鸟物流进行了数据信息互通；根据阿里巴巴的物流技术方案，近20个国家的物流企业提前投入人力物力改建仓库，开展数字化改造。通过天猫国际购物的国内消费者的平均收货时间从2014年的9.25天缩短到了2017年的5.63天，其中保税模式的平均收货时间从2014年的9.22天缩短到了2017年的4.49天，效率提升了一倍以上。海关协同方面，各国海关的协同度越来越高，通关效率大幅提升。2017年"双十一"，阿里巴巴实现500万单跨境电商进口商品报关耗时 8 小时 8 分钟。2018 年"双十一",阿里巴巴物流业务部门首次与中国海关总署进行关务直连,当日从零时开始仅用 4 小时 50 分钟的时间就实现了 500 万单跨境电商进口商品报关。2018 年"双十一",全球海关出口通关平均速度为 0.5 天,较 2017 年"双十一"缩短 3—5 天。俄罗斯、荷兰、马来西亚等国海关在 2018 年"双十一"当天 24 小时值守。

## 三、提高跨境电商零售进出口发展质量的政策建议

跨境电商零售进出口具有门槛低、环节少、周期短等方面的优势,能够快速捕捉和响应国内外消费者的需求,具有广阔的市场空间和良好的发展前景。建议重视以下方面的工作,促进跨境电商零售进出口在发展中逐步规范、在规范中健康发展,不断提高发展质量,增进消费者福利。

### (一)继续完善跨境电商零售进出口监管模式

近年来,我国政府创新跨境电商零售进出口监管模式,不断完善制度和政策,为跨境电商零售进出口发展创造了良好的环境,同时也引领了全球跨境电商零售进出口监管模式的发展。以跨境电商零售进口为例,2014 年 7 月,中国海关总署公告 2014 年第 57 号决定增列海关监管方式代码"1210",全称"保税跨境贸易电子商务",简称"保税电商"。这一政策的出台,推动了跨境电商零售进口保税模式的诞生。2018 年 7 月,国务院发布了《国务院关于同意在北京等 22 个城市设立跨境电子商务综合试验区的批复》,同意在北京、呼和浩特、沈阳、珠海、东莞等 22 个城市新增设立跨境电子商务综合试验区,积极深化外贸领域"放管服"改革,我国跨境电商综合试验区的数量达到了 35 个。各跨境电商综合试验区积极推出相关改革措施,推动跨境电子商务自由化、便利化、规范化发展。2018 年 11 月,经国务院常务会议审议通过,商务部等六个部委联合印发了《关于完善跨境电子商务零售进口监管有关工作的通知》,明确了过渡期后跨境电商零售进口有关监管安排。总体而言,我国跨境电商零售进出口目前尚处于发展的起步阶段,监管模式还需要继续调整和完善。建议今后继续优化通关、进出境检验检疫、支付结算、物流、缴税、结汇等方面的服务支撑体系,加强跨境商业基础设施建设,在通关等方面进一步简化流程、精简审批,推进包容审慎有效的监管创新,提高

跨境电商零售进出口各环节的便利化水平。根据"个人自用"原则，合理评估和划分零售进口商品边界，逐步扩大跨境电商零售进口商品清单范围。此外，要大力支持跨境电子商务综合试验区先行先试、创新发展，争取形成更多可复制、可推广的发展经验。

### （二）不断强化跨境电商零售进出口的质量保证

跨境电商平台上的假货、消费者维权难等问题严重制约着我国跨境电商零售进出口的发展。近年来，涉及跨境电商零售进出口的投诉呈上升态势，其中，对奶粉、食品、尿不湿、保健品和化妆品等产品的投诉量偏高。当前亟须强化跨境电商零售进出口的商品质量安全监测和风险防控。今后要重视以下方面的工作，强化跨境电商零售进出口的质量保证：

一是市场监管总局等政府监管部门要加强对跨境电商零售进出口的市场监管，重点工作包括：对跨境电商零售进口商品实施质量安全风险检测；对跨境电商零售进出口这一业态开展常态化市场监管，打击虚假的跨境电商零售进口和代购行为；加强对跨境电商平台的监管，要求跨境电商平台从流程和制度上加强对供应商的把控，防止出现售假现象。

二是引导国内的跨境电商平台打造可追溯、安全可靠的供应链体系。在此方面，一些跨境电商平台已进行有益的探索，比如天猫国际2018年全面启动了"全球溯源计划"，利用区块链技术以及大数据跟踪进口商品全链路，汇集生产、运输、通关、报检、第三方检验等信息，给每个跨境进口商品打上"身份证"，这有助于保证跨境电商零售进口商品的质量。天猫国际从奶粉、鲜奶、美容仪、保健品、美妆等对安全性要求最高的品类入手，联合国内外相关机构和企业逐步建立起了一套被多方认可的全球溯源标准协作机制。目前，国内消费者通过手淘、天猫客户端扫码产品溯源码，已能查阅到原产国、装运港、进口口岸、保税仓以及海关申报、检验检疫申报等全链路的物流和监管等"商品身份证信息"。此外，2018年7月，京东物流和参与商品进口链条上的各个合作伙伴，共同发起成立了"跨境溯源联盟"。该联盟成员包括中国出入境检验检疫协会等行业权威机构，沃尔玛、好奇、达能、eBay等20大全球知名品牌商，以及德迅等国际性的货运服务商，覆盖美国、德国、日本、法国等全球热门的跨境电商商品输出国。

三是加强跨境电子商务国际合作，积极构建跨境电子商务国际规则体系。

《G20全球贸易增长战略》将"促进电子商务"列为合作支柱之一，适应了全球经济贸易发展的新趋势。近年来，以美国、日本为代表的发达国家签署或正在谈判的双多边自贸协定中基本都包含了专门的电子商务章节。我国签署的《中国—韩国自由贸易协定》《中华人民共和国政府和澳大利亚政府自由贸易协定》等自贸协定中也设立了专门的电子商务章节。不过，跨境电子商务国际规则体系目前尚不完善，还处于发展和形成过程之中。建议我国政府积极参与世贸组织、上合组织等多边贸易机制和区域贸易安排框架下电子商务议题磋商，与相关国家推进跨境电子商务规则、条约的研究和制定工作，研究制定包括跨境电子商务通关服务相关的配套管理制度和标准规范、邮件快件检验检疫的监管模式、产品质量的安全监管和溯源机制等，积极构建跨境电子商务国际规则体系，提高贸易便利化和国际合作水平，为我国跨境电商零售进出口发展创造良好的国际环境。在区域全面经济伙伴关系（RCEP）等双边、多边谈判中，也要充分考虑我国跨境电子商务发展问题。

### （三）积极推动传统产业以及外贸企业的数字化转型

目前，我国传统产业以及外贸企业的数字化转型仍然滞后，针对数字产品和服务的生产、交付、使用等环节的数字贸易规则在我国尚不健全。建议我国政府继续加强数字和网络基础设施建设，积极推动我国传统产业以及外贸企业的数字化转型，同时要研究并制定针对数字产品和服务的生产、交付、使用等环节的数字贸易规则，构建和完善国内数字贸易规则体系。

### （四）支持跨境电商平台企业、电商服务型企业发展

跨境电子商务是一种平台经济。跨境电子商务需要天猫国际、天猫出海、网易考拉、京东全球购、唯品会、洋码头、敦煌网、苏宁云商海外购、亚马逊海外购、eBay等电子商务平台作为支撑，将全球海量企业和网络消费者连接起来，形成全球网络贸易大市场。平台的作用不仅仅在于提供网上交易空间和撮合交易，而且在于开展培育企业、店铺装修、支付服务等全套的电子商务服务业，有效实现新技术的迅速应用和商业转化。平台日益成为互联网时代消费、就业、创业、创新的重要基础，在发展新业态，提供新动能，帮助中小企业参与全球化的过程中，发挥着重要作用。建议我国政府今后继续支持跨境电商平台企业、电商服务型企业发展，引导国内跨境电商平台企业、电商服务型企业向国际一流服务商看

齐，开展规范化经营，提升自身服务的品质；大力发展平台经济，培育更多、更强的中国平台企业，通过平台企业帮助和引领国内中小企业更好地参与全球竞争与合作，进一步增强"中国制造"和"中国服务"的国际竞争力。

作者单位：国务院发展研究中心、管理世界杂志社

# 中美贸易摩擦对广东就业影响研究

谌新民

G20峰会上，中美达成美方自2019年1月1日起暂不对中国商品加征额外关税，双方的谈判仍将继续。对这一消息要历史地理解。中美贸易摩擦本来就是一个持续、不断升级的进程。自2008年奥巴马上任以来，美国出台贸易保护措施中针对中国的占比从49％上升至59.3％。2017年特朗普上台后，在"美国优先"幌子下，贸易摩擦不断升级，出台的贸易保护措施中针对中国的占到了59.4％。2018年第一季度，特朗普政府采取了37项贸易保护举措，其中针对中国的达到25项，占比为67.6％。我国虽多次与美进行经贸磋商，但美国仍于2018年6月15日对中国的1333项产品加征25％的关税，开启"中美贸易战"。中美贸易摩擦必将是一个不可避免且将持续的进程。基于中美贸易摩擦的长期性和复杂性，不能因一时一事而放松警惕，应该未雨绸缪，预判其对广东省产业及职工就业造成的影响，防患于未然。

## 一、中美贸易摩擦对广东省产业发展及职工就业的影响

### （一）中美贸易摩擦背景下的广东经济与职工就业情况

就业是民生之本，中央将就业优先上升到国家战略。中美贸易摩擦持续升级，对于作为制造业大省、外贸大省、就业大省、产业转型升级先行地的广东省尤其是珠三角地区而言，对外贸易及相关产业发展必将产生巨大影响，进而对广东省就业产生深刻影响。

1. 广东进出口变动情况

据海关总署广东分署与原广东省经济和信息化委统计，2018年1—7月广东省

进出口同比增长率出现连续负值（3—6 月全省进出口同比增长率分别为
-14.35％、-9.65％、-4.5％、-2.51％）。2018 年 1—5 月广东省工业出口额同
比下降 2.8％，增速同比下降 17％，工业出口交货增速同比下降 2.1％。此外，
2018 年 3 月美国发动贸易争端之后，珠三角 9 个主要地市的工业产品对美出口均
出现剧烈下滑的情况（见图 1）。

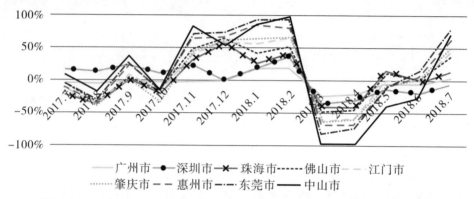

**图 1　2017 年 7 月—2018 年 7 月珠三角地区对美出口同比变化情况**

　　从时间重合度上判断，中美贸易摩擦升级一度使广东省珠三角地区贸易进出
口受挫，但珠三角地区产业普遍具有较大韧性，通过迅速调整逐步淡化了中美贸
易摩擦对进出口的冲击。

　　2. 不同规模企业发展变化情况

　　中美贸易摩擦背景下，广东省全省工业企业产品销售率总体呈下降趋势，与
2017 年同期增长率也逐月下降。其中，大型工业企业的产品销售率及同比增长率
均出现持续下降情况；中小微工业企业产品销售率略有波动，总体上呈现平稳状
态（见表 1）。

**表 1　2018 年 2—6 月广东省工业企业产品销售率**

| 月份 | 全省 | | 大型企业 | | 中型企业 | | 小型和微型企业 | |
|---|---|---|---|---|---|---|---|---|
| | 产品销售率（％） | 比上年同期增（减）（％） | 产品销售率（％） | 比上年同期增（减）（％） | 产品销售率（％） | 比上年同期增（减）（％） | 产品销售率（％） | 比上年同期增（减）（％） |
| 二月 | 98.73 | 1.3 | 99.46 | 2.6 | 97.88 | 0.6 | 98.28 | -0.1 |
| 三月 | 98.01 | 1 | 98.53 | 1.9 | 97.32 | 0.8 | 97.73 | -0.2 |

续表

| 月份 | 全省 | | 大型企业 | | 中型企业 | | 小型和微型企业 | |
|------|------|------|------|------|------|------|------|------|
| | 产品销售率（%） | 比上年同期增（减）（%） | 产品销售率（%） | 比上年同期增（减）（%） | 产品销售率（%） | 比上年同期增（减）（%） | 产品销售率（%） | 比上年同期增（减）（%） |
| 四月 | 98.22 | 1 | 98.48 | 1.4 | 97.71 | 1 | 98.21 | 0.3 |
| 五月 | 98.11 | 0.7 | 98.38 | 1.2 | 97.51 | 0.6 | 98.16 | 0.1 |
| 六月 | 98.04 | 0.1 | 98.25 | 0 | 97.45 | 0.3 | 98.17 | 0.1 |

资料来源：根据广东工业财务月报整理。

3. 中美贸易摩擦对广东职工就业的整体影响分析

（1）就业数量

根据广东工业财务月报，2018 年 2—6 月与 2017 年同期相比，珠三角九市乃至整个广东企业平均用工人数都出现较大幅度减少，其中大型和中型企业各月平均用工人数累计与 2017 年同期相比均为负增长（见表 2），中美贸易摩擦对广东大中型企业平均用工人数冲击尤为明显。

表 2　2018 年 2—6 月广东省工业企业平均用工人数

| 月份 | | 二月 | 三月 | 四月 | 五月 | 六月 |
|------|------|------|------|------|------|------|
| 全省 | 本月止累计总额（万人） | 1294.16 | 1299.82 | 1312.37 | 1312.51 | 1313.9 |
| | 累计比上年同期增长（%） | -2.7 | -3.8 | -3.9 | -4.3 | -4.1 |
| 大型企业 | 本月止累计（万人） | 447.47 | 447.55 | 450.89 | 451.59 | 452.03 |
| | 累计比上年同期增长（%） | -5.5 | -6.4 | -6 | -6.1 | -5.6 |
| 中型企业 | 本月止累计（万人） | 418.53 | 422.46 | 426.6 | 140.63 | 425.37 |
| | 累计比上年同期增长（%） | -5.9 | -6.7 | -6.9 | 34.6 | -7 |
| 小型和微型企业 | 本月止累计（万人） | 428.15 | 429.81 | 434.88 | 157.98 | 436.5 |
| | 累计比上年同期增长（%） | 3.8 | 2.1 | 1.8 | 26.2 | 0.6 |
| 珠三角九市 | 本月止累计（万人） | 1083.72 | 1091.92 | 1104.04 | 1107.32 | 1112.06 |
| | 累计比上年同期增长（%） | -2.4 | -3.3 | -3.2 | -3.3 | -3.4 |

资料来源：根据广东工业财务月报整理。

此外，2018 年第一季度广东省城镇新增就业人数、失业人员再就业人数和就

业困难人员实现就业人数都出现了一定幅度下降（见表3），第二季度情况虽有改善，但与2017年相比仍存在较大差距。

表3 2017年第三季度至2018年第二季度广东就业失业统计监测情况

| 季度 | 城镇新增就业人数（万人） | 失业人员实现再就业人数（万人） | 就业困难人员实现就业人数（万人） |
|---|---|---|---|
| 2017年第三季度 | 120.4 | 41.2 | 12.43 |
| 2017年第四季度 | 148.9 | 61.95 | 17.26 |
| 2018年第一季度 | 31.59 | 11.38 | 3.11 |
| 2018年第二季度 | 72.73 | 26.32 | 7.43 |

资料来源：根据广东省人社厅就业失业统计数据整理。

（2）就业结构

2018年第一季度末，广东省第二产业就业人员1507.86万人，同比减少31.68万人；第三产业就业人员656.11万人，同比增加64.92万人。截至2018年7月，广东省"四上"企业第二产业就业人员与2017年同期相比减少36.40万人，第三产业就业人员同比增加72.23万人。规模以上高新技术制造业电气机械和器材制造业、汽车制造业等支柱行业对稳定就业发挥了稳定作用。

（3）就业质量

从反映企业就业质量的就业稳定性及薪酬情况看，2018年第一季度广东省国有单位"四上"企业从业人员工资总额与2017年同期相比有一定下降（表4）。

表4 2018年第一季度广东省"四上"企业从业人员工资总额情况

| | 单位从业人员工资总额 | | 在岗职工工资总额 | |
|---|---|---|---|---|
| | 年初至本季止累计（亿元） | 比上年同期增长（%） | 年初至本季止累计（亿元） | 比上年同期增长（%） |
| 总计 | 3652.37 | 12.5 | 3560.94 | 12.2 |
| 国有单位 | 80.22 | −9.7 | 76.87 | −10.1 |
| 城镇集体单位 | 30.8 | 1.7 | 29.22 | 1.3 |
| 其他经济单位 | 3541.35 | 13.2 | 3454.86 | 13 |

资料来源：根据广东统计信息网整理。

（4）就业趋势

自 2000 年起，广东省城镇登记失业率维持在 3.1％以内，2011—2017 年持续维持在 2.5％以内（城镇调查失业率约 5.0％）。截至 2017 年第二季度末，广东全省城镇新增就业 74.85 万人，城镇登记失业率 2.44％，处于近年来的低位。中美贸易摩擦加剧无疑对广东省职工就业数量、就业结构以及就业质量会有影响，但从长期来看，广东省职工的就业趋势仍然会保持总体稳定。

**（二）中美贸易摩擦对广东代表性行业的影响分析**

课题组对 10 个具有代表性的行业协会和企业进行了访谈和问卷调查，结果如下：

第一，广东省普通制造业多数企业产品或服务核心零部件或技术来源于中国、美国、日本、韩国、欧洲等多个国家和地区。中美贸易摩擦发生后，行业商品的进出口、企业平均销售额和平均利润有一定程度的缩减，但企业的用工情况普遍正常。

第二，广东软件行业内企业产品或服务的进出口对美国市场依存度较高，大多数企业的核心零部件/技术来源于美国。2017—2018 年 6 月全行业技术人员的流失率为 30％，高技能人才的流失率为 20％。企业的产品或服务订单、进出口、平均销售额、平均利润、员工薪酬以及用工情况受影响较大，但尚在可控范围内。

第三，广东省电子信息行业大多数企业对美国市场依存度较高，且核心零部件或技术来源为美国。中美贸易摩擦升级期间，该行业商品进出口减少，企业平均销售额和平均利润有所缩减。2017—2018 年 6 月全行业技术人员的流失率达到 11.2％，高技能人才的流失率达到 5％。

第四，广东省半导体行业高新技术企业数量占 50％，在 120 个协会成员企业中，与美有贸易往来企业占比高达 41.7％，进出口对美国市场依存度较高。2017—2018 年 6 月全行业技术人员的流失率为 10％，高技能人才的流失率为 10％。

第五，广东省机械行业企业产品或服务进出口到美国市场的份额较少，2017—2018 年 6 月该行业用工存在结构性矛盾，但中美贸易摩擦对行业内多数企业的产品或服务订单、进出口、平均销售额、平均利润、员工薪酬以及用工情况的影响均在可控范围内。

第六，广东省汽车行业对美国市场的依存度较低，2017—2018年6月该行业劳动力供求基本平衡，全行业技术人员的流失率为3％—5％，高技能人才的流失率为5％，保持在正常波动范围内。

第七，广东省通信行业2017—2018年6月技术人员流失率均为10％，高技术技能人才流失率较高。此外，在中美贸易摩擦发生后，该行业的产品或服务订单、进出口、平均销售额、平均利润均有减少，行业内企业裁员的情况较为普遍。

第八，广东省机器人协会中高新技术企业占比为60％，与美有贸易往来企业占比高达63.59％，行业内企业进出口对美国市场依存度较高。中美贸易摩擦发生后，该行业大多数企业商品进出口、平均销售额、平均利润缩减。技术人员流失率及高技能人才流失率均达10％，行业内企业裁员的情况较为普遍。

## 二、广东省产业与就业领域存在的问题与根源

在中美贸易摩擦持续且升级的背景下，产业及就业受到了一定程度冲击不可避免。但就业是派生性需要，降低就业波动风险，促进全省职工就业平稳的根本出路在于从源头上优化产业结构。

### （一）广东省产业经济动态监测预警机制及救助预案尚未形成，面对贸易冲击未能提前预警和有效降低风险与损失

事实上，美国重点征税的新一代信息技术、高端装备制造、新材料、生物医药等产业，正是广东未来产业体系新支柱。对于未来支柱产业，广东省尚未形成完备的动态预警监测机制，也没有系统的救助预案，中美贸易摩擦的冲击力一旦超出可控预期，将对广东产业经济发展及职工就业稳定造成重大影响。

### （二）广东省产业优化升级尚需取得实质性突破，新旧动能转换有待提速

目前广东省十大重点产业中的房地产业、装修建材业、家具业、卫浴洁具业、家电业、鞋帽服装箱包、化妆—装饰品以及食品饮料等属于传统产业，许多高端产品及核心技术仍依赖进口。面对激烈的产业竞争，高端产业的优化升级以及新旧动能的转化显得十分迫切，自主研发水平有待提高。高新产业就业人员比例仍然偏低。

### （三）广东省现代服务业尤其是为生产服务的金融和技术服务业尚未形成完整体系，运作效率较低

在中美两国贸易上，中国对美国贸易顺差主要来自劳动密集型为主的商品贸易，而知识和技术密集型为主的服务贸易却存在着明显的逆差。金融支持实体经济尤其是中小民营经济力度尚待提升，科技信息服务业作为科技创新体系的重要环节，对推进产业升级意义重大，吸纳高端就业人员能力强。当前广东省虽然专利总量在全国领先，但对科技向产业转化服务形成强大的新兴产业能力等还有待加强。

### （四）知识产权相关领域创造创新保护举措有待完善，高端创新人才发展体制机制有待建立

在中美贸易摩擦加剧的背景下，以中兴为代表的案例给我们警示，知识产权创造创新的重要性尤为凸显，形成自己的技术核心竞争能力十分重要，创新人才的引进、培育、激励、发展问题应成为促进转型升级、增强就业稳定性的战略性问题。

### （五）职能部门工作方式比较传统，工会职能转换和人社部门工作方法改革创新仍有提升空间

面对中美贸易摩擦对广东职工就业的冲击，广东省工会组织和人社系统做了大量工作，成效显著。但传统维护职工权益和人力资源服务管理模式，要适应新产业变革和就业变化而做适当的变革。

## 三、对策思考与建议

不管中美之间近期能否达成缓解贸易摩擦的共识或是否反复，我们要清醒地认识到中美贸易摩擦是两国战略和经济结构性矛盾所然，具有长期性和复杂性，即使暂时会缓和，也不会改变中美长期博弈的趋势。面对我国经济发展过程中新的外部环境和新困难、新矛盾，广东省需冷静应对，妥善处理。

### （一）认清本质，固本培基，提高战略定力是前提

中美贸易摩擦表象是贸易之争，背后是产业之争，核心是利益之争、国运之

争。美国对竞争对手多维打击、战略坚定、战术灵活，很可能利用其强大的综合国力展开针对我国的贸易、金融、汇率、人才等领域开展持续攻击，这将深刻地影响广东经济和就业。要加强对受中美贸易摩擦影响的重点区域、重点行业、重点人群就业的研究和动态监测，制定预警机制和救助预案，为全国其他地区提供可资借鉴的经验。

**（二）激流勇进，转型升级，提升产业市场竞争力是关键**

广东省相关行业企业应前瞻性地根据市场变化，推动产业尤其是高端产业优化升级，促进高端产品的自主研发和进口，迅速占领高端产业优化升级的高地。通过产业升级促进技术密集型产业崛起、产能和用工需求大幅提高，从而提升全省就业质量，有效保障职工权益。具体来说，一是转换传统制造业和服务业发展理念，实现智能制造与人性化服务升级；二是促进高新技术产业优化升级，充分挖掘企业自主创新潜能；三是实施现代服务业多元化发展战略，加快构筑高效服务体系，开辟广东产业发展和就业增长空间。

**（三）致力创新、强化培训，提高职工市场就业能力**

一是强化知识产权创造创新保护举措，提升技术创新竞争实力，成立"政府、企业、人才"三位一体的知识产权联合保护合作机制，建立知识产权信息互通平台；注重培育企业自主创新创造能力，最大限度发挥创新要素力量。二是创新高端人才发展体制机制，大力培训高技能人才，强化产业引领，促进人才与产业深度融合，使人才发展服务产业需求。三是大力推进职业技能培训，增加专用性人力资本投资，提升就业稳定性。要大规模开展职业技能培训，提高广东劳动者素质，建立适应就业创业和人才成长需要的终身职业培训制度；加快职业培训信息化建设步伐，建立一体化、信息化平台，增强职工抵御就业风险能力。

**（四）优化职能，培育智库，发挥各方保障就业的作用**

保障就业权是工会维护职工权益的核心，提高就业稳定性是人社部门的重要职责。一是要坚持实施就业优先战略和积极就业政策，推进"高质量、更充分"就业，完善劳动力就业保障机制，切实保障职工就业权利。二是要优化职能，创新职能部门工作方式，切实保障职工就业权益。三是要培育像欧美那样的高质量专业智库，为党和政府决策提供具有前瞻性和针对性的成果与建议。按照党中央和省委、省政府要求，持续深化改革，着力提高服务质量，协力减轻中美贸易摩擦对我省经济与就业的冲击和影响。

作者单位：华南师范大学人力资源研究中心

# 广东建设中国特色世界一流应用型本科院校政策路径研究*

王志强　孙丽昕　饶丽娟

　　建设应用型本科院校是加快高等教育结构调整，破解高等教育供给侧结构性矛盾的战略部署；是推进高等教育分类改革、特色发展，提升与经济社会发展契合度的必然之举；是引导地方普通本科院校融入区域经济社会发展，提升服务能力，实现"变轨超车"和可持续发展的根本举措。这要求广东必须以更大格局、更多智慧、更强决心推动中国特色世界一流应用型本科院校建设。

## 一、广东建设中国特色世界一流应用型本科院校的背景

　　2015 年 10 月，教育部、国家发展改革委、财政部联合发布《关于引导部分地方普通本科高校向应用型转变的指导意见》。广东是我国改革开放的排头兵、先行地和实验区。21 世纪以来，广东大力实施科教兴粤、人才强省战略，持续深化教育领域综合改革，初步构建起具有广东特色、适应时代要求的现代职业教育体系，成为广东实现"三个定位、两个率先""四个坚持、三个支撑、两个走在前列"和"四个走在全国前列"等战略目标的重要支撑。进入新时代，实现广东经济社会持续繁荣发展，特别是推动广东经济高质量发展，建设现代化经济体系，形成全面开放新格局，亟须优化高等教育结构，不仅要发挥高水平大学和高水平理工科大学的引领作用，同时要不断壮大应用型本科教育，深化产教融合、校企合作，充分发挥应用型本科院校培养人才、创新技术、服务经济社会、传承创新文化的功

　　* 本文系全国教育科学"十三五"规划 2017 年度教育部青年课题"标准化视角下中国特色现代职业教育教学标准体系建设研究"（项目批准号：EJA170449）阶段性研究成果之一。

能作用。

为加快推进应用型本科院校转型发展与特色建设，2016年6月，广东省出台《引导部分普通本科高校向应用型转变的实施意见》（粤教高〔2016〕5号）文件，将部分普通本科高校转型发展作为我省高等教育"创新强校工程"重要组成部分，并与高水平大学建设、高水平理工科大学建设、创建现代职业教育综合改革试点省等重点工作统筹推进。同年9月，广东启动普通本科院校转型试点工作，最终遴选了14所高校试点建设。在招生考试、人事学科专业建设、科研、评估等方面，试点高校将获得政策或经费支持，从而更好地探索应用型大学的建设经验，实现试点先行、示范引领的作用。

转型发展工作启动以来，广东省教育厅联合省财政厅、省发改委，加快推进配套制度，在应用型高校双师型教师队伍建设、校企合作、扩大试点高校自主权等方面，做了大量工作。主要包括：一，印发《关于广东省深化高等教育领域简政放权放管结合优化服务改革的实施意见》，简政放权，优化服务；二，与10个地级市签订共建协议，扎实推进省市共建本科高校工作；三，进一步修订高等教育"创新强校工程"考核及管理办法，专门增加对应用型本科高校的考核类型；四，组织召开全省本科高校应用型人才培养课程开发人员培训会，加强应用型人才培养课程建设；五，逐步提高地方本科高校"双师型"教师比例，加大应用型师资队伍建设；六，优化应用型本科院校专业设置，引导高校调整学科专业布局；七，推动学校建设产业学院，推动产业学院成为人才培养、科技服务、成果转化、创新创业的平台；八，省教育厅与省卫计委、海洋渔业局等单位深化协同育人改革。

## 二、广东建设中国特色世界一流应用型本科院校的主要成效

广东力图通过以上一系列强有力的举措，引导应用型本科院校围绕全省产业转型升级、粤东西北地区振兴发展等重大战略，加快建立人才培养、技术创新、社会服务、大众创业、万众创新一体化发展机制，推动形成层次结构合理、优质特色发展的高等教育体系，助力广东在建设中国特色世界一流应用型本科院校上走在全国前列。从调研结果来看，广东转型发展工作启动虽然只有短短的两年多时间，但试点高校在转型发展进程中积极探索，逐步摸索出适合各校特点的转型发展道路，其中的一些典型经验和相关举措值得借鉴推广。

### （一）体制机制改革

广东大部分试点院校采取的是学校整体转型，广东金融学院、中山大学南方学院等主要是部分二级学院转型，引领学校转型发展的模式。转型试点院校围绕应用型本科院校建设的重要任务，深入推进内部治理结构、人事分配制度、人才培养体制机制、科研体制、资源配置等综合改革，进一步激发办学活力。

### （二）人才培养和产教融合

五邑大学通过打造应用型人才培养特色，通过科研反哺教学，不断提升服务地方产业发展能力。广东石油化工学院通过紧扣"提高质量"这一目标，围绕人才培养模式改革及产教融合深度合作两条主线，做好理念引导、行动落实、机制保障三大文章，在服务石油化工行业转型升级和区域经济社会发展中做出积极贡献。通过转型，五邑大学和广东石油化工学院两所学校2017年被列入广东省高水平理工科大学建设行列。其他试点本科院校也在转型发展道路上作了积极探索，如广东金融学院坚持金融办学特色，以行业需求为导向，结合互联网和数字技术，探索符合中国模式的金融类应用型人才培养，并在信用管理学院、保险学院收效明显。依托发展创新研究院、广东科技金融实验室、广东高级金融研究院等重点平台，为政府、行业、企业、民众提供服务。基于校地共建办学优势、校政企合作基础，惠州学院建设若干产业学院，围绕一个机制（即协同人才培养机制）、六个共同（即共同研究决策专业发展、共同研制人才培养方案、共同开发与建设课程、共同开发与建设教材、共同开发与建设平台、共同建设"双师"教师队伍）、三大改革（即方案体系改革、内容体系改革、平台体系改革）积极改革探索。广东白云学院全面推行产教融合、校企合作，在学校层面、二级学院二个层面建立校企合作机制；通过加强应用学科建设、实施校企协同育人"3＋1"人才培养模式改革、推进"以学生为中心"的教学范式变革，支撑、保证、促进职业性、应用型人才培养，探索职业教育特色鲜明的应用型人才培养道路。北京理工大学珠海学院围绕"服务区域经济社会发展""产教融合校企合作""应用型人才培养""学生创新创业能力提升""双师双能型师资队伍建设"等五大建设目标，紧密对接珠海产业需求，以新工科理念推进学科与专业建设，将转型发展与完全学分制改革相结合，以专业认证推进转型发展等，加强产业学院、协同创新中心建设，取得良好成效。

### （三）师资队伍建设

五邑大学自获批转型发展试点院校以来，在师资队伍建设改革方面颇有建树。学校高层次人才引育工作成效显著，以各种方式引进博士 48 人，其中国家级高层次人才 17 人（院士 1 人、国家"杰青" 3 人、国家"千人计划"特聘专家 1 人、国家"优青" 2 人、国家"千人计划"青年项目入选者 9 人、国家"万人计划"入选者 1 人）。加大力度引进"双师""双能"型教师队伍。转型以来，引进的具有企业、行业工作经历的专任教师 17 人，占年度新聘教师比例为 27%；学年度选送教师到企业行业接受培训、挂职和实践锻炼人数（指学校正式派出，不包括教师自行参加培训） 19 人。全校"双师""双能"型教师比例稳步提高，为学校的转型发展强基固本。

### （四）社会服务

广东石油化工学院服务地方、行业，助推区域经济的做法值得推广。学校注重借力政府、企业以及各类学术会议等平台，立足茂名放眼广东，面向石油石化行业，不断拓宽对外的科技合作与交流工作，提升高校的社会服务功能。与茂名市政府、中国石化集团茂名石油化工公司等各行业企业 100 多家签订产学研合作协议，共建广东石油化工学院高新研究院，创新社会服务方式，拓宽社会服务空间，自转型以来共承担企业技术攻关及服务项目 83 项，经费近 1500 万元，努力服务石油石化等行业发展。

## 三、广东建设中国特色世界一流应用型本科院校的制约因素

近年来，各转型试点高校按照转型发展工作任务要求，全面深化改革，主动融入区域产业转型升级，落实政校行企合作、专业建设、人才培养模式改革、学生实践能力培养、推动应用研究等措施，逐步显现成效，但是推进转型发展进程中仍然有不少亟须解决的问题。

### （一）思想观念和社会舆论问题

从调研情况来看，政府相关职能部门、社会、部分高校对转型发展的意义、作用认识不到位，有的甚至存在误解，认为"向应用型转变"就是"升格""更名"，甚至有的认为是"降格""转为高职高专""抛弃科研"等，这导致应用型本

科院校建设不遵循规律，缺乏指导和引领。在分类发展上，尚未在政策层面将应用型本科院校作为一类院校进行有效支持。在舆论宣传上，无论是政府还是媒体对应用型本科院校的宣传远低于"双一流"、高水平大学和高水平理工科大学建设，导致推动转型发展的良好社会氛围还没有形成。

### （二）从育人过程看，校企协同机制落实难

本科院校转型基本路径主要是产教融合、校企合作，校企协同是应用型人才培养的依托。虽然一些转型院校和行业、企业建立了合作关系，但多属于松散式合作，企业参与学校办学的意愿比较薄弱，学校与企业间各自寻求的价值不同。企业目标是挑选优秀毕业生作为人才储备，对育人过程缺乏意愿，形成院校有意达成而企业无心对接的局面。学校与企业、行业间缺乏有效的协同和融通机制，人才共育、过程共管、成果共享、责任共担的校企合作机制与校企协同育人平台和应用研究平台构建缺乏长效机制，是制约产教融合的根本因素。

### （三）应用型教师队伍建设尚显不足

师资队伍是制约应用型本科院校内涵发展的软肋，影响学科与专业建设、人才培养体系改革的根源在于师资力量与水平。我省转型试点院校多数都提出要建设高水平应用型本科院校目标，但没有高水平师资队伍支撑，缺少行业影响力拔尖人才等是当前转型试点院校面临的主要问题。此外，我省应用型本科院校"双师型"教师队伍比例偏低，14所院校中不足30%的有8所，这意味着至少有70%的教师从校门到校门、缺乏相关行业工作经历或背景，离培养具有较强行业背景知识、工程实践能力、胜任行业发展需求的应用型和技术技能型人才还有一定差距；教师的教学能力（特别是实践教学能力）、应用研究与技术开发能力仍不高，对教学项目的设计、项目团队的组织与运作缺乏经验等，这对推进以提升应用型人才培养质量为核心的教育教学改革形成较大制约。

### （四）经费不足是制约应用型本科院校发展的主要因素

不论是整体转型还是部分转型，培养应用技术型人才对实训基地、实训场地、实验设备等硬件要求极高，且硬件条件建设投资大。大多数的转型院校经费来源依赖于政府拨款，而政府对不同层次的高校投入差距很大。我省高等教育财政资金大部分经费投入到高水平大学和高水平理工科大学建设，高水平大学2015—2017年3年内投入50亿、高水平理工科大学经费投入超过80亿元，但对应用型

本科院校建设的投入却相对较少。虽然在"创新强校工程"专项资金中有一定系数的体现，但相对高水平大学和高水平理工科大学建设的资金投入，仍显严重弱势。

# 四、广东建设中国特色世界一流应用型本科院校的政策建议

未来广东应当坚持"发展是第一要务，人才是第一资源，创新是第一动力"根本理念，推动发展中国特色世界一流应用型本科院校，为推动广东经济高质量发展，建设现代化经济体系，形成全面开放新格局提供战略支撑。

## （一）提升思想认识水平和舆论宣传力度

十九大报告将"推动高等教育内涵式发展"这一战略深化为"实现内涵式发展"，对高等教育内涵式发展的要求进一步提升，成为高等院校改革发展的新目标、新使命。新时代的地方本科院校面临的不再是规模发展，而是内涵建设。这要求各相关高校紧密结合《高等教育"冲一流、补短板、强特色"提升计划实施方案》，明确自身定位，着力推进学科专业建设，打造一批产教深度融合、与国际接轨、在世界相同领域有影响力和竞争力的国家级高水平学科专业，推进应用型人才精准培养、精准供给。必须充分体现以人为本的发展理念，树立国际视野，集聚优势资源，造就一支推动应用型本科院校教学改革发展的高素质专业化国际化创新型师资队伍。必须切实形成高素质应用型人才培养模式，革新教学理念、内容、方法和手段，推进应用型人才培养模式优质、多元、特色、国际化发展，实现产教深度融合、校企紧密合作。必须积极构建引领应用型本科院校发展的治理体系，赋予二级学院（系）办学主体地位，健全二级学院（系）领导体制、治理结构和运行机制，建立新型社会联系和合作机制，打造产教融合、校企合作新格局。必须创新国际交流与合作，全面深化与"一带一路"沿线国家及地区应用型本科院校交流合作，积极探索与企业、产能、产品"走出去"相配套的教育发展模式，推动形成应用型本科教育发展命运共同体。

建设中国特色世界一流应用型高校，注定是一项长期而艰巨的任务，必然会遇到许多问题、困难和挑战，这既需要政府层面的引导和支持，需要高校领导明确理念定位并在学校内部达成发展共识，需要行业企业的积极参与，也需要新闻媒体的积极宣传和推广，从而集聚社会各界达成共识，形成支撑应用型本科院校

发展的强大合力，以更大的勇气、信心与决心，以更大的支持力度和政策保障，打好应用型本科院校改革发展攻坚战。

### （二）构建高等院校分类发展新格局

《教育部关于"十三五"时期高等学校设置工作的意见》提出："以人才培养定位为基础，我国高等教育总体上可分为研究型、应用型和职业技能型三大类型。"其中明确应用型高等学校主要从事服务经济社会发展的本科以上层次应用型人才培养，并从事社会发展与科技应用等方面的研究。广东需要加快构建特色高校分类分层政策框架，健全分类指导、分类发展、分类评估机制，建立完善以教育质量、培养水平、办学绩效为导向，适应高校分类定位、分类发展的办学资源配置机制，在高水平大学、高水平理工科大学和高水平学科以外，再着力建设一批对接产业发展的高水平应用型本科院校。

### （三）充分发挥政府在产教融合中的纽带功能

转型发展院校应主动强化内功，根据地方产业调整和转型升级的发展动向，注重课程设计、教学过程与社会实际需求的对接，主动加强科技创新与服务、决策咨询服务，提升服务经济社会发展的能力，吸引行业、企业的主动参与学校办学。浙江省在探索建立学校和行业企业共建共管二级学院或专业（群）制度，推动二级学院混合所有制试点，值得借鉴推行。

做好政府层面的顶层制度设计，建立双向激励机制，发挥指挥棒的作用，利用地方本科院校优势资源和地方企业资金优势，促成两者联姻。地方政府应从区域整体发展的角度认识开展校企合作对转型发展院校和地方经济协调发展的作用，统筹规划转型发展院校和地方企业的发展布局，统筹协调高校和企业的优势资源，搭建平台，发挥纽带功能，搭建校企合作平台，推动应用型高校与国内外优秀企业开展深度合作，深化应用型人才培养模式改革，提升服务区域产业发展能力。更为重要的是，政府需从激励政策层面调动企业深度、长效参与。广东省人民政府办公厅《关于深化产教融合的实施意见》（粤府办〔2018〕40号）文件提到一些企业开发职业培训项目给予的激励政策，明确评定并支持"产教融合型"企业，技术改造补助、企业技术中心认定、企业创新平台建设上给予优先支持，应尽快出台具体操作方案，建立"产教融合型"企业评定标准，明确具体的奖励办法、优惠政策，让企业切实感受到红利。

## （四）建设高水平应用型教师队伍

在政府层面，政策引人，政策留人。一是建议出台支持政策，采取税收优惠、实践补贴等形式，鼓励企业接受更多教师到企业实践、挂职；鼓励产学研合作，产教深度融合，校企交叉任职。此外，支持公办学校高水平人才到民办学校支教、任职，担任教学或科研团队负责人，提高民办学校教师教学科研水平。二是搭建校企人才流动与人才发展的绿色通道。建立行业与高校之间聘任的流通机制、资格转化机制，将高水平企业、行业人才充实到应用型院校队伍中。三是扩大公办高校引进人才的编制，尤其是建立高水平人才的引入绿色通道。

在高校层面，建立人才发展的长效机制，引进与留住人才。统筹规划师资队伍建设，拓宽视野，转变观念，落实激励制度，改革教师聘任制度和评价办法，提高实践应用、技术技能和社会服务等因素在教师考核中的比重。将引进优秀企业技术人员和管理人员担任专兼职教师作为校企合作的重要内容，积极构建灵活高效的多元化人才聘用机制，完善特聘岗位、客座教授和兼职教师聘用制度，积极聘请在相关学科领域或行业企业有影响力的专家学者来学校开展合作交流、讲学培训等，实现校内外优秀人才资源共享共用。同时，走与院校、科研院所及企业行业合作共建之路，把高校、科研院所、企业优秀人才引入转型发展的队伍中，打造专聘结合高水平教师团队。同时，借力政府、行业和企业等资源，搭建教师发展平台，引导教师出校门、到地方、进企业，深入到企业生产、研发和管理的一线接受实践训练，提高他们的实践水平和专业技术能力，促进"双师型"教师队伍建设。

## （五）统筹与精准投入支持转型试点高校建设

河南省对于首批转型试点院校，前三年分别划拨转型专项资金1000万、1000万、800万。建议广东积极落实国家、省关于引导部分地方普通本科高校向应用型转变的相关指导意见，一方面加大资金投入力度，助力应用型本科院校发展走在全国前列；另一方面优化资金投入结构，对于改革走在前面、试点做得好的高校，给予奖励；同时还需要参考河南、陕西和上海经验，加大对非营利性民办应用型本科院校投入。

作者单位：广东省教育研究院高等教育研究室

# 发展壮大战略性新兴产业 构筑广东产业体系新支柱

吴伟萍

战略性新兴产业代表新一轮全球科技和产业变革的方向，是培育新动能、构建现代化经济体系的重要抓手。发展壮大战略性新兴产业，构筑广东产业体系新支柱，是贯彻落实习近平总书记对广东提出的"四个走在全国前列"的重要要求。中共广东省委十二届四次全会也指出，要以构建现代产业体系为重点，加快建设现代化经济体系。其中特别强调，要瞄准高端高新，加快发展战略性新兴产业，突出先导性和支柱性，推动产业向全球价值链高端攀升。当前，广东已进入产业转型升级的新阶段，要牢牢抓住关键重点，把握全球科技与产业变革的新机遇，加快把战略性新兴产业发展壮大为新支柱产业，摆脱价值链低端循环锁定，抢占产业发展制高点，构筑产业体系新支柱，赢取国际竞争新优势，并以此为突破口，引领广东在建设现代化经济体系上走在全国前列。

## 一、广东省战略性新兴产业发展现状及面临的问题

### （一）广东省战略性新兴产业发展现状特征

战略性新兴产业是指关系到国民经济社会发展和产业结构优化升级，具有全局性、长远性、导向性作用的新兴产业。近年来，广东省把发展战略性新兴产业作为加快产业结构调整、抢占经济科技制高点的重要举措，重点培育和发展高端新型电子信息、新能源汽车、半导体照明（LED）、生物、高端装备制造、节能环保、新能源和新材料等产业，全省战略性新兴产业呈现稳步发展势头，日益成为新的经济增长点。

1. 新兴产业总体发展态势良好

进入"十三五"时期，广东省以战略性新兴产业为主体的高技术制造业企业总量不断增加、资产规模日益扩大，效益不断提高。2017年广东规模以上高技术制造业企业由2010年的4390家增加到7604家；资产总计为36592亿元，约为2010年的2.3倍。高技术制造业数量的增加和资金的不断进入，使广东高技术制造业生产规模不断扩大。2017年广东高技术制造业增加值为9516.92亿元；2018年，高技术制造业实现增加值达到10183.66亿元，同比增长9.5%，增幅高于规模以上工业平均水平3.2个百分点，占全省规模以上工业的比重为31.5%，对规模以上工业增长的贡献率为46.9%，拉动规模以上工业增长3.0个百分点。

2. 产业集聚效应明显

广东战略性新兴产业主要集中在珠三角地区。近年来，随着粤东西北地区新兴产业发展，珠三角地区所占份额虽有所下滑，但绝对优势地位未变，占广东全省高技术制造业增加值的比重达90%以上。产业集聚效应日趋明显，形成新一代移动通信、新型显示、软件、高端装备制造、半导体照明、生物医药、新材料等新兴产业集群。

其中，战略性新兴产业中的高端装备制造业在珠三角地区高度集聚，形成了以广州、深圳、佛山为核心的汽车产业集聚发展区，以广州、深圳、珠海为核心的船舶和海洋工程装备集聚发展区，以广州、江门为核心的轨道交通装备集聚发展区，以珠海为核心的航空装备集聚发展区，以广州、深圳、佛山为核心的智能制造装备集聚发展区。

3. 部分细分行业处于全国"领头羊"地位

广东省的高端新型电子信息、新能源汽车等产业在全国占有重要地位。以高端新型电子信息产业为例，广东省新一代通信、物联网、云计算和新型显示等高端新型电子产业迅速增长。2017年，广东电子信息制造业实现销售产值3.6万亿元，约占全国的34%，产业规模连续27年居全国第一。数据显示，这些产业集中分布在深圳、东莞、惠州和广州等市，其中，珠三角地区的产值占广东的比重约达90%，产业优势明显，为珠江东岸电子信息产业走廊注入新的活力。

**（二）广东省战略性新兴产业发展存在的问题**

1. 新兴产业尚未成为新支柱，规模实力仍较弱小

广东省以战略性新兴产业为主体的高技术制造业部分行业发展迅速，但个别

行业发展滞后，新兴产业总体尚未成长为新支柱。2017 年，广东高技术制造业六大分类行业中仅有电子及通信设备制造业各指标表现良好，除企业数、税金以外，该行业其他指标占规模以上制造业的比重均超过 20%。规模最小的信息化学品制造、航空航天器及设备制造业两个大分类行业的各类指标比重均不足 0.5%。

与广东支柱产业比较，战略性新兴产业规模实力仍显弱小（参见下表）。除电子及通信设备制造业外，2017 年广东规模以上高技术制造业其他细分行业的工业增加值占全省规模以上工业增加值的比重在 0.1%—1.8% 之间，与支柱产业占比有较大差距，广东战略性新兴产业尚未成长为新支柱。

**表　2017 年广东部分支柱产业与高技术制造业占比情况对比**

| 支柱产业 | 占比（%） | 高技术制造业 | 占比（%） |
|---|---|---|---|
| 计算机、通信和其他电子设备制造业 | 25.9 | 电子及通信设备制造业 | 25.4 |
| 电气机械和器材制造业 | 9.5 | 电子计算机及办公设备制造业 | 1.8 |
| 汽车制造业 | 5.7 | 医药制造业 | 1.6 |
| 化学原料和化学制品制造业 | 3.8 | 医疗设备及仪器仪表制造业 | 1.1 |
| 石油加工、炼焦和核燃料加工业 | 3.2 | 航空航天器及设备制造 | 0.3 |
| 纺织服装、服饰业 | 3.1 | 信息化学品制造 | 0.1 |

注：占比指各行业规上工业增加值占全省规上工业增加值的比重。

数据来源：根据《广东统计年鉴 2018》相关数据测算。

**2. 高新技术企业主导作用有待增强**

2017 年，广东高新技术企业已达到了 34 万家，居全国首位，但是规模偏小，除少数创新型领军企业外，整体研发能力偏弱，科技创新驱动力不足，对产业的主导作用有限。以当下创新企业的典型代表独角兽企业为例，2017 年全国独角兽企业估值中，北京地区以 171214.6 亿元人民币、占比约 43% 的绝对优势位居第一，广东（全部在深圳）以 3391 亿人民币的估值、8% 的占比位居全国第四，落后于上海 10492 亿元人民币及杭州 4007 亿元人民币的估值。对比独角兽企业数量，北京、上海、杭州和广东深圳地区的数量分别为 66 个、36 个、11 个和 14个。综合总估值和企业数量，广东（深圳）的独角兽企业单位估值远不及北上杭三地。可见，广东的高新技术企业仍然需要加快发展。

3. "缺核少芯"问题突出，关键核心技术竞争力不足

与国外相比，广东战略性新兴产业缺乏核心技术，品牌建设能力较差，面临"产业高端、环节低端"的困境。一是广东拥有自主核心技术的制造业企业不足10%，关键技术和零部件90%以上仍依赖进口。如光伏产业发展迅速，但核心元器件仍未摆脱进口依赖；处理器如 DSP、ARM、CPLD 等，除了华为海思芯片，其他的都依赖于进口。二是产业链条不完善，重大产业上下游和关联产业发展仍不匹配。例如珠江西岸引进的海工装备企业面临周边产业链配套不足问题，与新加坡海工装备直径 2—3 公里内的配套能力相比差距甚远。三是主要通用装备和专用装备等"工作母机"基础薄弱，机器人及高端自动控制系统、高档数控机床、光纤制造装备等 80% 以上市场份额被国外产品占领。关键零部件产业发展相对滞后，缺乏必要的产业配套和产业链条衔接，使得广东战略性新兴产业产品成本较高，市场竞争力减弱。

## 二、发展壮大战略性新兴产业的广东路径

习近平总书记在参加十三届全国人大一次会议广东代表团审议时指出："把新一代信息技术、高端装备制造、绿色低碳、生物医药、数字经济、新材料、海洋经济等战略性新兴产业发展作为重中之重，构筑产业体系新支柱。"在高质量发展的大背景下，培育战略性新兴产业，广东应扬长避短，紧紧把握全球科技革命和产业变革重大机遇，应对资源环境约束压力和低碳需求导向，顺应产业融合趋势，着力集聚创新资源和要素；分类培育壮大新一代信息技术产业，推动高端装备与新材料、绿色低碳、数字经济、海洋经济等新兴产业发展成为支柱产业；加快形成以创新为引领的经济体系和发展模式，推动广东在建设现代化经济体系上走在全国前列。

### （一）把握全球技术革命发展趋势，超前谋划由前沿科技带动的新兴产业

从经济长周期演进的时间表看，全球仍处于第五次长周期的上升繁荣阶段，信息技术推动经济增长的潜力和主导作用仍未完全释放，以移动信息网络、云计算和大数据、人工智能技术、生物工程、新能源技术和空间技术等为代表的新一轮复合式技术创新将面临重大突破，加速催生一批新兴产业。广东要获取经济中

长期增长的驱动力，必须着眼长远，超前谋划由前沿科技带动、具有重大引领带动作用的新兴产业和项目，重点发挥在电子信息、生物医药、新材料产业已形成的集群优势和研发基础，着力突破关键核心技术，力争在某些领域形成长期技术优势与产品标准话语权，着力依托中新知识城、广州科学城、天河智慧城、深圳光明新区等发展平台，优先发展高端先导型电子信息、生物医药与健康和新材料等前沿技术引领型新兴产业，集聚一批行业技术领航企业，引领新兴产业发展。

### （二）应对资源环境约束压力和低碳需求导向，发展绿色低碳新兴产业

当前的全球能源危机、资源短缺、环境恶化对各国产业发展及人类健康和生存构成现实威胁，迫使世界各国政府和企业积极推行循环经济和低碳经济模式。广东正处于重化工业后期，对能源消费的需求总量仍保持增长态势，原有的高消耗、低附加值的粗放增长模式已经不可持续。广东未来新兴产业的发展要以绿色低碳技术创新和应用为重点，加快发展先进核电、生物质能、高效光电光热、大型风电、高效储能、分布式能源等，加速提升新能源产品经济性，推动绿色能源发展。大力发展智能电网技术，加快研发分布式能源、储能、智能微网等关键技术。大力发展"互联网＋"智慧能源，大幅提升新能源消纳能力。全面提升新能源汽车整车性能与技术水平，重点推进纯电动汽车、插电式混合动力汽车、增程式电动汽车的研发及产业化，鼓励发展特种用途电动汽车、短途纯电动汽车。

### （三）着力发展产业融合衍生的新兴业态，带动传统优势产业转型升级

产业融合是当今世界产业发展的重要趋势。随着技术创新融合和市场需求的变动，旧有的产业边界正在逐步消融和模糊，并融合催生出许多新兴产业。综合考虑广东现有的产业基础和未来发展方向，应该着力发展信息化与工业化融合、新兴技术与传统优势产业融合、新兴技术间的相互融合、制造业与服务业融合等四大融合衍生的新兴产业和新型业态。要充分发挥在大数据、物联网、人工智能技术等领域的技术优势，发展数字文化创意技术和装备，推动数字创意在电子商务、虚拟现实、医疗卫生、教育服务等各领域的应用，培育更多新产品新服务和多向交互融合的新型业态。重点扶持数字家庭、高端智能装备、行业电子商务、移动互联网、数字传媒与出版、工业创意设计服务等六大产业。通过新兴制造业与新兴服务业的相互促进，增强高端要素集聚、科技创新、文化引领和综合服务功能。

## （四）实施"海洋＋"行动计划，开拓海洋经济发展新动能、新空间

广东作为我国海洋大省和经济强省，在新旧产业和发展动能转换接续的关键期，应该从单纯在陆域经济上做文章，转移到向富饶的海洋寻找新的发展动能。要大力发展"海洋＋"新模式、新业态、新产业、新技术、新空间和新载体，加快形成以创新为引领和支撑的海洋经济发展新动能，实现海洋经济发展动力的转换。加快面向涉海企业的"海洋＋互联网""海洋＋大数据"等发展模式创新，整合广州、深圳等地科研资源发展众创空间，提高海洋资源共享与服务的能力。加强海洋工程技术装备等重点领域的科技发展，包括海洋环境保障技术装备、海洋能开放技术装备、海洋权益维护技术装备、海洋石油工程装备、海洋机器人装备等。加快推进天然气水合物产业化，形成海洋经济新的增长点。完善海洋产业自主创新的政策体系和创新服务模式，提高海洋科技创新成果转化率，推动海洋产业创新发展。

# 三、把战略性新兴产业培育成为产业体系新支柱的政策建议

## （一）激发企业主体活力，着力培育一批新兴产业龙头企业和独角兽企业

企业是新兴产业发展的主体，应建立广东新兴产业重点企业扶持清单，提升扶持精准度。重点扶持关系产业全局的战略性新兴产业重大项目和重点企业，引导企业通过战略合作、兼并重组实现跨越式发展，争取尽快引进培育一批实力强、规模大、关联度高、辐射力强的新兴产业龙头企业。通过充分发挥龙头企业的扩散带动效应，引导高端经济要素向创新型企业汇聚，发展一批新兴产业相关企业聚集发展，形成新的战略性新兴产业集聚群和创新技术集聚区。

实施广东创新型企业成长路线图计划，开展科技企业上市培育行动，推动一批"单项冠军"和"隐形冠军"企业快速进入资本市场。尽快形成独角兽企业的发展机制，着力培育支持一批创新能力强、成长速度快、发展前景好、具有自主知识产权的瞪羚企业乃至独角兽企业，培育全球创新百强企业。激发量大面广的民营企业创新精神，鼓励民营企业及民间资本进入"互联网＋"、物联网、云计算、智能机器人等新经济产业链条关键领域或细分行业，寻求重点突破。建设国家级、省级小型微型企业创业创新示范基地和"高成长中小企业库"，推动小微企

业上规模和提质增效。

**（二）构建前沿技术预测机制，引导战略性新兴产业发展**

以国际视野和战略思维选择与发展战略性新兴产业。结合广东的资源禀赋、产业基础和技术优势，在科学预测与谨慎选择的基础上，推动技术发展预测与市场发展预测日益结合，技术选择与其产业发展日益结合，重视对竞争对手的预测。组织专门力量建立官方科技和产业发展大数据平台及信息数据库，跟踪世界先进国家和地区的科技和产业发展动态，预测全球市场消费趋势，定期发布关键技术报告，引导产业界的技术发展目标和走向。同时，根据技术进步与消费趋势适时动态地调整战略技术及产业发展目录。

**（三）集聚高端创新资源向产业链上游突围，破解新兴产业的核心技术关键问题**

广东战略性新兴产业经过多年发展，在产业链中下游的应用技术研发和市场拓展环节已有良好基础，亟待向产业链上游的核心技术环节寻求突破。在这一关键时期最需要政府加强产业政策引导，应围绕新一代信息技术、高端装备制造、生物医药等战略新兴产业发展需求，实施全产业链布局和推进，遴选一批"卡脖子"、示范带动性强的关键技术，整合政产学研资资源，组建协同创新联盟，打通基础科学研究、前沿技术创新、核心关键技术攻关、科技成果转化、产业化发展各环节，尽快解决"缺核少芯"问题，扭转核心技术、关键零部件、重大装备受制于人的局面。

整合产业科技创新资源，着力推进重大基础研究与应用基础研究、关键核心技术创新等公共创新平台建设，掌握创新和发展的主动权。在半导体芯片、再生生物学、显示材料、中医中药等重大领域推进国家重点实验室建设，积极争取国家新布局的同步辐射光源，未来网络等重大科技基础设施落户广东，主动承接国家重大科技计划、重大科技专项，创造条件建设综合性国家科学中心。推进国家超级计算广州中心、深圳中心，中微子二期实验室，国家加速器驱动嬗变装置和强流重离子加速器等重大科学装置工程建设，并以在粤大科学装置集群、省实验室、国家重点实验室为主体，着力建设国家科技产业创新中心。

**（四）以重大平台建设推动战略性新兴产业集群化发展**

要进一步优化新兴产业布局，依托省级战略性新兴产业基地以及国家级高技术产业基地，对接以广深科技创新走廊为核心的珠三角国家自主创新示范区，联动打造战略性新兴产业重大平台，引导重点项目、企业、技术、资金等向平台集中，培育形成新一代信息技术、高端装备制造、生物医药、海洋经济等战略性新兴产业集群，合力打造创新经济带。在珠三角地区率先打造军民融合示范产业园区，在新材料和新能源、航空航天、物联网、高性能装备等领域集聚发展一批具有专精特色的军民融合创新型企业。

努力打造粤港澳创新发展生态圈，构建区域协同创新共同体，共同打造粤港澳大湾区国际科技创新中心，形成"广州—深圳—香港"为主轴的区域创新布局。充分发挥港澳在基础科学研究，高端创新资源以及国际化创新环境等方面的独特优势，联合港澳高校和科研机构，构建以实验室为主的湾区基础研究平台体系，力争培育建设国家实验室和国家重点实验室，加快建设世界一流的重大科技基础设施集群。加强粤港澳在科技成果产业化、产业链链际整合等全方位合作，尽快出台相关政策推进落马洲河套地区港深科技创新园、广州南沙国际创新基地、深圳前海深港青年梦工厂、珠海横琴粤澳合作中医药科技产业园等建设，鼓励港澳高校、科研机构、企业来粤设立研发机构、国际技术转移机构，加快引进港澳科技成果来粤转移转化。

### （五）促进金融、产业与科技深度融合，完善新兴产业投融资体系

要加强战略性新兴产业的金融支持服务。发挥财政资金的引导和撬动作用，整合使用广东战略性新兴产业发展资金、科技成果转化引导基金、创业投资引导基金等各类财政资（基）金，带动更多社会资本支持实体经济发展。积极推动科技资本市场建设，优先支持战略性新兴产业的龙头企业上市和发行债券，增加创新型企业上市通道与机会。加强与深交所、上交所、港交所对接，支持符合条件的企业到境内外证券交易所发行上市，引导帮助企业快速进入 IPO 渠道，到新三板、区域性股权交易场所挂牌。

大力发展"金融＋科技创新"，利用珠三角金融改革创新综合试验区先行先试政策，积极发展知识产权质押、产业链融资、租赁融资、互联网金融等新型融资模式和产品，支持开展科技信贷融资、信息对接、培育企业上市等"一站式"金融服务。对战略性新兴产业发展所需核心技术和关键设备的引进提供融资支持。利用专项资金、贴息、担保等方式，引导各类商业金融机构对重点项目给予信贷

支持。加快完善战略性新兴产业的创业投资体系，吸引国内外资金联合设立一批新兴产业创业投资基金，加大对种子期、初创期和早中期创新型企业的支持力度。

### （六）探索多元化渠道，建设战略性新兴产业人才支撑体系

探索现代金融与人力资本协同发展模式，强化以增加知识价值为导向的收益分配和期权股权激励政策，深化科技成果使用权、处置权、收益权体制改革，建立对创新人才的股权、期权、分红等激励机制，使战略性新兴产业人才能够以其专利、发明、技术等要素投资入股并参与分配。统筹设立广东省战略性新兴产业人才发展专项资金，用于资助引进高层次创新人才和紧缺人才。

实施更加开放的人才政策，抓住全球人才加速流动和"海归潮"的机遇，通过"靶向引才""以才引才"等方式，大力引进一批站在世界科技前沿、处在创新高峰期的创新领军人才和高层次创新团队。推进人力资本精准匹配，鼓励骨干企业设立科研工作站和创新实践基地，引进培养科研团队和高层次领军人才，建立行业领军人才和人力资本信息库。优化实施广东省"珠江人才计划""特支计划""扬帆计划"等重大工程，建立全球博士和博士后招募机制，在发达国家和地区增设海外人才工作站。建立人才培养与企业需求精准对接机制，引导企业与高校联合建立应用技术型大学、共建实训基地，发展订单制、现代学徒制等多元化人才培养模式。

作者单位：广东省社会科学院产业经济研究所

2019

促进实体经济发展

# 推动广东民营经济高质量发展的调研报告

李晓辉 　陈彦玲

习近平总书记高度关注民营经济发展，2018年10月以来，4天内5次谈到了民营经济，提出了支持民营经济发展壮大的6个方面政策举措，为推动我省民营经济发展指明了方向。广东省委、省政府高度重视民营经济发展，要求研究提出支持我省民营经济发展的实招。为全面摸清我省民营企业当前面临的痛点难点问题并提出有针对性的政策建议，广东省发展研究中心组成专题调研组，先后赴汕尾、汕头、揭阳、潮州、中山、东莞等地，对62位民营企业家进行了实地调研和座谈调研，根据调研结果形成了本研究报告，供研究参考。

## 一、广东省民营经济发展取得显著成效

广东省一直高度重视民营经济发展，2016年出台了《广东省促进民营经济大发展若干政策措施》，2017年出台了《降低制造业企业成本支持实体经济发展的若干政策措施》（简称"实体经济十条"）。2018年根据发展形势变化，在"实体经济十条"原基础上提出了更大力度的"新十条"，并出台了《关于促进民营经济高质量发展的若干政策措施》，打好促进民营经济发展的政策"组合拳"，为民营经济高质量发展提供有力支撑。当前，民营经济已经成为我省经济社会发展的重要力量，2017年贡献了全省50％以上的地区生产总值和税收，60％以上的投资，75％以上的创新成果，80％以上的新增就业和95％以上的市场主体。广东省民营经济增加值、单位数（包括私营企业和个体工商户）、实现税收、进出口总额均居全国第一。

第一，民营企业成为广东经济增长的主力军。2018年第一至第三季度，民营

经济实现增加值 3.78 万亿元，增长 7.1％，比全省 GDP 增速高 0.2 个百分点；民间投资达 1.44 万亿元，增长 9.8％；进出口总额达 2.52 万亿元，增长 13％。当前，民营企业已成为广东省进出口的第一大主体。

第二，民营企业成为推动创新的重要主体。广东省 65％发明专利、75％以上技术创新成果来自民营企业，80％以上新产品由民营企业开发。在全省 3.3 万多家高新技术企业中，民营企业占比达 80％。民营科技型中小企业达 2.7 万家，全省专利创新 100 强企业中有 86 家是民营企业。2017 年广东省新三板挂牌企业 1878 家，民营企业占 98％；科技部发布的 164 家独角兽企业名单中，广东有 19 家企业上榜，全都是民营企业。

第三，民营企业成为惠民生的重要力量。2018 年第一至第三季度，民营经济新增就业 86 万人，贡献了全省 80％以上的新增就业岗位，全部从业人员达 3536 万人。实现税收达 1.05 万亿元，增长 25.4％，占全省税收的 56.1％。大批民营企业家在抗灾救灾、扶贫开发、支教助学等社会公益事业中争作贡献，成为推动民生事业发展的重要力量。

第四，民营大型企业、骨干企业数量快速增长。世界 500 强企业广东省拥有 12 家，其中有 8 家是民营企业。全国民营 500 强企业广东省拥有 60 家。营业收入超 100 亿、超 1000 亿的大型骨干企业广东省分别有 260 家、25 家，其中民营企业有 104 家、15 家。2017 年全省新增企业、年营业收入超千亿元企业连续三年居全国第一，企业盈利能力、纳税大户稳占全国前列。超万家小微企业实现了上规模。广东省有 8 位企业家入选"改革开放 40 年百名杰出民营企业家"。

## 二、当前广东民营经济发展存在的突出问题

广东省民营经济发展在取得明显成效的同时，也存在不少困难和问题。根据近期对 62 位企业家开展的调研，招工难用工贵、融资难融资贵、对创新支持不足、用地不足不规范、税费负担重、外部冲击压力大、对企业做大做强支持不足、政策连续性与可预见性不强、产业配套环境较差、缺乏统一的优惠政策宣传平台、监管力度不足等问题成为了当前制约民营企业高质量发展最突出的一些问题。

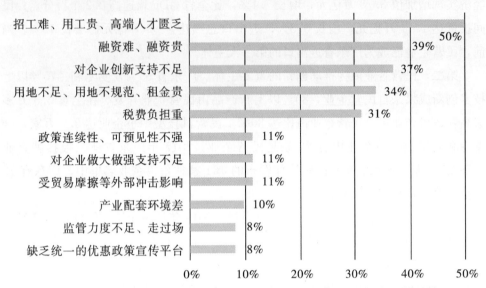

图 1　民营企业家反映制约民营企业高质量发展最突出的一些问题

## （一）人才、资金、土地等生产要素获得难、价格高

约 77％的受访企业家均认为生产要素问题是制约民营企业高质量发展最突出的问题之一。

招工难、用工贵、高端人才匮乏问题突出。50％的受访企业家均反映了人才问题。一是招工难程度不断上升。根据企业反映，广东省目前普工难招、技工难招、高端人才匮乏等问题并存。其中粤东西北地区人才外流严重，面临的招工问题更严重。二是人才配套服务不足加剧了招工难。住房、入托、就医、上学、家属就业等因缺乏综合服务和灵活机制，成为了人才特别是高端人才来粤、留粤的后顾之忧。三是人才优惠政策吸引力不强。近年来，很多省市都推出了有吸引力的人才引进政策，导致广东省人才不断外流。四是用工成本不断升高。近三年来，全省普工、技工和管理人员人均工资增长 10％—20％。粤东西北地区的企业反映，要用高于珠三角地区一倍以上的工资才招到人。

融资难、融资贵普遍存在。39％受访企业家反映了融资问题。一是商业银行贷款难度大。由于受不良贷款率等考核指标制约，商业银行对民营企业设置的融资门槛高。银行贴息贷款的额度小，商票贴现难；贷款审批时间长，有企业反映从项目受理到审批历经两年多；资金使用条件严苛，例如必须要抵押品，用款标准需附上大型企业生产合同等；有时会抽贷、压贷、断贷；借贷资金期限错配，企业投资的项目一般要 3—5 年才有收益，但银行贷款以短期为主。二是融资成本居高不下。很多民营企业贷款通常要在规定利率上浮 30％以上。三是企业融资渠道狭窄。能够上市融资的企业只是凤毛麟角，大量小微企业缺乏银行认可的房产、土地等抵押品，主要依赖利率高达 20％—30％的民间借贷，但受降杠杆等金融监管措施影响，民间融资渠道也不断收窄。

用地问题影响加大。约 34％的受访企业家反映了用地难题。一是用地不足。企业普遍反映无用地指标可安排。因用地指标无法解决，企业被迫放弃数字化、智能化产能扩建等优秀项目，增资扩产停滞不前。二是用地不规范。有企业指出《广东省集体建设用地使用权流转管理办法》没有执行到位，集体土地仍无法流转。集体土地因土地和厂房物权人不一致，无法进行不动产登记。有企业因土地手续存在瑕疵，有地也不能建厂。有企业因受制于用地问题被迫放弃上市。三是土地租金快速上涨。2017 年，珠三角工业用地达 1341 元/平方米，同比上涨 8.69％，高于全国主要监测城市工业地价平均水平，也高于长三角、环渤海地区。有企业反映租金在近两年已增长 2—3 倍以上，部分粤东西北地区地价是珠三角地区的数倍。

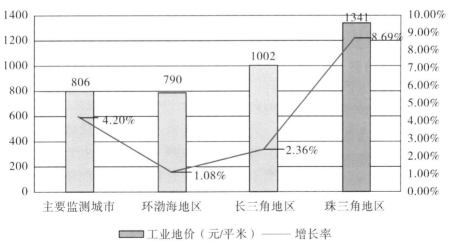

图 2　2017 年珠三角地区与其他地区工业用地价格比较

除此以外，还有企业反映原材料上涨快、用电用气成本高等问题。如部分地

市由一两家企业控制了燃气供应资源，垄断了终端用户，导致用气价格快速上升。

### （二）政府对民营企业的政策扶持力度不够

对企业创新的支持力度不高。约37%的受访企业家反映了该问题。一是对民营企业建设创新平台特别是国家级和省级平台的资金扶持和政策倾斜不足。企业普遍反映，民营企业的研发投入大、风险高，建设和维护技术创新中心特别是国家级或省级技术中心费用高，但地市的扶持资金偏少，省里基本无支持政策。在建设高端装备制造基地、申报国家级智能制造试点时，缺乏政府的专业指导和支持。二是技术改造优惠力度逐步减弱。企业反映"自动化智能化改造项目"等技术改造优惠力度逐步下降，技改投资奖补资金比例不合理。三是对新业态、新模式缺乏支持。政府对互联网医疗等新业态、新模式的支持不足。四是公共技术服务体系建设有待健全。部分公共服务机构服务能力不足、服务针对性不强。满足共性需求、发挥关键作用的共性技术平台还不健全，缺乏技术研发、检验检测、认证服务、技能培训等平台。产学研缺乏对接交流平台，导致企业与高校的技术合作效果大打折扣，无法满足市场需求。

对企业做大做强、提质增效支持力度较弱。约18%的受访企业家反映了该问题。一是对企业做大做强的支持力度不足。与京、沪、苏、浙等省市相比，我省对贡献大的企业给予的优惠政策偏少、力度偏弱，并未实施"一企一策"的政策扶持，重点建设项目在落地、竣工、投产中仍遇到不少障碍。二是政府采购对优质产品缺乏支持。政府采购未充分体现高质量、绿色发展等理念。政府招投标采购以低价为原则，没综合考虑产品的质量和服务等因素；很多民间招投标对环保评得绿牌、绿色工厂和名牌产品的企业都有加分，但是政府招投标反而没有。

优惠政策的连续性、合理性、便捷性有待加强。约18%的受访企业家反映了该问题。一是优惠政策的连续性、可预见性需加强。企业反映由于优惠政策连续性和可预见性不强，很多投资项目不敢投。二是优惠政策缺乏配套细则、部分细则不合理。"实体经济十条"等政策缺乏配套细则，影响企业获得感。部分细则不合理，如有企业指出《广东省财政厅关于支持珠三角与粤东西北产业共建的财政扶持政策》出台了对项目投资的相关奖补政策，但粤工信园区函〔2018〕18号文则规定：同一个园区内同一家法人企业控股的多个符合政策条件企业项目按照单个企业安排资金扶持。企业认为每个项目都应按政策享受扶持，因为一个人投资三个项目和三个人分别投资三个项目，只是形式不同，但实质上对实体经济的贡献并无区别。三是缺乏统一的优惠政策宣传平台。不少企业反映优惠政策散杂乱、不好找、看不懂。由于缺少一个统一的、权威的涉企优惠政策信息发布平台，省里的政策具体落到地方、部门后，不同地市、部门的宣传方式各不相同，企业要花费大量时间去寻找优惠政策等信息，更智能化、更信息化、直接到人的宣贯和服务迫在眉睫。

### （三）税费负担依然重

约31%的企业家反映了该问题。一是企业所得税税负较重。2017年广东省民营企业宏观税负达23.3%，大幅高于江苏（16.4%）、浙江（8.2%）等省份。有企业反映其税费负担已占企业经营利润50%以上。二是个税优惠力度弱。特别是在薪酬、股权激励等方面给予高端人才的优惠不足。三是社保费用负担重、征收不合理。约1/4的受调研企业家均反映了社保费用问题。特别是社保新政策将大大增加企业负担，有企业预计其承担的社保费用将增加两倍。残疾人保障金等的使用情况未及时公开，打击了企业缴纳的积极性。还有企业反映因政策宣传不到位，职工缴纳社保费积极性低，特别是非本地户籍人员的社保卡权限低于本地户籍人员，导致部分外地职工不愿意交，企业只能缴双份。四是税收征收操作不合理。有个别企业反映，其去年亏损但被迫上交了有利润时才需要缴交的企业所得税，原因是税务部门要求其将账面做到有利润。

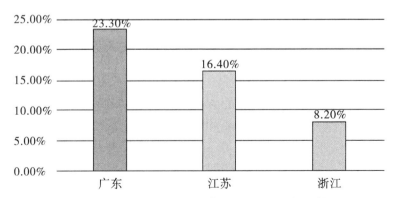

**图3　2017年粤苏浙民营企业宏观税负比较**

注：数据来源广东省工信厅、发改委、工商联的《民营经济发展情况调研报告》（公式：民营企业宏观税负率＝民营企业上缴税收/民营经济增加值）。

### （四）营商环境有待进一步优化

不公平的市场竞争环境依然存在。国有、外资、民营企业在政府招投标、税收缴纳、享受政策等方面没有真正站在同一起跑线上。一是国企和民企之间差别对待。如某军工企业反映，现行政策规定军工产品免征增值税，但是在实际操作中，对于国有企业是直接免征，对于民营企业却实行先征后退，甚至征完之后两三年也不退，严重占压企业资金。二是民企与外企之间差别对待。中山某企业反映，大型百货公司等商业卖场对进口品牌和国产品牌实行不同的合作条款，给予进口品牌"超国民待遇"，对国产品牌则严厉苛刻，还额外收取名目繁多的费用。大型医院对医疗检测设备的招标也存在重进口品牌、轻国产品牌的现象。还有企业反映部分地方政府招商引资对外资企业很热情，对本地企业"给冷脸蛋"。

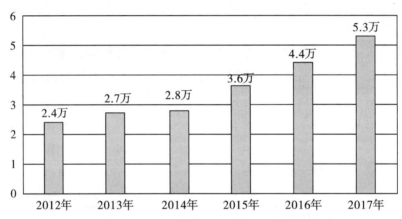

**图4 2012—2017年广东省新收知识产权一审案件数量**

监管力度不足、走过场、随意性强。一是对知识产权保护力度偏弱。侵权案件多发、高发，企业维权成本高等是企业反映较为集中的问题。技术创新成果维权难，知识产权案件立案难、取证难、赔付少、执行难，挫伤企业自主研发的积极性。据统计，2012年以来，广东省知识产权一审案件年均近20％，2017年全省法院新收知识产权一审案件5.3万余件，居全国之首。二是对网络安全、数据安全保护不够重视。广东省地处改革开放和意识形态斗争的"两个前沿"，面临网络安全风险隐患多，但广东省网络安全保障特别是在移动互联网等方面仍存在较大短板。三是市场监管随意性强。一些监管人员只为完成任务，执法不重视调查取证，随意性强。

政府行政效率、服务水平仍有待提高。一是行政审批效率需进一步提升。目前，广东省开办企业程序较多，企业开办涉及的程序平均为 5.61 个，除去银行程序后还需 4.61 个；平均用时为 11.79 天，除去银行程序后还需 6 天，未达到《广东省深化营商环境综合改革行动方案》要求的 5 个工作日。全省工程建设项目审批需要 37.34 个程序，平均用时 208 天。市场主体"准入不准营""办照容易办证难"等问题仍然存在，企业普遍反映后置审批多、门槛高、办证难。二是基层服务能力有待提升。随着放管服改革的推进，很多事权都下放基层，但是部分基层办事人员不足、办事能力参差不齐，缺乏配套实施指南，导致企业要反复提交资料，实际办事过程反而更长。三是干部干事积极性下降。亲清新型政商关系未全面建立，根据中国人民大学国家发展与战略研究院《中国城市政商关系排行榜（2017）》显示，广东省政商关系健康指数排全国第九位，低于上海、北京和浙江等兄弟省市。有企业反映部分干部纪律意识强了，但怕与民营企业打交道，"怕担责、不作为"的也多了。在上马一些新项目的时候，办事人员以纪律为借口，坚持按所谓"规矩"办事，对企业的合理诉求和合法权益不关心、不回应。

**图 5 2017 年全国部分省市政商关系健康指数排名**

注：数据来源于中国人民大学国家发展与战略研究院《中国城市政商关系排行榜（2017）》。

产业配套环境较差。软硬件配套建设跟不上企业发展需求。从硬环境看，市政设施建设不完善。部分城市旧城更新进程相对缓慢，市容环境存在脏乱差问题，一些市政道路建设滞后。从软环境看，不少产业园区规划设计粗放，缺乏医院、

学校、商业、住宅、公交、文化等配套设施等生活配套；部分产业园区物流配套滞后，快递无法直接送达园区，需到十多公里远的网点自提；还有企业反映周边道路未配套安装路灯，员工生活不安全。

### （五）受中美贸易摩擦等外部冲击

约11%的企业家反映了该问题。受中美贸易摩擦影响，广东省企业出口信心指数自2018年5月起连续五个月回落，9月为44.6，处于荣枯线以下，影响将在未来逐步显现。广东省制造业特别是高技术制造业等受到较大冲击。有企业反映订单锐减，工厂处于半开工状态；研发和生产所需的设备和原材料等都在商务部发布的对美进口商品加征关税范围内，研发成本增加了20%以上。同时，汇率的大幅波动对企业造成很大冲击，有企业反映去年因汇率变动损失大量利润。

## 三、日本、德国支持实体经济发展的主要做法

### （一）日本

一是在重点领域充分发挥人工智能、物联网服务实体经济发展的重要作用。日本将应对工业4.0的重点领域放在机器人革命战略、深化物联网在制造业的应用、利用大数据发现创造新附加值以及构建新的产品制造系统上面。其中机器人革命战略的主要内容为：将机器人与IT、大数据、互联网等深度融合，以机器人技术创新带动制造业、医疗、护理、农业、交通等领域的结构变革，建立世界机器人技术创新高地，引领工业4.0时代机器人产业发展。在深化物联网在制造业的应用方面，日本政府针对企业软件开发劣势，以世界主流的PLM软件工具及产业界同性技术为基础，开发适应"日本制造"业务状况和商业惯例的软件工具。通过通信和安全技术的标准化，在推进企业内部和行业内部网络化连接的基础上，构筑跨行业包括中小企业在内的工厂互联机制。在利用大数据发现并创造新附加值方面，开发构建开放性软件平台，提高数据收集全面性和分析精确度。对运用大数据和IT技术，通过传感器监测机械设备运转，预防并提前处置事故和故障企业提供支持。在构建新的产品制造系统方面，构建运用物联网和大数据、人工智能、机器人，且与服务业相结合、跨越整个供应链的新型制造系统，涵盖由物联网连接的商品的企划、设计、生产、维护的工程链，以物联网连接的产品加工组

装的生产流程链；集物资采购、库存管理和用户信息于一体的信息网络平台，并计划于 2020 年实现实用化。

二是借助完善的信用担保体系与拓展融资渠道解决中小企业融资难题。信用担保体系方面，日本中小企业融资的信用担保体系比较完整，具体包括中小企业信用保证协会与中小企业信用保险公库。前者由政府及地方公共团体共同出资建立，是为中小企业融资提供贷款担保的第一级机构。中小企业可在信用担保协会的担保下从金融机构获得贷款。为弥补第一套信用担保体系可能出现的不足，政府又全额出资成立中小企业信用保险公库，对信用担保协会所担保的贷款进行再担保。当中小企业无力偿还贷款时，担保协会可以从信用保险公库获得相当于应偿还贷款金额 70%—80% 的保险金。从运作效果看，信用保证协会约为 70% 的中小企业融资提供了担保，信用保险金库则为信用保证协会提供了约 60% 的再担保。融资渠道拓展方面，日本证券业协会于 1990 年建立了自动报价体系，引导和扶助中小企业能够发行债券和股票。其后日本政府不断放宽标准，为中小企业上市创造机会。与此同时，政府还主动认购中小企业发行的债券和股票，并借由风险资本向中小企业提供融资支持。

三是多平台辅导中小企业创业创新。在培训技术人员方面，日本政府建立了各种为中小企业培训技术人员的机构。其中比较有代表性的是由日本政府出资并组建的中小企业大学，专门为中小企业培养各类技术及管理人才。同时地方政府在工业界、教育界和公共研究机关的协作下，对中小企业的技术人员和其他人员进行培训，包括培养具有现代化的高水平技术能力的人才的长期培训，培养生产一线的技术人员的中期培训，培养专门技术人员的短期培训。其中 80% 的培训费用由政府支付。在提供技术指导和支撑方面，日本中央和地方政府从财政预算中拿出资金，建立了一批专门的技术试验研究机构，这些机构经常选派技术专家对其所辖区域内的中小企业进行扶植、指导，协助解决企业在实际运营中的各种技术难题，推广应用新的技术和方法。中小企业也可以根据自身生产经营和技术实践的需要，委托公立试验研究机构进行技术试验和技术咨询。

四是通过系列政策工具大力促进中小企业发展。税收减免方面，一方面，对中小企业从事开发研究活动中 12% 的实验研究费实行免税，免税最高额度为当期的法人税的 30%；另一方面，对企业的设备投资支出中购置额的 30% 实行特别折旧或者 7% 的税额扣除。技术扶持方面主要体现为发放研发补助金以及开展战略基

础技术高度化支援项目，援助中小企业以商品化为目标的高水平研发和销售渠道开拓。日本政府还通过专利费以及审查费的减免以及提供国外申请专利研究服务（提供专利申请费补助）以调动企业的研发积极性。促进创新成果产业化方面，对运用日本科学技术振兴机构的研发成果而设立的风险企业，实施资金、人员和技术援助；实施《研究成果最优开展援助计划》《尖端仪器分析技术和设备开发计划》，推动大学间合作开发尖端技术和设备；将分散在大学和研究机构的一些专利集中起来，通过网络免费提供这些专利信息；对民营企业在合作研究中用于实验支出的研究费按照一定比例给予税收优惠，促进企业和大学等研究机构的共同研究。

### （二）德国

一是通过担保和再担保解决中小企业融资难题。德国政府主要通过为担保银行提供再担保的形式提高中小企业融资能力，降低融资成本。德国的担保银行是由企业协会、商会、储蓄银行、合作银行、手工业联合会、保险公司等多类股东出资的私有非营利机构，其必需的资本规模只要巴塞尔协议标准下商业银行持有同样资产规模时的20％，非营利机构不需缴纳企业所得税。此外，联邦和州政府会通过为担保银行所做的担保提供一定份额（最高80％覆盖率）的再担保，向担保银行发放低息长期贷款等方式提供支持。通常德国担保银行提供担保的费率不高，为1.5％。德国担保银行联合会也建立了共同的信用评级系统，共享评级数据资源。

二是实施中小企业创新计划和中小企业创新集中计划。德国于2007年提出中小企业创新计划，由联邦教育与研究部负责实施，资助对德国未来发展至关重要的前沿技术领域（包括生物领域、纳米技术、医疗技术、信息和通信技术、生产工艺、资源和能源效率、公民安全等）进行研究的中小企业。该计划是一项覆盖全国范围、不限制技术领域和行业的促进项目，支持对象除中小企业外，还包括与之合作的研究机构，最大优点在于行业、技术和课题的开放性，中小企业可根据自己的市场定位，自行选取研究课题、合作对象与合作方式。该计划审批程序简单，时间不超过六个月，并且特别简化了企业的偿付能力的审查，降低了对自有资本比例的要求，给予前沿研究领域的中小企业实现创新想法的机会，使其能够在促进资金的帮助下降低风险，完成高水平的专业计划。该计划重点帮助特别有研发能力的中小企业与联邦政府高科技战略实现对接。

表 1 中小企业创新集中计划的资助比例

| 科研项目 | 企业可获得项目成本 35%—55%的资金,单个项目不超过 38 万欧元;研究机构为 90%—100%,单个 KF(至少一个企业和一个研究机构参与的合作项目)的子项目不超过 19 万欧元,联合项目不超过 38 万欧元 | | | |
|---|---|---|---|---|
| 与创新相关的服务及咨询 | 项目成本的 50% | | | |
| 合作网络管理 | 逐年递减,总额不超过 38 万欧元 | | | |
| | 第一年 | 第二年 | 第三年 | 第四年 |
| | 90% | 70% | 50% | 30% |

三是制定技术扶持政策和加强技术人才培训。在技术扶持政策方面,制定了《中小企业研究与技术政策总方案》等文件,并设立专项科技开发基金,扩大对中小企业科技开发的资助,促进中小企业的技术创新和技术改造。联邦研究部建立了"示范中心"和技术对口的"访问和信息计划",为中小企业提供最新的研究成果和研究动态,帮助它们进行技术发行和技术引进。联邦经济和技术部设立每年 6 亿马克或相应欧元数额的"小型技术企业参与基金",为中小企业参加高新尖技术研究和新产品开发提供贷款。在人才培训方面,把提高中小企业的整体素质、增强经营能力作为发展中小企业的重要内容,并以法律的形式予以明确。同时制定了《职工技术培训法》,规定青年人必须参加技术培训,企业有义务提供青年工人技术培训的岗位。政府还在各州设有跨行业的培训中心,采取脱产、半脱产和业余培训等多种方式,为企业培养各类专门人才。经过多年的发展,德国已经形成了标准较为统一的"双元制"职业培训制度。

四是建立以政府部门为龙头的中小企业社会化服务体系。德国的中小企业社会化服务体系逐步形成了以政府部门为龙头,半官方服务机构为骨架,各类商会、协会为桥梁,社会服务中介为依托的全方位构架,为中小企业在法律事务、评估、会计、审计、公证、招标、人才市场、人员培训、企业咨询等方面提供全面的服务。德国联邦政府经济部、财政部、研技部,各州政府,一些指定银行等在国外

都设有专门负责中小企业的机构，主要任务是为中小企业提供信息和宣传材料，负责制定各项贷款计划，为国际技术转让提供低息贷款等。各种半官方和半民间的行业协会和商会，作为最重要的服务机构，为中小企业发挥实质上的作用，使中小企业以年净增 7 万户的速度增长，给社会提供了绝大多数的就业机会，促进了经济增长和社会繁荣。德国有 150 多个不同的商会、协会，围绕中小企业的需求，开展各类业务活动。如德国工商大会有 82 个分会，350 万个企业会员。德国中小企业联合会成立于 1995 年，有 55 个商会和 43 个国家级协会的工作小组，代表德国政府及所有中央权力机构以及欧洲联盟和国际机构的小商业及手工业的总体利益。

## 四、广东与长三角实体经济发展的政策比较

通过比对分析 2017—2018 年江苏省、浙江省、上海市等先进省市出台的相关政策措施，从开源、节流、创新支持、优化营商环境等方面着手，先进省市在推动民营经济、中小企业发展过程中积累了一批好的经验做法。

### （一）江苏为企业降本减负细则多

2016—2018 年，江苏省三年连下四道"减负令"，最近一次是 2018 年 11 月印发的《关于进一步降低企业负担促进实体经济高质量发展若干政策措施的通知》，从降低税费负担、用地用工用电成本、物流成本等方面入手，细化政策、出台举措。其中主要细则、亮点与广东已出台政策比对见表 2。

表 2　降成本政策比对

| 类　别 | 广　东 | 江　苏 |
|---|---|---|
| 降税费成本 | 对装备制造等先进制造业、研发等现代服务业符合相关条件的企业和电网企业在一定时间内未抵扣完的增值税进项税额予以退还 | 降低 1585 个税目工业品等商品进口关税税率；<br>国家级相关税收优惠范围扩大至省级；<br>减征免征房产税 |

续表

| 类　别 | 广　东 | 江　苏 |
|---|---|---|
| 降用地成本 | 属于广东省优先发展产业且用地集约的制造业项目，土地出让底价可按所在地土地等别对应工业用地最低价标准的70%执行 | 制定《江苏省优先发展产业目录》，属于目录内且用地集约的制造业项目，土地出让底价可按所在地土地等别对应工业用地最低价标准的70%执行 |
| 降用工成本 | 对养老、医疗、失业、工伤、生育等五险的减免优惠量化 | 对暂时经营困难、有发展潜力的企业可分期缴纳社保费 |
| 降用电成本 | 2020年，电力市场交易电量占省内发电量比例不低于60%；参加电力市场交易的发电企业范围扩大到核电，用户范围扩大到全部省产业转移工业园 | 2020年，电力市场交易电量占省内发电量比例达65%，重点支持高新技术、互联网、大数据、高端制造业参与电力交易市场；低压用户的报装容量上限提升至160千伏安 |
| 降物流成本 | 制定高速公路差异化收费方案；有条件试行省内通行8.5折优惠 | 省内通行优惠由9折提高至8.5折；对相关集装箱车辆予以通行费全免优惠 |

### （二）多管齐下，解决企业融资难融资贵

广东、浙江、江苏、上海围绕降低融资成本、创新融资方式、完善融资保障机制等方面出台多项政策，着力解决企业尤其是中小企业、民营企业融资难融资贵问题。

**表3　解决融资难贵政策比对**

| 类别 | 广　东 | 浙　江 | 江　苏 | 上　海 |
|---|---|---|---|---|
| 降低融资成本 | 对境内上市、新三板挂牌、进入新三板创新层、广东省高成长中小企业板挂牌、区域性股权市场融资的民企给予奖助 | 新组建省融资担保有限公司，省政府对省担保集团增资50亿元；组建省上市公司稳健发展支持基金，首期融资100亿元 | 对接国家融资担保基金，省财政每年安排不低于3亿元，设立省级融资担保代偿补偿资金池，实行动态补偿机制 | 将再贷款优惠利率传导至企业，运用再贷款资金发放的民营、小微企业贷款加权平均利率要低于运用其他资金发放的同期同档次贷款加权平均利率，积极推动应收账款融资服务平台应用 |

续表

| 类别 | 广东 | 浙江 | 江苏 | 上海 |
|---|---|---|---|---|
| 创新融资方式 | 推广"银税合作"模式；<br>股权交易中心的可转债试点；<br>对符合条件的小微企业开展无还本续贷业务；<br>设立"小微企业专项再贴现额度""微票通""科票通""绿票通"（深圳） | 鼓励商业银行发展小微专营支行和科技支行等各类特色支行，制定小微企业专项信贷计划，实行贷款风险补偿金制度 | "科创板""专精特新板"；<br>供应链金融 | "科技园区＋企业＋政府＋银行"的政策性融资服务模式；<br>试点创新创业企业"投贷保联动""园区贷" |
| 完善融资保障机制 | 发挥再担保机构作用，放宽再担保业绩考核 | 聚焦数字经济、凤凰行动和金融稳定等重点领域，打造政府产业基金2.0版 | 通过"小股权、大债权"方式为企业提供金融服务；<br>合理赋予大型银行县级支行信贷业务权限；<br>支持地方性法人银行增设从事普惠金融服务的小微支行 | 科技企业和小型微型企业信贷风险补偿机制 |

## （三）各有侧重推动创新发展

广东、江苏和浙江三个省份通过完善创新创业机制、搭建创新平台、推动科技成果转化等方式积极推动本省创新活动的开展。其中浙江省重点落在电子商务经济与云服务平台的搭建，江苏省的工作突出点体现在专利转化方面，广东省则鼓励企业进行技术改造以及搭建 AI 平台。

### 表4 推动创新发展政策比对

| 类别 | 广 东 | 江 苏/浙 江 |
|---|---|---|
| 科技成果转化 | 实施创新验证计划，支持高等院校、科研机构等设立"创新验证中心"，联合专业机构打造市场化、专业化的科技成果转移转化平台，提供创业孵化、投融资管理全流程服务 | 专利补贴（江苏）；<br>成果转移转化按技术合同成交额5%奖补（江苏） |
| 创新平台搭建 | 依托龙头企业搭建四个AI创新开放平台，智慧医疗广东省新一代人工智能开放创新平台、智能无人系统广东省新一代人工智能开放创新平台、智能制造广东省新一代人工智能开放创新平台、智能家居广东省新一代人工智能开放创新平台 | 科技创新云服务平台，实现省市县三级科技数据、系统、资源的互联互通、共享共用，全面推广创新券制度（浙江） |
| 企业创新产品应用 | 技术改造倍增计划，落实技术改造实现"机器换人"、建设数字化智能化工厂、工业互联网改造，对经市政府确定的重大工业项目和技改项目给予同步奖 | 政府采购首购首用制度（江苏）；<br>首台重大装备投保符合条件的给予适当保费补助（江苏） |

### （四）大力引进培育各类型人才

在人才引入方面，各省市都通过不同程度的放宽签证要求等措施积极引进海外人才，对内的人才引进措施主要体现在户口以及住房和资金奖励等方面。而人才培育方面，江浙沪都明确提出加大力度培养一批优秀技工。

### 表5 人才引进培育政策比对

| 类别 | 广 东 | 江 苏/浙 江 | 上 海 |
|---|---|---|---|
| 人才引进 | 设立人才创业投资引导基金，建立人才服务银行，"一事一议"引才、产业精准引才、全球化柔性引才 | 将外国人签证审批权限下放至县级公安机关（江苏）；<br>建立人才服务银行，鼓励金融机构对符合条件的高层次人才创业融资给予无须担保抵押的平价贷款（浙江） | 在居住证积分、居住证转办户口、直接落户三个政策梯度上进行了突破创新 |

续表

| 类别 | 广东 | 江苏/浙江 | 上海 |
|---|---|---|---|
| 人才培育 | 全面推进现代学徒制,加强公共实训基地建设;新粤商培育工程 | 深化"产业人才高峰行动计划""百万乡土人才培训工程"(江苏);"青苗"培养基地(江苏);注重技能人才培育,组织开展企业首席技师评选,每年评选100名企业首席技师(江苏) | 创新科技人才支持方式,明确科技成果转移转化扣除直接费用后净收入的70%以上可用于奖励个人和团队;深化首席技师制度,建设一批技能大师工作室,传承培育工匠精神 |

### (五)进一步优化营商环境

广东、江苏以及浙江三个省份都通过简化政务流程来降低企业制度性交易成本,借由放宽市场准入进一步激发经济活力,借助搭建公共服务平台优化民营企业的营商环境。

### 表6 优化营商环境政策比对

| 类别 | 广东 | 江苏 | 浙江 |
|---|---|---|---|
| 企业开办 | 企业开办5个工作日,工业投资项目核准办结时限10个工作日,工业投资项目备案办结时限3个工作日 | "一窗受理、一表填报";"3550" | 深化"最多跑一次"改革,省市县三级共1449项办事事项全面标准化 |
| 简化审批 | 12类工业产品实行"先证后核"、4类工业产品实行"承诺许可" | 取消14类工业产品生产许可证管理;"不见面审批";对第一批106项涉及行政审批事项落实"证照分离" | 浙江自贸区、舟山群岛新试点"证照分离"改革;多证合一、证照联办、并联审批 |

续表

| 类别 | 广　东 | 江　苏 | 浙　江 |
|---|---|---|---|
| 市场准入 | 民营企业和其他类型企业按同等标准、同等待遇参与PPP项目 | 推动公办养老机构改革试点，特别是新建机构要逐步采取运营补贴、购买服务等公建民营方式运营，将产权归政府所有的养老服务设施委托企业或社会组织运营 | 扩大金融服务领域开放，激活民间资本，允许符合条件的中资商业银行立足当地实际需求，依据监管政策导向，在自贸试验区内设立分支机构 |
| 信息/服务平台 | 建立跨部门涉企政策"一站式"网上发布平台；2020年省市县中小企业服务中心建设全覆盖 | 推动省级金融机构接入综合金融服务平台，2018年基本完成银行业金融机构接入平台工作，2019年金融机构接入面进一步扩大，服务中小微企业的金融产品上线数超过200个 | 云服务平台以及构建公共服务平台 |

# 五、推动我省民营经济高质量发展的对策建议

高质量发展是能够更好地满足人民日益增长的美好生活需要的发展，是体现新发展理念的发展。习近平总书记在民营企业座谈会作出支持民营企业发展壮大的六方面举措，为广东做好促进民营经济发展工作提供根本遵循。广东要加快民营经济发展，必须把发挥市场在资源配置中的决定性作用和更好发挥政府作用结合起来，以推动民营经济高质量发展为目标，大力发展以制造业为根基的实体经济，以高质量发展的成果切实保障和改善民生，推动经济发展实现质量变革、效率变革和动力变革；要推进企业转型升级、做大做强做优，激发民营经济内生动力和发展活力；以打造优良、优质的民营经济发展环境为保障，着力破除制约民营经济发展的体制机制障碍，让企业得到更多的支持、更大的实惠，让民营企业放心干事创业。

第一，创新体制机制打破垄断，融掉"市场冰山"。切实打破市场隐性壁垒，

使民营企业在平等参与市场竞争、平等使用生产要素等方面不断增强获得感。一是放宽市场准入，打造公平竞争的市场环境。鼓励民间资本进入可实行市场化运作的领域，对交通、水利、市政公用事业等领域，重点支持民间资本组建或参股相关产业投资基金参与投资运营。对教育、卫生、养老等社会事业，重点推动民间投资项目在土地使用、用水用电、税费征收等方面享受与政府投资项目同等待遇。保障民间资本公平参与政府和社会资本合作（PPP）项目，推动民营企业与其他类型企业按同等标准、同等待遇参与PPP项目。二是加大实施混合制改革力度。对电子信息、汽车贸易、仓储物流、生物医药等竞争性的国有企业，允许非公有资本参股持股，利用其技术、管理、品牌及营销网络优势，嫁接国企的品牌、平台优势，实现混合企业的超常规发展。推动资金实力不足的民企优先从规模较小的国企或项目进入，或与同行业的民企联合"组团"投资国企，共同参与国企股权多元化改革，出资方式既可出资入股、融资租赁等，也可采用实物、知识产权、土地使用权等方式。

第二，做大做强"三自"企业，助企翻过"转型火山"。企业最终发展要靠自身，靠推动产业、技术、模式、业态的创新，做大做强拥有自主品牌、自有核心技术、能够自主创新的"三自"企业，增强发展动力和活力。一是以工业互联网推动企业数字化转型。引导民营企业实施大数据战略和"互联网＋"行动计划，通过"政府补贴、平台让利、企业团购"的方式，与华为、腾讯、阿里、移动、联通等公有云平台商、电信运营商合作，推动中小微企业上云上平台，先"典型引路"做标杆做示范，后广泛地"上云上平台"，加快建设和发展工业互联网，促进制造业降本提质增效。争取到2020年实现上云企业达到10万家。二是以智能制造推动企业智能化升级。推动企业加快生产线、控制终端智能化升级，实施省级智能制造试点示范项目，沿着从"机器换人工""自动换机械""成套换单台""智能换数字"的四个阶段循序渐进，支持示范工厂开展工业大数据智能应用，在全省制造行业建设20家智能示范工厂、50个智能示范车间，实施100个以上国家和省级智能制造试点示范项目。三是加快培育创新型企业。将研发费用加计扣除政策落实落细，科技、税务等部门统一研发费用的统计标准。积极落实国家有关创新产品政府采购政策，加大政府采购支持力度，对获得中国质量奖、中国专利奖、中国版权金奖等企业，参与政府采购时，可给予适当技术加分，对首台套等创新产品采用首购、订购等方式采购，促进首台套产品研发和示范应用。四是加强质量品牌建设。适应消费升级的新趋势，围绕重点消费品、农产品、食品药品开展质量提升行动。实施最严格的产品保护，以知识产权保护中心建设为抓手，建立更加便捷、高效、低成本的维权渠道，加快制定全省知识产权侵权惩罚性赔偿制度。继续开展消费品工业增品种、提品质、创品牌"三品"专项行动，积极推动产业转型升级，大力发展智能汽车、智能手机、智能家居等新型消费品，增加高质量、高水平产品服务的有效供给。五是实施"三个一批"做大做强企业。培育一批创业企业，鼓励支持创业创新项目路演对接和创客集训营；支持一批小微企业上规模，对新上规模的工业企业给予奖励；推动一批高成长中小企业加快发展，在全省遴选成长性好、竞争力强、主营业务突出的高成长中小企业给予重点支持，研究出台科创板上市民企可以奖励 100 万—200 万元的政策，推动其成为细分行业领域的专精特新企业。强化对"小升规"和"个转型"的支持，如企业升规后补缴原有职工社会保险，符合国家政策规定的可暂缓加收滞纳金。

第三，建立完善担保再担保和风险补偿机制，搬掉"融资高山"。借鉴国外和省外经验，全力打造"政府＋银行＋保险（担）"三方共担企业信贷风险的中小微融资平台。一是以地市为主实施中小企业贷款倍增计划。国际经验表明，大银行偏爱大企业，而中小型金融机构在服务小微企业方面更有优势。建议分类发展，中小金融机构实施相关政策重点支持中小微企业发展，可以"融资难"但不要"融资贵"，发挥其在信息搜集、个性化服务等比较优势，利用大数据等技术手段，提高小微企业贷款发放效率。特别是以地市辖区内银行为主，通过安排专项激励费用、绩效考核倾斜等方式，推动银行机构实现单户授信总额 1000 万元以下的小微企业贷款倍增计划，合理控制小微企业贷款资产质量水平和贷款综合成本。二是省市政府共同建立企业融资风险补偿政策。借鉴江苏、浙江、深圳经验，对接国家融资担保基金，设立省级融资担保代偿补偿资金池，对银行机构对中小微企业形成的不良贷款总体按 30% 的比例给予风险补偿，提高银行机构不良贷款容忍度，撬动新增银行信贷规模 3000 亿元以上，有效缓解中小微企业融资难。或推广东莞经验，省市共同设立专项资金补偿机制，制定专属的风险补偿政策，根据信用体系，建立中小微企业白名单，对试点银行针对白名单内中小微企业投放的信贷业务产生的风险损失给予补偿，促进金融机构敢贷、可贷、愿贷。三是依托多层次资本市场扩大直接融资。适度加快民营企业上市融资节奏，落实民营企业上市、新三板挂牌、区域性股权市场融资的奖补政策，抓住科创板设立和注册制改

步提升民营企业开放水平。借鉴浙江省经验，进一步创优民营企业外贸出口条件，扩大特险保单融资覆盖面，简化外贸税收优惠事项办理。鼓励企业拓展国内外市场，支持民营企业充分运用跨境电商等贸易新方式拓宽销售渠道，提升品牌价值，支持建立"海外仓"和海外运营中心。借鉴上海市经验，对出口国际市场尤其是出口重点地区的首台套、首版次、首批次产品进一步提高专项支持比例。二是支持民营企业参与"一带一路"建设。如华坚集团在非洲埃塞俄比亚投资兴建东方工业园，打造"一带一路"沿线国家园区合作样本，该园区有助于快速集聚生产要素发展当地经济，促进就业，助力非洲人民脱贫致富。支持龙头企业在"一带一路"沿线国家建设境外经贸合作区和工业园区，支持企业建立信息互动、资源共享的"抱团出海"合作模式，借助"一带一路"产业园区将产能走出去。制定出台"一带一路"重要支点国家知识产权走出去指导书，引导民营企业强化专利信息利用，有效提高研发效率、降低研发成本、规避研发风险。三是搭建全方位多层次"走出去"服务平台。依托民营企业综合服务机构，搭建民营企业"走出去"公共服务平台，整合信息咨询服务、会展及海外推广服务、商事法律服务、海外网络建设、贸易投资便利化服务、金融支持服务、境外项目信息数据、主权信用评级、纠纷调解和快速维权服务等功能，为民营企业对外开展投资经营提供一站式、全方位、综合性的服务。

第七，加强国家和省市政策的叠加效应，打通政策落实的"最后一公里"。要保持政策的连贯性、稳定性和可预见性，坚持不懈推动国资、民资和外资合作共生、共同发展，促进国资、民资、外资平等对待、一视同仁，对各类所有制企业执行同一标准，推动中央、省各项政策措施落地落细落实，让民营企业从政策落实中进一步增强获得感。一是严格落实中央、省关于做好当前和今后一个时期促进就业工作政策措施中有关稳定政策降低社会保险等成本、进一步降低企业招工费用等措施。全面落实税收优化政策，对地方权限内的有关税费政策，在国家规定的幅度内降到法定税率最低水平。二是处理好机器换人与稳就业的关系，大力推动制造业加速向数字化、智能化发展，持续推动机器换人工作，进一步降低企业用工成本。三是在符合规划的条件下，各地结合实际适当提高工业用地指标和容积率，并落实好集体建设用地使用权流转管理政策，推进集体土地依法有序流转，解决用地不足的问题。有效整合工业园区用地，防止工业用地圈而不用，进一步提高用地效率。四是加大对企业优惠政策落实情况的督查力度，重点对扶持民营企业的水、电、气等方面价格优惠政策在企业末端的落实情况进行督查，促进民营企业降本增效。对支持和引导民营企业特别是中小企业克服困难、创新发展方面的工作情况，纳入干部考核考察范围，适当提高民营经济工作考核分值比重。

作者单位：广东省人民政府发展研究中心创新产业研究处

# 以创新驱动广东民营经济高质量发展的思路与对策[*]

张光宇 刘贻新 欧春尧 戴海闻 曹阳春 刘 艳

民营经济是社会主义市场经济的重要组成部分，也是经济持续健康发展的重要动力。近年来，全球竞争加速，新技术层出不穷，但我国民营企业仍存在缺乏自主创新、自主知识产权和自主品牌而导致竞争力不大、发展动力不强等问题。打破这一困境，民营经济必须向高质量发展转型，这既是新时代对民营经济发展的必然要求，也是其主动适应经济新常态的现实选择。新时代下民营经济的高质量发展，就是要求其从粗放型增长转变为集约型增长，从要素投入驱动转向创新驱动，提高全要素生产率，具体包括在产业结构上，民营经济要转向技术密集型、知识密集型产业；在产品结构上，要转向高技术含量、高附加值产品；在经济效益上，要转向低成本、高效益发展；在生态环境上，要转向循环经济和环境友好型经济。为此，民营经济应抓住重大机遇，以改革激发活力，以创新驱动发展。民营企业要充分发挥其产权清晰、经济利益关系明确的优势，主动走高质量发展道路，增强企业的核心竞争力。

改革开放 40 年来，广东民营经济发展取得了历史性成绩，对推动全省经济可持续发展做出了重大贡献，但在全球新一轮科技革命和产业变革背景下，广东民营经济如何成功翻越"市场的冰山""融资的高山"和"转型的火山"，成为其高

　＊　本文为国家自然科学基金项目（71673062，71874037）、广东省软科学科技管理改革重点项目（2018B070714019）、广东省自然科学基金项目（2018A030313397）、广州市教育科学规划重大课题（2018zd005）研究成果。

质量发展的重大课题。民营经济高质量发展是中国经济成功转型的重要引擎，是实现中国社会—技术体制可持续转型的关键抓手。2018年11月1日，习总书记在民营企业座谈会上再一次强调了民营经济的重要地位和作用，并提出了六方面政策举措支持民营企业发展壮大。为贯彻落实习近平总书记的要求，2018年11月7日广东省委、省政府印发了《关于促进民营经济高质量发展的若干政策措施》，明确提出了10条措施、59个政策点支持、促进民营经济高质量发展。总的来说，创新是驱动广东民营经济高质量发展的核心抓手和必然路径。基于此，本文就如何推动广东民营经济高质量发展的思路与对策展开深入探讨。

# 一、广东省民营经济发展的综合考察

## （一）广东民营经济发展状况的纵向考察

作为改革开放的排头兵、先行地和实验区，广东省经济发展取得了举世瞩目的成就，GDP总量连续多年占据全国第一，2017年广东省实现地区生产总值89879.23亿元，比上年增长7.5%，占全国GDP比重的10.5%。而广东民营经济依靠有利的政策先机和地理优势，发展迅速，成为拉动全省经济发展的重要马车。根据《2017年广东国民经济和社会发展统计公报》显示，广东民营经济2017年实现增加值48339.14亿元，增速为8.1%，在广东省经济总量中的比重达到53.78%；民营企业实现利润4675.43亿元，占据规模以上工业企业实现利润的52.03%，民营经济在广东省经济发展中的地位日益突出。

民营经济主体地位进一步巩固，成为广东经济增长的主力军。如图1所示，广东民营经济增加值由2010年的19620.96亿元增加到2016年的42578.764亿元，年均增长13.78%；民营经济单位数由2010年的438.66万增加到2016年872.54万，年均增长12.14%；民营经济就业人数由2010年的2616.21万增加到2016年的3364.5万，年均增长4.28%；民营经济固定资产投资由2010年的7325.07亿元增加到2016年的20504.39亿元，年均增长18.72%。民营经济对广东省整体经济贡献度日益提高。

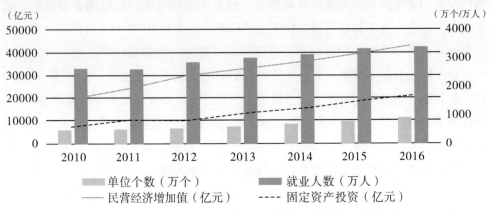

数据来源：2011—2017 年《广东省统计年鉴》《广东国民经济和社会发展统计公报》。

**图 1 广东省民营经济发展概况**

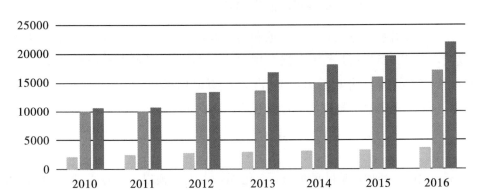

数据来源：2011—2017 年《广东省统计年鉴》。

**图 2 广东省民营经济产业结构变化情况**

同时，民营经济产业结构进一步优化，第三产业比重稳定上升。如图 2 所示，广东民营经济第一产业增加值由 2010 年的 2184.07 亿元增加到 2016 年的 3631.78 亿元，年均增速 8.85%，但在民营经济总产值中的比重由 9.55% 下降至 8.51%。第二产业增加值由 2010 年的 10075.26 亿元增加到 2016 年的 17121.54 亿元，年均增速 9.24%，在民营经济总产值中的比重由 44.06% 下降至 40.11%。第三产业增加值由 2010 年的 10605.99 亿元增加到 2016 年的 21935.82 亿元，年均增速 12.88%，且在民营经济总产值中的比重由 46.38% 进一步上升至 51.39%。广东民营经济的发展质量逐步提高。

### （二）广东民营经济发展状况的省际比较

新时代我国民营经济发展速度较快，经济贡献突出。以私营经济指标来看，2017 年私营企业实现利润 23753 亿元，增长 11.7%，占据规模以上工业企业利润的 31.59%。民营经济的发展速度高于整体经济水平，发展势头良好，而且在整体经济效益中发挥重要贡献。同时，当前民营经济的政策关注力度提升，国家和省市层面都陆续出台了促进民营经济发展的政策措施，民营经济迎来新的发展机遇。粤苏鲁是全国经济发展总量排名前三的省份，2017 年三省 GDP 占全国总量的 30.04%，且三省的民营经济增加值均接近或超过本省经济总量一半，选取这三省来进行民营经济发展状况的省际比较更具有权威性和代表性。

### 表 1　粤苏鲁民营经济发展指标情况

| 指标 | 地区 | 2015 年 | 2016 年 | 2017 年 |
|---|---|---|---|---|
| 民营经济增加值（亿元） | 广东 | 38846.24 | 42578.76 | 48339.14 |
|  | 江苏 | 47398.7 | 51510.34 | 58326.70 |
|  | 山东 | 32070 | 34539.39 | 36896 |
| 占 GDP 比重（%） | 广东 | 53.00% | 53.60% | 53.80% |
|  | 江苏 | 67.60% | 67.70% | 67.90% |
|  | 山东 | 50.90% | 51.55% | 50.77% |
| 增速（%） | 广东 | 8.10% | 9.61% | 13.53% |
|  | 江苏 | 8.80% | 8.67% | 13.23% |
|  | 山东 | 9.70% | 7.70% | 6.82% |

数据来源：2015—2017 年广东、江苏、山东统计年鉴与国民经济和社会发展统计公报。

首先，从发展指标上看（见表1），江苏与广东民营经济规模较大，增速较快，山东相对次之。其中，江苏民营经济增加值总量最大，2017 年广东、江苏和山东三省民营经济增加值分别为 48339.14 亿元、58326.70 亿元和 36896 亿元。江苏省民营经济在 GDP 中所占比中最高，2017 年广东、江苏和山东三省民营经济在 GDP 中占比分别为 53.80%、67.90% 和 50.77%。近三年三省的民营经济在 GDP 中比重比较稳定，广东民营经济增速最快，发展潜力巨大，山东省民营经济增速

相对缓慢。

其次，从发展质量上看（表2），江苏民营经济创新环境最浓厚，广东次之，山东最低。其中，江苏每万人拥有发明专利数最多，2017年广东、江苏、山东和全国每万人拥有发明专利数分别为19、22.5、7.57和9.8。广东研发经费投入最多，2017年广东、江苏和山东研究经费投入分别为2343.6亿元、2260.1亿元和1753亿元。江苏的研发经费投入强度最大，2017年广东、江苏、山东和全国研发经费投入强度分别为2.61、2.63、2.41和2.13。

表2　粤苏鲁及全国民营经济创新环境情况

| 指标 | 地区 | 2015 年 | 2016 年 | 2017 年 |
|---|---|---|---|---|
| 每万人拥有<br>发明专利数（件） | 广东 | 12.95 | 15.53 | 19 |
| | 江苏 | 17 | 18.5 | 22.5 |
| | 山东 | 4.9 | 6.33 | 7.57 |
| | 全国 | 6.3 | 8.0 | 9.8 |
| 研究与试验<br>发展（R&D）<br>经费（亿元） | 广东 | 1798.2 | 2035.1 | 2343.6 |
| | 江苏 | 1801.2 | 2026.9 | 2260.1 |
| | 山东 | 1427.2 | 1566.1 | 1753 |
| | 全国 | 14169.9 | 15676.7 | 17606.1 |
| R&D 经费<br>投入强度（%） | 广东 | 2.47 | 2.56 | 2.61 |
| | 江苏 | 2.57 | 2.66 | 2.63 |
| | 山东 | 2.27 | 2.34 | 2.41 |
| | 全国 | 2.07 | 2.11 | 2.13 |

数据来源：2015—2017年广东、江苏、山东、中国统计年鉴与国民经济和社会发展统计公报。

### （三）广东民营经济发展的现实困境

#### 1. 创新政策指引不足，民营企业融资困难

创新驱动发展战略是广东省经济发展的核心战略和总抓手。围绕这一目标，广东省政府先后修订出台了《广东省人民政府关于加快科技创新的若干改革意见》等30多份文件，取得显著实效。2017年广东区域创新能力跃居全国首位，但落实

到民营经济上，依然存在创新政策指引不足，民营企业融资困难的问题。

在创新政策指引上面，民营企业具有更高的敏感性。民营经济的经营机制是建立在自主经营、自负盈亏的基础之上，面对形势多变下的市场机制，相对于公有制企业，民营经济具有更大的脆弱性和风险性。根据广东省政协调研组对省内21地市民营企业的调查数据显示，民营企业在科技创新和技术改造方面遇到的最大的两个问题是创新支持资金难获得（41.4％）与技改扶持项目申请门槛高（27.1％）。中小微企业本身的创新能力和资金相对较弱，政府的创新支持资金和扶持项目是民营企业进行创新发展的重要动力和资源。政府创新政策指引不足，政策落实不到位，扶持资金流入不到企业手中，极大降低和阻碍了企业的创新意向和能力。

除了政府创新扶持资金，企业融资是民营企业创新资金的主要来源，而融资困难是制约广东省民营经济发展的另一重要限制因素。根据《2015年企业负担调查评价报告》显示，超过半数的企业（66％）存在融资成本过高问题。民营企业大多数作为中小微企业仍处于资本原始积累阶段，面临市场开拓、技术创新和产品研发等任务，资金需求较大。在民营企业在向银行体系申请贷款时，诸多会受到规模限制、信用等级歧视以及遇到信息不对称等问题，难以得到贷款资金以及利息优惠政策。部分民营企业依靠民间借贷、高息过桥等方式融资，极大地加重了企业运营成本，提高了企业进行技术创新的风险程度。

**2. 自主创新能力偏弱，产品缺乏市场优势**

广东民营企业规模以中小企业为主，大型民营企业比例小，规模经济的实现程度低，自主创新能力偏弱。而且广东是我国传统加工企业的先行地，传统加工企业比例大，而传统产业如劳动密集型产业滞留在原始加工的低端，产品附加值和创新能力较低。根据广东省工商登记资料显示，95.6％的个体商户集中在加工制造业、批发零售业、住宿餐饮业、居民服务业和其他服务业；同时，71.1％的私营企业集中在加工制造业、批发零售业、租赁和商务服务业，但对于高端服务业，如金融服务业、软件和信息服务等行业，民营企业参与的比重很低。民营企业受限于所属领域空间低端以及产品创新上限，自主创新动力和能力不足。而且随着珠三角传统产业向中西部转移，江浙等地区民营企业的迅速崛起，广东民营企业传统产业结构受到竞争压力，市场份额和优势受到挑战。

此外，广东民营企业中一个值得关注的现象是热衷进入房地产行业。根据全

国工商联发布的"2018 中国民营企业 500 强"榜单显示，广东省民营企业前六强中，有一半为房地产企业（恒大、万科及碧桂园）。随着知识经济的兴起，其他省份经济发展的奋起直追，广东要想继续保持领跑全国的地位，必须更多依靠知识密集型等现代信息产业，在民营经济的创新驱动引领和产业结构调整上需要进行大力投入。

3. 创新生态建设缓慢，传统企业转型受阻

民营企业在进行技术创新与产品升级时要实现从技术生态位到市场生态位的跨越，除了自身需要有一定的企业实力还需要外部的良好生态环境。广东省在民营经济的创新生态环境建设上仍存在一些不足，建设相对缓慢，对传统企业转型升级带来相应阻力。

其一，行业市场准入存在约束。当下广东省仍存在不少行业是限制民营经济进入的，即使其中慢慢开放了一部分，也存在较高的门槛要求，如较高的市场准入金、不同所有制企业差别性待遇等，在资源获得和准入机会上抑制了民营经济的投资和发展机会。其二，市场经济机制还不够完善。在专利和产权保护方面，民营经济由于意识相对薄弱，在信息上也处于不对称状态，政府宣传和扶持力度不到位使得民营企业处于相对弱势地位，在一定程度上抑制了广东省民营经济的发展。其三，政府服务职能尚未完全履行到位。根据省政协调研组的调查资料显示，23.4%和20.7%的民营企业认为在日常生产经营中的监督、检查、监管以及获得项目、订单、市场准入等发展机会中容易存在不利政商关系，许多政策的推行收到既得利益团体的阻挠。其四，公共设施建设不均衡发展。广东省经济发展不均衡现象较为严重，珠三角等粤东地区经济底蕴与地理位置条件优越，集中了大部分的经济资源和财富创造。随着运营成本的增加，民营企业向粤西北地区的转移趋势在近些年逐步加快，粤西北地区相对落后的交通条件和教育水平也对广东民营经济的创新生态建设和转型升级产生制约。

## 二、以创新驱动广东民营经济高质量发展的路径思考

### （一）创新驱动广东民营经济高质量发展的契机与优势

1. 时代发展要求

党的十九大提出，现代化经济体系建设必须由高速增长阶段转向高质量发展，

实现满足经济发展方式转变、发展动能转换和全面均衡发展的迫切需要。在民营企业座谈会上，习近平总书记指出："民营企业和民营企业家是推进供给侧结构性改革、推动高质量发展、建设现代化经济体系的重要主体。"新时代广东省经济发展与市场变化，既给民营经济发展带来了巨大压力，也为其带来了新的机遇与优势。基于国际视角分析，贸易保护主义与单边主义所造成的市场份额缩减以及供给侧结构性改革与市场需求结构的不断调整，让传统的粗放发展型以及创新能力偏低的企业发展难以为继，逐步增加了全省民营企业转型升级的压力，再加上不适应生产经营范式、商业模式等创新升级以及市场风险加大，越来越多的民营企业获得感降低，甚至是面临倒退和死亡的风险。

民营经济有着机制灵活、贴近市场等特征，在推进新技术产业化和促进传统行业转型升级方面具有较大优势，不仅是广东省经济社会发展及稳定就业的重要基础，也是推进技术创新和促进经济持续健康发展的动力来源。据相关资料显示，民营企业承担着广东省65％的专利、75％以上的技术创新、80％以上的新产品开发，是广东激励微观经济活力的关键部分。调查表明，沿海地区经济发展较好，市场发育比较成熟，则有着较好的民营经济发展态势，就更需要重视顶层设计中民营经济的战略地位。所以，应对新时代社会经济体系建设的宏观要求，民营企业要紧扣时代脉搏，充分融合创新驱动谋求经济的高质量发展，在不断转型与升级的过程中找寻自身的新定位与方向。

2. 实施基础良好

当前，广东省民营企业已由早期的传统行业如普通机械、纺织轻工、商贸运输等领域逐步向劳动密集型、技术密集型行业延伸，同时在战略性新兴产业和高端服务业得到了长足的发展。从企业规模上来看，上下游企业衔接逐步紧密，逐步拓展为一批规模较大且专业化经营的大型企业，平均规模得以扩大，技术研发投入不断提升。而在组织形式方面，广东省民营企业已逐步向股份制的多元投资主体的现代经营模式转变，现代企业制度得以快速推广。大量研发机构、资金投入及相关专业技术人员向民营企业快速集聚，成为提升民营企业技术创新能力的契机。调查显示，在广东省政策支持与经济环境影响下，民营企业创新意识及动力不断增强，2018年广东省民营企业平均研发强度已大幅超过国有企业。

随着新经济体系的快速发展以及新模式的形成，民营企业产权结构划分明晰、有着明确的经济关系以及充分的市场竞争机制，再加上一大批具有超前意识、敢

于承担风险的企业家，促使民营企业能够更为集中地为提升创新效率优化资源配置、推进民营经济高质量发展。现如今，认识到技术创新重要价值的民营企业数量不断增加，是推进电子信息技术、新材料新能源和综合服务等行业领域快速兴起的关键原因。而在"互联网＋"和电子设备等新兴领域，不少民营企业已在国内市场站稳脚跟，甚至已开始在国际舞台上展现实力。随着新一轮科技革命的不断推进以及战略性新兴产业的快速发展，更多的民营企业必将参与到新时代的创新浪潮中。

3. 体制机制创新

构建产学研协同创新体系是广东省民营企业创新动力的重要来源，能有效衔接各创新主体，实现创新资源的跨界整合与高效配置，推进重大技术创新。从创新生态系统的角度来看，地方政府对民营企业的支持和引导具有举足轻重的作用，产学研协同创新体系建设可能涉及的政策创新、体制机制创新事项都比较多，没有政府部门的介入和支持，许多工作很难广泛开展，而且大型科技合作项目的开展以及相关科研人才的引进也需要政府提供必要的资金支持。高校及科研院所则是作为协同创新的智力提供者，其强大的基础研究实力和专业人才储备能很好地弥补企业在此方面的劣势，企业自身则需要及时寻找自身技术创新的重大需求，针对创新任务而开展创新活动，组织创新物质资源的投入和创新活动的组织，同时也能够为智力因素提供必要的研究经费和实用性研究指导。

一般来说，民营企业是作为协同创新的需求方及投入方，企业虽具有资金、设备、营销和市场经验等能力优势，但却缺少基础性原理知识和科技人力资源。但就广东民营经济发展状况来看，传统的技术转移正在发生改变，高校及科研机构已不再是由企业筛选、选择合作被动参与方。根据新时期产学研协同创新体系的发展趋势，高校主动协同科研机构、企业开展深度合作的方式提出了新的更高要求，不少高校根据自己的学科优势整合优势资源，建立连接企业和高校的新型研发机构，面向地方、企业需求，启动资源深度共享、项目深度合作，在协同创新中以更高的质量进行人才培养、科学研究。

（二）创新驱动广东民营经济高质量发展的要素分析

创新驱动广东民营经济高质量发展的要素主要分为内部驱动、外部驱动以及协同驱动。内部驱动要素是指存在于民营企业内部的动力因素，是民营企业技术创新活动的内在性行为激励的主要因素，也是创新驱动民营经济高质量发展的基本动力，主要包括民营企业创新观念与意识，企业内部激励机制以及技术创新所带来的利益驱动。外部驱动要素是指外部环境中作用于民营企业的动力因素，通过引导、刺激和驱动等方式对民营企业技术创新活动进行激励从而产生推动力，是创新驱动民营经济高质量发展的环境驱动力，主要包括政府支持和引导、市场需求拉动以及市场竞争所带来的压力。协同驱动因素是指民营企业所处环境中所能为其创新活动或创新能力起到积极效应的主体因素，通过协同作用的方式提升创新资源的配置效率和利用效率，有力地推进企业技术创新从而实现整体经济的高质量发展，主要包括民营企业战略协同、知识产权及相关制度保障和创新合作平台的建设。

**表 3　民营企业创新驱动要素分析**

| 类型 | 维度 | 主要形式 |
|---|---|---|
| 内部创新动力 | 创新意识 | 企业家对创新价值的认识以及对技术创新的投入关系到民营企业开展自主创新活动的强度与水平 |
| | 激励机制 | 调整公司成员与企业目标的一致性并充分发挥每个人行动力与潜力而实行的一种制度框架 |
| | 创新效益 | 无论是对技术创新本身或是对技术所带来的规模效益的追求或实现，都将成为企业创新活动的核心驱动力 |
| 外部创新动力 | 政府引导 | 政府是民营经济高质量发展的主要推动者，也是支持创新驱动民营经济发展的引导者 |
| | 市场需求 | 市场需求是企业技术创新活动的根本，也是拉动民营经济高质量发展的重要外部动力之一 |
| | 市场竞争 | 在激烈的市场竞争环境下，缺乏创新能力的企业很难保持持续的竞争力，必须不断地寻求创新合作与技术进步 |
| 协同创新动力 | 战略协同 | 通过形成促进民营经济高质量发展的战略目标来对创新生态系统中的各个主体的观念行为产生引导，共同推进技术创新的形成 |
| | 制度保障 | 促使创新体系内各创新主体及其所掌握的资金、人力、信息和技术等创新资源有序运转，更有效地保证创新驱动民营经济快速发展的稳定性 |
| | 平台创新 | 创新驱动力的形成不仅取决于企业本身的技术创新实力，更取决于与外部创新主体间的沟通效率与协同体系的技术支持 |

1. 内部驱动因素

（1）创新意识。在民营企业创新发展过程中企业创新意识具有重要的主导作用，同时企业家对创新价值的认识以及对技术创新的投入关系到民营企业开展自主创新活动的强度与水平。企业创新意识对民营企业来说是至关重要的，由于民营企业大多是由企业家一手创办，企业家的思想特质深深地影响着民营企业的成长轨迹。民营企业创新意识对其创新活动的影响主要包括以下三个方面：一是企业创新价值理念会引领企业文化的整体发展方向，企业的创新意识终将会转变成为企业文化，成为企业创新发展的动力源泉；二是创新观念与意识会帮助企业家提升自身的市场洞察力与预见力，更好地掌控市场发展机遇；三是企业实干精神和冒险精神以及强烈的需求会推动企业开展创新活动。

（2）创新激励机制。企业激励机制是为了调整公司成员与企业目标的一致性并充分发挥每个人行动力与潜力而实行的一种制度框架，主要是以具体组织行为规范来影响企业员工的核心价值观、围绕企业员工发展要求而设立的一系列奖惩制度来实现。民营经济高质量发展是一个系统的工程，包括经济发展、技术创新、商业模式创新等多个方面，而民营企业则是工程中的每一个小单元，核心是企业员工及相关技术人员。创新活动的顺利实施离不开充分调动相关人员对创新的价值认同以及积极主动性，所以，要实现创新驱动民营经济的高质量发展，必须构建一套能够激发创新积极性的企业内部激励体系，用于促进民营企业整体的技术创新文化氛围的形成。

（3）创新效益。企业推进创新活动，必然是受到行业趋势尤其是创新效益的影响。无论是对技术创新本身或是对技术所带来规模效益的追求或实现，都将成为企业创新活动的核心驱动力。民营企业追求创新效益是其实现创新驱动的主要原因。但企业追求创新效益具有一定的风险，一方面由于技术知识差异，大学与科研院所所掌握的技术资源高于民营企业，企业不仅需要根据自身的发展需求来选择技术方向，也需要适当考虑根据高校对技术发展趋势的预判来调整企业发展方向；另一方面，通过知识交流而推进创新活动，从而通过技术研发和商业化来实现创新效益的过程，本身就受到多种风险因素的影响。

2. 外部驱动因素

（1）政府引导。政府是民营经济高质量发展的主要推动者，也是支持创新驱动民营经济发展的引导者，政府的驱动行为主要体现于行为引导和政策激励两个部分。在行为引导方面，政府主要是通过构建创新体系和发挥本身的纽带桥梁作用，吸引社会资源参与到民营企业的创新活动中与企业共同推进技术研发与转化，同时引导民营企业进行创新资源的整合利用。同时，政府采取的政策激励是创新驱动广东民营经济高质量发展驱动力的重要组成部分，政府通过政策激励的方式引导企业建立了新技术研发的良好愿景，逐渐提升民营企业对技术研发的投入，同时对大规模高投入高风险的技术研发转化过程中，政府的财政支持也帮助民营企业承担了相当部分的市场风险。

（2）市场需求与市场竞争。市场需求是企业技术创新活动的根本，也是拉动民营经济高质量发展的重要外部动力之一。在市场经济体系中，企业的一切活动都是围绕市场来开展的，也就是说，当市场对企业的产品或技术提出了更高的需求，企业就必须通过提升自身的技术水平或是调整产品结构来对这种要求进行响应。这也就促使企业不断寻求更好的外部创新合作，通过提升自身创新能力的同时来提高产品的科技附加值，探寻与市场需求动态变化相符的产品或服务，寻求自身的发展。市场竞争所带来的压力同样也是激发民营企业进行技术创新行为的重要动力。在激烈的市场竞争环境下，缺乏创新能力的企业很难保持持续的竞争力，只有树立起创新进取意识与危机意识，不断寻求创新合作与技术进步，探索企业发展的异质性资源和能力，才能将新的技术应用于符合市场发展趋势及消费者需求的产品和服务中，以使其为民营企业发展提供创新源泉与不竭动力。

3. 协同驱动因素

（1）战略协同。战略协同是指创新主体间达成一致的价值认同与创新愿景，通过形成促进民营经济高质量发展的战略目标来对创新生态系统中的各个主体的观念行为产生引导，共同推进技术创新的形成。企业是创新活动的主要承担者和受众，高校及科研院所是知识和技术的提供者，政府则是创新环境的引导者，还有中介机构等创新的加速器。各个主体找准定位，达成协同关系，共同促进新兴技术产业化，实现科研群落和产业群落的有机衔接，是技术创新向正确的方向演化发展。

（2）制度保障。制度保障本质是政策体制创新，是对民营企业创新能力有效支持与保障。所谓创新能力，是指企业在其创新活动过程中，充分发挥创新资源及知识交流的优势，从而获取创新收益的能力与可能性，是民营企业创新优势的综合体现。形成有效的制度规制与保障，能够有效促使创新体系内各创新主体及

其所掌握的资金、人力、信息和技术等创新资源有序运转，更有效地保证创新驱动民营经济快速发展的稳定性，支持民营企业开展创新活动，同时形成完善的政策保护例如企业股权、知识产权等方面，为技术合作创新项目提供保障。

（3）平台创新。创新驱动力的形成，不仅取决于企业本身的技术创新实力，更取决于与外部创新主体间的沟通效率与协同体系的技术支持。为了在技术市场上获得所需的技术或知识，不少企业通过非股权联盟、购买技术服务、购买技术授权等形式，以解决自身技术知识匮乏的问题，促进商业开发以获取更多的利益。而在这一过程中，外部知识与技术通过一定的组织形式从外部组织到技术市场（中介机构）再到企业的路径转移，从而形成了开放式的创新合作交流模式，而提供技术组织服务的中介机构也随着技术交易的扩展而逐渐走向成熟，形成了由多种类型创新主体引导的创新合作平台或新型研发机构。

### （三）广东民营经济高质量发展的创新动力机制构建

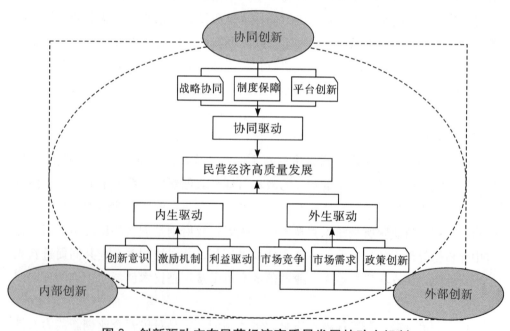

**图 3　创新驱动广东民营经济高质量发展的动力机制**

本文在对民营经济高质量发展创新动力要素分析的基础上，构建了广东民营经济高质量发展的创新动力机制框架，如图 3 所示。创新驱动民营经济高质量发展主要体现于内外部共同因素的相互作用，其创新动力要素主要包括外部创新动力、内部创新动力以及协同创新动力。其中内生性驱动包括创新意识、激励机制和利益驱动，是促进民营经济高质量发展的直接创新动力；外生性驱动包括政策创新、市场竞争和市场需求，通过作用于整个系统而使其获得整体的竞争优势；协同驱动包括战略协同、制度保障和平台创新，有效地推进和保障企业创新行为的发生，带动民营企业的整体性提升。

从外生性驱动角度来看，市场需求是民营经济高质量发展的出发点和创新驱动的终点，是驱动各个创新主体联合进行创新活动的重要外部动力。市场竞争压力则相反，主要是让存在竞争关系的民营企业保持危机感与紧迫感，促使其形成创新愿景，并转换为创新动力；在新技术培育发展过程中，现有的"社会—技术"体制有可能被颠覆，新的技术规范在市场发展周期演化过程中不断调整转变，最终形成新的"社会—技术"体制，这时政府部门需要根据技术演化趋势为其提供良好的政策环境，制定有利于支持和推进创新动力机制形成的政策体系。多个外部驱动因素共同作用于创新动力机制，其中市场需求是基础动力，市场竞争是刺激动力，政府推动是服务动力。

在内生性驱动方面，利益驱动是创新动力机制内部动力的基础来源，企业对创新效益的追求始终在其内动力中占主导地位。受利益驱动影响，企业不断地探索创新发展路径，由此形成企业创新观念与价值导向。创新意识越强，民营企业的创新投入力度越大。为保障创新的持续性，企业需要通过内部激励机制对创新活动主体的创新意愿进行引导与激励，内部激励除了最基本的物质激励之外，精神激励也十分有必要，这样才能形成调动企业员工创造力与主动性最有效的直接动力。创新意识是内部驱动因素的重要引擎，而激励机制则是内部驱动过程的有效保障，体现着创新主体的相互匹配度与协同效应。

在协同驱动方面，战略协同主要是促使创新动力机制中的各个创新主体基于共同的创新愿景形成长期稳定、互惠共存的协同关系。企业借助高校及科研院所的科研优势，研究机构介入企业的技术应用指引，实现各自的目标利益，在技术研发上实现多元合作关系，提升民营企业的创新能力。在战略协同指引下，还需要政府施行与之相配套的制度体系，以激励或规制等手段保障创新动力机制的有序进行及高效运转。平台创新则是在现实技术需求的推动下，为了提升科学研究及技术转移效率，所涌现的一批具有社会服务功能以及科研资源整合能力的中介

机构，对提升创新机制整体的创新能力具有重要作用。协同驱动是在内外部创新过程达成一致的前提下，有效提升创新驱动机制核心动力与效率的关键手段，也是促使内生驱动与外部环境有机衔接的重要调节机制。

## 三、促进广东民营经济高质量发展的对策建议

### （一）完善创新政策体系，鼓励民营企业自主创新

要破解"融资的高山"，就必须持续推进金融机制体制改革，支持符合条件的民营企业技术创新项目获得金融扶持。对民营企业而言，技术创新是一项具有高投入、高风险但同时又能获得巨大回报的投资活动，缺乏相关的利益和风险保障机制让不少企业望而却步。创新对于部分企业而言是心有余而力不足，甚至更多的企业只能通过仿造主流产品来参与市场竞争。在有限的条件下提高民营企业的创新能力及存活率，就必须充分发挥创新政策的调控机制来稳定创新政策的支持，提高对中小微型民营企业的扶持力度，鼓励民营企业在模仿中创新，继而实现自我超越，提升自身的自主创新优势。金融机构也需要及时调整经营服务理念，加大对创新型企业的关注度，尝试推行符合民营企业特征的信贷管理制度以及风险补偿机制，重点支持新三板类型企业；加强管控互联网金融生态，为民营企业的直接融资渠道提供支撑与保障；以"营改增"等减税政策为重点降低民营企业税费负担，规范中间环节收费，重点降低用工成本、融资成本、技术转移成本以及其他制度性交易成本。

### （二）凝练创新驱动模式，增强民营企业创新优势

凝练创新驱动模式，是破解"市场的冰山"这一难题，打造适宜民营经济高质量发展的市场环境的关键举措。民营企业也需要探索符合自身市场地位的创新驱动模式，根据自身的行业特征选择不同的技术创新模式。政府应及时推进各项创新扶持政策的细化落实，让民营企业真正从政策中受益，找到属于自身的创新发展之路，提升民营经济的创新综合能力。对不同类型的中小微型民营企业，应进一步降低市场准入门槛，适度引入民间投资参与民营企业创新项目推进；大力推广多类型资本创新合作模式的成功案例，充分发挥政府投资的引导和规模效应；建立政府扶持资金的退出机制，避免对民营企业造成隐性壁垒；从严防范市场垄

断和行政盲点，为民营企业提供公平透明有序的外部环境。

### （三）优化创新生态环境，引领民营企业创新转型

以创新驱动民营经济高质量发展，应积极破解民营企业"转型的火山"难题，不断优化民营企业外部创新生态环境，探索解决外部环境中制约民营企业新发展的障碍因素。推动民营经济的可持续转型，鼓励民营企业增强自主创新能力，应重点构建以企业为主体的技术创新体系，既鼓励不同规模不同类型的企业进行合作创新，也鼓励其他机构参与其中，实现开放式创新，引导民营企业向"专、精、特、新"发展。重点衔接创新生态中的创新主体，将其建设为民营企业的坚实后盾，集中优势资源将先进的技术转化的过程特征及要素传递给企业，从根本上提升企业的创新能力，实现整体的转型升级。同时完善技术创新基础信息共享资源，参与技术公共服务信息平台建设和运营；创造鼓励民营企业技术创新的政策环境，通过制定和健全系列制度法规、减免税、政府采购、风险投资等多种措施，增强创新生态环境中主体各方的合作意愿，促进各方积极参与到民营企业转型发展中来，积极推进民营经济高质量发展。

### （四）建设新型研发机构，实现民营企业变轨超车

建设新型研发机构成为区域民营企业的坚实技术后盾，是增强民营企业创新能力、培育民营经济增长新动力的重要举措。由于大部分民营企业规模较小且没有自己的研发中心，技术研发更多的是依靠外部的研发力量。新型研发机构以产业发展为导向，利用其智力优势和平台资源对新技术进行量产实验，集中资源将先进的科学技术转化过程、要素、特点毫无保留地传递给民营企业，大大提升了技术创新在民营企业中的扩散，提高了企业的创新能力。不仅如此，新型研发机构也为民营企业实现跨越式发展找到一种新的发生路径。传统民营企业以维持性创新为主，实现颠覆性发展可能难度更大。新型研发机构可以针对民营企业的特点，寻找新的技术轨道来发展颠覆性创新，将颠覆性技术不断推向市场前沿，实现企业的转型升级，从而实现民营企业的变轨超车与跨越发展，为民营经济的快速增长找到一条创新路径。

作者单位：广东工业大学

# 广东知识产权发展现状及对策研究

谢　红

  2018 年是我国改革开放 40 周年，国家知识产权战略纲要实施 10 周年，也是知识产权机构改革之年。广东在经济社会发展中不断发挥知识产权对创新发展的支撑和引领作用，深化知识产权体制机制改革，强化知识产权质量导向，广东知识产权创造由多向优、保护由弱到强、运用由点到面转变，对于广东做好"四个走在全国前列"和当好"两个重要窗口"发挥了积极作用。

## 一、2018 年广东知识产权发展形势与特点

### （一）知识产权管理机制和运行机制改革不断深化

  第一，知识产权管理机制改革深化。按照省委、省政府部署，广东完成了省级知识产权行政机构改革，成立广东省市场监督管理局并加挂广东省知识产权局牌子，实现商标、专利、地理标志的统一管理。为进一步加强知识产权工作，在这次机构改革中，省委、省政府做出新建广东省知识产权保护中心，加挂中国（广东）知识产权保护中心、广州商标审查协作中心牌子的重大决策部署。建设广东省知识产权保护中心，是强化和提升知识产权公共服务能力，加强知识产权保护和运用，营造市场化、法制化、国际化营商环境的重大举措，是广东本轮机构改革的亮点之一。多年来，广东一直致力于围绕经济发展探索知识产权管理机制改革。2016 年，国务院批复中新广州知识城开展国家知识产权运用和保护综合改革试验，成为全国唯一一个国家级知识产权运用和保护综合改革试验区域。目前，中新广州知识城已实现全区知识产权行政管理职能从分散管理向专利、商标、版权"三合一"综合管理模式的转变，并逐步构建起强有力的知识产权全链条扶持

政策体系，推动区域知识产权事业实现高速发展。

第二，知识产权注册申请便利化改革有效推进。广东积极深化商标注册便利化改革，加快推动国家商标注册便利化改革试验区建设，相继开通地理标志商标、马德里国际商标注册申请受理及审查业务，全面开通补发商标注册申请受理等 24 项商标受理业务，实现企业不出省即可办理商标注册，便利化服务水平进一步提升。2018 年共完成首次商标实审 239.6 万件，审查周期大幅压缩至 5 个月内。专利权质押登记、专利实施许可合同备案办理时限压减至 5 个工作日内。大力推广专利电子申请和网上缴费系统，全省专利电子申请率达到 98% 以上。

### （二）知识产权综合实力再上新台阶

第一，知识产权实力持续增强。2018 年，广东知识产权综合发展指数连续 6 年保持全国第一，全省专利申请量 79.4 万件，同比增长 26.4%；专利授权量 47.8 万件，同比增长 43.7%；PCT 国际专利申请量 2.5 万件，约占全国的 48.7%，连续第 17 年居全国第一。截至 2018 年 12 月底，全省有效发明专利量 24.9 万件，同比增长 19.2%，连续第 9 年居全国第一。全年商标注册申请量 146 万件，注册量 94 万件。截至 2018 年底，获地理标志保护产品 134 个，已注册地理标志商标 70 件。在 2018 年第二十届中国专利奖评选中，广东获得金奖 10 项，银奖 26 项，优秀奖 214 项，获奖数量居全国第一。

第二，企业知识产权主体地位进一步巩固。2018 年，全省 7.3 万年家企业共申请专利 60.2 万件，占全省专利申请总量的 75.8%，申请专利企业数占全省工业企业总数的 10.9%。6.5 万家企业共获得专利授权 37.3 万件，占全省专利授权总量的 78%，有专利授权的企业数占全省工业企业总数的 9.7%。3.1 万家企业共拥有发明专利 21.1 万件，占全省有效发明专利量的 85%。广东持续推动贯彻"企业知识产权管理规范"国家标准，贯标企业数量增长迅猛，截至 2018 年底，累计通过贯标认证企业数量 6949 家，位居全国第一。全省拥有国家级知识产权优势、示范企业 295 家。同时，中小企业专利活动日趋活跃，已成为广东省专利增长的重要动力。2018 年，广东省规模以下企业专利申请量和授权量增速均明显高于全省平均水平，分别达到 33.4% 和 61%。

第三，高校院所知识产权创造能力进一步提升。广东高校积极推进高校贯彻知识产权管理规范，高水平大学重点建设高校贯标试点实现全覆盖，高校知识产

权管理体系逐步建立。高校积极探索产学研协同高价值专利培育新模式,建立高价值专利育成转化、培育中心超过10家,高价值专利培育初现成效。2018年全省大专院校申请发明专利17753件、获得发明专利授权4203件,均约占全省总量的8%,科研单位申请发明专利4915件,占全省总量的2.3%。获得发明专利授权1607件,占全省发明专利授权总量的3%。

第四,战略性新兴产业创新能力稳步提升。战略性新兴产业发明专利授权增速超全省平均水平。2018年,广东战略性新兴产业发明专利授权量28239件,同比增长19.4%,占全省发明专利授权总量的53%,较上年同期上升了1.3个百分点。其中,新一代信息技术产业发明专利授权量10733件,同比增长26.3%,占全省战略性新兴产业发明专利授权量的38%,较上年同期上升了2.1个百分点,对全省战略性新兴产业发明专利授权量增长的贡献率达到48.7%。

### (三)知识产权保护持续加强

第一,知识产权行政执法力度加大。广东通过开展"护航""雷霆"等专项行动加大知识产权行政执法力度,并不断强化知识产权行政执法与刑事司法衔接工作,加强展会、专业市场等知识产权保护。2018年全省共受理各类专利案件6611件,结案6501件,查处各类商标违法案件3550宗,案值5033.8万元,罚没5021.9万元,向全国"两法"衔接中央平台推送案件数据4万余条。第123、124届广交会期间,共受理专利、商标知识产权投诉案件701宗,处理被投诉企业1007家。广东还建立了重点企业和重点市场知识产权保护直通车制度,省市两级入库企业达1504家。

第二,知识产权司法保护不断加强。2018年,广东法院审结知识产权一审案件8.3万件,同比上升40.8%;广州知识产权法院审结专业技术性较强的知识产权民事案件3924件,同比增长16%;深圳两级法院审结专业技术性较强的知识产权民事案件2312件,同比增长6.3%。涉标准必要专利、网络著作权及不正当竞争等纠纷呈现多发趋势。广东知识产权司法保护不断加强科技创新专利案件审判力度,对源头侵权、恶意侵权、重复侵权等行为,加大惩治力度,从高确定侵权赔偿数额。2015—2017年,广东商标权、著作权、实用新型和发明专利纠纷权利人平均获偿额分别提高25%、50%、36%、21%,维权合理费用平均获得赔偿的数额增长超过3.5倍。

第三，快速协同保护体系逐步完善。近年来，广东建立起以知识产权保护中心、维权援助中心、快速维权中心等机构为主的产业知识产权快速协同保护和维权援助机制，不断完善重点产业知识产权保护体系，促进产业结构调整和转型升级。已建成国家级知识产权维权援助中心6个，重点行业知识产权快速维权中心7个，快速维权服务惠及中山灯饰、东莞家具、顺德家电、花都皮具、阳江五金刀剪、汕头玩具及潮州餐具炊具等行业。国务院将广东"专利快速审查、确权、维权一站式服务"作为全面创新改革试验举措在全国予以推广。中山（灯饰）知识产权快速维权中心，被列为国家发改委"全面创新改革试验百佳案例"第一位。2018年9月，中山市在瑞士日内瓦世界知识产权组织（WIPO）总部举行的执法咨询委员会（ACE）第十三届会议上，向各WIPO会员国介绍中国知识产权快速维权工作经验。2018年国家知识产权局批复建设的中国（佛山）、中国（深圳）知识产权保护中心正式运行，省级保护中心正在加快建设中，将开展集专利快速审查、快速确权、快速维权于一体，审查确权、行政执法、维权援助、仲裁调解、司法衔接相联动的产业知识产权快速协同保护工作。

### （四）知识产权转化运用实现新突破

第一，知识产权转化运用成效显著。广东历来重视知识产权转化运用工作，连续两年举办知识产权交易博览会。知识产权交易博览会是国内首个以知识产权为主题的专题交易博览会，搭建了知识产权展示交易平台，破解知识产权转化运用难、知识产权交易运营渠道不畅的难题。2018年第二届广东知识产权交易博览会上，累计展示知识产权项目2491个，专利31.17万件，商标78.81万件，促成知识产权投资意向90亿元，达成知识产权交易金额共计10.42亿元，比2017年增长45％。2018年，广东专利转让共计37174件，居全国第一，专利实施许可合同备案金额达11.2亿元，居全国第二，是2017年备案金额的2.35倍。

第二，知识产权运营体系不断完善。广东积极推进知识产权运营业态发展，拥有全国知识产权运营公共服务横琴特色试点平台、广州知识产权交易中心、中国（南方）知识产权运营中心等知识产权运营平台机构29家，中彩联、汇桔网、高航网、七号网等民营化、市场化、网络化交易服务机构28家，其中国家专利运营试点企业15家。广州、深圳被定为国家知识产权运营服务体系建设重点城市。广东创新开展知识产权军民融合工作，成为全国首批知识产权军民融合试点地方，

广州开发区建立知识产权军民融合特色平台。

第三，知识产权金融发展初见成效。广东建立省级知识产权质押融资贴息机制，各地市不断探索质押融资风险补偿机制。除广州、深圳、珠海、中山、惠州5市借助中央财政支持建立"知识产权质押融资风险补偿基金"外，佛山、东莞、清远等地市财政也设立了当地知识产权质押融资风险补偿基金。深圳市建立知识产权质押融资再担保体系，依托现有再担保平台，由深圳市再担保中心为全市知识产权质押融资业务提供再担保。2018年，全省专利权质押登记共计656件，专利权质押金额总计210.3亿元，继续保持全国首位，同比增长56.29%，惠及企业625家，涉及专利3326件。专利保险产品不断创新，保险机构推出包括专利执行保险、侵犯专利权责任险、境外展会专利纠纷法律费用保险等十几个专利保险险种，为企业在创新过程中不同阶段提供全方位的保障。

**（五）知识产权发展基础建设取得新进展**

第一，知识产权服务基础不断夯实。全省专利代理机构和分支机构分别达336家和350家，实现省内地市全覆盖。建设国家和省、市级知识产权培训基地25家。组建省中小学知识产权与创新教育专业委员会，大力推进全省中小学知识产权教育。组建省知识产权（专利）专业技术资格评审委员会及专家库，正式启动专利专业技术职称申报和评审工作。国家区域专利信息服务（广州）中心专利数据突破1.1亿条。新建生物质能、海洋可再生能源开发产业等10个专利数据库，对外提供服务的专利专题数据库58个。省内30多家优秀服务机构开展2.4万家（次）专利信息订单式精准推送服务。建设全国首个省级商标维权援助服务体系平台，提供查询、检索、统计、分析和预警等公共服务。

第二，知识产权强市群形成。各地市知识产权工作与区域经济社会发展越发紧密结合，知识产权与产业、科技和金融深度融合，知识产权要素资源优势迅速转化为区域发展优势。目前，广东有13个国家知识产权试点示范和示范培育城市，26个强县工程试点、示范县（市、区），广州、深圳获评国家知识产权强市创建市。肇庆端州区获评国家传统知识知识产权保护试点区，实现广东省传统知识知识产权保护试点县区零突破。东莞松山湖新区、广州市越秀区、广州开发区、深圳市南山区、广州天河区及惠州市惠城区等积极开展知识产权服务业集聚发展区建设，知识产权高端服务资源积聚效应不断强化。

第三，知识产权区域合作交流不断拓展。举办海牙协定研讨会、国际知识产权巡回演讲、中日（广东）企业知识产权交流研讨等活动。推进粤港澳大湾区知识产权合作，分别签署和推动落实粤港、粤澳保护知识产权合作项目，研究制定《建设粤港澳大湾区知识产权行动方案》，筹备成立粤港澳大湾区知识产权服务联盟。省政府与国家知识产权局围绕"支撑粤港澳大湾区打造国际科技创新中心"主题，部署"推进知识产权强省建设引领湾区发展新格局""探索湾区知识产权跨区域合作新机制""打造最严格的区域知识产权保护体系"等八项年度知识产权合作任务。

## 二、存在的主要问题

面对新时代新形势新要求，我省知识产权事业发展不少深层次矛盾仍没得到有效解决，不平衡不充分的问题依然存在。一是知识产权"大而不强"问题突出。我省重大产业"缺芯少核"，关键技术、核心领域高质量专利布局不足，有分量的发明专利不多，基础性、原创性专利较少，产业发展存在"核心专利卡脖子"现象。广东企业重商标注册轻保护运用，驰名国际的商标品牌数量不能适应广东企业转型升级和"走出去"的需要。二是知识产权转化中市场作用有待强化。知识产权主要仍为科技成果，作为市场要素的功能不够明显，知识产权市场价值实现渠道和路径不够。据国家知识产权局 2018 年发布的报告，2017 年广东有效专利进入产业化阶段的比例仅 41.2%，特别是高校和科研院所积压了大量知识产权"沉睡"资产。三是知识产权保护工作仍待加强。知识产权维权仍面临"周期长、成本高、赔偿低"等问题，实际保护力度和保护效果与社会期待仍有差距。不少企业缺乏对知识产权国际规则的了解和掌握，对于海外知识产权纠纷，企业应对能力明显不足。四是知识产权区域发展还不平衡。发明专利授权量集中在珠三角地区和一些大型企业。2018 年珠三角地区专利授权量占全省总量的 89.8%，发明专利授权量占总量 97%，PCT 国际专利申请占总量的 99%。珠三角与粤东西北地区商标品牌发展"冷热不均"，科技创新和商标品牌对粤东西北地区经济发展的引领作用亟待加强。

## 三、新时代广东知识产权发展面临的机遇和挑战

### （一）经济社会发展需要更严格知识产权保护

目前，世界经济正面临着新一轮科技革命和产业变革。互联网、大数据、人工智能、生命科学、新一代信息技术、新材料等许多科技领域，都面临着革命性变化。科技革命催生着产业变革，新技术、新产业、新业态、新模式蓬勃发展。知识产权不断创新，内容更加丰富、范围更加广泛、形式更加多样，对知识产权保护带来新要求新挑战。

2018 年 4 月，习近平主席在博鳌亚洲论坛 2018 年年会上指出，"加强知识产权保护，这是完善产业保护制度最重要的内容，也是提高中国经济竞争力最大的激励"。我国知识产权保护的法律制度体系正在不断完善，国务院常务会议通过专利法修正案（草案），特别是积极建立侵权惩罚性赔偿制度，提高侵权违法成本，是知识产权保护制度的重大突破。同时对知识产权（专利）领域严重失信行为实施联合惩戒，依托"互联网＋"技术，破解网上侵权执法难题等等，知识产权保护力度不断加强。

随着我国经济社会发展中知识产权重要性不断提高，如何适应创新发展趋势，更好发挥知识产权制度作用，迫切需要学习借鉴国际先进经验，用全球视野和战略思维进行前瞻性思考和重点部署，积极探索知识产权保护工作新机制、新模式，不断完善知识产权保护制度和体系，使知识产权真正为经济社会发展提供强有力的激励和保障。

### （二）产业转型升级需要高质量知识产权支撑

当前不仅我国经济已经由高速增长阶段转向高质量发展阶段，经济的竞争力更有赖于创新引领、技术支撑，全球制造业的分工布局也正在发生深刻变化，呈现出新的发展趋势，制造业竞争的核心聚焦知识产权，知识产权受到前所未有的高度关注。

广东提出发展新一代信息技术、高端装备制造、生物医药、数字经济、新材料、海洋经济等战略性新兴产业，构筑广东产业体系新支柱。广东数字经济指数排名全国第一，海洋生产总值连续 23 年居全国首位，生物医药产业领跑全国，

2020 年全省生物产业产值规模将突破 6000 亿元，新能源汽车保有量超过 20 万辆，战略性新兴产业正成为广东经济新的增长极。战略性新兴产业发展中，培育产业核心技术和高价值专利极为关键。高价值专利具有产业技术创新依赖性强、产业化市场应用前景广阔、政策适应性和市场竞争力强等突出特点，往往能够引领整个产业的发展。

近年来，我国围绕高价值专利的创造和运用开展了一系列富有成效的工作，持续深入实施专利质量提升工程，大力培育高价值核心专利，在信息通信、航空航天、高铁、核能等领域形成一批拥有自主知识产权的核心技术。广东实施创新驱动发展战略，发展战略性新兴产业，迫切需要进一步从制度设计上将知识产权与经济发展紧密结合，激励产业高价值专利产出和运用，支撑产业转型升级。

### （三）打造粤港澳大湾区国际科技创新中心需协同发展

当前，粤港澳大湾区建设已上升为重要的国家战略。党的十九大报告指出，以粤港澳大湾区建设、粤港澳合作、泛珠三角区域合作等为重点，全面推进内地同香港、澳门互利合作。2018 年 3 月 7 日，习近平总书记在参加广东代表团审议时指出，要抓住建设粤港澳大湾区重大机遇，携手港澳加快推进相关工作，打造国际一流湾区和世界级城市群。从世界湾区经济发展来看，湾区往往不仅聚集了最为发达和最具竞争实力的城市群，拥有开放经济体系和集聚外溢效应，还聚集了世界级创新生态群落，为新兴产业发展提供不竭动力。

粤港澳大湾区涵盖广东珠三角九市及香港、澳门特别行政区，地利位置优越、经济体量巨大、创新驱动效应突出、特色优势明显，是我国开放程度最高、经济活力最强的区域之一，从经济规模、创新实力、外向程度等方面看，粤港澳大湾区已具备建成国际一流湾区和国际科技创新中心的基础条件。根据《广州日报》发布的《粤港澳大湾区协同创新发展报告（2018）》，粤港澳大湾区历年发明专利总量呈现逐年稳步递增趋势。2013—2017 年，粤港澳大湾区发明专利数量由 7.1 万件增加到 25.8 万件，远超越纽约湾区、东京湾区、旧金山湾区。2017 年，粤港澳大湾区的 PCT 国际专利申请量为旧金山湾区的 3 倍，纽约湾区的 2.7 倍，达到东京湾区的 75%。根据世界知识产权组织以及美国康奈尔大学等组织发布的 2018 年全球创新指数排行榜，在全球创新集群排行榜中，深圳—香港集群仅次于东京—横滨地区，位居全球第二。粤港澳大湾区已成为全球创新的热点湾区。

粤港澳大湾区属于"一国两制三个关税区"的格局，在知识产权法律体系上存在较大差异，如何加强区域知识产权协同发展，充分释放区域创新资源，形成产业发展新动能，对湾区科技创新实现深度合作，建设世界一流湾区具有重要的现实意义。

### （四）企业"走出去"中面临海外知识产权风险增加

近期急剧升温的中美贸易摩擦，不仅是贸易问题，更是市场规则问题。近年来，美欧日等发达国家，在研究倡议更高水平贸易规则中，都将知识产权保护作为重要内容，世界投资贸易规则、知识产权规则都面临着一系列调整，显示出全球竞争中新的趋势和新的挑战。全球金融危机发生后，世界经济贸易下行压力加大，中美进出口贸易中，美国一直处于逆差状态，加之其"美国优先"政策，导致美国频繁对华发起"337调查"，且调查领域逐渐向中高端产业倾斜。

"337调查"是指美国国际贸易委员会（USITC）受美国国会授权，根据美国《1930年关税法》第337条款及相关修正案进行的调查，禁止的是一切不公平竞争行为或向美国出口产品中的任何不公平贸易行为。调查缘由之一是在美国国内存在相关产业的条件下，进口产品侵犯了美国的商标权、专利权、著作权、集成电路布图设计权、专有设计权以及商业秘密等知识产权。近年来，以知识产权侵权为诉由的案件占"337调查"案件数的97.8%，知识产权保护已经成为USITC在"337调查"实际操作中的工作重点，成为美国实施贸易保护主义最重要的措施之一。USITC可对最终裁定的外国侵权企业颁布普遍进口排除令、有限进口排除令或禁止令。其中普遍禁止令针对的是与侵权产品同类的所有货物，而不仅仅限于被诉方，也包括未参与调查的其他同类企业，适用范围还包括上游的零部件产品和侵权产品的下游产品，会给相关行业带来深刻的负面影响。

近年来，广东企业面临了较多的美国"337调查"。例如，2018年，美国Fraen Corporation公司向USITC提出"337"调查申请，指控对美出口、在美进口或在美销售的LED照明设备及组件侵犯其专利权，请求USITC发布普遍排除令和禁止令，广东5家企业为列名被诉企业。可以预见，在激烈的国际市场竞争环境下，广东企业走出去面临的"337调查"等海外知识产权风险急剧增加，出口企业发展预期将受到影响。引导企业加速了解把握国际规则，切实加强知识产权海外布局，提升产品、服务"走出去"的知识含量和国际竞争力，提高应对知识产权风险能力，积极应对国际贸易中的各类风险，是企业成功"走出去"的利剑和盾牌。

# 四、2019年广东知识产权发展的对策建议

站在新的发展起点上，广东知识产权工作需要与时俱进、创新发展，进行更深层次的再认识、再思考、再谋划，贯彻落实省委、省政府部署要求，为全省经济发展提供创新支撑作用。

## （一）聚焦高质量发展，支撑产业转型升级

要明确强化知识产权保护推动经济高质量发展的总体目标，突出企业主体地位，做好知识产权制度的顶层设计，采取强有力措施，激励和保护高质量知识产权的产出。推进创新主体贯标工程，提升知识产权管理和掌握核心专利能力，形成知识产权优势企业群。要推动产学研高价值专利育成转化，聚焦产业核心技术攻关、协同创新，支持各类平台创造高质量专利，构建重点产业领域专利池。要推进重点产业专利导航，提高战略性新兴产业国内外核心专利布局，培育一批知识产权密集型产业，增强产业国际竞争力。进一步深化商标注册便利化改革，推动商标品牌创新创业广州基地建设，强化地理标志商标的管理和有效运用，不断增强商标品牌创新创业要素集聚效应。

## （二）严格知识产权保护，塑造新型营商环境

严格的知识产权保护为广东营造了良好的创新环境和营商环境。以机构改革为契机，加大知识产权保护力度，加快知识产权保护体系建设，统筹构建集严保护、大保护、快保护、同保护于一体的知识产权保护体系，显著提高违法成本，提高法律的震慑作用。健全知识产权行政执法与司法保护协作机制，强化重点专业市场、展会和互联网领域知识产权保护。探索开展互联网、电子商务大数据等领域知识产权地方立法研究。加快知识产权保护中心建设，建立健全仲裁、调解、行业自律等知识产权纠纷多元化解决机制。围绕区域特色产业，加快知识产权维权援助机构建设。建设全国首个省级商标维权援助服务体系平台，打造集商标大数据分析和商标管理保护综合服务为一体的智慧型维权服务平台。

## （三）加快知识产权运用，支撑产业转型升级

专利制度建立的初衷，即是通过有效的制度设计，既保障创新者获得合理回报，又有效促进技术的传播利用，让公众享有创新带来的红利。在做好知识产权

保护的同时，广东要注重积极促进知识产权交易转化，打造知识产权交易运营体系，培育专业化市场化运营机构。要不断推进知识产权金融创新，加快完善知识产权质押融资扶持及风险补偿机制引导民间资本开展知识产权投融资服务，开发和推广知识产权保险产品和新型险种，建立知识产权信用担保机制，探索成立专利知识产权担保机构，开展知识产权证券化试点，培育知识产权全链条服务业态。在发展知识产权创业、孵化和产业化基地等方面积极探索，加快建立知识产权军民融合产业化基地，探索军地联合攻关和技术双向转化新机制。

### （四）强化海外布局和维权，应对知识产权海外风险

在知识产权已成为全球竞争重要焦点的形势下，要格外重视企业在国际贸易摩擦中的知识产权风险，鼓励企业强化知识产权海外布局，切实提高企业应对风险能力。要发挥知识产权保护中心、维权援助机构等作用，加强知识产权海外实务指引和风险预警，建立企业海外知识产权保护综合信息服务平台。建立海外维权联盟，探索建立重点产业海外知识产权风险互助金，妥善推进海外知识产权争端处理工作。加强国际知识产权诉讼高端人才的培养和引进，大力提高知识产权法律服务能力，积极维护企业海外知识产权合法权益。

### （五）加强知识产权合作，促进粤港澳大湾区创新发展

粤港澳三地知识产权合作不断深化。目前，已设立粤港、粤澳知识产权专责小组合作工作机制，建议积极探索体制机制创新，建立粤港澳三地共同参与的更高层级、协作一体的知识产权决策和协调机制，推进粤港澳三地知识产权制度的完善与对接，信息服务共建共享深度融合发展，为大湾区创新主体提供优质、高效的公共服务。推动建立粤港澳大湾区知识产权大保护体系建设，进一步强化粤港澳知识产权跨区域执法协作，探索"互联网＋"、云计算、大数据等新业态的知识产权保护合作。进一步强化知识产权跨境合作机制，加强湾区产学研创新合作、高价值专利培育和转化，搭建知识产权创新合作平台，建立知识产权运营合作机制，建成具有国际影响力的区域知识产权交易中心，探索以知识产权推进大湾区国际化、开放性区域创新体系的构建。

作者单位：广东省知识产权保护中心

# 推动广东新能源汽车产业实现跨越式发展的思考和建议

任红伟　李　潇

随着能源技术和智能网联的进展，新能源汽车发展成为中央到地方政府的普遍共识，国家相继出台多项新能源汽车产业激励政策，电动化和智能化给汽车产业带来了新的发展机遇。围绕如何顺应新能源汽车产业发展新趋势、积极抢占制高点、努力争取将该产业打造成为广东省新的经济增长点，我们对新能源汽车产业发展开展专题调研，形成此报告。

## 一、广东新能源汽车的发展现状

经过近 10 年来的发展，广东省新能源汽车产业从无到有，发展迅速，目前总体技术水平居全国前列，初步具备了规模化生产和应用的条件。

### （一）新能源汽车主要产品技术国内领先

广东已基本形成了涵盖整车生产、动力电池、驱动电机、电控系统等关键零部件以及电池材料的较为完备的新能源汽车产业链。广汽、比亚迪、珠海银隆等企业的整车制造能力和电池技术居全国前列，部分企业产品已参与国际竞争，腾讯、华为、科大讯飞分别在互联网、通信控制、人工智能技术上实力强大；动力电池正负极、电解液、隔膜等关键材料实现国产化，产业链较为完整，永磁同步电机总体技术水平居国内前列，已大批量配套用于纯电动乘用车生产。广东是中国最重要的新能源和智能网联汽车的生产基地和消费市场，2017 年全国产量 79.4 万辆，销量 77.7 万辆，超过 1/8 的新能源汽车是在广东销售。2017 年广东新能源汽车综合产能约为 20 万辆，居全国前列，实际产量在减产 33% 的情况下仍占国内

市场规模 6%。据 EV sales 统计数据，2017 年比亚迪新能源汽车销量超过 11 万辆，实现连续 3 年排名全球第一，在全球新能源汽车市场占有率达 13%。

### （二）研发、应用创新体系初步形成

广东是国内最早开展电动汽车技术研发、参与国家电动汽车重大科技项目的省份之一，目前在电动汽车整车、动力系统总成以及动力电池及其管理系统、驱动电机等关键零部件方面的技术居全国领先地位。全省共拥有国家级、省级创新平台 15 家，拥有国家电动汽车试验示范区、国家汽车质量监督检验中心（广东）、电动车辆国家工程实验室（电驱动实验室）以及一批省级工程实验室、工程中心、重点实验室等创新平台和公共测试平台，初步形成了一个多层次、多领域的技术创新体系。已基本形成以新能源汽车龙头骨干企业为主体，高校、科研院所参与的研发支撑体系。1987 年至 2016 年，中国新能源汽车授权总量为 18.5 万件，国内申请 14.5 万件，其中广东 5.3 万件。广东申请人占全国 16%，排名第一。

### （三）氢燃料电池汽车产业迅速起步

目前，广东氢燃料电池汽车产业加速布局，已初见成效。佛山、云浮已经成为氢燃料电池汽车率先推广的先行示范区，在佛山（云浮）产业转移工业园中已经建成了氢燃料电池客车整车和燃料电池电堆生产基地。佛山南海区正在建设氢燃料电池汽车整车和核心零部件研发生产基地，佛山高明的氢能现代有轨电车已具备生产能力并进行示范运营，全国首条氢能源城市公交车示范线路也在佛山正式开通。

## 二、当前广东新能源汽车产业发展面临的突出问题

当前，全球新能源汽车产业正处于蓄势待发的态势，中国新能源汽车产业处于高增速、不均衡状态，广东新能源汽车处在高速发展的阶段，同时也是爬坡过坎的关键时期。虽然广东省新能源汽车产业具备了一定的基础，但在快速崛起的同时，也面临发展中的一些问题和困难。

### （一）在发展新能源汽车产业过程中将面临日趋激烈的区域竞争

从全国来看，广东尤其是珠三角地区，已经形成了产业聚集和拥有制造体系

优势，对新能源汽车发展十分有利。但是随着国内领军企业不断扩张，全国各地新能源汽车产业竞争日趋激烈。新能源汽车产业加速在江苏、上海等长三角地区布局，广东正面临着包括重大项目引进、国家财政支持、产品研发设计和销售等诸多方面的激烈竞争。与其他省份对比，我们在思想认识、招商引资力度、政策供给能力、转型升级压力、跨界合作等方面仍有较大进步空间。

### （二）新能源汽车产业省级层面统筹不足，产业集聚化程度不高

我省动力电池、电机、电解液、电极材料等零部件产品产量占全国比例较高，已形成产业集群，但由于省级层面统筹不足，尚缺乏专业化的产业园区，随着新能源汽车产业的快速增长，相关零部件继续集聚做大规模面临制约。在国家实施"双积分"政策的前提下，各企业都必须投入相当力量生产推广新能源汽车，但合资企业普遍对导入新能源汽车车型的意愿不强烈，除比亚迪年生产新能源汽车超过 10000 辆以外，广汽、东风日产等企业年生产新能源汽车仅几千辆，远未达到传统燃油汽车单厂 20 万辆的盈亏平衡产量。国家发改委新批准设立的 15 家新能源汽车企业中，浙江有 4 家，江苏、安徽各 2 家，广东仅陆地方舟 1 家。因此，我省新能源汽车产业发展在大力支持广汽新能源、比亚迪做大做强的同时，还需要加快推进陆地方舟尽快形成生产能力，并适时引进和培育 1—2 家新能源乘用车整车企业，增强产业发展后劲。

### （三）基础设施建设相对滞后，市场推广难度依然很大

由于产业发展尚未实现自我良性循环，仍处于起步阶段，充电、充气等设施建设刚刚启动，应用环境和配套体系尚不完善等原因，新能源汽车市场推广难度依然较大，自主品牌电动汽车未批量进入普通终端市场，不少群众对新能源汽车仍持观望态度，这都将影响广东省新能源汽车产业的发展步伐。相比于北京、上海等新能源汽车推广城市，广东省新能源汽车更侧重于公共交通领域。截至 2016 年，我省新能源汽车保有量已超过 12 万辆，除公交车、物流环卫车外，约有 8 万多辆电动汽车可能使用公共充电设施服务，充电桩建设已略微领先新能源汽车推广。但充电桩设施建设严重不均衡，珠三角地区的公共充电桩占全省的比重超过 95％，粤东西北地区严重不足，珠三角地区也主要集中在住宅区、写字楼等封闭场所，公共区域偏少。国家虽新发布了充电接口标准，但各充电桩运营商充电枪接口标准仍未完全统一，车、桩不匹配问题常有发生。充电服务水平较低，统一

的充电桩物联网和成熟有效的商业模式尚未形成，现有公共充电设施利用率低、回报率少，除深圳外，其他各市已建成投运的充电设施基本处于亏损运营状态。加氢站建设尚缺乏建设标准和实施细则。目前我省加氢站建设刚刚起步，全省仅3座投入示范运行，且运行压力为35兆帕，与国际上通用的70兆帕仍存在一定差距。

### （四）新能源汽车整车和部分核心零部件关键技术尚待进一步突破

放眼全球新能源汽车市场，在相关核心技术、标准和品牌影响力等方面，仍存在一定差距，亟须加大科技研发投入。整车方面，我省续航里程最高的比亚迪e6400为400公里与特斯拉 ModelS 等国际先进水平的480—600km 比较，还有一定提升空间。快速充电技术尚不成熟，以比亚迪 e6 为例，其快速充电时间在2—2.5小时，而续航里程相近的特斯拉 Model3 快速充电桩可以实现30分钟充满电，日产聆风的快速充电桩可实现30分钟充满90％。动力电池性能与国际先进水平仍有较大差距。我省三元锂电池单体能量密度已达到200—250Wh/kg，但与特斯拉使用的松下电池的340Wh/kg 还存在较大差距。关键器件与材料主要依赖进口，产业链部分环节缺失。氢燃料电池方面，虽然我省在氢燃料电池汽车核心技术的研究开发上已达到国内先进水平，但尚未有可投入产业化的自主知识产权的燃料电池电堆，燃料电池的关键材料，质子交换膜、催化剂、碳纸等质量水平不高，甚至依赖进口。

### （五）智能汽车发展相对滞后，制造业服务化水平不高

智能汽车是电子信息产业与汽车产业深度融合的产物，电子信息产业、汽车产业都是我省的支柱产业，各拥有一批龙头企业和较完善的产业配套，但汽车产业与电子信息产业间的融合合作不足，电子信息、互联网、云计算等技术基础在汽车产业中未得到有效发挥，未形成智能汽车硬件、智能软件开发和汽车产业联合的创新优势。由于新能源汽车产业发展特性，全球主要新能源汽车整车企业都在从单一的生产制造向整车营销、品牌形象建设、售后服务、租赁服务等下游服务延伸，通过开展充换电服务、维修保养、分时租赁、共享服务等商业模式创新，一方面推进新能源汽车的推广应用，另一方面通过扩展服务产业链提升企业的核心竞争力。目前，国内的上汽、北汽、奇瑞、力帆等整车企业已在城市内汽车出行服务上开展分时共享业务，主要集中在北京、上海、重庆和杭州等城市。我省

汽车共享租赁等新型商业模式尚处于起步阶段，省内汽车整车生产企业包括广汽集团、比亚迪等仍将精力主要集中在生产制造环节，均没有开展此类商业模式创新。同时，工信部2015年6月批准上海国际汽车城为国内第一个智能网联汽车试点示范区，该园区2016年6月正式投入运营。工信部与浙江省在杭州开展了5G网络智能汽车智慧交通应用示范，北京、重庆、武汉等城市也在相继投建智能网联汽车试点示范区，我省尚没有专业的智能汽车测试示范区。

## 三、现阶段新能源汽车产业发展的展望与思考

### （一）国家政策变化将推动新能源汽车产业实现"洗牌"

为加快培育新能源汽车产业发展，国家制定了包括行业规范、产品推广、购买补贴在内的一系列政策，构建了较为系统的政策支持体系。在度过最初培育期之后，政府在新能源汽车的政策支持策略上也正在发生相应变化，最为明显的就是财政补贴退坡和"双积分"政策的出台。2016年12月，财政部、科技部、工信部、国家发改委发布《关于调整新能源汽车推广应用补贴政策的通知》，明确要调整完善推广应用补贴政策，在提高推荐车型目录门槛的同时，财政补贴在现行标准基础上实行退坡。2017年国家对电动汽车的补贴额度比2016年降低了20%，并计划在2020年全面取消补贴；与此同时，也规定地方政府的补贴不得超过中央的50%。2017年9月，工信部等五部门正式公布《乘用车企业平均燃料消耗量与新能源汽车积分并行管理办法》，明确"双积分"政策自2018年4月1日起施行，对平均燃料消耗量积分和新能源汽车积分并行管理，明确具体的积分核算方法，并且如果汽车企业自身不能够生产销售足够的新能源汽车，只能购买其他企业新能源汽车换取积分，或消减自身传统燃油车产量。"补贴退坡＋双积分"政策将在很大程度上推动新能源汽车产业向着市场化再进一步，当前众多规模不一、良莠不齐的新能源汽车生产企业也将面临市场的"洗牌"，哪家企业在保证产品质量的前提下，真正实现成本降低，就更有机会在市场竞争中胜出，这种优胜劣汰又进一步强化市场在新能源汽车发展中的主导作用，使产业发展进入良性循环，高速发展的势头更加明显。

### （二）产业面临结构性供给过剩隐忧

新能源汽车是新兴产业，发展前景广阔，在政府可观的财政补贴支持和乐观

的行业预测推动下，众多资本纷纷进入新能源汽车领域，期望能够在短期获益，甚至出现了"骗补"等行业乱象。一些地方和企业不具备产业基础和技术研发能力，却把新能源汽车列为最优先引进的招商产业，给新能源汽车以及动力电池产业带来了低水平重复建设和产能过剩的隐忧。就汽车产业周期来讲，通过技术进步降低成本、收回投资并实现盈利，需要一个相当长的过程。目前市场上呈现低端产能过剩、高端产能不足的两极分化现象，一方面，具备高科技含量、性能优越的电动汽车生产企业寥寥无几，动力电池骨干企业的产品供不应求；另一方面，一些质量不过关的中小企业产品却难以获得消费者认可，成为无效和低端供给。受技术标准提高、行业目录管理强化等影响，新能源汽车和动力电池产业的两极分化现象将日趋明显，能否在核心技术上取得根本性突破，推进新能源汽车产业实现结构调整，扩大有效和中高端供给，关乎我国和我省新能源汽车产业的未来发展。

### （三）众多资本竞相涌入新能源汽车产业领域，推动其成为"风口"产业

国家工信部、发改委等部门联合印发的《汽车产业中长期发展规划》中提到，我国新能源汽车领域的阶段性目标是到 2020 年年产销达到 200 万辆；到 2025 年，新能源汽车占汽车产销 20％以上。随着互联网、以燃料电池为代表的新能源、智能制造等开始渗透汽车业，百年汽车产业面临重大变革。传统能源汽车发端于欧美国家，其所积累的技术优势，尤其是专利上的优势是中国等发展中国家所无法比拟的，但在向新能源和互联网汽车变革中，中国落后的程度并不大，只要扎实努力，仍有迎头赶上甚至超越的可能。巨大的市场空间、广阔的发展潜力、较低的准入门槛，吸引着国内外诸多资本竞相涌入这一领域。以 BAT（阿里、腾讯和百度）为代表的互联网巨头早就已经在汽车市场布局，阿里侧重于汽车电商、汽车出行服务领域以及平台建设，百度专注于自动驾驶与汽车互联网技术的研发和应用，腾讯主攻新能源汽车技术的研发和后续的市场服务。此外，格力、万达、宝能、中兴等企业也纷纷进军新能源汽车领域，很多新创立的跨国新能源汽车公司也选择将总部设在中国，新能源汽车已经成为市场的"风口"。

### （四）核心技术是抢占全球产业制高点的关键

各路资本的密集涌入为新能源汽车产业提供了资金上的雄厚支撑，带来了产能上的迅速扩张，但更重要的是要在核心技术上发力取得突破。新能源汽车产

要有新技术、有自主知识产权和自主品牌，才能形成核心竞争力。2017 年，来自广东省本土的新能源汽车品牌比亚迪全球销量实现超过 11 万辆，蝉联全球新能源汽车销量排行榜首位，占据全球 13% 的市场份额，这与其多年来自主研发电池、电机、电控等核心技术是密不可分的。倘若我国新能源汽车真正解决了自主知识产权问题，解决了电池安全和回收利用、配套设施滞后、标准规范不健全等瓶颈问题，极有可能让我国的汽车产业实现弯道超车，跻身世界一流汽车强国之列。

# 四、对策建议

当前广东省新能源汽车产业发展仍处于加速布局、抢占市场阶段，须以供给侧结构性改革的思维，从产品质量和创新、关键核心技术突破、产业集群高效协同发展、无人驾驶和智能网联汽车、营造良好的产业生态环境等关键环节入手，着力化解目前我省新能源汽车产业发展面临的困难，推动我省新能源汽车产业实现跨越式突破。

## （一）借鉴特斯拉经验，做高质量创新型的新能源汽车品牌产品

供给侧结构性改革的根本，是使供给能力更好满足广大人民日益增长、不断升级和个性化的物质文化需要，从而实现更高质量发展。在新能源汽车领域，我国同样有一批购买力强的消费需求在国内得不到有效供给，转而购买美国特斯拉汽车。2016 年特斯拉在中国的总营收为 20.27 亿美元，较 2016 年同比增长超过 90%，约占其全球总营收的 17.2%。与众多国内新能源汽车企业相比，特斯拉定位高端，业务范围覆盖新能源汽车生产和销售、充电基础设施的建设和运营、太阳能发电及家庭能源存储领域，已发展成为覆盖能源"生产—储存—消费"一条龙的全产业链能源公司，其生产的特斯拉汽车在技术创新、外观设计、续航里程、兼容充电标准、客户体验、安全性能等方面都具备一定的领先优势。我省新能源汽车产业已经具备良好的基础，但原始创新能力不足、创新基础不牢，仍然需要培育更多具有创新精神和原创意识的生产制造企业，以用户需求为导向，借鉴特斯拉成功经验，开发技术过硬的高质量产品，加快培育新能源汽车国际知名品牌，促进我省新能源汽车产业迈向全球价值链中高端。

### （二）在核心技术等关键环节取得突破，抢占全球新能源汽车产业制高点

目前全球范围内最好的新能源汽车和电池制造企业都不在中国。美国的特斯拉稳稳占据了高端新能源汽车市场，日本松下则是全球最大的电动车电池供应商，2017年上半年，松下在插电式混合动力车和电动车的电池市场占据着29％的份额，LG化学、比亚迪、福建宁德时代分别占有13％、10％和9％的市场份额。新能源汽车的机遇期还有几年时间，到2020年之后，市场竞争会非常激烈。对本土企业而言，潜心修炼内功仍是当务之急。针对关键核心技术指标与国际先进水平还存在较大差距这一瓶颈，我省新能源汽车产业需强化基础研究短板，瞄准世界产业科技前沿，对标发达国家和世界一流标准，加快设立一批新能源汽车产业基础研究机构；以重大科技产业专项为突破口，加快掌握一批关键核心技术，重点推进电池、电机、电控、氢燃料电池动力系统、整车及充电设施配套等领域的关键核心技术攻关，展开新一轮科技、产业创新冲刺，努力增加基础研究供给。

### （三）建立省级新能源汽车产业集群协同高效发展体系

在国家政策的强力扶持下，大力发展新能源汽车不仅成为各地产业转型升级、抢占国际竞争制高点的重要举措，也成为各地推动绿色发展、培育新的经济增长点的重要抓手。作为全国重要的乘用车生产基地，广东依靠广州、深圳两大核心城市，以广汽、比亚迪两大汽车集团为重点企业，形成整个珠三角新能源汽车产业集群，走在了全国前列。此外，佛山、肇庆、中山、珠海、东莞、兴宁、汕头等地也都布局了相关产业项目，形成了包括整车、动力电池及管理系统、电控系统、电动空调在内的新能源汽车全产业链。建议省里加强顶层设计，统筹规划、协调布局，充分发挥广汽、比亚迪、银隆新能源等企业的整车制造能力和电池技术优势，以及腾讯、华为、科大讯飞等企业的互联网、通信控制、人工智能技术优势，整合资源，实现企业间在新能源汽车领域的跨界协作，构建新能源汽车产业集群间的协同高效发展体系，力争实现产业的"乘数效应"。

### （四）抢占先机，提前布局无人驾驶和智能网联汽车这一前瞻性产业

对照十九大报告提出的要求，加快建设制造强国，必须加快发展先进制造业，推动互联网、大数据、人工智能和实体经济深度融合，培育新增长点、形成新动能。智能化、轻量化、网联化是未来新能源汽车发展的重要方向，智能网联汽车

是抢占汽车产业未来战略的制高点，是我国汽车产业转型升级、由大变强的重要突破口。电动化、网联化、智能化、共享化等全新技术在同一时间出现，给新能源汽车产业提供了千载难逢的机会。我省在发展新能源汽车产业的同时，应加快布局无人驾驶和智能网联汽车产业步伐，协同发展电动汽车与分布式能源、智能电网、智能交通、智慧城市以及 5G 通信等智能产业，实现电动化与智能化融合。重点支持建设智能网联汽车研发及检测机构，争取无人驾驶和智能网联汽车发证准入机构落户南沙自贸区，形成超前、独特的竞争优势，引领全国新能源汽车产业发展。

### （五）推动新能源汽车产业从"政策主导"阶段向"政策与市场相结合"阶段转变，创造宽松的产业发展环境

近年来我国新能源汽车实现快速发展，与政府在初期阶段采取"政策主导"的激励方式关系密切，即"用政策营造出市场，用市场带动创新"。在政策导向和技术进步的共同推动下，我国新能源汽车已经跨过了初期培育阶段，消费者对新能源汽车的接受度也在日益提高。根据车企平均 36 个月的正向开发周期，在基础设施不断完善的背景下，未来一段时间新能源汽车市场将延续高速增长。这意味着广东新能源汽车领域将再度迎来一个"机会窗口"。我省可顺应新兴产业发展规律，从"政策主导"阶段向"政策与市场相结合"阶段转变，从鼓励购买到鼓励研发转变，让更多资本和企业参与进来，创新各种技术路线和商业模式，等技术路线成熟后再适时完善政策体系。除了现有产业政策外，还需要出台一些更好的人才引进和环境激励措施，形成产业聚集及内部良性竞争的环境，推动我省新能源汽车产业实现良性发展。

作者单位：广东省人民政府发展研究中心宏观经济研究处

# 先进制造与广东全面开放新格局

刘江华

在形成全面开放新格局上走在全国前列，是习近平总书记对广东提出的要求。全面认识开放新格局的内涵，并有效地付诸实践，为全国新一轮改革开放探路，是广东在新时期的重大使命。

## 一、全面开放新格局的基本内涵

根据党的十八大以来的实践，我们可以将新时代全面开放新格局的内涵作四个方面的理解，即主动性、引领性、高端性和全面性。

第一，主动性。20 世纪 70 年代末 80 年代初，我国国民经济的发展水平已经远远落后于发达市场经济国家，也落后于世界平均发展水平。贫穷所迫，必须改变自我封闭半封闭状态，必须实行改革开放。随着我国改革开放的深入和国力的逐步强大，特别是党的十八大后，我国对外开放转入主动状态，包括提出建设"一带一路"、推动人民币国际化、加大援助非洲力度、设置自由贸易区、扩大开放领域等。

第二，引领性。我国改革开放的前 30 多年，其开放行为基本上是在既有的国际经济秩序框架中进行。随着我国国力和在国际上话语权的增强，我国以与世界各国共同建造一个更好的国际秩序为出发点，提出了一系列有利于全球化、有利于世界各国共同利益的方案，如"一带一路"倡议、构建"人类命运共同体"等，对世界经济文化的发展方向起到了强大的引领作用。

第三，高端性。实行改革开放方针之后到 2008 年世界金融危机的 30 年中，我国在对外开放中，总体上是基于我国的廉价土地、劳动力等资源，以初级加工制造为主、以劳动密集型产品出口为主的低端资源的交流与合作。经过改革开放的大发展，我国初步摆脱贫困，加之在资源环境与国际贸易环境约束等因素趋紧的条件下，推动着我国对外经济交流与合作逐步走向了以引进高端国际资源为主的阶段。

第四，全面性。党的十八大以后，我国对外交流与合作进入了全面性阶段，即由"引进来"为主开始走向"引进来"与"走出去"并重，由引进加工制造业为主开始走向了加工制造业与现代服务业并重，由以发达国家市场为主开始走向了发达国家市场与欠发达国家市场并重，由以出口贸易为主开始走向了出口贸易与进口贸易并重。

我国是一个发展中的大国，发展的不充分和不平衡决定了对外开放新格局的形成，需要一个比较长的过程。党的十八大以来的成就，仅仅是形成了一个良好的开端，往后更加需要加快创新发展的步伐，形成更牢固的国力基础，将对外开放新格局不断向高端推进。

## 二、先进制造是全面开放新格局的基本支撑

从世界各国的实践来看，对外开放的演进，都经历了一个从初级走向高级、从局部走向全面的过程，而这一过程又是同产业结构由低级向高级的演进相一致的。也就是说，一个国家或地区对外开放的广度与深度是由该国或地区产业结构的水平所决定的。而决定产业结构水平的关键因素是先进制造业的发展状况。在近代以来的世界历史上，凡是对外开放比较成功的国家和地区，都是紧紧抓住了先进制造这一关键因素，努力使对外开放与产业结构的升级相一致，如日本、韩国、新加坡和我国台湾地区。凡是在对外开放中途夭折而引发金融危机并曾经掉入"中等收入陷阱"的，都是因为忽视了本土先进制造业与对外开放的同步发展，如南美的阿根廷、巴西和东南亚的马来西亚、泰国等国家。

先进制造业是指全过程吸收高新技术成果，实现优质、高效、低耗生产的制造业。先进制造之所以能够成为我国全面对外开放新格局的支撑，是基于其内在的逻辑。首先，先进制造业是开展国际高端战略资源合作的产业基础。我国全面对外开放新格局的重要目标，就是要与国际市场的高端战略资源开展交流合作，包括高端的制造业和高端的现代服务业，这些合作都需要有强大的先进制造业作

为产业基础。当今世界，从大型飞机到高端手机等高端制造品，都是实行全球价值链布局。如果一个国家缺乏先进制造业基础，都会被国际高端制造排除在全球高端价值链之外。至于现代服务业，先进制造业更是其生存的根基。其次，先进制造是走向贸易强国的必然选择。我国现在虽然是世界货物贸易大国，但我国的出口产品结构还是以中低端产品为主，在关键技术、关键零部件、高精尖产品出口方面仍然处在落后状态。在出口的电子与通讯设备、电脑与办公设备、医药器材等高科技产品中，50％以上是由外资企业生产的。因此，我国虽然是贸易大国，但还不是贸易强国。要完成这一转变，还需要做大做强我国的先进制造业。再次，先进制造是科技创新的产业基础。创新驱动是我国的基本战略。我国要形成全面对外开放新格局，其中重要目的之一就是要在与国际资源的对接中，加快科技创新的进程。过往的事实表明，世界绝大多数创新成果，是发生在先进制造业领域。也就是说，没有先进制造业作为平台，科技创新也就成了无本之木、无源之水。最后，先进制造是我国推进"一带一路"建设的产业基础。"一带一路"倡议，是我国新时代对外开放新格局的重要布局。当前，"一带一路"沿线国家和地区最为迫切需要改善的，一是包括公路、铁路、港口、机场、供电、供水等基础设施，二是民生所需的各种生活用品。因此，我们在与"一带一路"沿线国家与地区的贸易来往中，要能够提供高质量的机械设备，提供高质量的生活用品，特别是高质量耐用消费品和电子信息产品。这些，都需要我们大力发展先进制造业。

## 三、广东先进制造业发展的现状与问题

经过改革开放 40 年来的超越式发展，广东已经成为我国的制造业大省。2018年工业增加值达 35000 亿元，占全国工业增加值的 12％以上。特别是珠江三角洲地区，已经成为世界知名的制造业中心，珠江东岸的电子信息产业带和珠江西岸的先进装备制造产业带，已经初步成型。但是，广东的先进制造业发展水平与世界发达国家和地区相比，还存在很大差距，还不能完全胜任新时代广东全面对外开放新格局的产业支撑。

第一，新产业还不能挑大梁。2018 年，广东全省的先进制造业增加值为18970 亿元，占全部工业增加值的 56.4％。高技术产业增加值为 10421 亿元，占全部工业增加值的 31.5％。2017 年，装备制造业增加值为 13817 亿元，占全部工

业增加值的 41.8%。也就是说，还有将近一半的工业属于非先进制造。高技术产业和装备制造业比例也不高。

第二，新产业还比较单一。广东的新兴优势产业主要集中在电子信息产业。2017 年电子信息产业增加值达 8108 亿元，占先进制造业增加值的 46%。

第三，关键技术、零部件受制于人。广东拥有自主核心技术的制造业企业不到 10%，90% 以上的关键技术和零部件仍然依赖进口。

第四，重大装备受制于人，缺乏"国之重器"。从整体上看，广东制造业整体仍处于全球产业价值链的中低端。通过购买装备制造产品，然后再将产品输送到过国内外市场，仍然是广东的主要生产模式。广东的制造业还不能完全胜任代表国家在重要领域处于国际竞争。除了华为等少数企业外，广东缺乏"国之重器"的生产能力。

第五，产业链不完善。广东虽然是制造业大省，但产业链还很不完善。即使是配套相对完善的电子信息产业，在高端芯片的供给上，仍然依赖发达国家。再如汽车产业，零部件与整车产值之比仅为 0.12∶1，远远落后于发达国家的1.7∶1。

## 四、构建支撑广东对外开放新格局的先进制造体系

综上所述，广东要履行在"全面对外开放走在全国前列"的使命，就必须倾力做大做强先进制造业体系。

首先，要构建以"一核一带"为核心的先进制造空间大格局。工业制造是一个有鲜明区位指向的产业。从各工业发达国家以及我国的实践来看，工业制造业绝大多数是密布于沿海地区。世界银行的数据表明，世界 60% 的经济总量是产生于海湾地区。在距海 100 公里的范围内，集聚了 75% 的大城市、70% 的工业资本和 70% 的人口，那也是世界 500 强企业的集聚区和研发资源和专利密集区。广东已经确立了"一核一带一区"的空间发展格局。在这一格局中，作为"一核"的粤港澳大湾区和"一带"的沿海经济带，已经集中了广东绝大部分工业制造产业。而作为"一区"的粤北粤西山区，将作为整个广东的生态大屏障。这一空间布局，既符合产业发展的内在逻辑，也符合广东产业发展的现实基础。进一步完善这一产业空间格局，广东需要注重以下两方面的工作：一是要大力推进粤港澳大湾区

东西两岸的融合发展与平衡发展。目前湾区两岸无论从经济规模、产业水平，还是人口规模，差距较大。广东要推进两岸的交通通道建设，加快产业和人口向西岸地区流动和集聚。二是加快推动沿海经济带东西两端的建设。沿海经济带的中段是粤港澳大湾区的繁荣地段，而东西两端则相对落后。要在加快完善沿海交通系统建设的基础上，加大产业开发力度，包括继续布局重大产业项目，也可复制"深汕特别合作区"的飞地经济模式，尽快促进沿海经济带东西两端跟上大湾区的发展步伐。

其次，要构建以粤港澳大湾区为核心的省域创新生态系统。广东要建设先进制造业体系，关键的是要走自主创新的道路，要将关键技术、核心技术要掌握在自己手中。要达到这一目的，必须要形成以粤港澳大湾区为核心的省域创新生态系统，要在各个创新主体、创新环节和创新要素之间，组成的相互支持与依赖的创新生态链，并进一步促使不同行业间创新链进行组合，形成了区域创新生态圈，也即创新生态系统。

在粤港澳大湾区内，云集了产生世界级创新高地的基本要素。既有世界级的研究型大学，也有国内外知名的创新型企业，更有香港、深圳和广州三个特大型创新型城市。同时在珠江三角洲和沿海一线，不仅制造业产业已成集群式发展态势，以港澳为代表的服务业体系，也已是具有国际先进水平。在推进大湾区建设过程中，需要着力破除一切不利于创新要素流动和组合的制度性障碍，有效地将上述创新要素有机地融合在一起，实现优势互补，加快推进广东省域创新生态系统的建设。一是要克服急功近利、挣快钱的倾向，在全社会形成开放、自由和包容的创新文化氛围。二是要将湾区内各市各地的特色创新资源进行有效组合和优化配置，形成合力，以产生巨大的创新能量。三是要采取切实措施，推进港澳广深科技走廊建设。将这一走廊建设成为大湾区的创新引擎和示范，带动全湾区和全省的创新发展。四是要坚持依靠政府和市场的双重力量推动创新发展。企业、研究机构等，始终是创新的主体。政府则是要利用财政杠杆、政策倾斜、政府采购、重大基础设施建设等手段，营造一个完善的创新环境。五是要健全创新利益分配机制，依法保护科技人员以及其他服务人员的创新收益。

再次，要建设若干个战略性新兴产业集群。广东目前的新兴产业除了电子信息产业外，其他的都比较薄弱。而当今世界的科技进步在加速，新一代信息技术、人工智能、生物医药、新能源、新材料、航空航天、海洋工程装备等，呈现齐头迸发的态势。广东作为制造业大省，在这些领域中要占有一席之地，需要加快推进战略性新兴产业集群的建设。一是要进一步规划好产业平台建设，形成国际产业合作的主阵地，推动战略性新兴产业集聚发展。不仅要加快新规划的产业区建设，如东莞的滨海新区、江门的大广海湾经济区、广州南沙、深圳前海和珠海横琴三大自贸区片区、广州的琶洲互联网集聚区等，也要加快推动原有各类产业园区向新一代产业园区转型升级，共同构建战略性新兴产业集群发展的平台。二是加大国际招商力度。加大与国际高端资源的战略性合作力度，是我国新时代对外开放新格局的基本内容和要求。要主动突破某些国家对我国发展先进制造业的曲解，向在国际上占据制高地位的制造业资本展示我国的合作诚意和市场前景、产业基础等优势，吸引其落户广东、落户粤港澳大湾区。三是更加重视军民融合战略。从世界各国的实践来看，先进制造业的发展在很大程度上是和国防工业的发展紧密联系在一起的，而且世界上很多著名的先进制造业巨头的成长，都是与国防工业的布局紧密相关，典型的如美国的洛克希德·马丁公司。我国也提出了推进军民融合发展的战略。与美国等发达国家先比，我国的国防事业还有较大的落差，从这一角度看，国防事业的市场前景还很广阔。在这一背景下，广东在发展先进制造业过程中，须争取国家支持，融入军工布局，为广东先进制造业的发展引入国防事业的有力支持。

作者单位：广州市社会科学院

# 广东推动人工智能与实体经济深度融合研究报告

刘慧琳　连晓鹏

加快发展新一代人工智能，是顺应全球新一轮科技革命和产业变革趋势、赢得发展主动权的优先战略选择，是建设现代化经济体系的优先布局方向。党的十九大报告提出，要推动互联网、大数据、人工智能和实体经济深度融合。广东作为国内制造大省和全球重要的制造基地，抢抓重大发展机遇，推动人工智能与实体经济深度融合，对广东实现高质量发展具有重大意义和作用。

## 一、广东推动人工智能与实体经济深度融合工作情况

广东省委、省政府认真贯彻落实党中央、国务院的有关决策部署，高度重视智能制造业发展、重视人工智能与实体经济深度融合，把它作为提升我省工业化水平，建立现代化产业体系的重大战略大力扶持，并采取了系列重大举措：

在发展思路上，省第十二次党代会提出把智能制造作为主攻方向，要在机器人、人工智能等领域核心技术研发上取得突破，推动"广东制造"向"广东智造""广东创造"转变。李希书记强调，以振兴实体经济为着力点，加快建设实体经济、科技创新、现代金融、人力资源协调发展的产业体系。马兴瑞省长在政府工作报告中强调，把发展的着力点放在以制造业为根基的实体经济上，实施智能制造示范工程，促进制造业加速向数字化、网络化、智能化、绿色化发展。

在政策扶持上，2015年3月，印发了《广东省工业转型升级攻坚战三年行动计划（2015—2017年）》，提出推动1950家规模以上工业企业开展"机器换人"。2015年7月，在全国率先出台《广东省智能制造发展规划（2015—2025）》，对广东智能制造发展谋篇布局；9月，广东出台落实《中国制造2025》的实施意见，

积极申建"中国制造 2025"试点示范城市区；12 月，出台《广东省机器人产业发展专项行动计划（2015—2017 年）》，大力发展机器人产业。2018 年 1 月出台新一轮工业企业技术改造三年行动计划，每年引导 8000 多家工业企业实施技术改造。《广东省新一代人工智能发展规划（2018—2030 年）》和《广东省加快发展新一代人工智能产业实施方案（2018—2020 年）》也在加快制定，对广东省人工智能创新发展进行全局性、前瞻性的战略部署。

在资金支持上，广东 2015 年出台工业转型升级 3 年攻坚计划。省财政 3 年投入 122 亿元，拉动社会投入 9400 亿元，累计引导 2 万家、超过 50％的规模以上工业企业完成技术改造，累计推动 1950 家规模以上工业企业开展"机器换人"。遴选两批机器人骨干企业 25 家、培育企业 35 家。鼓励机器人应用，以汽车、家电和电子信息等行业为重点，对实施"机器人应用"的企业给予机器人购置补贴。

在平台载体建设上，拥有广州和深圳 2 家国家超级计算中心。支持成立了广东省人工智能产业联盟、广州人工智能产学研协同创新联盟。鼓励云从科技和亚信集团分别设立人工智能视觉图像创新研发中心和广州国际人工智能产业研究院。支持腾讯公司成立人工智能实验室，聚集全世界一流人工智能人才。支持东莞联合华中科技大学、香港科技大学建设广东省智能机器人研究院和国际机器人研究院，孵化企业超 300 家。在全国政府数据开放排名中，广州、东莞、佛山和南海四个数据开放平台入选前十。

在工业互联网创新上，我省积极落实国务院重大举措，于 2018 年 3 月 20 日在全国率先印发了深化"互联网＋先进制造业"发展工业互联网实施方案及配套政策措施，从标杆示范应用推广、支持企业"上云上平台"、产业示范基地建设等方面出台政策措施。2018 年省财政拿出 2.2 亿元，以"典型引路"做标杆做示范，推动企业广泛"上云上平台"的方式，促进制造业进一步降本提质增效。目前，已与华为、腾讯、阿里、浪潮、电信、移动、联通等 7 家国内主要的云平台商、电信运营商签署了"云网降费"合作协议，主动给予企业使用公有云资源及云化软件费用和网络费用整体比例不低于 30％的优惠。

在地市推动上，2015 年，东莞在全国率先以"制造 2025"为主题，发布市政府一号文《关于实施"东莞制造 2025"战略的意见》；2016 年继续以市政府一号文出台了《关于大力发展机器人智能装备产业打造有全球影响力的先进制造基地的意见》，更突出地聚焦机器人和智能装备产业发展。广州提出发展新一代信息技

术、人工智能和生物医药三大产业（IAB），到 2022 年建成 100 家 IAB 重点创新平台、建成国际一流的人工智能应用示范区。深圳高度重视人工智能发展，出台机器人、可穿戴设备和智能装备产业发展规划。佛山、汕头、中山等市也均出台了智能制造有关的专项政策或政策措施。

通过这一系列重大举措，广东人工智能与实体经济融合发展取得积极进展和成效。

第一，广东制造业综合实力增强。从规模上看，2017 年全省规模以上制造业增加值达 33071.99 亿元，拉动经济增长 2.9 个百分点。2018 年第一季度广东GDP 增长 7%，完成制造业增加值 6413.42 亿元，同比增长 6.6%。从结构上看，2017 年全省先进制造业和高技术制造业增加值分别占规模以上工业的 53.2%、28.8%，形成了新型显示、软件和 LED 等产值超千亿元的战略性新兴产业集群。2018 年第一季度先进制造业、高新技术制造业占全省规上工业比重分别为55.1%、29.9%。从质量效益上看，全省规模以上工业企业实现利润总额 8985.97亿元，同比增长 15.7%。

第二，人工智能产值不断壮大。根据行业机构测算，2016 年我省人工智能企业数达到 319 家，占全国总数的 21.6%，居全国第二；人工智能申请专利数达到5261 项，居全国第三；2017 年人工智能核心产业规模约 260 亿元，约占全国 1/3。重点终端产品发展势头良好，拥有机器人制造重点企业 156 家，2017 年全省工业机器人产量 20662 台，占全国产量的 16%；2018 年第一季度工业机器人产量 7196套，占全国产量 21.84%。民用无人机产值占全国超 7 成的市场份额，智能手机产量约占全球比重的 1/3。人工智能企业方面，拥有腾讯、华为等大型龙头企业，拥有大疆科技、柔宇科技、碳云智能、优必选、魅族 5 家独角兽企业，拥有广州数控、巨轮股份等一批机器人制造企业。腾讯是国家人工智能四大平台之一，华为、TCL 等 25 家入选 2017 年中国电子信息百强企业，大疆科技占全球消费级无人机超 50% 的市场份额，2017 年销售额达到 180 亿元。

第三，人工智能集聚区加快形成。重点以珠三角城市为中心集聚发展，其中，深圳、广州人工智能企业总数均位居全国各省市前列。深圳集聚了腾讯、华为、大疆科技等一批人工智能企业。盐田港集团与中国城镇化促进会签约共建深圳人工智能·机器人小镇，在大铲湾片区开发建设智能机器人为主的特色小镇。广州成立国际人工智能产业研究院，成立 100 亿元规模的"广州人工智能产业基金"。

黄埔智能装备价值创新园区、番禺智能网联新能源汽车价值创新园区加快建设。东莞大岭山规划建设"天安人工智能小镇"，计划总投资 500 亿元、集聚 3000 家企业，打造国内领先的"工业互联与智能制造示范平台"。佛山美的库卡智能制造产业基地，建立完善的机器人产业链，为我省发展先进制造业提供有利的支撑。

第四，智能制造示范基地加快建设。珠江西岸"六市一区"成为国家首批"中国制造 2025"试点示范城市群。广州新黄埔区的数控机床及工业机器人成套系统基地、东莞松山湖机器人产业孵化基地等初具规模。组织实施国家工业和信息化部智能制造试点示范项目，2015 年起共 20 个项目入选试点示范项目，26 个项目获得智能制造新模式与综合标准化项目支持。2016 年起，遴选培育 87 个省级智能制造试点示范项目，并分行业进行示范应用推广。广东省以企业为主体、需求为导向，政产学研用协同推进智能制造试点示范的做法，得到工信部的大力支持和充分肯定。

第五，人工智能推动传统制造业转型升级，全省新一轮智能化改造成效明显。从全省看，截至 2017 年全省工业机器人保有量约 8 万台，重点行业数字化设计工具普及率超过了 85%，推动广东规上工业企业全员劳动生产率提高到 20.4 万元/人。智能手机终端配件、石化加工等重点行业建成了一批智能化车间，改造后行业生产效率普遍平均提高 20% 以上、产品不良率降低 20% 左右，单位产值能耗降低 20% 左右。从地市看，东莞 2014 年启动"机器换人"，截至 2016 年底共实施项目 2698 个、总投资约 386 亿元，涉及五大支柱产业及四个特色产业，机器换人设备超过 8 万台。经过机器换人，实现了"三提升、两下降"："三提升"是拉动了技改投资增长 44%；全员劳动生产率提高到 11.83 万元/人，行业劳动生产率平均提高 2.5 倍；平均产品合格率提升到 97.23%。"两下降"是减少用工 25 万多人，单位产品成本平均下降 9.43%。从企业看，顺德美的集团应用机器人超千台，人机比率达 4%，产品合格率提高至 99.9%，生产率提升 40% 以上。广东劲胜智能集团建立了以大数据为核心的智能工厂集成创新平台，使产品不良率降低 53%，综合生产率提升至 60.72%，人力成本节省了 85.35%，取得了良好的示范效应。中石化茂名公司"石化智能工厂试点示范"项目，打造供应链管理、生产高度、实时操作等生产优化智能平台，2016 年以来仅原油采购优化就增效 4.4 亿元；打造了安全管控智能平台，提高作业现场感知能力、油气长输管线安全管控能力和职业卫生风险源头防控能力，促进了生产稳定运行。

第六，人工智能与其他产业加速融合。智能医疗方面，计算机辅助诊断和治疗、医学影像分析等领域处于领先地位，腾讯公司建设医疗影像国家新一代人工智能开放创新平台，腾讯觅影包含有 6 个人工智能系统，其中早期食管癌智能筛查系统最为成熟，现已进入临床试验阶段。智能政务方面，广州市在政府服务、教育、交通领域广泛运用人工智能技术，全国首创机器人审批商事登记系统于 2017 年正式启动。智能教育方面，科大讯飞的智能语音成果突出，在线教育一枝独秀。智能家居方面，美的 M-Smart 智慧家居平台和格力智能环保家居系统成效显著。智能农业方面，涌现出智能采摘机器人、智能农田管理系统等一大批科技成果。

## 二、广东人工智能与实体经济深度融合面临的问题与挑战

第一，核心芯片技术受制于人。"缺核少芯"是广东人工智能发展的突出问题。2017 年，我省电子信息产业进口商品货值占全省进口总额的 50.8％，占电子信息行业产值的 36.6％；其中集成电路进口货值占进口总额 26.4％；东莞智能手机产出量占全球 20％，但应用系统、触控屏等核心技术均掌握在谷歌、三星等外国企业中。在高端芯片、半导体等领域，以高通、英特尔为代表的美国企业占据了龙头地位，美国一旦限制核心技术和元器件对中国的输出，"缺芯少核"的劣势将更加凸显。

第二，人工智能领域存在前沿技术瓶颈。我省人工智能原创性理论研究基础薄弱，行业大多数处于应用层，关键技术研发落后于美国等发达国家以及国内先进省市，关键零部件对外依存度高，比如国产工业机器人的伺服电机、减速器和驱动器 80％以上都依赖进口。人工智能领域仍然存在技术瓶颈，在类脑智能、量子智能计算等方面有待进一步加强。

第三，人工智能应用于中小制造企业缺乏数据、平台、标准支撑。人工智能的应用要根据企业不同环境进行"量身定制"，但是由于我省需要升级的中小型制造企业的需求较碎片化，且每个工厂情况不尽相同，人工智能深度挖掘和学习所需积累的数据相对较少，经济成本比较高。工业现场目前的数据通信标准通常不兼容，无法满足人工智能技术对优化建模数据量基本需求。如目前在工业界常见的通信协议达 20 多种，但相互之间不能互联互通。行业平台缺乏，完整人工智能

生态所必备的从芯片、总线、平台、架构到框架等环节的模块化与标准化工作等各项工作，都缺少行业平台、展会平台、人才交流平台等，没有规模效益。

第四，智能制造发展不平衡不充分。2016 年广东制造信息化指数为 49.4，居全国第三位，产业应用、效益与影响两项分指标位列全国第五、第七位。规上制造企业关键工序数控率仅为 34.5%、网络化率仅为 45.3%，落后于上海、北京、江苏。同时，我省制造业数字化水平发展不均衡，粤东西北地区整体滞后于珠三角地区；离散制造业信息化水平明显低于流程制造业，在工业 34 个细分行业中，有 25 个生产装备数控化率低于 44.1% 的全国平均水平。

第五，人工智能提升制造产品质量仍有提高空间。总体上看，我省质量供给水平与经济发展水平和人民群众消费升级需求还不相适应。产业整体层次和产品优质率仍然不高。我省产品关键零部件的机械基础件寿命仅为国外同类产品的 1/3—2/3。品牌建设有待进一步加强，在世界品牌实验室公布的 2017 年度世界品牌 500 强里，我省仅有腾讯、华为、万科、平安 4 个品牌上榜。计量、标准等质量技术基础仍然相对薄弱，标准缺失、滞后、老化等问题并存。目前广东企业主导制定的 ISO、IEC 国际标准只有 53 项，仅占 ISO、IEC 国际标准总量的 0.2%，新兴产业领域技术规则制定权几乎全部被西方国家掌控。

第六，人工智能专业人才结构性短缺。广东企业人工智能领域的人才不足，高层次领军人才、高端复合型技术人才以及高技能人才短缺。据调查，2017 年全国人工智能核心技术职位主要分布在北京、浙江和上海，三地所招职位占比合计近 90%，而我省仅占 4%，如东莞佳禾智能公司有 4000 多名员工，但人工智能专业人才仅几十人，人才招聘难成为企业发展的最大阻碍。高校人工智能相关学科建设起步较晚，还未能形成系统性的课程培养体系，人才培养力度有待加强。

## 三、广东推动人工智能与实体经济深度融合的对策建议

当前，广东经济已由高速增长阶段转向高质量发展阶段。要迈过转变发展方式、转换增长动力的重大关口，实现习近平总书记"四个走在全国前列"的要求，就必须加快推进互联网、人工智能与实体经济深度融合。

第一，明确人工智能发展的路径目标，加快培育具有国际竞争力的产业集群。加快出台实施《广东省新一代人工智能发展规划（2018—2030 年）》和《广东省

加快发展新一代人工智能产业实施方案（2018—2020年）》，明确人工智能发展目标方向，力争用三年时间，构建以广州深圳珠海为三核、东莞佛山惠州为三区、其他地市为节点的"三核三区多节点"的人工智能发展格局。一是明确人工智能产业发展路径。现阶段要提前在物联网、互联网、移动互联网领域、语音识别、工业机器人等方面的发力布局；3—5年随着感知技术、传感器和机器人技术的发展，AI会延伸到实体世界，我省可在AR、VR和新自然界面、量产传感器、服务机器人布局，可广泛应用到投资、保险、银行等任何有大数据的行业推广应用；5—10年当技术进一步成熟，AI会延伸到个人场景，可提前布局自然语言、跨领域万能助手、家庭机器人，实现全面自动化。二是打造广东特色的人工智能产业集群。因地制宜，在珠三角打造一批具有全国影响力的人工智能和机器人产业集群。智能终端主要发展5G智能手机、智能电子和虚拟现实产品，智能运载工具主要发展智能网联汽车、无人机和无人船，智能机器人主要发展具有深度感知、图像视频识别、人机交互等高级智能的新一代机器人，智能家居主要发展4K智能电视、智能家装等。建立全省人工智能百强企业库，遴选电子信息、软件、互联网等有条件的企业，采取省、市、区联合培育方式，分类培育一批人工智能主营业务收入超100亿、10亿、1亿元的企业。三是打造"人工智能园区＋小镇""双载体"。依托高新技术产业园区、智能制造示范基地、"互联网＋"小镇等载体，推动在广州、深圳、珠海等地建设10个省级人工智能产业园区，促进集聚发展；在智能制造、智能医疗、智慧教育、智能网联汽车等领域建设10家省级人工智能小镇，局部领域形成示范效应。

第二，以"人工智能＋"改造提升制造业，形成经济新增量。推动人工智能与制造业深度融合，实现经济能级优势提升。一是发展智能化装备。依托珠江西岸先进装备制造产业带，攻克高档数控机床与工业机器人、增材制造装备、智能传感与控制装备、智能检测与装配装备、智能物流与仓储装备等五类关键技术装备，培育推广离散型智能制造、流程型智能制造、网络协同制造、大规模个性化定制、远程运维服务五种新模式，推进十大重点领域智能制造成套装备集成应用，持续推动传统制造业智能转型。二是推动智能制造试点示范。以提高劳动生产率、产品优化率、节能减排率等为重点，控制终端智能化升级，实施省级智能制造试点示范项目，在全省制造行业建设20家智能示范工厂、50个智能示范车间，实施100个以上国家和省级智能制造试点示范项目，推动企业加快生产线、控制终端智能化升级。三是改造提升传统优势产业。针对广东中小微企业众多的特点，重点围绕电子信息、服装等优势产业的发展需求，分类分阶段推进传统制造业技术改造，沿着从"机器换人工""自动换机械""成套换单台""智能换数字"的四个阶段循序渐进，2.0、3.0、4.0同步推进。

第三，以"人工智能＋"改造提升服务业，增强发展新优势。人工智能既是满足人民生活需求的重要供给力，又体现地区竞争力。一是以人工智能提升城市功能。围绕建设智慧城市与有序治理特大城市的新需求，加快"人工智能＋"在网上办事大厅、城市综合治理、市政设施和公共服务等重点领域的深度应用，推动政府服务和社会运转智能化。二是提升服务业服务供给能力。推动银行、证券、基金等金融行业人工智能化，做大做强金融科技产业；推行智能化装卸搬运、分拣包装、加工配送等智能物流装备研发和推广应用，发展智能物流新业态；运用智能辅助诊疗、机器人等智能医疗技术，提高产品和服务附加值。

第四，补齐短板，在核心技术和关键零部件方面加快突破。聚焦人工智能重大科学问题，强化人工智能前沿基础研究。一是发展人工智能核心基础软硬件。发挥大企业研发核心技术的领军作用，支持企业与高等院校、国家重点实验室开展联合攻关，重点发展芯片、传感器、行业软件等具有自主知识产权的核心软硬件。发展神经网络芯片、智能传感器等核心硬件，突破精密减速器、运动控制等机器人产业关键共性技术的攻关。二是完善建设人工智能公共平台。加快建设人工智能检验评测、知识产权等专业技术服务平台，建设医疗影像、智能语音、智能网联汽车、无人机、智能家居五大开放创新平台，构建开放型、一体化的区域创新平台。三是完善技术、产业、服务、质量等标准体系建设。要将产品高质量作为制造强省建设的首要目标，严守质量底线，构建标准体系、法律法规体系、监管体系、检测计量体系等，支持企业提高质量在线监测、在线控制和产品全生命周期质量追溯能力。建设支持互联化、服务化、定制化的协同设计云公共服务平台，建设人工智能基础数据与安全检测平台等基础支撑平台。

第五，招才引智，集聚人工智能高端智力资源。人才是第一资源。一是培育高水平的创新人才。大力引进人工智能基础理论、关键技术等领域的高端紧缺人才、国际顶尖科学家和高水平创新团队。加大人工智能高端人才培养力度，支持我省高水平大学和高水平理工科大学设立人工智能学院或研究院。鼓励各地有条件的职业技术学院、技工院校和培训机构，开设机器人专业课程，鼓励校企合作，

开展订单式技能型人才培养。培育一批能够熟练操作工业机器人，甚至能够管理、集成、维修机器人的应用型高技能人才。二是强化创新要素合作联动。对标营商环境最好的国家和地区，着力构建依法保护创新权益的法治环境、公平竞争诚信经营的市场环境。聚焦科技项目管理、创新人才流动、创新产品市场准入、知识产权保护、科技成果所有权改革等关键问题加大改革创新力度，实现从研发管理向创新服务的转变，使创新成为高质量发展的强大动能。

第六，加大政策配套支持，打造人工智能与实体经济深度融合的生态圈。一是设立人工智能产业发展基金。要加大"财政＋金融"服务支撑力度，建议设立人工智能产业发展基金，利用种子基金、天使基金、创投基金及股权投资等多种资本市场融资渠道，引导社会资本支持人工智能发展。二是加快数据资源开放。完善数据资源开放共享政策，建立数据资源开放共享机制。搭建综合性基础数据资源库和共享服务平台，推进公共服务数据资源统一汇聚和集中向社会开放。推动政务数据率先开放，聚焦教育、交通等重点领域，在广州、深圳等地区开展改革试点。三是建立完善人工智能统计指标体系。针对人工智能相关产业发展的统计数据缺失的现状，建议统计、发改、科技、经信等有关部门，研究制定人工智能相关产业统计指标体系，明确统计范畴，切实把产业真实情况统计精准。四是打造全国或国际有影响力的人工智能论坛及展览会品牌。建议联手国内顶尖的智库，谋划举办中国或国际人工智能论坛；鼓励各地根据自身特色举办"人工智能＋"的展览会、洽谈会、招商引资会等专题展会，集聚国内外人工智能要素资源，提升智能广东的影响力和知名度。

作者单位：广东省人民政府发展研究中心创新产业研究处

# 广东集成电路（芯片）产业发展研究

陈心文　刘玲玲

在新一轮科技革命和产业变革的大背景下，芯片是物联网、大数据、云计算等新一代信息产业的基石，也是现代经济社会发展的基础性、先导性产业。"缺核少芯"问题成为现代化产业体系建设的重要瓶颈。我省作为电子信息产业大省，85％以上的芯片却都依赖进口。近期，我们对我国及广东芯片产业发展态势进行了初步研究，提出推动广东集成电路（芯片）产业发展的对策建议。

## 一、我国集成电路（芯片）产业发展态势

近年来，我国通过实施创新驱动发展战略，集中力量推动前沿引领技术研究，推进一批关系国家全局和长远的重大科技项目，集成电路（芯片）产业发展势头良好。但中兴事件暴露出我国集成电路产业关键核心技术严重受制于美国，与国际先进水平相比仍有很大差距。

第一，高度依赖美国主导的全球产业链。我国集成电路制造工艺与领先水平一直保持2—3个技术代次的差距。目前中芯国际能够实现量产的芯片是28纳米，但是全球领先芯片制造商已进入10纳米量产时代。在通用高端领域，中国芯片公司普遍面临国产芯片的占有率比较低的挑战。集成电路产业链生产工艺复杂，涉及关键材料和设备种类繁多。我国集成电路产业与美国的差距除了体现在制造工艺上，更体现在关键设备、材料、设计工具及产业发展模式方面。

第二，政策扶持力度不断加大。基于芯片产业的战略地位，我国出台了各种扶持和优惠政策，将集成电路产业确定为战略性产业之一。2005年，出台《国家中长期科学和技术发展规划纲要（2006—2020年）》，将高端通用芯片定为16个国

家科技重大专项之一。2010 年,国务院下发《关于加快培育和发展战略性新兴产业的决定》,提出着力发展集成电路、高端服务器等核心基础产业。2014 年,发布《国家集成电路产业发展推进纲要》,强调要加强集成电路知识产权的运用和保护,建立国家重大项目知识产权风险管理体系,并成立国家级的集成电路产业投资基金。在 2018 年的全国两会上,李克强总理指出要加快制造强国建设,集成电路被列为"加快制造强国建设"五大产业之首。2018 年 3 月,财政部联合税务总局、发改委、工信部发布《关于集成电路生产企业有关企业所得税政策问题的通知》,提出一系列优惠政策。

第三,国产芯片产业呈良好发展势头。在销售额方面,据中国半导体行业协会统计,我国集成电路产业销售额从 2013 年的 2693.1 亿元增长到 2017 年的 5411.3 亿元,五年间翻了一番,其中集成电路制造业增速最快,2017 年同比增长 28.5%①;设计业、封装测试业保持快速增长,增速分别为 26.1%、20.8%。在产业机构方面,设计、制造收入占比明显上升,而封装测试占比由 2011 年 50.5% 下降到目前的 34.9%。随着国内本土封装测试企业的快速成长及国外公司向我国转移封装测试能力,国内集成电路封装测试行业充满生机。在设计企业数量方面,2017 年全国共有半导体设计企业 1380 家,比 2016 年增加了 18 家。深圳依然是全国设计业规模最大的城市,销售额较第二名上海市高出 200 多亿元。在芯片国产化方面,虽然国产芯片在很多领域占有率为 0,但星星之火已经形成,如在通信行业中,华为手机使用自主研发的海思 Kirin 系列和 Balong 系列产品;网络设备芯片已开始国产化,如中科网威推出的安全产品内置国产申威芯片;长江存储已量产首款国产 32 层 3D NAND 闪存芯片(64G)。

第四,集成电路固定投资额保持持续增长。为跟上技术发展速度,集成电路企业每年都要投入大量资本进行生产线的维护与更新、新产品新技术的研发。从 2013 年开始,国内集成电路产业投资迅速增长,一方面体现在国内集成电路产业的固定资产投资大幅度增长,另一方面体现在集成电路企业上市融资、收并购活动显著增加。

第五,专利申请活跃程度较高。在申请量方面,截至 2017 年 10 月,中国集成电路领域专利申请量为 251288 件,其中国内、国外来华专利申请占比分别为

---

① 这一数据中,也包含了台积电、三星、英特尔、海力士等国际巨头在国内的销售额。

53.6%、46.4%。从 20 世纪 90 年代开始，集成电路领域专利申请量开始增长，2009 年国内申请量首次超越了外国来华申请量。在申请国家和地区分布方面，从国际区域分布看，中国本土申请人申请量占 53%，日本籍申请人申请量占 18%，美国籍申请人申请量占 16%，韩国籍申请人申请量占 5%，其他占 8%；从国内分布区域看，申请人主要集中在上海、台湾、北京、广东、江苏等省份。在技术分支及类型方面，从技术分支方面看，集成电路设计领域占比为 38%，制造领域占比为 48%，封装领域占比为 14%；从类型看，发明占 91.1%，实用新型占 8.9%。

## 二、广东集成电路（芯片）产业发展现状及主要问题

### （一）总体情况：大而不强，高端供给能力亟待提高

广东（主要是珠三角地区）是我国集成电路产业主要分布地区之一。从产量上看，2017 年，广东累计实现集成电路产量国内排名第三，增长 18.3%，与全国增长速度持平。从进出口上看，根据海关总署方面数据，2017 年广东集成电路出口量占全国集成电路出口量的 18.1%，进口量占全国集成电路进口量的 37.5%。但从供给质量上看，广东集成电路产业低端供给过剩，高端供给不足。目前，除深圳海思等个别大企业能在高端、通用芯片领域参与全球竞争以外，大多数企业产品主要应用于消费类产品等技术要求相对不高的领域，处于产品价值链的中低端，未能形成自己的技术标准和细分市场。产品档次偏低，也直接导致我省电子信息产业"缺核少芯"问题严重，需向国外公司支付巨额专利费用，大幅增加生产成本，对国家产业安全也造成隐患。

### （二）发展条件：基础雄厚，但核心竞争力不足

广东是中国集成电路产业发展的大省，目前拥有深圳、珠海和广州三个国家级集成电路设计产业化基地，聚集了华为、中兴、英特尔、瑞萨半导体、美国博通等半导体研发中心。2017 年，广东拥有海思半导体、方正微电子、深圳赛意法等集成电路企业约 300 家，研发设计及销售服务类企业超过 200 家。此外，广东分布了中山大学、华南理工大学等高校，多所其他地区高校在深圳设有研究院，为广东集成电路产业提供了研发支撑和人才储备。但从核心要素上看，广东集成

电路产业发展核心竞争力仍有待进一步提升。一是关键核心芯片设计能力弱。广东集成电路核心芯片自主研发设计能力较差，在个人计算机、高性能服务器、移动终端等应用的核心领域芯片，几乎全部依赖进口。二是人才吸引力减弱。深圳、广州等地高昂的生活成本，削弱了对人才的吸引力。三是产业生态不完善。受我国芯片水平整体不足制约，在关键设备、材料、设计工具等方面也都受制于人。

### （三）产业结构：产业链不均衡，有优势也有短板

总的来看，广东集成电路产业链发展较为不平衡。在设计领域，广东省处于领先地位，深圳是全国设计业规模最大的城市。但在制造领域，广东大多属于低端制造。在封装测试领域，传统封装仍占据主导，先进封装技术只占到全国总量的约20%。

集成电路设计业是广东集成电路产业的优势领域。2015年广东集成电路设计业实现销售收入336.5亿元，占全行业比重的40%；2017年深圳设计业销售额全国排名第一，高出上海200多亿元，珠海排名第九。在2017年全国十大集成电路设计企业中，广东企业占据四席，其中深圳海思销售额居全国首位，高出清华紫光展锐（排名第二）271亿元。同时，广东设计技术专利数和发明领先于其他省市。

集成电路制造业是广东集成电路产业的主要短板。生产技术方面，目前国内其他省市现有及在建拟建的12英寸芯片生产线已近30条，北京、上海、安徽、武汉等地至少已有2条以上，而珠三角地区占全国集成电路市场需求将近40%，却仅有1条8英寸生产线。研发能力方面，广东明显落后于上海、北京和江苏等地。截至2015年底，广东省集成电路制造领域发明公开/公告数量总共约为3100件，远低于上海2万多件专利数。同时，广东集成电路制造业还存在布局不集中和产业链上下游协同性不足，芯片、软件、整机等各环节互动不紧密等问题。

集成电路封装测试业竞争力待进一步增强。近年来，广东以深圳赛意法、风华芯电等龙头企业为代表，封装测试企业的封装测试技术水平大幅提高。但目前仍主要集中在为国内企业提供测试和封装服务，基本满足中低端产品的封测要求，但在高端产品服务方面仍较欠缺。

### （四）企业情况：龙头企业突出，但结构不够完善

广东在集成电路产业领域拥有一批龙头骨干企业，比如在设计领域，拥有海

思半导体、中兴微电子等一批优秀企业；在制造领域，拥有方正微电子、深爱半导体等国内大型企业；在封装测试领域，拥有赛意法微电子、华润赛美科微电子等一批骨干企业。

但从企业结构上看，广东集成电路企业尚未形成均衡、协同的发展格局。企业类型方面，全省约 300 家集成电路企业，超过 200 家为研发设计及销售服务类企业；2015 年中国 TOP20 集成电路企业中，广东上榜企业均为设计类企业。而在制造领域、封装测试领域，全省无一家上榜。企业规模方面，全省约 300 家集成电路企业中，年主营业务收入超过 10 亿元的企业不足 10 家，企业整体规模偏小，转型升级发展需求迫切。

### （五）外部环境：迎来新的机遇，也面临多重挑战

近年来，国家对集成电路产业发展的重视，及互联网技术的广泛应用，广东集成电路产业迎来了新的发展机遇。政策方面，《国家集成电路产业发展推进纲要》明确提出，到 2020 年集成电路产业与国际先进水平的差距逐步缩小，全行业销售收入年均增速超过 20％。《中国制造 2025》对芯片自给率提出明确目标。2018 年政府工作报告将集成电路列为实体经济发展首位。市场方面，广东集成电路市场需求约占全国的七成。移动互联网、人工智能、物联网等新兴产业给集成电路产业带来新的发展机遇。资本方面，2014 年国家设立国家集成电路产业投资基金，各地方政府也先后设立集成电路产业基金，截至 2017 年上半年已超过 3000 亿元。大型芯片企业也在撬动更多资本投入，中芯国际与国家集成电路基金、上海尧芯等企业共同出资成立半导体产业基金，总额达 16.16 亿元。

同时，广东集成电路产业发展也面临多重挑战。国际方面，在中美贸易摩擦持续的大背景下，美国仍有可能在芯片领域做文章。国内方面，广东集成电路产业正面临国内其他省市的挑战，北京、上海、江浙地区等都纷纷出台集成电路发展扶持政策。特别是在制造领域，广东已相对落后于其他地区，北京、合肥、厦门及南京、上海等地早在 2015 年便已开建或布局 12 英寸晶圆生产线项目。市场方面，近年来个人计算机、智能手机、平板电脑等产品市场日趋饱和，可穿戴设备、智能机器人等新产品尚未实现大规模普及，有可能减缓集成电路产业市场需求。特别是作为广东主导产业的手机市场，随着 4G 手机升级浪潮退去、性能提升带来的刚性换机需求走弱，且 5G 手机网络预计 2019 年试商用，直接影响广东集成电路市场需求。

### （五）瞄准新兴细分市场机遇，着力推动国产化替代

从发展规律看，芯片的研发与产业化循环应该是：企业瞄准市场需求，设计出芯片，产品大卖，资金回笼，企业投入下一代芯片研究，实现芯片的更新换代。英特尔、高通等芯片巨头正是依靠市场带动实现产品迭代。目前，我国芯片产品由于价格劣势或技术壁垒，还无法形成产品迭代循环。企业方面，可按照"从产业链后端向前端、从配套到核心环节"的思路，瞄准新兴产业和细分市场中有较大产业化空间的领域，精准发力，努力形成产品迭代循环。比如广东正在大力布局的 5G 领域，目前还没有芯片实现量产；人工智能芯片特别是消费电子、安防设备、物联网设备等边缘设备上的芯片，生物芯片领域产业化相对滞后的微流控芯片和蛋白质芯片等领域，仍是产业发展蓝海。政府方面，要大力推动国产化代替，比如对进入产品推广阶段的自主设计芯片产品，采用"后补助"方式从用户端予以补贴。对政府资金参与的新建集成电路生产线，设置建设周期内本土设备采购最低比例要求。促进本地芯片厂商、操作系统厂商、应用软件厂商等各产业主体之间深度互动，最大限度挖掘国产芯片应用潜能和空间，提高国产芯片应用范围。

### （六）大力支持材料、设备、软件研发，培育产业生态

芯片产业链长，涉及材料制备、软件设计、集成封装等诸多环节，且各环节间相互影响制约。谁占有的技术多，就掌握更大的话语权。广东要突破受制于人困局，不仅要在芯片产品本身有所突破，而且要在关键材料、设备、软件上有所突破，培育形成良好产业生态。一要以国企或有条件、有意愿的民营企业组成研究开发联盟，以集成电路重大专项为依托，持续稳定加大研发力度。二要重点攻关满足 12 英寸、28 纳米芯片工艺要求的基础材料、核心零部件，及面向高端芯片制造的关键设备等，解决 EDA 设计工具、光刻机等关键设备以及多种关键材料的制约。三要扶持建设一批相关研发平台和机构，攻关突破集成电路制造光刻技术、光掩膜材料及成套技术，集成电路倒装封装技术等产业基础技术。

### （七）引进与培养并重，以全球视野集聚国际高端人才

目前我国集成电路从业人员总量严重不足，高端集成电路产业人才及原创人员尤为缺乏，人才引进、人才储备、人才培养方式有待改革创新。集成电路产业人才培养主要呈现出三个特点：一是培养周期长，特别是高层次人才需要 5—10 年时间；二是跨学科跨专业培养，集成电路产业综合性强，与物理学、材料学、

计算机学等多门学科关系密切；三是产学研用紧密结合，既要懂得专业技术，也要了解市场应用。因此，我们认为，一要更加注重引进海外人才，借鉴二战后美国集聚全球高水平科学家的做法，以全球视野引进符合"高精尖缺"和市场需求的科学家、科技领军人才、专门人才、高技能人才落户。二要充分利用本省教育资源培养专业人才，紧扣产业需求调整优化专业设置和办学模式，既要培养具有"研究思维"的研究人员，也要加强以产品应用和市场机制为导向的实践性研究，重点培养一批产业领军人物、科研带头人才和技术骨干。三要创新人才培养模式，建立人才联合培养机制，通过实训实习、企业导师、联合研究等方式，共享学校和企业的培训资源。四要有效发挥人的积极性，发扬光大"两弹一星"精神，教育引导广大科技工作者强化责任意识，潜心研究，努力做出更多有价值的原创性成果。对于核心技术人员，要注重解决好住房、子女教育等生活保障问题，免除其后顾之忧。

### （八）保护好用好知识产权，引领产业创新发展

广东集成电路产业发展过程中知识产权保护至关重要。而且用好专利信息，有助于大幅节约研发时间和经费，对加快创新发展具有重要作用。一要实施最严格的知识产权保护制度。完善知识产权制度建设，深化知识产权分配机制改革，建立高效便捷、低成本广覆盖的知识产权维权机制，建立与国际接轨的知识产权保护和运营体系。加大知识产权监管和执法力度，完善重点企业知识产权保护直通车制度，保护中外企业合法权益。二要引导企业间加强知识产权管理方面的合作，建立知识产权共享平台。建立集成电路产业专题专利数据库，为企业提供信息服务和保障，实时动态跟踪研究国外重点企业的专利信息。鼓励华为、中兴等集成电路龙头企业与知识产权保护和管理能力上较为薄弱的中小企业之间积极建立专利联盟，加强知识产权合作，共同避免专利风险，提高集成电路产业的知识产权运用和管理水平。三要促进专利技术转化应用，以市场需求带动研究院所的技术创新，使科研做到有的放矢，促进产业中面临的高难度技术的攻克。要引导企业通过专利信息来密切关注产业发展动态，找准研发切入点，使科研院所的研究成果在产业中进行转化的途径更加畅通。

*作者单位：广东省人民政府发展研究中心创新产业研究处*

# 制造强国战略下广东制造业财税政策的完善

张富强　赖梦珠

制造业是经济发展的基础，支撑着各行各业的发展。财税政策是由财政支出政策、税收政策、财政预算政策等构成的一个完整体系，起着宏观调控经济的重要作用，无疑对制造业的发展起着重要的引导作用。广东省历来重视制造业的发展壮大，而放眼全国，广东省制造业在经济体量中占比大，使其稳健发展对国家制造业转型升级有着举足轻重的作用，甚至可以说在制造强国战略实施中都具有重要地位。而《粤港澳大湾区发展规划纲要》的发布，也体现了制造业的转型升级对粤港澳区域产业和经济发展的重要作用。因此，研究并完善广东制造业的财税政策对制造强国战略的实施具有重要的引领和借鉴作用。

## 一、广东省制造业转型升级具有良好的财税政策基础

雄厚的制造业基础一直是广东经济发展的主要经济支柱，在制造强国战略提出后，针对广东省乃至全国制造业发展过程中出现的产业层次不高、自主创新能力不强、转型升级的速度缓慢等问题，广东省政府已有针对性地提出了一系列措施，并逐渐找准了发展高技术制造业和先进制造业的方向，[①] 正在有力地推动制造业整体向创新驱动、智能制造转变。具体到各项政策，仅 2018 年广东省政府就提

---

① 根据广东省统计局的相关概念，高技术制造业主要包括医药制造业、电子及通信设备制造业、信息化学品制造业增长、航空航天器制造业、医疗设备及仪器仪表制造业增长和电子计算机及办公设备制造业；先进制造业主要包括高端电子信息制造业、先进装备制造业、石油化工产业、先进轻纺制造业、新材料制造业和生物医药及高性能医疗器械制造业。

出了多项财税举措、推动以制造业为重点的实体经济蓬勃发展，可以说为制造业的转型升级奠定了良好的财税政策基础。概括而言，广东省制造业现行的财税政策主要有以下特色：

第一，建立财政专项奖励制度。广东省在科技方面的财政资金支出逐年增加，积极对科技奖励制度进行深化改革，制定了对产教融合建设情况较好的高校予以专项奖励等系列激励政策。

第二，着重降低制造业企业各项成本。2015年广东省已率先推出"实体经济十条"，力图减轻实体经济运行之中的各项成本，在2018年省政府又在此基础之上提出了"民营经济十条"和"实体经济新十条"，重点减轻企业税负、用地和社保等各项成本问题。

第三，大力推进创新驱动发展。广东省政府出台了"科创十二条"、"双创"深入发展等政策文件，并建立了重点领域研发计划部门间联席会议制度等机制为创新驱动保驾护航。

第四，大力推进智能制造。为发展工业互联网、深化"互联网＋先进制造业"的产业融合趋势，广东省政府在响应国家号召的同时，脚踏实地地提出了为企业夯实网络基础、"上云上平台"、提供标准体系支撑和应用示范等具体措施，大力推进企业转型，促进"两化"融合。

第五，扶持培育中小型制造企业发展。中小型企业是市场创新的主力军，制造业的发展后劲在于各中小型企业身上。除了重点支持行业内大型制造企业形成龙头优势，广东省政府也注重培育各中小型企业，有针对性地建立重点培育库、享受各项政策倾斜等，推动万家企业"小升规"。

## 二、财税政策鼓励制造业发展的长效机制尚未构建

尽管有雄厚的制造业实力和良好的政策基础，广东制造业仍然存在一定问题，其具体表现就是2018年1—11月制造业的利润增速有较大幅度的回落，可见制造业企业的转型升级未能完全实现、出口型经济易受到中美贸易摩擦等因素波动。究其原因在于制造业企业各项成本仍然高居不下，侵占了制造业原本就不高的利润，阻碍了企业的转型升级步伐。现有财政政策虽然对"降成本"出台了"民营经济十条""实体经济新十条"等一系列措施，但对企业存在的科技研发、人才资

源、资金和税费等的痛点未能予以较好的解决，导致企业缺乏转型升级的人才和资金。具体而言，目前针对制造业的财税政策存在以下不足：

### （一）科技研发的竞争力仍然不强

广东省是创新大省、专利大省，全省技术自给率达到73%，区域创新综合能力排名保持全国第一，但专利多而不优、知识产权侵权现象频发，同质化现象较为突出，竞争力仍然不强。创新平台数量相较于北京、上海和江苏等创新能力较强的省份仍然有不少差距。广东省2018年研发经费支出预计超过2500亿元、占地区生产总值比重达2.65%，但和经济与产业发展水平相比也明显不足。从这些指标及背后反映的问题来看，广东省的财税政策还存在着以下不足：

#### 1. 行业基础研发的财政投入不足

根据罗默的知识与经济增长关系理论，创新研发等方面的资本投入可以促进知识创新，而知识创新作为技术创新的理论基础，可以促进技术创新和科技创新。[1] 然而，由于企业个体的局限，基础知识领域的创新依靠政府资金的投入，需要政府提供资金、整合高校和各类技术人才等的支持，具体形式可以是国家实验平台、技术创新研发中心和技术转移中心等。目前，广东省部级以上的重点实验室数量不足并且研究范围不够广泛，而国家重点实验室仅有8个、全国占比仅为3.6%，远远低于京沪等地。科研机构不足伴随着高技术产业重点学科的结构性缺乏，导致广东省的校企合作领域多集中在传统产业，产学研合作项目在高技术产业的不多。[2] 而广东省相当部分制造业大型骨干企业的技术区域集中于技术先进程度较低的部分，并且主要以成熟技术和先进技术为主，前沿技术和尖端技术所占的比例很少。

#### 2. 对科研"事前""事中"的奖励不足

广东省建立了多项针对科技创新的财政政策，历年财政支出在科技奖励上的支出均不断增加，一般都以研究成果为奖励条件，形成"事后"奖补的财政激励体系。但创新研究本来是一项极具风险的活动，不仅需要资金持续投入，也需要依靠相应的人才，具体到每一个项目、每一笔资金，并不能保证其获得的收益。

---

① 毛建儒：《论知识经济》，《理论与现代化》1998年第2期。

② 简兆权：《广东研发服务业发展现状、问题与对策研究》，《科技管理研究》2010年第16期。

所以，若仅仅依靠"事后"奖补性质的资金，只能形成保守的研究方向，而无法满足企业对创新技术的研究应用要求。

3. 科技研发缺乏持续性的激励政策

由于现实中存在的企业技术创新动力、资金不足等现象，政府普遍采用税收优惠政策来鼓励、支持企业增加研发投入，这样一种灵活的政策相比起政府资金的直接投入而言，给予企业的自主决策程度更高，更受企业青睐。但是目前企业投入到科技研发之中的成本费用仍然无法得到除了企业所得税以外其他税收政策的认可，这导致对企业科技研发活动缺乏持续性的税收政策激励。而科研是一项长期投资，若缺少持续投入，对企业的促进效益增长的效用也不甚明显，进而企业就会逐渐减少对科技研发方面的投入，陷入到一个恶性循环的怪圈中去。

此外，广东省原有的税收优惠政策也存在因未能对企业创新需求持续评定，导致滥用税收优惠的情况。比如很多企业寻求在高新区落户、聘请中介服务认定高新企业等，正是出于所得税优惠的目的，此类企业的生存能力和持续发展能力均已提前考虑了相关的税收优惠，税收优惠的激励政策目的被人为扭曲而本末倒置。[①]

### （二）制造业转型升级需要的人才资源不足

研究机构不足的本质是高层次人才不足，这导致广东省的科技产出不足，人力资源一直是制造业转型升级的掣肘因素。而人才来源依靠内部培育和外部引进，均不能仅依靠企业完成，企业的人才培训与教育无法满足全省发展的要求，负担过大也容易引起企业的财务问题。

1. 人才引进对企业耗时耗力

人才是创新的主体，是制约经济发展的关键。各省现在已逐渐认识到了人才的重要性，纷纷加入到"抢人"的热潮之中。而引进人才背后的成本并非表面的工资薪酬、年终奖等费用，而是安家费、项目启动资金等巨额的投入，同时在我国还存在户籍的限制、公共资源分配不均的问题，这些方面往往都是企业无能为力，需要政府支持的地方。

---

① 朱成钢：《广东省税收优惠政策对先进制造业技术创新的激励效应》，《对外经贸》2017年第 7 期。

**2. 企业支出的其他人才成本居高不下**

除了人才引进，企业在留人、用人过程中也存在相当多的税费。首先便是社会保险费用、公积金等成本费用，其次还会有各种培训、进修的费用。在技术日新月异的今天，人才需要时时充电、更新知识以保持常新状态，而广东省目前的知识型人才和技能型人才数量均不足，其背后是职业教育、继续教育等各类教育保障措施的缺乏，高质量人才的支撑是高质量的教育投入。

**3. 高端人才的相关政策激励不足**

由于个人所得税等相关政策和社会环境的不完善，广东省仍然缺乏留人的良好环境。留不住技能型人才的主要原因在于酬劳低、房价高、落户难、子女入学难，而对于高技术的科技创新人才，则是个税政策和公共服务供给不足，如我国高达45%的个人所得税率，对高端人才的引进有较大影响。

### （三）资金、税费等支撑力度不足

除了科技研究和人才方面，资金和税费等其他方面也对制造企业的转型升级起着重要影响。资金不仅对初创企业是一道门槛，即使对大型企业，资本运作也是在企业运行之中极为重要的一环；而税费等亦是关系着企业生存、运营之中不可忽视的因素，与企业盈利资金存在此消彼长的关系。

**1. 企业融资艰难与负债并存**

企业"融资难、融资贵"已不是新鲜事，制造业利润不高、投资金额巨大、资金回笼时间长等行业特点使得大多数风投、创投资金对其望而却步。在近两年经济下行、企业效益降低的背景下，银行贷款的门槛也逐渐提高，大大增加了一般制造企业，尤其是中小制造企业的贷款难度，非金融机构的民间借贷利息也同样使企业望而却步。最终，制造企业的财务成本不断走高、企业债务风险日渐积聚，不仅牵制其对科技研发、人才资源等的投入，更对企业长期盈利能力带来负面影响。

**2. 企业"税感"仍然沉重**

在制造业的企业所得税政策中，除了部分企业被认定为高新企业之外，大部分企业按照统一的标准（25%）缴纳企业所得税，直接税额就占到了盈利的四分之一，这对利润率不高的制造行业无疑是一个沉重的负担。在间接税种增值税之中也因其抵扣政策范围太过狭窄而为大多数制造企业所诟病。

3. 企业政策遵从成本、中介收费等其他成本较高

除了材料、运输等常规费用，企业还存在税费高、政策遵从成本高等现象。由于政府对环境等要求提高，企业相应的环境测评、治理费用等成本也一直在上升。另外，由于各项优惠政策操作复杂、涉及指标较多，为了应对政府各项检查或者是寻求优惠政策的资格，一般企业均需要聘请各类中介服务，由此也催生了一系列的中介公司，这其中的时间、资金等花费对制造企业也造成不小的负担。

# 三、广东省制造业财税政策的完善建议

广东省历来是经济开放的窗口，制造业承接香港等历史，更是广东省的支柱产业，而由于近年广东省信息产业的崛起，制造业智能化、创新驱动等转型目标应该在广东领先实现，为此，应该借鉴省内外乃至国外的优秀经验，为财税政策支持制造业发展提供更好的方式。

## （一）提高科研资金和平台扶持力度

需要政府支持创新的核心原因在于政府的公共性可以纠正知识创新过程中的市场失灵和私人供给缺陷等问题，因为如果资金直接投资于企业不仅会引起效率问题，对小型的科技创新企业而言也存在公平问题。因此，政府应避免对企业进行直接投资，而应该运用财政资金设立公共的科学创新平台和研究机构等，整合高校、科研院所及企业的人才和资金投入，进而共同推动基础研究的开发和转换利用，这样才能够提高财政资金的使用效率，取得科技创新成果，更好推动制造业的转型升级。

### 1. 加大行业基础研发投入

具有规模集群效应的专业镇在广东省经济发展过程中具有重要地位，其建立和发展过程也值得借鉴，尤其是在专业基础研究之上的经验。东莞市的横沥镇被誉为"广东省模具制造专业镇"和"中国模具制造名镇"，其充分体现了政府支持、企业参与和产学研相结合的特征，着重推进产业与科技、金融、人才融合，由镇政府出面与上海交通大学等七家高校和研究机构合作共建"横沥模具产业协同创新中心"，尽管东莞本地缺少相关人才，却能跨区域利用高校对接本地模具企业的创新需求，为模具产业的转型升级提供知识、人才和科技支撑，可以说是模

具行业的发展与行业基础研究相互促进的典型。

2. 以项目方式进行事前资金投入

技术成果转化是将已有技术理论研究成功应用在生产上的过程，一般是在行业基础研究完成之后进行。技术转化一旦成功，就可以化为直接的经济收益，因此，资金投入就有了直观的收益。深圳市的创新能力在广东省数一数二，其在技术成果转化上的经验也值得研究。龙岗技术转移中心是深圳首个区级技术转移中心，其由龙岗区科创局与科易网在2016年合作建设，主要通过聚集各家科研机构的创新成果资源、汇总企业的各类技术成果转换需求，并且提供了各类技术专家资源等，既为龙华区科技成果的转化应用提供了重要的交易平台，同时也在科研院所、企业和科研工作者之间架起了及时沟通交流的桥梁。①

此外，对于传统企业的信息化、智能化改造也可以采用此种事前的补贴机制，对于有意愿转型升级的企业给予部分资金补贴，然后采取项目验收的方式，鼓励整个行业的转型升级。比如我省之前推行的"机器换人"等技改提升计划，应当从流程优化、工艺优化等更高的目标出发，继续深入推进。

3. 运用多种税收优惠鼓励企业持续性科研投入

为鼓励高技术行业企业加强技术研发，应当逐步建立以项目为主体而不是以企业或产业为主体的企业所得税优惠体系；对从事先进制造基础软件、装备研发的企业，允许列支一定比例的开发投资风险准备金并予以税前扣除；对技术服务、技术转让、技术入股等收入可以适当给予免征或减征企业所得税的优惠政策；对引进国外先进技术支付的特许权使用费，按现行10％的税率减半征收特许权使用税；对直接用于先进制造生产项目的仪器设备和图书资料、装备及关键零部件研发试制用的仪器设备、基础软件研发企业引进进口仪器设备免征进口关税等，逐渐建立起激励企业原始研发的税收政策体系。②

## （二）引进高端人才与降低企业各项用人成本并举

在粤港澳大湾区的条件之下，广东省的高端人才潜力尚未能充分激发出来，与港澳人才合作的项目仍然不多。但人才引进不能仅仅依靠企业合作，需要政府

① 葛国耀：《以智能制造引领产业转型升级发展——人工智能与制造业实体经济融合发展的深圳龙岗实践》，《广东经济》2017年第11期。

② 湖北省国家税务局课题组：《智能制造税收问题》，《税务研究》2018年第2期。

针对湾区内乃至国际人才的落户、子女教育等各项政策的配合，其政策基础在于对各类人才实行多样化的认定和补助；同时，为了人才的进一步发展和培育，也需要降低企业的社保比例等从而针对性减轻各项用人成本。

1. 实行多样化人才认定与补贴

目前新推行的个人所得税法主要包括免征额提高和父母赡养、医疗、房贷利息等专项扣除政策，但对高级人才比较关心的税率调整问题依然没有回应。面对着既定国家法规和各地日益激烈的人才争夺大战，要想提高广东省对人才的吸引力，就要从各项人才认定和补贴发放入手。在确认相关产业范围、概念的前提下，优化人才引进手续办理，加大人才补贴力度，充分给予其科研上的自主权，重点围绕先进制造等高技术产业加大引才力度，引进各关键领域的核心和领军技术人才。

2. 降低企业各项用人成本

降低社保、公积金等企业缴付比例，直接降低企业持续用人的成本。同时，运用税收优惠鼓励开展以企业为主体的实用技能教育培训、推动高校与企业合作培养人才等的方式，继续开展产学研深化结合及专项奖励。探寻多种灵活用工方式的个人税收政策保障，以项目方式任期制聘请高端人才，允许其在多家企业兼职兼薪；对于特定行业稀缺人才，允许其比照稿费报酬等享受税收优惠。

### （三）加大力度减轻制造业企业融资、税费压力

要了解中小型企业和大型企业的难处，各有侧重地引导、支持其进行融资服务；而对于政府的收费、优惠税收、补贴措施等涉企信息，则应该尽量简并公开透明，减少信息不对称和信息成本，让有需要的企业能够充分享受到政策福利。

1. 鼓励产融结合

对于中小型企业，要充分发挥财政资金"四两拨千斤"的作用，完善资产评估、扩大融资担保范围、创新金融服务方式，对支持中小企业融资的金融机构实施风险补偿、财政贴息等；对于大型企业，则要注重财税政策的引导作用，支持大型企业成立自己的财务公司，对合并缴纳税款等的问题做好对策与服务，加强制造企业的资本运作能力，将更多资金投入到原始创新中去。另外，香港的资本市场运作成熟，应当学习、参考相关政策制定，更好地为制造业转型升级助力。

2. 规范税外收费项目

做好涉企政府性基金和行政事业性收费项目的清理、规范工作；对于已出台

的涉企收费的各项优惠政策信息要保证公开和获取便捷；对于各类服务谨慎收取保证金等类似名目、设置过高的资产资格等限制条件；依法尽量缩减需要行政审批的手续，从根本上减少中介服务收费项目，对确需审批的手续，采用清单式的公开透明管理，明确各项服务的时间要求、收费依据和资格标准。

3. 优化涉企服务

建设信息共享平台。面向大中小各类企业建立云服务平台，引导企业之间进行深度交流与融合；建立开放的知识交流平台，形成跨学科、多企协同和异地合作的格局；相关优惠政策要制定详细具体的"傻瓜式"指引，减轻企业遵从成本，免于寻求中介服务，降低信息不对称问题；打造"互联网＋信用"金融税务平台。通过推行企业网上注册、填表、缴税等服务，合理联通税务与金融部分网络，适当地使银行等金融机构掌握企业经营和税务信用情况，根据信用等级减少制造企业的贷款利率，同时也便于政府财政贴息等政策针对性落地，给制造企业提供便捷高效的融资环境，全力支持制造业转型升级。

作者单位：华南理工大学法学院

# 2018 年广东科技创新成效良好

广东省科学技术厅

2018 年是改革开放 40 周年。习近平总书记在庆祝改革开放 40 周年大会上指出，要坚持创新是第一动力、人才是第一资源的理念，实施创新驱动发展战略，完善国家创新体系，加快关键核心技术自主创新，为经济社会发展打造新引擎。2018 年 3 月 7 日，总书记参加广东代表团审议时，对广东提出了"四个走在全国前列"的殷切希望，对创新发展提出了新的更高要求。10 月 22 日至 25 日，总书记视察广东时强调，40 年来广东从一个农业省发展成为总量连续 29 年居全国首位的经济大省，科技创新指标居全国前列，成长出深圳这样的创新型国际化城市和一批充满活力的中小城市，在坚持和发展中国特色社会主义事业中创造了广东经验。更特别强调，广东创新发展势头很好，突破关键核心技术有比较好的基础。总书记的殷切期望为广东科技创新工作坚定了信心，指明了方向。

2018 年是广东科技创新工作的改革创新之年。在省委、省政府的正确领导和科技部的关心指导下，省科技厅坚持以习近平新时代中国特色社会主义思想为指导，全面贯彻落实习近平总书记重要讲话精神，省委十二届四次、六次全会，以及全省科技创新大会精神，积极开展"大学习、深调研、真落实"工作，锐意改革抓创新，聚精会神谋发展，砥砺前行补短板，推动我省科技创新工作取得了实实在在的成效。全省科技综合实力和自主创新能力实现新突破，区域创新综合能力继续保持全国第一，研发投入总量预计超过 2500 亿元，占 GDP 比重预计达 2.65%。有效发明专利量、PCT 国际专利申请量及专利综合实力持续位居全国首位。共有 45 项重大科技成果获 2018 年度国家科学技术奖，我省获奖项目数占全国比例达到 15.79%，创历史新高。华为公司独立获得国家科技进步一等奖，2 项国家自然科学奖二等奖均由我省科学家主持完成，为近年最好成绩。制定出台

"科技创新 12 条"、加强基础与应用基础研究、省重点领域研发计划等一系列具有改革性、创新性的重磅政策措施。

# 一、自主创新能力稳步提升

## （一）区域创新综合能力稳居全国第一

《中国区域创新能力报告 2018》显示，广东区域创新能力综合效用值为 59.55 分，继续位居全国首位，不断拔高强项，在企业创新、创新绩效上不断扩大与其他省市的领先优势，同时着力补齐短板，在知识创造上不断缩小与排名第一的北京的差距，在知识获取上超越常年排名靠前的江苏，跃居全国第 3 位。

## （二）高新技术产业规模继续位居全国首位

2018 年，全省高技术制造业增加值预计突破 9000 亿元，总量继续位居全国首位；同比增长约 10.0%，明显快于全省规模以上工业增速。高新技术产品贸易日趋活跃，从出口看，虽然中美贸易摩擦加剧，但随着我省高新技术产业创新能力提高和产品质量提升，前三季度全省以电子信息产品为主的高新技术产品出口仍取得 7.3% 的增长，特别是华为、OPPO、VIVO 等手机品牌的崛起，带动全省手机产品出口大幅增长 26.2%；进口方面，随着关税下调政策效应显现，部分高新技术产品进口增长较快，如集成电路和数控机床分别增长 28.6%、17.8%。

## （三）专利申请与授权"量质齐升"

2018 年，全省专利申请和授权量预计突破 70 万件和 42 万件，同比增速均超过 35%。PCT 国际专利申请量 2.53 万件，位居全国第一。全国发明专利授权量排名前 10 位的国内（不含港澳台）企业中，广东企业占据 4 席，其中华为（3369件）位居首位，OPPO（2345 件）位居第 3，格力、腾讯分别位居第 6 和第 8。12 月由国家知识产权局与世界知识产权组织共同主办的第二十届中国专利奖颁奖大会在北京举行，共评出中国专利金奖 30 项、中国外观设计金奖 10 项，其中广东获得中国专利金奖 6 项、中国外观设计金奖 3 项，分别占全国授奖总量的 20% 和 30%。

## 二、源头科技创新在持续多点发力

### （一）基础研究和应用基础研究布局不断强化

2018年，全省获得国家自然科学基金资助经费总额近20亿元，同比增长9.3%，获资助项目3751项，获资助金额与项数均为历年新高，数量居全国第4，中山大学获资助项数位居全国第2。国家自然科学基金·广东联合基金聚焦先进材料与智能精密制造等6个领域开展研究，其中广东省单位牵头53项，占总资助数的67.95%。省自然科学基金立项率达30.82%，同比提高近2倍。

### （二）一批高水平创新载体获得引进落地

广东与中科院共建高水平重大科研平台，总投资约10亿元的空天院太赫兹国家科学中心、投资3.5亿元的自动化所人工智能研究院以及微电子所集成电路技术孵化平台等重大平台落地建设。推进科技军民融合协同创新平台建设，引入中船重工集团以深海装备为核心的"2030"重大科技项目，引进西安光学精密机械研究所、中船重工、中国工程物理研究院。

### （三）实验室体系建设全面推进

2018年，首批4家广东省实验室建设进展顺利，已完成领导机构组建和领军人物选聘，组织架构逐步完善，科研项目顺利启动，聚集国内外院士60余位。今年启动建设第二批3家省实验室，其中，化学与精细化工省实验室采用由汕头市承接主体实验室，潮州、揭阳市设立分中心的模式；南方海洋科学与工程省实验室采用由广州市、珠海市、湛江市同步建设的模式；生命信息与生物医药省实验室由深圳市承建。新增精密电子制造技术与装备省部共建国家重点实验室1家，国家重点实验室累计达29家。新建学科类省重点实验室18家、省企业重点实验室28家，全省重点实验室累计达352家（含省企业重点实验室111家）。

## 三、大众创业、万众创新成为社会共识和实践

### （一）高新区迈开高质量发展步伐

2018年，新增湛江、茂名2家国家级高新区，全省数量达14家。深圳、广州

高新区成功跻身世界一流高科技园区建设序列，珠海依托横琴高新技术片区建设"双自联动"试点园区，取得较好成效。全省23家省级以上高新区共实现营业总收入3.7万亿元，同比增长14%；工业总产值3万亿元，同比增长8%。

### （二）孵化载体建设提质增效

"众创空间—孵化器—加速器—科技园"的全孵化链条日渐完善。全省孵化器总数预计超850家，众创空间总数886家，在孵企业2.7万家，新增毕业企业3100家，累计毕业企业1.5万家，全省各类孵化器吸纳就业人数超48万人。新认定省级大学科技园3家，全省共有省级及以上大学科技园11家。全省新型研发机构共219家，累计创办孵化企业约4300家，其中孵化和创办高企近930家。

### （三）创新型企业队伍不断壮大

全年全省高企数量达4.5万家，进一步巩固在全国领先优势。全省入库培育高新技术企业达2万家，科技型中小企业2.8万家。全省规模以上工业企业建立研发机构比例达38%。稳步推进省工程技术研究中心建设，新增省级工程中心800多家，累计达到5166家。

### （四）科技金融深度融合

制定普惠性科技金融、科技企业挂牌上市等多项政策措施，搭建覆盖全省的线上和线下相结合的科技金融服务体系。普惠性科技金融试点累计发放小微科技企业贷款54.36亿元，惠及小微科技企业5201户。重组71亿元的省创新创业基金，争取国家科技成果转化引导基金首次在广东设立子基金，带动社会资本投入超过250亿元，风险投资项目累计257个。中国创新创业大赛广东赛区2018年报名参赛企业共有5465家，推荐133家企业进入国家行业赛总决赛。

## 四、协同创新新格局加速形成

### （一）省部院产学研合作不断深化

与科技部实施部省联动"宽带通信和新型网络"国家重点研发计划（2018—2020），目标是攻克一批具有世界先进水平的标志性成果。与中科院首批27个省院合作重大项目顺利落地，中国散裂中子源已完成国家验收正式投入使用，惠州强流重离子加速器正式开工建设，启动论证南方光源、人类细胞谱系等重大项目。与中科院开展项目十多年的产学研合作项目累计近 7000 项，累计新增产值 3200 多亿元，新增利税 380 多亿元。

### （二）多层次国际科技合作机制已具雏形

扩大国际科技创新合作"朋友圈"，加强与加拿大、英国、荷兰、奥地利、日本、以色列、澳大利亚等重点国别的合作，组织实施双边科研项目联合资助计划；加强与白俄罗斯国际科学院、澳大利亚昆士兰科技大学、荷兰格罗林根大学等国际知名科研组织和大学的合作关系。组织 2018 中国（广州）新一代人工智能发展战略国际研讨会暨高峰论坛、中荷智能和绿色交通技术研讨会等 6 场交流对接活动，推动国际间人才交流与合作。

### （三）乡村振兴科技创新行动深入推进

2018 年，广东在现代种业、精准农业、食品安全、智能农机装备领域进行重点布局：召开乡村振兴科技行动暨农村科技特派员工作推进会，印发《广东省乡村振兴科技创新行动方案》，大力实施农村科技特派员行动，组织两批共 19 家单位 708 个农村科技特派员团队对接 1008 个贫困村工作，推动特派员深入田间地头，为乡村产业发展提供科技服务；加强农业创新平台建设，台山、廉江和四会被确定为全国首批创新型县（市）建设单位，全省 23 家星创天地获得科技部备案；推动农业科技园区加快建设，江门市、茂名市的农业科技园区被认定为第八批国家农业科技园区，河源国家农业科技园顺利通过验收。

## 五、科技体制改革在深化中锐意创新

### （一）粤港澳大湾区科技创新顶层规划设计体现新亮点

积极配合科技部参与编制《粤港澳大湾区科技创新规划》，牵头拟定《粤港澳大湾区科技创新行动计划（2018—2022 年）》《关于香港特别行政区、澳门特别行政区高等院校和科研机构参与广东省财政科技计划（专项、基金等）组织实施的若干规定（试行）》等政策，针对"钱过境、人往来、税平衡"等创新要素流动障碍问题，从推动财政科研资金跨境便利使用、科研人员往来畅通、科研仪器设备通关便利、大型科学仪器设备共建共享、科技创新资源信息开放共享等层面提出创新举措。

## （二）科技项目组织方式迎来新变化

在全国率先试行"揭榜制"全新重大项目组织管理方式，在新材料、绿色低碳和新一代信息技术等领域征集揭榜制项目需求 193 项，公开张榜 29 项，已成功对接 26 项，得到了国内知名大学、科研机构的热烈响应。主动将广东科技创新工作融入国家重大科技工作部署，先后征集近 2000 个国家科技重大专项、重点研发计划、国家自然科学基金重大项目，支持全国（含港澳）高等院校、科研院所、龙头骨干企业等牵头承接，实行常年受理、集中入库的新管理模式。

## （三）科技评价和科技奖励改革取得新突破

推动国家科技体制改革文件在广东落实落地，提出一系列体现广东特色的项目评审、人才评价、机构评估政策措施。创新重大科技专项绩效评估方式，以全国性视角对 566 个重大专项进行系统深入分析，遴选出一批重大科技专项典型成果。首次开展项目指南审核评议，为指南制定提供参考，提高指南的规范性、合理性和公信力。大刀阔斧深化科技奖励改革，推动出台《广东省关于深化科技奖励制度改革的方案》《2018 年度广东省科学技术奖评审方案》，重组科技奖励体系，实行提名制，严格控制奖励数量，大幅提高奖金力度，强化国家奖励的配套扶持。

# 六、创新创业环境持续优化

## （一）创新政策含金量不断提升

制定《关于进一步促进科技创新的若干政策措施》并经省委审核通过，将于 2019 年 1 月开始实施。该文件从促进更高水平开放创新、激励企业创新动力、激发创新主体活力、提升创新环境吸引力等 12 个方面提出一系列具有改革性、开放性、普惠性和针对性的政策部署，在全国率先提出"科技创新券全国使用、广东兑付""科技型中小企业研发费用加计扣除 100% 比例奖补""授予新型研发机构自主审批投资决策权""允许新型研发机构管理层和核心骨干持大股""高校院所自建孵化器自主招租、租金全额返还"等具有突破性的政策措施，全面激发创新活力。

### （二）创新人才引进和服务工作取得新进展

高规格出台全省性引才引智综合性文件，继续组织实施省三大科技人才计划，2018年"珠江人才计划"团队新增31个引进团队及22个本土团队，"扬帆计划"新增15个团队，"广东特支计划"新增121名科技创新创业领军人才和科技创新拔尖人才。在全国首批实施外国人才签证制度，继续简化外籍人才短期来粤工作的办理程序，制订出台《外国人来华工作许可计点积分制度地方鼓励性加分办法》，全年共发放《外国人工作许可证》4.3万份，持有效工作证件在粤长期工作的外国人约4.45万人。开展外国高端人才服务"一卡通"国家试点，实施2018年省海外名师和"粤海智桥资助计划"项目，提升外国人才服务水平。

### （三）科研诚信建设取得重大成就

广东全力推进全国监督评估和科研诚信建设试点省工作，拟订关于进一步加强科研诚信建设的实施方案，在科技监督顶层设计上首开立法先河。从立法层面全面规范科技计划监督主体责任，进一步强化法人负责、科研人员自律和监督结果运用。逐步推动科研诚信信息系统与全国信用信息共享平台、地方科研诚信信息系统互联互通。全面实施科研诚信承诺和审核制度，截至2018年年底，已有60715个承担单位、56224位申报人按要求签署了科研诚信承诺书。

### （四）科普宣传力度不断加大

充分发动社会各界力量参与科普工作，成立"粤港澳大湾区科普联盟""粤港澳大湾区科技馆联盟""粤港澳大湾区图书馆科技文献协作联盟"，港珠澳大桥、散裂中子源等大型基础设施成为省级科普基地。搭建"广东科技"微信传播平台主阵地，"广东科技"累计总阅读次数超240万次，总阅读人数超157万人，获得南方报业传媒集团评选的"2018广东政务新媒体年度影响力奖"。完成对口援疆地区农村中小学科普示范基地建设，填补了受援区农村中小学生科普工作空白。

## 七、小结与建议

当前，全省创新驱动发展的整体形势持续向好，但仍面临基础研究能力相对薄弱、产业核心技术供给不足、大湾区国际科技创新中心建设面临体制机制障碍

和粤东西北地区创新发展缓慢等问题，亟须进一步改革、创新和完善。下一步，全省将继续高举习近平新时代中国特色社会主义思想伟大旗帜，全面贯彻党的十九大和十九届二中、三中全会以及中央经济工作会议精神，按照省委十二届四次、六次全会的部署要求，全面贯彻习近平总书记对广东重要讲话和重要指示批示精神，围绕实现"四个走在全国前列"、当好"两个重要窗口"，坚持新发展理念，坚持高质量发展，扭住建设粤港澳大湾区国际科技创新中心这个"纲"，着力提高发展平衡性和协调性，坚持不懈推进全面从严治党，对标最高最好最优、全面落细落小落实，不忘初心，牢记使命，以闻鸡起舞、日夜兼程、风雨无阻的奋斗姿态、进取精神和责任担当，以新担当新作为奋力开创广东科技创新工作新局面，奋力推动习近平新时代中国特色社会主义思想在广东大地落地生根、结出丰硕成果，以优异成绩庆祝中华人民共和国成立70周年。